Übersetzungswissenschaft | Dolmetschwissenschaft

Übersetzungswissenschaft Dolmetschwissenschaft

Wege in eine neue Disziplin

Herausgegeben von
Wolfgang Pöckl

Edition Praesens
Verlag für Literatur- und Sprachwissenschaft
Wien

Gedruckt mit Förderung des Bundesministeriums
für Bildung, Wissenschaft und Kultur in Wien
bm:bwk

Bibliografische Information Der Deutschen Bibliothek

Die Deutsche Bibliothek verzeichnet diese Publikation in der Deutschen
Nationalbibliografie; detaillierte bibliografische Daten sind im Internet
über <http://dnb.ddb.de> abrufbar.

ISBN 3-7069-0238-9

© 2004 Wien | *Edition Praesens*
Verlag für Literatur- und Sprachwissenschaft
http://www.praesens.at
eMail: edition@praesens.at

Inhaltsverzeichnis

Vorwort des Herausgebers

Im Kontext der Vorbereitung dieses Bandes hat sich eine rege Korrespondenz entfaltet, die nur allzu deutlich zeigt, dass sein Anliegen missverstanden werden könnte. Einige klärende Worte scheinen daher erforderlich.

Bereits das Unternehmen als solches hat Anstoß erregt. Besonders exponierte ProponentInnen des Fachs formulierten brieflich ein gewisses Unbehagen in Anbetracht der Aussicht, in Gesellschaft von Kolleginnen und Kollegen zu erscheinen, die sich nicht dezidiert und ausschließlich als überzeugte RepräsentantInnen der Translationswissenschaft verstehen, umso mehr als auch die Person des Herausgebers im begründeten Verdacht steht, eine sehr weitherzige Auffassung von dem zu vertreten, was unter dem Dach des Hauses der jungen Disziplin Platz hat oder haben sollte. Ein Teil der potentiellen AutorInnen reagierte deshalb wohl aus diplomatischen Rücksichten gar nicht auf die Einladung, sich an dem Sammelband zu beteiligen; manche teilten lakonisch mit, dass sie grundsätzliche Schwierigkeiten mit der Textsorte hätten. So fehlen leider einige prominente Namen.

Von denen, die der Sache letztlich doch eine positive Seite abgewinnen konnten, hatten viele Vorbehalte sowohl gegenüber dem zunächst erwogenen als auch dem definitiv gewählten Titel des Bandes. Der erste Versuchsballon, *Wege in die Übersetzungswissenschaft*, hätte sinnfällig an einen 1991 erschienenen Band mit autobiografischen Zeugnissen von Sprachwissenschaftlerinnen und Sprachwissenschaftlern angeknüpft, aber die Vertreterinnen und Vertreter der Dolmetschwissenschaft ausgeschlossen. *Übersetzen und Dolmetschen: Wege in die Wissenschaft* wurde abgelehnt, weil dadurch der Eindruck hätte entstehen können, etwaige Tätigkeiten vor einem Wechsel in die Translationswissenschaft seien unwissenschaftlich gewesen. Die am Ende gewählte Formulierung besticht nicht eben durch rhetorische Eleganz, scheint aber dafür auf relativ großen Konsens zu stoßen. Allerdings sei nicht verschwiegen, dass zwar vereinzelter aber desto resoluterer Protest die Translationswissenschaft im Titel einforderte. Dies sei nun einmal unverrückbar der Name des Fachs, lautete das Argument selbst von KollegInnen, die genau diese Bezeichnung selbst vor einiger Zeit noch strikt ablehnten. Andere schrieben sich im Korrekturdurchgang den Unmut über die Starrköpfigkeit des Herausgebers in Form eines ergänzten Absatzes oder einer Fußnote von der Seele.

In der Hoffnung auf Nachsicht sei daher ausdrücklich erklärt, welche Intention dem Band zugrunde liegt. Es geht in erster Linie darum, ein junges Fach einer breiteren Öffentlichkeit, die sich unter Übersetzen und Dolmetschen (und eventuell auch unter Übersetzungs- und Dolmetschwissenschaft) etwas vorstellen kann, aber (noch) nicht unter Translation, auf angenehm rezipierbare Weise vorzustellen. Angehörige dieser Zielgruppe, die das Buch durchblättern, werden so oft auf die Begriffe *Translation* und *Translationswissenschaft* stoßen, dass sich der beabsichtigte Gewöhnungseffekt ganz von selbst einstellt. Und es muss auch klar gesagt werden, dass der Band am wenigsten voyeuristischen Bedürfnissen von Insidern entgegenkommen soll.

Die mitwirkenden Beiträgerinnen und Beiträger kommen aus allen Altersgruppen und ursprünglich oft aus Nachbarbereichen. Die Gründergeneration, deren Vertreter wohl noch mehrheitlich in einem philologischen Fach sozialisiert worden sind; die Quereinsteiger, die unter Umständen mit sich selbst noch einen Loyalitätskonflikt auszutragen haben; die an Übersetzen und Dolmetschen interessierten WissenschaftlerInnen, die nicht an einem translationswissenschaftlichen Institut arbeiten; und schließlich der sogenannte wissenschaftliche Nachwuchs, für den eine fachspezifische Wissenschaftlerstelle bereits Normalität ist und der ohne Spartenwechsel in das Fach hineingewachsen ist: Sie alle tragen auf ihre eigene Weise zur Konstruktion des großen translationswissenschaftlichen Gebäudes bei. Diese integrative Sichtweise mag nicht von allen geteilt werden, aber wer an der Entstehung und Herausbildung des Fachs interessiert ist, sollte den Versuchungen der Ausgrenzung nicht nachgeben. Die Wissenschaftsgeschichte, zu der hier ein kleiner Baustein geliefert werden soll, wird später die Traditions-, Verbindungs- und Grenzlinien möglicherweise anders ziehen, als wir heute vermuten würden. Ob wir übrigens wirklich berechtigt sind, schon von einer eigenen Disziplin namens Translations*wissenschaft* im vollen Wortsinn zu sprechen, scheint noch Anlass zur Debatte zu sein: mehr als ein Beiträger sieht sich etwas bescheidener als Vertreter der Übersetzungs*forschung*.

Die einzelnen Artikel sind sehr unterschiedlich gestaltet. In den meisten steht der persönliche Werdegang im Vordergrund, in anderen tritt die Person hinter die Probleme zurück, mit denen sie sich im Laufe des akademischen Lebens beschäftigt hat. Den Abschluss bildet in jedem Fall ein kleines oder auch umfassenderes Schriftenverzeichnis mit den aus subjektiver Einschätzung wichtigsten Publikationen, so dass dieser Band auch einen kleinen Beitrag zur bibliografischen Erschließung des Fachs leistet. Um Verständnis werben möchte der Herausgeber erstens für den Umstand, dass die Reihenfolge der Beiträge keinem sachlichen Ordnungsprinzip folgt, sondern – wie in vielen vergleichbaren Sammelwerken auch – den Launen des Alphabets, und zweitens dafür, dass das kleine Innsbrucker Institut für Translationswissenschaft überrepräsentiert erscheint; der Band ist hier entstanden.

Für technische Unterstützung bei der Einrichtung der Druckvorlage danke ich Frau Susanne Gstach, für die Aufnahme ins Verlagsprogramm von Edition Praesens Herrn Dr. Michael Ritter.

Innsbruck, im August 2004   Wolfgang Pöckl

Jörn Albrecht (Heidelberg)

Mein Weg in die Übersetzungswissenschaft: eine Schlitterpartie

Viele Angehörige meiner Generation befanden sich, nachdem das Abitur endlich bestanden war, in einer unbestimmten, ziemlich hilflosen Lage. Die eigentliche Nachkriegszeit mit ihren Zwängen war längst vorbei, die „Revolution" von 1968 mit ihren emanzipatorischen Versprechungen lag noch in verhältnismäßig weiter Ferne. Es gab also keine starken äußeren Anlässe für die Wahl eines bestimmten Studiums. Das Tor zur Berufswelt stand nur einen Spalt weit offen und gab den Blick frei auf einen dunklen, engen Gang.

Auf der Schule hatten sich auch in den letzten Jahren bei mir keine starken Interessensschwerpunkte herausgebildet. So fiel die Entscheidung zwischen Physik- und Philologiestudium durch das Werfen einer Zehnpfennigmünze. Das Philologiestudium in der Zeit um 1960 mag in mancherlei Hinsicht anspruchsvoller gewesen sein als heute; was die Organisation angeht, war es schlechterdings chaotisch. Wie die heutige Generation wieder hatte ich keine festen Berufsvorstellungen, befürchtete jedoch, daß ich wie Bruder Lustig im Grimmschen Märchen den breiten und angenehmen Weg nehmen und die Gymnasiallehrerlaufbahn einschlagen würde. Schon mit einer Vier im ersten Staatsexamen war man damals dabei. Der Weg zum ersten Staatsexamen war dann doch weniger breit und angenehm als vermutet, was vielleicht auch daran liegen mag, daß er nicht bei einem „Ausreichend" endete. Wenn ich mich schließlich doch dazu entschlossen habe, den engen und rauhen Weg einzuschlagen, so weit die Füße eben tragen mochten, so lag das an einer dumpfen Vorstellung von Wissenschaftlichkeit, die mich damals eher quälte als beflügelte. Ein Großteil der Lehrveranstaltungen, die ich zu besuchen hatte – ich hatte die Fächer Germanistik, Romanistik und Anglistik belegt –, hatten nichts mit dem zu tun, was ich unter „Wissenschaft" verstand, und verschärften das zeitbedingte Gefühl der Ratlosigkeit. Aus diesem völlig undogmatischen Schlummer wurde ich erst gerissen, als ich zunächst bei Gerhard Rohlfs in Tübingen, später bei einigen jungen Assistenten an der Freien Universität Berlin (damals noch eine junge, äußerst effiziente Reformuniversität, an der man einen kräftigen Motivationsschub erhielt) mit der klassischen Ausprägung der historisch-vergleichenden Sprachwissenschaft in Berührung kam. Vom heutigen Standpunkt aus ist mir klar, daß es sich dabei damals schon um ein im Niedergang befindliches „Paradigma" handelte (*Syntactic Structures* war schließlich bereits 1957 erschienen), aber zu einer Zeit, als die Literaturwissenschaft, wie ich sie kennenlernte, aus einem subtilen Netz dogmatisch vorgetragener Behauptungen bestand, die man entweder sympathetisch nachvollziehen konnte oder aber über sich hinweggehen lassen mußte, weil man im wahrsten Sinne des Wortes nichts mit ihnen anfangen konnte, hatte man lediglich in der Mediävistik aller philologischen Fächer das Gefühl, endlich festen Boden unter den Füßen zu

bekommen. Schon nach einem Semester konnte man selbständig, ohne nachzu-
schlagen, mit Hilfe der erlernten Methoden entscheiden, ob ein gegebenes
französisches Wort „lautgesetzlich" entwickelt sein konnte, oder ob es sich um
ein Buchwort handeln mußte. Man hatte in diesen Disziplinen, die gerade in
Berlin von jungen, überdurchschnittlich gut ausgebildeten und begeisterungs-
fähigen Dozenten vermittelt wurden, das Gefühl, Lernfortschritte zu machen, die
sich nicht auf die Akkumulation eines Wissens beschränkten, über dessen
Brauchbarkeit man geteilter Meinung sein konnte.

Bis zu diesem Punkt meiner Studien deutete nichts darauf hin, daß die
Beschäftigung mit der Übersetzung eines Tages eines meiner zentralen
Arbeitsgebiete werden könnte. Dazu bedurfte es eines neuen Anstoßes. Er wurde
mir durch meinen ersten Lehrer, Mario Wandruszka, geliefert, der mich mit
einer synchronisch vergleichenden Linguistik bekannt machte, die von dem
Nachfolger Saussures auf dem Genfer Lehrstuhl für Allgemeine Sprachwissenschaft, Charles Bally (1865-1947), begründet und später auf deutlich geringerem
theoretischen Niveau unter der zumindest erklärungsbedürftigen Bezeichnung
Stylistique comparée weitergeführt wurde. Aus heutiger Sicht handelt es sich um
eine Mischform aus kontrastiver Linguistik, Sprachtypologie und Sprachcharakteristik. Meine Doktorarbeit, *Le français langue abstraite?* (Albrecht 1970),
stand ganz in dieser Tradition. Meine ersten wissenschaftlichen Aufsätze führten
den eingeschlagenen Weg weiter, sie waren einer Methode verpflichtet, die ich
heute „Übersetzungsvergleich im Dienste der kontrastiven Sprachwissenschaft"
nennen würde (vgl. Albrecht 1999, 17ff.; 2001, 4f.). Auch weitere Arbeiten
lagen zumeist auf dieser Linie. Die Übersetzung fungierte dabei als heuristisches
Mittel, nicht als eigentlicher Gegenstand der Forschung (vgl. Albrecht 1971;
1976 und 1977). Als mir Christian Rohrer anbot, in der von ihm mitbetreuten
Reihe *Romanistische Arbeitshefte* ein Bändchen mit dem Titel *Linguistik und
Übersetzung* zu verfassen, war ich gezwungen, die Übersetzung nicht nur als
methodisches Hilfsmittel, sondern als eigentliches Problem ins Auge zu fassen.
Als hilfreich erwiesen sich dabei die frühen Klassiker der Übersetzungs-
wissenschaft im engeren Sinne, Nida (1964), Mounin (1963), Catford (1965),
und, das muß an dieser Stelle besonders hervorgehoben werden, die Habili-
tationsschrift von Katharina Reiß (1971). Diese erste Monographie nach meiner
Dissertation erhob nie den Anspruch, ein eigenständiger Beitrag zur sogenannten Übersetzungswissenschaft zu sein und alle theoretischen und praktischen
Probleme der Übersetzung zu behandeln. Schon der Titel *Linguistik und
Übersetzung* (Albrecht 1973) bringt das deutlich zum Ausdruck.

Die Arbeit an meiner Habilitationsschrift führte mich wieder weit weg
von den Problemen der Übersetzung. Ich hatte mir ein Thema zur Varietätenlinguistik und zur Lexikographie ausgesucht, zwei linguistischen Teildisziplinen,
die mich dann später bis in die jüngste Vergangenheit hinein immer wieder
beschäftigen sollten. Der etwas unvermittelte Einstieg in das Berufsleben – mit
Ende dreißig, also in einem Alter, in dem man in manchen Großbetrieben schon
als nicht mehr innovativ genug gilt, hatte ich eine Lehrstuhlvertretung für

Romanische Philologie an der Universität Würzburg übernommen – brachte es mit sich, daß ich meine Habilitationsschrift erst sehr spät und nicht als Buch, sondern als eine Folge von längeren und kürzeren Aufsätzen veröffentlichen konnte (vgl. u.a. Albrecht 1978; 1979; 1981; 1986; 1990a; 1991; 1993; 1997 und schließlich 1998b). Meine erste durch die Habilitation, nicht durch eine Berufung erworbene *venia legendi* lautete „Romanische Philologie" ohne jeden einschränkenden Zusatz. Ich war also zunächst als waschechter Philologe ausgewiesen, der sich auch für Literatur zuständig fühlen konnte. Vielleicht fühlte ich mich deshalb berechtigt und ermutigt, mich später auch der Literatur zuzuwenden, wenn auch unter sprach- und übersetzungswissenschaftlichen Gesichtspunkten. In meiner Tübinger Antrittsvorlesung über die deutsche und die italienische Übersetzung von Raymond Queneaus Roman *Zazie dans le métro*, die später in der von Wolfgang Pöckl veranstalteten zweiten Wandruszka-Festschrift erschienen ist (Albrecht 1981), habe ich versucht, Varietätenlinguistik, Übersetzungswissenschaft und Literaturbetrachtung miteinander zu verbinden.

Meine Lehrstuhlvertretung in Würzburg schien ganz auf eine klassische Romanistenlaufbahn hinzuführen. Ich hatte für jedes Semester eine völlig neue Hauptvorlesung auszuarbeiten und konnte daher zwei Jahre lang so gut wie nichts publizieren. Die Bewerbungslage hatte sich nach dem Boom der frühen siebziger Jahre dramatisch verschlechtert. Die erfolgreiche Bewerbung um eine C3-Professur am Fachbereich Angewandte Sprachwissenschaft (heute Fachbereich Angewandte Sprach- und Kulturwissenschaft) in Germersheim verschaffte mir mit Anfang vierzig die erste gesicherte Stellung. De iure war ich für italienische Sprach- und Kulturwissenschaft zuständig, de facto hatte ich darüber hinaus sehr viel mit französischer Sprachwissenschaft zu tun. Meine Informationen über universitäre Ausbildungsstätten für Übersetzer und Dolmetscher waren damals genauso spärlich wie die heute in einer größeren Öffentlichkeit verbreiteten. Voller Erstaunen mußte ich feststellen, daß sich der Lehr- und Forschungsbetrieb nicht nennenswert von dem der traditionellen Philologien unterschied. Dennoch fühlte ich mich verpflichtet, mich nunmehr stärker den Fragen der Übersetzungsforschung zuzuwenden. Es gehört zu den gefährdeten, aber durchaus erhaltenswerten Traditionen des deutschen Universitätsbetriebs, daß man einem neu zu Berufenden, der dem Ausschreibungstext nicht genau entspricht, einen gewissen Vertrauensvorschuß entgegenbringt. Man hofft, daß er sich aus eigenem Antrieb all das aneignen wird, was man von dem Inhaber der betreffenden Stelle erwartet. Diese innere Verpflichtung nahm zu, nachdem ich einen inzwischen an mich ergangenen Ruf für Romanische Sprachwissenschaft an der Universität Wien abgelehnt und dafür einen Ruf auf einen Ordentlichen Lehrstuhl für Allgemeine Sprachwissenschaft in Germersheim selbst angenommen hatte. Inzwischen waren nicht nur in Deutschland, sondern auch in anderen europäischen und außereuropäischen Ländern viele Übersetzungsforscher energisch bestrebt, ihre eigene Disziplin aus dem Schoß der Philologien zu lösen und auch gegenüber der Sprachwissenschaft abzugrenzen. Ich habe erst kürzlich versucht, diesen historischen Prozeß in einem Beitrag zur dritten Wandruszka-Festschrift, die ich zusammen mit Hans-Martin Gauger herausgegeben habe, zu skizzieren (vgl. Albrecht 2001).

Mir war und ist bei dieser Entwicklung nie wohl. Erst heute ist mir so richtig klar geworden, wie stark der Einfluß war, den mein zweiter akademischer Lehrer, Eugenio Coseriu, vor allem in allgemein wissenschaftstheoretischer Hinsicht auf mich ausgeübt hat, obwohl er selbst von einer um ihrer selbst willen betriebenen Wissenschaftstheorie nichts hielt. Wissenschaftstheorie war für ihn ein Nebenprodukt theoriegeleiteter Forschung, und der theoretische Rahmen dafür wurde aus allgemeinen erkenntnistheoretischen Prinzipien abgeleitet. Ich stand vor dem Problem, meinen eigenen Weg in der neuen Situation zu finden, die sich nach dem Abebben der generativistischen Welle herausgebildet hatte. Die Zeit der „neuen Unübersichtlichkeit" war angebrochen, und sie führte nahezu notwendigerweise dazu, daß sich rasch rezipierende und ebenso rasch produzierende Kollegen dazu ermutigt fühlten, äußerst unterschiedliche Positionen zu amalgamieren. Als Coseriu-Schüler wurde man damals bereits als Traditionalist angesehen, der verzweifelte Rückzugsgefechte führte. Noch war ich selbst nicht alt genug, um der Versuchung zu widerstehen, wenigstens ein bißchen am *mainstream* zu partizipieren. Dennoch begann sich das Denken meines Lehrers, gewissermaßen gegen meinen eigenen Willen, mit verzögerter Wirkung bei mir durchzusetzen. Aus Platzmangel und aus Gründen der Deutlichkeit können hier nur die negativen Aspekte dieser Entwicklung dargestellt werden; es ist nun einmal leichter, das darzustellen, was man nicht will, als das, was man will. An der Sprache interessierte mich neben der „objektiven" vor allem auch die „intersubjektive" Funktion, die im Strukturalismus, zumindest im europäischen Strukturalismus, im Vordergrund gestanden hatte: Sprache als *ergon*, nicht als *dynamis* oder *energeia*, d.h. in einer völlig anderen Terminologie ausgedrückt, Sprache als „objektives Sozialgebilde". Kognitivistische Ansätze aller Art nahm ich dankbar als Ergänzungen zu meiner eigenen Position auf, war aber nicht bereit, sie als das neue Paradigma anzusehen, das aufgerufen war, das mir vertrautere und meinem Denken gemäßere zu ersetzen. Damit war nahezu notwendigerweise auch eine höhere Bewertung der Rolle der Sprache, d.h. vor allem der *Sprachen* beim Vorgang des Übersetzens verbunden. Für mich blieb die Übersetzungswissenschaft primär eine Form der Allgemeinen Sprachwissenschaft, die sich freilich anderer Disziplinen für ihre Zwecke zu bedienen hat. In zwei Aufsätzen habe ich versucht, in fruchtbarer Auseinandersetzung mit den Ideen meines Germersheimer und später dann Heidelberger Kollegen Hans J. Vermeer, meine Position zu klären (vgl. Albrecht 1987 und 1990b). Leider handelt es sich dabei im Wortsinne um den Versuch einer Klärung meiner eigenen Position für mich selbst. Er scheint etwas autistisch ausgefallen zu sein, denn das meiste daran wurde, wie ich an den Reaktionen unschwer erkennen konnte, völlig mißverstanden.

1991 folgte ich einem Ruf an die Universität Heidelberg. Meine neue *venia* lautete „Übersetzungswissenschaft: Französisch", und damit war mein

Weg in eine Disziplin zu einem Ende gekommen, das nie mein eigentliches Ziel gewesen war. Ich hatte zwar nie daran gezweifelt, daß das Phänomen „Übersetzung" Gegenstand wissenschaftlicher Forschung sein könne, aber ich zweifelte und zweifle immer noch daran, daß es sich dazu eignet, eine autonome Disziplin zu stiften. Ich will dabei nicht ganz so weit gehen wie Wolfgang Klein (1992, 105), der der Übersetzungswissenschaft bestenfalls in organisatorischer Hinsicht Autonomie gegenüber der Sprachwissenschaft zugestehen möchte:

> [...] am Problem des Übersetzens gibt es nichts, was über die Erforschung der Sprache und des Sprachgebrauchs hinausführen würde; ich sehe deshalb keinen inhaltlichen Grund für eine eigene Disziplin „Übersetzungswissenschaft". Aber es mag sehr wohl gute Gründe anderer Art geben, beispielsweise organisatorische, die eine solche Ausgliederung praktisch sinnvoll machen.

Die Übersetzung selbst, als praktische Tätigkeit, ist mit Sicherheit keine Wissenschaft, keine *scientia*, sondern eine *ars*, eine Kunst, ein Handwerk, und die Übersetzungswissenschaft, so wie sie heute betrieben wird, droht die handwerklichen Aspekte ihres Gegenstandes aus dem Auge zu verlieren (vgl. u.a. Albrecht 1973, 2; 1987, 16ff.). Und diese handwerklichen Aspekte, deren Vermittlung vor allem in der Ausbildung außerordentlich wichtig ist, wie gleich noch zu zeigen sein wird, lassen sich nicht ausnahmslos der Sprachwissenschaft subsumieren.

Da ich nun einmal aus freiem Entschluß zu einem nunmehr offiziell so bezeichneten „Übersetzungswissenschaftler" geworden war, begann ich, mich in Forschung und Lehre der Probleme der Übersetzung entschiedener als früher anzunehmen, ohne deshalb meine Interessen im Bereich der Sprachphilosophie, der Geschichte der Sprachwissenschaft, der kontrastiven Linguistik und der Sprachcharakteristik völlig zurückzustellen (vgl. hierzu Schreiber 1999). Ich intensivierte meine Bemühungen im Bereich der übersetzungsrelevanten Terminologiearbeit in der Forschung und vor allem in der Lehre – ein Drittel der von mir betreuten Diplomarbeiten sind terminologischer Natur. Meine regelmäßig angebotene Übersichtsvorlesung zu allen Gebieten der Sprachwissenschaft im engeren und im weiteren Sinne wurde völlig umgearbeitet. Die Behandlung der jeweiligen Disziplin wurde auf das Notwendigste begrenzt, ihre Relevanz für die Tätigkeit des Übersetzens stark betont und die Bezüge zur Übersetzung herausgearbeitet. Die Vorlesungen zur Sprach- und Kulturgeschichte wurden im Laufe der Jahre immer stärker zu Vorlesungen zur Übersetzungsgeschichte umgestaltet. Wenn ich auch weiterhin an den Fragen einer prospektiv-präskriptiven Übersetzungsforschung interessiert war, so wandte ich mich – nicht zuletzt unter dem Einfluß der Publikationen des Göttinger Sonderforschungsbereichs – zunehmend auch Fragen einer retrospektiv-deskriptiven Übersetzungsforschung zu. Bis heute stehen sich die beiden Richtungen feindlich gegenüber, unnötigerweise, wie ich meine. Es handelt sich nicht um kontradiktorische, sondern um komplementäre Ansätze. Man kann auf beiden

Gebieten arbeiten, ohne dabei an wissenschaftstheoretischen Gewissensqualen zu leiden. Ein weiteres Drittel der von mir betreuten Diplomarbeiten beschäftigen sich mit Fragen der historisch-deskriptiven Übersetzungsforschung. Bei meinen Arbeiten zur Übersetzungsgeschichte galt mein besonderes Augenmerk dem Einfluß, den die Tätigkeit der Übersetzer auf die Zielsprache ausgeübt haben könnte und nachweislich ausgeübt hat (vgl. u.a. Albrecht 1995; 2003a; 2003b).

In meinem Buch zur literarischen Übersetzung (Albrecht 1998a) habe ich eine Synthese dieser beiden Behandlungsweisen eines komplexen Phänomens versucht. Ich habe dabei die beiden unterschiedlichen Annäherungen an den Gegenstand des Übersetzens so eng verknüpft, daß ich bei den Rezensenten, die meist dem einen oder dem anderen Lager angehörten, Verwirrung stiften mußte. Im übrigen – das klang zwischen den Zeilen an – waren meine Zunftgenossen nicht unbedingt erfreut darüber, daß da jemand einen so ernsten Gegenstand „in einem klaren und von Fachterminologie so frei wie nur möglich gehaltenen Gesprächsstil" (Apel 1999) behandelte. Allein, dergleichen darf und soll man tun, wenn man sich dem Ende seiner Laufbahn nähert und sich nirgendwo mehr bewerben kann. Es ist geradezu eine Pflicht für die Vertreter der Geistes- und Sozialwissenschaften, im Zeitalter rigider Sparmaßnahmen eine breitere Öffentlichkeit davon zu unterrichten, daß unsere Gilde gelegentlich etwas hervorzubringen imstande ist, das nicht nur für die engsten Fachgenossen bestimmt ist.

Immerhin hatte das Buch eine erfreuliche, wenn auch nicht ganz unbedenkliche Nebenwirkung. Ich durfte meine Ansichten nun in Kreisen vortragen, die unsereinen, wenn nicht mit Verachtung, so doch zumindest mit Mißtrauen betrachten: Ich wurde von Literaturkritikern und literarischen Übersetzern eingeladen, vor denen ich – vorsichtig und schüchtern – meine reichlich abstrakten Vorstellungen entwickelte. Diese mich persönlich bereichernden Kontakte mit einer Welt, die weniger gut aufgeräumt, aber viel bunter war als die mir vertraute, stellten viel mühsam Errungenes wieder in Frage. Sie verstärkten eine Entwicklung, die sich schon früher abgezeichnet hatte: Sie begleiteten mich auf meinem Weg *aus* der Übersetzungswissenschaft in die Übersetzungspraxis. Ich begann, Seminare und Übungen anzubieten, in denen ganze Bücher – zuweilen sogar ziemlich dicke – übersetzt wurden.

Die Organisation und Durchführung dieser Kurse stimmten mich zunehmend milder gegenüber der Herablassung, mit der bekannte Übersetzer den Übersetzungstheoretikern zu begegnen pflegen (vgl. u.a. H. Winter, zitiert in Albrecht 1987, 10). Wie viele praktische Probleme hatte ich bisher bei meinen theoretischen Überlegungen in höchst unzureichender Form zur Kenntnis genommen. Wie viele für die Übersetzungspraxis wichtige Dinge hatte ich bisher völlig übersehen. Zwar hatte ich auch vorher schon in allen einführenden Lehrveranstaltungen die Hilfsmittel für Übersetzer und Dolmetscher ausführlich behandelt, aber erst nachdem ich viele hundert Seiten übersetzt hatte, konnte ich die Stärken und Schwächen der unterschiedlichen Nachschlagewerke – vor allem auch im Vergleich zum *World Wide Web* – aus eigener Erfahrung beurteilen. Es ist hier nicht der Ort, ausführlich über die Übersetzungspraxis in der Lehre zu berichten, schließlich geht es hier ja um Übersetzungs*wissenschaft*. Vielleicht dürfen wenigstens einige für Übersetzungstheoretiker und Übersetzungskritiker besonders bedeutsame Erkenntnisse festgehalten werden. Zunächst zur Übersetzungskritik: Sehr häufig geschieht es, daß an einer Stelle auf die punktuell gesehen optimale übersetzerische Lösung verzichtet werden muß, aus einem Grund, der sich hundert Seiten früher oder später im Gesamttext findet.

Das Verhältnis von Theorie und Praxis ist bei Lehrveranstaltungen dieser Art sorgfältig zu überdenken. Es konnte natürlich unmöglich ein Text von 400 Seiten so „durchgenommen" werden, wie dies in Übersetzungsübungen üblich ist. Der Gesamttext wurde mit unterschiedlichen Farben markiert, um Kohärenz auf den verschiedensten Gebieten herzustellen: Behandlung von Eigennamen, Naturgegenständen, Artefakten, kulturellen Institutionen. Es war generell festzulegen, welche Teilstrategien anzuwenden waren. Inwieweit sollte, um nur ein Beispiel zu nennen, die außerordentlich flexible Satzgliedstellung des sog. *français populaire* bis zur Grenze der Belastbarkeit der deutschen Syntax nachgeahmt werden? Dies alles konnte dann durch praxisbegleitende übersetzungswissenschaftliche Exkurse vertieft werden. Sie wurden dankbarer aufgenommen als theoretische Erörterungen, denen keine praktischen Schwierigkeiten vorausgegangen waren.

Natürlich mußte ich zum Schluß die eingereichten Rohübersetzungen so weit überarbeiten, daß wirklich ein Text aus einem Guß entstand. Dabei trat mir das kasuistische Element der Übersetzungspraxis immer stärker vor Augen, und ich zweifelte immer stärker daran, ob es überhaupt sinnvoll sein kann, eine Theorie zu entwerfen, die den komplexen Vorgang des Übersetzens insgesamt modelliert. Wir sollten uns mit Teiltheorien zufriedengeben.

Bin ich nun eigentlich ein wirklicher Übersetzungswissenschaftler geworden? Ich fürchte, nein. Ich betrachte mich weiterhin als einen Philologen überwiegend sprachwissenschaftlicher Ausrichtung, der sowohl der Theorie als auch der Praxis des Übersetzens besondere Aufmerksamkeit widmet. Ich halte es weiterhin nicht unbedingt für einen Fehler, wenn künftig junge Kolleginnen und Kollegen mit ähnlichem Hintergrund an universitäre Ausbildungsstätten für Übersetzer berufen werden. Einen wirklichen Spezialisierungsbedarf sehe ich eher im Bereich des Dolmetschens. Ich habe im Laufe meiner Heidelberger Tätigkeit eine ganze Reihe von hochinteressanten dolmetschwissenschaftlichen Arbeiten betreut, die sich zum großen Teil auf empirisches, durch geeignete Versuche gewonnenes Material stützen. Ich habe mich dabei ganz bewußt, manchmal zum Verdruß meiner tüchtigen Schülerinnen, auf sprachbezogene, genauer gesagt sogar sprachenpaarbezogene Fragestellungen beschränkt. Das Dilettieren im Bereich der Neurolinguistik und der Kognitionsforschung von Kollegen, die nie ein Semester Psychologie oder Medizin studiert haben, war mir immer ein wenig verdächtig. Es wäre zu begrüßen, wenn sich in Zukunft in unserer Zunft Personen finden würden, die in späteren Sammelbänden mit

gutem Gewissen über „ihren Weg in die Dolmetschwissenschaft" berichten können. Für eine Erweiterung meiner eigenen translatologischen Kompetenz in
Richtung auf eine nicht nur dilettantische Interdisziplinarität ist es nun leider zu
spät. Der hier vorliegende Rückblick wurde bewußt sehr persönlich gehalten.
Ich habe getan, was die meisten von uns nicht ungern tun; etwas, das üblicherweise mit einem spöttischen Lächeln quittiert wird, bei einem solchen Anlaß
jedoch ausnahmsweise gestattet ist: Ich habe fast ausschließlich mich selbst
zitiert. Da die übersetzungsbezogenen Arbeiten in meinem Œuvre ungefähr ein
Drittel ausmachen, ist dem Leser einiges an Nabelschau erspart geblieben. Die
konsequent egozentrische Betrachtungsweise soll hier unerbittlich beibehalten
und mit einem kleinen Ausblick in die Zukunft abgeschlossen werden. Ich plane
noch einen umfangreicheren Beitrag zu einer Einführung in die Übersetzungsforschung aus philologischer Sicht. Ich habe den sprachwissenschaftlichen Teil
übernommen; er liegt bereits in einer Rohfassung von 200 Seiten vor. Mein
Kollege Norbert Greiner hat den literaturwissenschaftlichen Teil beigesteuert;
das Skript liegt bereits in der Endfassung vor. Wir glauben mit dem vergleichsweise unverbindlichen Terminus *Übersetzungsforschung* unserem Anliegen
besser gerecht zu werden als mit der ehrfurchgebietenden Bezeichnung
Übersetzungswissenschaft.

Literatur

Albrecht, Jörn (1970): *Le français langue abstraite?* Diss. Tübingen: Niemeyer (=
 TBL 10).
idem (1973): *Linguistik und Übersetzung.* Tübingen: Niemeyer (= Romanistische
 Arbeitshefte 4).
idem (1971): 'Monsieur, vous avez perdu vos gants!' Zum Problem der Anredeformen
 im Deutschen und einigen benachbarten Sprachen. In: *Interlinguistica* (Festschrift Wandruszka). Tübingen: Niemeyer, 355-370.
idem (1976): Les équivalents de l'allemand *eigentlich* dans les dictionnaires bilingues
 et dans la réalité de l'usage. In : *Cahiers de Lexicologie* 28/1, 60-73.
idem (1977): Wie übersetzt man eigentlich *eigentlich?*. In: Harald Weydt (Hg.):
 Aspekte der Modalpartikeln. Studien zur deutschen Abtönung. Tübingen, 19-37.
idem (1978): Lo scrittore quale ‚sociolinguista'. In: *Agorà* 16, 33-52.
idem (1979): Italiano non-aulico unitario? Zum Problem des überregionalen Sub-
 standards im Italienischen. In: *Italienische Studien* 2, 145-160.
idem (1981): *Zazie dans le métro* italienisch und deutsch. Zum Problem der
 Übersetzung von Texten großer sozio-stilistischer Variabilität. In: *Europäische
 Mehrsprachigkeit* (Festschrift Wandruszka). Tübingen, 311-328.
idem (1986): ‚Substandard' und ‚Subnorm'. Die nicht-exemplarischen Ausprägungen
 der ‚Historischen Sprache' aus varietätenlinguistischer Sicht. In: G. Holtus/ E.
 Radtke (Hgg.): *Sprachlicher Substandard.* Tübingen, 65-88.
idem (1987): Wissenschaftstheoretischer Status und praktischer Nutzen der Übersetzungswissenschaft. In: R. Ehnert/ W. Schleyer (Hgg.): *Übersetzen im Fremdsprachenunterricht.* Beiträge zur Übersetzungswissenschaft - Annäherungen an

eine Übersetzungsdidaktik. Regensburg (= *Materialien Deutsch als Fremd-sprache 26*), 9-23.

idem (1990a): 'Substandard' und ,Subnorm'. Die nicht-exemplarischen Ausprägungen der ,Historischen Sprache' aus varietätenlinguistischer Sicht" (Fortsetzung). In: G. Holtus/E. Radtke (Hgg.): *Sprachlicher Substandard III*. Tübingen, 44-127.

idem (1990b): Invarianz, Äquivalenz, Adäquatheit. In: Reiner Arntz/ Gisela Thome (Hgg.): *Übersetzungswissenschaft. Ergebnisse und Perspektiven*. Festschrift für Wolfram Wilss zum 65. Geburtstag. Tübingen, 71-81.

idem (1991): Pseudoreflexiva im Substandard einiger europäischer Sprachen. In: Elisabeth Feldbusch/ Reiner Pogarell/ Cornelia Weiß (Hgg.): *Neue Fragen der Linguistik*. Akten des 25. Linguistischen Kolloquiums Paderborn 1990. Bd. 1 *Bestand und Entwicklung*. Tübingen, 273-281.

idem (1993): Esistono delle caratteristiche generali del linguaggio giovanile? In: Edgar Radtke (Hg.): *La lingua dei giovani*. Tübingen, 25-34.

idem (1995): Der Einfluß der frühen Übersetzertätigkeit auf die Herausbildung der romanischen Literatursprachen. In: Christian Schmitt/ Wolfgang Schweickard (Hgg.): *Die Romanischen Sprachen im Vergleich*. Akten der gleichnamigen Sektion des Potsdamer Romanistentages (27. 30. 9. 1993). Bonn, 1-37.

idem (1997): Reflexivkonstruktionen in einigen romanischen und germanischen Sprachen. In: Gerd Wotjak (Hg.): *Studien zum romanisch-deutschen und inner-romanischen Sprachvergleich*. Akten der III. Internationalen Arbeitstagung zum romanisch-deutschen Sprachvergleich, Leipzig, 9. 10. – 11. 10. 1995. Frankfurt am Main [u.a.], 453-468.

idem (1998a): *Literarische Übersetzung*. Geschichte – Theorie – Kulturelle Wirkung. Darmstadt.

idem (1998b): Der Schriftsteller als Soziolinguist. Ein Beispiel für unmittelbare Beziehungen zwischen Literatur- und Sprachbetrachtung. In: Frank-Rutger Hausmann/ Harro Stammerjohann (Hgg.): *Haben sich Sprach- und Literaturwissenschaft noch etwas zu sagen?* Bonn, 13-34.

idem (1999): Übersetzungsvergleich und »Paralleltextvergleich« als Hilfsmittel der konfrontativen Sprachwissenschaft und der Übersetzungsforschung. In: Sylvia Reinart/ Michael Schreiber (Hgg.): *Sprachvergleich und Übersetzen: Franzö-sisch und Deutsch*, Akten der gleichnamigen Sektion des ersten Kongresses des Franko-Romanistenverbandes (Mainz, 24.-26. September 1998). Bonn, 9-32.

idem (2001): Das Verhältnis von Sprachwissenschaft und Übersetzungsforschung. In: Jörn Albrecht/ Hans-Martin Gauger (Hgg.): *Sprachvergleich und Übersetzungs-vergleich*, Leistung und Grenzen, Unterschiede und Gemeinsamkeiten. Frankfurt am Main [u.a.], 1-13.

idem (2003a): Die Berücksichtigung des Faktors „Übersetzung" in der Sprachge-schichtsschreibung. In: Alberto Gil/ Christian Schmitt (Hgg.): *Aufgaben und Perspektiven der romanischen Sprachgeschichte im dritten Jahrtausend* (= Akten der gleichnamigen Sektion des XXVII. Deutschen Romanistentages München, 7.-10. Oktober 2001). Bonn, 1-20.

idem (2003b): Können Diskurstraditionen auf dem Wege der Übersetzung Sprach-wandel auslösen? In: Heidi Aschenberg/ Raymund Wilhelm (Hgg.): *Romanische Sprachgeschichte und Diskurstraditionen*. Tübingen, 37-53.

Apel, Friedmar (1999): Ein Wort hier und eines da. Jörn Albrecht will wissen, was eine literarische Übersetzung ist. In: *Frankfurter Allgemeine Zeitung*, 11. Januar 1999.

Catford, John C. (1965): *A Linguistic Theory of Translation*. London.

Klein, Wolfgang (1992): Was kann sich die Übersetzungswissenschaft von der Linguistik erwarten? In: *Zeitschrift für Literaturwissenschaft und Linguistik* 84, 104-123.

Mounin, Georges (1963): *Les problèmes théoriques de la traduction*. Paris.

Nida, Eugene A. (1964): *Toward a Science of Translating*. With Special Reference to Principles and Procedures involved in Bible Translating. Leiden.

Reiß, Katharina (1971): *Möglichkeiten und Grenzen der Übersetzungskritik*. Kategorien und Kriterien für eine sachgerechte Beurteilung von Übersetzungen. München.

Schreiber, Michael (1999): Grobes Portrait eines feinen Profils. Zu Jörn Albrechts Werk. In: Norbert Greiner/ Joachim Kornelius/ Giovanni Rovere (Hgg.): *Texte und Kontexte in Sprachen und Kulturen*. Festschrift für Jörn Albrecht. Trier, 3-6.

Dörte Andres (Mainz-Germersheim)

„Zu neuen Ufern lockt ein neuer Tag"

Über sich und den eigenen Werdegang zu schreiben, ist ein seltsames Unterfangen. Man beginnt, sein eigenes Leben unter einer bestimmten Perspektive zurückzuverfolgen und erkennt dabei, wie sich, wie bei einem Mosaik, ein Stück, mal größer, mal kleiner, mal schillernder, mal blasser, zum anderen fügt.

1952 wurde ich zufällig im Münsterland geboren, meine Eltern wollten dort nicht bleiben und waren noch immer auf der Suche nach einer „Heimat". Meine Mutter war gebürtige Schwedin, deren Eltern nach Schlesien gingen, als sie noch jung war. Mein Vater war Schlesier; während des Krieges waren sie aus Schlesien vertrieben worden, durchwanderten Deutschland und landeten schließlich mit ihren drei Kindern in Engelskirchen, im Bergischen Land, einem kleinen Ort, wo ich aufwuchs. Meine Kindheit war davon geprägt, dass meinen Eltern sehr daran gelegen war, ihren Kindern eine gute Ausbildung zukommen zu lassen, d. h. Abitur und Studium, etwas, das ihnen aufgrund des Zweiten Weltkrieges verwehrt gewesen war. Häufig fiel der Satz: Wissen kann einem niemand nehmen.

In Engelskirchen selbst gab es kein Gymnasium, die wenigen Schüler, die damals, 1962, auf weiterführende Schulen gingen, mussten oft weite Strecken mit dem Bus zurücklegen. So auch ich, aber glücklicherweise nur die ersten zwei Jahre, da auf Betreiben und aufgrund eines unglaublichen Engagements meines Vaters schließlich in Engelskirchen ein von der Evangelischen Kirche getragenes Neusprachliches Gymnasium entstand. Ich gehörte zum zweiten Jahrgang mit 14 SchülerInnen, die in Engelskirchen Abitur machen konnten.

Während der Gymnasialzeit entwickelte ich sehr eindeutig eine klare Vorliebe für Sprachen und Musik, diese blieb bis zum Abitur, wobei Französisch mit Abstand die Sprache war, für die ich mich mit Herz und Seele begeisterte. Wahrscheinlich haben dazu die vielen Frankreichaufenthalte in einer Familie beigetragen, bei der ich zunächst im Alter von 15 Jahren als Au-pair-Mädchen tätig sein sollte, die mich aber als neunte Tochter „adoptierte", so dass nach dem ersten Aufenthalt ein reger deutsch-französischer Austausch erfolgte. Verschiedene Töchter kamen zu uns und ich reiste, wann immer ich wollte, nach Frankreich. Es war eine „alte" französische Familie, der Großvater war Präsident der französischen Handelskammer gewesen, hatte den Ersten und Zweiten Weltkrieg erlebt und zusehen müssen, wie sich in seinem Landhaus an der französischen Nordseeküste, am Ärmelkanal, die deutsche Wehrmacht einquartierte. Entsprechend schwer tat er sich zunächst mit dem deutschen Gast, merkte aber wohl recht bald, wie unbedarft ich in allem war, was die deutschfranzösische Vergangenheit betraf, und ich nur all das aufsaugen wollte, was französische Kultur und Sprache zu bieten hatte. So begannen „grand-père Descamps" – der von den Enkeln noch gesiezt wurde – und vor allem sein Sohn

Edouard mit seiner Frau Monique mir Frankreich nahe zu bringen, in all seinen Schattierungen, mit all seinem Reichtum und in seiner ganzen kulturellen und geografischen Vielfalt. Dass die französische Sprache einen wesentlichen Raum einnahm, versteht sich von selbst. Erst heute weiß ich, wie sehr ich von diesem Kontakt profitierte.

Zunächst jedoch hatten meine Frankreichaufenthalte zur Folge, dass Französisch immer mehr in den Mittelpunkt rückte und ganz sachte die Musik verdrängte, die zumindest bis dahin durch das Spielen mehrerer Instrumente, durch Mitwirken in Chören und Orchestern den größeren Raum eingenommen hatte. Allmählich nahm ich auch von meiner Überlegung abstand, in Wien am Konservatorium Musik zu studieren. Französisch wollte mich nicht loslassen. Meine Eltern waren von meinem Sinneswandel eher entzückt, denn Musik war in ihren Augen zwar wunderbar als Hobby, aber ansonsten eine „brotlose Kunst". Ihr Entzücken legte sich jedoch, als ich schließlich verkündete, ich würde Lehrerin. Dass diese Äußerung einer Oberprimanerin über ihren zukünftigen krisensicheren Werdegang nicht auf elterliche Begeisterung stieß, hatte natürlich einen Grund. Da es in der engeren und weiteren Familie vor Lehrpersonen nur so wimmelte und meine Eltern der Ansicht waren, dass dieser Beruf den Charakter verdirbt und aus normalen Menschen lebende erhobene Zeigefinger macht, versuchten sie ganz entschieden, mich umzustimmen. Nur, was sollte ich denn sonst werden, mit meinem Interesse für Sprachen und Musik? Es kam der Zufall zu Hilfe – und die Deutsche Bundespost. Da ich zwischen Abitur und Studium noch einige Monate Zeit hatte, jobbte ich als Briefträgerin. In dieser Funktion hat man regen Kontakt mit den Menschen, denen man mehr oder weniger erfreuliche Nachrichten ins Haus trägt, an deren Leben man teilnimmt – zumindest auf dem Land, vor allem an Geburtstagen, wo gerne Kuchen und Schnäpse, auch schon am frühen Morgen, serviert werden. Bei einem solchen geburtstäglichen Anlass lernte ich einen Langzeitstudenten aus Saarbrücken kennen, der gerade ein paar Tage zu Hause weilte und mit dem ich ins Gespräch kam. Aus dem Gespräch wurde eine Verabredung und aus der Verabredung 1971 die Teilnahme an der Aufnahmeprüfung am Institut für Übersetzen und Dolmetschen der Universität des Saarlandes mit Französisch als erster und Englisch als zweiter Fremdsprache. Neues Berufsziel: Dolmetscherin, ein Beruf, der mir bis dahin völlig unbekannt war. Ich bestand die Aufnahmeprüfung und nahm im Wintersemester mein Studium in Saarbrücken auf. Die Enttäuschung war groß, als ich feststellen musste, dass man zu den Dolmetschübungen erst nach bestandener Vorprüfung, d. h. in der Regel nach vier Semestern zugelassen war. Diese ersten Semester bereiteten mir ein Schockerlebnis nach dem anderen. Zunächst konnte ich nicht begreifen, dass man eine Doppelstunde damit verbringen konnte, fünfzehn Zeilen zu übersetzen, und noch weniger konnte ich begreifen, wann eine Übersetzung gut oder nicht gut war, welche anderen Kriterien es gab, außer der subjektiven Meinung der DozentInnen. Fassungslos musste ich feststellen, dass das, was bei dem einen als übersetzerischer Ansatz hoch gelobt, bei dem anderen als unzulässig verworfen wurde. So begann ich, mich auf die Eigenarten der DozentInnen einzustellen und verbrachte im übrigen so viel Zeit wie möglich in der Romanistik und Anglistik und trauerte meinem Philologie-Studium nach. Das Wort Studienabbruch nahm ich in meinen Wortschatz auf. So wanderte ich lustlos von einer Übersetzungsübung zur nächsten, von dort zur Phonetik und Landeskunde. Von Übersetzungstheorien blieb das Grundstudium unbelastet. Den zweiten großen Schock bekam ich im dritten Semester, wo ich in der scheinpflichtigen schriftlichen Prüfung „Textanalyse und Zusammenfassung" durchfiel, obwohl diese eine der wenigen Übungen gewesen war, die mir wirklich Spaß gemacht und an der ich mich zur großen Freude meiner Dozentin lebhaft und konstruktiv mündlich beteiligt hatte. Der Schein fehlte mir und ich musste daher mein Vordiplom um ein Semester verschieben. Mit erheblichem Widerwillen besuchte ich im folgenden Semester erneut diese Übung. Das, was ich dort, wenn auch zunächst mit Abneigung, ein weiteres Semester lernte, sollte sich für mein weiteres Dolmetschstudium als äußerst wertvoll erweisen. Im zweiten Anlauf bekam ich den Schein und absolvierte noch im gleichen Semester mein Vordiplom.

Auch das Dolmetschstudium sollte von theoretischen Überlegungen unberührt bleiben. Reine Praxisbezogenheit stand im Vordergrund. Außer den Dolmetschübungen wurden Landeskunde und Sprachwissenschaft angeboten, deren Relevanz fürs Dolmetschen ich nicht weiter erkennen konnte. In den Konsekutiv- und Simultanübungen saßen mehr oder weniger alle Dolmetschstudierenden zusammen. Eine Unterteilung in Anfänger und Fortgeschrittene gab es nicht, mit dem Ergebnis, dass sich die Anfänger völlig verloren vorkamen. Notizentechnik als Grundlage für das Konsekutivdolmetschen wurde nicht gelehrt, die Studierenden tauschten sich untereinander aus, lernten und übten miteinander, die meisten verzweifelten und gaben auf. Es fehlte an Didaktik. Diejenigen, die „überlebten", wussten eigentlich nicht warum. Ich war in einer der ersten Stunden positiv aufgefallen, da ich in Simultan Französisch-Deutsch, ohne je in einer Kabine gesessen zu haben, einige Sätze passabel dolmetschte. So hieß es, ich habe Potential und ich bekam das, was ich wohl am meisten brauchte: Ermunterung. Ich begann, wie besessen zu arbeiten, übte zu Hause mit Hilfe von Kassetten, die von Freundinnen mit Texten besprochen worden waren, setzte mich mit deutschem, englischem und französischem Redestil auseinander, verbrachte jeden Tag mindestens eine Stunde in der Bibliothek, um Zeitungen zu lesen. In Französisch machte ich sichtbar Fortschritte, in Englisch litt ich unter meinen defizitären Englischkenntnissen, weshalb ich mich für vier Monate nach England begab. Im Laufe der Zeit stellte ich außerdem fest, wie wichtig breites und fundiertes Wissen für das Verständnis von Texten ist. Ich arbeitete also an mehreren Fronten gleichzeitig, versuchte mir so viel Wissen wie möglich anzueignen, die Notizen zu verfeinern, Strategien zu entwickeln, um komplexe Satzstrukturen aufzulösen oder um raffen zu können, wenn im Redetempo angezogen wurde. Mit 23 Jahren war ich Diplom-Dolmetscherin, ohne je etwas von Dolmetschtheorien gehört zu haben.

Drei Wochen nach meinem Examen, im Juli 1976, nahm ich meine Tätigkeit als Dolmetscherin im Sprachendienst des Bundesministeriums für Arbeit und Sozialordnung in Bonn auf. Es begann eine spannende, lehrreiche, aber auch unruhige Zeit. Meine Aufgabe bestand aus Dolmetschen und Übersetzen. Gerade vor letzterem fürchtete ich mich, waren doch meine Erfahrungen nicht die besten gewesen. Meine Abneigung sollte sich bald legen. Übersetzungen durften in ein Diktiergerät gesprochen werden, eine Sekretärin tippte sie, man selbst überarbeitete den Rohentwurf und ging dann zu einer Kollegin – im Sprachendienst arbeiteten zu meiner Zeit nur Frauen – zur Überprüfung. Es verließ keine Übersetzung den Sprachendienst, ohne mit einer Kollegin Korrektur gelesen worden zu sein. Diese gegenseitige Kontrolle war bereichernd. Ich lernte, meine eigene Übersetzung zu verteidigen, aber auch kritisch zu hinterfragen, ich sah, wie viel erfahrenere Kolleginnen arbeiteten, lernte von ihrem Übersetzungsstil, profitierte von ihrer Sachkenntnis und Genauigkeit. Vor allem wurde mir klar, wie wichtig der Kontakt mit den Fachleuten war, die die Texte verfasst hatten, dass ich das französische oder englische Sozialversicherungssystem genauso gut kennen musste wie das deutsche, dass ich das Konzept einer Arbeitsmarktpolitik und seine Schwerpunkte nur dann wirklich verstehen konnte, wenn ich wusste, worin es sich von anderen Konzepten unterschied und wenn ich die politische Richtung begriff, von der es getragen wurde. Übersetzen machte mir auf einmal Spaß und half mir vor allem bei meinen Dolmetscheinsätzen.

Dolmetschen bestand zu 70% aus Konsekutivdolmetschen. Im ersten Arbeitsjahr fühlte ich mich ständig überfordert. Nicht nur, dass ich inhaltlich zu kämpfen hatte, bei den ersten Einsätzen stellte ich mit Entsetzen fest, dass die Redner viel schneller sprachen und weitaus weniger deutlich artikulierten und strukturierten, als ich es vom Studium gewöhnt war. Meine Notizen waren nicht sonderlich brauchbar, vor allem, wenn die Materie dicht und kompliziert wurde, wie bei Vertragsverhandlungen, und höchste Genauigkeit verlangte. Ähnlich erging es mir im Simultandolmetschen. Vor allem das Redetempo machte mir zu schaffen, aber auch unterschiedliche Akzente, mit denen ich im Studium nie konfrontiert worden war. Dass ich eine Konferenz mit Regierungsvertretern aus Quebec einigermaßen schadlos überstand und mich schließlich sogar in das kanadische Französisch einhörte, habe ich einer Kollegin zu verdanken, die an diesem Tag nicht von meiner Seite in der Kabine wich. Ich lernte die Bedeutung von Teamarbeit. Es kam recht häufig vor, dass man mit KollegInnen aus anderen Ministerien zusammenarbeitete. Bei Konsekutiveinsätzen profitierte ich von deren Notizensystem und stellte dabei fest, dass es, entgegen dem, was uns in der Universität gesagt worden war – Notizen sind hoch individuell und können deshalb auch nicht gelehrt werden – zahlreiche Gemeinsamkeiten gab bei dem, was und wie wir notierten.

Anfang der achtziger Jahre suchte die Fachhochschule für Sprachen in Köln einen Dozenten für einen Lehrauftrag über vier Stunden (Konsekutiv- und Simultandolmetschen Französisch-Deutsch). Ich übernahm diesen Lehrauftrag zusätzlich zu meiner Dolmetschtätigkeit. Der Unterricht faszinierte mich und ich begann, mit dem Gedanken zu liebäugeln, mich verstärkt der Lehre zuzuwenden. 1983 wechselte mein Mann – wir hatten 1977 geheiratet – beruflich nach Karlsruhe. Ich beschloss zur gleichen Zeit, mich für die in Köln inzwischen ausgeschriebene Dozentenstelle für Französisch zu bewerben, aber auch in den Dolmetschinstituten Germersheim und Heidelberg vorstellig zu werden. Als von Köln die Zusage kam, war ich schwanger. Also blieb ich im Ministerium, denn als Beamtin konnte ich mich zunächst einmal beurlauben lassen. 1984 kam Johannes zur Welt. Nach einem halben Jahr Hausfrauen- und Mutterdasein sehnte ich mich nach beruflichem Wiedereinstieg. Am Fachbereich Angewandte Sprachwissenschaft in Germersheim hatte Professor Schunck vom Institut für Romanistik, bei dem ich mich vorgestellt hatte, Interesse bekundet. Ich nahm erneut Kontakt auf. Den Lehrauftrag, den ich 1986 erhielt, und schließlich 1987 die feste halbe Stelle, aus der bald eine ganze Stelle wurde, habe ich Professor Schunck zu verdanken, den auch meine erneute Schwangerschaft 1986 und die Aussicht auf ein zweites Kind, Stefan, nicht schreckte. Er wurde mein geistiger Ziehvater, lehrte mich, dass Wissensvermittlung und Leistungsanspruch das eine sind, dass ein umsichtiger, verantwortungsvoller Umgang mit den Studierenden aber mindestens genauso wichtig ist.

Was die Lehrinhalte und deren Vermittlung betraf, war ich mir selbst überlassen. Ich bemerkte bald, dass zwischen Praxiserfahrung und Lehre eine große Kluft bestand. Da ich anfangs zunächst nur versuchte, Unterricht und Familie unter einen Hut zu bekommen, war der Austausch mit den KollegInnen nur minimal. Über Didaktik oder Theorien wurde nicht gesprochen. Nach beidem suchte ich, zumal ich auch ein Dolmetscherseminar übertragen bekommen hatte, in das „Wissenschaft" gehörte. Einen ersten Anhaltspunkt erhielt ich von einer älteren Kollegin und Freundin aus meinem alten Ministerium. Sie drückte mir einen kleinen Band von Jean Herbert mit dem Titel *Handbuch für den Dolmetscher* in die Hand, der 1952 erschienen war, sowie von van Hoof *Théorie et pratique de l'interprétation* von 1962 und wies mich darüber hinaus auf ein Werk von Rozan hin: *La prise de notes en interprétation consécutive*. Ich selbst entdeckte *Langage, langue et mémoire* von Danica Seleskovitch, das 1975 erschienen war und erste Untersuchungen zur Notizentechnik enthielt, das mich inhaltlich jedoch keineswegs überzeugte. Im Gegenteil. Im Nachhinein war das Ärgern über den Inhalt wahrscheinlich ausschlaggebendes Moment, mich dem Problem der Notizen auf Dauer intensiver zu widmen. Alle Werke waren schließlich auch nicht das, was ich unter Wissenschaft verstand, es waren, wie die vielen Artikel, die ich gelesen hatte, persönliche Theoriebildungen, ohne fundierte Untersuchungen. Mein Unmut wuchs. Inzwischen hatte Dr. Hans Hönig die Leitung der Fachgruppe Dolmetschen übernommen, die er regelmäßig einberief und in der über dolmetschrelevante Probleme gesprochen wurde. Einen breiten Raum nahmen dabei das Konsekutivdolmetschen und die Notizen ein. Unsicherheit, was, wie zu lehren war, war allseits spürbar. Es begann in mir zu arbeiten. Professor Schunck tat das seinige dazu, indem er immer und immer wieder mir gegenüber das Fehlen eines fundierten didaktischen Ansatzes in der Dolmetscherausbildung beklagte. 1995 war ich soweit, mein Vorhaben stand: eine Promotion über Notation und Konsekutivdolmetschen. Zunächst wandte ich mich an Hans Hönig. Das Gespräch war relativ kurz. Die Frage, ob ich von Franz Pöchhacker *Simultandolmetschen als komplexes Handeln* – gerade erschienen – oder von Daniel Gile *Basic Concepts and Models for Interpreter and Translator Training* – ebenfalls gerade erschienen – gelesen hätte, musste ich verneinen. Er entließ mich mit der Bemerkung, dass es wenig sinnvoll sei, mit so geringem wissenschaftlichen Vorwissen in ein Promotionsgespräch zu gehen, bot aber gleichzeitig an, unser Gespräch nach Durcharbeiten beider Bücher fortzusetzen. Das Buch von Franz Pöchhacker nahm ich in den Urlaub nach Kreta mit, wodurch ich einen erheblichen Teil der Erholung einbüßte. Die zahlreichen Hinweise auf Werke aus der experimentellen Psychologie, der Linguistik, der kognitiven Psychologie, vor allem aus dem Bereich Text- und Übersetzungstheorie, kannte ich alle nicht, was aber noch schlimmer war, ich verstand ganze Passagen des Buches nicht. Ich war 43 Jahre und hatte das Gefühl, über mein eigenes Fach, über mein eigenes Tun nichts, aber auch gar nichts zu wissen, ja noch nicht einmal die Wissenschaftssprache meines Faches zu verstehen. Es gab also zwei Möglichkeiten: alles oder nichts. Ich entschied mich für alles. In den folgenden Monaten quälte ich mich verbissen durch einen nicht enden wollenden Berg von Literatur. Das zweite Gespräch mit Hans Hönig war der Beginn einer langen bis heute dauernden bereichernden Zusammenarbeit und Freundschaft.

Allmählich wurde mir klar, worauf ich mich eingelassen hatte. Da für mich 1996 noch eine Promotionsordnung galt, die sich an die Philologie in Mainz anlehnte, fehlten mir noch vier Hauptseminarscheine, die durch mein Dolmetschstudium nicht abgedeckt waren und die es nachzureichen galt: zwei im Hauptfach Sprachwissenschaft, unter das meine Promotion fiel, ein Schein in Romanistik und einer in Anglistik. Diese galt es noch zu erwerben. Ich brauchte dafür zwei Semester. In dieser Zeit kam ich zu der Erkenntnis, dass eine „außerhäusige" Promotion für alle Beteiligten die bessere Lösung sei, denn ich tat mir mit der Doppelrolle als „alte Dozentin" und „junge Wissenschaftlerin" am gleichen Fachbereich schwer. Gefördert wurde mein Entschluss durch die Tatsache, dass es in Germersheim keine Professur für Dolmetschwissenschaft gab und mir es an fachlicher Betreuung mit praxisbezogenem Hintergrund fehlte. Da ich 1997 an einem Fortbildungskurs für Dolmetschnachwuchswissenschaftler in Dänemark teilgenommen und dort Kontakt zu Franz Pöchhacker, Daniel Gile und Ingrid Kurz geknüpft und ihnen auch mein Vorhaben erläutert hatte, das bei allen dreien auf großes Interesse gestoßen war, beschloss ich, Frau Professor Kurz in Wien um die weitere Betreuung meiner Dissertation zu bitten. Sie war einverstanden. Wenn auch das Einschreibeverfahren in Wien kafkaeske Züge trug und mich an den Rand meiner Nerven und Kraft brachte, war der Entschluss richtig. Ich erhielt in Wien nicht nur eine fachlich höchst kompetente

Betreuung, sondern gewann durch den kollegialen Umgang das zurück, was im Verschwinden begriffen war: Selbstvertrauen.

2000 war die Dissertation fertig, für das anstehende Rigorosum hatte ich drei Monate Vorbereitungszeit. Als Themen waren Dolmetschwissenschaft, aber auch Übersetzungs- und romanische Sprachwissenschaft festgelegt worden. Von letzterer hatte ich erschreckend wenig Ahnung. Sucht ein Unbedarfter unter dem Stichwort romanische Sprachwissenschaft nach Literatur, so kann er die nächsten Jahre lesen. Diese Zeit hatte ich nun leider nicht. Es kam unerwartet Hilfe.

Am Institut für Romanistik in Germersheim war Professor Schunck inzwischen in den Ruhestand getreten, sein Nachfolger war Wolfgang Pöckl, Mitautor einer *Einführung in die romanische Sprachwissenschaft*, was ich zu dem Zeitpunkt nicht wusste, der mir zwei Werke zum Einlesen nannte. Beim Durcharbeiten machte sich Panik breit, und die Erkenntnis des Sokrates „Ich weiß, dass ich nichts weiß" bekam für mich einen völlig neuen Stellenwert. Nach erheblichem Zögern – sein Unwissen gibt man gegenüber einem Vorgesetzten nur ungern preis – ging ich mit einem umfangreichen Fragekatalog zu Professor Pöckl. Ich weiß bis heute nicht, was er an diesem Nachmittag wirklich dachte. Mit einem Nachmittag war es auch nicht getan. Mit Geduld erklärte er mir nicht nur die großen Zusammenhänge und Entwicklungen, sondern auch einzelne sprachwissenschaftliche Theorien und Modelle und deren Relevanz für die weitere Entwicklung der Disziplin. Wenn Professor Kremnitz im Rigorosum über meine Kenntnisse angenehm überrascht war, verdanke ich dies dem umfangreichen Wissen und pädagogischen Geschick des Herausgebers dieses Buches.

Jeder vernünftige Mensch hätte nach diesem Kraftakt und angesichts des fortgeschrittenen Alters wahrscheinlich Ruhe gegeben. Ich bin nicht vernünftig und Wolfgang Pöckl, der derzeit meine Habilitation betreut, wahrscheinlich auch nicht. In den letzten Jahren bin ich immer wieder in der Belletristik auf Werke gestoßen, in denen ein Dolmetscher Protagonist ist. In der Zwischenzeit besitze ich eine stattliche Sammlung von über zwanzig Werken, faszinierenden Werken, in denen die verschiedenen Autoren den Dolmetscher (miss)brauchen, um Themen wie Minderheitenproblematik, die Bedeutung und Macht von Sprache, Identitätslosigkeit, Zerrissenheit, Heimatlosigkeit und Einsamkeit zu behandeln. Ein erstes Dolmetscherseminar am Fachbereich zu dieser Thematik wurde von den Studierenden mit solcher Begeisterung aufgenommen, dass mein Entschluss bekräftigt wurde, darüber meine Habilitation zu schreiben.

Wenn ich diese, wie ich hoffe, demnächst abschließen werde, so weil ich eine Betreuung durch Wolfgang Pöckl habe, dessen eigene Begeisterung für Wissenschaft mir Ansporn ist, der meine Freude teilt, der bei Erschöpfung bremst und in Tiefen aufbaut.

Mein Weg in die Wissenschaft war ein weiter, ein langer Weg, eigentlich ein einziger Umweg. Er ist noch nicht zu Ende, und darüber bin ich froh. Und wenn ich die Publikationen der letzten Jahre sehe und wenn auch am Fachbereich Angewandte Sprach- und Kulturwissenschaft immer mehr dolmetschwissenschaftliche Diplomarbeiten geschrieben werden, so ist das ein Zeichen dafür, dass die Disziplin Dolmetschwissenschaft ihren Weg ebenfalls geht. Darüber bin ich genauso froh.

Literatur

Andres, Dörte (2001): Dolmetscher-Memoiristen – zwischen alter ego und ego. In: *Moderne Sprachen* 45/1, 23-37.

Andres, Dörte (2001): Notation: gute Zeichen – schlechte Zeichen. Empirische Untersuchung zur (Un-)Möglichkeit von Notizen, dargestellt am Sprachenpaar Französisch-Deutsch. In: Andreas F. Kelletat (Hg.): *Dolmetschen.* Frankfurt/M.: Lang, 243-265.

Andres, Dörte (2002): Die Funktion der Notation im Konsekutivdolmetschen. In: Joanna Best/ Sylvia Kalina (Hg.): *Übersetzen und Dolmetschen.* Tübingen/ Basel: A. Francke, 209-215.

Andres, Dörte (2002): *Konsekutivdolmetschen und Notation – Empirische Untersuchung mentaler Prozesse bei Anfängern in der Dolmetscherausbildung und professionellen Dolmetschern.* Frankfurt/M.: Lang.

Andres, Dörte (2004): Dolmetscher – ein Leben an der Grenze: Zu *Wesire und Konsuln* von Ivo Andrić. In: *Lebende Sprachen* 49/1, 8-15.

Reiner Arntz (Hildesheim)

Erfahrungen mit einer Interdisziplin

Will man das Übersetzen und die Übersetzungswissenschaft möglichst knapp und treffend charakterisieren, so erscheint mir der von Mary Snell-Hornby geprägte Begriff der Interdisziplin gut geeignet, weil er zum Ausdruck bringt, dass das Übersetzen mit einer Vielzahl von Disziplinen verknüpft ist. Ich habe mich mit dem Übersetzen in Praxis, Lehre und Theorie insbesondere in Verbindung mit Disziplinen beschäftigt, die außerhalb der Sprachwissenschaft liegen, vor allem mit Recht und Technik. Im Mittelpunkt stand dabei immer das Interesse an den Sprachen, ohne das ich kaum den Weg zum Übersetzen gefunden hätte.

Dieses Interesse wurde bereits früh geweckt, und zwar im Lateinunterricht, der an dem humanistischen Gymnasium in Essen, das ich besuchte, breiten Raum einnahm. Latein war neben Deutsch mein Lieblingsfach, und ich wurde schon bald neugierig, wie es mit der Verwandtschaft zwischen dem Lateinischen und den modernen romanischen Sprachen, deren Klang mich faszinierte, bestellt sein mochte. Also erstand ich in einem Antiquariat eine italienische Grammatik und ein kleines italienisch-deutsches Wörterbuch und begann, im Selbstunterricht Italienisch zu lernen; wie erhofft war der Vergleich mit dem Lateinischen dabei eine große Hilfe. Mein Ziel war von Anfang an die aktive Sprachbeherrschung, und ich nutzte jede Gelegenheit, meine frisch erworbenen Fertigkeiten im Gespräch mit italienischen Muttersprachlern zu erproben. Als nächstes nahm ich mir, ebenfalls im Selbstunterricht, das Niederländische vor, das mir durch seine Ähnlichkeit zum Deutschen besonders interessant erschien; auch war das Sprachgebiet mit dem Fahrrad zu erreichen.

Im weiteren Verlauf meiner Schulzeit traten dann – neben Englisch und Französisch – auch Griechisch und Hebräisch auf den Lehrplan, und auch hier interessierte mich von Anfang an, wie diese beiden "alten" Sprachen heute gesprochen werden. Im Laufe der Zeit suchte ich mir weitere Herausforderungen, unter denen insbesondere das Russische Erwähnung verdient. So wurde das Sprachenlernen mehr und mehr zur Leidenschaft, und ich entwickelte schon früh meine ganz individuelle Lernmethode, die grammatisch-strukturelle und kommunikative Ansätze in sich vereint und für die der Sprachvergleich eine zentrale Rolle spielt. Nach dieser Methode lerne und wiederhole ich bis auf den heutigen Tag.

Schon lange vor dem Abitur stand für mich fest, dass der Umgang mit Sprache bzw. Sprachen ein wichtiger Teil meines beruflichen Lebens werden würde, allerdings neigte ich zunächst eher dazu, die Kenntnis von Fremdsprachen als Mittel zum Zweck zu sehen. Mein besonderes Interesse galt der Rechtswissenschaft, die sich ja ausschließlich in sprachlicher Form – gewissermaßen als Sprachwissenschaft besonderer Art – manifestiert. Um beiden Neigungen gerecht zu werden, schrieb ich mich, als ich 1962 mein Studium an der Universität Bonn begann, nicht nur in der Juristischen, sondern auch in der Philosophischen Fakultät ein, wo ich Vorlesungen in Romanistik und Slawistik belegte. Mir wurde jedoch schnell klar, dass die Philologie der damaligen Zeit mit ihrer stark literarischen Ausrichtung und ihrer weitgehenden Vernachlässigung der Sprachpraxis nicht meinen Vorstellungen entsprach. Ich wechselte daher ein Jahr später an die Universität des Saarlandes, wo ich mich am damaligen Dolmetscher-Institut einschrieb und gleichzeitig mein Jurastudium fortsetzte.

Das Dolmetscher-Institut mit seiner sprachpraktischen und auslandskundlichen Ausrichtung wurde meinen Wünschen voll gerecht. Ich belegte die Sprachen Spanisch und Französisch und das Sachfach Völkerrecht, bestand 1965 die Prüfung als Diplom-Übersetzer und legte anschließend Zusatzprüfungen in Portugiesisch und Niederländisch ab. Gleich darauf erhielt ich einen Lehrauftrag für portugiesische Sprach- und Übersetzungsübungen, der in den folgenden Semestern immer umfangreicher wurde und schon bald in eine feste Anstellung als Lehrkraft mündete. Parallel zu dieser Lehrtätigkeit schloss ich meine juristische Ausbildung ab und absolvierte die Referendarzeit. 1970 promovierte ich zum Dr. jur. mit einer Arbeit zur völkerrechtlichen Position Portugals im Rahmen des damals aktuellen Entkolonisierungsprozesses. An eine Promotion in Angewandter Sprachwissenschaft war zur damaligen Zeit noch nicht zu denken; wer als Absolvent des Dolmetscher-Instituts den Dr. phil. erwerben wollte, musste den zeitraubenden Umweg über die traditionellen Philologien nehmen. Daran war ich aber ohnehin nicht interessiert, da mir die Perspektive "Jurist mit Sprachen" nach wie vor attraktiver erschien.

Die Entscheidung zwischen diesen beiden Schwerpunkten wurde mir letztlich dadurch abgenommen, dass meine Tätigkeit am Dolmetscher-Institut – das in der Folgezeit mehrmals seinen Namen änderte – von Jahr zu Jahr interessanter wurde; insbesondere erhielt ich die Möglichkeit, meine juristische Ausbildung auch dort nutzbringend einzusetzen. Das hing vor allem damit zusammen, dass die Sachfächer und die damit verknüpften Fachübersetzungsübungen, die bis dahin eher ein Schattendasein geführt hatten, in den 70er Jahren zunehmend an Bedeutung gewannen. Die Übersetzerausbildung begann, sich stärker an den Bedürfnissen der Berufspraxis zu orientieren, für die das Übersetzen von Fachtexten und die Terminologiearbeit immer wichtiger wurden. Diese Entwicklung kam in den damals entstehenden Terminologiedatenbanken, insbesondere der Siemens-Datenbank TEAM, besonders deutlich zum Ausdruck. So reifte der Plan, die Studierenden des Saarbrücker Instituts in systematischer Form in die Terminologiearbeit und die Nutzung der neuartigen elektronischen Werkzeuge einzuführen, und ich erhielt den Auftrag, die neue Studienkomponente „Terminologielehre" aufzubauen. Im Rahmen einer Vereinbarung zwischen der Universität des Saarlandes und dem Sprachendienst der Firma Siemens in München, der damals von Eberhard Tanke geleitet wurde, erhielt ich die Möglichkeit, gewissermaßen als fortgeschrittener Praktikant, vor Ort die erforderlichen Erfahrungen zu sammeln. Dieses ausgedehnte Praktikum absolvierte ich in den Jahren 1977-1979 beim Siemens-Sprachendienst in München und bei einer Reihe von Siemens-Partnern im In- und Ausland, insbesondere beim Terminologiedienst des Niederländischen Außenministeriums in Den Haag und an der Wirtschaftsuniversität Kopenhagen. Auf diese Weise konnte ich mich mit der rechnergestützten Terminologiearbeit vertraut machen, und ich erhielt einen gründlichen Einblick in die übersetzerische Praxis in Industrie und Verwaltung.

Aus alledem galt es nun, das Wesentliche herauszufiltern und in Lehrveranstaltungen zu Theorie und Praxis der Terminologie umzusetzen. Nachdem ich einige Lehrerfahrungen gesammelt hatte, traf ich auf einem internationalen Terminologiekongress in Moskau meinen Kopenhagener Kollegen Heribert Picht. Wir waren uns schnell darüber einig, dass unsere Studenten dringend ein modernes Terminologielehrbuch brauchten, das es damals noch nicht gab. Also beschlossen wir, gemeinsam eine Einführung in die Terminologiearbeit für angehende Übersetzer zu schreiben und setzten unseren Plan rasch in die Tat um. Mittlerweile haben wir das Buch, das in der Folgezeit eine Reihe von Auflagen erlebt hat, bereits mehrfach aktualisiert.

Inzwischen waren seit Beginn meiner Ausbildung am Dolmetscher-Institut fast zwei Jahrzehnte vergangen, und die deutschen Institute für Übersetzen und Dolmetschen, nicht zuletzt das Saarbrücker Institut, hatten sich gründlich gewandelt. Während meiner Ausbildung in der ersten Hälfte der 60er Jahre standen die Sprachausbildung und das praktische Übersetzen unangefochten im Mittelpunkt, und hier wurden, insbesondere was die fremdsprachige Kompetenz anging, hohe Anforderungen gestellt; dagegen spielte die Theorie eine geringe Rolle, und die wenigen theoretischen Ausbildungsinhalte, die es überhaupt gab, waren stark von den traditionellen Philologien geprägt. Seit Beginn der 70er Jahre traten das übersetzerische Handeln und seine theoretische Fundierung mehr und mehr in den Blickpunkt des Interesses. Dabei trat deutlich zu Tage, dass die gängigen sprachwissenschaftlichen Ansätze dem komplexen Phänomen "Übersetzen" nicht gerecht werden konnten, und es entwickelte sich aus der Arbeit der Ausbildungsinstitute heraus Schritt für Schritt eine neue Disziplin, die Übersetzungswissenschaft. Der Saarbrücker Beitrag zu dieser Entwicklung ist eng mit dem Namen Wolfram Wilß verbunden.

Die junge Disziplin stieß längst nicht bei allen Dozenten auf Gegenliebe; den einen war sie zu theoretisch, den anderen nicht sprachwissenschaftlich genug. Heute, drei Jahrzehnte später, stellt niemand mehr ernsthaft in Frage, dass die Entwicklung einer eigenständigen Übersetzungswissenschaft dem Fach und dem Berufsstand ganz erheblich genutzt hat. Besonders überzeugend sind für mich die großen Fortschritte in der Übersetzungsdidaktik, die ohne eine entsprechende theoretische Basis kaum möglich gewesen wären.

Ich habe diese Entwicklung von Anfang an mit Interesse verfolgt, allerdings zunächst nicht aktiv, da ich, wie gesagt, andere Pläne hatte. Ich brauchte einige Zeit, um zu begreifen, dass ein Bereich wie das Übersetzen, in dem es einen großen Nachholbedarf gab, ein reicheres wissenschaftliches Betätigungsfeld bot als manche etablierte Disziplin. Wie etliche meiner damaligen Kollegen begann ich, mich mit neueren linguistischen Theorien vertraut zu machen und mich an der Diskussion über ihre übersetzungstheoretische und -praktische Relevanz zu beteiligen. Besonders interessierte mich die Fachsprachen-forschung, die in Deutschland zunächst vorrangig von der Germanistik ausging und die in den 70er Jahren einen großen Aufschwung nahm. Hier bot sich mir aufgrund meiner Ausbildung und meiner Lehrerfahrung die Möglichkeit, einen aktiven Beitrag bei der Entwicklung zeitgemäßer Curricula und der Anpassung der Übersetzungsdidaktik an die neuen Entwicklungen zu leisten.

So rückte das ursprüngliche Ziel, ein „Jurist mit Sprachen" zu werden, mehr und mehr in den Hintergrund. Als ich im Jahre 1980 den Ruf auf eine Professur für romanische Sprachwissenschaft an der Universität Hildesheim annahm, war die Entscheidung für die Sprachen und das Übersetzen endgültig gefallen. Ich hatte nun die Aufgabe, den neu eingerichteten Diplom-Studiengang Fachübersetzen aufzubauen, der die Ausbildung technischer Fachübersetzer zum Ziel hatte. Im Mittelpunkt des Hildesheimer Konzepts stand die enge Ver-zahnung von Sprach- und Sachfachausbildung, die auch in der Struktur des Dozententeams zum Ausdruck kam: hier waren erstmals Sprach- und Technik-dozenten in einem Institut, dem Institut für Angewandte Sprachwissenschaft, Tür an Tür vereint, so dass eine kontinuierliche methodische und inhaltliche Zusammenarbeit zwischen „Sprachlern" und „Technikern" möglich wurde; damit boten sich insbesondere für die Fachübersetzungsdidaktik neue Möglich-keiten.

Selbstverständlich brauchte auch diese ganz bewusst praxisorientierte Ausbildung einen soliden theoretischen Unterbau. Diesem Ziel diente u.a. die Einführung der Studienkomponente Angewandte Sprachwissenschaft, die bis heute einen wichtigen Platz im Curriculum einnimmt. Dieses Fach besteht aus vier Kernbereichen: Übersetzungswissenschaft; Fachkommunikation und Fach-textanalyse; Terminologielehre; Computerlinguistik. Damit erhält jeder an-gehende Fachübersetzer ein theoretisches Grundwissen, das er nach Wunsch ausbauen kann, indem er entsprechende Seminare belegt. Ausgehend von diesen Schwerpunkten entstand in der Aufbauphase des Instituts eine Reihe von Arbeiten zu Fachtextanalyse, Übersetzungsdidaktik und Terminologielehre; später traten Schritt für Schritt weitere Forschungsschwerpunkte hinzu: Inter-kulturelle Kommunikation, Computerlinguistik, Informationswissenschaft und manches andere.

Die damals noch im Aufbau befindliche Universität Hildesheim bot für die Entwicklung eines solchen praxisorientierten Studiengangs gute Voraus-setzungen: als besonders glücklich erwies sich, dass hier nicht, wie anderenorts, eine etablierte Philosophische Fakultät bestand, die den reformerischen Elan hätte bremsen können. Gleichzeitig musste sich das ebenso internationale wie interdisziplinäre Team auf die neuen Aufgaben und auf neue Formen der Zusammenarbeit einstellen. Das ist zum Glück gut gelungen; heute hat das

Institut für Angewandte Sprachwissenschaft etwa 800 Studierende und 35 Lehrende.

Der Studiengang Fachübersetzen existiert – inzwischen unter dem Namen Internationale Fachkommunikation – bis auf den heutigen Tag, und die Absolventen haben nach wie vor gute Berufschancen als technische Fachübersetzer und technische Redakteure. Heute ist dieser Studiengang einer von dreien, die das Institut inzwischen anbietet. Vor wenigen Jahren wurde der BA-Studiengang Internationale Kommunikation und Übersetzen eingeführt, der eine breite übersetzerische Basiskompetenz vermittelt und seine Fortsetzung in dem MA-Studiengang Sprachen und Technik findet. Seit der Einführung des Magisterstudiengangs Internationales Informationsmanagement in den 90er Jahren bietet das Institut auch eine sprachbezogene Ausbildung an, die nicht auf eine Übersetzertätigkeit abzielt. Den gemeinsamen Nenner aller drei Studiengänge bildet die praxisorientierte, theoretisch fundierte Beschäftigung mit Sprachen und Kulturen.

Mitte der 90er Jahre hatte ich Gelegenheit, einige Jahre an der damals neu gegründeten Europäischen Akademie Bozen, einem Institut für interdisziplinäre Forschung im zweisprachigen Südtirol, zu verbringen. Ich war mit der Leitung des Fachbereichs Sprache und Recht betraut, zu dessen Aufgaben der Aufbau einer juristischen terminologischen Datenbank für die Sprachen Deutsch und Italienisch und die Entwicklung von Lehrmaterial für die fachbezogene Sprachausbildung gehörte. Einen weiteren Schwerpunkt meiner Arbeit bildeten Probleme der ethnischen Minderheiten, insbesondere im Bereich der Sprachpolitik.

Die Jahre in Bozen boten mir vielfältige Inspirationen und Ideen für Arbeiten, die ich nach meiner Rückkehr nach Hildesheim weitergeführt habe. Dabei haben sich drei Schwerpunkte herauskristallisiert, denen ich mich sowohl in Lehrveranstaltungen als auch in Publikationen widme: Terminologie und Fachübersetzen; Kontrastive Linguistik und Fremdsprachendidaktik; Sprachpolitik und Sprachenrecht. In meinem 2001 erschienenen Buch „Fachbezogene Mehrsprachigkeit in Recht und Technik" habe ich versucht, Querverbindungen zwischen diesen Bereichen aufzuzeigen.

In Südtirol konnte ich im Alltag erleben, welch bedeutende Rolle das Übersetzen in einem mehrsprachigen Gebiet spielt. Aber auch in den offiziell einsprachigen Regionen Europas hat der Umgang mit mehreren Sprachen, und damit zugleich das Übersetzen, in den letzten Jahrzehnten kontinuierlich an Bedeutung gewonnen. Es ist daher nur konsequent, dass gleichzeitig auch die Übersetzungswissenschaft – und mit ihr die Angewandte Sprachwissenschaft – stärker in den Blickpunkt derer tritt, die sich mit dem Übersetzen befassen. Um diese positive Entwicklung zu fördern, gilt es nun, das Forschungsprofil beider Bereiche zu schärfen. Hierbei sollte es meiner Meinung nach, dem Charakter der Studiengänge für Übersetzen und Dolmetschen entsprechend, in erster Linie um anwendungsorientierte, d.h. auf konkrete gesellschaftliche Bedürfnisse bezogene Forschung, gehen. Man sollte sich auf solche Themenschwerpunkte konzentrieren, die eindeutig in den Kompetenzbereich der betreffenden Institute

fallen und damit zugleich im weitesten Sinne der Angewandten Sprachwissenschaft zuzuordnen sind. Hier kommen meines Erachtens insbesondere die folgenden – sich teilweise überschneidenden – Bereiche in Betracht:
- Übersetzungs- und Dolmetschwissenschaft mit interlingualem und interkulturellem Schwerpunkt
- Maschinelle und maschinengestützte Übersetzung
- Fachsprachenlinguistik/ Textlinguistik
- Terminologie und fachliche Wissensrepräsentation
- Lexikologie und Lexikographie.

Zwar erfordert auch die Bearbeitung dieser Themenschwerpunkte eine interdisziplinäre Kooperation mit Fächern wie Informatik, Psychologie usw.; trotzdem handelt es sich hier um Bereiche, für die die Institute für Übersetzen und Dolmetschen aufgrund ihrer Aufgabenstellung zuständig sind und in denen sie bereits über eine solide Kompetenz verfügen. Da nicht jedes Institut sich allen diesen Schwerpunkten widmen kann, empfiehlt sich eine institutsspezifische Schwerpunktbildung. Dass eine solche Arbeitsteilung auch in der Forschung gut funktionieren kann, zeigt das Beispiel der Fachsprachlichen Fakultäten an den drei dänischen Wirtschaftsuniversitäten, mit denen ich mich im Laufe der letzten 10 Jahre vertraut machen konnte. Das dänische Beispiel zeigt auch deutlich, dass die Entwicklung attraktiver Forschungsschwerpunkte und die Förderung des wissenschaftlichen Nachwuchses eng zusammenhängen. Es ist für die Zukunft der noch jungen Angewandten Sprachwissenschaft – und damit auch für die Übersetzungswissenschaft – ganz entscheidend, dass fähige Nachwuchswissenschaftler systematisch gefördert werden.

Ebenso wichtig ist es natürlich, begabte Studierende für die Übersetzerstudiengänge zu gewinnen, d.h. Studierende, die ihre Muttersprache und die betreffenden Fremdsprachen gut beherrschen und die sich neben der eigenen Kultur auch für fremde Kulturen interessieren. Hier liegt nach meiner Überzeugung heute wie zu Beginn meines Studiums vor vierzig Jahren die entscheidende Voraussetzung für ein erfolgreiches Übersetzerstudium und eine erfolgreiche Tätigkeit in diesem Fach. Wer diese Voraussetzung erfüllt, verfügt nämlich über eine solide Basis, auf der sich die übrigen Kompetenzen, die eine moderne Übersetzerausbildung vermittelt, ohne größere Probleme entwickeln lassen. Wichtigste Aufgabe der Ausbilder sollte es sein, das Interesse an der Beschäftigung mit fremden Sprachen und Kulturen zu fördern und zur Reflexion über translatorisches Handeln anzuregen; dabei sollte ihnen die Übersetzungswissenschaft, insbesondere die Übersetzungsdidaktik, tatkräftig helfen. Ich bin jedenfalls zuversichtlich, dass die Professionalisierung der Übersetzertätigkeit und der Übersetzerausbildung auch künftig Fortschritte machen wird.

Literatur

Arntz, R. (1998): *Das vielsprachige Europa – eine Herausforderung für Sprachpolitik und Sprachplanung*. Hildesheim (= Hildesheimer Universitätsschriften Band 4).

Arntz, R./ J.-C. Arranz (1999): Die spanischen Fachsprachen im 20. Jahrhundert und ihre Erforschung: eine Übersicht. In: L. Hoffmann/ H. Kalverkämper/ H. E. Wiegand (Hrsg.): *Fachsprachen. Languages for Special Purposes. Ein internationales Handbuch zur Fachsprachenforschung und Terminologiewissenschaft*. Berlin/ New York: de Gruyter, 1514-1521.

Arntz, R. (1999): Modulare Vermittlung von Fachsprachen – Ein Weg zur romanischen Mehrsprachigkeit. In: *Grenzgänge – Beiträge zu einer modernen Romanistik* 6/2, 30-43.

Arntz, R. (1999): Passive Mehrsprachigkeit – Eine Chance für die "kleinen Sprachen" Europas. In: G. Kischel/ E. Gothsch (Hrsg.): *Wege zur Mehrsprachigkeit im Fernstudium*. Hagen, 101-114.

Arntz, R. (2001): *Fachbezogene Mehrsprachigkeit in Recht und Technik*. Hildesheim: Olms.

Arntz, R./ J.Wilmots (2002): *Kontrastsprache Niederländisch – Ein neuer Weg zum Leseverstehen*. Hildesheim (= Hildesheimer Universitätsschriften Band 8).

Arntz, R./ H. Picht/ F. Mayer (2002): *Einführung in die Terminologiearbeit*. 4., völlig überarb. Aufl. Hildesheim: Olms.

Arntz, R. (2003): Sprachvergleich, Rechtsvergleich und Übersetzen im Sprachenpaar Spanisch-Deutsch. In: K. Schubert (Hrsg.): *Übersetzen und Dolmetschen. Modelle, Methoden, Technologie* (Jahrbuch Übersetzen und Dolmetschen, Band 5). Tübingen: Narr, 1-15.

Heidi Aschenberg (Heidelberg)

Mäander

I

In *Corazón tan blanco* von Javier Marías zeichnet der Protagonist – er arbeitet als Übersetzer und Dolmetscher für internationale Institutionen und Organisationen – ein an Sarkasmus kaum zu übertreffendes Bild von seiner beruflichen Tätigkeit und ihrem Umfeld:

> „ [...] la tarea de traductor o intérprete de discursos e informes resulta de lo más aburrida, tanto por la jerga idéntica y en el fondo incomprensible que sin excepción emplean todos los parlamentarios, delegados, ministros, gobernantes, diputados, embajadores, expertos y representantes en general de todas las naciones del mundo, cuanto por la índole invariablemente letárgica de todos sus discursos, llamamientos, protestas, soflamas e informes" (Marías 1992/2002, 75f.).

Diese Feststellung, die die Ausführungen des Icherzählers zum Übersetzen und Dolmetschen einleitet, wird auf den folgenden Seiten geradezu genüßlich und in den schwärzesten Farben vertieft. Der Dolmetscher übt ungeheure Macht aus, denn („es curioso"!) die Mitglieder von Versammlungen und Konferenzen pflegen mehr auf das, was sie über die Kopfhörer aufnehmen, zu vertrauen als auf die unmittelbar wahrgenommenen Worte (ib., 81). Im Gegensatz zu den schriftlich fixierten Übersetzungen, die sorgfältig geprüft und revidiert werden, unterliegen Simultandometschungen – *verba volant, scripta manent* – keinerlei Korrektur: „las palabras que se lanzan irreflexivamente al aire desde las cabinas, no las controla nadie" (ib., 82). Es kommt noch schlimmer: Der übermächtige Dolmetscher, der „germanía salvaje" schwadronierender Konferenzteilnehmer ständig ausgesetzt (ib., 84), kann im Prozeß des Übertragens sich nicht an das erinnern, was unmittelbar zuvor gesagt wurde. Dolmetschen ist für ihn ein quasi mechanischer Vorgang, immer projiziert auf die Jetzt-Momente des sukzessiv verlaufenden Sprechens ohne eine Chance des Gewahrwerdens von Zusammenhängen, da die jeweils bewältigten sprachlichen Segmente sofort ins Vergessen abtauchen. Das Urteil des Protagonisten über sein berufliches Umfeld kondensiert sich unmißverständlich in der Aussage: „Lo cierto es que en esos organismos lo único que en verdad funciona son las traducciones..." (ib., 78).

Die grundsätzliche Abhängigkeit des Dolmetschers bzw. Übersetzers von den ausgangssprachlichen Diskursen, deren Beschaffenheit Marías' Protagonisten vollkommen abstumpfen läßt, hat Ortega y Gasset zu bekanntlich äußerst pessimistischen Mutmaßungen über die charakterlichen Dispositionen des Übersetzers geführt: Während der Schriftsteller zu „radikale[r] Unerschrockenheit" neige, sei der Übersetzer eine „zur Unterordnung neigende Persönlichkeit":

„Aus Schüchternheit hat er eine derartige Beschäftigung, die geringste, gewählt" (Ortega y Gasset [2]1969, 297). Da es dem Übersetzer im Gegensatz zum Schriftsteller an Mut fehle, werde er den „übersetzten Autor in das Gefängnis der normalen Sprache sperren", d.h. „ihn verraten – *traduttore, traditore*" (ib., 297 f.). Diese in völlig verschiedenen Kontexten geäußerten Einstellungen zum Dolmetschen und Übersetzen – bei Marías ironisch übertreibende Selbstpersiflage einer literarischen Figur, des Konferenzdolmetschers, bei Ortega philosophische (oder besser: pseudophilosophische) Beurteilung der charakterlichen Eigenschaften des Übersetzers – konvergieren in der Einschätzung von translatorischen Prozessen: Dolmetschen und Übersetzen werden als bloß mechanische bzw. reproduzierende und deshalb nicht weiter zu schätzende Tätigkeiten angesehen, die jeglicher Kreativität ermangeln.

Die hier literarisch dokumentierten Ansichten spiegeln eine ebenso weit verbreitete wie unreflektierte Meinung der Öffentlichkeit. Die Leistungen von Dolmetschern und Übersetzern werden in der Regel kaum bzw. gar nicht gewürdigt. Nie wird erwähnt, wer bei einem wichtigen Gipfelgespräch oder bei einer politisch bedeutsamen Konferenz als Dolmetscher tätig war. Und nur selten findet man in Buchbesprechungen wirklich differenzierte Aussagen zur Qualität einer Übersetzung. Die Kritik beschränkt sich meist, wenn der Übersetzer überhaupt genannt wird, auf einige wenige pauschalisierende Bemerkungen.

II

Daß die in der Öffentlichkeit verbreiteten Vorstellungen vom Übersetzen und Dolmetschen den tatsächlich geforderten Kompetenzen und Vorgängen in translatorischen Prozessen nicht entsprechen, erfahren die Studierenden in jeder Dolmetsch- und Übersetzungsübung, und zwar vom Beginn ihres Studiums an. Bereits der erste Schritt, das Verstehen des Ausgangstextes, ist alles andere als bloß reproduktiv, es handelt sich um einen hermeneutischen Vorgang, einen kreativen Prozeß, an dem verschiedene Formen des Wissens beteiligt sind wie enzyklopädisches Wissen, ausgangssprachliche Kompetenzen, Textwissen. Die Erstellung des zielsprachlichen Textes beschränkt sich ebensowenig auf eine bloß mechanische Substitution der Sprachzeichen des Ausgangstextes durch die der Zielsprache: auch hier ist wiederum eine sozusagen interaktive Verbindung der verschiedenen Kenntnissysteme erforderlich, jetzt im Hinblick auf die Zielkultur. Die Studienpläne an den Instituten für Übersetzen und Dolmetschen tragen diesen Erfordernissen bekanntlich Rechnung, indem sie die funktional relevanten Kompetenzen gezielt aufzubauen versuchen. Dabei könnte, wie mir scheint, noch mehr Wert gelegt werden auf die Schulung der muttersprachlichen Kompetenz und auf die Vermittlung eines breiten, solide fundierten Allgemeinwissens.

Die Wege, die die Studierenden zur Übersetzungs- und Dolmetschwissenschaft führen, sind relativ klar vorgezeichnet. Aufgrund des eindeutig konturierten Berufsbilds dieser Studiengänge weiß der Studierende, worauf er sich einläßt, im Gegensatz etwa zu Studierenden der Magisterstudiengänge in den Philologien, wo die beruflichen Optionsmöglichkeiten zunächst vage bleiben. Ein klares Berufsbild wiederum kann sich positiv auf Motivation und Engagement der Studierenden auswirken.

III

Weniger geradlinig als die Wege der Studierenden zur Übersetzungswissenschaft und häufig eher mäandernd verlaufen die Wege der Dozenten. Denn diejenigen, die das Fach Übersetzen und Dolmetschen als Professoren an den Hochschulen vertreten, haben meist weder eine Ausbildung in diesen Fächern noch weiterreichende Erfahrungen mit der Übersetzungs- oder Dolmetschtätigkeit vorzuweisen. Studium zumindest einer Philologie, Promotion und Habilitation sind im allgemeinen die Etappen eines bisweilen langen Weges, der dem Einzelnen ermöglicht, ein umfassendes Wissen zu erwerben, das ihm die Grundlagen für die akademische Lehre und für weitere Forschungen in der Übersetzungswissenschaft verschafft. Das Philologiestudium verbunden mit den für die Professur erforderlichen akademischen Abschlüssen ermöglicht einerseits die Analyse übersetzungswissenschaftlicher Fragestellungen vor weiteren Horizonten, erfordert andererseits jedoch auch die Bereitschaft zur Spezialisierung auf die übersetzungswissenschaftliche Thematik mit entsprechenden linguistischen, kulturwissenschaftlichen und medientechnischen Orientierungen.

Mein eigener Weg gehört – und daran hat sich bis heute nichts geändert – zu den nicht geradlinigen Wegen, er mäandert seit Jahren zwischen Übersetzungswissenschaft und Romanistik. Das Ganze läßt sich stichwortartig schnell zusammenfassen: Studium der Romanistik, Philosophie, Germanistik und Allgemeinen Sprachwissenschaft in Bonn, Paris, Tübingen und Salamanca. Promotion 1982 an der Universität Tübingen (*Idealistische Philologie und Textanalyse. Zur Stilistik Leo Spitzers*); Habilitation 1996 in Romanischer Philologie an der Universität Heidelberg *(Kontexte in Texten. Umfeldtheorie und literarischer Situationsaufbau)*. Publikationen zu Themen der Allgemeinen Sprachwissenschaft, Sprachphilosophie, Romanischen Philologie und Übersetzungswissenschaft. Lehrtätigkeit am Romanischen Seminar der Universität Tübingen, am Institut für Übersetzen und Dolmetschen (Französisch) und am Romanischen Seminar der Universität Heidelberg; dann Lehrstuhlvertretungen für Romanische Sprachwissenschaft in Freiburg und Tübingen, zur Zeit (SS 2003) am Institut für Übersetzen und Dolmetschen (Spanisch) in Heidelberg und im Wintersemester 2003 erneut eine Vertretung in Freiburg.

Mit Fragestellungen der kontrastiven Linguistik und der Übersetzungswissenschaft kam ich als Studentin und später als Assistentin von Eugenio Coseriu in Tübingen immer wieder in Kontakt. Im Anschluß an die Tübinger Assistentenzeit hat mir Jörn Albrecht eine Assistentenstelle in Heidelberg angeboten, um mir die Habilitation zu ermöglichen, mit der ich aus familiären Gründen nicht schon früher hatte beginnen wollen.

An der Übersetzungswissenschaft interessieren mich nicht nur die gegenüber der romanischen Sprachwissenschaft anders akzentuierten linguistischen

Perspektiven, sondern auch die Möglichkeit, die übersetzungswissenschaftlichen und natürlich auch dolmetschwissenschaftlichen Themen in weitere Horizonte zu integrieren bzw. interdisziplinär zu arbeiten. Interdisziplinarität in der Übersetzungswissenschaft erscheint mir in vielerlei Hinsicht sinnvoll und notwendig. Dabei denke ich an Verbindungen zur Geschichte, Kulturwissenschaft, Literaturwissenschaft, Medienwissenschaft, Psycholinguistik und schließlich zu den Disziplinen der als Sachfächer im Curriculum der Studiengänge Übersetzen und Dolmetschen verankerten Studieninhalte.

IV

Ich habe meine Ausführungen mit Auszügen aus dem literarischen Porträt eines Dolmetschers begonnen, ich beschließe sie, sozusagen komplementär, mit dem Porträt eines Übersetzers, das Thomas Mann im Roman *Doktor Faustus* gezeichnet hat. Es handelt sich um Rüdiger Schildknapp – ebensowenig wie Marías' Protagonist eine im Sinne Ortegas „radikal unerschrockene" Figur, sondern auch ein Diener, ein Gescheiterter, einer, der um die prinzipielle Unzulänglichkeit seines Dienstes weiß. Hans Martin Gauger, der dieses Porträt nachgezeichnet hat, entläßt den Übersetzer Schildknapp mit Worten, die leicht abgewandelt ebenso die Leistungen des Dolmetschers würdigen könnten: *„Ein Gedanke freilich sollte den Übersetzer trösten, ein Gedanke freilich, der Rüdiger Schildknapp nicht kommt und den keiner ihm nahelegt [...]: man braucht den Übersetzer, auch gerade den literarischen, dringend. Er ist notwendig, es geht nicht ohne ihn. Und für den Fall, daß er an Schildknapps Bitterkeit partizipiert, sollte man ihm dies inständig sagen: eine große Seite gut übersetzt wiegt stärker als hundert Seiten eigener mittelmäßiger Produktion"* (Gauger 1990, 24).

Bibliographische Hinweise

Aschenberg, Heidi (1994): Imitatio und Übersetzung: Joachim du Bellay und Jacques Peletier du Mans. In: Richard Baum/ Klaus Böckle/ Franz Josef Hausmann/ Franz Lebsanft (Hg.): *Lingua et traditio*. Geschichte der Sprachwissenschaft und der neueren Philologien. Festschrift für Hans Helmut Christmann zum 65. Geburtstag. Tübingen: Narr, 133-142.

Aschenberg, Heidi (1998): *„Il faut que je parle au nom des choses qui sont arrivées..."*. Zur Übertragung von Konnotation und Aposiopese in Texten zu Lager und Shoah. In: *Jahrbuch für Deutsch als Fremdsprache* 24, 137-158.

Aschenberg, Heidi (1999): *Kontexte in Texten. Umfeldtheorie und literarischer Situationsaufbau*. Tübingen: Niemeyer.

Aschenberg, Heidi (1999): Zum Kontextbegriff in der Übersetzungsforschung. In: Norbert Greiner/ Joachim Kornelius/ Giovanni Rovere (Hg.): *Texte und Kontexte in Sprachen und Kulturen* (Festschrift Jörn Albrecht). Trier: Wissenschaftlicher Verlag, 7-33.

Aschenberg, Heidi (2002): *‚Niemand ist mein Name'* – zur Diskursfunktion von Eigennamen. In: *Archiv für das Studium der neueren Sprachen und Literaturen* 154, 104–127.

Aschenberg, Heidi (2002): Sprachterror. Kommunikation im nationalsozialistischen Konzentrationslager. In: *Zeitschrift für romanische Philologie* 118, 529-572.

Aschenberg, Heidi/ Reinhold Aschenberg (1998): Probleme der philosophischen Übersetzung. Bemerkungen in Beziehung auf die deutschen Versionen von Sartres *L'être et le néant*. In: *Archiv für das Studium der neueren Sprachen und Literaturen* 150, 77-109

Aschenberg, Heidi/ Raymund Wilhelm (Hg.) (2003): *Romanische Sprachgeschichte und Diskurstraditionen*. Tübingen: Narr.

Gauger, Hans-Martin (1990). Rüdiger Schildknapp – Porträt eines Übersetzers. In: Wolfgang Pöckl (Hg.): *Literarische Übersetzung. Beiträge zur gleichnamigen Sektion des XXI. Romanistentags in Aachen (15.–27. September 1989)*. Bonn: Romanistischer Verlag, 9–28.

Marías, Xavier (1992/2002): *Corazón tan blanco*. Madrid: Mateu Cromo.

Ortega y Gasset, José ([2]1969): Glanz und Elend der Übersetzung. In: Hans Joachim Störig (Hg.): *Das Problem des Übersetzens*. Darmstadt: Wissenschaftliche Buchgesellschaft, 296–321 [span. Originalversion 1937].

Christiane Böhler (Innsbruck)

Ein Weg mit Umwegen

1. Einleitung

Die Einladung, für den vorliegenden Band einen Beitrag zu schreiben, ist eine große Ehre für mich, wenngleich ich nicht gedenke, dem Thema ganz gerecht zu werden. Ich hatte nicht das Glück, meinen Weg als Schülerin berühmter Wissenschafter zu beginnen, wie dies von den Beitragenden des Buches *Wege in der Sprachwissenschaft* (1991), herausgegeben von Hans-Martin Gauger und Wolfgang Pöckl, so beeindruckend geschildert wird. Ich kam auf Umwegen zunächst über die Praxis und später über die Lehre eigentlich sehr spät in die Translationswissenschaft. Daher wage ich es auch nicht, von mir als Translationswissenschafterin zu sprechen und werde nur eine Kurzdarstellung meines Werdegangs geben. Dafür werde ich auf die Gründe für meine verspätete Forschungstätigkeit bzw. auch auf mögliche Defizite in meiner Ausbildung eingehen, um anschließend ein curriculares Modell vorzustellen, das künftigen Generationen ihren Weg in die Wissenschaft ebnen soll. Auf diese Weise wird den geschätzten Lesern eine uninteressante autobiographische Schilderung erspart, dafür ein Beitrag geleistet, aus dem in fachinternen Kreisen ein realer Nutzen gezogen werden könnte.

2. Autobiographisches

Meine Entscheidung, Fremdsprachen zu studieren, war die natürliche Konsequenz einer bereits im Kindesalter entwickelten Neigung zu fremden Menschen und Ländern, was mir in der Familie den Beinamen „Zigeunerin" eintrug. Nach einem Semester Studium an der Philologie, an die mich mein Interesse für Literatur geführt hatte, wechselte ich zur Studienrichtung Übersetzen und Dolmetschen in der Annahme, eine praxisnähere und vor allem in der Sprachausbildung effizientere Schulung zu erhalten. Nach Absolvierung des Studiums beschritt ich angesichts mangelnder fachspezifischer Arbeitsangebote den Weg einer freiberuflich tätigen Übersetzerin. Ich verfügte über ausreichend gute Sprachkenntnisse, zumal ich ja in einem bilingualen Land (Südtirol) aufgewachsen war. Dennoch registrierte ich schon bald gewisse Ausbildungsdefizite, und es entstand der Wunsch nach beruflicher Weiterbildung. Dazu kam, dass sich angesichts der noch nicht entwickelten Medienlandschaft wenig Kommunikationsmöglichkeiten boten, was zu einer gewissen Isolation führte. Ich setzte daher zunächst mein Philologiestudium fort und holte die literaturwissenschaftlichen Fächer nach, denen immer mein besonderes Interesse gegolten hatte. Als sich dann die Gelegenheit bot, eine Stelle als halbbeschäftigte Assistentin am Institut für Übersetzer- und Dolmetscherausbildung der Universität Innsbruck anzutreten, nahm ich diese sofort wahr. Zu jener Zeit lag die Führung des Instituts in den Händen eines administrativen Direktors anstatt einer habilitierten Professorin/eines habilitierten Professors. Die Planstelle eines ordentlichen Professors/einer ordentlichen Professorin für Übersetzungswissenschaft wurde dem Institut erst 1987 zugewiesen und 1990 erfolgte die Besetzung mit Frau Professor Dr. Annemarie Schmid.[1] Als Assistentin wurde ich zunächst ausschließlich in der wissenschaftlichen (manchmal auch nicht wissenschaftlichen) Verwaltung und in der Lehre eingesetzt.

2.1. Lehrerfahrungen

Für den Einsatz in der Lehre fehlte mir die übersetzungswissenschaftliche Vorbildung. Dadurch unterschied ich mich allerdings keineswegs von den Kolleginnen und Kollegen. Die Lehre nach dem alten Studienplan nach Studienordnung 1972 AHStG[2] war durchwegs praxisorientiert, aber nicht forschungsgeleitet. Übersetzen und Dolmetschen wurden als rein praktische Tätigkeiten, als Umkodierungsvorgänge, betrachtet, die es im Rahmen der Ausbildung zu trainieren galt, während man der Übersetzungswissenschaft, die in den achtziger Jahren bereits hinlänglich als eigenständige Wissenschaft ausgewiesen war, durchaus mit Skepsis gegenüber stand. So gestaltete sich der Unterricht als eine Serie von praktischen Übersetzungen mit kasuistischen Fehlererklärungen anstatt der exemplarischen Vermittlung von Transferkompetenzen nach methodologischen Grundsätzen.

2.2. Weg in die Forschung

Mit der Besetzung des Lehrstuhles entwickelten sich die ersten wissenschaftlichen Diskurse. Ich konnte erstmals die Ausbildungsdefizite reflektieren und vor einem wissenschaftlichen Hintergrund analysieren. Vorwiegend autodidaktisch aber nunmehr mit der Möglichkeit zur wissenschaftlichen Auseinandersetzung mit Kollegen und Professoren widmete ich mich dem Studium der Übersetzungswissenschaft. Die zunehmende Identifikation mit dem Fach, seiner Funktion als eigenständige wissenschaftliche Disziplin, führte schließlich zur gesetzlichen Verankerung der Qualifikation qua Doktorat.

---

[1] Für eine ausführliche Beschreibung der Geschichte des Instituts für Übersetzer- und Dolmetscherausbildung der Universität Innsbruck siehe Schmid (1998).
[2] Der alte Studienplan kann über die Homepage des Instituts für Translationswissenschaft der Universität Innsbruck eingesehen werden.

3. Curriculumentwicklung

Aus der heutigen Sicht der modernen Translationswissenschaft[3] lassen sich die Mängel in der Ausbildung und in der beruflichen Umsetzung ganz klar definieren. Neben Theorie und Methodik des Übersetzens wurden auch die übersetzerischen Kompetenzen erforscht, welche die Voraussetzungen für professionelles Handeln in diesem Fach sind (vgl. dazu die Dissertation von Annette Wußler 2002). Neben dem eigenen Interesse an einer Verbesserung der Ausbildung auf Grund negativer Erfahrungen oblag mir als Mitglied bzw. Vorsitzender der Studienkommission unter anderem die Aufgabe der Curriuculumentwicklung für unsere Studienrichtung und mit der Erstellung des neuen Studienplanes nach UniStG 93, veröffentlicht im Mitteilungsblatt der Universität Innsbruck (2001), rückte dieser Forschungsbereich ins Zentrum meiner Tätigkeiten.

Das anschließend vorgestellte Modell eines Curriculums für Übersetzen und Dolmetschen sieht die Ausbildung zu einem selbstbewussten[4], professionell handelnden Translator vor, der als Experte zwischen verschiedenen Kulturen vermittelt. Dementsprechend ist es Ziel der Ausbildung, „verantwortungsbewusste, eigenständig denkende, tatkräftige Persönlichkeiten heranzubilden, die komplexe Vermittlungsaufgaben übernehmen, analysieren und lösen und ihr Vorgehen argumentativ vertreten können" (Freihoff 1998, 28f).

4. Modellentwurf eines Curriculums

4.1. Grundsätze

Ein wesentliches Element des dargestellten Modells ist die **translationswissenschaftliche Ausbildung**. Die Kenntnis der Methoden, Paradigmen und diversen Translationstheorien ist die Voraussetzung für ein professionelles Handeln als Übersetzer und Dolmetscher. Die Anwendung situationsadäquater translatorischer Strategien kann nur auf der Basis wissenschaftlicher Reflexion und unter Einbeziehung des jeweiligen kognitiven, kulturellen und sozialen Handlungskontexts erfolgen. Ebenso wichtig ist die konstante kritische Auseinandersetzung mit den translationswissenschaftlichen Forschungsergebnissen und ihre Überprüfung im Hinblick auf die aktuelle gesellschaftliche, politische oder auch marktwirtschaftliche Situation.

---

[3] Damit wird auf die in unserer westlichen Welt - nach Überwindung der ursprünglich linguozentrierten Translationstheorien - derzeit gültigen funktional-skoposorientierten sowie deskriptiven Translationskulturen Bezug genommen. Dokumentiert findet sich die Entwicklung der Translationswissenschaft, die seit ihrer Abgrenzung von der Sprach- und Literaturwissenschaft in den sechziger Jahren eine Vielzahl von Translationstheorien und -modellen hervorgebracht hat, u.a. in Mary Snell Hornby (1998).

[4] Selbstbewußtsein in der Bedeutung „sich bewußt sein, was beim Übersetzen geschieht und gleichzeitigem Vertrauen auf die eigene Leistung" (Hönig 1992, 154), denn nur ein/e Übersetzer/in, der/die davon überzeugt ist, professionell zu handeln, kann sich auch beim Auftraggeber als Experte verkaufen.

Das Grundprinzip des Modells beruht auf **Modularität**. Eine modulare Struktur ist notwendig, um einerseits das Studium auch für andere Studienrichtungen zu öffnen (vgl. Hönig 1995) – das ist in der Situation, in der sich die heutigen Universitäten befinden, wichtig, da die Steigerung der Attraktivität der eigenen Studienrichtung eine Erweiterung der Ressourcen bedeutet – und andererseits weil nur ein flexibel gestaltbares Studium eine Schwerpunktsetzung je nach individuellen Neigungen oder marktwirtschaftlichen Erfordernissen ermöglicht, das heißt eine Spezialisierung für ein bestimmtes Berufsziel[5] bzw. die Optimierung der individuellen Ausbildung erlaubt.

Curriculare Modelle sind natürlich immer von den nationalen politischen, gesetzlichen und finanziellen Rahmenbedingungen abhängig. Daher ist seit der gemeinsamen Erklärung der Europäischen Bildungsminister vom 19. Juni 1999 in Bologna die Struktur **Bakkalaureat plus Masterstudium** jedem neuen Curriculum in den EU-Staaten vorgegeben.

4.2. Bakkalaureus interkulturelle Kommunikation

- Das Bakkalaureatsstudium dient der wissenschaftlichen Berufsvorbildung für ein breites Spektrum von Tätigkeitsbereichen, wobei den aktuellen wirtschaftlichen und gesellschaftlichen Anforderungen Rechnung getragen wird. Neben der intensiven Auseinandersetzung mit der eigenen Muttersprache und -kultur vermittelt es aktives Wissen in mehreren Fremdsprachen sowie allgemeine Kenntnisse der jeweiligen Sprachen und Kulturen. Zugleich werden Grundkenntnisse der Sprachwissenschaft, der Kulturwissenschaft und der Kommunikationswissenschaft vermittelt. Neben der Vermittlung methodischer Grundlagen dient das Bakkalaureat dem Erwerb jener Kompetenzen, die für die professionelle Tätigkeit im Bereich der interkulturellen Kommunikation erforderlich sind.
- Das Bakkalaureat ist Voraussetzung für das Magisterstudium.
- Das Ziel des Bakkalaureatsstudiums liegt in einer breiten Qualifikation der Absolventinnen und Absolventen.
- Berufsbilder: Sprach- und Kulturmittlung, Tätigkeiten im Bildungs- und Sozialbereich, im Tourismus- und Kulturmanagement, in der Wirtschaft, den Medien, in öffentlichen und privaten Institutionen.

---

[5] Zur Vielfalt der heutigen zahlreichen Berufsziele siehe auch Hönig (1995), Kurz/ Moisl (1997) oder Wußler (2002).

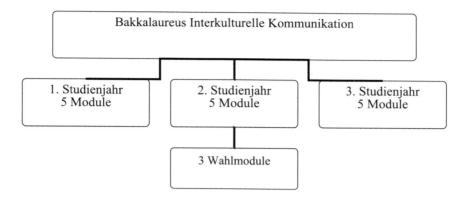

- Der Bakkalaureus Interkulturelle Kommunikation besteht aus insgesamt 6 Semestern.
- Im Rahmen des Lehrganges sind 18 Module à 6 Semesterstunden (in der Folge Sstd) aus den Pflicht- und Wahlfächern zu absolvieren, d.h. das Studium umfasst 108 Sstd (180 ECTS).
- Die auf die 180 vorgeschriebenen ECTS-Punkte fehlenden Credits werden im Rahmen der Abschlussprüfung mit Abschlussarbeit erworben.
- 11 Module entfallen auf die Pflichtfächer, 7 Module auf die freien Wahlfächer.
- Pro Studienjahr sind mindestens 5 Module zu absolvieren, d.h. insgesamt 15 der 18 Module sind gleichmäßig auf alle Studienjahre aufgeteilt.
- Drei Wahlmodule können über die drei Studienjahre beliebig verteilt werden.

DIE PFLICHT- UND WAHLMODULE[6] DES ERSTEN STUDIENJAHRES

Im ersten Studienjahr sind vier Pflichtfächer – aufgeteilt auf 5 Module – zu absolvieren:

1. Eingangsphase: allgemeine Einführung in das Fach, grundlegendes Wissen zu Sprache und Kommunikation, allgemeinbildender kulturwissenschaftlicher Überblick
2. Muttersprache: theoretische und praktische Text- und Redekompetenz
3. Englisch als Lingua Franca
4. Erste Fremdsprache

Die Wahlfächer dienen einer sinnvollen Ergänzung der Ausbildung. Empfehlenswert ist das Studium einer oder mehrerer weiterer Fremdsprachen; das Studium von zumindest einer zweiten Fremdsprache ist Voraussetzung für ein späteres Magisterstudium in Übersetzen und Dolmetschen.

Die für die Wahlfächer vorgesehenen Module können bereits ab dem ersten Studienjahr belegt werden.

ERSTES STUDIENJAHR: 5 PFLICHTMODULE, 1-3 WAHLMODULE

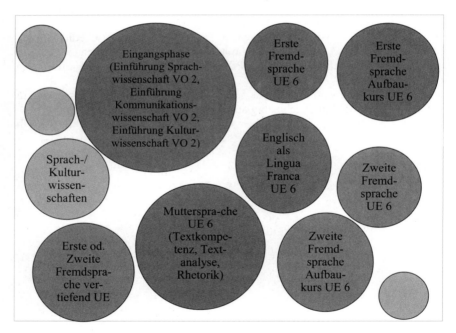

---

[6] Da für die vorliegende Ausgabe kein Farbausdruck möglich ist, lassen sich Pflicht- und Wahlmodule sowie Wahlpflichtmodule für das Masterstudium Translationswissenschaft nur durch die verschiedenen Grautöne unterscheiden: Die Wahlmodule sind hellgrau.

DIE PFLICHT- UND WAHLMODULE DES ZWEITEN STUDIENJAHRES

Im zweiten Studienjahr sind mindestens 5 Module (30 Sstd) zu absolvieren, drei davon sind Pflichtfächer:

1. Vertiefende Sprachausbildung in der Ersten Fremdsprache
2. Kultur- und Landeskunde der Ersten Fremdsprache
3. Einführung in die Translationswissenschaft

Die zur Absolvierung der vorgeschriebenen Semesterwochenstunden noch fehlenden Module sind aus dem Angebot frei wählbar. Allerdings sind die Module Zweite Fremdsprache sowie Landes- und Kulturkunde der Zweiten Fremdsprache Voraussetzung für das weiterführende Magisterstudium Translationswissenschaft.

ZWEITES STUDIENJAHR: 3 PFLICHTMODULE, 2 ODER MEHR WAHLMODULE

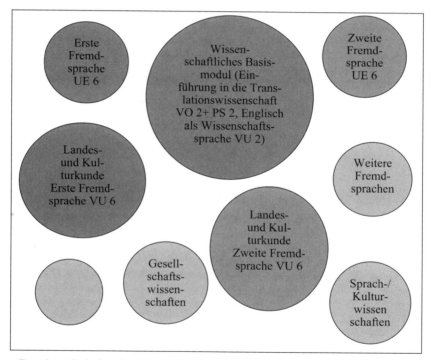

Beachte: Bei der dargestellten Verteilung der Module auf das zweite und dritte Studienjahr handelt es sich um eine Empfehlung. Den Studierenden steht es frei, Module aus dem dritten Studienjahr bereits im zweiten Studienjahr zu absolvieren. Voraussetzung für den Besuch der Translatorischen Basiskompetenz ist allerdings ein positiver Abschluss der Sprachmodule.

DIE PFLICHT- UND WAHLMODULE DES DRITTEN STUDIENJAHRES

- Im Rahmen der Pflichtfächer für das dritte Studienjahr ist das Fach Translatorische Basiskompetenz in der ersten Fremdsprache vorgesehen (2 Module à 6 Sstd) sowie das Modul Internationale Kommunikation.
- Eine Translatorische Basiskompetenz in der zweiten Fremdsprache ist verpflichtend für diejenigen zu wählen, die ein weiterführendes Magisterstudium der Translationswissenschaft anstreben.
- Für den Abschluss des Bakkalaureats sind die zwei auf die vorgeschriebene Semesterstundenanzahl fehlenden Module aus dem Angebot verpflichtend zu absolvieren, aber frei wählbar.

DRITTES STUDIENJAHR: 3 PFLICHTMODULE, 2 ODER MEHR WAHLMODULE

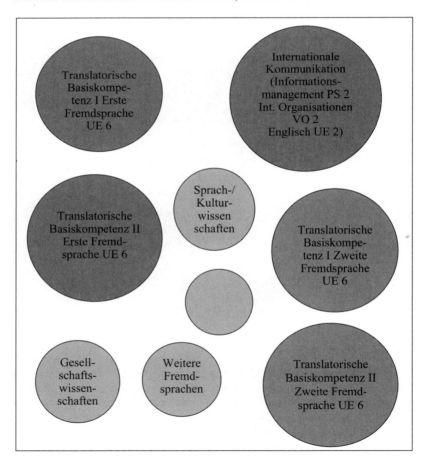

4.3. Master Translationswissenschaft

- Das Magisterstudium schließt an das Bakkalaureat an und dient der wissenschaftlichen Weiterbildung. Auf der Grundlage einer fundierten sprachlichen und kulturellen Kompetenz vermittelt es die allgemeinen und speziellen translatorischen Kompetenzen, wie Grundlagen der Fachkommunikation, Einsatz geeigneter Übersetzungsstrategien und moderner Hilfsmittel oder entsprechender Dolmetschtechniken. Darüber hinaus vermittelt es die translatologische Kompetenz, welche die Grundlage für professionelles Handeln einerseits sowie für fortführende translationswissenschaftliche Studien anderseits bildet.
- Berufsbilder: Fachübersetzen, literarisches Übersetzen, Editieren und Medienübersetzen, Konferenz- Gerichts- und Mediendolmetschen.
- Einsatzgebiete: Übersetzungsbüros, Unternehmen, Medien, nationale und internationale Organisationen.

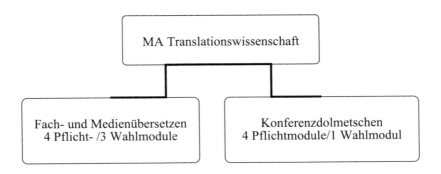

- Das Magisterstudium Translationswissenschaft dauert 4 Semester.
- Es gliedert sich in die Studienzweige Fach- und Medienübersetzen sowie Konferenzdolmetschen.
- Pro Studienzweig sind aus Pflicht- und Wahlmodulen 42 Sstd bzw. 120 ECTS zu absolvieren.

- Im Studienzweig Fach- und Medienübersetzen sind insgesamt 4 Pflicht- und 3 Wahlmodule à 6 Sstd zu absolvieren.
- Je nach Schwerpunktsetzung (Fach- oder Medienkommunikation) können die Studierenden in den Pflichtfächern zwischen zwei Modulen wählen.

Fach- und Medienübersetzen

Im Studienzweig Dolmetschen sind insgesamt 4 Pflichtmodule und 1 Wahlmodul (42 Sstd) zu absolvieren.

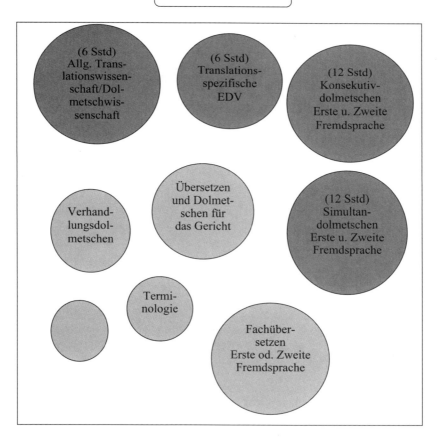

Die im vorgestellten Gesamtcurriculum (Bakkalaureat plus Masterstudium) enthaltenen 3 wissenschaftlichen Module à jeweils 6 Sstd bilden einerseits die Voraussetzung für professionelles, methodologisch und konzeptionell adäquates übersetzerisches Handeln und andererseits die nötige Grundlage für eine wissenschaftliche Spezialisierung bzw. akademische Karriere im Rahmen eines weiterführenden 2-jährigen Doktoratsstudiums.

Literaturhinweise

Freihoff, Roland (1998): Curriculare Modelle. In: M. Snell-Hornby/ H. Hönig/ P. Kuß-maul/ P.A. Schmitt (Hg.): *Handbuch Translation*. Tübingen: Stauffenburg, 26-31.

Gauger, Hans-Martin/ Wolfgang Pöckl (Hg.) (1991): *Wege in der Sprachwissen-schaft. Vierundvierzig autobiographische Berichte*. Tübingen: Gunter Narr Verlag (Tübinger Beiträge zur Linguistik 362).

Hönig, Hans G. (1995) *Konstruktives Übersetzen*. Tübingen: Stauffenburg (Studien zur Translation 1).

Mitteilungsblatt der Universität Innsbruck Nr. 853, 19. September 2001, 77. Stück.

Schmid, Annemarie (1998): Die Geschichte des Instituts für Übersetzer- und Dol-metscherausbildung der Universität Innsbruck. In: Cornelia Feyrer,/ Peter Holzer (Hg.): *Text, Sprache, Kultur*. Frankfurt/M: Lang, 15-28.

Snell-Hornby, Mary et al. (Hg.) (1998): *Handbuch Translation*. Tübingen: Stauffen-burg.

Wußler, Annette (2002): *Translation – Praxis, Wissenschaft und universitäre Aus-bildung*. Innsbruck (Phil. Diss.).

Nelson Cartagena (Heidelberg)

Mein Weg in die Übersetzungsforschung

1.0 Anders- und Vielsprachigkeit sind in der Alten Welt durch regionale Gegebenheiten bzw. durch die Beweglichkeit der Menschen leicht anzutreffende Erscheinungen. Sie überraschen niemanden, stellen wohlbekannte Größen der gemeinsamen Kulturerfahrungen dar. Ich wuchs dagegen in einer sprachlich hermetisch abgeschlossenen Umgebung am Rande der Welt im Santiago de Chile der 40er und 50er Jahre auf. Dort spielte sich das Leben vorwiegend in den engen Grenzen unseres Stadtviertels ab; nur zu ganz besonderen Anlässen bemühte man sich ins Stadtzentrum oder wagte man eine Busfahrt zum Besuch von Verwandten oder engen Freunden. Bei uns gab es einfach keine Touristen, so dass es nicht möglich war, Fremdsprachen oder mindestens fremde Akzente *in vivo* zu erleben. Auslandsreisen hat sich schon aus finanziellen Erwägungen keiner vorstellen können. Unser einziges Fenster mit Blick in die große weite Welt war die fast dreistündige Kinomatinee am Sonntag, die etymologisch widersinnig am frühen Nachmittag stattfand. Sie führte uns in andersartige Umgebungen, in exotische Landschaften, in eine traumhafte Welt von sonderbaren Ereignissen und Leuten, die uns mit der Magie ihrer Fremdsprachen – meistens Englisch, Französisch, Italienisch – und ungewöhnlicher Gebärdensprache verzauberten. Viele von uns konnten nicht mehr zwischen der eigenen Realität und den Leinwandfiktionen und -mythen unterscheiden und wurden ihr dadurch schmerzhaft entfremdet: Den 'Verrat von Rita Hayworth' hat der Romanautor Manuel Puig diese sonderbare Erscheinung zutreffend genannt. Ein solches Leiden wurde mir vielleicht deswegen erspart, weil für mich das Faszinosum unserer Matineen vorwiegend im rein Sprachlichen bestand, was sich für meine persönliche Entwicklung sogar als äußerst vorteilhaft erwies. So konnte ich in den ersten Schuljahren meine Lesefähigkeit durch die erworbene Fertigkeit, Untertitel schnell zu registrieren, beträchtlich steigern. Abgesehen von der großen Hilfe, die mein Steckenpferd später für die Fächer Englisch und Französisch auf dem Gymnasium war, trug meine Beschäftigung mit Fremdsprachen dazu bei, die Gewohnheit in mir entstehen zu lassen, ständig die in der Fremdsprache markanten Redewendungen, die Intonation, Gesten und Körperhaltungen mit denen der eigenen Muttersprache zu vergleichen, so dass ich, ohne es zu wissen, schon in frühen Jahren eine Art laienhafte private komparative Pragmatik *ante litteram* betrieb. Die analytische Beschäftigung mit der Muttersprache und ein kaum zu stillender Lesedurst nach Belletristik – besonders der lateinamerikanischen Literatur – haben nach dem Abitur meine Entscheidung motiviert, Hispanistik am Pädagogischen Institut der Philosophischen Fakultät der Staatsuniversität zu studieren, die eine bessere theoretische Ausbildung anbot, als die eher praxisorientierten fremdsprachlichen Studiengänge dies vermochten. Meinen damaligen Lehrern verdanke ich eine hervorragende Ausbildung im linguistischen, textanalytischen und literaturhistorischen Bereich. Anders als in der heutigen, stark (nord)amerikanisierten lateinamerikanischen Welt waren unsere Augen nach Deutschland gerichtet, was geschichtlich durchaus gerechtfertigt war. Das Pädagogische Institut war Ende des 19. Jahrhunderts von *ad hoc* eingewanderten deutschen Gelehrten gegründet worden, die, wie etwa R. Lenz und F. Hansen, zu ganz großen Figuren der Hispanistik wurden. Seitdem blieb diese Tradition erhalten durch neue deutsche bzw. chilenische Dozenten mit weiterer Fortbildung in Deutschland. Dies war besonders der Fall meiner Lehrer H. Schulte-Herbrüggen, A. Rabanales und F. Martínez.[1] In gewisser Hinsicht war ich also dazu prädestiniert, den Weg einzuschlagen, der mich 1963 dank eines DAAD-Stipendiums nach Bonn und Tübingen führte.

2.0   Meine Studienzeit in Deutschland war äußerst erlebnis- und lehrreich. Auf der Suche nach E. Coseriu, mit dem ich schon in Chile intensiven Kontakt pflegen durfte, hatte ich das Glück, zunächst in Bonn bei H. Meier und G. Ungeheuer zu studieren, die meine Sicht der Sprachforschung in ganz verschiedene Richtungen wesentlich erweiterten. Bei ersterem lernte ich, Kulturbeziehungen und geschichtliche Verhältnisse vorrangig in diachronische Untersuchungen jeglicher Art einzubeziehen, letzterer weihte mich in die Techniken der experimentellen Lautanalyse ein und zeigte mir die Bedeutung von EDV-gestützten Hilfsmitteln für Sprach- und Kulturdisziplinen. Ihre Lehren bestimmten und bestimmen bis heute einen wichtigen Teil meiner Lehr- und Forschungstätigkeit.[2] Die Zeit in Tübingen als Lektor für Iberoamerikanische Sprachen und als Studierender bei meinen verehrten Lehrern E. Coseriu und M. Wandruska sowie einer *pléiade* großer Meister, unter denen E. Gamillscheg, G. Rohlfs und A. Tovar herausragten, gehört zu den wichtigsten Kapiteln meines persönlichen und wissenschaftlichen Lebens. An dieser Stelle kann ich nur die Formulierung wiederholen, mit der ich mich am Ende meiner Tübinger Zeit bei Herrn Coseriu bedankte: „ [...nuestro afecto y reconocimiento profundos] a nuestro querido maestro..., en quien encontramos no sólo al lingüista y científico de excepción, al maestro comprensivo y abnegado, al jefe ecuánime, al modelador de nuestra personalidad científica, sino también al amigo sincero" (Cartagena (1972, 8)). Bezüglich der Thematik dieses Berichts muss ich aber hervorheben, dass Mario Wandruszka derjenige gewesen ist, der damals mein Interesse für die Bedeutung der Übersetzungsproblematik weckte, die er als den Knotenpunkt der Sprachwissenschaft betrachtete. Der Gegenstand seiner Linguistik bestand im multilateralen Übersetzungsvergleich, durch den wichtige

---

[1] Für einen Einblick in ihr wissenschaftliches Werk s. Martínez (1960 und 1992), Schulte-Herbrüggen (1963) und Rabanales (1992).
[2] Exemplarisch möchte ich in diesem Zusammenhang meine Plenarvorträge im Rahmen des 8. lateinamerikanischen Germanistenkongress der ALEG (Asociación Latinoamericana de Estudios Germanísticos) und des 4. Internationalen Kongresses der Sociedad Española de Historiografía Lingüística. S. Cartagena (1972 und 2004).

Einsichten in das Wesen und Funktionieren der untersuchten Einzelsprachen (bei Wandruszka (1969) Deutsch, Englisch, Französisch, Italienisch, Portugiesisch und Spanisch) gewonnen werden. Besagte Gegenüberstellung von Übersetzungen wird von dem Grundgedanken gesteuert, die Sprachen seien äußerst komplexe und subtile soziokulturelle Polysysteme, gebildet aus Analogien und Anomalien, Polymorphien und Polysemien, Redundanzen und Defizienzen, Explikationen und Implikationen, Konstanten und Varianten, sie seien Gebilde aus Programmen, die einander überschneiden und nur teilweise verwirklicht werden. So verstanden, ist also seine Version der vergleichenden Stilistik nur eine Form der kontrastiven Linguistik, die durch die methodische und zentrale theoretische Rolle des Übersetzungsvergleichs ("Auf Übersetzung beruht jeder Sprachvergleich. Jedes zweisprachige Wörterbuch ist ja nichts anderes als kristallisierte, kondensierte Übersetzung, jede zweisprachige Grammatik ist konzentrierte, systematisierte Übersetzung" (Wandruszka (1971, 10)) und durch eine besondere Auffassung der Beziehungen zwischen Sprachsystem und Norm gekennzeichnet ist. Für alle beide und die kontrastiven Bemühungen seiner Zeit schlägt Wandruszka (1971, 11) den Namen „Interlinguistik" vor: „Seit 20 Jahren wird allerorts an einer neuen vergleichenden Sprachwissenschaft gearbeitet. Sie sucht noch nach dem richtigen Namen, nennt sich komparativ-deskriptive, konfrontative, kontrastive, differentielle Linguistik. Um die lebendige Wirklichkeit der Sprache zu erfassen, geht sie immer mehr dazu über, Übersetzungen in möglichst großer Zahl und Vielfalt miteinander zu vergleichen. [...] Linguistik der Mehrsprachigkeit, der Sprachmischungen und [..] Mischsprachen, der Übersetzung und des Übersetzungsvergleichs, [...] die neue vergleichende Sprachwissenschaft, die noch ihren Namen sucht, das alles kann man zusammenfassen als Interlinguistik".

3.0   Aufgrund meiner tiefen familiären und geistigen Verwurzelung in Chile beschloss ich, meine akademische Laufbahn in der Heimat fortzusetzen. Infolgedessen übernahm ich einen Lehrstuhl für Linguistik am Zentralinstitut für Sprachen an der Universität Concepción. Während der fünf Jahre, die ich dort verbrachte, beteiligte ich mich mit besonderer Intensität am Aufbau von Studiengängen und -programmen und an der Diskussion der tief greifenden Veränderungsprozesse, die die Universität und die chilenische Gesellschaft damals erschütterten. Auch wenn ich in gewisser Hinsicht wissenschaftlich stagnierte, bereue ich keine Sekunde dieser Zeit, in der ich mich täglich bis zur Erschöpfung bemühte, Studenten und Kollegen, der Universität und dem Land mein Bestes zu geben.[3]

4.0   Aufgrund einer Einladung des Kollegen H.-M. Gauger ergab sich 1975 die Möglichkeit, mich am durch die Kulturabteilung des Auswärtigen Amtes

---

[3] In Cartagena (1976) und Cartagena (1980) berichtete ich über die akademische Tätigkeit an den Universitäten des Landes während dieser Zeitspanne.

finanziell getragenen Forschungsprojekt einer "Deutsch-spanischen kontrastiven Grammatik" der Abteilung für kontrastive Linguistik des Instituts für deutsche Sprache (IdS), Mannheim, zu beteiligen. Wegen der zeitlichen Begrenzung eines solchen Projekts musste ich bald für die Zukunft sorgen, was infolge der damaligen Vollbesetzung der Dozentenstellen an deutschen Universitäten ungewöhnliche Entscheidungen erforderte: Ich sah mich gezwungen, jahrelang in etwa viermonatigem Rhythmus zwischen dem IdS und der Temple University in Philadelphia/USA zu pendeln. Abgesehen von den damit verbundenen Strapazen war diese Periode für mich wissenschaftlich äußerst produktiv. Amtshalber setzte ich mich theoretisch und praktisch mit der Problematik des synchronischen Sprachvergleichs auseinander und nahm zusammen mit jungen IdS-Forschern regen Anteil an Auseinandersetzungen über textlinguistische, pragmatische und interdisziplinäre Richtungen. Darüber hinaus erkannte ich die große Bedeutung, die die angewandte Linguistik inzwischen errungen hatte. Mit der Berufung auf eine Professur für Romanische Sprachen an der Fachhochschule des Landes Rheinland-Pfalz in Worms trat 1980 nicht nur Ruhe in meinem Alltag ein. In den zwei Jahren, die ich dort verbrachte, konnte ich die für meine späteren Aufgaben in höchstem Grade wichtige Komponente der Fachsprachenlehre hinzugewinnen.

5.0.   Die große Wende kam aber 1982 mit dem Ruf auf eine Professur für Übersetzungswissenschaft: Spanisch am Institut für Übersetzen und Dolmetschen der Universität Heidelberg. Ich war mir bewusst, dass die Annahme des Rufes einen gewagten Schritt in – für mich teilweise Neuland – darstellte, nahm jedoch nach sorgfältiger Überlegung die Herausforderung an, denn das neue Lehr- und Forschungsfeld schien mir wegen seiner Vielfalt durchaus ansprechend und ertragreich zu sein, und, vor allem, weil ich glaubte, über die notwendigen Voraussetzungen zu verfügen, um die neuen Aufgaben bewältigen zu können. Als Hauptaufgabe sah ich den Entwurf eines operationell funktionierenden Modells der Übersetzungstheorie und –praxis sowie die Gestaltung eines an den institutionellen und personellen Möglichkeiten des IÜD sowie an den Bedürfnissen und Erwartungen der Studierenden ausgerichteten Lehr- und Forschungsplanes.

5.1.   Wegen ihrer all zu engen bzw. all zu weiten Fokussierung des Gegenstands oder wegen ihres mangelnden Bezugs zu anderen Sprach- und Kulturdisziplinen war ich von den damals gängigen Auffassungen des Übersetzens nicht überzeugt. Grundpfeiler auf der Suche nach anderen Wegen waren wiederum meine Lehrer E. Coseriu und M. Wandruszka, und außerdem G. Toury, der für mich eine relevante Erweiterung meines Horizonts brachte. Von Coseriu übernahm ich zwei wesentliche Prinzipien und das dazu gehörige Beschreibungsinstrumentarium: Bei der Übersetzung handelt es sich nicht um einen interlingualen Transfer von einzelsprachlichen Bedeutungen, die invariant bleiben sollen, sondern um eine historisch bedingte, finalistische Operation mit

Texten: „Das Übersetzen ist am ehesten dem Sprechen analog, und es gelten deshalb für das Übersetzen wie für das Sprechen nur finalistisch motivierte und finalistisch differenzierte Normen. Auch die „beste Übersetzung" schlechthin für einen bestimmten Text gibt es aus demselben Grund nicht: „Es gibt nur die beste Übersetzung dieses Textes für bestimmte Adressaten, zu einem bestimmten Zweck und in einer bestimmten geschichtlichen Situation" (Coseriu, 1978, 32). Da also nur Texte übersetzt werden können, soll im Rahmen der Textlinguistik die Ermittlung der für die Übersetzung möglichen relevanten Invarianten erfolgen. Infolgedessen wird ein leistungsfähiges Modell dieser Disziplin benötigt. Dazu reichen nach E. Coseriu (1981, 53 ff) Bühlers und Jakobsons Modelle wegen ihrer defizitären Strukturen und strittigen Unterscheidungen nicht aus. Das durch die zeicheninterne Bedeutungsfunktion ergänzte Organonmodell könne dennoch weiter ausgebaut werden, damit der funktionellen Komplexität der Texte Rechnung getragen werde. In diesem Zusammenhang wird festgestellt, dass sprachliche Zeichen in ihrer Verwirklichung nicht nur Bedeutungen haben, mittels derer sie etwas Außersprachliches bezeichnen und Signale für den Empfänger bei Kundgabe der Subjektivität des Sprechers darstellen, denn dieser komplexe Sachverhalt befindet sich in einem Netz von Beziehungen teils sprachlicher teils außer- sprachlicher Natur, die in ihrer Gesamtheit den Textsinn konstituieren.[4] Anders formuliert, stellt er auf einer höheren semiotischen Ebene wieder den Ausdruck für eine Inhaltseinheit höherer Art dar, den Sinn. Für diese wesentliche Textfunktion schlägt E. Coseriu (1981, 102, 68 ff) den Namen „Evokation" im Sinne der Leistung des von der Glossematik eingeführten Begriffes des komplexen konnotativen sprachlichen Zeichens[5] vor und beschreibt ausführlich ihre verschiedenen Erscheinungsformen. Dieses wichtige Begriffswerk und Beschreibungsinstrumentarium blieb auch für die Übersetzungstheorie unbenutzt. In Cartagena (1993-94 und 1995) versuchte ich, besagte Konzeption der Textlinguistik mittels des Übersetzungsvergleichs auf dieses Gebiet anzuwenden. Dabei wurde gezeigt, dass es anhand der Beschreibung der Bedeutungs- und Bezeichnungsverhältnisse sowie der Konnotations-, Suggestions- oder Evokationskraft sprachlicher Zeichen möglich ist, das gesamte Spektrum sprachlich motivierter Übersetzungsprobleme, wie sie typischerweise in Texten auftreten, systematisch aufzufächern. Zugleich konnten durch diese Vorgehensweise das Ausmaß des Einflusses sprachwissen- schaftlicher Erkenntnisse auf die Entwicklung der Übersetzungstheorie chrono- logisch nachgezeichnet sowie Leistungen und Grenzen der Linguistik für die übersetzerische Praxis und die Übersetzungstheorie kritisch gewürdigt werden. Eine solche auf der Grundlage der kontrastiven Textlinguistik fundierte Beschreibung der Übersetzungsproblematik kann also sinnvoll die Verhältnisse

---

[4] Schon 1955 beschrieb Coseriu ausführlich die Grundlagen einer „lingüística del hablar". Diese Textlinguistik *ante litteram* blieb leider bei der Entstehung der Dis- ziplin in Europa praktisch unberücksichtigt.
[5] S. Johansen (1949) und Cartagena (1965).

zwischen dem Originaltext als *input* und seinem Translat als *output* beleuchten, wie G. Toury (1980, 29 f.) es zutreffend formuliert: „[...] an exhaustive contrastive description of languages involved is a precondition for any systematic study of translations, and, on the discipline level, a developed CL is a necessary precondition for translation studies... it forms part of the basis for accounting fort the first type of relationship exhibited by translation, the TT-ST-Type". Er weist aber auch (ibid., 28 ff) zu Recht daraufhin, dass Translate als Kulturprodukte nicht mehr dem eigentlichen Bereich der kontrastiven Text-linguistik angehören, sondern dem der Beziehungen zwischen Zieltext-Zielsprache (System von Texten der Zielsprache), sofern das übersetzte Werk Bestandteil der unabhängigen Texttradition der zielsprachlichen Kultur wird. Aus diesem Grunde gehören Translate der Geschichte der Zielkultur an, in deren Rahmen die Entwicklung, Motivation, Rezeption und Wirkung der translatori-schen Tätigkeit unabhängig von ihrer sowieso vom Empfängerkreis nicht zu beurteilenden sprachlichen Genese zu beschreiben und zu erklären ist.

5.2.   Was nun die Gestaltung der für mich neuen Lehrtätigkeiten anbelangt, brachte ich Notwendiges mit studentischen Desiderata im Rahmen der gegebe-nen personellen Struktur in Einklang. Die Erfahrungen der ersten Semester zeigten eindeutig, dass die überwiegende Schwäche der Studenten in der Übersetzungstheorie, in der Sprachkompetenz (über 80% der Übersetzungs-fehler in Schluss- und Diplomklausuren waren in diesem Bereich anzusiedeln) sowie in der Nicht-Verwendung von EDV-Hilfsmitteln lag, und dass dennoch Terminologie und Übersetzungskritik eindeutig die bevorzugten Themen von Diplomarbeiten bildeten. Dementsprechend organisierte ich die pädagogische und wissenschaftliche Abteilungsstruktur. Durch *ad hoc*-Kurse wurden die Studenten systematisch in EDV-Techniken eingeführt. Durch Proseminare und eine in die Grundbegriffe der Sprach- und Übersetzungswissenschaft einführen-de Vorlesung wurde die theoretische Grundausbildung nach unseren Vorstellun-gen abgesichert. Seminare und Kolloquien dienten nicht nur zur Vertiefung und Einübung des Grundwissens, sondern auch als Vorbereitungsstufe bei der Herstellung von Diplomarbeiten, deren Thematik in aller Regel in Einklang mit umfassenden Forschungsprojekten gestanden hat, wodurch die Studenten insti-tutionell dazu herangezogen werden konnten. Ihre Arbeiten lieferten wesentliche Beiträge zur Erstellung von Korpora und Datenbanken und auch zur Unter-suchung von ausgewählten Bereichen. Auf diese Weise beschäftigte ich mich in den letzten zwanzig Jahren vor allem intensiv mit der Fertigstellung der in Mannheim initiierten deutsch-spanischen kontrastiven Grammatik, mit dem Aufbau von Terminologie-, Realien- und Übersetzungsdatenbanken, mit der Kritik der deutsch-spanischen Lexikographie und mit der Entwicklung der

Übersetzungskultur in Spanien und in Lateinamerika.[6] Daraus ist ein sehr umfangreiches Material entstanden, das größtenteils noch verarbeitet werden muss.

6.0   Ich bin in den Ruhestand getreten. Ich weiß nicht, wie lange diese letzte Etappe meines Lebensweges dauern wird. Ich weiß aber sehr genau, dass meine ganze Zeit den vielen noch ausstehenden wissenschaftlichen Arbeiten gewidmet sein wird.

Zitierte Literatur

Cartagena, Nelson (1965). Aportes de la Escuela de Copenhague a la teoría de la estilística. In: *ALCIN (Academia de Letras Castellanas)*. Santiago de Chile: Ediciones Boletín Instituto Nacional de Chile, 223-245.

Cartagena, Nelson (1972): *Sentido y estructura de las construcciones pronominales en español*. Prólogo de Eugenio Coseriu. Concepción (Chile): Instituto Central de Lenguas, Universidad de Concepción.

Cartagena, Nelson (1976) : La linguistique chilienne contemporaine. In : *Europe* (Paris, Editeurs Français Réunis) 54ème Année, No. 57, 77-87.

Cartagena, Nelson (1980): Los estudios lingüísticos en Chile durante la década 1964-1974. In: *Ibero-Amerikanisches Archiv*, N.F. 6, 1, 53-78.

Cartagena; Nelson/Hans Martin-Gauger (1989): *Vergleichende Grammatik Spanisch-Deutsch. Teil 1. Phonetik und Phonologie. Nominalflexematik. Verbalphrase. Teil 2. Pronominalphrase. Wortbildung. Zusammenfassung der wichtigsten grammatischen Unterschiede. Vom Inhalt zu den Formen. Falsche Freunde.* Mannheim, Wien, Zürich: Dudenverlag (Duden-Sonderreihe Vergleichende Grammatiken, Bd.2).

Cartagena; Nelson (1993-94): Funciones lingüísticas y traducción.. In *Boletín de Filología*. Universidad de Chile XXXIV , 33-61.

Cartagena, Nelson (1995): Die Grundfunktionen der Sprache und die Übersetzung. In: *Realities of Translating*. Anglistik & Englischunterricht. Heidelberg: Universitätsverlag C. Winter, 247- 275.

Cartagena, Nelson (1996): EDV-gestützte Realiendatenbanken als Hilfsmittel für sprach- und kulturvergleichende Disziplinen. In: Dietrich Rall/ Marlene Rall (Hg.): *Actas del VIII Congreso Latinoamericano de Estudios Germanísticos. México, 24 al 28 de octubre de 1994.* Mexiko: UNAM, 91-102.

Cartagena, Nelson (2004): Balance de cinco siglos de cultura de la traducción en la Nueva España. In: *Actas del IV Congreso Internacional de la Sociedad Española de Historiografía Lingüística. Tenerife-Islas Canarias, 22-25 de octubre de 2003.* Madrid: Arco Libros.

Coseriu, Eugenio (1955-56): Determinación y entorno. Dos problemas de una lingüística del hablar. In: *Romanistisches Jahrbuch* VII, 29-54.

---

[6] Ausführliche Information über diese Forschungsprojekte und ihre Ergebnisse enthält mein Bericht über die Lehr-, Verwaltungs- und Forschungstätigkeiten am IÜD während dieser Zeitspanne, die nach der Begutachtung der letzten von mir betreuten Diplomarbeiten Ende 2004 erscheinen wird.

Coseriu, Eugenio (1971): Vives y el problema de la traducción. In: Karl-Richard Bausch/ Hans-Martin Gauger (Hg.): *Interlinguistica: Sprachvergleich und Übersetzung. Festschrift zum 60. Geburtstag von Mario Wandruszka.* Tübingen: Niemeyer, 571-582.

Coseriu, Eugenio (1978): Falsche und richtige Fragestellungen in der Übersetzungstheorie. In: L.Grähs / G. Korlén / B. Malmberg (Hg.): *Theory and Practice of Translation (Nobel Symposium 39, Stockholm, 1976).* Bern, Frankfurt/M., Las Vegas, 17-32.

Coseriu, Eugenio (1980): *Textlinguistik. Eine Einführung.* Herausgegeben und bearbeitet von Jörn Albrecht. Tübingen: Narr Verlag.

Coseriu, Eugenio (1981): Kontrastive Linguistik und Übersetzung: Ihr Verhältnis zueinander. In: Wolfgang Kühlwein/ Gisela Thome/ Wolfram.Wilss (Hg.): *Kontrastive Linguistik und Übersetzungswissenschaft.* München: Fink, 183-199.

Johansen, Svend (1949): La notion de signe dans la glossématique et l'esthétique. In : *Travaux du Cercle Linguistique de Copenhague.* Copenhague : Nordisk Sprog- og Kulturvorlag, 288-303.

Martínez Bonati, Félix (1960). *La estructura de la obra literaria.* Santiago: Ediciones de la Universidad de Chile.

Martínez Bonati, Félix (1992). Algunos tópicos estructuralistas y la esencia de la poesía. (Un epílogo a *La estructura de la obra literaria*). In: *La Ficción narrativa (su lógica y ontología).* Murcia: Universidad de Murcia.

Rabanales, Ambrosio (1992). *Métodos probatorios en gramática científica.* Madrid: Istmo.

Schulte-Herbrüggen, Heinz. *El lenguaje y la visión del mundo.* Santiago: Ediciones de la Universidad de Chile.

Toury, Gideon (1980): Contrastive Linguistics and Translation Studies. Toward a Tripartite Model. In: *Search of a Theory of Translation.* Tel Aviv: The Porter Institute for Poetics and Semiotics, Tel Aviv University, 19-34.

Wandruszka, Mario (1969): *Sprachen. Vergleichbar und unvergleichlich.* München: Piper.

Wandruszka, Mario (1971): *Interlinguistik. Umrisse einer neuen Sprachwissenschaft.* München: Piper.

Auswahlbibliographie

(mit H.-M. Gauger): *Vergleichende Grammatik Spanisch-Deutsch* Teil 1. *Phonetik und Phonologie. Nominalflexematik. Verbalphrase.* Teil 2. *Pronominalphrase. Wortbildung. Zusammenfassung der wichtigsten grammatischen Unterschiede. Vom Inhalt zu den Formen. Falsche Freunde.* Mannheim/ Wien/ Zürich: Dudenverlag (Duden-Sonderreihe Vergleichende Grammatiken, Bd.2) 1989 .

Die Grundfunktionen der Sprache und die Übersetzung. In: *Realities of Translating.* Anglistik & Englischunterricht. Heidelberg: Universitätsverlag C. Winter 1995, 247- 250.

EDV-gestützte Realiendatenbanken als Hilfsmittel für sprach- und kulturvergleichende Disziplinen. In: Dietrich Rall/ Marlene Rall (Hg.): *Akten des VIII. Lateinameri-kanischen Germanistenkongresses, ALEG. Mexiko, 24.-28. Oktober 1994.* Mexiko: UNAM 1996, 91-102.

Zur Schichtung des Wortschatzes in spanischen Fachtexten. In: Ulrich Hoinkes/ Wolf Dietrich (Hg.): *Kaleidoskop der lexikalischen Semantik.* Tübingen: Gunter Narr Verlag 1997, 351-363.

Beiträge zum Studium der Übersetzung aus slavischen Sprachen in Hispanoamerika. In: Karsten Grünberg/ Wilfried Potthoff (Hg.): *Ars Philologica. Festschrift für Baldur Panzer zum 65. Geburtstag.* Frankfurt am Main u.a.: Peter Lang: Europäischer Verlag der Wissenschaften 1999, 529-541.

Los procedimientos de creación léxica en las lenguas especializadas del español. In: Michael Herrmann/ Karl Hölz (Hg..): *Confluences: Cultures, Langues, Littératures.* Etudes. Romanes XVII. Mélanges offerts à Alberto Barrera-Vidal par ses collègues et amis. Luxembourg: Centre Universitaire de Luxembourg 2001, 133-148.

Kontrastive Linguistik. In: G. Holtus/ M. Metzelin/ Ch. Schmitt (Hg.): *Lexikon der Romanistischen Linguistik* (LRL). Tübingen: Niemeyer, Band I, 2, Artikel 68, 2001, 687-704.

Alonso de Madrigal (1400?-1455) y Etienne Dolet (1508-1546), teóricos de la traducción. La tragedia de la hoguera y la soledad de la meseta castellana. In: Mario Rodríguez/ Pedro Lastra (Hg..): *Félix Martínez Bonati. Homenaje.* Concepción: Editorial Universidad de Concepción, Cuadernos Atenea, 2003, 37-50.

Cómo se debía traducir en España en el siglo XV. In: A. Gil/ D. Osthus/ C. Polzin-Haumann (Hg.): *Romanische Sprachwissenschaft. Zeugnisse für Vielfalt und Profil eines Faches. Festschrift für Christian Schmitt zum 60. Geburtstag.* Frankfurt am Main: Peter Lang 2004, 437-454.

Balance de cinco siglos de cultura de la traducción en la Nueva España. In: *Actas del IV Congreso Internacional de la Sociedad Española de Historiografía Lingüística. Tenerife – Islas Canarias, 22-25 de octubre de 2003.* Madrid: Arco Libros 2004.

Morphosyntaktische Probleme der Übersetzung. In: Armin Paul Frank et al. (Hg.): *Übersetzung. *Translation. *Traduction. Ein internationales Handbuch zur Übersetzungsforschung. An International Handbook of Translation Studies. Encyclopédie internationale de la recherche sur la traduction.* Berlin/ New York: Walter de Gruyter.

Die spanischamerikanische Übersetzungskultur in vorkolumbianischer und frühkolonialer Zeit. In Armin Paul Frank et al. (Hg.) *Übersetzung. *Translation. * Traduction. Ein internationales Handbuch zur Übersetzungsforschung. An International Handbook of Translation Studies. Encyclopédie internationale de la recherche sur la traduction.* Berlin/ New York, Walter de Gruyter.

Erich Feldweg (München)

Über Umwege in die Dolmetschwissenschaft

Nach dem Abitur am Humanistischen Gymnasium St. Stephan in meiner Heimatstadt Augsburg, an dem der Nachdruck auf Latein und Altgriechisch lag und Englisch erst als dritte Fremdsprache hinzukam, Französisch gar nur als Wahlfach, und dem Studium der englischen Literatur am Hamilton College in Clinton, N.Y., schrieb ich mich an der Universität München als Student der Rechte und der Volkswirtschaft ein. Mein Berufswunsch war, Jurist im diplomatischen Dienst oder in der Wirtschaft zu werden.

Nachträglich sehe ich es als gute Fügung, dass es mit mir anders weiter ging, als ich geplant hatte, denn die faszinierende Welt des Konferenzdolmetschers wäre mir sonst unbekannt geblieben. In der beschriebenen Situation belegte ich nämlich auch noch einen Kurs am Sprachen- und Dolmetscher-Institut München, um meine während des Studiums in den USA recht gut vorangekommenen Kenntnisse der englischen Sprache lebendig zu erhalten.

Das gelang mit Hilfe des Kursleiters Leslie Owen, an dem mich sein hoch entwickeltes Sprachgefühl ebenso faszinierte wie seine intelligente Skurrilität. Nach ein paar Monaten machte er mich in seiner lapidaren Fürsorglichkeit auf einen Sommerkurs für Konferenzdolmetscher aufmerksam, den der Direktor des Instituts gebe. Und als ich einwenden musste, ich könne gerade noch die normalen Studiengebühren bezahlen, leider aber nicht auch noch einen Sommerkurs, beruhigte er mich, der koste nichts. Man könne sich auch nicht selbst dafür anmelden, sondern müsse speziell ausgesucht werden.

Der Direktor des Instituts war Paul Schmidt, ein durch seine langjährige Tätigkeit als Chefdolmetscher des Auswärtigen Amts – für uns so etwas wie die höheren Weihen des Dolmetschers – ausgewiesener, begnadeter Praktiker war von pädagogischem Eros erfüllt. Er vermittelte seinen Studenten die faszinierende Welt des Dolmetschens lebendig und bot ihnen zugleich einen Blick hinaus auf Länder, die für uns unerreichbar waren. Nur zur Illustration: Noch Anfang der fünfziger Jahre wurde einer meiner Freunde bestaunt, denn er hatte ein Besuchervisum für das exotische Land Italien bekommen, weil seine italienische Großmutter sich dafür verbürgte, dass er alsbald auch wieder ausreisen werde.

Schmidts axiomatischer Leitsatz lautete „Aus der Praxis für die Praxis", und der wurde für mich der Schlüssel zu einem der interessantesten Berufe, von denen ich je gehört hatte, er war angesehen und selten, er brachte frühe Auslandsreisen und das Kennenlernen fremder, interessanter Menschen, den Kontakt mit und bisweilen das Eindringen in gänzlich neue Fachgebiete mit sich. Gut verdienen konnte man auch dabei.

Raum für Theorie und für wissenschaftliche Beschäftigung mit der Sprache, mit dem Übersetzen, mit dem Dolmetschen verblieb nicht. Im Gegen-

65

teil: Menschen, die sich wissenschaftlich mit diesen Disziplinen befassten, galten als eher suspekt. Sie waren jene, die zwar viel von Sprachen wussten und in schwer verständlichem Fachchinesisch darüber redeten, die aber bei einem Aufenthalt im Lande Probleme hatten und sich dem Londoner Taxifahrer oder französischen Zöllner kaum verständlich machen konnten. Linguisten waren genau das Gegenteil dessen, was wir Dolmetschadepten sein oder werden sollten: Sie waren unpraktisch und legten keinen Wert darauf, eine Sprache als Werkzeug der mündlichen Verständigung zu beherrschen. So war mein Vorverständnis, als ich in die praktische Arbeit des Dolmetschens und Übersetzens eindrang.

An dieser Stelle eine Anmerkung zur Terminologie: Ich verwende *Translation* nicht als Oberbegriff für *Dolmetschen* und *Übersetzen*, da es meines Erachtens die latinisierte Fassung des einen, nämlich der Übersetzung ist und nicht als übergeordneter Begriff für Beides, für die schriftliche *und* die mündliche Übertragung in eine gegebene Zielsprache, taugt; seine Verwendung könnte eine hierarchische Ordnung andeuten, die ich für falsch halte und die besagt: Die Translation, also die Übersetzung, ist dem Dolmetschen übergeordnet. Das anzunehmen wäre ebenso verfehlt wie die nicht selten auch an Dolmetscherinstituten anzutreffende Einstufung, wonach ganz unten der einfache Übersetzer stehe, von dem eine aufsteigende Linie (über den Fachübersetzer, über Gesprächsdolmetschen, Verhandlungsdolmetschen und andere, bisweilen schwammige Tätigkeitsbezeichnungen) zur Krone führe, nämlich dem Konferenzdolmetschen. Kompetent zu übersetzen ist, so meine ich, ebenso schwierig und verdienstvoll wie die Tätigkeit in der Simultankabine oder als Konsekutivdolmetscher am Verhandlungstisch, die ab und an als höherwertig eingestuft wird.

Noch während meines Studiums wurde ich von Paul Schmidt und seinem Stellvertreter Günther Haensch, zeitweilig Chefdolmetscher der Hohen Behörde der Montanunion, zu den ersten praktischen Einsätzen geschickt, die ich faszinierend fand, auch – das räume ich ein – wegen der schnellen und wohltuenden Anerkennung, die man dabei finden konnte. Manche Schwierigkeit, die sich andererseits damals, in den fünfziger Jahren, auftat, ist heute schwer zu glauben. So führte mich mein erster Auslandsauftrag zu den Parapsychologen nach Utrecht. Die Einarbeitung in die Materie und Terminologie war nicht einfach und es galt, viel dazu zu lernen. Das hat sich übrigens nach Jahrzehnten im Beruf nicht verändert und macht immer noch einen wesentlichen Teil seines Reizes aus. Wie es ein Kollege einmal ausdrückte: In diesem Beruf darf ich ständig dazu lernen und werde auch noch dafür bezahlt. Schwieriger aber war vor der Reise nach Utrecht, mit der Bürokratie zurecht zu kommen. Damals, in den fünfziger Jahren, war sie streng und lästig. So musste ich bei der Bank Deutscher Länder die Genehmigung beantragen, holländische Gulden zu erwerben, denn ich brauchte ja eine Erstausstattung in Landeswährung. Ich erinnere mich an einen Wust von Formularen und Genehmigungen.

Schon bald nach Beginn meiner Dolmetschertätigkeit erwachte bei mir auch ein wissenschaftliches Interesse, allerdings zunächst nicht in erster Linie an den linguistischen Aspekten des Berufs, sondern an seinen soziologischen Merkmalen, vollzogen sich doch einige der Veränderungen in der Berufsausübung mit atemberaubendem Tempo. Zwei, die mit einander verbunden sind, will ich als Beispiele herausgreifen.

In seiner Frühzeit wurde der Berufsstand der Konferenzdolmetscher von Männern bestimmt, was nichts mit geschlechtsspezifischen Begabungen zu tun hatte, sondern mit den Rekrutierungsmustern bis etwa zur Mitte des 20. Jahrhunderts. Dolmetscher wurde man nicht als Folge einer bewussten Berufswahl oder im Anschluss an ein reguläres Studium. Dolmetscher wurde „man", weil man gebildet und sprachkundig war und sich zur rechten Zeit am rechten Ort befand. Als typisches Muster sei der Fall von Jean Jacob (Jacob 1962, 9) zitiert, so wie er selbst seinen Einstieg in die Dolmetscherlaufbahn beschrieb. Bei einem Diner, das der PEN-Club, dessen Mitglied wiederum Jacob war, 1926 gab, wurde eine Laudatio auf Jules Romains gehalten, und Jean Jacob wurde ohne Vorwarnung gebeten, die Laudatio ins Französische zu dolmetschen und den Dank Romains' ins Deutsche. Er muss seine Arbeit gut gemacht haben, denn im Anschluss daran wurde er gefragt, ob er bereit sei, als Dolmetscher für das Auswärtige Amt zu arbeiten.

Gebildet, sprachkundig und am rechten Ort waren aber fast ausschließlich Diplomaten, Journalisten und andere Persönlichkeiten aus von Männern dominierten Berufen. Im Konferenzdolmetscherberuf waren sie als Selfmademen erfolgreich, die ihrerseits Jahrzehnte lang diesen Beruf prägten und von denen ich noch viele bei der Arbeit erlebte. Aus heutiger Sicht könnte man sie durchweg als Seiteneinsteiger bezeichnen, denn den von Ärzten, Juristen und anderen her vertrauten klassischen Weg gab es noch nicht. Oft waren sie ungewöhnliche Persönlichkeiten, im Leben viel herum gekommen oder herum gestoßen, erfahren und in unterschiedlichen Bereichen ausgebildet, rundum gebildet. Bisweilen so weit ab von Normen, dass sie bizarr erschienen. Sie kennen zu lernen, bedeutete für mich eine Bereicherung, oft obwohl oder vielleicht gerade, weil sie allesamt weltläufige Originale waren. Nie als selbstverständlich empfand ich es als junger Deutscher, dass mir auch aus den Rängen jener, die unter Deutschen gelitten und zum Teil mehrmals ihre Heimat verloren hatten, niemals Feindseligkeit entgegen schlug.

Mit dem Aufkommen der Dolmetscherfakultäten und -institute nach dem zweiten Weltkrieg verschob sich die Gewichtung weg von den „Außenseitern" hin zu den Absolventen dieser Schulen und Institute, deren Lehrkräfte ihrerseits allerdings noch oft ausgebildet und geschult von jenen waren, die allmählich zu Exoten wurden. Mit dieser Normalisierung, wie man das beschriebene Phänomen wohl nennen darf, vollzog sich auch der Wandel vom fast reinen Männerberuf hin zu jener Verteilung, die sich seit Jahrzehnten mit geringen Verschiebungen hält, nämlich etwa 70% Frauen und 30% Männer. Um die gleiche Zeit gelangten Frauen in Führungspositionen bei nationalen und internationalen Sprachendiensten, die zuvor Männern vorbehalten schienen.

Und wiederum in dieser Ära der Nachkriegsjahre war das Ende der Diven gekommen. Der Konferenzdolmetscher war kein bestaunter bunter Vogel mehr, als den ich mich selbst noch einige Jahre lang gesehen hatte. In dieser Rolle hatten wir uns gut gefallen und vor allem für die wenigen älteren Stars mit bisweilen amüsanten, bisweilen aber überheblichen Allüren, die es damals gab, war die Mauserung zu normalen Dienstleistern, die sich zurückzunehmen hatten, manchmal schmerzlich. Nicht alle vermochten es, an dieser Wegscheide die richtige Wahl zu treffen. Diejenigen, die als konsekutiv arbeitende Solisten im Rampenlicht gestanden hatten, fanden nicht immer leicht den Weg in den Orchestergraben zu den auf Zusammenarbeit angewiesenen Simultankollegen, heraus aus dem Scheinwerferlicht der großen Auftritte und hinein in nüchterne Teamarbeit.

Diese Gabelungen und Verzweigungen hautnah mit erleben zu können, und auch zu verfolgen, wie gerade die Großen mit diesem Strukturwandel fertig wurden oder auch nicht fertig wurden, war für mich äußerst lehrreich. In meiner persönlichen Entwicklung kam noch ein weiterer Aspekt hinzu. Ich begann zwar als Freiberufler auf dem Privatmarkt und führte diese Tätigkeit auch ein Leben lang weiter. Dazu kamen aber sehr bald freiberufliche Aufträge für internationale und deutsche Behörden, zum Beispiel insgesamt mehr als fünf Jahre für das Europäische Parlament und etwa drei Jahre für den Europarat, Reisen für das Auswärtige Amt mit Bundeskanzlern und Außenministern, sechs Wochen so genannte „Stallwache" in Bonn beim Bundeskanzler (Kiesinger), als die beiden Titulardolmetscher des AA für die englische Sprache mit dem Bundespräsidenten und dem Außenminister unterwegs waren. So lernte ich die beiden Seiten der Berufsausübung und vor allem auch ihrer berufsständischen Besonderheiten aus eigener Anschauung kennen.

Es ist zwar sicher richtig, dass ein gewissenhafter Konferenzdolmetscher mit gleicher Konzentration und Sorgfalt arbeitet, ob er nun den Bundespräsidenten auf einer Auslandsreise begleitet, ob er beim Kongress der Patentanwälte in der Kabine sitzt oder bei Fusionsverhandlungen zwischen zwei Grossunternehmen mit am Tisch, aber derartige Arbeitsumstände beeinflussen natürlich seinen Ansatz und seine Wahrnehmungen. Und er wird sich ebenso um gute Leistung bemühen, ob er nun Freiberufler oder Beamter/Angestellter ist. Ob er seine Leistung invariabel erbringt, je nachdem ob er nun weisungsgebunden in einem auf Dauer angelegten Treueverhältnis steht oder ad hoc für eine Veranstaltung verpflichtet wurde, bei der er natürlich seinen Klienten genauso Treue schuldet, aber nicht in eine Hierarchie eingebunden ist, ist m.E. hinsichtlich der Ausführung nicht sicher, auch wenn man gleiche Absichten unterstellen wird.

Beide Welten erlebt zu haben, die des Freiberuflers und die des Beamten, habe ich als höchst lehrreich empfunden. Je mehr ich meinen Beruf in all seinen Facetten mitbekam, umso mehr wuchs bei mir die Absicht, diesen Beruf, der mir so viel bedeutete, auch theoretisch besser zu durchdringen. Schon früh hatte ich, mit durchaus vagen Absichten, begonnen, Quellenmaterial zu sammeln, und zwar auch solches, das einer rigorosen Nachprüfung auf Wissenschaftlichkeit nicht standhalten könnte. Es reichte von Zeitungsausschnitten bis zu kompletten Büchern, und vieles davon habe ich inzwischen verwertet. Früh (in den sechziger Jahren) begann ich auch Rezensionen, Sprachglossen und kleinere Aufsätze für Zeitschriften wie *Lebende Sprachen*, *Babel* und *Jerome Quarterly* zu schreiben.

Besonders intensiv mit der Theorie des Dolmetschens und ihrer Rückwirkung auf die Praxis beschäftigte ich mich etwa ab 1972. Damals begann, was unter dem zunächst neuartigen Begriff *Ostpolitik* bekannt wurde. Nach der Wiederaufnahme und Intensivierung der Beziehungen zu den MOE-Staaten konnten sich unsere Diplomaten und Politiker in den fraglichen Ländern nicht mehr durchgängig in den klassischen Diplomatensprachen Französisch oder Englisch verständigen. Für die Zentrale des AA in Bonn und für eine wachsende Anzahl von diplomatischen Vertretungen wurde jene Funktion benötigt, die bald unter der etwas lockeren Bezeichnung „Botschaftsdolmetscher" ins Leben trat, Dolmetscher also, die zwischen dem Deutschen und der Sprache des jeweiligen Gastlandes dolmetschen konnten. Viele der dabei anfallenden Sprachenpaare wurden und werden an keinem Ausbildungsinstitut für Dolmetscher gelehrt. Ich war einigermaßen verblüfft, als mich während eines dienstlich bedingten Aufenthalts in Bonn der damalige Leiter des AA-Sprachendienstes, Hermann Kusterer, und der Leiter des Dolmetscherdienstes, Heinz Weber, auf diesen Bedarf und darauf ansprachen, ob ich nicht etwas für die Ausbildung der benötigten Kräfte tun könne. In meiner ersten Reaktion tappte ich in die selbe Falle, in die später andere traten, denen ich von den *Kursen für Botschaftsdolmetscher* berichtete. Ich meinte etwas hilflos, ich könne doch gar nicht polnisch, tschechisch, finnisch usw. Hermann Kusterer erwiderte, das sei auch nicht meine Sache, die für eine einschlägige Ausbildung ins Auge gefassten Kandidaten seien zweisprachig (d.h. Deutsch als die Sprache ihres Dienstherrn und die Sprache des geplanten Einsatzlandes, oft die Muttersprache des betreffenden Dolmetschers). Ich solle ihnen „nur noch das Dolmetschen beibringen". Was in dieser etwas flapsigen Form nicht ganz wörtlich gemeint war, wurde bald zur Grundlage ganzer Generationen von erfolgreichen Dolmetscherkursen (nämlich 57 Kursen in den Jahren 1973 bis 2003). Möglich wurde dies durch die vertrauensvolle, ja fast gläubige Anwendung der von Danica Seleskovitch, Marianne Lederer und anderen entwickelten Theorie, beim Dolmetschen komme es in erster Linie auf das Verstehen an („interpréter c' est d'abord comprendre"); was man voll verstanden habe (Seleskovitch 1968, 41) könne man mit den geschulten Fähigkeiten eines Dolmetschers in jeder Sprache wiedergeben, die einem zu Gebote stehe.

Bei dieser zusammenfassenden Bemerkung möchte ich es hier bewenden lassen, denn ich habe an anderer Stelle die in Rede stehenden Dolmetscherlehrgänge detailliert beschrieben (Feldweg 1980 und 2003). Die Kurse bewährten sich in von Zeit zu Zeit leicht abgeänderter Form und bieten, so meine ich, den

Beweis einer geglückten Anwendung der Theorie auf die Praxis, wobei man allenfalls darüber streiten könnte, wer zuerst da war, die Henne oder das Ei, denn Seleskovitch, Lederer und andere waren nicht nur hervorragende Theoretikerinnen sondern auch erfahrene Praktikerinnen. Mir jedenfalls brachte diese vertrauensvolle Hinübernahme der Theorie in die Praxis manche Anerkennung ein, darunter die Verleihung des Bundesverdienstkreuzes durch den Bundespräsidenten von Weizsäcker.

Nach Jahren des Verfassens kürzerer Referate, des Übersetzens und des Dolmetschens war bei mir der Entschluss gereift, eine Gesamtschau der Funktion des Konferenzdolmetschers zu verfassen. Dabei stand kein materielles Interesse Pate, denn mit Mitte sechzig war die Chance längst vorbei, mit Hilfe einer noch so gründlichen Studie noch „etwas zu werden". Ich war ja in meinem faszinierenden Beruf rundum zufrieden. Es störte mich aber, dass es gerade über diesen Beruf in der deutschsprachigen Literatur keine synoptische Darstellung gab. Es mag eigen klingen, aber ein bisschen störte mich auch die weit verbreitete Auffassung, Konferenzdolmetschen sei etwas für Dilettanten, allenfalls eine Durchgangsbeschäftigung für junge Damen bis zur Verheiratung, kein eigenständiger ernst zu nehmender Beruf. Diesem Mangel und dieser Auffassung wollte ich durch eine seriöse Studie entgegen wirken.

Großes Glück hatte ich damit, dass mich der Geschäftsführer des Instituts für Freie Berufe an der Universität Erlangen-Nürnberg, Rainer Wasilewski, dem Kommunikationswissenschaftler Professor Franz Ronneberger anempfahl, der das von mir vorgeschlagene Dissertationsthema „ Der Konferenzdolmetscher im internationalen Kommunikationsprozess" (Feldweg 1996) nicht nur annahm, sondern auch über mehrere Jahre mit großer Sorgfalt und echtem Interesse betreute. Dass er sich für mein Thema interessierte, war ein glückliche Fügung für mich, denn da ich meinen Abschluss als Konferenzdolmetscher an keinem akademischen Institut abgelegt hatte, war mir dieser Weg zur Promotion versperrt. Aber da ich inzwischen mein wirtschaftswissenschaftliches Studium abgeschlossen hatte, konnte ich an der Wiso-Fakultät der Universität Erlangen-Nürnberg, an der Ronneberger lehrte, promovieren. Er steuerte viele Anregungen bei, die auch den Umfang des Werkes auf fast 500 Seiten anwachsen ließen, Anregungen, mit denen er immer recht hatte, die mir aber gerade dann, wenn ich sie als berechtigt erkannte, den (nur nahen Freunden gegenüber behutsam ausgesprochenen) Stossseufzer entlockten: *Das bedeutet wieder ein zusätzliches halbes oder ganzes Jahr.* Wenn daraus ein abgerundetes und weithin anerkanntes Werk wurde, dann beweist das, wie nützlich das Verschmelzen von Theorie und praktischer Erfahrung gerade auch bei jemand werden kann, der der Wissenschaft zunächst eher skeptisch gegenüber stand, denn geradlinig, also die kürzeste Verbindung zwischen zwei Punkten, war mein Weg in die Wissenschaft nicht; immer aber war er für mich interessant.

Bibliographische Angaben

Feldweg, Erich (1980): Dolmetschen einsprachig lehren? Bericht über ein gelungenes Experiment. In: *Lebende Sprachen* 4/1980, S. 145-148.

Feldweg, Erich (1987): Meeting and New Need in Diplomatic Relations. In: *Jerome Quarterly* 11-12, 2 u. 11.

Feldweg, Erich (1990): Should Conference Interpreters Specialize? In: David and Margareta Bowen (Hg.): *Interpreting – Yesterday, Today, and Tomorrow.* American Translators Association Scholarly Monograph Series, Vol. IV. Binghamton, 161-167.

Feldweg, Erich (1996): *Der Konferenzdolmetscher im internationalen Kommunikationsprozess.* Heidelberg 1996.

Feldweg, Erich (2003): Seit dreißig Jahren erfolgreich: Einsprachige Dolmetscherlehrgänge. In: *Lebende Sprachen* 48, Heft 1, S. 1-5.

Jacob, Hans (1962): *Kind meiner Zeit. Lebenserinnerungen.* Köln/ Berlin 1962.

Seleskovitch, Danica (1968): *L'interprète dans les conférences internationales.* Paris 1968.

Cornelia Feyrer (Innsbruck)

Translatio: Übersetzung oder die Überführung von Leichen?

Das Interesse für Sprachen wurde bei mir – dank meiner Eltern – schon in frühen Jahren geweckt, wobei dem Französischen schon damals ein besonderer Stellenwert zukam. Dies hat sich bis heute nicht geändert. Wenn man davon absieht, daß meine Eltern beide keine Tiroler sind und ich so im Herzen Tirols sprachlich mit einem Konglomerat aus Südtirolerisch und Oberösterreichisch aufwuchs (was mir einmal seitens einer Urtirolerin die Bemerkung „Wenn eine Katz' im Kuhstall Junge kriegt, sind's noch lang' keine Kalberl" eintrug), so geht mein erster Bezug zur Fremdsprache auf den Besuch eines französischen Kindergartens zurück. In der Volksschule kam dann zwar Englisch dazu, beim Eintritt ins Gymnasium Sillgasse in Innsbruck hieß es dann aber vom damaligen Direktor Rudolf Schießl definitiv „Und *Du* gehst in die Französischklasse", womit der Grundstein für eine intensive, langfristige Beschäftigung mit den Sprachen und Kulturen der Romania gelegt war. Im Gegensatz zu den Englischklassen hatten wir damals einen Schüleraustausch mit Toulouse, der für uns Kinder im Alter von 12 Jahren die erste große Reise ins Ausland darstellte. So wurden mir die ersten pragmatischen Erfahrungen mit Land und Leuten des *Hexagone* ermöglicht. Dies wurde ergänzt durch sehr gute Lehrerinnen, die mir einen profunden Zugang zur Kultur und Literatur des französischen Sprach-raums ermöglichten, so daß ich es richtig genoß, bei der Maturaarbeit voll und ganz in die Welt des *Albatros* von Baudelaire eintauchen zu können. Kamen in der Schulzeit neben Französisch, Englisch und Latein noch als Freifächer Italienisch und Russisch dazu, so sollte im Studium der Schwerpunkt mit Spanisch weiterhin auf der Romania liegen – und vor allem sollte sich später alles um Translation und Sprach- und Kulturtransfer drehen.

Noch vor der Matura legte ich die Fremdenführerprüfung der Stadt Innsbruck ab und hatte somit meine erste Berufsausbildung absolviert. Seitdem arbeitete ich als Fremdenführerin in Innsbruck und Umgebung bzw. als Reiseleiterin meist mit französischen, aber auch mit bunt gemischten Gruppen, bei denen ich meine sämtlichen Sprachkenntnisse hervorkramen mußte und sowohl auf der Ebene der *langue* als auch auf der der *parole* viel über den Umgang mit Sprache lernte. Die Tätigkeit als Fremdenführerin bescherte mir auch den ersten Zugang zur Tätigkeit der Übersetzerin, da ich damals gebeten wurde, den Text für eine Stadtführungstour auf Französisch zu erstellen, was ich auch mit Feuereifer – und ohne jegliche Kenntnis professionellen translatori-schen Handelns – dafür dann auch gratis – anging und letztlich auch zu Ende brachte.

Damit stellte sich nach der Matura die Frage nach der Studienrichtung nicht ernstlich, ein Sprachstudium war die logische Folge. Dennoch war die letztendliche Entscheidung für ein Studium am Institut für Übersetzer- und

Dolmetscherausbildung, dem heutigen Institut für Translationswissenschaft der Leopold-Franzens-Universität Innsbruck, von einigen Zufällen geprägt. Zur Auswahl standen noch das Lehramts- und das Diplomstudium, der Unterschied war mir damals nicht wirklich klar. Also verließ ich mich auf die Schwester einer Schulfreundin, die schon am ,Dolmetschinstitut' studierte, und besuchte am *Tag der offenen Tür* die entsprechenden Einführungsveranstaltungen am Institut. Zu meinem Glück hatte mich die besagte Insiderin vorgewarnt, daß da ein ,gewisser Dr. Marsh' allen ,Frischlingen' vehement abraten würde, dieses Studium aufzunehmen und man sich davon aber nicht wirklich beeindrucken lassen solle – sonst wäre ich wahrscheinlich am Institut für Kunstgeschichte gelandet. Es gab aber auch Ratschläge aus dieser Einführungsveranstaltung, die ich zu befolgen gedachte, wie z.B. der, zwecks zweitem Standbein ein Doppelstudium zu inskribieren. Eigentlich wollte ich Französisch, Italienisch und Kunstgeschichte beginnen, da ,man aber ohne Englisch nicht auskommt' und ,ein Bezug zu Wirtschaft und Recht gut wäre' – so der damalige Tenor sämtlicher Leute, die nicht um gute Ratschläge verlegen waren, standen dann ,Übersetzerausbildung Französisch/Englisch' und ,Jus' als Zweitstudium in meinem Studienbuch. Daß die Juristerei nicht wirklich mein Ding war (obwohl ich heute, nach so manchen Verhandlungen bei Gericht, die ich miterlebt habe, doch der Ansicht bin, daß ein Jus-Abschluß nicht geschadet hätte), wußte ich ein Jahr später. Ich sattelte also auf das Zweitstudium Lehramt Romanistik (Französisch) und Germanistik um – und weil ich so gerne Spanisch lernen wollte und man damals wegen des hohen Studierendenandrangs im Fach ordentlich inskribiert sein mußte, nahm ich gleich Spanisch dazu. Letztendlich sollte Spanisch dann mein Zweitfach werden.

Die Kombination aus Lehramt und Übersetzerausbildung hat sich schließlich für mich als sehr sinnvoll erwiesen und eine gute Grundlage für meine weitere Tätigkeit ergeben. Es folgte während des Studiums ein Auslandsjahr als Assistentin für Deutsch am *Lycée Balzac* in Tours, das mein schönstes Studienjahr wurde. Parallel zur Tätigkeit als *lectrice* belegte ich an der *Université François Rabelais* von Tours Kurse in *Lettres Modernes* und *FLE (Français Langue Étrangère)* u. a. am *Centre d'Études Supérieures de la Renaissance,* an der *Unité de Formation et de Recherche Langue, Littératures et Civilisations Classiques et Modernes* und am *Centre de Didactique du Français Langue Étrangère* des *Département de Linguistique et Sciences du Langage.* Dieser Zeit verdanke ich das Kennenlernen von *Gargantua, Pantagruel* und den *Lais* der Marie de France, der strengen französischen Metrikanalyse und der Soziolinguistik unter Nicole Gueunier (einer begeisterten Linguistin, die uns in ihren Vorlesungen so richtig mit ihrem Temperament mitriß), ebenso wie die ersten Erfahrungen als Lehrende mit Gymnasialschülern der Unter- und Oberstufe. Damals entstand wohl mein besonderes Interesse für didaktische Belange und Studierendenmotivation, zumal meine SchülerInnen nach so mancher Aussage die *lettres* ja nur gewählt hatten ,parce qu'on est trop bête pour les sciences nat.', das war die damalige Einstellung zu den Geisteswissenschaften in Frankreich. Außerdem gab ich im *Maison de l'Europe* in Tours Intensivkurse für Deutsch, die mich oft an die Grenzen meines muttersprachlichen und -kulturellen Wissens führten, eine Erfahrung, die einem in der Translationsarbeit sehr zugute kommt. Natürlich verdanke ich dieser Zeit im Sinne der landes- und kulturkundlichen Weiterbildung auch das Kennenlernen fast aller Varianten der französischen *Crêpes*, die in den kleinen Crêperies zubreitet wurden, die in den Fachwerkhäusern um die *Place Rabelais* untergebracht sind, dem damals wie heute schönsten Treffpunkt für Studierende in Tours. Was ich damals auch noch nicht wirklich wußte: Diese Zeit entschied über einen meiner Forschungsschwerpunkte, dem ich bis heute treu geblieben bin: Anläßlich eines ‚Heimaturlaubes' in Innsbruck, während dem ich versuchte, mein nächstes Studienjahr zu planen, traf ich nämlich per Zufall im Aufzug der Universität Hermann Ölberg vom Institut für Sprachwissenschaft, der auch Kurse im Rahmen der Germanistikausbildung anbot. Da ich gerne eines seiner Seminare besuchen wollte, sich dies aber aufgrund meines Auslandsaufenthaltes nicht bewerkstelligen ließ, gab er mir zwischen Tür und Angel den Tipp, mich doch mit den deutschen Modalpartikeln und ihren französischen Entsprechungen bzw. Nichtentsprechungen auseinanderzusetzen und meinen Frankreichaufenthalt für Quellenforschung und das Sammeln von authentischem Sprachmaterial in punkto Partikeln zu nutzen. Gesagt getan: Aus dem Gespräch im Aufzug wurde eine Seminararbeit – und später der Anstoß zu meinem Dissertationsthema bzw. dem daraus resultierenden Forschungsschwerpunkt und einer weiterführenden Auseinandersetzung mit Interaktionsmanagement im Sprach- und Kulturvergleich.

Nach meiner Rückkehr aus Frankreich wurde ich zusammen mit meiner Studienkollegin Astrid Pircher, die gleichfalls ihr Assistenzjahr in Tours verbracht hatte, von Uta Maley in ihr Lehrenden-Team der *IHD* (*Innsbrucker Hochschulkurse Deutsch*) aufgenommen. Dies stellte meine erste Lehrtätigkeit an der Universität Innsbruck dar, der ich über eine ganze Reihe von Jahren im Rahmen dieser Einrichtung, die bunt gemischte internationale Gruppen von DeutschlernerInnen jedes Jahr in den Sommermonaten nach Innsbruck zieht, treu blieb. Zwischendurch ging es nochmals für ein halbes Jahr zum Studieren ins Ausland, diesmal nach Spanien an die *Escuela Universitaria de Traductores e Intérpretes de Granada*, eine Zeit, in der ich Freundschaften schließen konnte, die die Jahre überdauert haben, und in der meine Liebe zu Andalusien und Land und Leuten der Region entstand. Es ist schon beeindruckend, wenn man mit Zeugnissen nach Hause kommt, auf denen man noch als *Doña XY* bezeichnet wird. Es war aber wiederum auch eine Zeit, die ich für Quellenforschung und Materialsuche nutzen konnte, die mir noch heute in Lehre und Forschung zugute kommt.

Zwischen meinen Auslandsaufenthalten – und auch noch lange danach, bis weit hinein in meine Tätigkeit als Universitätsassistentin – habe ich die Gelegenheit genutzt, vor allem bei Maria Iliescu am Institut für Romanistik, aber auch bei GastprofessorInnen am Institut für Übersetzer- und Dolmetscherausbildung, wie bei Wolfgang Pöckl und Christiane Nord, denen ich viele wertvolle Impulse verdanke, Kurse zu besuchen und meine praktische Grundausbildung um die Theorie des Übersetzens und Dolmetschens zu erweitern. Während meiner späteren Tätigkeit am Institut hat sich dies auch in vielen anregenden Gesprächen zum Fach mit GastprofessorInnen und -vortragenden wie Hans J. Vermeer, Justa Holz-Mänttäri, Dinda Gorlée, Susanne Göpferich, Michael Schreiber und Klaus Kaindl fortgesetzt. Diese theoretischen Grundlagen mußten sich die TranslationswissenschafterInnen meiner Generation meist autodidakt aneignen, was sich positiverweise inzwischen grundlegend im Curriculum geändert hat.

1992 schloß ich das Kurzstudium für akademisch geprüfte ÜbersetzerInnen in Französisch und Englisch mit einer Arbeit zu einem medizinhistorischen Thema ab. Das war die Zeit, in der mein Interesse für Medizin und damit für die entsprechende Fachsprache, aber vor allem die medizinische Kommunikation und Interaktion im Kontext von Sprach- und Kulturtransfer gesehen, erwachte. Dies spiegelte sich auch in meinen anderen Abschlußarbeiten wider. 1993 schloß ich die Lehramtsausbildung für Französisch und Deutsch mit einer textlinguistischen Arbeit zum popularisierenden medizinischen Fachtext ab, 1994 die Übersetzerausbildung in Französisch und Spanisch mit einer terminologischen Arbeit zur Fachsprache der Medizin. Daneben unterrichtete ich am Berufsförderungsinstitut, bei der Arbeiterkammer, dem Wirtschaftsförderungsinstitut und diversen Einrichtungen für Sprachunterricht in der Schüler- und Erwachsenenbildung.

Durch mein Lehramtsstudium hatte ich die Gelegenheit bekommen, neben meiner Übersetzerausbildung auch eine fundierte philologische Ausbildung in Romanistik und Germanistik zu erhalten. Bot das Institut für Übersetzer- und Dolmetscherausbildung unter Christopher Marsh und später Annemarie Schmid eine hervorragende, damals vorwiegend praktisch orientierte, Sprach- und Übersetzerausbildung, so erwarb ich meine philologische Ausbildung an den Instituten für Germanistik und Romanistik – vor allem in den Kursen von Maria Iliescu, Guntram Plangg, Hermann Ölberg und Alfred Doppler. Letzterem verdanke ich den starken Bezug zur österreichischen Literatur: Unvergeßlich bleibt mir eine Vorlesung, bei der der ganze Hörsaal vor Begeisterung trampelte, als Alfred Doppler aus dem Stegreif das Gedicht vom *Schiffskoch, ein Gefangener singt* von Hofmannsthal deklamierte. Am meisten verdanke ich aber meiner langjährigen Lehrerin und Betreuerin Maria Iliescu, einer beeindruckenden Linguistin und großartigen Persönlichkeit, die mit ihrer Begeisterung fürs Fach, die sich auf andere überträgt, und vor allem durch ihr immenses Wissen, das sie mit dem ihr eigenen Temperament wie keine andere zu vermitteln weiß, auch bei mir die Begeisterung für die Linguistik der Romania, besonders die französische Linguistik, und die Liebe zum Detail für kontrastive Fragestellungen und alles, was die menschliche Interaktion und Kommunikation angeht, geweckt hat. In den Lehrveranstaltungen von Maria Iliescu, vor allem aber in unzähligen Gesprächen und anhand der konkreten Arbeit an Text und

Dissertation, habe ich so ziemlich alles gelernt, was ich heute über Linguistik weiß. Vor diesem Hintergrund haben sich auch die Themen herauskristallisiert, mit denen ich mich in meinen Arbeiten beschäftigt habe – und teilweise auch noch heute immer wieder beschäftige. Dazu zählen einerseits die kontrastive bzw. translationsrelevante, also auf den Kultur- und Sprachtransfer hin ausgelegte, Auseinandersetzung mit Partikeln und Modalität – was später zur Auseinandersetzung mit Interaktionsmanagement und hier zur näheren Beschäftigung mit expliziter und impliziter Interaktion in der Translation geführt hat – und andererseits Themen aus dem Bereich der medizinischen Kommunikation und Interaktion, die von Arbeiten zur Kommunikation im Fachbereich Medizin bis hin zu didaktischen Fragestellungen im Unterricht der Fachsprache Medizin reichen.

Nach dem Studienabschluß führte mich der Einstieg ins Berufsleben aber vorerst weg von der Universität. Dank der Vermittlung meines mittlerweile langjährigen Freundes und Kollegen Peter Holzer vom damaligen Institut für Übersetzer- und Dolmetscherausbildung und aufgrund meines Interesses für medizinische Fragestellungen im Zusammenhang mit Sprache und Translation bewarb ich mich bei der *Biochemie Kundl*, die damals für die *International Marketing Division* jemanden mit fundierter Sprachausbildung und Bezug zum Fachbereich Medizin suchte und wo ich schließlich im *Product Management – Medical Department* unter Wolfgang Ridl eine Stelle als Sachbearbeiterin bekleidete. Dieser Ausflug in die Wirtschaft war für mich sehr wertvoll. Ich lernte die Tätigkeit in einem großen Wirtschaftsbetrieb der Pharmaindustrie kennen, absolvierte Schulungen zu medizinischen Teilbereichen und konnte mich so auch inhaltlich im Fachbereich Medizin ein wenig weiterbilden. Zudem arbeitete ich in einem jungen Team mit Molekularbiologen, Medizinern und Pharmareferenten aus der ganzen Welt zusammen, übersetzte, bearbeitete und erstellte Texte ganz unterschiedlicher Textsorten und Fachlichkeitsgrade, und bekam schließlich Aufgaben mit Projektcharakter übertragen, aufgrund derer ich Erfahrungen sammeln konnte, die mir noch heute in Lehre und Forschung von Nutzen sind und die auch meine heutigen wissenschaftlichen Interessen geprägt haben.

Im März 1994 holte mich schließlich Annemarie Schmid, die bis 1995 die Vorstandschaft des Institutes für Übersetzer- und Dolmetscherausbildung inne-hatte und der das Institut die Hinwendung zur Theorie der Translationswissen-schaft verdankt, als Universitätsassistentin zurück an mein ehemaliges Aus-bildungsinstitut. Dort begann nun meine Tätigkeit in Forschung, Lehre und Verwaltung im Kreise der KollegInnen, die zum Teil noch vor gar nicht allzu langer Zeit meine LehrerInnen gewesen waren. Dies hatte ich mit meiner Vorgängerin und ehemaligen Studienkollegin Susanne Lauscher, die nach Amerika geheiratet hatte, gemeinsam. Da es anfangs sehr schwierig war, in die Lehre integriert werden zu können, ermöglichte mir Annemarie Schmid einen Einstieg als Ko-Lehrende in einem ihrer eigenen Seminare; so kam es dazu, daß ich als erstes Pragmatik unterrichtete. Gleichzeitig wurde mir geraten, meine

Lehrtätigkeit in der Erwachsenenbildung fortzuführen, was ich am Wirtschaftsförderungsinstitut noch einige Jahre im Rahmen von Abendkursen zu Englisch und Spanisch bzw. der Vorbereitung auf die Berufsreifeprüfung auch tat. Später kamen sprachübergreifende Proseminare bzw. Übersetzungsübungen aus Französisch und Spanisch hinzu, die mich Erfahrungen in der Didaktik als Lehrende in der Ausbildung zum professionellen Translator sammeln ließen. In den ersten Jahren meiner Tätigkeit am Institut, das damals noch auf mehrere Standorte aufgeteilt in von der Universität angemieteten Räumlichkeiten untergebracht war, stand neben der Lehrtätigkeit das Verfassen der Dissertation im Vordergrund, die ich 1997 unter der Betreuung von Maria Iliescu und Annemarie Schmid mit einer Arbeit zu Modalpartikeln und Translationsrelevanz abschloß. Zu diesem Zeitpunkt hatte nach der Emeritierung von Annemarie Schmid 1995 schon Peter Holzer die Vorstandschaft des Institutes übernommen. Ihm und seiner integrativen Art, mit Menschen umzugehen, verdanke ich viel an wissenschaftlichem Freiraum zur Entfaltung meiner Forschungsinteressen. Auch hat sich im Laufe der Jahre eine sehr fruchtbringende Zusammenarbeit in der Lehre im Rahmen von gemeinsamen Projekten etabliert, die wir mit Blick auf das neu zu konzipierende Curriculum und die notwendige Anpassung der Ausbildungssituation für unsere Studierenden an die aktuellen Erfordernisse des beruflichen Umfeldes zu gestalten versuchen. Auf Peter Holzer folgte schließlich 1999 mit Hans J. Vermeer eine der maßgeblichen Persönlichkeiten in der Translationswissenschaft als Vorstand des Instituts, das nach dem Umzug in die neuen Räumlichkeiten am Herzog-Siegmund-Ufer im Jahr 1999 ein Jahr später in *Institut für Translationswissenschaft* umbenannt wurde. Die Arbeiten und translationstheoretischen Ansätze Hans J. Vermeers, der sich als Vorstand unseres Institutes viel Zeit auch für die Belange und Ideen von uns NachwuchswissenschafterInnen nahm und immer ein offenes Ohr für Fragen zu Fach und konkreter Arbeit hatte, haben mich sicherlich maßgeblich geprägt. Anläßlich des 70. Geburtstages von Hans J. Vermeer gelang es dann auch Peter Holzer, meiner Kollegin und Gesprächspartnerin für alles Translatorische Annette Wussler und mir, ein Symposium zu veranstalten, zu welchem TranslationswissenschafterInnen wie Katharina Reiß, Justa Holz-Mänttäri, Heidemarie Salevsky, Mary Snell-Hornby, Erich Prunč und Margret Ammann, die so manche Weichenstellungen im Fach bewirkt haben, nach Innsbruck kamen. Im Jahr 2001 übernahm Lew N. Zybatow, der bereits 1999 nach Innsbruck gekommen war, die Vorstandschaft des Institutes, die er seitdem innehat. Unter seine Vorstandschaft fielen die Neugestaltung des Curriculums und eine ganze Reihe von Veränderungen im und am Institut, die mit der gesetzlich bedingten Umgestaltung der Systemebene unserer Universitätslandschaft zu tun haben.

Als logische Folge der intensiven Auseinandersetzung mit Partikelfragen ergab sich in den auf meine Dissertation folgenden Jahren eine Verlagerung meiner Forschungsinteressen hin zu Interaktionsmanagement und Translation bzw. Implizitem in der Translation. Daneben gewann auch mein altes Steckenpferd, nämlich die Medizin, durch die Vernetzung von praktischer Berufserfahrung in der Wirtschaft und translationsrelevanter theoretischer Auseinandersetzung mit medizinischer Kommunikation und schließlich der Lehrtätigkeit im Rahmen der Fachsprachenausbildung am Institut immer mehr an Bedeutung und stellt heute, vor allem im Hinblick auf didaktische Fragestellungen, einen Schwerpunkt meiner Tätigkeit und meiner Forschungsinteressen dar.

Daß es auch heute noch, in einer Zeit, in der die Translationswissenschaft fest etabliert ist und mit konkreten Inhalten, Theorien und Methoden assoziiert wird, Sinn macht, sich konsequent für das Fach einzusetzen und seine Aufgaben und Forschungsanliegen über die Sprachphilologien hinaus zugänglich zu machen, zeigte sich mir in der denkwürdigen Fakultätssitzung der Geisteswissenschaftlichen Fakultät der Universität Innsbruck, in welcher die Umbenennung unseres Institutes von *Institut für Übersetzer- und Dolmetscherausbildung* in *Institut für Translationswissenschaft* beschlossen werden sollte und ein honoriger Professor unserer Universität dies mit der Bemerkung quittierte: „Für mich ist *translatio* immer noch die Überführung von Leichen". Diese und andere Sichtweisen von Translation durch ein adäquates Bild von Forschungsgegenständen und vor allem von den Menschen, die sich um das Fach bemühen, zu ersetzen, ist wohl eine Aufgabe unter vielen, die es für uns wahrzunehmen gilt. Deshalb gilt mein besonderer Dank auch dem Herausgeber dieses Bandes, Wolfgang Pöckl, der mir als relativ junger Zugehöriger dieses Faches die Gelegenheit gegeben hat, an dieser Stelle über meinen Weg in die Translationswissenschaft und mein Berufsleben nachzudenken.

Literaturangaben

Feyrer, Cornelia (1998): *Modalität im Kontrast. Ein Beitrag zur kontrastiven übersetzungsorientierten Modalpartikelforschung anhand des Deutschen und des Französischen* (= Europäische Hochschulschriften, Reihe XXI Linguistik; 202). Frankfurt am Main et al.: Lang.

Feyrer, Cornelia (1998): Modalität in der Übersetzung: Problem oder Herausforderung? Bemerkungen zur Übersetzung von Modalpartikeln anhand ausgewählter Beispiele. In: Peter Holzer/ Cornelia Feyrer (Hg.): *Text, Sprache, Kultur. Festschrift zum 50jährigen Bestehen des Institutes für Übersetzer- und Dolmetscherausbildung der Universität Innsbruck.* Frankfurt am Main: Lang, 141-158.

Feyrer, Cornelia (2000): Adversative Graduierung und Übersetzungsrelevanz. In: *Romanistik in Geschichte und Gegenwart* 6/2, 167-177.

Feyrer, Cornelia (2001): Interaktionsmanagement und Translation: Von *scenes* und *frames* und der ‚Begegnung mit dem Teufel'. In: *TEXTconTEXT* 15.1 (= NF 5.1), 1-76.

Feyrer, Cornelia (2002): Interaktionsforschung im kontrastiven Vergleich: einige synergetische Ansätze. In: Reinhard Rapp (Hg.): *Sprachwissenschaft auf dem Weg in das dritte Jahrtausend. Akten des 34. Linguistischen Kolloquiums in Germersheim 1999. Band 2: Sprache, Computer, Gesellschaft* (= Linguistik International; 8). Frankfurt am Main et al.: Lang, 321-329.

Feyrer, Cornelia (2002) Freie Textauswahl im Übersetzungsunterricht. Aspekte zur Translationsdidaktik. In: Peter Holzer/ Cornelia Feyrer (Hg.): *Translation: Didaktik im Kontext.* (= InnTrans. Innsbrucker Beiträge zu Sprache, Kultur, Translation; 1). Frankfurt am Main et al.: Lang, 71-89.

Feyrer, Cornelia (2002): Le document de visite: les mérites d'une sorte de texte pour la didactique de traduction en langue de spécialité. In: *LSP & Professional Communication* 2/1, 67-83.

Feyrer, Cornelia (2002): Popularisierung im (fachsprachlichen) Translationsunterricht – ein Aspekt der Translationsdidaktik. In: Leona Van Vaerenbergh (Hg.): *Linguistics and Translation Studies. Translation Studies and Linguistics.* (= Linguistica Antverpiensia, New series 1/2002), 77-93.

Feyrer, Cornelia (2003): Höflichkeitsstrukturen und Partikeln – Überlegungen aus transkultureller und translationsrelevanter Sicht. In: Gudrun Held (Hg.): *Partikeln und Höflichkeit* (= Cross Cultural Communication). Frankfurt am Main: Lang, 341-366.

Eberhard Fleischmann (Leipzig)

Erst steinig, dann kurvenreich

Wolfgang Pöckls überraschende Bitte, mich an diesem Band zu beteiligen und zu berichten, wie ich zur Übersetzungswissenschaft fand, war mir Anlass, in meinen älteren Publikationen zu blättern und noch einmal einen Blick in Akten aus der DDR-Zeit zu werfen. Ich schreibe meine Überlegungen im Juni 2003 auf, 50 Jahre nach einem Ereignis, das mir – so merkwürdig das auch klingen mag – einen ersten Schritt in Richtung Übersetzungswissenschaft ermöglichte.

1. Stolpersteine

Ich war im Juni 1953 14 Jahre alt und beendete zu diesem Zeitpunkt die 8jährige Grundschule. Mein Wunsch, anschließend die 4jährige Oberschule zu besuchen, war abgelehnt worden. Meine Mutter, Kriegswitwe, schlug sich – mehr schlecht als recht – als Selbstständige durchs Leben, und daher galt ich als „bürgerlich erzogen". Die weiterführenden Bildungseinrichtungen sollten aber „vor allem" (gemeint war wohl: nur) Arbeiterkindern offen stehen. Der Maßstab war plötzlich so streng, weil Walter Ulbricht einige Monate vorher den Aufbau des Sozialismus verkündet hatte. So kam es, dass ich in jenem Juni, als auch in meiner Heimatstadt Demonstranten erst- und letztmalig in der Geschichte der DDR unaufgefordert durch die Straßen zogen, mit einem Lehrvertrag als Autobauer in der Tasche zusah. Meine sympathischen künftigen Kollegen hatten die Courage, in aller Öffentlichkeit zu protestieren und Forderungen zu stellen. Aber der Ausnahmezustand, der am 17. Juni verkündet wurde, beendete ihren Protest. In anderen Punkten jedoch machte der DDR-Staat damals Rückzieher: Kinder wie ich wurden wieder zur Oberschule zugelassen, und andere, die man einige Wochen vorher vom Abitur ausgeschlossen hatte, durften nachschreiben. Die neue Großzügigkeit hatte den Namen „Neuer Kurs". Mein Banknachbar hatte übrigens als „Arbeiterkind" den direkten Weg zur Oberschule nehmen können. Sein Vater war – wie ich erst neulich erfuhr – Aufseher im berüchtigten Zuchthaus Bautzen, in dem politische Häftlinge einsaßen.

Vier Jahre später begann ich mein Studium am Dolmetscher-Institut der damaligen Leipziger Karl-Marx-Universität. Ich wählte die Sprachen Russisch und Chinesisch, weil ich als politisch interessierter junger Mensch inzwischen verstanden hatte, dass die eigentlichen Verantwortlichen dafür, ob ein neuer Kurs verkündet oder der Ausnahmezustand verhängt wird, in Moskau und vielleicht noch woanders saßen.

Zu anderen Einsichten brauchte ich (jedenfalls aus Sicht der zuständigen Leitungsgremien) wesentlich mehr Zeit. Ein halbes Jahr vor Studienende formulierte der damalige FDJ-Chef des Instituts kritisch, wenn auch nicht ohne Hoffnung in bezug auf meine Person:

„Während er in den ersten beiden Jahren in den Marxismus-Seminaren nur verhältnismäßig wenig mitarbeitete, trat auch in dieser Hinsicht nach einer ernsthaften Aussprache ... ein Umschwung ein, und seine auffallend rege Beteiligung an den Seminaren seitdem zeigte, daß er jetzt verstanden hat, daß für unseren Beruf Sprachkenntnisse allein nicht ausreichen."

Der FDJ-Leitung war also meine Zögerlichkeit nicht entgangen. Dass es zur Besserung einer „ernsthaften Aussprache" bedurfte, sprach aus offizieller Sicht gar nicht für mich. Dass ich anschließend fast übertrieben habe („auffallend rege Beteiligung"), ist (hoffentlich) dem Erfindungsgeist und der Fabulierkunst des FDJ-Sekretärs geschuldet. Die Grundeinsicht, die damals vermittelt werden sollte, lief darauf hinaus, dass der beste Übersetzer oder Dolmetscher nichts wert ist, wenn er seinem Arbeiter- und Bauernstaat nicht mit ganzem Herzen dient und wenn er vielleicht sogar bei der ersten besten Gelegenheit die Seite wechselt. Heute kann ich ja darüber schreiben, dass ich diese Absicht nicht nur hatte, sondern geradezu zielstrebig verfolgte. Gelegentliche Dolmetschaufträge 1960/61 in (Ost-)Berlin nutzte ich, um mich bei westdeutschen Firmen nach Arbeitsmöglichkeiten zu erkundigen. Am 10. August 1961 trat ich (mit der bösen Vorahnung, dass bald etwas passieren könnte) einen Dolmetscheinsatz beim DDR-Gewerkschaftsbund an. Ich hätte es vielleicht gar nicht mehr getan, aber ich hatte Diplom und Zeugnis wegen einer Erkrankung am Tag der Zeugnisausgabe noch nicht in der Tasche. Als der Einsatz 14 Tage später endete, gab es für mich plötzlich nur noch eine von mehreren Optionen: Aufnahme einer Tätigkeit als wissenschaftlicher Assistent in der Russisch-Abteilung des Dolmetscher-Instituts der Leipziger Universität. So sehr mich eine wissenschaftliche Perspektive reizte, die Atmosphäre an der Universität war – zumal in jenem Sommer – mehr als bedrückend. Die Leitung jener Partei, der ich weder damals noch irgendwann später angehörte, nahm sich meiner sogleich fürsorglich an und befragte mich nach meinen Gedanken zu den Maßnahmen vom 13. August. In der anschließend verfassten Beurteilung ist festgehalten:

„Über das Verhalten Herrn Fleischmanns am 13. August 1961 und danach ist am Institut nichts Näheres bekannt, da sich Herr Fleischmann in diesen Wochen im Urlaub befand und vom 10. – 24. 8. eine Delegation des FDGB-Bundesvorstandes auf einer Touristenreise begleitete."

Am Ende wird aber die Möglichkeit, dass mit mir alles noch ein gutes Ende nehmen könnte, nicht ausgeschlossen, wenn auch an eine Bedingung geknüpft:

"Wir sind der Meinung, daß Herr Fleischmann alle Voraussetzungen besitzt, um sich am Dolmetscher-Institut zu einem wertvollen Mitarbeiter zu entwickeln, wenn er die im Studium begonnene positive Entwicklung fortsetzt."

Wie gesagt – wenn... Nach anderthalb Jahren war ich aber noch immer nicht in jenem Land gewesen, dessen Sprache (Russisch) ich unterrichtete. Um zu einem

Zusatzstudium nach Moskau reisen zu können, mussten die „kaderpolitischen Bedingungen" überprüft werden. Diesmal monierte ein anderer FDJ-Chef meine schleppende Entwicklung:

> „Wir können deshalb auch einschätzen, daß er sich seit seiner Immatrikulation als Student bei uns bis heute, da er das zweite Jahr als wissenschaftlicher Assistent an unserem Institut tätig ist, stetig – wenn auch sehr langsam – weiterentwickelt hat."

Am Ende befürwortete die FDJ-Leitung dann doch – wenn auch nicht vorbehaltlos – meine „Delegierung" nach Moskau. Und so absolvierte ich von 1964 bis 1965 schließlich ein Forschungsstudium am 1. Moskauer Staatlichen Pädagogischen Institut für Fremdsprachen, das mich bei der Fertigstellung meiner Dissertation ein gutes Stück voran brachte, wobei aber die „Sicherheitsorgane" mein Verhalten durchaus im Blick hatten (s. u.).

Ein paar Jahre später hatte ich die in meiner Situation verwegene Idee, eine Habilitation zu beginnen. Der „Kaderperspektivplan 1970 – 1975" meines Wissenschaftsgebiets schloss eine solche Perspektive für mich auch nicht völlig aus („ab 1975 stellvertretender Wissenschaftsgebietsleiter; evtl. Dozentur (etwa 1975) und Promotion B (bis 1980)"), knüpfte sie aber wieder an Bedingungen:

> „Erhöhung der gesellschaftlichen Wirksamkeit durch persönliche politische Entwicklung zur Partei der Arbeiterklasse hin; Festigung als sozialistische Leiterpersönlichkeit durch Einbeziehung in die Leitungsarbeit innerhalb des Wissenschaftsgebiets und Forschungskollektivs; Vertiefung und Erweiterung der wissenschaftlichen Grundlagen durch weitere Qualifizierung in ML (Marxismus-Leninismus – E. F.) und durch intensive Beteiligung an der theoretischen und angewandten Forschung".

Interessant ist an dieser Formulierung, dass das marxistisch-leninistische Wissen inzwischen zur eigentlichen wissenschaftlichen Ausbildung zählte. Aber wie war das gemeint, dass ich mich „zur Partei der Arbeiterklasse hin" entwickeln sollte? Erwartete man vielleicht gar nicht mehr, dass Verirrte wie ich der SED beitreten, sondern nur noch, dass sie brav sind und kein dummes Zeug reden?

Zwei meiner Lehrer, Otto Kade und Gerd Jäger, denen ich meine Einführung in die Übersetzungswissenschaft und auch viele Anregungen verdanke, hatten inzwischen – aus welchen Gründen auch immer – die „Parteilichkeit des Sprachmittlers" als Forschungsfeld entdeckt. Vielleicht wollten sie einfach ihre Stellung als Übersetzungswissenschaftler absichern, vielleicht ging es ihnen in diesem Zusammenhang nur um eine plakative Anwendung dieses von DDR-Philosophen hoch gespielten Prinzips – ich weiß es nicht. Ihre Überlegungen zur Parteilichkeit liefen auf folgendes hinaus:

> „Deshalb gehört zu den zu postulierenden Qualifikationsmerkmalen des Sprachmittlers nicht nur die Kenntnis zweier Sprachen und der Äquivalenzbeziehungen zwischen ihnen sowie Sachverständnis in bezug auf den

Gegenstand der Kommunikation, sondern auch und vor allem ein fester Klassenstandpunkt, d.h. marxistisch-leninistische Parteilichkeit (bzw. unter den Bedingungen der Machtausübung der Arbeiterklasse sozialistische Parteilichkeit), die auf dem Fundament einer soliden gesellschaftswissenschaftlichen Bildung ... in ständiger politisch-ideologischer Verarbeitung der Ereignisse und Entwicklungen in der weltweiten Klassenauseinandersetzung zwischen dem sieghaften Sozialismus/Kommunismus und dem absterbenden Imperialismus/Kapitalismus wachgehalten und immer wieder erneuert werden muß. Das Postulat der Parteilichkeit des Sprachmittlers ist eine zwingende Schlußfolgerung aus der gesellschaftlichen Determiniertheit der Sprachmittlung ..." (1973, 214).

Diese Überlegungen hatten ja durchaus einen rationalen Kern. Nur wird die richtige Einsicht in gesellschaftlich-kulturelle Unterschiede hier eingeengt auf Politisches und als marxistische Parteilichkeit etikettiert. Korrekterweise muss ich aber auch hinzufügen, dass sie niemals forderten, Textinhalte zu entstellen:

„Natürlich dürfen hierbei keine willkürlichen Veränderungen gegenüber dem Original vorgenommen werden" (1973, 212).

Otto Kade baute das Konzept der Parteilichkeit 1981 allgemein-philosophisch noch weiter aus: Marxistische Parteilichkeit würde auf Objektivität beruhen, und diese würde sicher gestellt durch die Position der Arbeiterklasse. Nur auf dieser Grundlage könne man die Welt erkennen und damit die Wahrheit herausfinden. Bei der Parteilichkeit handelte es sich quasi um eine asymmetrische Kategorie: Es gab nur marxistische bzw. sozialistische Parteilichkeit (und damit Objektivität), die sich z.B. in der Erschließung und Aufbereitung sozialistischer Positionen für Rezipienten der anderen Seite zeigte. Immerhin erwähnte Kade auch den Fall, dass es vorkommen könne, dass die infamen Gedanken der anderen Seite („antikommunistische Hetze") übersetzt werden müssten (1981, 36ff.). Auch in dieser Situation dürfe nichts verfälscht werden, wobei allerdings ein spezieller Auftrag und ein ausgesuchtes Publikum unterstellt waren. Das Bemühen um die Wiedergabe der geistigen Positionen anders denkender Autoren für das eigene große Publikum passte dagegen nicht ins Konzept der sozialistischen Parteilichkeit.

Auf diesem Feld hätte man sich schnelle, wenn auch wohl vergängliche Anerkennung verdienen können. Mich reizten jedoch mehr die syntaktischen und semantischen Theorien jener Zeit. Ende der 70er Jahre hatte ich die Idee, im Rahmen meines inzwischen gestarteten Habilitationsvorhabens kasusgrammatische Überlegungen nicht nur auf die Beschreibung der russisch-deutschen Übersetzung, sondern auch auf die Untersuchung des Chinesischen anzuwenden. Daher bewarb ich mich beim Ministerium für Hoch- und Fachschulwesen für eine Tätigkeit als Deutschlektor in China, um diese Überlegungen mit Chinesen diskutieren zu können. Die eigenwillige Politik der Chinesen hatte nun aber dazu geführt, dass China als Land des „nichtsozialistischen Wirtschaftsgebiets" (NSW) betrachtet wurde und Dienstreisen dorthin die Einstufung als „NSW-

Kader" erforderten. An dieser Hürde scheiterte ich zunächst. Aber in den 80er Jahren musste man nicht mehr alles hinnehmen. Meine Stasiakte hält für den 14.2.1987 einen Besuch in der Leipziger Stasizentrale („Runde Ecke") fest, bei dem ich mich mit einem Brief über die Ablehnung einer Dienstreise in das KA (Kapitalistische Ausland – gemeint war aber China!) beschwert habe. Im erbetenen „Auskunftsbericht" vom Juni 1988 gibt dann die „Abteilung XX" Auskunft über meine „politisch-ideologische Entwicklung" („Insgesamt kann der F. als ein parteiloser Kollege mit einer progressiven politischen Einstellung eingeschätzt werden."), zur „fachlichen Entwicklung" („F. gilt als ein Spezialist auf dem Gebiet der Übersetzungswissenschaften und ist durch seine Lehr- und Forschungsarbeit ausgewiesen."), zu den „familiären Verhältnissen" („Übereinstimmend werden die Ehe- und Familienverhältnisse des F. als gut und harmonisch eingeschätzt ... Die Kinder wurden von beiden Partnern gleichermaßen anständig und ordentlich erzogen."), beurteilt sie „die Bindung des Kaders an die DDR" („Der Kandidat hat an der KMU Leipzig, Sektion TAS, eine gesicherte berufliche Perspektive.") und „die bisherigen Einsätze im Ausland" („Der Kandidat absolvierte 1964/65 eine Teilaspirantur am 1. Moskauer Staatlichen Pädagogischen Institut für Fremdsprachen. Negative Hinweise diesbezüglich liegen nicht vor."). So sehr man versucht sein könnte, den buchhalterischen Fleiß der Staatssicherheit zu bewundern (und alles ohne Computertechnik!), so sehr erstaunen manche geradezu unpolitischen Formulierungen (War es denn wirklich Aufgabe der Eltern, die Kinder „anständig und ordentlich zu erziehen"? Sollten nicht vielmehr „entschlossene Klassenkämpfer für die Sache des Sozialismus" erzogen werden?). Und ich muss den Stasi-Leuten im Nachhinein auch vorwerfen, dass sie – obwohl sie über das eine oder andere hinweg sahen – auch heimtückisch waren. Während ich bis wenige Tage vor der Abreise nach China im September 1988 in dem Glauben gelassen wurde, meine Frau dürfe mitreisen, resümierte dieser Auskunftsbericht:

„Auf der Grundlage der vorliegenden operativen Aufklärungsergebnisse wird vorgeschlagen, den Fleischmann, Eberhard als NSW-Auslandskader (1-jähriger Einsatz ohne Ehepartner in der VR China) zu bestätigen."

Im September 1988 reiste ich zu einer einjährigen Tätigkeit als Deutschlektor nach China. Im April des nächsten Jahres begannen dann die Demonstrationen der chinesischen Studenten, an denen sich auch die Teilnehmer meines Sprachkurses an der Elektronik-Universität Xi'an beteiligten, und zwar ausnahmslos. Wenige Tage nach der militärischen Niederschlagung der Protestbewegung reiste ich in die DDR zurück. Während die DDR-Volkskammer am 13. Juni 1989 das Vorgehen der chinesischen Führung begrüßte, formulierte ich am 3. Juli in meinem Abschlussbericht, und ich erinnere mich, wie sehr ich mir jedes Wort überlegte:

„Die Art der Lösung des Konflikts zwischen dem 4. und 12. Juni löste bei meinen Bekannten Lähmung und Entsetzen aus. Die Stellungnahme der

DDR, in China kurz als „Unterstützung der Maßnahmen" unter die Menschen gebracht, führte zu vielen Fragen an mich, die ich im Augenblick nicht alle beantworten konnte."

Diesen Bericht gab ich in 5- oder 6facher Ausfertigung (Empfänger waren die Universitätsleitung, die Parteileitungen und wohl auch die Organe der Staatssicherheit auf allen Ebenen) Anfang Juli bei der zuständigen Stelle der Universität ab. Seit jenem Gang weiß ich, wie es ist, wenn man weiche Knie hat. Ich befürchtete, dass ich diesmal zu weit gegangen sein könnte. Unmut wurde in diesen Sommerwochen aber überall in der DDR geäußert. Und so geschah es, dass mich weder die Partei noch die Stasi zu einem klärenden Gespräch befahl, zitierte oder auch nur einlud.

2. Abenteuerfahrt durch die Translatologie

Meine erste übersetzungswissenschaftliche Publikation aus dem Jahre 1966 beschäftigte sich mit dem Verhältnis von semantischen und aus grammatischen Eigenschaften her rührenden assoziativen Bedeutungen. An zwei Beispielen (dem Heine-Gedicht *Ein Fichtenbaum* und Gogols Novelle *Der Mantel)* habe ich damals aufgezeigt, dass grammatische Bedeutungen eine sexuelle Interpretation bekommen können. Im Heine-Gedicht träumt *der Fichtenbaum* (die russ. Entsprechung сосна ist allerdings feminin) von *einer Palme*, und in der Gogol-Novelle wünscht sich *ein Beamter einen Mantel* (russ. шинель, und dieses Wort ist feminin). Meine Überlegung lief darauf hinaus, dass der Übersetzer die konkreten semantischen Bedeutungen nicht zu ernst nehmen sollte. In diesem Sinne könne er durchaus den *Fichtenbaum* durch russ. дуб (*Eiche*, mask.) oder кедр (*Zeder*, mask.) ersetzen. Was aber beim Heine-Gedicht ohne weiteres möglich ist, funktioniert nicht bei der Gogol-Novelle: Welches andere Kleidungsstück könnte in der deutschen Übersetzung gewählt werden, nach dem sich der Beamte im russischen Winter wegen seiner wohligen Wärme sehnt : *die Mütze, die Jacke, die Hose?* Und der Blick auf genuslose Sprachen wie das Chinesische macht überdies deutlich, dass diese ästhetische Wirkung ohnehin nicht bewahrt werden kann.

   In meiner Dissertation mit dem Thema „Zur Übersetzung lexikalischer Substandardismen" habe ich die These vertreten, sprachvergleichende Untersuchungen hätten erkennen lassen, dass die jeweilige Zielsprache nicht generell semantisch-stilistische Pendants für Substandardismen bereit hält. Das dadurch entstehende Übersetzungsproblem würde sich aber insofern entschärfen, als semantische und stilistische (auf eine Stilebene verweisende) Bedeutungen getrennt und stilistische Bedeutungen ggf. auch nur teilweise wiedergegeben werden könnten:

   „An diesen Überlegungen ist noch einmal die Möglichkeit zu erkennen, semantisch-pragmatische Äquivalenz größerer Einheiten bei Nichtäquivalenz kleinerer Einheiten – d.h. Gleichheit trotz Ungleichheit – zu erzielen ...

Hieraus ist wiederum der Schluß abzuleiten, daß es für ein Urteil zur Frage der Übersetzbarkeit nicht ausreichend ist, isolierte Fakten zu vergleichen ... Schließlich handelt es sich bei der Übersetzung nicht um einen Systemvergleich, sondern um einen Vergleich des Funktionierens auf der parole-Ebene, bei der Kommunikation. Gleichzeitig verdient der Gedanke hervorgehoben zu werden, daß größere Einheiten bzw. das Ganze gegenüber kleineren Einheiten bzw. dem Teil das Primat haben" (1971: 96).

Dem Prinzip der teilweisen Wiedergabe stilistischer Bedeutungen liegt der Gedanke zugrunde, dass der gleiche semantische Gehalt auf verschiedenen stilistischen Ebenen zum Ausdruck gebracht werden kann, z.B.: *Hier erlebte er den ersten Misserfolg* (neutral), *Hier erlebte er den ersten Reinfall* (umgangssprachlich), *Hier erlebte er die erste Pleite* (salopp). Bei der Verlagerung von Bedeutungen müssen natürlich die textbezogenen Grenzen für die Nutzung dieses Verfahrens beachtet werden.

In meiner Habilitationsschrift und den darauf Bezug nehmenden Publikationen (1981, 1984) habe ich seinerzeit den Versuch gemacht, die Fillmoreschen Kasusrollen unter translatologischem Aspekt zu prüfen und zu präzisieren und zusammen mit den sie determinierenden Verbbedeutungen für die Beschreibung von translatorischen Entsprechungen zu nutzen. Ich wollte hierbei deutlich machen, dass bei der Translation weitgehende Veränderungen der semantisch-signifikativen Bedeutungen in Kauf genommen werden müssen und können, vgl. *Эту идею выдвинул X – Diese Idee stammt von X; была освоена новая техника – eine neue Technik setzte sich durch.*

In den 90er Jahren rückten für mich Untersuchungen zu bestimmten translationsrelevanten Fachtexten in den Mittelpunkt. Am Beispiel von Bedienungsanleitungen habe ich aufgezeigt, dass diese durch die Ausgangskultur geprägt sind und dass sie kulturspezifische Standardtexte enthalten, für die zunächst zu entscheiden ist, ob sie übersetzt oder ersetzt werden müssen bzw. weggelassen werden sollten (2002a: 67ff.). Häufig beziehen sich diese Standardtexte auf den kulturspezifischen Hintergrund (die Funktion des Gerätes, die Inbetriebnahme bei extremen Temperaturen, Sicherheitsvorschriften in Abhängigkeit von der elektrischen Installation und von baulichen Gegebenheiten, die Anmeldung von Garantieanspüchen, die Entsorgung der Verpackung, die Funkentstörung u. ä.).

Fasziniert haben mich in den letzten Jahren auch Überlegungen zum Übersetzen als Kulturtransfer. Ich habe in diesem Zusammenhang auf einen Texttyp verwiesen, der sich auf eine kulturgemeinschaftsspezifische Realität bezieht (innenpolitische Analysen und Kommentare, touristische und kulturhistorische Texte u. dgl.) und vielleicht auch noch kulturspezifische Ansichten und Wertungen zum Ausdruck bringt. Bei den historischen und zeitgeschichtlichen Schriften eines Autors wie Solshenizyn ist es durchaus nicht einfach, deutschen Lesern die aktuellen Probleme Russlands verständlich zu machen und ihnen Zugang zu den eher konservativen Ansichten und Gedankengängen des Autors zu verschaffen (2002b, 38ff.). Nicht Parteilichkeit ist hier vonnöten, wohl aber Wissen über Land und Leute, eine intime Kenntnis des Autors, seiner Sprache und auch der Vorstellungen und Erwartungen der neuen Empfänger.

3. Resümee

Ich war über 40 Jahre lang Beobachter der Entwicklung der Translatologie und bis zu einem gewissen Grade auch an ihr mitbeteiligt. Die Translatologie hat sich in diesem Zeitraum als eine anerkannte interdisziplinäre Wissenschaft mit einem linguistischen Kern etabliert, und deshalb haben sich alle Versuche, sie einseitig zu vereinnahmen, als zu eng erwiesen. Man braucht sich des Mitbeteiligtseins an diesem Prozess und auch des Zustandes der Translatologie nicht zu schämen. Mir kam es in diesem langen Zeitraum immer darauf an aufzuzeigen, wie weit der Blick beim Übersetzen gehen muss und wie vielfältig die beim Übersetzen erforderlichen Operationen sein können. Wenn man diese Perspektive deutlich machen kann, kann man seinen Studenten mit gutem Gewissen gegenübertreten. Man kann es natürlich auch aus dem Grunde, weil keine brotlose Kunst vermittelt wird, denn auch in Zukunft wird die internationale Kommunikation nicht ohne die Hilfe von Übersetzern und Dolmetschern auskommen. Außerdem sollte sich eine Wissenschaft – auch diese Einsicht ist mir wieder deutlich geworden – nicht zum Diener einer Ideologie degradieren lassen. Ich formuliere das so, weil man nicht ausschließen kann, dass sich ihre Akteure durchaus wieder einmal – aber hoffentlich nicht so bald und nicht bei uns – die Frage stellen müssen, ob sie ihr Handeln noch verantworten können.

Literaturhinweise

Fleischmann, Eberhard (1966): Die grammatische Information und ihre Rolle bei der Übersetzung. In: *Fremdsprachen* 1966/2, 88-92.

Fleischmann, Eberhard (1971): Die Übersetzung lexikalischer Substandardismen. In: Albrecht Neubert/ Otto Kade (Hg.): *Studien zur Übersetzungswissenschaft.* Beiheft III/IV zur Zeitschrift Fremdsprachen. Leipzig, 67-98.

Fleischmann, Eberhard (1981): Die Beschreibung von Translationstransformationen mit Hilfe eines stratifikativen Syntaxmodells. In: Otto Kade (Hg.): *Probleme des übersetzungswissenschaftlichen Textvergleichs.* Übersetzungswissenschaftliche Beiträge 4. Leipzig: VEB Verlag Enzyklopädie, 70-105.

Fleischmann, Eberhard (1984): Grundpositionen einer alternativen Kasustheorie und Konsequenzen für Interpretation und Übersetzung der sogenannten freien Dative. In: Gerd Jäger/ Albrecht Neubert (Hg.): *Varianz und Invarianz im semantisch-syntaktischen Bereich.* Übersetzungswissenschaftliche Beiträge 7. Leipzig: VEB Verlag Enzyklopädie, 63-84.

Fleischmann, Eberhard (2002a): Kulturfaktor Schukosteckdose. In: Gisela Thome/ Claudia Giehl/ Heidrun Gerzymisch-Arbogast: *Kultur und Übersetzung. Methodologische Probleme des Kulturtransfers.* Tübingen: Gunter Narr, 57-73.

Fleischmann, Eberhard (2002b): Solshenizyns Publizistik – Beispiel für den kulturgemeinschaftsspezifischen Texttyp. In: Gisela Thome/ Claudia Giehl/ Heidrun

Gerzymisch-Arbogast: *Kultur und Übersetzung. Methodologische Probleme des Kulturtransfers.* Tübingen: Gunter Narr, 33-55.

Jäger, Gerd/ Otto Kade (1973): Zu einigen Aspekten des Verhältnisses von Sprachmittlung und Gesellschaft. In: *Wissenschaftliche Zeitschrift der Karl-Marx-Universität, Gesellschafts- und sprachwissenschaftliche Reihe,* 1973/2, 205-215.

Kade, Otto (1981): *Die Sprachmittlung als gesellschaftliche Erscheinung und Gegenstand wissenschaftlicher Untersuchung.* Leipzig: VEB Verlag Enzyklopädie.

Armin Paul Frank (Göttingen)

Ein Weg in die Übersetzungsforschung

1.

Ich weiß nicht, mit welchen Erwartungen sich Abiturienten heute für ein fremd-sprachenphilologisches Studium entscheiden. Insbesondere wenn sich – wie in Niedersachsen – Studienanfänger, die das Staatsexamen für das Höhere Lehr-amt in den Schulfächern „Englisch", „Französisch", „Russisch" usw. anstreben, auch an der Universität für diese Fächer einschreiben müssen, dürften diejenigen Vorstellungen noch verstärkt werden, die mich 1954 veranlaßt haben, doch nicht an die Technische Hochschule Darmstadt zu gehen, um Wirtschaftsingenieur zu werden. Statt dessen begann ich an der Johann-Wolfgang-Goethe-Universität in Frankfurt das Studium der „Modernen Trias" – Deutsche, Englische und Romanische Philologie –, wobei ich als selbstverständlich voraussetzte, daß es wie an der Schule mit dem Erwerb praktischer Sprachfähigkeiten weitergehen werde, nur intensiver, konzentrierter und auf einem höheren Niveau. Für einen Europabegeisterten der 1950er Jahre, dem das Niederreißen einer deutsch-französischen Grenzschranke unvergessen geblieben ist, gab es keinen Zweifel, daß es nun darauf ankomme, in so vielen Fremdsprachen zu leben wie möglich. Da ich zwischen Abitur und Studienbeginn zu Schulenglisch, -latein und –fran-zösisch Spanisch für Reise und Alltag erlernt hatte, füllten konsequenterweise vor allem sprachpraktische Übungen in drei Sprachen die ersten Seiten des Studienbuchs. Nur mit gebremster Neugier registrierte ich die Existenz von Seminaren über so etwas wie Marie de France und Alexander Pope. Intelligenzfutter holte ich mir in Philosophie und Psychologie sowie in Vorlesungen für Hörer aller Fakultäten, zum Beispiel über Rechtsprobleme in der antiken Tragödie. Mit wachsender Anteilnahme hörte ich das Renaissancekolleg von Erhard Lommatzsch. Vom damals planmäßig ange-botenen *studium generale* ist freilich heute institutionell kaum etwas übrig geblieben, nirgendwo. An die Stelle universitärer Bildung ist allzu frühe und übertriebene Spezialisierung getreten.

Die meiste Arbeit steckte ich in sprachpraktische Übungen. Der Umzug des Englischen Seminars aus dem Philologientrakt mit seinen etwas bedrücken-den, mit schalen gelben Lampen bestückten Korridoren, wo der Seminarraum, dem man zustrebte, bestimmt genau hinter jener Ecke lag, an der man sich gerade vorbeigesucht hatte, und wo die Dielen knarzten und die Pulttische klapperten, in einen schicken, preisgekrönten Neubau – der Sage nach nahm der gerühmte, berühmte Architekt einen Auftrag nur dann an, wenn schon zu diesem Zeitpunkt gesichert war, daß er wiederum einen Preis erhalten werde – verstärkte die Anziehungskraft dieses Fachs durch die Äußerlichkeit einer ansprechenden architekturellen Basis. Zu den besonderen Attraktionen gehörte ein damals nach U.S.-amerikanischem Vorbild eingerichtetes Sprachlabor und dessen Leitung durch einen in den Vereinigten Staaten von Amerika vorbereiteten Lektor, Friedrich Meinecke. So wurde auch ich Kenner des damals unter deutschen Anglisten bestbekannten, mit einem gepflegt borstigen Schnurrbart geschmückten britischen Lippenpaars – dem von Daniel Jones, das sich auf den Illustrationen zu wohlgeformten Außenansichten der geheimnisvollen Laute der englischen Sprache verzog.[1] Nicht auf dem Lehrplan, aber im Zentrum meines frühen Interesses stand während einiger Monate die Lektüre im Umfeld, in den Grundlagen und bei den Vorläufern von Jones' Phonetik bis hin zu jener frühen szientifischen Variante, deren Praktiker anerkennen mußten, daß Silben von geübten Hörern übereinstimmend wahrgenommen und von sorgfältigen Sprechern übereinstimmend artikuliert werden, deren Grenzen aber nicht immer mit physikalischen Meßmethoden eindeutig bestimmbar sind.

Unabhängig davon festigten sich meine Englischkenntnisse. Da es auch nur annähernd Ähnliches im Angebot der Frankfurter Romanistik nicht gab, plante ich, dankbar für die Hilfe meiner Eltern, ein praktisches Jahr an einer französischsprachigen Universität an einem beschaulicheren Ort als Paris. Doch die Vorlesungsverzeichnisse, die ich einsehen konnte, waren eher abschreckend. Auch an namhaften Universitäten war das Kerncurriculum in den modernen Philologien damals noch mittelalterzentriert. Kurz entschlossen schwenkte ich zu einem Herbstkurs an der *Oxford Academy of English* um. Ich schloß mich einem Sportverein an, wo man mich in der edlen Kunst der männlichen Faustverteidigung schulen wollte, sich aber schließlich damit zufrieden gab, mich zwecks ebensolcher Fußverteidigung in die unterste Fußballmannschaft einzugliedern. Härte um Härte. Sprachlichen Gewinn daraus bezog der phonetikgeschulte Gast in der Form des örtlichen Dialekts – meilenweit entfernt vom *Oxford English* – und eines bodenständigen Kompendiums saftiger Schimpf- und Fluchworte.

Bei der Rückkehr nach Frankfurt erlebte ich eine unangenehme Überraschung. Der Kurs in England überschnitt sich zeitlich mit dem winterlichen Vorlesungsbeginn. Vor der Abreise hatte ich im Studentensekretariat erfahren, daß im Fall eines für das Fachstudium förderlichen Auslandsaufenthalts die Rückmeldefrist überschritten werden dürfe. Nun galt diese mündliche Auskunft nicht mehr. Die Lehre aus diesem Verwaltungsakt (eher: bürokratischem Nichtstun) prägte sich mir tief ein und war sehr hilfreich, als ich in späteren Jahren beruflich häufiger mit Verwaltungen zu tun hatte.

Nach kurzem Suchen fuhr ich zum „Englischen Institut" nach Heidelberg, einer privaten Übersetzer- und Dolmetscherschule, die mit der *Oxford Academy* institutionell verbunden war. Zwar hatten auch da die Winterkurse bereits begonnen; aber man war gern bereit, mich gewissermaßen auf eigenes Risiko auch später einsteigen zu lassen. Nach dieser Erfahrung erscheint mir die Vermutung gar nicht so abwegig zu sein, daß private Institutionen, die

---

[1] Daniel Jones' Lehrbuch *Introduction to English Phonetics* befindet sich nicht mehr in meinem Besitz. Es beruht auf seiner *Outline of English Phonetics*.

überwiegend auf Studiengebühren angewiesen sind, grundsätzlich studenten-
freundlicher sein könnten als staatlich (unter)finanzierte.

2.
Früh im nächsten Jahr erwarb ich das Dolmetscherdiplom für Englisch. Will
man mir verdenken, daß ich mir – durchaus auch mit Blick auf den nächsten
Schriftverkehr mit dem Frankfurter Studentensekretariat – einen Stempel mit der
wegen des kurzen Namens abgekürzten Berufsbezeichnung „Staatl. gepr.
Dolm." anfertigen ließ? Meine Spott- und sonstigen Freunde sorgten bald für
eine gewisse Ernüchterung, weil sich die Abkürzung nur allzuleicht regional-
sprachlich in „Staatlich geprüfter Dollo" auflösen ließ. Zum Beruf habe ich das
Dolmetschen nicht gemacht, bin aber eingesprungen, wenn es nötig war.
Unvergessen bleibt eine internationale Konferenz zu einem allgemeinen Thema,
bei der mich ein amerikanischer Gast bat, einen französischen Vortrag simultan
zu dolmetschen. Bei diesem Vorgang zwischen zwei Fremdsprachen hatte ich
deutlich das Empfinden, das alles spiele sich außerhalb meines Kopfes ab. Und
nach fünfzehn oder zwanzig Minuten erlebte ich in Hirn und Knochen die
Grundbedeutung der Vorsilbe in dem Wort *Erschöpfung*.

Das wichtigste Ereignis der nächsten Semester in Frankfurt war die Bekanntschaft mit dem neuberufenen Anglisten Helmut Viebrock, die sich später
zu einer Freundschaft entwickelte. Viebrock verstand Philologie als Erkenntnis
einer Kultur in ihrer Sprache und Literatur und durch sie und verband deshalb in
der Lehre eine kontextgesättigte, aber gleichwohl werkbezogene Literaturgeschichte mit einer noch vorlinguistischen Sprachwissenschaft. Zu den wichtigen Dingen, die ich von ihm lernte, gehören idealistische Folgerungen aus dem
Umstand, daß das deutsche Wort *Erziehung* und seine – ungefähre – englische
Entsprechung *education* um verschiedene Tätigkeiten aufgebaut sind. Um jemanden *aus einer Lage herauszuziehen* bedarf es einer gewissen Gewaltan-
wendung, die in Gefahrensituationen sicher nicht unangebracht ist. Aber soll
man auch Jugendliche mit geringerem Bildungsstand ähnlich gewaltsam
anfassen? Für den seiner Etymologie und seines Faches gewissen Pädagogen
bedeutet *education*, junge Menschen *aus dem Stand mangelnder oder niedriger
Bildung herausführen*, sich auf die Kenntnisse und Interessen einstellen, die die
einzelnen mitbringen, heißt prüfen, ob dieses Mitgebrachte gut und richtig ist,
auch wenn es nicht unbedingt den eigenen Vorstellungen entspricht, und macht
es erforderlich, Anknüpfungspunkte zu finden, um jede Studentin, jeden Studenten beispielgebend eine gewisse Wegstrecke zu begleiten. Ein junger, noch
nicht selbstsicherer Dozent wird statt dessen vermutlich seine Seminare gerne so
anlegen, daß sie die Teilnehmer Schritt für Schritt genau zu denjenigen Ergebnissen führen, die er zu Beginn schon im Kopf hat, und ein schulgewohntes
Publikum wird ihm das gewiß danken. Wem hingegen eine mit arg mittel-
prächtigen Leistungen fortgeschrittene Studentin, die einen unsicheren Eindruck macht, bei einer langen Seminarbesprechung sagt, Sie sind der Erste an
der Uni, der mich zu etwas ermutigt hat, und die dann eine durch und durch so-

lide Arbeit abliefert, der ist in der Kunst des Herausführens sicherer geworden. Ein Bonus stellt sich ein, sobald in entsprechend strukturierten Seminaren nicht nur Arbeiten entstehen, die unmittelbare Vorstufen von Examensarbeiten bilden, sondern auch punktuell Ergebnisse erzielt werden, die der Seminarleiter noch nicht im Kopf hat, sondern die seiner eigenen Arbeit Impulse geben.

3.

Nach Studienzeiten in Südfrankreich und im Herzland der Vereinigten Staaten von Amerika, wo mein Englisch den regionalen Zungenschlag annahm, nach einer literaturkomparatistischen Dissertation, nach Forschungsaufenthalten abermals in den USA, zweimal an der *Yale University*, nach einer Monographie über Kenneth Burke, einer umfangreichen Studie über T.S. Eliots Philosophie und Kunstauffassung und nach einem Zwischenstopp als Akademischer Rat in Freiburg erhielt ich 1970 meine erste (ordentliche) Professur, eine für Nordamerikanische Literatur am John-F.-Kennedy-Institut in Berlin. Auch wegen des aus Freiburg gekommenen politischen Philosophen Alexander Schwan ging ich gern dorthin. Eine Art interner Schauprozeß gegen ihn sowie andere Übergriffe lehrten mich bald, die Revolte an den Universitäten als einen geduldeten, wenn nicht gar geförderten Schub hin zum Totalitarismus zu begreifen. Die Leitung eines Universitätsinstituts und die Mitarbeit im Akademischen Senat erlebte ich als hochschulinternen Parteienkampf auch gegen Betonköpfe und andere Ideologen und als einen Teil der kaum weniger konfliktreichen Politik im Stadtstaat.

Wie konnte man unter diesen Umständen die Studierenden erreichen? „Bürgerliche" Seminare wurden gestört und verhindert. Gab es eine Möglichkeit, soziologische, ökonomistische, marxistische Interessen auf eine literaturgerechte Weise anzusprechen und wenigstens intelligenter zu machen? Wie wäre es, wenn man das mit dem Studium von Übersetzungen versuchte? Daß allein schon die Auswahl eines Werks zum Übersetzen in größerem Maße als „originale" „Höhenkammliteratur" von Marktüberlegungen und dem erwarteten Interesse eines in Aussicht genommenen – religiösen, politischen, weltanschaulichen – Leserkreises geleitet war, erschien leicht argumentierbar – auch wenn das natürlich nicht das einzige Übersetzungsmotiv ist. Nur: wie ließ sich das von Fall zu Fall nachweisen? Würde man an Verlagsarchive herankommen? Vielleicht konnte man auch an verschiedenen Übersetzungen desselben Werks, insoweit in ihm soziales, politisches, religiöses und anderes Konfliktpotential latent enthalten oder offen gestaltet ist, übersetzerische Umdeutungstendenzen erkennen, die als Antworten auf entsprechende Erwartungen im Land und zum Zeitpunkt des Übersetzens deutbar waren.

Der Gedanke war verführerisch, Textverhalte, die gerade durch einen Übersetzungsvergleich besonders exakt bestimmbar erscheinen, auf die jeweilige Großwetterlage zu beziehen und so sprachlich-literarische und sozioökonomische Interessen miteinander zu verbinden. Ich überschätzte vielerlei, so die Verfügbarkeit einer zumindest mittleren Anzahl von Mehrfachübersetzungen von Texten mit ideologischem Sprengstoff, insbesondere von sozialkritischen Dramen; ich unterschätzte den Aufwand, der für sorgfältige Übersetzungsvergleiche an Romanen nötig ist, die erfahrungsgemäß reich an kontroversem Material sind, da ja Romane zu einem seit langem stark sozialkritisch orientierten Genre gehören; und ich verschätzte mich, was die Bereitschaft von marxistisch angehauchten oder eingefärbten Mitmenschen angeht, sich auf Textfragen einzulassen: „Wenn ich das Datum weiß und die Klassenlage des Übersetzers kenne, weiß ich auch, was von der Übersetzung zu halten ist." Mit Bedauern erinnere ich mich an einen der intelligenteren unter ihnen, der mich aufsuchte, um mir zu erklären, warum er nicht mehr an meinem Seminar teilnehmen könne: Ich zeige die Dinge nicht schwarz-weiß, sondern male grau in grau.– Aber ist das nicht die Wirklichkeit?

Ob ich weniger Fehler gemacht hätte, wenn ich damals in Übersetzungsdingen firm gewesen wäre, ist heute eine müßige Frage. Rückschauend empfand ich freilich die fünf Berliner Jahre als ein Kompaktseminar, das mich in vielerlei, nicht nur in wissenschaftlicher Hinsicht weiter gebracht hatte als vielleicht zehn Jahre anderswo. Auch die ersten Einsichten in die Erfordernisse historisch-philologischer Übersetzungsforschung gehörten zu dem Gepäck, mit dem ich im Jahr 1975 an der Georg-August-Universität Göttingen ankam.

Was mich besonders reizte, war der Umstand, daß ich eine neu eingerichtete Professur für Nordamerikanische Literatur erhielt, ohne von Vorgängern ausgetretene Pfade. Freilich gab es auch keine entsprechend vorbereiteten Studierenden. Da fast gleichzeitig eine Vakanz in Neuer Englischer Literatur eintrat und für fünfzig oder sechzig Kandidaten pro Prüfungstermin nur ein einziger anglistischer Literaturhistoriker zur Verfügung stand, übernahm ich einige Jahre lang auch Abschlußexamina in britischer Literatur. Aus damaliger Sicht äußerst anstrengend und abwegig, zeigt es sich in der Rückschau, daß dieser Umweg geradewegs zu einer neuen komparatistischen Perspektive auf die Literatur der USA führte. Auch die übersetzungshistorischen Interessen mußten eine Weile zurückstehen, was den Vorteil brachte, daß entsprechende Hauptseminare von der kritischen Lektüre und Diskussion der in den damaligen Stand der Übersetzungswissenschaft einführenden Arbeiten von Wolfram Wilss (1977) und Werner Koller (1979) profitieren konnten. Ähnliche Interessen in Nachbarphilologien erlaubten es, einen entsprechenden Forschungsschwerpunkt aufzubauen, der zunächst von den – in alphabetischer Reihenfolge aufgeführten – Fächern Amerikanistik, Anglistik, Germanistik, Romanistik und Slavistik getragen wurde und zum Sonderforschungsbereich 309 „Die Literarische Übersetzung" (1986-97) führte. Auch wenn ich dessen Gründungssprecher war, darf ich anmerken, daß das Unternehmen bald als eines der damals zwei besten geisteswissenschaftlichen Grundlagenprojekte dieser Art galt.

4.

Abschließend möchte ich, an ausgewählte Ergebnisse anknüpfend, die im Sonderforschungsbereich erzielt worden sind, einige Hinsichten angeben, in denen sich die Perspektive der Übersetzungswissenschaft von jener der historisch-philologischen Übersetzungsforschung unterscheidet.[2] Die Unterschiede lassen sich wohl am besten erkennen, wenn man darauf achtet, was man von einer Übersetzung und dem Übersetzen wissen kann, wenn man sie aus der Sicht des Übersetzers bei seiner Arbeit einerseits oder anderseits aus dem Blickwinkel desjenigen betrachtet, der dessen fertiges Produkt liest.

4.1.

Wer es unternimmt, einen Text herzustellen, der „Übersetzung – oder Übertragung – von X" heißen soll, weiß *eo ipso* eine ganze Menge von dem, was ein Übersetzungsforscher, der eine gute Arbeit leisten will, oft mühsam rekonstruieren muß. Dazu gehört die genaue Fassung der Übersetzungsvorlage mit all ihren Textvarianten, seien es autorisierte oder durch Druckfehler entstandene, in welcher Form auch immer sie vorlag: als Manuskript, in der Form von Druckfahnen, als hektographierte Bühnenfassung, in einer Zeitung, einer Anthologie, einem populären Heftchen oder in der Ausgabe letzter Hand bzw. in einer kritischen Ausgabe mit verschiedenen Textapparaten usw. Das schließt die Hilfsmittel auf dem Bücherbord des Übersetzers ein – Wörterbücher, Grammatiken, Stilistiken, Enzyklopädien, Spezialstudien usw. Gefragt sind ferner seine Einschätzung und sein Verständnis des Textes, seine Kenntnisse über den Autor und dessen literarisches, kulturelles und lebensgeschichtliches Milieu, zusammen mit allem, was – in einer handlichen Metapher – dazu in der Luft liegt, usw. Natürlich spielen auch die Vorstellungen des Übersetzers von dem eine wichtige Rolle, was eine gute und richtige Übersetzung ausmacht, wahrscheinlich mit *Äquivalenz* – des Übersetzers eigene Vorstellung davon, nicht eine spätere, im Hinblick auf Allgemeingültigkeit ausgeklügelte und auf vergangene Praxis zurückprojizierte – als grundlegendem Steuerungsbegriff und vielleicht mit *kultureller Akzeptabilität* als einem zweiten. Sofern die Übersetzung in einem Vertragsverhältnis hergestellt wird, gehören als Rahmenbedingungen auch der Abgabetermin und andere Rücksichtnahmen dazu, so zum Beispiel eventuelle Stilvorgaben des Auftraggebers oder Copyrightauflagen z.B. für Verse, die in einem zur Übersetzung anstehenden kritischen Aufsatz zitiert worden sind. Aus der Sicht des Übersetzens ist die – wie auch immer definierte – Übereinstimmung der Übersetzung mit der Vorlage ein *regulativer* Begriff. Er regelt seine Tätigkeit. „Äquivalenz" ist ein Ziel, das erreicht werden soll.

Was ein Übersetzer bei seiner Arbeit nicht weiß und vieles von dem, was er nie erfahren wird, gehört zusätzlich zu dem, was ein kompetenter Übersetzungsforscher zur Vorbereitung seiner Arbeit aufgestöbert haben wird. Das

---

[2] Die folgende Skizze beruht auf Frank/ Kittel (2004).

umfaßt: die endgültige, publizierte Form der Übersetzung, nachdem das Lektorat, der Syndikus und der Drucker, manchmal in einem langwierigen und komplexen Herstellungsprozeß, damit fertig geworden sind; die zeitgenössischen Rezensionen, deren man die Übersetzung vielleicht würdigte; der Platz, den sie schließlich in der Übersetzungskultur gefunden hat; die Verwendung, die spätere Übersetzer und Autoren unübersetzter Literatur (*alias* Originalautoren) von ihr gemacht haben; das Ansehen, das sie unter Anthologisten, Übersetzungslehrern und anderen Auswertern besitzen mag; und die literarischen und kulturellen Studien, deren Gegenstand sie geworden sein mag.

Auch wenn die Entwicklung und Begründung von Grundsätzen und Anweisungen – und sei es auch nur in der Form von Ratschlägen und Empfehlungen – für das gute und richtige Übersetzen zumeist von Fachtexten („technisches Übersetzen") nicht in jedem Fall ausdrücklich als Ziel und Aufgabe der Übersetzungswissenschaft genannt sind, werden sie doch zumeist stillschweigend vorausgesetzt. Jedenfalls fördert der Umstand, daß ihr institutionelles Zentrum das Institut für Übersetzer- und Dolmetscherausbildung ist, ganz selbstverständlich und durchaus pflichtgemäß eine Berücksichtigung dieser Ausbildungsaufgaben. Diese Grundorientierung pointiere ich um der Deutlichkeit willen als *präskriptiv-produktiv*; konzeptionsgeschichtlich steht sie in engem Zusammenhang mit der alten Regelpoetik, der man zutraute, das gute und richtige Dichten zu lehren.

Demgegenüber läßt sich die Übersetzungsforschung, die am besten die Perspektive des vielseitig kenntnisreichen Lesers – des Kenners – einnimmt, dabei aber sorgfältig den Umstand beachtet, daß die eigentlichen Nutzer einer Übersetzung diejenigen sind, die die Ausgangssprache nicht beherrschen und deshalb in ihrem Wahrnehmungsvermögen auf das zielsprachlich Gegebene beschränkt sind, als *retrospektiv-deskriptiv* bezeichnen. In dieser Kurzcharakterisierung bezieht sich die Bestimmung „deskriptiv" nicht auf jene Richtung der Literatur- und Kulturwissenschaft, die derzeit verstärkt im Namen szientifischer Objektivität die vermeintlich subjektive Interpretation überspringen möchte, in der Hoffnung, so zu unanfechtbaren Ergebnissen zu kommen. Diese Richtung bezeichne ich zur Unterscheidung als deskriptivistisch. „Deskriptiv" im obigen Gebrauch steht antithetisch zu „präskriptiv" und erinnert an die gegen Ende des 18. Jahrhunderts einsetzende Abwendung von der Regelpoetik hin zur historisch-philologischen Erforschung von Sprachen und Literaturen, die neue Dimensionen der Werk-, System- und Geschichtskenntnis öffnete. Bevorzugte Gegenstände der historisch-philologischen Übersetzungsforschung sind zum einen literarische Werke und zum anderen kulturelle Texte im prononcierten Sinne des Wortes.

4.2.1.

Die erste historische Frage sollte dabei darauf gerichtet sein, wie die Übersetzungsvorlage zum Übersetzer bzw. der Übersetzer zu ihr kam. Allein schon die Wege und Umwege des das Übersetzen zuallererst ermöglichenden *Trans-*

fers, einerlei, ob er auf einmaligem Kontakt beruht oder sich in eingeführten, zum Teil von den Vermittlern selbst regulierten Netzen abspielt, erlauben es, Schlüsse über den interkulturellen Wert zu ziehen, den das Übersetzen unter den jeweiligen zeitlichen und örtlichen Verhältnissen hat. So kann sich beispielsweise das, was als geographischer Umweg erscheint, nämlich „indirektes Übersetzen", d.h. die Verwendung einer Übersetzung in einer dritten Sprache als Übersetzungsvorlage, unter bestimmten Bedingungen – wie z.b. anerkannte interkulturelle Führerschaft, durchgesetzte politische Hegemonie oder Anzapfen eines bisher außerhalb der eingeführten Übersetzungswege liegenden kulturellen Reservoirs – als der einzig mögliche und deshalb unter einer historischen Übersetzungsperspektive geradeste Weg erweisen. Solche übersetzerische Dreiecksverhältnisse sind im übrigen weitaus häufiger als selbst Jürgen von Stackelbergs richtungweisende Studie *Übersetzungen aus zweiter Hand* vermuten läßt.[3]

4.2.2

In einem übertragenen Sinn läßt sich eine Übersetzung als Ergebnis von *Transfer* bezeichnen, als ein durch sprachlich-literarisch-kulturelle *Transformation* vorgenommene Übertragung aus dem Entstehungszusammenhang des Werks in dessen Zielzusammenhang, also den Entstehungszusammenhang der Übersetzung. Transformation, Umgestaltung ist in einem ganz präzisen übersetzungstheoretischen Sinn das *sine qua non* der Übersetzung. Denn da die beiden Sprachen, die im Akt des Übersetzens zusammengebracht werden, anders geschnitten sind, da die beiden Literaturen durch keineswegs immer übereinstimmende Konventionen und Traditionen gekennzeichnet sind und die beiden Kulturen im Normalfall unterschiedliche Prägungen aufweisen – ein Beispiel für Übersetzungsvorgänge in einem nahezu homogenen Kulturraum wäre das Übersetzen zwischen Katalanisch und Kastilisch, wie es zeitweilig bei Liedtexten üblich war, die Aufnahmen beigegeben wurden –, kann eine Übersetzung die Identität des Ausgangswerks nur wahren, wenn sie anders ausfällt. Wegen der Sprach-, Literatur- und Kulturunterschiede erlaubt das Übersetzen literarischer und prononciert kultureller Werke insbesondere unter dem Aspekt der Innovation nicht, daß der Übersetzer „Äquivalente" im Sinn der Übersetzungswissenschaft finden kann, sondern verlangt von ihm, das zu erfinden, was als „Äquivalent" gelten soll. So verändern, transformieren manche Übersetzungen zunächst die zielseitige Übersetzungskultur und manchmal auch die zielseitige literarische Kultur. Die historisch-philologische Übersetzungsforschung kennt das Phänomen als *kulturdifferenzierende* oder *kulturschaffende Differenz*.

---

[3] Von Stackelbergs flotte Metapher kann eine etwas abgetragene Ware für arme Leute suggerieren, was sicher nicht auf jede *traduction indirecte* zutrifft.

4.2.3

Eine der wichtigsten *Fragwürdigkeiten* ist für die historisch-philologische Übersetzungsforschung ein Umstand, der den Übersetzungswissenschaftlern wohl weniger auf den Nägeln brennt: daß selbst Werke der neueren Literaturen sehr oft – im Extremfall deutlich mehr als dreißigmal – neu *und sehr verschieden* übersetzt worden sind. Wie läßt sich dieser Sachverhalt – präziser als es die Hinweise auf Sprach-, Literatur- und Kulturunterschiede andeuten – am besten analysieren, beschreiben, verstehen und gegebenenfalls erklären?

Grundsätzlich wird man annehmen können, daß sich jeder Übersetzer Mühe gibt, unter den geltenden Arbeitsbedingungen die bestmögliche Übersetzung anzufertigen: eine, die der Vorlage äquivalent ist. Das heißt zum einen: In der historisch-philologischen Übersetzungsforschung liegt *Äquivalenz*, so wie ein Übersetzer sie herstellen wollte und konnte, im Gesamtverhältnis zwischen Ausgangs- und Zieltext vor. Woher rühren dann die Unterschiede zwischen den Übersetzungen? Welches sind die Faktoren für die differierenden Äquivalenzen? Es scheint – und das ist die zweite grundlegende Beobachtung – einiges dafür zu sprechen, daß weniger Äquivalenz als *Differenz* die richtige Leitkategorie für die historisch-philologische Übersetzungsforschung ist, weil nämlich die Unterschiede in aufeinanderfolgenden Übersetzungen desselben Werks zwar nicht Übersetzungsgeschichte sind, aber wichtige Hinweise auf Übersetzungsgeschichte als Textgeschichte geben.

Ein Kernproblem ist die Frage, inwieweit man dasjenige rekonstruieren kann, was ein Übersetzer unter den gegebenen Bedingungen herstellen wollte und konnte. Unter den Faktoren seien hier die folgenden hervorgehoben:

(1) Die Vorabeinschätzung eines Werks und seines Autors, sei sie nun in des Übersetzers Land und Zeit üblich oder unüblich, kann die übersetzerische Aufmerksamkeit steuern. Der Übersetzung von Routinegattungen, wie zum Beispiel heute – aber nicht schon zu Poes und Conan-Doyles Zeit – Detektivroman und -geschichte werden zumeist eine andere Aufmerksamkeit und Sorgfalt geschenkt als einem hochgeschätzten literarischen Kunstwerk.

(2) Das Textverständnis ist eine weitere wichtige Variable. In literarischen Werken in einem engeren Sinn, seien sie in Prosa oder Vers geschrieben, gibt es drei Klassen von Anlässen für nahezu unvermeidliche übersetzerische Differenz. Erstens kommt in sorgfältig gestalteten literarischen Kunstwerken zur semantischen Bedeutung eine strukturelle hinzu, weil nämlich die Art, wie semantische Bedeutung hergestellt wird, nicht nur Formsache ist, sondern ihrerseits Sinn stiften kann. Übersetzungen von Dichtung in diesem Sinn können sich deshalb voneinander unterscheiden, weil es ein Übersetzer vorzieht, sein Textverständnis in der Zielsprache eher semantisch als strukturell auszudrücken, während sich andere Übersetzer um eine in ihren Augen äquivalente (strukturelle) Umgestaltung bemühen, aber je nach Fähigkeit verschiedene Ausdrucksmittel einsetzen.

Zweitens enthalten literarische Werke das, was aufmerksame Literaten und Literaturkritiker schon seit geraumer Zeit unter Bezeichnungen wie „Lücke" oder *"blank"* kennen und was Wolfgang Iser zu einer elaborierten Leseakttheorie um sogenannte „Leer-" und „Unbestimmtheitsstellen" entwickelt hat. Der Einfachheit halber erinnere ich an Textstellen, die aus den verschiedensten literarischen Gründen – Spannungserzeugung, Vermeidung von Didaktik, Erzählerrelativierung usw. – unvollständige Angaben enthalten, so daß Leser sich herausgefordert fühlen können, das Fehlende aus ihrer eigenen Phantasie heraus zu ergänzen. Es liegt in der Sache, daß solche „unterbestimmten" Stellen beim Lesen verschieden aufgefüllt werden, und Übersetzungen unterscheiden sich darin, wie das geschehen ist oder ob die *Unterbestimmtheitsstelle* übernommen worden ist.

Drittens sind in literarische Werke Bezugnahmen auf anderes Schrifttum aller Art eingeschrieben – ein Phänomen, dem die Literaturforschung heute unter dem Terminus „Intertextualität" erhebliche Beachtung schenkt.[4] Je nach Textbegriff kann es angebracht sein, jenseits von textlichen Übereinstimmungen (und Abweichungen) auf übereinstimmende oder abweichende literarische Gestaltungsweisen zu achten – auf Figurentypen beispielsweise, auf typische Milieus, auf Handlungskonventionen, auf die traditionelle Bindung bestimmter Versschemata an bestimmte Gattungen usw., wobei gerade ihre Abwandlungen besonders aussagekräftig sein können. Weil zum einen die Ermittlung und Einordnung solcher „Text-" und „Systemreferenzen" ein besonders hohes Maß an vergleichender Literaturkenntnis verlangt und zudem die zielseitige Übersetzungskultur und Literatur nur in den allerseltensten Fällen ein passendes Inventar zur Verfügung stellt, liegt hier ein besonders großes Potential für Übersetzungsdifferenzen, weil hier – wie beim Umgang mit Unterbestimmtheitsstellen, deren Deutlichkeit beim Übersetzen in eine anders geschnittene Sprache noch verschärft werden kann – *literarisch* Übersetzen auf Erfinden hinausläuft.

(3) Schließlich sind die individuellen oder zeitlich und örtlich üblichen Übersetzungskonzeptionen – die Vorstellungen von dem, was es heißt, Literatur gut und richtig zu übersetzen – oft so sehr voneinander verschieden, daß sie selbst bei gleicher Werkeinschätzung und gleichem Textverständnis zu recht verschiedenen Resultaten führen. Verschärft wird das Problem in denjenigen – seltenen – Fällen, in denen die Vorstellung von einer originellen Übersetzung die Leitidee ist: von einer Übersetzung, die alles Vorliegende, also selbst geglückte Lösungen um der Originalität willen meidet.

Vielleicht ist folgende Schlußpointierung von Interesse: Die historisch-philologische Übersetzungsforschung kann der Übersetzungswissenschaft unter anderem drei Konzepte anbieten, die vielleicht von Nutzen sein können: die *Interpretation* der komplexen Gestalt eines literarischen Werks, und sei es in der Form einer während des Übersetzungsvorgangs Schritt für Schritt vorgenommenen Teilinterpretation bzw. des graduellen Einbaus von interpretierenden Momenten in den Übersetzungsvorgang; das Erkennen und Anerkennen

---

[4] Ein pointierter Überblick findet sich bei Buchenau (2002, 36-51).

von strukturellen, aber auch intersprachlichen, -literarischen und -kulturellen Situationen, wo Übersetzen *Erfinden* heißt; und den Sinn und Nutzen der übersetzerischen *Differenz*.

Literaturangaben

a) Zitierte Literatur

Buchenau, Barbara (2002): *Der frühe amerikanische historische Roman im transatlantischen Vergleich* (Interamericana 2). Frankfurt: Lang.

Frank, Armin Paul/ Harald Kittel (2004): Der Transferansatz in der Übersetzungsforschung. In: Armin Paul Frank/ Horst Turk (Hg.): *Die literarische Übersetzung. Studien zu ihrer Kulturgeschichte in Deutschland* (Göttinger Beiträge zur Internationalen Übersetzungsforschung 18). Berlin: Schmidt (in Herstellung).

Iser, Wolfgang (²1984): *Der Akt des Lesens. Theorie ästhetischer Wirkung.* München: Fink.

Jones, Daniel (³1932): *An Outline of English Phonetics.* Leipzig: Teubner.

Koller, Werner (1979): *Einführung in die Übersetzungswissenschaft.* Heidelberg: Quelle & Meyer.

Stackelberg, Jürgen von (1984): *Übersetzungen aus zweiter Hand: Rezeptionsvorgänge in der europäischen Literatur vom 14. bis zum 18. Jahrhundert.* Berlin: de Gruyter.

Wilss, Wolfram (1977): *Übersetzungswissenschaft. Probleme und Methoden.* Stuttgart: Klett.

b) Armin Paul Frank: Einige Arbeiten zur literarischen Übersetzung

Frank, Armin Paul/ Brigitte Schultze (1988): Normen in historisch-deskriptiven Übersetzungsstudien. In: Harald Kittel (Hg.): *Die literarische Übersetzung. Stand und Perspektiven ihrer Erforschung* (Göttinger Beiträge zur Internationalen Übersetzungsforschung 2). Berlin: Schmidt, 96-121.

Frank, Armin Paul/ [Harald Kittel] (1990): Systems and Histories in the Study of Literary Translations. A Few Distinctions. In: Roger Bauer/ Douwe Fokkema (Hg.): *Proceedings of the XIIth Congress of the International Comparative Literature Association – Actes du XIIe Congrès de l'Association Internationale de Littérature Comparée.* München: iudicium, 1: 41-63.

Frank, Armin Paul (Hg. und Beiträger) (1991): *Der lange Schatten kurzer Geschichten. Amerikanische Kurzprosa in deutschen Übersetzungen* (Göttinger Beiträge zur Internationalen Übersetzungsforschung 3). Berlin: Schmidt.

Frank, Armin Paul (1997): Constraints upon Expression and Potential for Expression. On the Poetics and Practice of Verse Translation. In: *The Emily Dickinson Journal* 6.2, 4-27.

Frank, Armin Paul (1998): *Schattenkultur* and Other Well-Kept Secrets. From Historical Translation Studies to Literary Historiography. In: Kurt Mueller-Vollmer/ Michael Irmscher (Hg.): *Translating Literatures – Translating Cultures. New Vistas and Approaches in Literary Studies* (Göttinger Beiträge zur Internationalen Übersetzungsforschung 17). Berlin: Schmidt/ Palo Alto, Cal.: Stanford Univ. Press, 15-30.

Frank, Armin Paul/ Harald Kittel (2004): Der Transferansatz in der Übersetzungsforschung. In: Armin Paul Frank/ Horst Turk (Hg.): *Die literarische Übersetzung.*

Studien zu ihrer Kulturgeschichte in Deutschland (Göttinger Beiträge zur Internationalen Übersetzungsforschung 18). Berlin: Schmidt (in Herstellung).

Heidrun Gerzymisch-Arbogast (Saarbrücken)

Mein Weg in die Übersetzungswissenschaft: Spurensuche, Umwege, ein ‚ungepflügter Acker', das Ziel als Weg …

0. Persönliches

Ich wurde 1944 in Gusow/Kreis Seelow geboren, in der ‚Mark Brandenburg', im ‚Oderbruch', ‚an der Ostbahn', wie ich in der Schul- und Studentenzeit automatisch erklärend hinzufügen musste (möglicherweise würde das Koller als ‚definitorische Umschreibung' verstehen). Die Flucht über Thüringen nach Westfalen, erste Familienzusammenführungen Ende der vierziger Jahre, Flüchtlingskinderlebnisse der frühen Schulzeit, geprägt von der Einfühlsamkeit und der Großmut meiner damaligen LehrerInnen, die Abiturientenzeit am Hölderlingymnasium in Heidelberg – all das sind sicher für meine Generation nicht ungewöhnliche Erlebnisse und Stationen, die kaum eine bestimmte wissenschaftliche Orientierung erwarten ließen oder dieser etwa förderlich waren. Unvergessen allerdings das Erlebnis der Einschreibung an der Ruprecht Karls-Universität Heidelberg im Sommer 1964, als mich der Beamte im Studentensekretariat beim Anblick meines Geburtsortes und -datums fassungslos anstarrte: „Das gibt's doch gar nicht, dass in dem Todesgemetzel damals noch Kinder zur Welt kamen…" Er meinte, wie ich heute weiß, die Schlacht auf den Seelower Höhen, die letzte große Entscheidungsschlacht, mit der der Marsch der Russen auf Berlin ein paar Monate später begonnen hatte.

Dieses unerwartete Erlebnis, hier eine Gemeinsamkeit entdeckt zu haben, einem ‚kindred spirit' im – wenn auch frühkindlichen Erleben – begegnet zu sein, ist mir in der Bindung zu Heidelberg immer geblieben: Angelegt von den lehrenden Vorbildern meiner Schulzeit, gefestigt durch meine Dozentinnen Pat Klamerth und Johanna Frenzel während meines Studiums am damaligen Dolmetscherinstitut und schließlich festgeschrieben in der über zehnjährigen Dozenten- und Qualifizierungszeit am Institut für Übersetzen und Dolmetschen durch meinen Mentor Klaus Mudersbach, der den Weg durch das Dickicht der Wissenschaft, speziell der ‚Über-Wissenschaft' vom Übersetzen beackern, pflügen und pflastern half.

Meine Heidelberger LehrerInnen und MentorInnen sind mir wichtige Vorbilder und Wegbereiter gewesen und haben mein Selbst- und Wissenschaftsverständnis entscheidend geprägt – von der Spurensuche auf Umwegen zum ungepflügten Acker und dem Verständnis vom Ziel als Weg. Dafür möchte ich allen an dieser Stelle sehr herzlich danken.

1. Spurensuche

In einer sehr den USA zuge- und familiär verwandten Atmosphäre aufgewachsen und mit viel Interesse für geschichtliche Zusammenhänge entschied ich mich nach einem Praktikum in New York im Sommer 1964 zunächst für das Anglistik- und Geschichtsstudium. Erste Begegnungen mit der universitären Kafkaeske, dass Aufnahmeprüfungen für laufende Seminare bereits in den davor liegenden Semesterferien stattgefunden hatten und Voraussetzungen dafür erfüllt sein mussten, die man sich erst während des Studiums aneignen konnte, führten gepaart mit meiner unterentwickelten Sensibilisierung für die Feinheiten des Beowulfs und Fragen des Lautwandels von ‚d' nach ‚t' nach einem entmutigenden Erstsemester zu dem Entschluss, den Einstieg in das damalige Dolmetscherinstitut der Universität zu wagen, auch wenn dies mit einer ‚Eignungsprüfung' verbunden war. Dort fand ich, was ich suchte: ein klares, attraktives Berufsziel, das von international arbeitenden, mehrsprachig kundigen Dozenten vorgelebt wurde, die Anwendung der Sprache(n) im Kontakt, in der (ver-)mittelnden Kommunikation, die Verortung in der internationalen Auseinandersetzung mit Kultur, Politik und Wirtschaft, die Schwerpunktsetzung der Verständigung über internationale Organisationen.

Das Profil des Heidelberger Dolmetscher-Instituts wurde zu meiner Studienzeit, von 1964 bis 1969, u.a. geprägt von so herausragenden Praktikern und Pionieren der Übersetzungs- und Dolmetschwissenschaft wie Hella Kirchhoff, Fritz Paepcke und Katharina Reiß, bei der ich damals schon die ersten Gehversuche in der übersetzungsbezogenen Textanalyse machte. Zusammen mit gestandenen Praktikern wie – auf das Sprachenpaar Deutsch-Englisch bezogen – Pat Klamerth und Johanna Frenzel verstanden sie es, eine Atmosphäre der Besonderheit des Übersetzens und Dolmetschens als einer sich neu entwickelnden Disziplin zu schaffen, die das Selbstverständnis der auszubildenden Generation, zu denen im übrigen auch meine Altersgenossinnen Juliane House, Christiane Nord und Sylvia Kalina gehörten, ganz entscheidend verortete.

Fachlich ist mir aus dieser frühen Zeit das Unbehagen für nicht nachvollziehbare übersetzerische Lösungen geblieben, das die Spur für das spätere Interesse an Erklärungszusammenhängen für übersetzerische Entscheidungsprozesse legte. Es schien mir immer unbefriedigend, übersetzerische Lösungen akzeptieren zu müssen, die nicht begründet werden konnten und eher persönliche Präferenzen als sachliche Entscheidungen widerspiegelten. Dieses Unbehagen blieb mir bei wechselnder Perspektive auch aus Dozentensicht immer erhalten und führte schließlich zu dem wissenschaftlichen Anliegen, eine Methodik des Übersetzens vorzuschlagen in dem Bemühen, sachlich-nachvollziehbare, ‚intersubjektiv-überprüfbare' Begründungen für übersetzerische Entscheidungen vorlegen zu können, das in den beiden UTB-Bänden *Übersetzungswissenschaftliches Propädeutikum* (1994) und den zusammen mit Klaus Mudersbach verfassten *Methoden des wissenschaftlichen Übersetzens* (1998) sehr viel später zum Ausdruck kommt und meine übersetzungs-wissenschaftliche Position am klarsten konturiert.

Die Kraft und Attraktivität eines sich neu konstituierenden Instituts, die Aufgeschlossenheit und das Selbstverständnis, mit denen kulturelle Vielfalt und mehrsprachige (Ver-)mittlung und Verständigung nicht nur gelehrt, sondern auch gelebt wurde, haben sicher nicht nur auf mich persönlich einen ganz besonderen Reiz ausgeübt, sondern warben für das Institut in wenigen Jahren über 2000 Studierende ein und machten es schließlich Ende der siebziger Jahre zum größten Institut der Neuphilologischen Fakultät.

2. Umwege

Nach Studienaufenthalten in London und Zaragoza/Spanien schloss ich 1969 mein Studium noch während der großen Auseinandersetzungen im Rahmen der 68er Bewegung ab, heiratete und arbeitete zunächst in einer typischen Misch-tätigkeit von Sekretärin/Übersetzerin/Dolmetscherin für verschiedene Inhaber mittlerer und größerer Familienbetriebe, unter anderem auch als persönliche Referentin von Hugo Mann (‚Mann Mobilia' & ‚Wertkauf') in Karlsruhe. Nach meiner Scheidung und einem kurzen Ausflug in die Welt der Lehrtätigkeit in der Übersetzer- und Dolmetscherausbildung am Englischen Institut in Heidelberg schaffte mir die Geschäftsführungsassistenz in einer ‚corporate extension' des in San Francisco ansässigen großen internationalen Unternehmens ‚DYMO In-dustries' Einblick in größere internationale betriebswirtschaftliche Zusammen-hänge und ich erwarb – angeregt durch die Teilnahme an einer Reihe inner-betrieblicher Management-Seminare – berufsbegleitend die Zusatzqualifikation als ‚Bachelor of International Business Administration' in London.

Damit schien ich als einziges der vier Kinder meines Vaters gute Voraus-setzungen für die Übernahme des elterlichen Familienbetriebs zu haben – mein Bruder hatte frühzeitig die amerikanische Staatsbürgerschaft angenommen und in den USA sein eigenes Unternehmen gegründet. So wurde ich zunächst Prokuristin in einem Zweigbetrieb und leitete später als Gesellschafterin und Geschäftsführerin zwei Jahre lang Teile des elterlichen Transportunternehmens mit etwa 500 Angestellten. Die Enge eines mittelständischen Familienbetriebs, die Grenzen, die ein auf Gewinnmaximierung orientiertes Unternehmen der persönlichen Entfaltung setzt, führten – gepaart mit familiären Auseinander-setzungen – schließlich dazu, dass ich diese Orientierung aufgab und mich wieder dem Beruf zuwandte, den ich gelernt hatte: Von 1976 bis 1981 arbeitete ich freiberuflich als beeidigte Übersetzerin und Verhandlungsdolmetscherin vor-nehmlich für Wirtschaftsunternehmen und später auch für Universitäten.

Mit Klaus Schulte, dem Leiter der ‚Forschungsstelle für Angewandte Sprachwissenschaft zur Rehabilitation Behinderter' an der Pädagogischen Hochschule Heidelberg, für den ich als ‚free lance' u.a. das deutsche Phonem-inventar für die Artikulationshilfe ‚Phonembestimmtes Manualsystem' (PMS) in das Amerikanische übertrug und die Manualzeichen in beiden Sprachen filmisch umsetzte und für den ich viele wissenschaftliche Artikel in das Englische übersetzte sowie Fachdiskussionen auf Kongressen in den USA dolmetschte, begannen ab 1977 meine ersten wissenschaftlichen Gehversuche in Form der Mitarbeit an damaligen BMFT-Projekten und Publikationen, namentlich an der ,Sprechlehrhilfe PMS'. Im selben Jahr, in dem Werner Kollers Pionierwerk ,Einführung in die Übersetzungswissenschaft' erstmals erschien und er das Heidelberger Institut für Übersetzen und Dolmetschen verließ, erhielt ich dort meinen ersten Lehrauftrag unter dem damaligen Leiter der Englischen Abteilung, Dieter Stein, für den mich Pat Klamerth empfohlen hatte und den ich mit großer Begeisterung wahrnahm. 1979 ist auch das Jahr, in dem ich in Washington D.C. wieder heiratete. Damit endeten meine ,Umwege': Ich wusste, jetzt war ich ,angekommen'.

Fachlich sind mir aus dieser Zeit mein Interesse an und ein grundlegendes Verständnis für betriebswirtschaftliche Zusammenhänge geblieben. Auf dieser Grundlage entwickelten sich später die Arbeits- und Forschungsschwerpunkte ,Fachübersetzen (Wirtschaft)' und der Bereich ,Übersetzungsbezogene Terminologiewissenschaft': Texte aus dem amerikanischen Wirtschaftsbereich liegen meiner Dissertation *Zur Thema-Rhema-Gliederung in amerikanischen Wirtschaftsfachtexten* (1987) als Analysetexte zugrunde, und die Wirtschaftsterminologie ist Ausgangspunkt meiner Habilitationsschrift *Termini im Kontext* (1996), dem Entwurf eines Verfahrens zur Disambiguierung kontaminierter Termini im Kontext. Begründet in dieser Zeit liegt auch ein erst sehr viel später – erstmals in meinem Habilitationskolloquium 1992 vorgelegtes – Forschungsinteresse: die durch das Leben und Arbeiten ,zwischen' der alten und neuen Welt entstandene und geförderte Sensibilisierung für die Unterschiede englischer (amerikanischer) und deutscher Diskurskonventionen. Aber davon wird später noch die Rede sein.

3. Ein ,ungepflügter Acker...'

3.1. Die Übersetzungswissenschaft am IÜD zu Beginn der achtziger Jahre

Als ich 1979 meinen ersten Lehrauftrag für ,Gemeinsprachliche Übersetzungsübungen Englisch-Deutsch' am Heidelberger IÜD erhielt, befand sich das Institut im Umbruch. Es litt einerseits an den inhärenten Strukturschwächen[1] vieler sogenannter Dolmetscher-Institute, die – miteinander verkettet – wie der

---

[1] Die Strukturschwächen der sogenannten Dolmetscher-Institute sind in meinem Artikel „Die Translationswissenschaft in Deutschland – Start oder Fehlstart? Kritische Bemerkungen zur wissenschaftlichen Entwicklung eines Fachs". In: Peter A. Schmitt/ Britta Nord (2003) (Hrsg.): *Traducta Navis. Festschrift zum 60. Geburtstag von Christiane Nord*. Tübingen: Stauffenburg, 23-30, ausführlich dargestellt.

Sog eines ‚circulus vitiosus' seiner erfolgreichen universitären Entwicklung entgegenwirkten. Dazu gehörten:

- die Zweitrangigkeit der wissenschaftlichen Komponente bedingt durch das vorrangige Mandat der Praxisorientierung
- das Fehlen eines Promotions- und Habilitationsrechts und – daraus resultierend – das mangelnde wissenschaftliche Selbstverständnis des Fachs im Sinne einer Humboldt'schen Einheit von Forschung und Lehre,
- das Versäumnis der Förderung des wissenschaftlichen Nachwuchses und
- die mangelnde Unterstützung durch die nationalen Fördergemeinschaften.

Zusammengenommen sind diese Faktoren maßgeblich verantwortlich für die heute noch viel beklagte Kluft zwischen Theorie (verstanden als philologisch, sprach- oder literaturwissenschaftlich ausgeprägte Forschung) und Praxis (verstanden als das konkrete Umsetzen von Texten in einer Sprache und Kultur in eine andere) und die damit verbundene Gefahr der langfristigen ‚Rephilologisierung' der ehemaligen Dolmetscher-Institute. Andererseits zeichnete sich vor allem mit dem Wirken Werner Kollers in Heidelberg eine Wende ab. Getragen von einem außerordentlichen Zulauf und Erfolg in der Lehre, hatte das IÜD gerade die Hürde der vollen Integration in die Universität genommen. Es waren sechs neue Lehrstühle geschaffen worden, die in Kürze besetzt werden sollten. Damit schien das wissenschaftliche Schattendasein überwunden und es bestand Hoffnung und Zuversicht, dass mit der wissenschaftlichen Anerkennung über die Schaffung neuer Professuren nun auch die Heranbildung des wissenschaftlichen Nachwuchses über Promotionen und Habilitationen und damit das Profil des Übersetzens und Dolmetschens als wissenschaftlicher Disziplin langfristig gesichert sein würde. Diese Hoffnung erwies sich zwar später als Trugschluss,[2] aber zu Beginn der achtziger Jahre herrschte am Heidelberger IÜD eine ausgesprochene Aufbruchstimmung in der wissenschaftlichen Diskussion und Zuversicht in Bezug auf die Zukunft des Fachs und des Instituts.

So findet die Forderung nach eigenständiger wissenschaftlicher Fundierung und Profilierung des Fachs zu dieser Zeit hier einen besonders fruchtbaren Boden. In Abkehr von den als zu einseitig linguistisch bzw. literaturwissenschaftlich empfundenen übersetzungswissenschaftlichen Ausrichtungen beginnt sich etwa Anfang der achtziger Jahre – von Heidelberg ausgehend – eine Translationswissenschaft herauszubilden, die – stark in der Praxis verankert und primär gebrauchstextorientiert – die Übersetzung unter den Primat des Zwecks stellt und mit der Grundlegung einer ‚Allgemeinen Translationstheorie' beansprucht, eine allgemein gültige, d.h. für alle Texte geltende und alle Gesichtspunkte der Translation abdeckende Theorie entworfen zu haben. Die Auseinandersetzung mit übersetzungstheoretischen Fragen im Rahmen der funktionalen ‚Heidelberger Schule' unter der Ägide Hans J. Vermeers und Mary

---

[2] Vgl. Anm. 1 zur ausführlicheren Darstellung.

Snell-Hornbys, die Anfang der achtziger Jahre mehrere Semester den Lehrstuhl für Englische Übersetzungswissenschaft am IÜD vertrat, wurde über interdisziplinäre Seminare und Workshops u.a. mit Gästen aus der Fakultät – hier begegnete ich zum ersten Mal Klaus Mudersbach – geführt, festigte sich über Gastprofessuren und -vorträge mit Katharina Reiß, Justa Holz-Mänttäri, Paul Kußmaul u.a. und wurde von vielen Kolleginnen und Kollegen im damaligen ‚Mittelbau‘, unter ihnen Christiane Nord, Sylvia Kalina, Joke Best, Käthe Henschelmann, Ingrid Koch-Dubbers und Ursula Rinne wenn auch mitunter kritisch, so aber doch mit großer Hoffnung mit getragen. Dabei gehörte es zum Geben und Nehmen im wissenschaftlichen Diskurs dieser kritischen Zeit, dass in der Auseinandersetzung um übersetzungstheoretische Positionen auch ‚anders‘, gedacht werden durfte und dass die Diskussion um wissenschaftliche Positionen nicht ‚mehrheitlich‘, sondern sachlich entschieden wurde, im Sinne einer „authority of ideas, rather than the idea of authority reigns supreme", wie es Lawrence Summers, der Präsident der Harvard Universität so treffend formuliert. Und so war es nur natürlich, dass sich in dieser anregenden Atmosphäre der Gedanke an eine Promotion in mir fast selbstverständlich bildete und Gestalt annahm.

3.2.   Meilensteine auf dem eigenen Weg

Inzwischen war ich (seit 1981) mit einem vollen Lektorat in der englischen Abteilung tätig, gab ein Proseminar ‚Probleme der kontrastiven Linguistik‘ und ein Hauptseminar mit wechselnder Thematik (die sich ab 1983 zunehmend auf Aspekte der Thema-Rhema-Problematik fokussierte) und unterrichtete zwölf Semesterwochenstunden ‚praktische‘ Übersetzungsübungen zum Thema ‚Wirtschaftsfachtexte‘ und zur allgemeinen Übersetzungsproblematik.

In dieser Arbeit wurde ich – nun aus der Dozentensicht – immer neu mit der Problematik konfrontiert, dass übersetzerische Entscheidungen nach wie vor kaum sachlich begründbar schienen. Die funktionale Übersetzungstheorie konnte hier nur bedingt weiterhelfen, denn die bewusste Abkehr von der Linguistik bedeutete ja auch eine Abkehr von ihren Begriffen, Kategorien und Methoden, ohne dass innerhalb der funktionalen oder handlungstheoretischen Ansätze Bemühungen erkennbar geworden wären, diesem Verlust ein aussagefähiges – wie gefordert genuin ‚translatorisches‘ – begriffliches und methodisches Instrumentarium entgegenzusetzen. Auf der Suche nach dieser bereits im Studium vermissten Begründbarkeit und Transparenz übersetzerischer Entscheidungen fand ich wichtige Anregungen im Gedankengut Klaus Mudersbachs, das ich zunächst in institutsinternen Workshops zur Übersetzungsmethode ‚Aspektra‘, später in seinen sprachwissenschaftlichen Seminaren zur Valenz-, Bedeutungs- und Thema-Rhema-Theorie sowie vor allem in seinen übersetzungswissenschaftlichen Vorlesungen kennen und schätzen lernte. Zur Dokumentation der Arbeit an diesem grundlegenden Anliegen der ‚intersubjektiven Überprüfbarkeit‘ übersetzerischer Entscheidungen sollte es aber erst sehr viel später nach meiner Promotion (1986) und Habilitation (1992) mit dem *Übersetzungswissenschaftlichen Propädeutikum* und den *Methoden des wissenschaftlichen Übersetzens* kommen.

Angeregt durch die aktuelle Diskussion in der Heidelberger Sprachwissenschaft und in der lebhaften Auseinandersetzung mit dem Gedankengut Klaus Mudersbachs faszinierte mich zunächst die begrifflich und methodisch schwer zu fassende, schillernde Thema-Rhema-Problematik. Dieses Interesse findet in meiner Dissertation *Zur Thema-Rhema-Gliederung in amerikanischen Wirtschaftstexten* seinen Niederschlag und hat bis heute für mich nichts an Aktualität und Faszination eingebüßt,[3] so dass mich geplagte Studierende aus jener Zeit heute gelegentlich fragen, ob ich immer noch ‚Trauma-Rheuma' (wie sie meine Seminare liebevoll (?) umgetauft hatten) ‚machte'. In dieser Thematik liegen auch die Wurzeln für meine Verbundenheit mit den Prager Linguisten, vornehmlich mit Eva Hajičová und Petr Sgall, den ich bei einem Gastvortrag in Heidelberg zu dieser Zeit zum ersten Mal hörte und der später meine Dissertation rezensieren sollte. Beiden bin ich bis heute über Gastdozenturen, Vorträge, gemeinsame Konferenzen und Publikationen – auch als Beauftragte für die Partnerschaft der Universität des Saarlandes mit der Prager Karls-Universität – herzlich verbunden geblieben.

In Heidelberg war es zu jener Zeit noch nicht möglich, im Fach Übersetzungswissenschaft zu promovieren, und ich verdanke es der fürsorglichen Annahme und großzügigen Betreuung durch Karl-Heinz Stoll, dass ich am damaligen Fachbereich ‚Angewandte Sprachwissenschaft' in Mainz-Germersheim 1986 im Hauptfach Anglistik mit einer Arbeit zur Thema-Rhema-Gliederung promoviert werden konnte. Jörn Albrecht stand mir dabei unterstützend zur Seite. Mein Rigorosum legte ich im Hauptfach Anglistik (Literaturwissenschaft) bei Karl-Heinz Stoll sowie in den Nebenfächern ‚Allgemeine Sprachwissenschaft' bei Jörn Albrecht und ‚Angewandte Sprachwissenschaft' bei Hans J. Vermeer ab.

Ohne die Mudersbach'sche Bedeutungstheorie der Leksemantik sind meine späteren Arbeiten, vor allem diejenigen zur Isotopie und Kohärenz, nicht denkbar. Sie begleitete mich auf den Weg nach Monterey in Kalifornien, wo ich im akademischen Jahr 1987/88 am ‚Institute of International Studies' eine Professur an der ‚Translation and Interpretation Division' wahrnahm und die deutsche Abteilung leitete. In dieser Zeit entstand auch der englische Isotopie-Artikel mit Klaus Mudersbach *Isotopy and Translation* (1989), der grundlegend für weitere Arbeiten auf diesem Gebiet war, und der Gedanke an eine Habilitation. Und noch ein anderes Forschungsinteresse festigte sich während meines Aufenthalts in Kalifornien: das Interesse an der Rolle der Kultur bei der

---

[3] Vgl. hierzu die jüngste Publikation der Thema-Identifikation und -Verschiebung beim Dolmetschen: H. Gerzymisch-Arbogast/ D. Rothfuß-Bastian: Intercultural Variations of Text Topics. A Sample Analysis using Text Maps. Erscheint in: Kristin Bührig/ Juliane House/ Jan ten Thije (Hg.): *Translatorisches Handeln und interkulturelle Kommunikation*. Manchester: St. Jerome.

Übersetzung, die Frage, wie sich Kultur in Texten manifestiert und nach den Parametern, die die Übersetzung von kulturellen Elementen, insbesondere von interkulturell variierenden Informationsstrukturen und Diskursmustern, steuern. Dieses Interesse ging zurück auf meine betriebswirtschaftlichen Studien in den siebziger Jahren und die damalige Pflichtlektüre des von Nobelpreisträger Paul Samuelson verfassten berühmten Klassikers *Economics*. Anders als meine StudienkollegInnen hatte ich diese Lektüre nicht ausschließlich als ‚leicht verständlich' begrüßt, sondern immer auch mit gewissem Unmut auf die Tatsache reagiert, dass ich 30 Seiten ‚Stoff' rezipieren musste, um etwa 30 Zeilen ‚Fakten' als Grundlage für meine Prüfungen in diesem Bereich exzerpieren zu können. Mitte der achtziger Jahre hatte ich dann Gelegenheit, zusammen mit meiner früheren Dozentin und späteren Kollegin Johanna Frenzel, einen Teil dieses Werkes in das Deutsche übersetzen zu dürfen. Die ‚Leichtverständlichkeit' des amerikanischen Textes löste – nun aus der übersetzerischer Sicht – wiederum nicht nur Freude, sondern auch Unmut aus, denn sie erwies sich im ‚Transport' des ‚locker' Gesagten entsprechend der formaleren, wie Michael Clyne sich ausdrückt ‚schwerfälligeren' deutschen Konventionen mitunter als schwierig und überaus zeitaufwändig. Schon der erste, geradezu simpel erscheinende Satz im Original dieses legendären Einführungswerkes bereitete Probleme. Wie ließ sich ‚*Why study economics*' am besten im Deutschen wiedergeben? ‚*Warum Volkswirtschaft studieren?*' Fehlt da nicht etwas? ‚*Warum studiert man Volkswirtschaft?*' Ist das nicht zu gestelzt für die lockere Ausdrucksweise im Englischen?' ‚*Warum wollen Sie Volkswirtschaft studieren?*' Ist das nicht eine dumme Frage an einen Leser, der sich für teures Geld dieses Buch gekauft hat, weil er sich wahrscheinlich bereits für das Volkswirtschaftsstudium entschieden hat? Hier schließt sich der Kreis meiner frühen Studienerfahrungen zu meinen späteren Forschungsschwerpunkten gleich in zweierlei Hinsicht (und führt mich darüber hinaus auch – über das gemeinsame Forschungsinteresse – wieder mit einer ‚alten' Studienkollegin zusammen, mit Juliane House): Fragen dieser Art führten zu dem Interesse an unterschiedlichen Diskurskonventionen im interkulturellen Vergleich, die zum ersten Mal in meinem Habilitationsvortrag[4] dokumentiert sind. Anhand von Texten aus dem ‚Samuelson' konnte ich in meiner Habilitationsschrift schließlich auf der Basis der Mudersbach'schen Leksemantik und unter Rückgriff auf sein IKS-Modell[5] zudem nachweisen, dass im amerikanischen Original viele Termini im Kontext nicht wie von Wüster in seiner Terminologielehre gefordert, ‚eineindeutig', sondern ‚gemischt' verwendet werden, d.h. auf bestimmte Arten

---

[4] Der Vortrag ist später veröffentlicht als: „Der Leserbezug in Sigmund Freuds psychoanalytischen Schriften im Spiegel der englischen Übersetzungen". In: G. Wotjak/ H. Schmidt (Hg.) (1997): *Modelle der Translation - Models of Translation. Festschrift für Albrecht Neubert*. Frankfurt/Main: Vervuert, 213-233.
[5] Das IKS-Modell ist leserfreundlich von Angelika Storrer in der von H.E. Wiegand, A. Storrer und H. Gerzymisch-Arbogast herausgegebenen und 2004 erscheinenden Festschrift für Klaus Mudersbach zum 60. Geburtstag dargestellt.

kontaminiert sind, was wiederum für die Übersetzer zu Missverständnissen und Übersetzungsschwierigkeiten führen kann, auch wenn der Text an sich ‚leicht verständlich' ist.

Nach meiner Rückkehr aus den USA 1988 nahmen meine Habilitationspläne in Heidelberg rasch Gestalt an. Dabei wurde ich maßgeblich unterstützt von Kurt Kohn, Herbert-Ernst Wiegand und Jörn Albrecht. Sie haben mir in meinen Bemühungen immer viel Freiheit gelassen und mir damit die Enge und Angepasstheit erspart, die auf diesem akademischen Weg wohl üblich ist, und mir mit ihrem Eintreten für die Verleihung der ersten ‚venia legendi' im Fach ‚Übersetzungswissenschaft' an der Heidelberger Universität die Möglichkeit geschaffen und den Weg bereitet, um im Rahmen einer Professur meinen Interessen entsprechend weiter arbeiten und forschen zu können. Dafür bin ich ihnen bis heute außerordentlich dankbar.

Nach erfolgreicher Habilitation im Fach ‚Übersetzungswissenschaft (Englisch)' im Juni 1992 in Heidelberg folgten rasch weitere wichtige Stationen auf dem Weg: die Vertretung der Professur für ‚Englische Übersetzungswissenschaft' (Nachfolge Kohn) am IÜD in Heidelberg im Sommersemester 1993, die Ernennung zur Professorin auf Lebenszeit an der Universität des Saarlandes im Oktober 1993, die Ablehnung des Rufes auf die C4-Professur für Englische Sprach- und Übersetzungswissenschaft (Nachfolge Neubert) am Institut für Angewandte Translationswissenschaft der Universität Leipzig 1994 und die Ablehnung des Rufes auf eine Professur für Übersetzungsmethodologie an der École de Traduction et d'Interprétation der Universität Genf im Herbst 1996.

4.   Das Ziel ist der Weg...

Im vergangenen Jahrzehnt habe ich mich neben der kontinuierlichen Weiterführung meiner oben umrissenen Forschungsinteressen vor allem bemüht, den Weg der Übersetzungswissenschaft zu einem größeren Selbstverständnis im Rahmen der Universität zu glätten. Dies nicht nur, weil es auch mein persönlicher Weg ist, sondern weil ich der tiefen Überzeugung bin, dass sich diese Disziplin einem ‚Gegenstand' – nämlich der Mittlung von Kommunikation über Sprach- und Kulturgrenzen hinweg – widmet, der die Welterfahrung der Menschen nicht nur maßgeblich bestimmt, sondern sie in hohem Maße voraussetzt. In der praktischen Umsetzung bedeutete dies – neben der Forschungsarbeit – auch ein Bemühen um eine Milderung der oben genannten Strukturschwächen. Da die ‚scientific community' im Bereich Übersetzen und Dolmetschen nicht an einem Standort institutionell verankert ist, sondern sich über Einzelpersonen oder kleine Gruppen individueller Forschungsinitiativen disparat an verschiedenen Standorten international konstituiert, wie dies Daniel Gile so treffend beschreibt, erwies sich diese Arbeit durch die Mehrheitsverhältnisse und den frustrierenden Legitimationszwang in verkrusteten universitären Gremien als überaus aufreibend und aus heutiger Sicht als nur wenig erfolgreich.

Durch das bei nationalen Förderorganisationen herrschende ‚Ortsprinzip' und die Neigung zur Förderung von Forschungsvorhaben, die nicht all zu weit vom Typus 'Normalwissenschaft' entfernt sind, war zudem die so dringend benötigte finanzielle Förderung der Übersetzungsforschung kaum erreichbar. Mit der Gründung der ersten deutschen wissenschaftlichen ‚Gesellschaft für Übersetzungs- und Dolmetschwissenschaft', der DGÜD, wurde 1996 ein institutioneller Rahmen geschaffen, der mit der Veröffentlichung der *Jahrbücher Übersetzen und Dolmetschen* eine Publikationsreihe schafft, die u.a. über Richtlinien zur Publikation wissenschaftlicher Arbeiten im Bereich Übersetzen und Dolmetschen das Profil dieser immer noch stark in der Praxis verankerten Disziplin zu stärken hofft. Das ergänzende Pendant dieser wissenschaftlichen Komponente bildet in der Lehre die noch im Aufbau befindliche ‚International Academy for Translation and Interpreting (IATI)', über die die wissenschaftlich erarbeiteten neuen Lehrinhalte im Bereich Übersetzen und Dolmetschen über innovative Lehrformen im Sinne eines ‚lifelong learning' zur Verfügung gestellt werden sollen.

Am dankbarsten erwiesen sich jedoch die Bemühungen um eine Förderung des wissenschaftlichen Nachwuchses über die 1995 gegründete und von der EU im Rahmen von ‚high level scientific conferences' geförderte Arbeitsstelle ‚Advanced Translation Research Center' (ATRC). Hier wurde – über regionale und nationale institutionelle Grenzen hinweg – ein institutioneller Rahmen für die Auseinandersetzung mit Themen und Positionen in der Übersetzungs- und Dolmetschwissenschaft geschaffen, der im vergangenen Jahrzehnt den internationalen wissenschaftlichen Diskurs mit KollegInnen, SchülerInnen und GastwissenschaftlerInnen aus Belgien, Dänemark, England, Finnland, Frankreich, Griechenland, Indonesien, Israel, Italien, Kamerun, Korea, den Niederlanden, Norwegen, Österreich, von den Philippinen, aus Polen, Spanien, Thailand, der tschechischen Republik, der Türkei, den USA anregte, förderte und pflegte sowie den Gedankenaustausch in der Disziplin befruchtete und vorantrieb.

Ob der Weg erfolgreich war? Das wird die Zukunft zeigen müssen. Ich verstehe mein Bemühen als Beitrag auf dem Weg zu einer Wissenschaft vom ‚Über'-setzen, einer Mittlung von Kommunikation, die die Verständigung der Völker und die Welterfahrung der Menschen erst möglich macht, und der allein schon deshalb lohnend ist.

5. Publikationen:

5.1 Herausgeberschaften von Reihen

Jahrbücher der DGÜD zum Übersetzen und Dolmetschen, hrsg. von Heidrun Gerzymisch-Arbogast, Tübingen: Narr (5 Bände)
Arbeitsberichte des ATRÇ, hrsg. von Heidrun Gerzymisch-Arbogast. St. Ingberg: Universitätsverlag Röhrig (3 Bände)

5.2 Monographien

Gerzymisch-Arbogast, Heidrun (1987): *Zur Thema-Rhema-Gliederung in amerikanischen Wirtschaftsfachtexten.* Eine exemplarische Analyse. Tübingen: Narr. [Besprechungen von: Petr Sgall in: Journal of Pragmatics 13-4/1989, 638-642. Elsevier Science Publications: Amsterdam; Ralf Nestmann in: Fachsprache/ Special Language 1-2/1988, 90-91; Yvette Van Quickelberghe in: Le Langage et l'homme 71-24.3.1989, 288.]

Gerzymisch-Arbogast, Heidrun (1994): *Übersetzungswissenschaftliches Propädeutikum.* Tübingen: Francke (= UTB. 1782).

Gerzymisch-Arbogast, Heidrun (1996): *Termini im Kontext:* Verfahren zur Erschließung und Übersetzung der textspezifischen Bedeutung von fachlichen Ausdrücken. Tübingen: Narr (= FFF. 31).

Gerzymisch-Arbogast, Heidrun (1998): *Methoden des wissenschaftlichen Übersetzens.* Tübingen/ Basel: Francke (= UTB. 1990). (Zusammen mit Klaus Mudersbach).

5.3 Artikel

Gerzymisch-Arbogast, Heidrun (1989b): Isotopy and Translation. In: P. Krawutschke [Ed.] (1989): *Translator and Interpreter Training.* New York: SUNY. (= American Translators Association Scholarly Monograph Series. Vol. III.), 147-170. (Zusammen mit Klaus Mudersbach).

Gerzymisch-Arbogast, Heidrun (²1994 [1986]): Zur Relevanz der Thema-Rhema-Gliederung im Übersetzungsprozeß. In: M. Snell-Hornby, [Hrsg.] (1994): *Übersetzungswissenschaft: Eine Neuorientierung. Zur Integrierung von Theorie und Praxis.* 2., durchgesehene Auflage. Tübingen/ Basel: Francke. (= UTB. 1415). (1. Aufl. 1986), 160-183.

Gerzymisch-Arbogast, Heidrun (1997a): Der Leserbezug in Sigmund Freuds psychoanalytischen Schriften im Spiegel der englischen Übersetzungen. In: G. Wotjak/ H. Schmidt [Hrsg.] (1997): *Modelle der Translation – Models of Translation. Festschrift für Albrecht Neubert.* Frankfurt/Main: Vervuert, 213-233.

Gerzymisch-Arbogast, Heidrun (1999b): Kohärenz und Übersetzung: Wissenssysteme, ihre Repräsentation und Konkretisierung in Original und Übersetzung. In: Heidrun Gerzymisch-Arbogast/ Daniel Gile/ Juliane House/ Annely Rothkegel [Hrsg.] (1999): *Wege der Übersetzungs- und Dolmetschforschung.* Tübingen: Narr (= Jahrbuch Übersetzen und Dolmetschen. 1/1999), 77-106.

Alberto Gil (Saarbrücken)

Mein Weg in die und in der Translationswissenschaft

Im Jahr 1939 publizierte der argentinische Dichter, Philosoph und Kulturkritiker Jorge Luis Borges (1899-1986) *Pierre Menard, autor del 'Quijote'*, eine Erzählung, die nicht ohne Einfluß auf die spätere wissenschaftliche Erforschung der Literaturübersetzung geblieben ist. Das Kernstück der Geschichte ist dies: Pierre Menard, ein französischer Symbolist aus der ersten Hälfte des 20. Jahrhunderts, ist über einer Arbeit gestorben, die im Grunde dazu verurteilt war, unvollendet zu bleiben: den *Quijote* von Cervantes neu zu schreiben. Die Manuskriptseiten, die – wie berichtet wird – nach vielen Entwürfen und anstrengender Arbeit fertiggestellt worden waren, sind eine wortwörtliche Wiedergabe des Originals, mit dem Unterschied allerdings, daß jetzt Autor und Leser keine Spanier des *Siglo de Oro* sind, sondern aufgeklärte Pragmatiker am Anfang des 20. Jahrhunderts. So sind beide Texte zwar gleich, aber nicht dieselben. Exemplifiziert wird dieses Phänomen an einer Stelle im 9. Kapitel des 1. Teiles vom *Quijote*, wo es in beiden Fassungen heißt:

> „La verdad, cuya madre es la historia, émula del tiempo, depósito de las acciones, testigo de lo pasado, ejemplo y aviso de lo presente, advertencia de lo por venir" (PM 57).
> „Die Wahrheit, deren Mutter die Geschichte ist, Nachstreberin der Zeit, Aufbewahrungsort der Taten, Vorbild und Wink des Gegenwärtigen, Hinweis auf das Künftige" (PMD 169).

Als Ausdruck des "Laienverstandes" von Cervantes höre sich diese Rede wie ein rhetorisches Lob auf die Geschichte an; aus der Feder Menards jedoch, eines Zeitgenossen von William James, klinge die Aussage, daß die Geschichte nicht Erforschung der Wirklichkeit, sondern ihr Ursprung sei, überwältigend, und daß die Geschichte "Vorbild, Wink des Gegenwärtigen und Hinweis auf das Künftige" sei, wirke unverschämt pragmatisch. Auch formal sind beide Texte unterschiedlich: Cervantes schreibe unbefangen im geläufigen Spanisch seiner Zeit, während Menards Stil archaisierend anmute und aus dem Mund eines Ausländers nicht ohne eine gewisse Affektiertheit klinge.

Diese Erzählung hat G. Steiner (1994:77) als "das Scharfsinnigste und Dichteste, das je über die Tätigkeit des Übersetzens geschrieben wurde", gelobt. Worin aber das Geniale dieser Geschichte besteht, hat er nicht verraten. Den Ausführungen Steiners ist lediglich die bekannte doppelte Negation zu entnehmen: Einerseits ist die ideale Übersetzung als vollkommene Transkription nicht möglich, denn dies würde die menschliche Vorstellungskraft an Schwierigkeit übersteigen. Andererseits stellen die literarischen Übersetzungen immer wieder das Problem der übersetzerischen Synchronisierung: Jede Übersetzung gehört bereits der Vergangenheit an, denn jeder Kontext ist diachron. So zeige die Geschichte von Borges folgendes Dilemma: "Wenn erst einmal Zeit vergangen ist, ist auch das Faksimile illusorisch" (ebd. 341). In dieser Erzählung geht es im Grunde um die immer wieder neu formulierten gegensätzlichen Positionen in der Übersetzungstheorie und -praxis: Anerkennung der Eigenständigkeit des Ausgangstextes mit der entsprechenden übersetzerischen Auseinandersetzung mit ihm oder Negation des konstitutiven Soseins des Originals mit dem folgerichtigen Verständnis der Übersetzung als reine Neuproduktion.

Bei der Erzählung von Borges ist jedoch bemerkenswert, daß es nicht primär um eine Übersetzungsfrage geht. Kein einziges Mal erscheint das Wort *traducir* oder *traducción* im Text, wohl aber Begriffe wie *componer, producir, reconstruir, repetir*. Nur an einer Stelle ist von der komplexen, aber doch sinnlosen Arbeit Menards die Rede, ein bereits existierendes Buch in einer fremden Sprache (in der jedoch die endgültige Fassung nicht erscheint) zu wiederholen:

> „acometió una empresa complejísima y de antemano fútil. Dedicó sus escrúpulos y vigilias a repetir en un idioma ajeno un libro preexistente" (PM 58).

Dieser Hinweis ist aber so unauffällig, daß der Übersetzer der Geschichte es übersehen hat und lediglich notiert: "ein schon vorhandenes Buch zu wiederholen":

> „er legte Hand an ein äußerst kompliziertes und von vornherein aussichtsloses Unternehmen. Er wendete seine Skrupel und durchwachten Nächte daran, ein schon vorhandenes Buch zu wiederholen" (PMD 170).

Unübersehbar ist aber: In der Erzählung *Pierre Menard, autor del 'Quijote'* wird ein Übersetzungsfall angedeutet, um ein tiefergehendes Problem zu thematisieren, das allerdings jeglicher und insonderheit der literarischen Übersetzung zugrunde liegt: das Phänomen der Hermeneutik und die damit verbundene Frage der textuellen Identität.

In dieser Geschichte von Borges, aus der die Vielseitigkeit übersetzerischer Fragestellungen hervorgeht, sehe ich meinen Weg in die und in der Translationswissenschaft widergespiegelt. Er ähnelt nämlich einer Anzahl von Rinnsalen und Bächen, die im Laufe der Zeit einen breiten Fluß gebildet haben. Die Konstante in all den Umwegen und Verschlingungen ist die Verbindung von Theorie und Praxis: Im WS 1973/74 nahm ich in Bonn mein Studium der Klassischen Philologie auf. Hier begannen meine ersten Kontakte mit theoretischen Fragen der Übersetzung zeitlich und kulturell entfernter Texte, die außerdem künstlerisch durchkomponiert waren. Meine Interessen haben seither nicht selten Problemen einer Hermeneutik der Form gegolten. Dies sei an einem Beispiel beleuchtet, mit dem ich mich näher befaßt habe: der Wiedergabe des Rhythmus von Hexametern. Im Nachwort zu seiner Odyssee-Übersetzung aus dem Jahr 1958 stellt Wolfgang Schadewaldt den *Mimesis*-Gedanken in das Zentrum seiner übersetzerischen Prinzipien. Als profunder Kenner der griechischen Sprache und Kultur konnte er "die Art, wie Homer sieht, denkt und spricht, in deutscher Zunge nachzubilden" (ODSCH 323) zu seinem Übersetzungsprogramm erklären. Auch wenn er in seiner Prosaübersetzung auf die hexametrische Form verzichtet, ist sein Ziel, "mit der gedankenrhythmischen Prosaform gerade den poetischen Grundgehalt Homers mit Kraft und Wahrheit dem deutschen Ausdruck einzuprägen" (ODSCH 324). Diese Unabhängigkeit vom Hexameterzwang ermöglicht es ihm andererseits, das Augenmerk auf wesentliche Aspekte des Originals zu richten, die im Sinne M. Schreibers (1993:29ff.) invariant bleiben sollen. Zur Veranschaulichung der Rhythmusfrage – wesentliche Bedingung, damit die Poetizität des Originals in der Übersetzung aufleben kann – sei hier kurz auf den Wortstellungsparameter – den schwierigsten (ODSCH 325) – eingegangen. Zur Bewältigung des Problems führt Schadewaldt die übersetzerische Kategorie des "Takts" ein: "Aus Gründen des übersetzerischen Takts, der über allen Prinzipien des Übersetzens steht, war hier ohne gewisse Angleichungen und Ausgleichungen nicht auszukommen" (ebd.). Zum Hintergrund dieses Kriteriums sei ausdrücklich erwähnt, daß Schadewaldt seine Übersetzung zum Vorlesen konzipierte, wie es letztlich beim Vortragen des Epos der Fall war. Als Beispiel seien die bekannten ersten Verse der Odyssee angeführt:

„Den Mann nenne mir, Muse, den vielgewandten, der gar viel umgetrieben wurde, nachdem er Trojas heilige Stadt zerstörte. Von vielen Menschen sah er die Städte und lernte kennen ihre Sinnesart; viele auch erlitt er Schmerzen auf dem Meer in seinem Gemüte, während er sein Leben zu gewinnen suchte wie auch die Heimkehr der Gefährten" (ODSCH 7).

Das Besondere an diesem Translat läßt sich durch einen Vergleich mit der bis dato gängigen Übersetzung von Heinrich Voß (1751-1826) am besten darstellen. Es wird nach einer Schulausgabe aus dem Jahr 1907 zitiert:

„Sage mir, Muse, die Taten des vielgewanderten Mannes,
Welcher so weit geirrt nach der heiligen Troja Zerstörung,
Vieler Menschen Städte gesehen und Sitte gelernt hat
Und auf dem Meere so viel unnennbare Leiden erduldet,
Seine Seele zu retten und seiner Freunde Zurückkunft" (ODV 13).

Während bei Voß (trotz genialer Lösungen) das Versmaß die Wortstellung weitgehend diktiert, kann Schadewaldt bis an die Grenzen der Systemmöglichkeiten des Deutschen gehen. Der gegebene Rahmen erlaubt nicht, detailliert darauf einzugehen. Es sei lediglich auf die Stelle "viele auch erlitt er Schmerzen auf dem Meer" eingegangen, in der die griechische Tmesis nachgeahmt wird, die in der interlinearen Version lautet: "viele er im Meer erlitt Schmerzen". Andere markierte Wortfolgen des Originals kann er aber im Deutschen systemgerechter nachbilden und so die ursprünglichen Effekte der Fokussierungen erreichen:

"Den Mann nenne mir" (...), "Trojas heilige Stadt" (...), "Von vielen Menschen sah er die Städte" (...). Hier wird konsequent die Absicht verfolgt, die eigene Sprache mit den Möglichkeiten zu bereichern, die vom Fremden übernommen werden. Um dies zu erreichen, muß allerdings, wie es G. Abel formuliert hat (1999:23), "bis an die Grenzen des Unübersetzbaren gegangen worden sein", was Schadewaldt mit der imitierten Wortstellung des Originals tut.

Diese und ähnliche übersetzungsrelevante Fragen gehen auf meine altphilologischen Impulse zurück. Die Sensibilisierung für solche Probleme ist jedoch ohne meine begleitende übersetzerische Tätigkeit in Unterricht und Praxis nicht gut denkbar. Mein Studium in Bonn konnte ich finanzieren, weil es mir neben einer Mitarbeiterstelle bei Professor Knobloch an seinem Projekt des Linguistischen Wörterbuches auch vergönnt war, die spanische Ausgabe der Zeitschrift „Hochschuldienst" zu übersetzen. Für alle Eventualitäten der unsicheren akademischen Zukunft legte ich 1982 vorsichtshalber die Staatliche Prüfung für Übersetzer und Dolmetscher beim Bayerischen Staatsministerium für Unterricht und Kultus ab. 1977, nach Ablegung meiner Staatsexamina in Klassischer Philologie und Hispanistik, begann meine bis heute andauernde Hochschultätigkeit. Die ersten Schritte waren Spanisch-Lektorate in Köln (1977-1979) und, nach der Promotion, in Aachen (1979-1984); anschließend erhielt ich einen Ruf an die Fachhochschule Köln als Professor für Spanische Sprach- und Literaturwissenschaft, insbesondere Übersetzungswissenschaft (1984-1996). Breitgefächerte Theorie und Praxis blieben als Konstanten. In Aachen wurde ich von Hans Scherer, später Kollege an der Fachhochschule Köln, stark geprägt. Scherer, der kürzlich – allzu früh – verstarb, öffnete mir den Blick für interdisziplinäre Fragestellungen in der modernen Linguistik und Sprachdidaktik. Frucht unserer langjährigen Zusammenarbeit und der daraus entstandenen Freundschaft sind die gemeinsam geschriebenen Bücher „Physis und Fiktion" und „Kommentierte Übersetzungen Spanisch-Deutsch. Wirtschaft". Im erstgenannten Werk untersuchten wir auf der Grundlage hirnphysiologischer, kognitions- und kommunikationswissenschaftlicher Erkenntnisse die Techniken der Literarisierung von Sprechsprache. Das zweitgenannte Buch entstand während unserer gemeinsamen Kölner Zeit, wo wir die Notwendigkeit erkannten, der Lernerpopulation an einer Hochschule niveaugerechte Übungen zur Verfügung zu stellen. Diesen Mangel an brauchbarem Unterrichtsmaterial habe ich darüber hinaus, auf meine Erfahrungen aufbauend, durch manch anderes Lehrwerk für die Sprachausbildung an den Hochschulen zu kompensieren versucht: Grundkurs Spanisch (*Fundamentos*), kommentierte Übersetzungen und andere mehr. Persönlich bereichernd war auch die Arbeit an den „Übungen zur vergleichenden Grammatik Deutsch-Spanisch", die ich in Zusammenarbeit mit Sonja Preiss geschrieben habe. Sie war eine unserer besten Studentinnen und hatte große Freude an grammatikalischen Fragestellungen. So konnte sie nach Abschluß ihres Studiums schon auf eine Publikation hinweisen. (Das Buch verkauft sich im übrigen bis zum heutigen Tag recht gut). Die Zusammenarbeit mit Studierenden war und ist mir von jeher sehr wichtig: Sobald eine oder einer meiner Studierenden eine herausragende Diplomarbeit verfaßt hatte, setzte ich mich mit ihr oder ihm zusammen, um einen gemeinsamen Aufsatz zu dem Thema zu schreiben, das wir ja im Vorfeld intensiv beackert hatten. Hieraus sind dann in der Tat eine Reihe von Publikationen zur Metaphorik der Wirtschaftssprache, zur Stilistik, zur Wortbildung, Terminologie etc. entstanden.

Den entscheidenden Anstoß zur Verbindung vieler Stränge wissenschaftlicher Fragestellungen verdanke ich meinem Lehrer Christian Schmitt, der von einer Übersetzungsprofessur in Heidelberg auf den Lehrstuhl für Romanische Sprachwissenschaft in Bonn übergesiedelt ist. Aus seinem von großem Wissen gespeisten Rat heraus reifte Ende der 80er Jahre ein Projekt auf dem Gebiet der Textlinguistik heran, mit dem ich mich 1994 an der Philosophischen Fakultät der Universität Bonn habilitieren konnte: „Textadverbiale in den romanischen Sprachen". Die Bonner Zeit hat mich stark geprägt: Zwar ging ich nach wie vor meinen Aufgaben in Köln in vollem Umfang nach, doch konnte ich an einem Vormittag in der Woche am Romanischen Seminar in Bonn arbeiten. Dort habe ich die Studierenden in die spanische Sprachwissenschaft eingeführt und nach Erlangung der *venia legendi* Vorlesungen gehalten. Für mich persönlich am bereicherndsten war allerdings die Teilnahme an den von Schmitt abgehaltenen Seminaren. Durch seine sprachwissenschaftliche Lehre wurde mir auch die Breite der Übersetzungswissenschaft deutlich. Desgleichen wurde mir klar, daß translationsrelevante Fragen sich erst formulieren und entsprechend lösen lassen, wenn eine hohe Sensibilisierung für Aspekte der Textkonstitutionsstruktur und der Informationsverarbeitung erreicht ist. Zu dieser Zeit gründeten Schmitt und ich zur Förderung junger Wissenschaftler die Reihe „Romanistische Kongreßberichte". Die dort behandelten Themen gelten oft als Plattform translatorischer Forschungsgegenstände wie Kohäsion, Kohärenz, Modalität, Wortstellung, Kognition und Kommunikation, Metaphorik ...

Im Oktober 1996 erhielt ich einen Ruf an den Lehrstuhl für „Romanische Übersetzungswissenschaft" an der Universität des Saarlandes. Anläßlich des Fachrichtungsjubiläums wurde im Jahre 1998 ein Kongreß organisiert, der die unterschiedlichen Perspektiven aufzeigen sollte, unter denen sich die Wissenschaft heute den Fragen der Translation widmet. Der Kongreßband erschien unter dem Namen „Modelle der Translation" (Peter Lang Verlag, 1999). Mit diesem Buch wurde an unserer Fachrichtung eine wissenschaftliche Reihe gegründet: *Sabest*: „Saarbrücker Beiträge zur Sprach- und Translationswissenschaft", die offen sein soll für die Breite und Vielfalt der Ansätze in unserem Fach. Der Beginn der Saarbrücker Zeit ist mit einigen Arbeiten in innovativen Bereichen der Übersetzungswissenschaft verbunden: translatorische Fragen der Übertragung und Neugestaltung von Web-Seiten sowie mono- und multilinguale Beschreibung von Hypertexten. Die Campus-Universität des Saarlandes ist wie geschaffen für interdisziplinäre Arbeit zwischen den Fächern und Sprachen. In diesem Zusammenhang entstehen gemeinsame Projekte auf dem Gebiet der Mehrsprachigkeit und der Informationsstrukturierung in Sprachvergleich und Übersetzung. Ich selbst beschäftige mich in diesem Rahmen eingehend mit

Fragen der Fokus-Hintergrund-Gliederung: Besonders ergiebig für die Translation sind Probleme der Veränderung der Informationsstruktur bei der Übersetzung und/oder der unterschiedlichen sprachlichen Verfahren zur Fokussierung in Texten. Diese Probleme habe ich in neueren Arbeiten zur Grammatikalisierung und Fokusbildung im Portugiesischen und im Spanischen, zur Geschichte des Spaltsatzes und seiner strukturellen Varianten im Romanischen sowie zu textstrukturellen Dimensionen der Satzspaltung im Italienischen zu vertiefen versucht.

Im eigenen Lehrstuhl für Romanische Übersetzungswissenschaft arbeitet eine Gruppe solider junger Wissenschaftler an unterschiedlichen Projekten, mit deren Ergebnissen sie sich selbst weiter qualifizieren sollen. Es sei im folgenden kurz auf diese Arbeiten eingegangen, da sie einen weiteren Eindruck von dem vermitteln, was meiner Auffassung nach die Weite und Breite der Translationswissenschaft ausmacht. In Zusammenarbeit mit den Fachhochschulen Köln (Nico Weber) und Magdeburg (Martina Schwanke) erstellt Ursula Wienen eine elektronische Datenbank der translationswissenschaftlichen Terminologie. Auf dem Gebiet des Kulturtransfers erarbeiten wir (Leitung: Andrea Wurm) eine Bibliographie der Übersetzungen nicht-fiktionaler Texte aus den romanischen Sprachen ins Deutsche bzw. der romanischen Sprachen untereinander. Die auszubauende Datenbank soll per Internet für eine allgemeine Nutzung zugänglich gemacht werden. Die Untersuchung dieses Materials dient dazu, schwierige Fragen der Beeinflussung von Sprachen und Kulturen mittels Übersetzungen zu erarbeiten. Konkret wird am Lehrstuhl der Rolle von Übersetzungen beim Sprach- und Kulturtransfer am Beispiel französisch-deutscher Kochbuchübersetzungen im 17. und 18. Jahrhundert nachgegangen (Andrea Wurm). Im Bereich Dolmetschen wird gegenwärtig ein Projekt zum *Community Interpreting* bei polizeilichen Vernehmungen abgeschlossen (Fadia Sauerwein), das auf das einmalige Material von 50 gefilmten Stunden zurückgreifen kann. Untersucht werden jene Aspekte, die für theoretische und praktische Fragen der Verdolmetschung besonders einschlägig sind, wie die Vernehmungsphasen und ihre Ritualisierung, die Rolle(n) der Aktanten sowie die metatextuellen Einlassungen. Darüber hinaus wird intensiv an Themen gearbeitet, die sich mit der Argumentations- und Informationsstruktur von Texten befassen. Diese Untersuchungen füllen eine Forschungslücke, denn solche Dimensionen sind bislang in Sprachvergleich und Übersetzung noch nicht eingehend und systematisch untersucht worden. So beschäftigt sich Mónika Kusztor, ebenfalls im Bereich Dolmetschen, mit der Frage der Informationsverteilung in Original und Translat. Vor dem Hintergrund der Frage, ob die Translate solche Eigenschaften aufweisen, daß von einer eigenen Textsorte die Rede sein kann, konzentriert sich Kusztor auf Aspekte der Kondensierung und Expandierung mikrostruktureller Einheiten der Verdolmetschung im Vergleich zum Original. Auf makrostruktureller Ebene untersucht Vahram Atayan argumentative Muster in deutschen, französischen und italienischen Zeitungskommentaren, um Gemeinsamkeiten und Unterschiede dieser rhetorischen Strategie zu finden und ihre translatorischen Dimensionen zu ermitteln. Andere Forschungsprojekte befassen sich mit konkreten Mitteln der Informationsstruktur: Tinka Reichmann analysiert sorgfältig die zahlreichen Varianten der Satzspaltung im Portugiesischen und erforscht ihren funktionalen Wert. Ihr Untersuchungskorpus bilden Paralleltexte Deutsch-Portugiesisch sowie Übersetzungen ins Deutsche, wo die Satzspaltung eine viel geringere Rolle spielt und andere Verfahren der Fokus-Hintergrund-Gliederung entwickelt worden sind. Textuell relevant erweist sich auch die Untersuchung von Ursula Wienen zu markierten Konnektoren im Französischen und Spanischen im Vergleich zum Deutschen, die ebenfalls anhand von Paralleltexten und Übersetzungen durchgeführt wird. Unter markierten Konnektoren werden Spalt- und Doppelkonnektoren (etwa *C'est pour cela que/ es por eso que* bzw. *et pourtant/ y sin embargo*) verstanden, deren Funktionen über sensible kommunikative Vorgänge im Sinne der Präsuppositionen, Implikaturen, Polyphonie etc. und über die Eigenart mancher Sprachvarietäten Auskunft geben können.

Meine verschlungenen Wege in die Translationswissenschaft haben mich also mit aller Deutlichkeit folgende Einschätzung unseres Faches gewinnen lassen: Diese relativ junge Wissenschaft ist ein breit angelegtes Fach, in dem je nach Interessen oder gar Schulen der Forscher unterschiedliche Schwerpunkte gebildet werden. Es ist daher unzulässig, partielle Perspektiven oder Verständnisweisen – wie es leider manchmal geschieht – als die allein richtigen zu hypostasieren. Vielmehr ist es anzustreben, übergreifende Ansätze zu erarbeiten. Grundsätzlich lassen sich die Bestandteile des Faches auf folgende Schwerpunkte zurückführen: inter- und intralinguale sprachwissenschaftliche Fragestellungen sowie Phänomene des Kulturtransfers und der Translationsprozesse. Der sprachwissenschaftliche Ansatz birgt in sich den Vorteil, durch das moderne Verständnis der Linguistik als Sozial-, Kognitions- und Kommunikationswissenschaft die breitere Perspektive einzunehmen, um die vielfältigen Dimensionen der Translation zu erfassen. In der Tat bilden sprachliche Fragestellungen die meistuntersuchten Gebiete translationswissenschaftlicher Arbeiten: Phonemik und Intonationsforschung mit ihrer korrekten Wiedergabe in der Zielsprache, Fragen der unterschiedlichen Formen der Wortbildung, Partikelforschung, Phraseologie, Lexikologie und Semantik sowie fachsprachliche Terminologie bis hin zu speziellen Phänomenen der Syntax und der Textualität (in jüngster Zeit immer mehr im Bereich der Argumentation und Informationsstruktur in verschiedenen Sprachen und Kulturen). Manche spezifische übersetzungswissenschaftliche Ansätze sind nichts anderes als die Inanspruchnahme linguistischer Fragen und Methoden, etwa Isotopiebildung im Ausgangs- und Zieltext oder *scenes-and-frames*-Semantik.

Zusammenfassend läßt sich festhalten, daß nach meiner Einschätzung ein guter Übersetzer ein Humanist ist, der dank einer breiten Bildung hermeneutische Hochleistung erbringen kann und für sprachliche Subtilitäten eine besondere Sensibilität aufweist, wie die Borges-Geschichte und die Übersetzung Schadewaldts gezeigt haben. Entsprechend erweist sich das spezifische Profil der Translationswissenschaft nicht in der Absonderung von der Linguistik und anderen Wissenschaften, sondern in der Komplementarität zu ihnen: Grammatische sowie text- und kognitionswissenschaftliche Kompetenz verleihen die feinnervige Sensitivität, um die eigentlichen Fragen der Translation in gemein- und fachsprachlichen Texten zu erkennen und gebührend zu berücksichtigen.

Zitierte Bibliographie

ODSCH   Homer, *Die Odyssee*, übersetzt in deutsche Prosa von Wolfgang Schadewaldt. Leck/Schleswig: Rowohlt, [10]1969 [1958].

ODV   *Homers Odyssee*. Nach der Übersetzung von Johann Heinrich Voß. Für den Schulgebrauch von Bruno Stehle. Leipzig: G. Freytag/ Wien: F. Tempsky 1907.

PM   Pierre Menard, autor del 'Quijote'. In: Jorge Luis Borges: *Ficciones*. Buenos Aires: Emecé 1956, Madrid: Alianza Editorial [13]1985, 47-59.

PMD   Pierre Menard, Autor des Quijote. In: Jorge Luis Borges: *Sämtliche Erzählungen: Das Aleph, Fiktionen, Universalgeschichte der Niedertracht*. München: Carl Hanser Verlag 1970 [übersetzt von Karl August Horst, Eva Hessel und Wolfgang Luchting], 161-171.

Abel, Günter (1999): Übersetzung als Interpretation. In: Rolf Elberfeld/ Johann Kreuzer/ John Minford/ Günter Wohlfart (Hrsg.): *Translation und Interpretation. (Schriften der Académie du Midi, Bd. V)*, München: Fink, 9-24.

Schreiber, Michael (1993): *Übersetzung und Bearbeitung. Zur Differenzierung und Abgrenzung des Übersetzungsbegriffs*. Tübingen: Gunter Narr.

Steiner, George (1994): *Nach Babel. Aspekte der Sprache und des Übersetzens*. Frankfurt a.M.: Suhrkamp [Originalausgabe: *After Babel. Aspects of Language and Translation*, 1975].

Eigene Publikationen (Auswahl)

Textadverbiale in den romanischen Sprachen. Eine integrale Studie zu Konnektoren und Modalisatoren im Spanischen, Französischen und Italienischen. Frankfurt am Main (Bonner Romanistische Arbeiten, Band 53) 1995.

Modelle der Translation. Grundlagen für Methodik, Bewertung, Computermodellierung (hrsg. mit Johann Haller/ Erich Steiner/ Heidrun Gerzymisch-Arbogast). Frankfurt a. M. (Sabest 1) 1999.

Romanische Sprachwissenschaft. Zeugnisse für Vielfalt und Profil eines Faches. Festschrift für Christian Schmitt zum 60. Geburtstag (hrsg. mit Dietmar Osthus/ Claudia Polzin-Haumann). Frankfurt a. M.: Peter Lang Verlag 2004.

Kommentierte Übersetzungen Deutsch-Spanisch. Texte, Musterübersetzungen, vergleichende Grammatik. (Mit Enrique Banús). Bonn [4]1991 (1. Auflage 1988).

Übungen zur vergleichenden Grammatik Deutsch-Spanisch. Eine Wiederholungsgrammatik für Fortgeschrittene. (Mit Sonja Preiss). Bonn [4]1994 (1. Auflage 1990).

Terminologienormung in Spanien und Lateinamerika. In: Jörn Albrecht/ Richard Baum (Hrsg.): *Fachsprache und Terminologie in Geschichte und Gegenwart*. Tübingen 1992, 263-273.

Probleme der Terminologiearbeit für das Fachgebiet Personalauswahl im Deutschen, Spanischen und Portugiesischen (mit Kirsten Wahle): In: *Lebende Sprachen* 41/2, 1996, 79-85.

Fragen der 'Metataxe' bei Ausdrücken der Bewegung im deutsch-romanischen Sprachvergleich. In: Gerd Wotjak (Hg.): *Studien zum romanisch-deutschen und innerromanischen Sprachvergleich. Akten der III. Internationalen Arbeitstagung zum romanisch-deutschen Sprachvergleich (Leipzig, 9.10. – 11.10. 1995).* Frankfurt a. M. 1997, 287-309.

Zur Metaphorik der Presseberichterstattung beim spanischen, italienischen und rumänischen Wahlkampf von 1996. In: Alberto Gil/ Christian Schmitt (Hg.): *Kognitive und kommunikative Dimensionen der Metaphorik in den romanischen Sprachen. Akten der gleichnamigen Sektion des XXV. Deutschen Romanistentages, Jena (28.9. - 02.10.1997).* Bonn 1998, 86-112.

Übersetzen im Internet. Der mehrsprachige elektronische Text. Eine romanistische Studie. In: Alberto Gil/ Johann Haller/ Erich Steiner/ Heidrun Gerzymisch-Arbogast (Hg.): *Modelle der Translation – Grundlagen für Methodik, Bewertung, Computermodellierung.* Frankfurt a. M. 1999, 79-95.

Nadja Grbić (Graz)

Übersetzungswissenschaft vs. Dolmetschwissenschaft?
oder
Das Haus der vielen Tore

Die Einladung einen Beitrag für diesen Band zu verfassen, kam – wie wohl für einige Kolleginnen und Kollegen – sehr überraschend, zählen autobiographische Berichte wiewohl Selbstdarstellungen diverser Kategorien gerade für GeisteswissenschaftlerInnen zu einem noch wenig erprobten Genre. Das in meiner Studienzeit durchaus motivierende Bild der wissenschaftlich tätigen Person, das wir von unseren Lehrern vermittelt erhielten, war das einer dem Fach verpflichteten Denkerin, die, ihrer wissenschaftlichen Neugierde ebenso wie ihrer gesellschaftlichen Verpflichtung folgend, ihren Beitrag für die „Familie" leistet, um Unbekanntes zu ergründen, falsch Verstandenes zu korrigieren und dafür zu sorgen, die Erkenntnisse an die Öffentlichkeit zu bringen. Die Person der Wissenschaftlerin selbst schien dabei weniger von Belang. Dass die Realität sich anders ausnehmen würde, konnten wir damals nicht wissen, dass ich einmal vor den Toren der Translationswissenschaft stehen würde, hätte ich mir wohl nie gedacht. In diesem Sinne scheint es dann doch eine nicht geringe Herausforderung, den eigenen wissenschaftlichen Lebensweg Revue passieren zu lassen und persönliche Einflüsse zu reflektieren.

1. Von Pluriglossie, fremden Sprachen und ersten Übersetzungsexerzitien

Ich studierte allgemeine Sprachwissenschaft und Slawistik, im Doppelstudium hatte ich des Weiteren Serbokroatisch am damaligen Institut für Übersetzer- und Dolmetscherausbildung inskribiert. Die Wahl dieser eher ungewöhnlichen, weil seltenen Kombination war sehr persönlich motiviert. Was ich während meiner gesamten Schulzeit mit größter Leidenschaft betrieb, war Lesen und Schreiben, und das wollte ich in irgendeiner Form zu meiner Profession machen. Mein Vater war, neben seinem „weltlichen" Beruf, Experimentalfilmer und befasste sich in diesem seinen zweiten Leben mit Filmsemiotik, die Semiotik interessierte mich mehr als der Film, und als es Zeit war, mich für ein Studium zu entscheiden, bot sich die Linguistik – der Gedankengang lässt sich für mich heute nicht mehr ganz klar nachvollziehen – am ehesten an. Ich erwartete mir ein theoretisch orientiertes Studium, alles, was zu praxisbezogen anmutete, vermochte mich damals nicht zu faszinieren. Eine Freundin aus Kindertagen hatte bereits ein Jahr zuvor mit dem Studium der Linguistik begonnen, also führte sie mich ein und begleitete mich in mein erstes Seminar, das in einem kleinen, mit alten Möbeln ausgestatteten Seminarraum in einer kleinen, zum Institut umfunktionierten Altbauwohnung stattfand. Slawistik hatte ich weniger aus Passion, denn aus (mütterlicher) Vernunft als zweites Fach gewählt, ich war zweisprachig aufgewachsen und versprach mir vom Studium des Serbokroatischen eine sinnvolle Festigung meines „Kuchlserbokroatischen", wie es Hugo Schuchardt wohl genannt hätte. Am wenigsten beeindruckte mich jedoch mein Doppelstudium des Übersetzens, das zu meiner Zeit ausnahmslos praktisch orientiert war, an einem Institut, das über keinen Lehrstuhl verfügte und zu jener Zeit von dem Indogermanisten Hermann Mittelberger mitbetreut wurde. Das Übersetzen selbst machte mir zwar grundsätzlich Spaß, da es meiner Neigung des Schreibens und Formulierens entgegenkam, doch schien mir die Form des Unterrichts wenig motivierend und der Anspruch in den Lehrveranstaltungen intellektuell kaum herausfordernd. Ich sammelte die guten Noten in den Übersetzungsübungen mit wenig Elan, und doch sollte diese Erfahrung mit ein Grundstein für meine spätere Aufbauarbeit an selbigem Institut sein. Die Linguistik schien jedenfalls eine Wahl zu sein, die sich bereits zu Beginn des Studiums als richtig erwies. Ich war von vielem beeindruckt, von der Diversität von Sprachstrukturen, der Dynamik von Sprachprozessen, von der Historie der Theoriebildung ebenso wie von alten Sprachen und der Vielfalt von Schriften. Der Enthusiasmus meiner Lehrer steckte mich an: der passionierte Soziolinguist Norman Denison, der mir neben vielen anderen die faszinierende Arbeit Schuchardts näher brachte und uns im Rahmen seiner Feldforschung zum Sprachtod in Zahre/Sauris auf Exkursion mitnahm, Karl Sornig mit seinen unkonventionellen Zugängen und seinem überwältigenden Zettelkatalog (für jede Frage hatte er das passende Zettelchen zur Hand), der uns nicht selten durch provokante und kompromisslose Fragen an die Grenze unserer Denkkapazitäten bringen konnte. Beide forderten viel und förderten mich. Auf der Slawistik waren es der Linguist Erich Prunč, der uns vermittelte, dass auch slawische Sprachwissenschaft spannend sein kann, und der mir zu Taschengeld verhalf, indem er mich Kilometer von Uher-Bändern transkribieren ließ, die er für seine Forschungsarbeit zur frühkindlichen Dreisprachigkeit benötigte, sowie der Zagreber Gastprofessor Aleksandar Flaker, der mich durch sein breites humanistisches Wissen und seine kulturwissenschaftlich orientierten literaturwissenschaftlichen Lehrveranstaltungen zu bannen vermochte. Vieles, das mich interessierte, blieb eine Liebhaberei, die ich mit einem Freund teilte, der mich über Jahre mit Literatur versorgte: ob über den Sprachvergleich und die Klassifizierung von Indianersprachen, über Indologie, die Keilschrift oder die Entzifferung der Maya-Schrift. Um meine Neugier am Fremden zu stillen, absolvierte ich zusätzlich ein Jahr Türkisch und mit meinem Freund, dem Hobbylinguisten, lernte ich im Gartenhaus ein wenig Chinesisch.

Als ich gegen Ende meines Studiums ein Jahr am Goethe-Institut arbeitend in Belgrad verbrachte, begann ich mich mehr und mehr für das Übersetzen zu interessieren und machte, neben Übersetzungsaufträgen für meinen Arbeitgeber in meiner Freizeit die ersten Versuche, literarische Texte aus dem Serbokroatischen ins Deutsche zu übertragen. Es waren wunderbare Erzählungen von Danilo Kiš, die ich übersetzte und anschließend zu

Lernzwecken mit den publizierten Übersetzungen von Ilma Rakusa verglich und wieder überarbeitete. Die Slawistin, Schriftstellerin und Übersetzerin sollte mir später immer wieder begegnen. Diese Übersetzungen waren erste Exerzitien einer bald darauf beginnenden Übersetzungstätigkeit, die mir eines der Tore zur Translationswissenschaft öffnen sollte.

2. Vom literarischen Übersetzen zum Gebärdensprachdolmetschen

Zurück in Graz schloss ich mein Studium Ende 1988 im Rahmen eines Projektes zu Pluriglossie und Sprachverlust mit einer Diplomarbeit über sprachliche Phänomene bei Migrantenkindern ab und inskribierte danach ein Doktoratsstudium, das Studium am Institut für Übersetzer- und Dolmetscherausbildung beendete ich nicht. Im April desselben Jahres fand im Grazer „Forum Stadtpark", einem damals schon arrivierten Zentrum für Kunst und Kultur, ein Literatursymposium unter dem Titel „Das jugoslawische Labyrinth" statt, das von Aleksandar Flaker angeregt worden war. Er war es auch, der mich ermutigte, einige Texte jugoslawischer Autoren für die Lesungen ins Deutsche zu übersetzen: Filip David, Dževad Karahasan, Pavao Pavličić. Nach dem Symposium wurde ich vom Leiter des Residenz Verlages Jochen Jung darauf angesprochen, ob ich nicht ein Buch von Ranko Marinković ins Deutsche übersetzen wollte. Es folgten zwei weitere Aufträge, ein Roman von Dubravka Ugrešić für den Suhrkamp Verlag (1992), sowie ein literarisch-philosophisches Reisetagebuch über Benares von Rada Iveković für Droschl (1993). Ilma Rakusa lektorierte meine Übersetzung für den Suhrkamp Verlag und war mir in Hinkunft stets sehr wohl gesonnen. Des Weiteren übersetzte und dolmetschte ich über viele Jahre regelmäßig im Bereich Kunst und Kultur. Das Interesse an Literatur aus dem ex-jugoslawischen Raum wuchs, und ich erhielt weitere Anfragen diverser Verlage, die ich jedoch aufgrund des stetig wachsenden Arbeitsaufwandes an der Universität, an der ich inzwischen beschäftigt war, ablehnen musste, was mich nach wie vor etwas wehmütig stimmt.

Anfang 1989 bot mir Erich Prunč, der inzwischen den ersten Lehrstuhl am Institut für Übersetzer- und Dolmetscherausbildung innehatte, einen Lehrauftrag für Übersetzungsübungen Serbokroatisch-Deutsch an, den ich gerne annahm. Nach einer Sitzung der Habilitiationskommission für einen Grazer Sprachwissenschaftler, an der ich als Studierendenvertreterin teilnahm, erzählten mir drei Professoren von der Ausschreibung neu geschaffener AssistentInnenstellen am Institut für Übersetzer- und Dolmetscherausbildung und schlugen mir vor mich doch zu bewerben. Ich zögerte, hatte ich doch vorerst andere Pläne, doch schließlich bewarb ich mich und erhielt eine der vier Halbtagsstellen, zuständig für literarisches Übersetzen sowie slawische Sprachen, Türkisch und Ungarisch, das ich nun zu lernen begann, allerdings nicht sehr lange, denn schon bald sollte eine andere Sprache meine ganze Aufmerksamkeit bekommen.

Ich fand mich an einem Institut wieder, das mir fremder nicht sein konnte. Eine wissenschaftliche Tradition fehlte und schien von vielen gar nicht erwünscht. Das Fach war mir gänzlich unbekannt und mein erster Weg trieb mich in die damals noch äußerst schmale Bibliothek, ich begann zu lesen, was mir so in die Hand fiel: Güttinger, Nida, Mounin, Levy, Albrecht, Koller. Ein Studium ohne LehrerInnen ist wahrlich ein hartes Brot. Ich empfand meine Denkarbeit als ziellos und disparat, von einer wissenschaftlichen Positionierung war keine Rede. Es war wenig motivierend, zumindest half mir die solide Basis meines Studiums dabei, die Flinte nicht ins Korn zu werfen. Nicht selten nahm ich das Mitteilungsblatt der Universität zur Hand, in der Hoffnung, dass auf dem Institut für Sprachwissenschaft eine Stelle frei werden würde, diese Türe wollte ich mir vorerst nicht verschließen, zumal ich die Translationswissenschaft nicht nur durch das Tor meiner Praxis als literarischer Übersetzerin betrat, sondern auch durch jenes, das die Linguistik mit der Translationswissenschaft verbindet. Es begann ein Prozess des Erkundens und Erkennens, und allmählich begannen sich die Fundamente eines disziplinären Gebäudes immer stärker abzuzeichnen. Es war eine Zeit, in der sich die Translationswissenschaft zu etablieren begann, eine Reihe neuer Zugänge erprobte und weitere Arbeitsfelder eröffnete. Als dann doch eine Stelle am Institut für Sprachwissenschaft ausgeschrieben wurde, lag das Tor, durch das ich eingetreten war, bereits zu weit hinter mir, um wieder umkehren zu wollen. Ich bewarb mich nicht.

Ein wichtiger Impuls für die Einübung eines breiten und differenzierten Blicks auf den Untersuchungsgegenstand und mögliche Fragestellungen war der im September 1992 von Mary Snell-Hornby und ihren AssistentInnen in Wien organisierte internationale Kongress „Translation Studies – An Interdiscipline", für viele von uns die erste Möglichkeit, das Fach geballt und in seiner Breite durch seine Vertreterinnen und Vertreter kennen zu lernen. Die Vielzahl der vorgestellten Themen war ebenso interessant wie motivierend und führte mir vor Augen, dass das Haus noch eine Reihe weiterer Tore hat, die zu öffnen sich lohnt. In Erinnerung geblieben sind mir insbesondere Daniel Gile mit seiner etwas zynischen metatheoretischen Reflexion über die Entwicklung der Dolmetschwissenschaft, José Lambert mit seinem Beitrag über die Bedeutung der Übersetzungswissenschaft für die Kulturwissenschaften und Luise von Flotow mit ihrem Vortrag über Theorie und Praxis feministischer Übersetzung in Kanada.

Ein weiterer internationaler Kongress, der meine Arbeit nachhaltig beeinflussen sollte, hatte bereits zwei Jahre zuvor, 1990, in Hamburg zur Gebärdensprachforschung stattgefunden. Auf eine Idee Erich Prunčs hin, der von einem Slowenienaufenthalt, bei dem er erstmals Gebärdensprachdolmetschen im Fernsehen gesehen hatte, mit dem Vorsatz zurückgekehrt war, Gebärdensprache am Institut einzuführen, fuhren wir in einer kleinen Delegation nach Hamburg. Die verschiedenen Gebärdensprachen, die ich dort sah, vermochten mich ebenso zu faszinieren, wie schon zu meiner Studienzeit Sprachen völlig anderer Strukturen. Ich nahm in der Folge die Idee auf und begann das Projekt, Gebärdensprachdolmetschen am Institut zu einrichten, durchzuführen. Auch in diesen Bereich stieg ich als blutige Laiin ein und musste mir nach und nach die Österreichische Gebärdensprache (ÖGS) ebenso aneignen wie mich in die damals noch fast ausschließlich linguistische Fachliteratur einarbeiten. Langsam erschloss sich mir auch die Komplexität der sozialen und kulturellen Aspekte des Themas. Es folgten spannende und bereichernde, aber mitunter auch sehr mühselige Jahre, die viel Knochenarbeit erforderten: Boden bereiten, Gelder lukrieren, Projekte leiten, nationale und internationale Kooperationen anbahnen und immer wieder Versuche unternehmen, das geplante Studium einzurichten. Schließlich waren wir das erste österreichische Universitätsinstitut, das ÖGS-Kurse anbot, Weiterbildungen für GebärdensprachdolmetscherInnen und eine Ausbildung für gehörlose GebärdensprachkursleiterInnen durchführte und sind inzwischen auch international gesehen das erste Institut, das (seit dem WS 2002/2003) ein Vollstudium für Gebärdensprachdolmetschen in Kombination mit einer anderen Fremdsprache in einem nicht fachfremden Haus anbietet.

3. Auf der Suche nach Zusammenhängen

Rückblickend meine wissenschaftliche Arbeit reflektierend, sehe ich sie von drei Motoren angetrieben: meiner Neugierde, der Suche nach Zusammenhängen und dem, was Norman Denison einmal als wissenschaftliches Arbeiten „with a human face" genannt hat.

Ich konnte mich nie dafür entscheiden, mich endgültig, sei es in der Übersetzungswissenschaft, sei es in der Dolmetschwissenschaft, zu positionieren. Das hat natürlich seine Nachteile, zumal man sich als Nicht-Spezialistin in einer Disziplin, die sich in den 14 Jahren seit meinem ersten Kontakt so rasant entwickelt und so spezifisch verzweigt hat, nur schwer einen Platz in der Community erarbeitet. Die einen sehen mich als das eine, die anderen als das andere, die Verwunderung über meine jeweilig differenten Arbeiten ist oft groß. Persönlich muss man in Kauf nehmen, in beiden Bereichen jeweils nur einen begrenzten Ausschnitt des Wissens rezipieren zu können. Bei der Übersetzungswissenschaft zu bleiben, war aufgrund meiner Aufbauarbeit im Bereich des Gebärdensprachdolmetschens schon bald keine realistische Option mehr. Die Übersetzungswissenschaft gänzlich zu verlassen, widersprach meinen Interessen ebenso wie meinem persönlichen Verständnis einer Wissenschaft, in der ich mich heimisch fühlen kann, war doch die Dolmetschwissenschaft über lange Strecken stark empirizistisch orientiert, einigermaßen theoriefeindlich und eher einem naturwissenschaftlich orientierten Paradigma verpflichtet. Die Konzentration auf mentale Prozesse und die Ausklammerung der sozialen und kulturellen Zusammenhänge schien mit den Denkschulen der Übersetzungswissenschaft, die meine Arbeiten speisen, wenig kompatibel.

Die Entscheidung gegen eine strikte Positionierung innerhalb nur einer der beiden Teildisziplinen der Translationswissenschaft hat aber auch Vorteile. Bleibt das Tor zwischen ihnen offen, lässt sich zum einen eine kritische Distanz beiden gegenüber bewahren, zum anderen birgt es die Möglichkeit die gemeinsame phänomenologische Basis, trotz der wissenschaftsgeschichtlich so divergenten Entwicklung beider Stränge, im Auge zu behalten und eröffnet lohnende Synthesen, so etwa theoretische Konzepte der Übersetzungswissenschaft mit erprobten empirischen Methoden der Dolmetschwissenschaft zu verknüpfen. Die jüngsten Entwicklungen zeigen, dass sich das lange unvereinbar Scheinende nun doch auch institutionell näher kommt. Einem isolationistischen Zugang kann ich also wenig abgewinnen, und so habe ich auch bereits 1994 in meiner Dissertation zum Gebärdensprachdolmetschen versucht darzulegen, dass hier ein großes Forschungsgebiet brach liegt, das wertvolle Erkenntnisse für die Dolmetschwissenschaft im Speziellen und die Translationswissenschaft insgesamt bringen kann, obwohl ich damals noch weit mehr meinen linguistischen Wurzeln verhaftet war als ich es heute bin. Es sei hier noch angemerkt, dass ich dem Titel „Wege in die Translationswissenschaft" für den vorliegenden Band den Vorzug gegeben hätte.

Die Themen meiner Arbeiten kreisen in der Übersetzungswissenschaft ebenso wie in der Dolmetschwissenschaft um die Frage nach den Formen und Folgen der Einflüsse menschlichen Handelns auf entstehende und entstandene Produkte, also die Macht sozialer Prozesse, die, von Normen, Gewohnheiten und Ideologien geleitet, Bilder von Realitäten generieren. Warum beurteilen GebärdensprachdolmetscherInnen und Gehörlose ein und dasselbe Produkt oft völlig divergent? Was bewirkte den Umstand, dass sich Gebärdensprachdolmetscherinnen fast übergangslos aus einer Rolle der mit ihren Klienten emotional verschmelzenden Helferinnen in jene von „detached persons" stürzten? Welches sind die Gründe dafür, dass die Arbeiten zum Gebärdensprachdolmetschen jahrzehntelang in der Dolmetschwissenschaft nicht rezipiert wurden und wie gestalteten sich die Einflüsse anderer Disziplinen auf die Fragestellungen? In welchem Maße beeinflusst ein Ereignis wie ein Krieg die Übersetzungstätigkeit und somit Rezeption einer Literatur? Wie gelingt es gelehrten Frauen im 18. und 19. Jahrhundert durch das Übersetzen einem Beruf nachzugehen, der ihnen sonst verwehrt geblieben wäre? Auf welche Weise beeinflusst ein männlicher Blick die Übersetzung eines Werkes, das aus weiblicher Perspektive geschrieben wurde? So versuche ich auch in meinem Habilitationsprojekt der Frage der Dolmetschqualität nicht von strukturellen oder kognitiven, sondern vor allem auch von sozialen Aspekten her nachzugehen. Die Möglichkeit mich mit diesen und ähnlichen Fragen auseinander zu setzen, ist nicht zuletzt dem langjährigen Vorstand meines Institutes, Erich Prunč, zu verdanken, der neuen Fragen gegenüber stets aufgeschlossen war und uns den nötigen gedanklichen Freiraum ließ, uns unseren Interessen und Geschicken entsprechend zu entfalten. Unerwähnt möchte ich an dieser Stelle auch den mir sehr wichtigen Austausch mit meiner Kollegin Michaela Wolf nicht lassen, der immer wieder zu gemeinsamen Projekten führte, insbesondere im Bereich der feministischen Übersetzung. Unsere unterschiedlichen disziplinären Ursprünge, damit verbundene Einflüsse und daraus resultierende differente Blickwinkel führten zu spannenden Diskussionen und ermöglichen letztendlich einen offenen Diskurs, der sowohl zum Überdenken eigener Standpunkte anregt als auch zu deren Festigung beiträgt. So sehe ich weder eine fortschreitende Fragmentierung des Wissens mit dem einhergehenden Wunsch nach klaren Demarkationslinien noch eine allzu symbiotisch gestaltete Interdisziplinarität heute in unserem Fach als opportun. Letztendlich zeigt auch dieser Band, dass die Wahl eines Themas oder einer Methode wohl viel häufiger auf individuellen Koinzidenzen beruht als dass sie dem Forschungsgegenstand inhärent wäre.

Die Lehre ist zwar nicht explizit Thema dieser Essaysammlung, doch scheint sie mir gerade in unserer jungen Disziplin doch von zentraler Bedeutung, so dass ich es nicht verabsäumen möchte, in aller Kürze auch ein paar Gedanken darüber zu äußern – nicht zuletzt, weil sehr viel meiner Energie und jener meiner KollegInnen in Graz in den Aufbau der wissenschaftlichen Ausbildung der Studierenden floss. War zu Beginn lediglich eine sprachwissenschaftliche Vorlesung Pflicht, so haben die Studierenden heute sowohl eine Reihe von translationswissenschaftlichen Pflichtvorlesungen als auch die Möglichkeit zusätzlich aus einem wechselnden Angebot an einschlägigen Proseminaren und Seminaren zu wählen. Das fehlende wissenschaftliche Lehrangebot schlug sich auch in der Qualität der früheren Diplomarbeiten nieder, heutige Arbeiten brauchen den Vergleich mit jenen traditionsreicherer Institute nicht mehr zu scheuen. Das Interesse an der Wissenschaft war, aus Unwissen, sowohl bei Studierenden als auch bei Lehrenden marginal (man erinnere sich an die inflationäre Verwendung des unsäglichen, pejorativen Ausdrucks „Verwissenschaftlichung"), heute bauen viele der so genannten „praktischen" Lehrveranstaltungen auf theoretischen Modellen auf. Der Tatsache, dass diese Entwicklung nur durch Bereitschaft zur Selbstausbeutung und latenten Altruismus denkbar war, steht auf der anderen Seite der positive Zwischenbefund gegenüber, bei der Gestaltung eines Projektes mitgewirkt zu haben, dessen Ausgang anfangs völlig ungewiss war. Nach Jahren des Aufbaus, der Konsolidierung der Grundmauern und einer Phase der Dynamisierung durch Öffnung der Tore hin zu einer Reihe von Nachbardisziplinen, kann die zukünftige Entwicklung des Fachs nur mit Spannung erwartet werden.

Publikationen

Grbić, Nadja (1997): Von Handlangern und Experten. In: Nadja Grbić/ Michaela Wolf (Hrsg.): *Text – Kultur – Kommunikation. Translation als Forschungsaufgabe.* Tübingen: Stauffenburg (Studien zur Translation 4), 293-305.

Id. (1999) (mit Michaela Wolf): Von den 'belles infidèles' zu den 'rebelles infidèles'. Zum Stand der feministischen Translationswissenschaft in Österreich. In: Barbara Hey (Hg.): *Standpunkte feministischer Forschung und Lehre.* Wien: Bundesministerium für Wissenschaft und Verkehr (Materialien zur Förderung von Frauen in der Wissenschaft), 263-286.

Id. (2001): Freiheit & Gefangenschaft im Exil. Kroatische Autorinnen im deutschsprachigen Raum. In: Sabine Messner/ Michaela Wolf (Hrsg.): *Übersetzen aus aller Frauen Länder.* Graz: Styria, 143-151.

Id. (2001): "Nein, nein, hier hab' ich offenbar Recht!" Zur Übersetzungstätigkeit der Therese Albertine Luise von Jakob. In: Gernot Hebenstreit (Hg.): *Grenzen erfahren – sichtbar machen – überschreiten.* Frankfurt am Main u. a.: Peter Lang, 141-164.

Id. (2004) (mit Sherry Shaw und Kathryn Franklin): Applying Language Skills to Interpretation: Student Perspectives from Signed and Spoken Language Programs. In: *Interpreting* 6/1 (in Druck).

Id. (2004) (mit Barbara Andree und Sylvia Grünbichler): *Lernen, Lehren, Dolmetschen. Gebärdensprache als akademische Herausforderung.* Graz: ITAT (GTS 8).

Hans G. Hönig (Mainz-Germersheim)

Einige späte Einsichten und ein Ausblick

Was verstand ich vom Übersetzen, als ich im Wintersemester 1971 damit begann, in Germersheim Studierende zu professionellen Übersetzern auszubilden?

Als Anglistikstudent hatte ich in Tübingen selbst Übersetzungskurse aus dem Englischen ins Deutsche und aus dem Deutschen ins Englische belegt. Meine Übersetzungen ins Deutsche wurden meistens besser bewertet als die ins Englische, aber trotzdem beunruhigten sie mich stärker. Ich konnte nachvollziehen und akzeptieren, dass mein Text gegen Normen der englischen Sprache verstieß und deshalb signifikant von dem eines englischen Muttersprachlers abwich. Gegen meine deutschen Texte konnte man aber diesen Einwand nicht machen, und trotzdem wurden da Wörter und ganze Sätze rot unterstrichen, und zur Erklärung meiner Fehler erhielt ich Hinweise wie „Sinn!" oder „ungenau!" oder auch „Stil!". Keine lehrende Person konnte mich aber davon überzeugen, dass mein Text in einem schlechten Stil geschrieben, dass meine Wortwahl unpräzise oder gar der Sinn unklar war. Allerdings musste ich mich mir bei der Besprechung der Klausur sagen lassen, dass der englische Text – meistens handelte es sich dabei um einen Ausschnitt aus einem Stück anerkannt guter Literatur – einen geheimen Sinn hatte, der sich zwar den Literaturkritikern und -historikern (und damit auch meinem Dozenten), mir aber in meiner Situation als Übersetzer dieses Bruchstücks nicht erschlossen hatte. Damit war die Autorität der Lehrenden wiederhergestellt – sie hatten das Recht, Fehler anzustreichen, weil sie mehr über den Text wussten als ich. Aber ich war trotzdem frustriert, denn ich stellte mir die Frage, wie sie denn ihre Autorität begründen könnten, wenn Waffengleichheit vereinbart worden wäre – wenn man mir einen Text vorgelegt hätte, über den ich genau so viel wusste oder in Erfahrung hätte bringen können wie sie.

An der *University of Sussex* hatte ich 1967 bis 1969 selbst zwei Jahre lang als Lektor das Übersetzen ins Deutsche gelehrt. Die Aufgabe erschien mir leicht, denn stillschweigend hatte ich mich mit den Studierenden darüber verständigt, dass es in dieser Lehrveranstaltung eigentlich darum ging, ihr Deutsch zu verbessern. Die zu übersetzenden Texte wurden von mir unter dem Gesichtspunkt ausgewählt, dass sie möglichst viele Schwierigkeiten bieten sollten – indirekte Rede, Konjunktive, Präpositionen, Pro-Formen usw. Die Studierenden ließen sich bereitwillig ihre Fehler erklären und gingen davon aus, dass sie dadurch etwas gelernt hatten, was für das Übersetzen wichtig war.

Obwohl ich versuche, meine mit dem Übersetzen gemachten Erfahrungen zu beschreiben, ist mir klar, dass sie nur einen Teil meines damaligen Bewusstseins ausmachten. Mir war nämlich auch bewusst, dass mir eine Erfahrung gänzlich fehlte, nämlich die, gegen Honorar und unter Zeitdruck Übersetzungen zu machen, deren Qualität dann beurteilt wurde. Obwohl sich auch die meisten

Kolleginnen und Kollegen zu diesem Defizit bekennen mussten, schien es nur wenige zu beunruhigen. Eher im Gegenteil, denn mir wurde erklärt, dass es nicht die Aufgabe einer Universität sei, Studierende für den Berufsalltag abzurichten. Es ginge vielmehr darum, das Übersetzen von wirklich anspruchsvollen Texten exemplarisch und akribisch zu üben – wer dies gelernt habe, sei dann gewiss auch in der Lage, die übersetzerischen Routinegeschäfte zu erledigen.

So ging ich denn mit einem gewissen Unbehagen an meine Aufgabe, das Übersetzen zu lehren. Denn immerhin war mir klar, was ich nicht wollte. Ich wollte nicht verkünden, was man „im Deutschen" sagen und schreiben kann oder nicht kann; ich wollte mich nicht auf Diskussionen darüber einlassen, was dieses oder jenes englische Wort „eigentlich" bedeutet; ich wollte meine Autorität als Trainer und Ausbilder nicht darauf begründen, dass ich den Studierenden Defizite in landeskundlichem und fachspezifischem Wissen nachwies, das ich selbst in der häuslichen Vorbereitung mühsam erworben hatte.

Ich wollte nicht – aber ich musste.

Denn während ich mich damit quälte, eine übersetzerische Kernkompetenz zu definieren, die keine Anwendung einer sprachwissenschaftlichen Modellierung war, die von fremdsprachlichen und muttersprachlichen Fertigkeiten ebenso zu unterscheiden war wie von landeskundlichem Wissen und textexegetischem Können, hatten die Studierenden – und viele Kolleginnen und Kollegen – eine sehr klare Vorstellung davon, worum es beim Übersetzen geht. Wie dieses verführerisch einfache Bild aussieht, habe ich in verschiedenen Publikationen (am umfassendsten 1995 in *Konstruktives Übersetzen*) dargestellt. Es baut sich langsam und unreflektiert auf, gleichsam als kulturell tradierte Konvention, und setzt sich aus vielen Illusionen zusammen, wie zum Beispiel der von der Symmetrie zwischen Ausgangs- und Zieltext, von der Äquivalenz von Wörtern, von **der** Bedeutung eines Textes.

Ich musste zur Kenntnis nehmen, dass meinen ungeordneten Vorstellungen von übersetzerischer Kompetenz ein unerschütterliches Selbstbewusstsein gegenüberstand, das auch in der Bezeichnung abzulesen war, die der *Fachbereich Angewandte Sprachwissenschaft* der Johannes-Gutenberg Universität Mainz in Germersheim damals für sich gewählt hatte – ein Name, der von vielen so verstanden wurde (und wird): „Wer die Regeln und Gesetzmäßigkeiten der Sprachwissenschaft kennt und richtig anwendet, kann auch korrekt übersetzen".

Eine glückliche und pragmatische Wende

Es ist kein gutes Gefühl, allein gegen die Meinung der Mehrheit anzukämpfen. Und die Begabten unter meinen Studenten – besonders ein gewisser Peter A. Schmitt – bemerkten wohl auch, dass ich meine Unsicherheit nicht immer erfolgreich überspielen konnte. Dass aus meinen Zweifeln und Bedenken letztlich doch konstruktive Beiträge entstanden, verdanke ich vor allem meinem Freund, Kollegen und bevorzugten Gesprächspartner Paul Kußmaul.

Er kam wie ich 1971 nach Germersheim und hatte einen ähnlichen Ausbildungshintergrund. Früher als ich verfasste er übersetzungswissenschaftliche Beiträge, denn er war davon überzeugt, dass sich durch viele qualifizierte Einzelbeiträge eine Übersetzungswissenschaft begründen ließe, die auf längere Zeit gesehen nicht mehr ignoriert werden konnte. Und er ermunterte mich, wie er, einen Beitrag dazu leisten.

Ich zögerte. 1977 veröffentlichte Wolfram Wilss sein Buch *Übersetzungswissenschaft. Probleme und Methoden*, mit dem er versuchte, die Wissenschaftlichkeit der noch jungen Disziplin durch eine möglichst genaue Inventarisierung der beteiligten Faktoren auf einer vor allem kommunikationswissenschaftlichen und sprachwissenschaftlichen Grundlage zu begründen. Sein Buch war insofern erfolgreich, als es den wissenschaftlichen Anspruch der Übersetzungswissenschaft dokumentierte und etablierte. Aus meiner Sicht waren jedoch auch neue Ideen nötig, ein Umdenken, ein Paradigmenwechsel. Die Bewahrung, Modifikation und Erweiterung der vorhandenen Terminologie und Begrifflichkeit aus der kontrastiven Linguistik und generativen Grammatik konnte dafür kein Fundament schaffen.

Dieser neue Ansatz war jedoch gerade im Entstehen, und er entstand in Germersheim. Hans J. Vermeer hatte 1972 den Lehrstuhl für Allgemeine Sprachwissenschaft übernommen, sah aber seine Aufgabe nicht darin, die Sprachwissenschaft darzustellen, die dann andere anwenden sollten, um erfolgreich das Übersetzen zu lehren. Er wollte den Status der Übersetzungstheorie klären, und sein programmatischer Aufsatz aus dem Jahr 1978 trug denn auch den Titel: „Ein Rahmen für eine Allgemeine Translationstheorie".

Er entstand in der Zeit, als Vermeer in Vorlesungen und Seminaren der Frage nachging: Was kann man auf höchster Abstraktionsstufe wissenschaftlich begründet über das Übersetzen sagen? Die wissenschaftliche Grundlage sah er nicht in der Sprachwissenschaft, sondern in einer Handlungstheorie.

Vermeers Ideen waren so neu, dass Sigrid Kupsch, Paul Kussmaul und ich im WS 1976/77 an seiner Vorlesung „Anmerkungen zu einer komplexen Translationstheorie" teilnahmen und mit ihm diskutierten. Es ist mir nicht bekannt, ob Vermeer diesen Gesprächen Anregungen verdankt; für mich und Kußmaul trifft dies zweifellos zu. Ich nenne meinen Namen bewusst zuerst, denn während Kußmaul sich bereits entschieden hatte, am Haus Übersetzungswissenschaft mit zu bauen, vermittelten mir der persönliche Stil und die Ideen Vermeers die Motivation und die Perspektive, meinen Weg in die Übersetzungswissenschaft zu finden. Vermeers großes Verdienst war und ist es, die Übersetzungstheorie dem Herrschaftsanspruch der kontrastiven und normativen Sprachwissenschaft zu entziehen, sie in der Pragmatik anzusiedeln und sie für handlungstheoretische, kulturwissenschaftliche, psycholinguistische und interdisziplinäre Ansätze zu öffnen.

Dass Vermeer den Status und die Qualität einer Übersetzung **in Relation zu** ihren Adressaten in der Zielsprache und -kultur betrachten wollte, trug ihm in vulgarisierenden Darstellungen seines Ansatzes den Vorwurf ein, Qualität überhaupt relativieren zu wollen oder gar übersetzerischer Willkür das Wort zu reden.

Aufmerksame Leser (besonders von Reiß/Vermeer 1984) wissen, dass dieser Vorwurf unberechtigt ist. Trotzdem wird damit ein Problem erkennbar, das im allgemeinen Rahmen der so genannten „Skopostheorie" ungelöst bleibt: Wie können innerhalb dieser Rahmentheorie objektive Kriterien für die übersetzerischen Einzelentscheidungen entwickelt werden, die gleichzeitig als Grundlage der Evaluation der Übersetzungsqualität dienen können?

Dieses Problem versuchten Paul Kußmaul und ich 1982 in *Strategie der Übersetzung. Ein Lehr- und Arbeitsbuch* zu lösen. Schon das Wort „Strategie" im Titel verriet dem Eingeweihten, dass wir übersetzerische Handlungen in Relation zu ihren Adressaten betrachten und im Hinblick auf ihren Erfolg betrachten und analysieren wollten, denn eine Strategie kann immer nur dann glücken, wenn sie alle Parameter bestimmt und vernetzt, die eine Situation definieren.

Der Erfolg dieses Buchs übertraf und übertrifft unsere Erwartungen. Mit (im Jahr 2003) rund 10 000 verkauften Exemplaren dürfte es die am weitesten verbreitete übersetzungswissenschaftliche Publikation in deutscher Sprache sein. Überraschend und bezeichnend ist, dass die Verkaufszahlen selbst 15 bis 20 Jahre nach der Erstveröffentlichung stabil bei rund 400 bis 500 verkauften Exemplaren pro Jahr liegen, obwohl wir *Strategie der Übersetzung* ganz bewusst nicht überarbeitet haben. Man könnte deshalb vermuten, dass das Unbehagen, mit dem ich vor dreißig Jahren begann, Übersetzer auszubilden, auch heute noch so weit verbreitet ist wie damals.

Mit unserem Buch wurden Kußmaul und ich zu Vertretern der „funktionalen Schule" in der Übersetzungstheorie – eine Bezeichnung, die nicht von allen als Auszeichnung gedacht war. Es war und ist eine Einschulung, der wir uns (wie andere auch) nur schwer wieder entziehen konnten.

Aus dem Labyrinth und unter die Brücke

Mein weiterer Weg in der Übersetzungswissenschaft lässt sich mit der Metapher des geradlinigen Wegs kaum beschreiben, denn ich bewegte mich in verschiedene Richtungen. Um (auch mir selbst) eine Orientierung zu ermöglichen, beschreibe ich die letzten zwanzig Jahre von meinem heutigen Standpunkt aus, der meinem Bewusstsein in den vergangenen Jahren sicher nicht immer entspricht. Ich nehme dabei die Position jenes freundlichen Helfers ein, der von einem Hochsitz beobachten kann, wo sich ein Besucher eines natürlichen Labyrinths gerade aufhält.

Mit ihrem *Translatorischen Handeln* erweiterte 1984 Justa Holz-Mänttäri den Blick und verengte ihn gleichzeitig auch wieder. Sie beschreibt die Rolle des Übersetzers in einer arbeitsteiligen Gesellschaft und stellt dar, dass er weit mehr ist als ein Bearbeiter. Er ist vielmehr ein Textdesigner, der aufgrund seiner artifiziellen Vermittlungskompetenz in der Lage ist, Bedürfnisse zu ermitteln und zu befriedigen – weder ein Sprachengenie noch ein Erfüllungsgehilfe. Professionell handelnde Übersetzer haben eine translatorische Kompetenz erworben, die translatologisch fundiert ist und sie in die Lage versetzt, als gleichberechtigte Partner kompetent zu beraten.

Wichtig waren und sind mir die Eigenständigkeit der übersetzerischen Kompetenz und ihre artifizielle Natur. Übersetzer werden nicht geboren und „Übersetzen lernt man nicht durch Übersetzen" (so der Titel meines Aufsatzes aus dem Jahr 1988). Wichtig war und ist mir auch die Stellung des Übersetzers in der Gesellschaft, allerdings sehe ich sie wesentlich problematischer als Justa (vgl. dazu "Von der erzwungenen Selbstentfremdung des Übersetzers – Ein offener Brief an Justa Holz-Mänttäri" aus dem Jahr 1992).

Zu dieser Beurteilung trugen ganz wesentlich die Einblicke in die Tätigkeit meiner Frau bei, die zu dieser Zeit als freiberufliche Übersetzerin für Banken und Kreditinstitute arbeitete. Die wichtigste Erkenntnis: Wer gut und gerne als Übersetzerin arbeiten möchte, muss nicht nur Qualität liefern, sondern auch erklären können, was Qualität ist. Wer auch immer der Ansprechpartner bei dem Auftraggeber sein mag – sie oder er hat immer auch eine Meinung dazu, wie eine Übersetzung entsteht und wie man ihre Qualität kontrollieren kann. Häufig handelt es sich dabei um intuitive und unreflektierte Vorstellungen, aber gerade deshalb ist es wichtig, sie sich und der anderen Seite bewusst zu machen. Wenn dies nicht geschieht, hat man als Übersetzerin nur zwei Möglichkeiten: Man resigniert und arbeitet nach der Devise „Sie wollten es ja so haben". Oder man pocht auf die Autorität des eigenen Expertentums, das dann allerdings immer seltener gefragt sein wird.

Weder das eine noch das andere führt dazu, dass man seine Arbeit gut und gerne macht. Auf Dauer wird nur glücklich, wer willens und in der Lage ist, den Zweck einer Übersetzung aus den Ansichten und Meinungen derjenigen abzuleiten (im mathematischen Sinne, also in einer präzisen Funktion darzustellen), die sie initiieren. Das ist gewiss aufwändig und manchmal frustrierend, aber es ist eine Loyalität (zum Begriff vgl. Nord 1993), die beiden Seiten hilft.

Diese Dienstleistung kann jedoch nur erbringen, wer weiß, wie und wo übersetzerische Leistungen entstehen. Für Justa Holz-Mänttäri ist in *Translatorisches Handeln* vorzugsweise die Gesellschaft der Ort dieses Geschehens, später wendet sie sich jedoch – und von ihr dazu angeregt auch ich – dem menschlichen Gehirn, der eigentlichen, mentalen Werkstatt zu.

Schon 1992 hatte ich in einem wissenschaftlichen Beitrag die Frage gestellt: „Wissen Übersetzer eigentlich, was sie tun?" Meine Antwort lautete: Viele Übersetzer haben kein Bewusstsein davon, was sie eigentlich tun. Sie finden sich in ihrer eigenen Werkstatt nicht zurecht, benutzen untaugliche

Instrumente und sind nicht in der Lage, ihre mentalen Arbeitsabläufe effizient zu organisieren. Gleichzeitig fühlen sie sich unverstanden und klagen darüber, dass ihnen nicht erlaubt wird, das für ihre Arbeit nötige Selbstbewusstsein zu entwickeln.

Mein 1995 veröffentlichtes Buch *Konstruktives Übersetzen* (2. Auflage 1997) greift diese Frage erneut auf und versucht, eine konstruktive Antwort zu geben. Es definiert Bewusstsein und Selbstbewusstsein als die stützenden Säulen übersetzerischen Handelns. Sie tragen die Brücke, auf der die übertragenen Gedanken und Texte transportiert werden. Mit dieser für mein Buch zentralen Metapher des vertikalen Errichtens einer Konstruktion für eine Brücke versuchte ich ganz bewusst, die gängigen Conduit-Metaphern zu ersetzen, die das Über-Setzen als eine Bewegung in der horizontalen Ebene darstellen – etwa von einem Ufer des Flusses zum anderen. Dass diese Metapher mitunter bei mir auch überschießende Reaktionen auslöst, wurde sicher auch von den Lesern meines Beitrags für die *Lebenden Sprachen* (1999) mit dem Titel „Hans macht klick" bemerkt.

Ich habe – obwohl es der Titel nahe legt – in meinem Buch auf eine Auseinandersetzung mit dekonstruktivistischen Ansätzen verzichtet, die inzwischen auch die Übersetzungstheorie erreicht haben. Zum Abschluss meines Beitrags möchte ich die unbequeme, aber von mir nun einmal eingenommene Position auf dem Hochsitz dafür nutzen, einen Blick darauf zu werfen.

Derrida postuliert – vor allem in *Des Tours de Babel* (1985) – die prinzipielle und kategorische Unübersetzbarkeit. Der Turm zu Babel wird eine zentrale Metapher: Gott zerstört ihn und mit ihm das gemeinsame Erbe ihrer Bewohner. Damit macht er die Übersetzung gleichzeitig nötig und unmöglich. Sie ist für den Dekonstruktivisten Derrida eine Notwendigkeit, gleichzeitig aber auch ein ständiger Beweis der Schuld, denn niemand kann die eigentliche und einzigartige Bedeutung des Originals in einer anderen Sprache wiederherstellen: „You have to find the best way to be untrue to the original, to perjure in the best way. This is the double bind." (so Derrida kürzlich in einem Interview in der Los Angeles Times am 12. April 2002).

Natürliche Sprachen stellen demnach ein geschlossenes, symbolisches System dar, dem ihre Benutzer nicht entrinnen können. Wie sprachliche Zeichen ihre Bedeutung durch ihre Opposition oder Nähe zu anderen erlangen, und wie einzelne Wörter durch andere definiert werden, verweisen auch Texte immer nur auf andere Texte und nicht auf eine Realität außerhalb ihrer selbst. Schon aus diesem Grund ist es aus dekonstruktivistischer Sicht ein hoffnungsloses Unterfangen, eine oder gar die richtige Übersetzung eines Textes von der einen Sprachkultur in die andere anzustreben oder gar das „richtige" Übersetzen zu lehren.

Beobachtungen der Welt sind im dekonstruktivistischen Weltbild nur innerhalb des perspektivischen Rahmens möglich, den uns das sprachliche System erlaubt. Das ist im Grunde keine neue Erkenntnis – die kognitive Psychologie (z.B. Pinker 1995, 1998) und Untersuchungen zur Evolution des

Gehirns (z.B. Deacon 1997) kommen ebenfalls zu diesem Ergebnis. Der Dekonstruktivismus sieht den Ort der Bewusstseinsbildung jedoch nicht im Gehirn, sondern in der Gesellschaft, und so ergibt sich aus der epistemologischen Dekonstruktion die Forderung einer sozialen Re- und Neukonstruktion, die wiederum bei der Sprache anfängt. Ein ideales Instrument für diese Umerziehung der Gesellschaft könnte dabei die Übersetzung sein – inter- und intralingual.

Ich habe immer wieder – und auch in diesem Beitrag – betont, dass Nutzer, Auftraggeber und Hersteller von Übersetzungen intuitive Vorstellungen davon haben, was eine Übersetzung ist. Dies bedeutet jedoch nicht, dass die Gesellschaft oder gar eine herrschende Klasse dieses Bewusstsein prägt. Der Ort, an dem Bewusstsein entsteht, ist das menschliche Gehirn.

Diese Bewusstsein bildende Prozesse mag man als dekonstruktiv oder als konstruktiv bezeichnen, man muss jedoch davon ausgehen, dass schon die Schaffung des Bewusstseins voraussetzt, dass unser Gehirn selbstreferentiell operiert. Auch die Sprache ist ein selbstreferentielles, symbolisches System.

Die Ursache dafür liegt in der entwicklungsbedingten Physiologie des Gehirns (näheres bei Deacon 1997). Der Dekonstruktivismus sieht das Gehirn dagegen als eine unbeschriebene Festplatte, die von der Gesellschaft, insbesondere durch deren Sprachsystem und kulturelle Normen beschrieben wird. Unser Verstehensapparat wäre dann formbar wie Plastilin und durch sprachliche Schablonen und kulturelle Normen der Gesellschaft geprägt. Der Weg zur eigentlichen Erkenntnis wäre uns demnach verstellt; um die Wirklichkeit zu erkennen, müssten wir alle Produkte dieser Gesellschaft, besonders aber Texte, aus den Zwängen der Systeme herauslösen, die sie geschaffen haben – sie also dekonstruieren.

Kognitiv-evolutionär betrachtet konstruiert dagegen das Gehirn unser Bewusstsein – es kann keine andere als die für uns reale Wirklichkeit schaffen. Diese ist zwar möglicherweise nicht eine absolute Welt *an sich*, wohl aber ist es unsere, also eine strukturierte und geordnete Welt, in der wir uns zurechtfinden und in der wir kooperieren und kommunizieren können. Insofern ist eine feministische oder antikolonialistische Übersetzung genauso konstruktiv, dekonstruktiv, opportunistisch und funktional wie jede andere Übersetzung mit einem definierten Zweck.

Aus meiner Sicht wird der wissenschaftliche Anspruch der Übersetzungswissenschaft nicht dadurch begründet, dass sie sich mit dem ontologischen Status der Übersetzung in einem utopischen Raum beschäftigt. Übersetzungen in der realen Welt der professionellen Übersetzerinnen und Übersetzer können und müssen ein konstruktiver Beitrag zur Kooperation und Kommunikation sein. Der scheinbar so hehre Anspruch, ihnen einen Nachweis der kulturellen Neutralität oder der naturwissenschaftlichen Korrektheit abzuverlangen oder sie für ihre absolute Wahrheit beweispflichtig zu machen, bringt sie diesem Ziel nicht näher.

Aus meiner Sicht war und ist es nicht die Aufgabe der Übersetzungswissenschaft, über den Pfad zum Paradies zu spekulieren, sondern die Wege im
und aus dem Labyrinth zu beschreiben.

Bibliografie

Deacon, Terrence (1997): *The Symbolic Species. The co-evolution of language and the
    human brain*. London: Penguin Books.
Holz-Mänttäri, Justa (1984): *Translatorisches Handeln. Theorie und Methode*,
    Helsinki: Suomalainen Tiedeakatemia.
Hönig, Hans G. (1986): Übersetzen zwischen Reflex und Reflexion. Ein Modell der
    übersetzungsrelevanten Textanalyse. In: Mary Snell-Hornby (Hrsg.): *Über-
    setzungswissenschaft. Eine Neuorientierung*. Tübingen: Francke UTB, 230-251.
Hönig, Hans G. (1987): Wer macht die Fehler. In: Jörn Albrecht et al. (Hrsg.):
    Translation und interkulturelle Kommunikation. Bern: Lang, 37-46.
Hönig, Hans G. (1988a), Wissen Übersetzer eigentlich, was sie tun?. In: *Lebende
    Sprachen* 33, Heft 1, 10-14.
Hönig, Hans G. (1988b): Übersetzen lernt man nicht durch Übersetzen. Ein Plädoyer
    für eine Propädeutik des Übersetzens. In: *FLuL (Fremdsprachen lehren und
    lernen)* 17, 154-167.
Hönig, Hans G. (1992): Von der erzwungenen Selbstentfremdung des Übersetzers –
    Ein offener Brief an Justa Holz-Mänttäri. In: *TEXTconTEXT* 7, 1-14.
Hönig, Hans G. (1993): Vom Selbst-Bewußtsein des Übersetzers. In: Justa Holz-
    Mänttäri/ Christiane Nord (Hrsg.): *Traducere Navem – Festschrift für
    Katharina Reiß zum 70. Geburtstag*. Tampere, 77-90.
Hönig, Hans G. (1995a): *Konstruktives Übersetzen*. (= Studien zur Translation, Bd.1)
    Tübingen: Stauffenburg.
Hönig, Hans G. (1995b): *Opportunität als Prinzip. Der Übersetzungsprozeß als
    neuronales Geschehen*. In: TEXTconTEXT 4, 211-226.
Hönig, Hans G./ Paul Kußmaul (1982): *Strategie der Übersetzung. Ein Lehr- und
    Arbeitsbuch*. Tübingen: Narr.
Hönig, Hans G. (1998b): Sind Dolmetscher bessere Übersetzer? In: *Jahrbuch Deutsch
    als Fremdsprache* 24, 323-344.
Hönig, Hans G. (1999): Hans macht klick. Ein in-grimmiger Beitrag zur Über-
    setzungstheorie. In: *Lebende Sprachen* 44, Heft 3, 97-102.
Nord, Christiane (1993): Einführung in das funktionale Übersetzen. Am Beispiel von
    Titeln und Überschriften. Tübingen (= UTB 1734).
Oeser, Erhard/ Seitelberger, Franz (1988): *Gehirn, Bewußtsein und Erkenntnis*.
    Darmstadt: Wissenschaftliche Buchgesellschaft.
Pinker, Steven (1995): *The Language Instinct. The New Science of Language and
    Mind*. London/New York: Penguin Books.
Pinker, Steven (1998): *How the mind works*. London: Allen Lane, The Penguin Press.
Snell-Hornby, Mary/ Hans G. Hönig/ Paul Kußmaul/ Peter A. Schmitt (Hrsg.) (1998):
    Handbuch Translation. Tübingen: Stauffenburg.
Vermeer, Hans J. (1978): Ein Rahmen für eine Allgemeine Translationstheorie. In:
    Lebende Sprachen 23, Heft 3, 99-102.

Peter Holzer (Innsbruck)

Übersetzen und Übersetzungswissenschaft –
der lange Weg zum Ziel

In einer Familie im salzburgischen Pongau geboren, wuchs ich als sechstes von sieben Kindern bis zu meinem Eintritt ins Gymnasium in einer ländlichen Idylle auf. Der Großteil meiner Freunde und Kameraden der Volksschulzeit stammte aus Bauernfamilien, und so verbrachte ich meine freien Stunden mit Vorliebe in Scheunen und Ställen, im Wald oder auf dem Feld, um bei Holz- und Heuarbeiten zuzusehen, mitunter auch um dabei zu helfen. Mein Vater wollte mich als Hochbauingenieur zwar frühzeitig für das Technische begeistern, doch war meine Neigung dazu schon damals nicht stark genug, um ihm auf diesem Weg zu folgen. Vier meiner älteren Geschwister befanden sich damals bereits in technischen Bundeslehranstalten und sollten später als Bauingenieure dem Wunsch des Vaters gerecht werden.

Nach der Volksschule, also mit zehn Jahren, kam für mich der erste große Lebenseinschnitt. Da es in meinem Heimatort keine allgemeinbildende höhere Schule gab und als Alternative dazu nur die Hauptschule blieb, schickten mich meine Eltern nach Salzburg in ein Realgymnasium. Als Unterkunft war ein Internat vorgesehen, in dem der Tagesablauf wie in Heimen üblich stark reglementiert war und von der Freiheit, die ich in meinen Kinderjahren hatte, nichts mehr zu spüren war. Auch der Umstieg in die städtische Welt verlief nicht ohne Schwierigkeiten. In der Schule als Landpomeranze belächelt, konnte ich erst durch meine sportlichen Fähigkeiten das Wohlwollen meiner Mitschüler gewinnen. Mit der Zeit fand ich jedoch auch am städtischen Leben Gefallen und empfand Ferien zuhause bei meinen Eltern zusehends als unnötige Unterbrechung meiner neu gewonnenen sozialen Kontakte. Im Alter von vierzehn Jahren wollte mein Vater mich zum Umstieg in eine höhere technische Lehranstalt bewegen, mein Wille und die Einschätzung meiner persönlichen Fähigkeiten war aber damals schon stark genug, um hier zu widerstehen. So leistete ich die gesamte Zeit bis zur Matura in besagtem Gymnasium ab. Meine Vorliebe für Geschichte und Sprachen kam dabei immer stärker zum Vorschein, was sicher auch damit zu tun hatte, dass ich in diesen Fächern hervorragende Lehrer hatte, die es verstanden, mein Interesse zu wecken. Die „Verpflichtung" meinem Vater gegenüber erschöpfte sich darin, in den Ferien auf diversen Baustellen als Maurergeselle zu arbeiten.

Nach der Matura durchlief ich einen inneren Konflikt, der mein Leben für die nächsten sechs Jahre bestimmen sollte. Obwohl ich mir meiner Interessen und Neigungen bewusst war, konnte ich mich nicht entscheiden, sofort ein Studium zu beginnen. Dazu kam der Wunsch, endlich selbst Geld zu verdienen, um auf eigenen Beinen zu stehen. Also begann ich, mir Arbeit zu suchen, die zwar nichts mit meiner bisherigen Ausbildung zu tun hatte, mir aber in kurzer

Zeit die nötige finanzielle Selbständigkeit brachte. Die Palette meiner damaligen Arbeitsplätze mutet sicher etwas sonderbar an: Kohlenbergwerk, Salzbergwerk, Ölbohrinsel, Spedition etc. Schließlich zwei Jahre auch noch im elterlichen Betrieb. Mit sechsundzwanzig Jahren und einigen finanziellen Reserven in der Tasche machte ich mich für ein Jahr auf den Weg in die USA, wo ich neben weiteren Gelegenheitsarbeiten meine Englischkenntnisse zu verbessern suchte und dabei auch Vorlesungen über *political science, history* und *linguistics* an der Universität von Virginia besuchte. Einer meiner Brüder, der schon seit Jahren in Virginia lebte und als Professor am Virginia Polytechnic Institute and State University unterrichtete, versuchte mich zum Bleiben und zum Beginn eines Studiums zu überreden. Ich entschloss mich aber, nach Österreich zurückzukehren und mich hier einem Studium zuzuwenden.

Aus pragmatischen und berufsperspektivischen Erwägungen wählte ich das Studium der Rechtswissenschaften, dessen historische, strafrechtliche und rechtsphilosophische Teile mich besonders ansprachen. Als Studienort wählte ich Innsbruck. Nach kurzer Zeit stellte ich jedoch fest, dass es beim Rechtsstudium auch langweilige Pflichtfächer gab, die man irgendwie ableisten musste. Um diesen Umstand ein wenig auszugleichen, besuchte ich am Institut für Romanistik Sprachkurse für Spanisch und Portugiesisch, die damals gerade neu in das Programm aufgenommen wurden. Beide Sprachen riefen einen ungeheuren Enthusiasmus in mir hervor, sodass ich mich immer tiefer darin begrub, um schließlich den Entschluss zu fassen, neben dem Erststudium auch ein Studium der Romanistik und als Erweiterung etwas später auch noch ein Studium der allgemeinen und angewandten Sprachwissenschaft zu beginnen. Das Studium der Rechtswissenschaften schloss ich nach fünf Jahren ab, ohne danach einen der üblichen Rechtsberufe anzustreben. Die Beschäftigung mit Recht sollte mir jedoch bei der Übersetzung von Rechtstexten, die ich bereits damals für verschiedenste Auftraggeber aus dem privatwirtschaftlichen Bereich übernahm, eine große Hilfe sein. Auch in meiner späteren Beschäftigung am Institut für Translationswissenschaft zeigte sich, dass der Erwerb dieses Fachwissens nicht umsonst war.

Kurz nach Beginn meines Romanistikstudiums kam Georg Bossong, damals Professor am Romanischen Seminar der Universität München, Schüler von Kurt Baldinger und Klaus Heger, als Gastprofessor nach Innsbruck, um für die Studierenden der Hispanistik und Lusitanistik Vorlesungen, Proseminare und Seminare abzuhalten. Bis zur Beendigung meines Romanistikstudiums habe ich fast sämtliche Lehrveranstaltungen von Bossong besucht und bin, nachdem das Angebot für Portugiesisch in Innsbruck reduziert wurde, ihm auch zu den einschlägigen Lehrveranstaltungen nach München gefolgt. Durch seine Ausrichtung nicht nur auf die klassischen Bereiche der Romanistik sondern speziell auch auf Bereiche der allgemeinen Sprachwissenschaft gelang es ihm, das Interesse der Studierenden für die oft als „trocken" empfundene Materie zu wecken. Ganz besonders in Erinnerung ist mir sein Vorlesungszyklus zur Geschichte der spanischen Sprache, der auf vier Semester angelegt war. Im

Turnus wurde jede Vorlesung von einem der Teilnehmer auf Schreibmaschine getippt und dann an die anderen verteilt. So hatten wir am Ende ein feinsäuberliches Skriptum, das ich noch heute fast wie ein Heiligtum bewahre und bei bestimmten Fragen immer wieder konsultiere. Das Besondere daran war, dass man den Stoff der Vorlesungen in dieser detaillierten Form kaum sonst wo nachlesen konnte. Darüber hinaus bekam ich in diesen Jahren viele Impulse zur weiteren Beschäftigung mit dem einen oder anderen Thema. Den Schlusspunkt zu diesem Kapitel bildete die von Bossong betreute Diplomarbeit mit dem Titel „Aspekte der Morphosyntax des portugiesischen Kreolisch von Guinea-Bissau, der Kapverdischen Inseln und der Ilha do Príncipe", ein Thema, an das ich mich aus eignen Stücken wohl nie gewagt hätte. Mit Unterstützung Bossongs war dies machbar. Die Kreolistik fasziniert mich auch heute noch, obgleich ich mich aufgrund fachlicher Notwendigkeiten dem Thema nicht mehr so widmen kann, wie ich es vielleicht möchte.

Im Rückblick auf mein Romanistikstudium darf auch noch ein anderer Name nicht unerwähnt bleiben: Maria Iliescu. M. Iliescu kam Mitte der 80er Jahre als Professorin nach Innsbruck und hielt jahrelang die Vorlesung „Einführung in die romanische Sprachwissenschaft". Als Romanistin, Indogermanistin, klassische Philologin (Schülerin von Alexandru Graur) begeisterte sie durch ihr umfassendes Wissen und ihre besonderen didaktischen Fähigkeiten. Daneben hielt sie auch spezielle Lehrveranstaltungen zum Vulgärlatein ab – für jeden Romanisten eine unwiederbringliche Gelegenheit, Kenntnisse in diesem historisch wichtigen Bereich zu erwerben. Auch Rumänisch-Kurse bei Maria Iliescu waren ein Fixpunkt in meinem Studienablauf. Einem kleinen Kreis von ehemaligen Schülern und Studierenden gibt sie auch heute noch regelmäßig Rumänischunterricht. Frau Iliescu war es auch, die mir den Weg hin zur Übersetzungswissenschaft zeigte, indem sie mich auf ein Dissertationsthema brachte, das sowohl mit kontrastiver Linguistik als auch mit Übersetzungstheorie im Zusammenhang stand: „Das Relationsadjektiv in der spanischen und deutschen Gegenwartssprache". Die Beschäftigung mit den Kreolsprachen lief nebenher, und so kam es, dass ich nach einem Kolloquium zur Kodifizierung romanischer Kleinsprachen, bei dem ich einen Vortrag zur Kodifizierung des Kapverdischen hielt, von Michael Metzeltin das Angebot bekam, als Assistent an die Romanistik nach Wien zu kommen. Aus familiären Gründen musste ich jedoch dieses Angebot ausschlagen.

Etwa zur selben Zeit wurde am Institut für Romanistik der Universität Innsbruck eine Karenzstelle für einen Vertragsassistenten mit Halbbeschäftigung ausgeschrieben. Ich bewarb mich und bekam die Stelle. Professor Plangg, mein unmittelbarer Vorgesetzter, der mir als Lehrer über viele Jahre ebenfalls hilfreich zur Seite stand, ließ mich bereits im ersten Semester meiner Tätigkeit ein Proseminar zum Altspanischen abhalten – ein Sprung ins kalte Wasser! Hier kam mir jedoch zugute, dass ich zur spanischen Sprachgeschichte und zum Vulgärlatein schon vieles gehört hatte. Nach anfänglichem Bauchgrimmen bekam ich die Sache gut über die Bühne, sodass ich in der Folge auch mit weiteren Proseminaren zur spanischen Sprachgeschichte, Syntax und Lexikologie betraut wurde. Die zwei letztgenannten Bereiche sollten auch bei meinen Spanisch-Lehrveranstaltungen am Institut für Translationswissenschaft eine wichtige Rolle spielen.

Als im Frühjahr 1990 am damaligen Institut für Übersetzer- und Dolmetscherausbildung der Universität Innsbruck eine Assistentenstelle ausgeschrieben wurde, sah ich eine Chance, meine Beschäftigung an der Universität von halb auf voll zu erweitern. Ende der 80er Jahre wurden die Übersetzer- und Dolmetscherinstitute Wien, Graz und Innsbruck mit den ersten Professuren ausgestattet, Annemarie Schmid erhielt den Lehrstuhl in Innsbruck. Mit den Professuren wurden auch neue Assistentenstellen geschaffen und ich hatte das Glück, eine dieser Stellen zu bekommen. Meine Dissertation lenkte ich nun mehr in Richtung „Übersetzen" und „Übersetzungstheorie", gleichzeitig versuchte ich, mich intensiv in mein neues Betätigungsfeld einzulesen.

Der Umstieg von der Romanistik zu den Übersetzern und Dolmetschern war nicht einfach, weder vom Arbeitsauftrag und -umfeld her noch von der Materie selbst. An der Romanistik wurde ich kaum mit Verwaltungsangelegenheiten behelligt und konnte mich ungehindert Forschung und Lehre widmen. Bei den Übersetzern gab es eine gewisse „Tradititon", dass Assistenten sich auch in der Verwaltung zu betätigen haben. Frau Professor Schmid war trotz allem bemüht, das Ausmaß dieser Tätigkeiten in einem erträglichen Rahmen zu halten und jeden Einzelnen auch in seiner Forschungsverpflichtung zu unterstützen. Eine Umstellung anderer Art stellte die Praxisorientierung eines Großteils der Lehre an diesem Institut dar. Wie aus der Bezeichnung des Instituts, inzwischen geändert in „Institut für Translationswissenschaft", bereits hervorging, lag – und liegt zum Teil noch heute – der Schwerpunkt in der (praktischen) Ausbildung der Studierenden. Das spiegelt sich auch im Personalbereich bei den Bundes- und Vertragslehrern wider. Viele der Lehrer (und Lehrbeauftragten) kommen aus der Praxis, sind neben ihrer Lehrtätigkeit als Übersetzer und/oder Dolmetscher tätig.

Was mich persönlich betraf, so konnte ich mich auf die Praxisbezogenheit bis zu einem gewissen Grad einstellen – und kann ihr wohl auch viel Gutes abgewinnen. Ich konnte vor allem meine Erfahrungen als freiberuflicher Übersetzer in den Unterricht einbringen und die Studierenden davon überzeugen, dass es nützlich ist, sich in ein oder mehrere Fachgebiete – wie Technik, Recht, Wirtschaft, Medizin – einzuarbeiten, um den Praxisanforderungen gerecht zu werden. Statistisch gesehen liegen Fachübersetzungen zu den genannten Bereichen ja noch immer im Spitzenfeld des gesamten Übersetzungsmarktes.

Mit der Rezeption der übersetzungswissenschaftlichen Literatur, deren Vermittlung an die Studierenden und dem gezielten Vorantreiben der eigenen übersetzungswissenschaftlichen Laufbahn war es eine andere Sache. Als ich an das Institut kam und mich sukzessive in die einschlägige Literatur einlas, war im deutschsprachigen Raum gerade der Streit zwischen der linguistisch orientierten und der funktionalen Übersetzungswissenschaft voll im Gange. Als Romanist und Sprachwissenschafter war mir naturgemäß der linguistische Ansatz wesentlich näher, weil ich hier doch mit einigermaßen bekannten Dingen konfrontiert wurde und sie gleich in meine Arbeiten einbauen konnte. Dennoch habe ich mir nach und nach auch die verschiedenen funktionalen Ansätze vorgenommen und sie zum Teil auch in den Übersetzungsunterricht, vor allem in das nach dem Innsbrucker Studienplan bestehende Pflichtfach „Translatorische Basiskompetenz" einzubauen versucht. Ehrlich gestanden ist es mir auch jetzt nach einigen Jahren noch nicht gelungen, diese Polarisierung in irgendeiner Form zu verstehen. Ich kann der einen wie auch der anderen Position gute Seiten abgewinnen, lehne es aber schlichtweg ab, als Vertreter eines bestimmten theoretischen Ansatzes oder aufgrund einer „Herkunft" als „Philologe" oder „Linguist" abqualifiziert zu werden.

Nach mehr als zehn Jahren in der Übersetzungswissenschaft und an einem übersetzungs-(bzw. translations-)wissenschaftlichen Institut stelle ich fest, dass die facheinschlägige Literatur ein kaum überschaubares Ausmaß erreicht hat und es fast unmöglich ist, sich durch sämtliche Publikationen durchzulesen. Man kann eigentlich nur mehr selektiv vorgehen und sich auf bestimmte Bereiche konzentrieren. Derzeit sind es vor allem zwei Bereiche, auf die ich mein Augenmerk lenke: Literarisches Übersetzen und Übersetzen von Rechtstexten. Literarisches Übersetzen, weil mich belletristische Literatur immer schon interessiert hat, vor allem aber auch, weil ich verfolge, in welchem Ausmaß gerade spanische und portugiesische Literatur in den letzten Jahrzehnten ins Deutsche übersetzt wurde. Nicht zuletzt auch, weil die Studierenden Literarisches Übersetzen sehr gerne im Lehrangebot sehen und es Spaß macht, zu diesem Thema Lehrveranstaltungen abzuhalten. Übersetzen von Rechtstexten aus dem Umstand heraus, dass ich hier schon Fachwissen mitbringe und feststelle, dass durch die europäische Integration der Markt für Rechtsübersetzungen kontinuierlich anwächst. Schließlich soll auch nicht unerwähnt bleiben, dass die übersetzungsrelevante Literatur zum Bereich Recht noch einige Lücken aufweist, die zur Beschäftigung mit diesem Thema anregen.

Meine Erfahrungen der letzten Jahre möchte ich folgendermaßen zusammenfassen: Obwohl ich mit dem Herzen bis zu einem gewissen Grad noch immer Romanist bin, habe ich gelernt, die „Herausforderung" Übersetzungswissenschaft anzunehmen. Sie hat mich gelehrt, sprachliche Probleme aus einer gänzlich anderen Perspektive zu sehen, die mir früher nicht zugänglich war. Dieses Umdenken betrifft nicht nur die wissenschaftliche Arbeit, es setzt sich auch in der Lehre fort, zumal es unumgänglich ist, wissenschaftlich-theoretische Probleme auch vorzutragen, die von den Studierenden dann auf ihre Art und Weise auch kommentiert werden. Wie sich auch generell betrachtet das Verhältnis von Praxis und Theorie im Studium – früher in einem krassen Missverhältnis – inzwischen auf ein sinnvolles Maß eingependelt hat. Das Miteinbeziehen der Praxis in Lehre und Forschung hat für mich persönlich aber auch den Effekt gebracht, die Augen offen zu halten und nicht zu einseitig zu werden.

Ich bin zwar auf reichlich verschlungenen Wegen und letzten Endes durch reinen Zufall zu meiner derzeitigen Beschäftigung gekommen, bereue diesen Weg jedoch in keiner Weise und danke all jenen, die mich dabei unterstützt haben. Die Beschäftigung mit dem Übersetzen und der Übersetzungswissenschaft hat in mir das Gefühl ausgelöst, nicht am Ende sondern am Anfang eines Prozesses zu stehen, in dem es noch viel zu tun gibt. Dieses Gefühl ist ein Garant dafür, dieser Arbeit auch weiterhin seine volle Energie zu widmen.

Bibliographie

Das Relationsadjektiv in der spanischen und deutschen Gegenwartssprache. Wilhelmsfeld: Egert 1996 (pro lingua; Bd. 26).

(mit Cornelia Feyrer) (Hg.): *Text, Sprache, Kultur. Festschrift zum 50jährigen Bestehen des Instituts für Übersetzer- und Dolmetscherausbildung der Universität Innsbruck.* Frankfurt/M.: Lang 1998.

Textlinguistische Kategorien und Übersetzen: Isotopie als Instrument der Übersetzungskritik und der Übersetzungsevaluation. In: *Moderne Sprachen* 42/1 (1998), 1-19.

(mit Cornelia Feyrer) (Hg.): *InnTrans. Innsbrucker Beiträge zu Sprache, Kultur und Translation. Band 1: Translation: Didaktik im Kontext.* Frankfurt/M.: Lang 2002.

Textlinguistik und Übersetzungswissenschaft – Entwicklung und Interaktion. In: *Linguistica Antverpiensia: Linguistics and Translation Studies* 1/2002, 29-40.

Skopostheorie und Rechtsübersetzung. Erscheint in: Festschrift für Heidemarie Salevsky, 2004.

Klaus Kaindl (Wien)

Am Rande der Wissenschaft: Zufall und Neigung als Wegführer

Als Wissenschaftler ist man geübt im Theoretisieren, Modellieren und Analysieren. Die Rollen sind dabei stets klar verteilt: Einerseits gibt es hier das eigene Selbst als forschendes Subjekt, andererseits das zu beforschende Objekt, das unter die Lupe genommen wird. Die Szenerie wird abwechselnd von Universität, Tagungen, Kongressen, altmodischen (auch heute noch realen) Studierstuben und modernen virtuellen Internetwelten gebildet. Im vorliegenden Fall ist die Rollenverteilung allerdings keineswegs so klar. Zwar geht es um eine sachliche, möglichst objektive und nachvollziehbare Darstellung, allerdings ist diesmal eine Trennung von Subjekt und Objekt nicht so eindeutig, soll man doch das eigene Ich in seiner Beziehung zur Wissenschaft in den Mittelpunkt stellen. Damit wird auch die Szenerie über den beruflichen Rahmen hinaus ins Private erweitert.

Natürlich hat die Art und Weise, wie man Wissenschaft betreibt, immer auch mit der eigenen Person zu tun, Persönliches ist in der Forschung allerdings für aufmerksame LeserInnen höchstens zwischen den Zeilen eines Textes heraus zu lesen, ist nicht Gegenstand des Textes selbst. Eine Selbstdarstellung, eine Beschreibung des eigenen Wegs in **die** Translationswissenschaft, also das Finden zur Wissenschaft, beziehungsweise des Wegs in **der** Translationswissenschaft, also der eigenen wissenschaftlichen Profilbildung innerhalb der Disziplin ist somit ein Grenzgang zwischen Privatem und Öffentlichem, Persönlichem und Allgemeinem, Subjektivem und Objektivem. Als Translationswissenschaftler hat man hier vielleicht einen Vorteil: Grenzgänge sind unser Geschäft, und zwar in vielerlei Hinsicht: zwischen Sprachen, zwischen Kulturen und zwischen Disziplinen.

Der Weg in die Translationswisssenschaft

Mein beruflicher Weg an die Universität beziehungsweise zur Translationswissenschaft ist wohl eher das Resultat einer Reihe von Zufallstatsachen als eines konkreten Hinarbeitens auf eine akademische Karriere. Der einzige rote Faden, der allerdings auch erst im Rückblick für mich als solcher erkennbar ist, besteht im Interesse an anderen Sprachen und Kulturen und der Freude, sich andere Ausdrucksweisen zueigen zu machen. Eine Prägung, die vielleicht auch mit den eigenen Wurzeln zu tun hatte. Mein erstes bewusstes, wenn auch naives Erleben von sprachlicher Andersartigkeit erfuhr ich gewissermaßen durch das Elternhaus: Als Kind eines österreichischen Vaters und einer deutschen Mutter war meine Ausdrucksweise durch ein phonetisches und lexikalisches Gemisch des deutschen und österreichischen Idioms geprägt, was bei Klassen- und Spielkameraden aber auch bei Lehrern bisweilen zu Bemerkungen wie: „Wieso

redest du so komisch" führte. Nun will man als Kind und Jugendlicher keinesfalls anders sein als die anderen, was dazu führte, dass man sich in seinem
sprachlichen Verhalten an seine Umgebung anzupassen versucht. Während
dieses sprachliche Anderssein also zunächst noch als lästig empfunden wurde,
eröffnete der Kontakt mit anderen Sprachen im Gymnasium, zunächst Englisch,
dann Latein und Französisch, eine neue, willkommene Welt. Mit dem Lateinunterricht kam ich dabei erstmals in Berührung mit einem Thema, das mein
zukünftiges berufliches Leben bestimmen sollte: der Übersetzung. Obzwar eine
tote Sprache, empfand ich, nach einigen Anfangsschwierigkeiten, das Übertragen von Cicero, Caesar, Vergil ins Deutsche als etwas Lebendiges, was nicht
zuletzt auch an meiner Lehrerin lag, die weniger Wert auf das Reproduzieren
von Grammatikstrukturen als das Verstehen und die verständliche Wiedergabe
der Texte legte. Durch sie wurde auch meine Begeisterung für Französisch
geweckt. Nach der Reifeprüfung war klar, dass ich „irgendetwas mit Sprachen"
machen wollte, dass die Wahl auf, wie es damals hieß, das Institut für
Übersetzer- und Dolmetscherausbildung der Universität Wien fiel, war eher
zufällig. Eine Bekannte, die zwei Jahre vor mir maturiert hatte, erzählte mir,
dieses Studium sei interessant und vielseitig und „viel besser als das Lehramtsstudium". Dass es auch andere Möglichkeiten der Auseinandersetzung mit
Sprache gegeben hätte, war mir zum damaligen Zeitpunkt nicht bewusst, daher
entschied ich mich für das „praxisnahe Dolmetschstudium" in der Kombination
Französisch/Spanisch. Auf Anraten meiner Französischlehrerin aus dem Gymnasium inskribierte ich darüber hinaus – ohne wirkliches Interesse –
Volkswirtschaft, was ich nach vier Semestern vergeblicher Annäherung an
Statistik und Buchhaltung sein ließ. Statt dessen vagabundierte ich durch Vorlesungen an der Musikwissenschaft und Theaterwissenschaft, die mir – vor
allem aufgrund meiner erwachten Begeisterung für die Oper – viel mehr zu
sagen hatten als Bilanzen und Budgets. Als es nach einem wissenschaftsfreien
Übersetzungsstudium zur Wahl des Diplomarbeitsthemas kam, war für mich nur
so viel klar, dass es „irgendetwas mit Oper" sein sollte. Es wurde eine
Übersetzungskritik der französischen Oper *Manon* von Massenet, die ich
größtenteils während eines Studienaufenthaltes in Spanien verfasste und nach
der ich vom wissenschaftlichen Arbeiten ziemlich genauso wenig Ahnung hatte
wie zuvor. Dies lag einerseits daran, dass Seminare, in denen man wissenschaftliches Arbeiten beziehungsweise die Auseinandersetzung mit Übersetzungstheorien lernte, im Studienplan kaum vorkamen und auch daran, dass
Diplomarbeiten „auswärts" geschrieben werden mussten, das heißt bei Profes-
sorInnen anderer Institute, da am Übersetzer- und Dolmetscherinstitut zum
damaligen Zeitpunkt noch kein Lehrstuhl eingerichtet war. Die Betreuung
erschöpfte sich – zumindest in meiner Erfahrung – im Anmelden des Themas
und der Abgabe der Arbeit.

Dennoch (oder vielleicht auch weil ich keine Ahnung hatte, was es
eigentlich bedeutet, eine Dissertation zu schreiben) konkretisierte sich in dem
Jahr als Assistenzlehrer in Frankreich, das ich nach meiner Sponsion 1987

antrat, der Wunsch, ein Doktoratsstudium zu beginnen. Nach meiner Rückkehr und während ich meinen Zivildienst absolvierte, begann ich mit der Suche nach einem möglichen Betreuer für das von mir gewählte Thema Opernübersetzung. Ich wurde an den Instituten für Germanistik, Musikwissenschaft und Theaterwissenschaft der Universität Wien vorstellig und präsentierte einer Reihe von Professoren, die mir aufgrund der von ihnen angebotenen Vorlesungen als Betreuer in Frage zu kommen schienen, mein Vorhaben. Die Reaktionen reichten von milder Skepsis über freundliche Ablehnung bis zu dezidiertem Abraten von einem solchen Thema. Zufällig erfuhr ich im Rahmen eines AbsolventInnentreffens, dass es am Dolmetschinstitut nun eine Professorin namens Snell-Hornby gebe, bei der man auch dissertieren könne... Diesen einen Versuch wollte ich noch unternehmen. Bei meinem telefonischen Anruf erklärte mir eine dynamisch klingende Frauenstimme, dass sie das Thema ganz wunderbar fände und ich doch zu einem Gespräch vorbeikommen sollte. Dass meine Vorstellung, was die Herangehensweise an die Arbeit betraf, reichlich vage war und auch, dass ich mit übersetzungswissenschaftlichen Theorien kaum vertraut war, akzeptierte sie äußerst verständnisvoll als Tatsache ebenso wie meine äußerst durchschnittliche Diplomarbeit. Schließlich fragte sie mich nach meinen weiteren beruflichen Plänen und ob ich mir nicht vorstellen könnte, mich für eine der am Lehrstuhl ausgeschriebenen Assistentenstellen zu bewerben. Da es am Institut für Übersetzer- und Dolmetscherausbildung zu meiner Zeit keine AssistentInnen gegeben hatte, wusste ich auch nicht, was man als solcher zu tun hatte. Auf meine naiv-pragmatische Frage: „Ich weiß nicht, was man da können muss" erfolgte als vertrauensvolle Antwort: „Das können sie schon". Und mit diesem großen Vertrauensvorschuss habe ich den Weg in die Translationswissenschaft beschritten.

Wege in der Translationswissenschaft

Meine Begegnung mit der Übersetzungswissenschaft fand somit eigentlich erst nach dem Diplomstudium statt. Weder sprach- noch literaturwissenschaftlich vorgebildet gehörte ich dabei zu jener – quasi ersten – Generation, die ihre primäre wissenschaftliche Sozialisation unmittelbar in der Translationswissenschaft erfahren hat. Zunächst führte jedoch die Tatsache, dass ich durch das Studium selbst nur unzureichend auf die Auseinandersetzung mit wissenschaftlichen Theorien und Methoden vorbereitet war, dazu, dass es für mich einmal darum ging, das versäumte Neue nachzuholen, das heißt: Ich musste mich mit den translationswissenschaftlichen Entwicklungen der letzten Jahre vertraut machen. Im Jahr 1990, als ich meine Assistententätigkeit aufnahm, war die Situation des Faches durch die wissenschaftstheoretischen und -soziologischen Umbrüche der 80er Jahre gekennzeichnet. Die vielzitierte „Neuorientierung" (Snell-Hornby 1986), die mit den funktional-handlungstheoretischen Theorien von Reiß/Vermeer (1984) und Holz-Mänttäri (1984) eingeleitet worden war, führte zu Loslösungsbestrebungen und Emanzipationsbewegungen, die in der Translationswissenschaft eine eigenständige Disziplin und nicht länger das Anhängsel der Philologien sahen. Als von anderen Fächern bis dahin mitbehandeltes Randphänomen, musste die Translationswissenschaft zunächst ihren Platz im universitären Fächerkanon finden und behaupten. Die in diesem Zusammenhang entwickelten Ansätze sahen eine radikale Abkehr von ausgangs-textorientierten, auf sprachliche Phänomene fokussierten und äquivalenzbe-stimmten hin zu zieltextorientierten, kultursensitiven, funktionalen Sichtweisen vor und bewirkten eine Ausweitung der Fragestellungen und Untersuchungsbe-reiche. Anfang der 90er Jahre war Wien durch zahlreiche Veranstaltungen der Dreh- und Angelpunkt einer dynamischen Konsolidierungsphase des jungen Faches. Auf den in Wien einberufenen sogenannten „Translationsgipfeln" wurden theoretische und didaktische Zukunftsfragen von den führenden Vertre-tern des Faches, vor allem aus dem deutschsprachigen Raum, diskutiert. Für mich bedeuteten diese Treffen, dass ich die Autoren jener Arbeiten, die mein translationswissenschaftliches Verständnis prägten, sehr bald auch persönlich kennen lernte: Persönlichkeiten wie z.B. Hans Vermeer, Justa Holz-Mänttäri, Christiane Nord beeinflussten nachhaltig mein Herangehen an das Fach und meine Auffassung von Übersetzung und Übersetzen.

Entscheidend geprägt wurde ich in dieser Phase jedoch zweifelsohne von meiner Doktormutter, Mary Snell-Hornby. Dabei war es weniger die Vorgabe von theoretischen oder methodologischen Leitlinien als vielmehr ihr aufgeklär-ter Eklektizismus, der mir bei der Arbeit an meinem Dissertationsthema den Weg wies. Die Beschäftigung mit der Opernübersetzung wies sehr rasch weit über das Sprachliche hinaus und erforderte auch die Einbeziehung von Erkennt-nissen, Modellen und Theorien anderer Fächer. Dabei kamen mir meine rudi-mentären musik- und theaterwissenschaftlichen Kenntnisse gelegen, die das Einlesen in fachfremde Materie (obwohl genau genommen auch die Trans-lationswissenschaft für mich Neuland war) erleichterten. Die Freiheit, den eigenen Weg auch jenseits der fachlichen Grenzen zu finden, das stete positive Begleiten des Fortgangs der Arbeit und auch die Begeisterung, die Mary Snell-Hornby meinem Thema entgegenbrachte, waren Ansporn und Verpflichtung zugleich. Das Dissertantenseminar, in dem man regelmäßig über den Fortschritt der Arbeit referieren musste, stellte dabei den institutionellen Rahmen dar und diente auch dazu, über andere Themen und Bereiche, in denen KollegInnen arbeiteten, informiert zu werden.

Nach der Promotion begann einerseits die eigenständige Lehre, wobei mir in den praktischen Übersetzungsübungen die theoretische Fundierung und in den Vorlesungen die Verbindung zur Praxis ein großes Anliegen war, andererseits die Arbeit an der Habilitation. Nachdem ich mit der Opernübersetzung einen Be-reich der Hochkultur gewählt hatte, wendete ich mich nunmehr der sogenannten Trivialliteratur zu: Comics und ihren Übersetzungen (2003a). Ausschlaggebend für diese Wahl war zunächst eine soziologische Alltagsfeststellung: Während in Frankreich jede größere Buchhandlung über eine eigene Comicabteilung ver-fügte und Comics praktisch von allen Altersgruppen und Gesellschaftsschichten gelesen wurden, war diese Gattung im deutschsprachigen Raum vor allem als Kinder- und Jugendliteratur angesehen und galt – im Gegensatz zu Frankreich – keineswegs als schätzenswerte Kunstform. Die Hypothese, dass diese soziologische Differenz auch Auswirkungen auf die Übersetzung hatte, konnte mit einem translationssoziologischen Erklärungsrahmen, wie er in der Handlungstheorie von Holz-Mänttäri (1984) vorgelegt wurde, nicht ausreichend erklärt werden, vielmehr musste hierzu Übersetzen in seiner gesamtgesellschaftlichen Einbettung betrachtet werden. Die dazu notwendige Integrierung soziologischer Ansätze, wie sie von Bourdieu (u.a. 1992) entwickelt wurden, wurde dabei nicht zuletzt durch die Entwicklungen innerhalb der Translationswissenschaft zu jener Zeit erleichtert. In den 90er Jahren kam es zu einer Annäherung zwischen den bis dahin weitgehend von einander getrennt verlaufenden Entwicklungslinien der Descriptive Translation Studies und der Funktionalen Translationswissenschaft. Beide fokussierten in ihrer Betrachtung die Zielkultur und traten für einen von präskriptiven Vorgaben befreiten Übersetzungsbegriff ein, wiesen allerdings in der Schwerpunktsetzung durchaus Unterschiede auf. Waren die DTS lange vor allem historisch ausgerichtet und beschrieben Übersetzungen in ihrer soziosemiotischen Vernetztheit, beschäftigte sich die Funktionale Translationstheorie primär mit der aktuellen Übersetzungspraxis und den am Translationsprozess beteiligten Akteuren. Beide Aspekte waren für meine Arbeit relevant, ebenso wie die Integrierung soziologischer und semiotischer Ansätze zur Beschreibung und Analyse der komplexen Beziehungen zwischen Comicübersetzung und der Gesellschaft, in der sie entstehen und rezipiert werden.

Wissenschaft geschieht niemals im luftleeren Raum, sondern immer in konkreten fachinternen und -externen Zusammenhängen. Zu ersteren gehört in meinem Fall der Entwicklungsstand und Status der Disziplin, die sich bei meinem Eintritt in die Welt der Wissenschaft im Umbruch befanden und die immer wieder Gegenstand meiner wissenschaftlichen Arbeit waren (vgl. Kaindl 1997, 1999). Gleichzeitig prägte die Neuorientierung der Übersetzungswissenschaft in den 80er Jahren und ihre Weiterentwicklung in den 90er Jahren in theoretisch-methodologischer Hinsicht mein Herangehen an die Übersetzungswissenschaft. Übersetzen und Übersetzung als gesellschaftliche, wandelbare und vielgestaltige (trans)kulturelle Phänomene, deren Untersuchung in der Translationswissenschaft beheimatet und gleichzeitig offen für disziplinüberschreitende Zusammenarbeit ist, so könnte ein persönliches wissenschaftliches Credo lauten. Was die Themenwahl betrifft, so scheint mein Interesse vor allem sogenannten Randbereichen zu gelten, zählen doch Opern-, Comic- und in jüngerer Zeit Popularmusikübersetzungen (2003b) auf den ersten Blick wohl nicht zu den zentralen Bereichen der Übersetzungswissenschaft. Diese Wahl hat zweifelsohne mit persönlichen Vorlieben und Interessen zu tun. Dennoch glaube ich jedoch auch, dass sie durchaus zentrale Bedeutung für das Fach besitzen. Müsste ich daher meine Wahl wissenschaftlich begründen, so würde ich meinen, dass es die Ränder sind, die das Profil jeder Wissenschaft bestimmen, denn ohne Ränder würde jede Gestalt ihre Form und jede Wissenschaft ihre Konturen verlieren.

Bibliographie

Bourdieu, Pierre (1992): *Les règles de l'art*. Paris: Seuil.

Holz-Mänttäri, Justa (1984): *Translatorisches Handeln. Theorie und Methode*. Helsinki: Suomalainen Tiedeakatemia.

Kaindl, Klaus (1995): *Die Oper als Textgestalt. Perspektiven einer interdisziplinären Übersetzungswissenschaft*. Tübingen: Stauffenburg.

Kaindl, Klaus (1997): Wege der Translationswissenschaft. Ein Beitrag zu ihrer disziplinären Profilierung. In: *TextConText* 11 = NF 1, 221-246.

Kaindl, Klaus (1999): Interdisziplinarität in der Translationswissenschaft. Theoretische und methodische Implikationen. In: Alberto Gil et al. (Hg.): *Modelle der Translation. Grundlagen für Methodik, Bewertung, Computermodellierung*. Frankfurt a. M. etc.: Lang, 137-155.

Kaindl, Klaus (2003a): *Übersetzungswissenschaft im interdisziplinären Dialog. Am Beispiel der Comicübersetzung*. Tübingen: Stauffenburg.

Kaindl, Klaus (2003b): ,Ein Schiff wird kommen....': Kultur-, Adressaten- und Textspezifik bei der Übersetzung von Popularmusik. In: Britta Nord/ Peter A. Schmitt (Hg.): *Traducta navis. Festschrift für Christiane Nord zum 60. Geburtstag*. Tübingen: Stauffenburg, 83-101.

Reiss, Katharina/ Hans J. Vermeer, (1984): *Grundlegung einer allgemeinen Translationstheorie*. Tübingen: Niemeyer.

Snell-Hornby, Mary (Hg.) (1986): *Übersetzungswissenschaft. Eine Neuorientierung. Zur Integrierung von Theorie und Praxis*. Tübingen: Francke.

Ulrich Kautz (Mainz-Germersheim)

Von der Seite her zwischen alle Stühle

Verantwortlich dafür, dass mich mein Weg letztlich zur Übersetzungs- und Dolmetschwissenschaft geführt hat, waren – jeder auf seine besondere Weise – drei Männer: mein Vater Werner Kautz, der DDR-Staatsratsvorsitzende Walter Ulbricht und der amerikanische Translatologe Eugene Nida.

In den letzten Monaten des Zweiten Weltkrieges mit Mutter und Brüdern vor den heranrückenden sowjetischen Truppen aus dem heimatlichen Cottbus in ein Städtchen nahe Leipzig „evakuiert", hatte ich dort als Fünfjähriger meine erste Begegnung mit „ausländisch Sprechenden": schwarzen amerikanischen Soldaten, die im Treppenflur des Hauses, in dem wir Unterschlupf gefunden hatten, ihren Morse-Apparat bearbeiteten und dabei mit den staunend um sie versammelten Kindern scherzten, nicht ohne diese freigebig von ihren Kaugummis kosten zu lassen. Die zweite, ebenfalls eher erfreuliche, Erfahrung war nach der Rückkehr in die Heimatstadt der Kontakt mit den Frauen der sowjetischen Offiziere, die unsere Wohnung okkupiert hatten. Sie legten von ihnen gebackenes Brot zum Auskühlen auf das Fensterbrett und sahen großzügig darüber hinweg, dass wir heißhungrigen Kinder von dem zur Abschirmung des Luftschutzkeller-Fensters dienenden provisorischen Vorbau aus mehr als einmal einen von den Laiben stiebitzten und im Triumph zu unserer erstaunten, gleichwohl lieber nicht genauer nachfragenden Mutter trugen.

Tief beeindruckt war ich dann von den Englischkenntnissen meines nach vier Jahren Krieg und Gefangenschaft heimkehrenden Vaters. Er konnte sie zwar wegen der ausstehenden „Entnazifizierung" noch nicht wieder als Lehrer anwenden, wohl aber zu Hause, im Gespräch mit seiner Frau. Immer wenn wir Kinder nicht mitbekommen sollten, worüber sich die Eltern unterhielten, bedienten diese sich nämlich des Englischen. (Meine Mutter hatte ihre frühe Kindheit in Südafrika verbracht und beherrschte daher die Sprache wesentlich besser als andere Lyzeums-Absolventinnen ihrer Generation.) Welch Triumph, wenn es mir gelang, dennoch zu verstehen, worum es ging – oder ich mir dies zumindest einbildete.

Da ich auch in der Schule Freude am Erlernen fremder Sprachen hatte – nicht nur am Englischunterricht (bei meinem Vater) und am Lateinischen, sondern im Gegensatz zu vielen Schulkameraden auch am Russischen, das an meiner Schule ab der 4. Klasse obligatorische erste Fremdsprache war –, lag die Bewerbung des Abiturienten um ein Studium am „Dolmetscherinstitut der Karl-Marx-Universität Leipzig" nahe. Meine Wunschfächer waren Englisch und Spanisch; bei der Eignungsprüfung wurde mir jedoch die Kombination Englisch/Chinesisch zugewiesen, die ich auch ohne Diskussion akzeptierte: Besser dieser Studienplatz als gar keiner! Ein Bewerber so fragwürdig bürgerlicher Herkunft wie ich tat gut daran, sich willfährig zu verhalten...

Das Studium war intellektuell wenig stimulierend. Man merkte seinerzeit (1957 – 1961) dem Dolmetscherinstitut seine Vergangenheit als Städtische Fremdsprachenschule noch stark an. Das Fachstudium erschien mir als wenig mehr als eine Fortsetzung des schulischen Fremdsprachenunterrichts auf höherem Niveau. Einerseits wegen der Lage des Instituts am westlichen Stadtrand und andererseits wegen der rigiden Stundenpläne – der Unterricht wurde in festen „Seminargruppen" absolviert und war auch sonst streng reglementiert – war es mir nur in Ausnahmefällen möglich, mich unter die Hörer der damals in Leipzig lehrenden prominenten Professoren an den Instituten für Anglistik, Sinologie und Germanistik zu mischen. Und die nachmals als Protagonisten der „Leipziger Schule" der Übersetzungswissenschaft bekannt gewordenen Otto Kade und Gerd Jäger wirkten zwar schon zu meiner Zeit als Lehrkräfte am Institut, doch nahm ich sie nicht als Wissenschaftler wahr (was sie damals wohl auch noch nicht waren), sondern als streng auf politische Linientreue achtende Funktionäre.

Immerhin entwickelten sich meine Englischkenntnisse dank engagierter Lektoren trotz des weitgehenden Fehlens von Möglichkeiten des Kontakts mit Muttersprachlern – Ausnahme: die Praktika auf den Leipziger Messen – recht positiv. Im Vergleich zu vielen Studierenden an bundesdeutschen Universitäten, die ich später kennenlernte, will es mir scheinen, als hätten die widrigen Bedingungen, unter denen „westliche" Sprachen in der DDR (wie übrigens auch in anderen „sozialistischen" Ländern) studiert wurden – wenige Begegnungen mit Muttersprachlern, keine Studienaufenthalte im „kapitalistischen Ausland", eingeschränkter Zugang zu originalsprachiger Literatur, unzureichende Wörterbücher usw. – sogar auch ihr Gutes gehabt: „Jetzt erst recht!" hieß die Devise für angehende Sprachmittler, so auch für mich.

Was das Chinesische betrifft, wurden wir Studierenden vom ersten Tag an von Lektoren bzw. Lektorinnen unterrichtet, die aus der Volksrepublik China nach Leipzig entsandt worden waren, Lehrkräfte von chinesischen Oberschulen, die keinen Satz irgendeiner anderen Sprache als eben Chinesisch beherrschten. Für die ersten Lektionen in der für alle neuen Sprache stand gelegentlich ein Student vom Sinologischen Institut, der uns ein paar Semester voraus war, als Dolmetscher zur Verfügung. Ansonsten waren wir Teilnehmer eines – allerdings aus der Not geborenen und weder wissenschaftlich begründeten noch vernünftig strukturierten – Spracherwerbsexperiments, das man heute vielleicht als *Natural Approach* bezeichnen würde. Da ein China-Aufenthalt während des Studiums nicht möglich war, hielt ich außerhalb des Unterrichts besonders engen Kontakt zu den chinesischen Gästen und bin heute überzeugt, durch die gemeinsamen Aktivitäten mit ihnen (vom Arzt- oder Behördengang über Ausflüge bis hin zum Kino- oder Theaterbesuch) mehr gelernt zu haben als in den Übungen.

Im eigentlichen Übersetzungs- und Dolmetschunterricht (an den DDR-Hochschulen wurden beide Fachrichtungen *zugleich* studiert) dominierte damals das aus der Schule bekannte „zeichenorientierte" – nicht „sinnorientierte" – Herangehen. Eine translatologische Fundierung, wie rudimentär auch immer, fehlte; zumindest blieb sie mir verborgen. Ich vermisste sie seinerzeit aber auch nicht allzu sehr, denn an eine „theoretische" Beschäftigung mit diesem Gegenstand war ich kaum herangeführt worden. Gelegentlich hatte ich freilich das mehr oder minder unbestimmte Gefühl, Übersetzen und erst recht Dolmetschen seien wohl doch komplexer als man es mich gelehrt hatte, und verspürte den Wunsch, diesem Instinkt nachzugehen – nach meinem Examen vielleicht sogar einmal als Wissenschaftler.

Wohl aufgrund meiner sehr guten Diplomnoten wurde ich jedoch der Dolmetscherabteilung des DDR-Außenministeriums zugeteilt. Wie alle Studierenden hatte ich mich verpflichten müssen, mich nach dem Staatsexamen als „Diplom-Übersetzer und -Dolmetscher für Englisch und Chinesisch" drei Jahre dort einsetzen zu lassen, „wo Partei und Regierung mich brauchten". Auf einem so prononciert politischen Arbeitsplatz zu landen, erschien mir aber alles andere als erfreulich. Für mich stand jetzt fest, dass ich in die Bundesrepublik „abhauen" würde. Ehe ich meine Stelle beim Außenministerium antreten müsste, würde ich längst „drüben" sein! Vorher allerdings wollte ich mich vom Prüfungsstress erholen. An diesem Punkt nun kam Walter Ulbricht ins Spiel: Der von ihm verantwortete Bau der Berliner Mauer, von dem ich im Ostseeurlaub erfuhr, durchkreuzte meine Pläne. Dass es in jener ersten Zeit nach dem 13. August 1961 sehr wohl noch Schlupflöcher gab, war mir, als Provinzler, damals nicht bekannt, und selbst wenn ich davon gewusst hätte, wäre ich wahrscheinlich zu feige gewesen, sie zu nutzen. Wie auch immer, ich trat meinen Dienst beim Ministerium an und wurde bereits im September als Dolmetscher in die Botschaft der DDR in Peking versetzt – in der damaligen Situation durchaus ein Trost für mich.

Ich hatte mit dem Dolmetscherinstitut vereinbart, nach Beendigung meines Auslandseinsatzes als Assistent dorthin zurückzukehren. Da ich jedoch in Peking wiederholten Aufforderungen, in die SED einzutreten und dann eine Karriere im diplomatischen Dienst zu machen, widerstanden hatte, zudem die fristlose Entlassung meines Vaters aus dem Schuldienst – er hatte sich nicht erpressen lassen, für die Stasi zu spitzeln – einen dicken Minuspunkt auch in *meiner* „Kaderakte" bedeutete, versagte man mir die anvisierte Forschungsstelle. Im Außenministerium, so wurde mir unmissverständlich klar gemacht, gäbe es ebenfalls „keine Perspektive mehr für Sie, Kollege Kautz" (in der DDR unterschied man sehr genau zwischen *Kollegen* und *Genossen*!). In dieser Situation bot sich 1966 die Gelegenheit, am Institut für Anglistik/Amerikanistik der Berliner Humboldt-Universität als Lektor für Englisch zu arbeiten und zugleich die Gruppe der an der Ausbildung von Englisch-Sprachmittlern beteiligten Lektorinnen und Lektoren zu leiten.

Ich sah mich unversehens mit der Aufgabe konfrontiert, bis zu sieben verschiedene Vorlesungen, Seminare und Übungen pro Semester und zu allen denkbaren Gegenständen zu übernehmen, von Grammatik über Literatur bis zu Sprachwissenschaft, vom Übersetzen und Dolmetschen ganz zu schweigen. Der Institutsleiter ließ mir freie Hand, wofür ich ihm dankbar war. Doch andererseits fehlte es mir ja fast gänzlich an den wissenschaftlichen und didaktischen Voraussetzungen, um dieser Herausforderung gerecht zu werden. Ich war also auf „learning by doing" und intensives Studium der in der (glücklicherweise relativ gut bestückten) Institutsbibliothek vorhandenen Literatur angewiesen, um diese Lücken quasi als Autodidakt zu schließen.

Im Bereich der Sprachwissenschaft allgemein schwamm auch ich damals auf der strukturalistischen Welle, und natürlich verfehlte auch auf mich der Chomskyismus seinen Eindruck nicht. Von den Anglisten, die ich nun erstmals systematisch rezipierte, überzeugte mich besonders Ernst Leisi mit seinen ebenso einleuchtenden wie – im Unterschied zu vielen linguistischen und translatologischen Abhandlungen anderer deutschsprachiger Autoren – auch sprachlich leicht zugänglichen Arbeiten. Was die Didaktik anging, waren die späten sechziger Jahre die Blütezeit der *Pattern drills*, gern auch im audiovisuellen Sprachlabor. Meiner übersetzungswissenschaftlichen Unbildung wiederum versuchte ich vornehmlich durch die Lektüre der Zeitschrift „Fremdsprachen" und der als Beiheft dazu erschienenen Dissertation von Kade (*Zufall und Gesetzmäßigkeit in der Übersetzung*) abzuhelfen, ferner solcher translatologischen Pionierarbeiten wie Fedorovs *Vvedenie v teoriju perevoda*, Catfords *A Linguistic Theory of Translation* oder Jumpelts *Die Übersetzung naturwissenschaftlicher und technischer Literatur.*

„Modellierung" des Übersetzungsprozesses, „Übersetzbarkeit", „Umkodierung", „Substitution", „Äquivalenz", „Invarianten", das waren einige der Schlagwörter, an denen sich diese Autoren abarbeiteten, und mit ihnen auch ich. Das noch aus Leipziger Studienzeiten stammende Gefühl, dem Übersetzen mit im wesentlichen linguistischen Mitteln letztlich doch nicht auf den Grund kommen zu können, verstärkte sich, je mehr Erfahrungen ich sammelte, als Lehrer wie auch als praktischer Sprachmittler (ich übersetzte und dolmetschte nebenberuflich auch in jenen Jahren viel). Rückschauend sehe ich es übrigens als Vorteil an, mich der Translatologie nachträglich und quasi von außen genähert zu haben, blieben mir doch dadurch einige Irrwege, manche dogmatische Verengung und die Nabelschau der um Anerkennung ihrer Disziplin ringenden Übersetzungstheoretiker erspart.

Recht eigentlich die Augen geöffnet hat mir schließlich Eugene Nidas Buch *Toward a science of translating*, in dem das Übersetzen eben nicht nur als Kodewechsel betrachtet, sondern in einen größeren Zusammenhang gestellt wurde. Besonders einleuchtend fand ich seine Forderung nach dem „closest natural equivalent" der ausgangssprachlichen Botschaft und seine Differenzierung zwischen *formaler Äquivalenz*, also der inhaltlichen und formalen Ausrichtung des Zieltextes am Original, und *dynamischer Äquivalenz*, d. h. Berücksichtigung der Zielsprache und ihrer Sprecher sowie der soziolinguistisch-pragmatischen, mithin auch extralingualen Bedingtheit allen Übersetzens. Was ich aus der eigenen Praxis längst wusste, oder ahnte, fand ich hier bestätigt: Kontextuelle und dynamische ist wichtiger als wörtliche und formale Übereinstimmung! Berücksichtigung der Kultur der zielsprachigen Adressaten ist wichtiger als Imitation der ausgangssprachigen Kultur! usw. Die Prioritäten beim Übersetzen wurden so ganz neu (für mich zumindest) definiert. Ich lernte von Nida, dass wegen der verschiedenen formalen Ausprägung der Sprachen und ihres unterschiedlichen kulturellen Substrats Ausgangs- und Zieltext nicht äquivalent schlechthin, sondern bestenfalls funktionsäquivalent sein können. All dies veränderte nicht nur meine Einstellung zum Übersetzen, sondern beflügelte mein Interesse an der Wissenschaft vom Übersetzen. Darin konnten mich die damals und auch später noch für geraume Zeit tonangebenden Arbeiten sowjetischer und Leipziger Translationslinguisten (die ich selbstverständlich ebenfalls rezipierte) nicht beirren.

Für eigenständige übersetzungswissenschaftliche Aktivitäten ließ mir freilich die zeitliche Belastung als Englisch-Lektor keinen Raum. Hinzu kam, dass ich 1976, als am Institut für Sinologie meiner Universität ein Assistent für die Betreuung der dort immatrikulierten Sprachmittler-Studenten gesucht wurde, dorthin übergewechselt war und mir nun – wiederum als Autodidakt – ein sinologisches bzw. sinolinguistisches Fundament schaffen musste, denn auch das war am Dolmetscherinstitut sehr zu kurz gekommen. Gleichwohl setzte ich parallel dazu meine translatologische Selbstausbildung fort und bezog sowohl in meiner Dissertation (1980) als auch in der Habilitationsschrift (1987) übersetzungswissenschaftliche Fragen mit ein. Heute betrachte ich diese Versuche, durch die Untersuchung eines Korpus von Segmenten übersetzter Texte potentielle Äquivalenzbeziehungen zwischen deutschen und englischen Relativsätzen einerseits und chinesischen Wiedergabemöglichkeiten andererseits zu ermitteln bzw. mit Methoden der kontrastiven Linguistik und der sprachenpaarbezogenen Translationslinguistik in Bezug auf die Genera verbi regelhafte Beziehungen beim Übersetzen zwischen Deutsch und Chinesisch zu erhellen, durchaus mit kritischen Augen.

Zwar war es meine Hauptaufgabe, die im wesentlichen auf den Bereich der Gemein- bzw. der wissenschaftlich-technischen Fachsprache(n) beschränkte Sprachmittlerausbildung am Institut für Sinologie inhaltlich-methodisch zu konzipieren und teils auch selbst durchzuführen, doch bot ich daneben auch Seminare zur Theorie und Praxis der Literaturübersetzung an. (Seit Beginn der achtziger Jahre beschäftigte ich mich nämlich zunehmend intensiv mit der Übertragung chinesischer Belletristik ins Deutsche.) Mit translatologischen Fragen im weiteren Sinn konfrontiert war ich auch durch meine Mitarbeit in Gremien, die sich mit den Curricula für die Translatorenausbildung in Berlin und der DDR befassten, ferner als Leiter des „Lehr- und Forschungsgebiets Sprachmittlung" und Koordinator aller Studiengänge Übersetzen/Dolmetschen an der Sektion Asienwissenschaften der Humboldt-Universität; nicht nur für Chinesisch, Japanisch, Arabisch und Hindi, sondern auch für Sprachen wie Khmer, Mongolisch oder Paschto wurden ja dort bis in die neunziger Jahre des 20. Jahrhunderts Übersetzer und Dolmetscher ausgebildet!

Nach der Vereinigung Deutschlands wurde die Ausbildung von Sprachmittlern am Institut für Sinologie der Humboldt-Universität zunehmend in Frage gestellt (inzwischen gibt es sie längst nicht mehr). Ich akzeptierte daher das Angebot des Goethe-Instituts, für das ich zwei Seminare in China durchgeführt hatte, ein Dolmetscher-Fortbildungsprojekt am Pekinger Zweiginstitut zu leiten, eine reizvolle Aufgabe, die mir die erwünschte Gelegenheit gab, meine Vorstellungen zum Fach Übersetzen/Dolmetschen in einem internationalen Kontext umzusetzen. Nach Abschluss dieses Projekts übernahm ich 1995 – nunmehr in der Zentrale des Goethe-Instituts – die Koordination der weltweiten Aktivitäten des GI im Bereich Translation.

Bei den zahlreichen Seminaren für GI-Lehrkräfte und deren Partner an Hochschulen von Prag, Belgrad, Minsk, Tallinn, Moskau, Belgrad, Athen oder Almaty bis Peking und Tokio, die ich nunmehr durchzuführen hatte, lernte ich die Bedürfnisse der Teilnehmerinnen und Teilnehmer genau kennen. Sie waren es, die mich – nach meinem chinesischen Zwischenspiel – wieder verstärkt zu translatologischen Fragen allgemeiner Natur zurückführten. Nahezu alle diese Personen waren nämlich keine Fachleute für Übersetzen und Dolmetschen, sondern Philologen oder Fremdsprachenlehrerinnen, die aufgrund bestimmter Umstände plötzlich Kurse oder gar ganze Studiengänge für Sprachmittler „aus dem Boden stampfen" mussten. Mit didaktischen Handreichungen allein wäre ihnen nicht gedient gewesen; vielmehr kam es darauf an, ihnen zunächst eine translatologische Orientierung zu geben. Dafür musste ich jedoch zunächst mein eigenes Wissen auf den neuesten Stand bringen.

Gewiss: Neuere Entwicklungen in der Translatologie wie die „pragmatische Wende" (u. a. von Neubert und anderen Vertretern der „Leipziger Schule" herbeigeführt), die zunehmend wichtige Rolle der Textlinguistik für das Übersetzen, Versuche mit Protokollen des Lauten Denkens und nicht zuletzt die funktionale Neuorientierung à la Vermeer hatte ich, quasi „von der Seite" her, durchaus zur Kenntnis genommen. Aber mir fiel es dennoch anfangs schwer, in der mittlerweile sehr unübersichtlich gewordenen Translatologie einen roten Faden auszumachen. Die einst weitgehend von der Linguistik (einschließlich Sozio-, Psycho- und Textlinguistik, Semiotik sowie Sprechakttheorie) bezeichneten Grenzen der Übersetzungswissenschaft waren ja in ungeahnter Weise ausgeweitet worden. Man zog nunmehr – Stichwort Interdisziplinarität – relevant erscheinende Nachbarwissenschaften integrativ mit in Betracht: Kommunikationswissenschaft, Kulturtheorie und -anthropologie, Hermeneutik, Interkulturalistik, Verhaltens-, Kognitions- und KI-Forschung, Soziologie, Ästhetik, Logik, um nur, völlig ungeordnet, die wichtigsten zu nennen.

Der Wunsch, meinen Goethe-Kursteilnehmerinnen und -teilnehmern eine Art translatologisches Vademecum zusätzlich zu den von ihnen „eigentlich nur" erwarteten Übungstypologien, Unterrichtsmodellen usw. an die Hand zu geben, führte am Ende zur Entstehung eines Buches, in dem ich aus der Sicht des Praktikers und des Lehrers (nicht aus der Sicht des Forschers!) niedergeschrieben habe, was ich nach vierzig Jahren Arbeit als Translator und Translatoren-Ausbilder über das Übersetzen und Dolmetschen denke und wovon ich noch heute – nunmehr am Fachbereich Angewandte Sprach- und Kulturwissenschaft der Johannes Gutenberg-Universität Mainz in Germersheim wirkend – die angehenden Diplom-Übersetzerinnen und -Übersetzer für Chinesisch zu überzeugen versuche. Wohl möglich, dass ich mich damit zwischen alle (translatologischen) Stühle gesetzt habe ...

Auswahlbibliographie

Chinese equivalents of German and English relative clauses. Paris: Editions de la Maison des Sciences de l'homme 1984.

Zur Wiedergabe nichtchinesischer Personennamen im Chinesischen. In: *Namenkundliche Informationen.* Leipzig, Karl-Marx-Universität 4 (1985), 19 – 26.

Zur Wiedergabe entsprechungsloser morphosyntaktischer Kategorien bei der Übersetzung Deutsch-Chinesisch. In: *Berliner Beiträge zur Übersetzungswissenschaft. Berichte.* Berlin, Humboldt-Universität zu Berlin 17 (1987), 56 – 65.

Bijiao Hanyu he Deyu juzi jielianfa de yi-tong. In: *Di-er jie guoji Hanyu jiaoxue taolunhui zuzhi weiyuanhui bian, Di-er jie guoji Hanyu jiaoxue taolunhui lunwenxuan.* Beijing: Yuwen Chubanshe 1988, 512 – 519.

Die Ausbildung von Sprachmittlern für Chinesisch an der Humboldt-Universität. Erfahrungen, Probleme, Perspektiven. In: *CHUN.* Fachverband Chinesisch e. V., Germersheim 6 (1989), 41 – 51.

„Das Verwandlungsbilderbuch" von Wang Meng. Gedanken des deutschen Übersetzers. In: *Hefte für Ostasiatische Literatur* 10 (1990), 101 – 109.

Aktiv und Passiv im Deutschen und Chinesischen. Eine konfrontativ-übersetzungswissenschaftliche Studie (= Sinolinguistica. Schriftenreihe des Fachverbandes Chinesisch e. V. Band 1). Heidelberg: Julius Groos Verlag 1991.

Wang Meng und sein Roman „Huodong bian renxing". In: *minima sinica. Zeitschrift zum chinesischen Geist* 2 (1991), 83 – 103.

Bericht über ein Projekt „Dolmetscherfortbildung" am Goethe-Institut, Zweigstelle Beijing. In: *TexTconText* 9 (1994), 55 – 66.

Überlegungen zur Übersetzung einer belanglosen Geschichte – ein Werkstattbericht. In: *Hefte für Ostasiatische Literatur* 16 (1994), 108 – 125.

Was sagt der ausgangssprachige Text dem Übersetzer? Übersetzungsdidaktische Überlegungen zur Analyse eines aus dem Deutschen zu übersetzenden Textes. In: L. Félix Fernández/ E. Ortega Arjonilla (Hg.): *II Estudios sobre Traducción e Interpretación,* Tomo I. Málaga: Centro de Ediciones de la Diputación de Málaga 1998, 361 – 375.

Zur Stellung des Übersetzens im Chinesischunterricht. In: *CHUN,* Tübingen, Julius Groos Verlag/ Brigitte Narr, Nr. 16 (2000), 29 – 40.

Handbuch Didaktik des Übersetzens und Dolmetschens. München: Iudicium Verlag und Goethe-Institut, ²2002.

Profile of a Model Translator. In: In-kyoung Ahn et al. (eds.): *The 3rd International Conference on Translation and Interpretation Studies: Theory and Practice of Interpretation and Translation Education.* Seoul, BK21 Specialized Project in Translation and Interpretation 2003, 33 – 45.

Andreas F. Kelletat (Mainz-Germersheim)

Den Übersetzern über die Schulter gekuckt

Ob es ein Weg in die *Wissenschaft* war, weiß ich immer noch nicht so recht. Wenn unter Wissenschaft aber nicht nur ein durchtheoretisiertes Gebilde verstanden werden darf, sondern auch bereits das Bemühen, über ein Problem so intensiv nachzudenken, wie es dieses Problem zu ertragen scheint, dann mag sie angehen, die Rede von der Übersetzungswissenschaft. Deutlicher hab ich den *Weg* vor Augen, an dessen Anfang nicht eine auffällige Begabung für das Lernen fremder Sprachen stand, sondern das Interesse an Literatur, an Poesie vor allem, und die um 1980 bei Herder abgekuckte Einsicht, dass es große Literatur nicht nur bei großen Völkern gibt, sondern dass sie sich überall findet (1996a). Den Beweis dafür hat er selbst angetreten, indem er z.B. in seiner *Stimmen der Völker*-Anthologie sámische und lettische Lieder neben Gedichte der Sappho setzte. Mit Herder auch verband sich für mich lange die Vorstellung, dass es in der Geschichte des Übersetzens seit dem ausgehenden 18. Jahrhundert eine Art Aufwärtsbewegung gebe – hin zu immer verlässlicheren, treueren deutschen Nachbildungen fremder Literatur (1984). Diachrone Studien von Studenten und Doktoranden (etwa zu den deutschen Cervantes-Übersetzungen) haben mir inzwischen zu der Einsicht verholfen, dass es mit dieser idealistisch gedachten Aufwärtsbewegung in Richtung Originaltreue vor allem im 20. Jahrhundert nicht sehr weit her ist.

Was ich vom Übersetzen heute zu wissen meine, verdankt sich kaum eigener übersetzerischer Arbeit (1980) sondern dem kritischen Zuschauen dabei, was andere machen, wenn sie übersetzen. Die Möglichkeit zu solch teilnehmender Beobachtung boten mir in den 70er und 80er Jahren der in Finnland lebende deutsche Schriftsteller und kongeniale Übersetzer Manfred Peter Hein (1997b) und das von ihm versammelte *Trajekt*-Team: Literaturwissenschaftler, Schriftsteller, Kritiker und Übersetzer, die sich die Vermittlung finnischer, finnlandschwedischer, lappischer, estnischer, lettischer und litauischer Literatur zur Aufgabe gemacht hatten – außerhalb jeder universitären oder sonstigen institutionellen Subordination (1997a, 2004: 199-202). Bei den die Herausgabe von sechs Trajekt-Jahrbüchern (1980-86) und 23 Bänden der gleichnamigen Buchreihe vorbereitenden *Trajekt*-Übersetzerworkshops im niederrheinischen Straelen ging es zu, wie es Hein in der *Gruppe 47* gelernt haben mag: Einer las seine Übersetzung vor, einen Satz, drei Sätze, eine halbe Seite – und dann begann das Nachfragen und Zerpflücken des ins Deutsche gebrachten Textes. Dass es im Original aber genau so und nicht anders stehe, war jene Ausrede, die von uns nie akzeptiert wurde, wenn der Text im Deutschen nicht funktionierte. Die Übersetzung müsse das Original vernichten – und müsse am Ende neben ihm doch Wort für Wort, Konnotation für Konnotation, Atemzug um Atemzug bestehen können, als sei es nur eine Interlinearversion: das war der paradoxe utopische Anspruch. Oft freilich war am Ende des bis in die Nacht sich dehnenden Werkstattgesprächs beides vernichtet: Original und Übersetzung. Aber auch das wurde als Gelingen gefeiert, dass ein Text durch das genaueste Lesen (und was anderes ist Übersetzen schon?) seine Brüchigkeit erwiesen hatte, seine verkappten Schludrigkeiten vorzeigen musste, seine nicht ausreichende ästhetische Qualität. Dass auch das Zerstören ein kreativer Akt sein kann, wussten schon die Avantgardisten am Beginn des 20. Jahrhunderts. Und in ihrer Nachfolge sahen wir uns, träumten wir uns.

Aber auch die umgekehrte Erfahrung gab es: dass durch eine hoffnungslos unbeholfene Interlinearversion das durchschimmerte, was jedes bedeutende sprachliche Kunstwerk auszeichnet. So dass Einigkeit herrschte, dass dieser Text ins Deutsche gebracht werden musste, weil er etwas sagt, was so noch von keinem deutschen Schriftsteller formuliert worden ist. Der Text war halt nur noch zu übersetzen. Mein Respekt vor dem Konzept des mitunter belächelten Nachdichtens stammt aus dieser wiederholt gemachten Erfahrung.

Von der Übersetzungswissenschaft, die mit ihrer neuen Begrifflichkeit von Translation, Translat, Translator, Skopos, Auftraggeber, Informationsangebot, translatorischem Handeln usw. ab Anfang der 80er Jahre von sich hören machte, erwartete ich u.a., dass sie das Rüstzeug liefern würde, mit dem man wissenschaftlich zeigen, beweisen könnte, was eine gute und was eine misslungene literarische Übersetzung sei. Aber schon das Deutsch der Translatologen-Zunft machte mich skeptisch: Wer so formuliert und solch abwegige Beispiele zur Illustration seiner Theorie wählt, kann von Literatur nicht viel verstehen (1986). Dabei hätte ich gewarnt sein müssen – schon der Literaturwissenschaft war es nie gelungen, eindeutige Kriterien für ästhetisches Gelingen beizubringen.

Zumindest freilich ist es der Literaturwissenschaft und der linguistischen Poetik gelungen, sehr genaue Vorstellungen von der Komplexität und der Vieldeutigkeit sprachlicher Kunstwerke zu entwickeln. Die Translationswissenschaft des ausgehenden 20. Jahrhunderts hat die hermeneutischen und strukturalistischen Interpretations- und Analyseangebote nicht sehr intensiv genutzt, hat das literarische Übersetzen generell eher links liegen gelassen. Mir gab der Strukturalismus Jakobsonscher Prägung zwischenzeitlich die Illusion, fast mathematisch exakt die Qualität einer Übersetzung ermitteln zu können (1988a). Was sich ein Übersetzer bereits bei einem ganz simplen literarischen Text alles durch den Kopf gehen lassen muss, wurde am Beispiel einer finnischen Kurzgeschichte von Antti Tuuri darzustellen versucht (1991a) – unter provozierendem Verzicht auf jeden übersetzungswissenschaftlich terminologischen Ballast. Die Provokation wurde nicht wahrgenommen.

Auch ohne Rückgriff auf die Übersetzungswissenschaft war ich mir immer ziemlich sicher, sagen zu können, ob die deutsche Übersetzung eines Gedichts oder eines Prosatextes (aus welcher Sprache auch immer) gelungen sei. Wie diese eigenen ästhetischen Maßstäbe sich geformt haben, muss hier nicht rekonstruiert werden, aber ich habe darauf vertraut, dass sie sich weitergeben lassen, z.B. an jene Studenten und Kollegen, denen ich seit Mitte der 80er Jahre an der Universität Vaasa beim Übersetzen deutscher Literatur ins Finnische und Schwedische zuschauen durfte. Selbst fiel mir die Rolle zu, die deutschen Texte auszuwählen und zu erklären (1994b) und dann konnte ich moderierend zuhören, was daraus in den beiden anderen Sprachen wurde – und an welchen Stellen der Disput um diese oder jene Lösung sich entzündete. *Fäkätä* hieß dieser Vaasaer Übersetzerkreis und die von ihm herausgegebene vielsprachige Literaturzeitschrift. Dass einige *Fäkätä*-Mitarbeiter sich als Literatur-Übersetzer auf Dauer einen Namen gemacht haben, bestärkt mich in der schon bei *Trajekt* gewonnenen Überzeugung, dass junge Leute literarisches Übersetzen, sprich Schreiben, auch lernen können. Gewiss bedarf es dazu einer besonderen Begabung, das ist nicht anders als beim Dolmetschen oder Klavierspielen. Aber beim Klavierspielen ist es mit der Begabung allein noch nicht getan. Und am Ende der Ausbildung gibt es mittelmäßige, gute, sehr gute und einige wenige geniale Pianisten. Das Elend bei der Beschäftigung mit dem literarischen Übersetzen ist, dass wir kaum die Namen der genialen Übersetzer kennen, geschweige ihre sprachkünstlerischen Leistungen gebührend erforscht und beschrieben haben.

Auf die Ausbildung von Fachübersetzern, für die ich seit 1984 am Institut für Deutsche Sprache und Literatur der Universität Vaasa (einer Hochburg der europäischen Fachsprachen- und Mehrsprachigkeitsforschung) mitverantwortlich war, ließ sich das bei den Literatur-Übersetzern Abgekuckte durchaus anwenden, nicht nur die Beobachtung, dass man für das Übersetzen Zeit braucht, zumindest eben so viel wie für einen gut formulierten muttersprachlichen Text. In meinen Übersetzungsübungen wurde der Übersetzungsprozess ganz bewusst verlangsamt, die Eile und Schlamperei stellen sich in der vielbeschworenen Praxis von selbst ein, das bedarf keiner besonderen Übung. Viel Zeit etwa wurde auf die Arbeit mit Paralleltexten und Nachschlagewerken verwendet, die Vaasaer Universitätsbibliothek war sogar so freundlich, uns einen eigenen Unterrichtsraum mit Wörterbüchern, Lexika und Enzyklopädien zu füllen, so dass sie immer zur Hand waren und kritisch verglichen werden konnten (1988b, 1991b). Wenn ich über das Jahr 1993 hinaus in Finnland geblieben wäre, wäre inzwischen vielleicht jene Kulturgeschichte der Nachschlagewerke geschrieben, über die ich damals Vorlesungen hielt, von denen nun nur der Abschnitt über den *Orbis pictus* des begnadeten Pädagogen und Lexikographen Comenius bis zur Publikationsreife gediehen ist (1994a). Die größte didaktische Herausforderung bestand in den knapp zehn Jahren an der Universität Vaasa darin, das Übersetzen *in* die Fremdsprache Deutsch mit Studenten einzuüben, die diese Fremdsprache nicht sehr gut beherrschten. Ein Blick in einschlägige translationsdidaktische Werke zeigte rasch, dass man sich dort mit solch erdnahen Problemen nicht abgab. Die translatorische Kompetenz ist erst dann zu vermitteln, wenn die ZS-Kompetenz vorhanden sei – so oder ähnlich klang es. Und das Wort „Muttersprache" scheint auch heute noch in translationswissenschaftlichen Fachkreisen tabu zu sein, was sich auch aus deren verdrängter Herkunft aus der Systemlinguistik der 50er und 60er Jahre bzw. den Computer-Simulationen von Kommunikations- und Übersetzungsprozessen erklären mag. Mit Genugtuung erfüllt mich, dass die Prüfungs- und Studienordnungen der Übersetzungs- und Dolmetschstudiengänge der Universität Mainz den Begriff „Muttersprache" inzwischen wieder kennen (2004: 165-179).

Abkucken musste ich mir mit der Zeit dann aber auch, dass meine an sehr hohen literarischen Standards gewonnene Vorstellung vom Übersetzen und der daraus resultierende enge Übersetzungsbegriff ebenfalls seine Tücken hat. Ganz naiv war ich lange davon ausgegangen, dass Übersetzungen dazu da sind, mir Texte aus einer Sprache, die ich leider nicht verstehe, zugänglich zu machen – und zwar ohne selbstherrliche Eingriffe durch den, der das Original für mich übersetzt. Dass solche Eingriffe ärgerlich oft vorkommen, war mir natürlich klar, aber ich glaubte zumindest methodisch den Prozess des „treuen" Übersetzens von dem des Bearbeitens, Redigierens, Adaptierens, Plagiierens usw. trennen zu können, um das eine dann als interlingualen und das andere als intralingualen Prozess zu analysieren. Dass solche Trennung an der Wirklichkeit des Übersetzens mitunter vorbeigeht, lernte ich in den 80er Jahren bei Jouko Nikkinen, der für das finnische Fernsehen englische, ungarische und deutsche Filme übersetzte bzw. untertitelte. Und da wir schneller hören als lesen können, ließ sich nie eine vollständige Übersetzung des gesprochenen Originals in die Untertitelzeilen zwängen. Es mussten also die Dialoge systematisch „falsch", unvollständig, untreu übersetzt werden, damit eine funktionierende Übersetzung entstand, eine Übersetzung zudem, in der irgendwo dann doch all das vorkam, was für das Verstehen des Films und jeder einzelnen Sequenz unerlässlich war. Natürlich hätte man auch hier methodisch trennen können: erst wird das ganze Filmskript übersetzt und dann wird so lange gekürzt, bis die Dialog-Reste in die Untertitel passen. Mein Pech war nur, dass der Übersetzer so nicht vorging: Er produzierte im Übersetzen seinen gekürzten Text, einen Text also, der meiner „Definition" von Übersetzung nicht entsprach. Also war meine auf Vollständigkeit und möglichst erschöpfende „Äquivalenz" pochende Definition falsch. Noch vieles andere ließ sich durch das Zukucken bei der Entstehung der Untertitel lernen (z.B. die unterschiedliche Toleranz gegenüber derbem Sprachgebrauch in gesprochener und geschriebener Sprache), aber das Aha-Erlebnis war doch, dass die Überlegungen der Funktionalisten auch für den ästhetischen Sprachgebrauch Gültigkeit haben können. Und aus didaktischer Sicht würde ich heute generell empfehlen, den Erwerb translatorischer Kompetenz mit Übungen zur Untertitelung zu beginnen, nicht nur weil das „praxisnah" ist und Spaß macht, sondern weil dann ab der allerersten Übung deutlich wird, dass Übersetzen anderes verlangt als das mechanisch vollständige Austauschen von Wörtern und Sätzen der einen durch Wörter und Sätze der anderen Sprache.

In den deutschsprachigen Ländern gibt es in jenen Institutionen, die mit der wissenschaftlichen Ausbildung von Übersetzern und Dolmetschern befasst sind, nicht viele Germanisten. Und die Germanistik als Nicht-Fremdsprachenphilologie hat traditionell kein ausgeprägtes Interesse am Übersetzen und an

Übersetzungen. Das mag dazu beigetragen haben, dass die deutschen Übersetzungen selbst keinen rechten Ort im Fächerkanon der Universitäten gefunden haben (auch nicht in ihren Bibliotheken). Die Fremdsprachen-philologien wie Anglistik, Romanistik oder Slavistik wollen und müssen in Forschung und Lehre die Originaltexte behandeln. Die Germanisten meinen, dass Autoren wie Shakespeare, Cervantes oder Tolstoi bei ihnen nicht viel zu suchen haben. Aber wer kümmert sich dann um die deutschen Übersetzungen der Texte von Shakespeare, Cervantes oder Tolstoi? Es sind Texte, die in deutscher Sprache geschrieben wurden und zwar oft in einem Deutsch, das bestimmte ästhetische Innovationen erst durchsetzte. Sind diese literarischen Werke dann nicht auch Fakten der deutschen Literaturgeschichte? Und sollten als solche erforscht werden und ihren Platz finden in den Geschichten der deutschsprachigen Literatur(en)? Das Projekt einer „Kulturgeschichte des Übersetzens als Provokation, als Korrektiv nationaler Literaturgeschichtsschreibung" habe ich im Dezember 1994 in meiner Germersheimer Antrittsvorlesung aus gattungsgeschichtlicher Perspektive knapp skizziert (1995). Es bleibt mein Wunsch, eine solche andere Geschichte der deutschen Literatur einmal zu schreiben.

Anders als für die Inlandsgermanistik gehört für die Auslandsgermanistik die Beschäftigung mit dem Übersetzen und mit Übersetzungen traditionell zum Alltagsgeschäft. Sei es, um durch Übersetzungen den erreichten Grad der fremdsprachlichen Kompetenz kontrollieren, sei es, um den Absolventen eine Berufsperspektive als Übersetzer oder sogar als Konferenzdolmetscher bieten zu können. Die Gleichartigkeit der Lehraufgaben der Germersheimer und der Aus-landsgermanistik (2003c) hat auch zu manchen Forschungskontakten geführt, bei denen es etwa um die Stellung des Deutschen als internationaler Kommuni-kationssprache geht (2004: 153-159), um Geschichte, Stand und Perspektiven einzelner Auslandsgermanistiken (2003a), um curriculare Fragen („Inter-kulturelle Germanistik und Übersetzerausbildung", 1998, 2004: 120-126), um die Sprachenpolitik der Bundesrepublik (2002) und der Europäischen Union (2004: 196-198 und 221-228) oder um die Durchführung von Konferenzen zur translatorischen Kompetenz (1996b, 2001). Mehr als einmal beschlich mich dabei das ungute Gefühl, mich vom interkulturell germanistischen Kernbereich gar zu weit zu entfernen und – etwa bei sprachenpolitischen oder dolmetsch-wissenschaftlichen Themen – in einen gehobenen Dilettantismus abzurutschen. Aber wo steht geschrieben, dass man sich nicht auch mit 45 oder 50 Jahren noch in neue Forschungsfelder einarbeiten darf? Nicht nur aus Sicht der späteren beruflichen Aufgaben unserer Absolventen wäre es gewiss auch sehr wichtig, sich intensiver mit Fragen der Fachsprachenforschung und –übersetzung zu befassen, ein Bereich der von uns Germersheimer Professoren sträflich vernach-lässigt wird. Aber da hab ich bisher nicht anbeißen wollen, trotz vieler Ermunte-rung etwa durch finnische Kollegen wie Christer Laurén oder Ewald Reuter.

Mein Hauptinteresse – auch wenn sich das in Publikationen kaum so spiegelt – gilt nach wie vor der philologisch-kulturwissenschaftlichen Erschließung anspruchsvollster interkultureller Texte (1997c) sowie der Erforschung des Übersetzens. Die Übersetzungswissenschaft braucht m.E. zweierlei: den mikroskopisch exakten Blick auf das einzelne Werk und seine vielfältigen Verflechtungen in der Ausgangs- und Zielkultur – und den bis ins Universalhistorische sich weitenden Blick, der Translation als einen die Geschichte wieder und wieder in Trab haltenden Prozess zu erfassen versucht, ein Prozess, für den mir allerdings immer mehr ein Wort des vielsprachigen Wanderers Hubert Fichte als Motto zu passen scheint: „Unsere Bildung beruht auf Übersetzungsfehlern." Diesen Fehlern (etwa in unseren Übersetzungen der antiken, der jüdischen oder der islamischen Kultur) nachzufragen und ihre immer wieder fatalen Auswirkungen auf unseren Umgang mit anderen Kulturen zu überdenken, auch das scheint mir eine verlockende Aufgabe der Übersetzungswissenschaft zu sein (2003b).

Die Lehre an einer Universität geht aus eigener Forschung hervor, so heißt es. Nach zwanzig Jahren universitärer Ausbildung von Übersetzern und Dolmetschern stelle ich mit nicht allzu großer Verblüffung fest, dass es sich bei mir eher umgekehrt verhält. Für ein Studium der Übersetzungswissenschaft habe ich mich bewusst nie entschieden, nicht nur weil es dieses Studienfach gar nicht gab und noch kaum gibt. Als ich 1977 in Köln mit dem Lernen an einer Universität begann, wollte ich Germanist und Osteuropa-Historiker und Experte für finnisch-deutsche Kulturbeziehungen werden (1978a, 1978b, 1981, 1982, 1985). Es waren die Aufgaben in der Lehre, die mir auf Dauer (durch mein Herder- und mein Finnland-Interesse halbwegs vorbereitete) übersetzungsrelevante Themen auch in der Forschung aufgenötigt haben. Und es war ein Glücksfall, dass es immer wieder Freunde gab, die sich beim Übersetzen über die Schulter schauen ließen. Das translationswissenschaftliche Standardwerk zur Kulturgeschichte des Übersetzens oder Dolmetschens ist mir dabei noch nicht aus der Feder geflossen – aber es bleiben ja vielleicht noch ein paar Jährchen...

Im Text erwähnte Veröffentlichungen

1978a   Ein Ästhet in Finnland. Entstehungsgeschichte, Finnlandbild und Rezeption des Romans *Flucht in den Norden* von Klaus Mann. In: *Mitteilungen aus der Deutschen Bibliothek* (Helsinki) 12, 59-86.

1978b   Lappisches aus Ottakring [zu H. C. Artmanns Übersetzungen bzw. Adaptionen sámischer Märchen]. In: *Mitteilungen aus der Deutschen Bibliothek* (Helsinki) 12, 96-110.

1980   Zur Neuausgabe. In: Alexis Kivi, *Die sieben Brüder*. Aus dem Finnischen von Gustav Schmidt, durchgesehen von A.F.K. Stuttgart: Klett-Cotta/ Helsinki: Otava, 439-441. 2. Aufl. 1982.

1980-86 [Redaktion und Mithg.] *Trajekt*. Beiträge zur finnischen, finnlandschwedischen, lappischen, estnischen, lettischen und litauischen Literatur. 1 (1981) – 6 (1986).

1981   *Die Heideschuster.* Alexis Kivis Volksstück auf deutschen Bühnen. In: *Trajekt.* Beiträge zur finnischen, lappischen und estnischen Literatur 1, 201-216.

1982   Brautlied – Kulnasadz, mein Ren. Übersetzungen und Nachdichtungen lappischer Juoiks (Anthologie). In: *Trajekt.* Beiträge zur finnischen, lappischen und estnischen Literatur 2, 107-47.

1984   *Herder und die Weltliteratur. Zur Geschichte des Übersetzens im 18. Jahrhundert* (Diss. Köln 1983). Frankfurt/M. u.a.: Peter Lang.

1985   Audun, Freyja und Münchhausen. Adaptionen im Werk Paavo Haavikkos. In: *Erikoiskielet ja käännösteoria.* VAKKI-seminaari V. Vaasa, 189-202.

1986   *Die Rückschritte der Übersetzungstheorie. Anmerkungen zur „Grundlegung einer allgemeinen Translationstheorie" von Katharina Reiss und Hans J. Vermeer.* Vaasa: VAKKI.

1988a   *Lilü. Manfred Peter Heins Übersetzung des Gedichts „(1905)" von Arvo Turtiainen. Ein linguistisch-literaturwissenschaftlicher Übersetzungsvergleich.* Vaasa: VAKKI.

1988b   Wörterbücher als Hilfsmittel in der Übersetzungsausbildung. In: Maria Lieber/ Jürgen Posset (Hg.): *Texte schreiben im Germanistik-Studium.* München: Iudicium Verlag, 339-366.

1991a   Was mir beim Übersetzen durch den Kopf geht. Ein Werkstattmonolog über eine Erzählung des Finnen Antti Tuuri. In: *Neue Rundschau* 102, H. 2, 133-146.

1991b   Wie kommen die Wörter ins Wörterbuch? Zur Makrostruktur zweisprachiger Wörterbücher am Beispiel des Sprachenpaars Finnisch/Deutsch. In: Karl Hylgaard-Jensen/ Arne Zettersen (Hg.): *Symposium on Lexicography* V. Tübingen: Niemeyer, 143-157.

1994a   Onomasiologie und zweisprachiges Lernwörterbuch. Erinnerung an den *Orbis sensualium pictus* des Comenius (1658). In: Irma Hyvärinen/ Rolf Klemmt (Hg.): *Von Frames und Slots bis Krambambuli. Beiträge zur zweisprachigen Lexikographie.* Jyväskylä, 161-179.

1994b   Das Übersetzen von Gedichten. In: Karin Graf (Hg.): *Vom schwierigen Doppelleben des Übersetzers.* Berlin: Volk & Welt, 149-166.

1995   Wie deutsch ist die deutsche Literatur? Anmerkungen zur Interkulturellen Germanistik in Germersheim [Antrittsvorlesung vom 8.12.94]. In: *Jahrbuch Deutsch als Fremdsprache* 21, 37-60.

1996a   „Ausweg zu Liedern fremder Völker": Herder als Vermittler „kleiner" Literaturen. In: Horst W. Drescher/ Susanne Hagemann (Hg.): *Scotland to Slovenia. European Identities and Transcultural Communication. Proceedings from the Fourth International Scottish Studies Symposium.* Frankfurt/M.: Lang, 229-245.

1996b   [Hrsg.] *Übersetzerische Kompetenz. Beiträge zur universitären Übersetzerausbildung in Deutschland und Skandinavien.* Frankfurt/M.: Peter Lang.

1997a   „Kleine" und „große" Literaturen. Zur Vermittlung nordosteuropäischer Literaturen nach Deutschland. In: Burghardt Bendel u.a. (Hg.): *Deutsche Sprache und Kultur – Brücke und Scharnier im Nordosten Europas?* Tampere: Universität Tampere, 59-77.

1997b   Vardu pret vardu. Manfred Peter Hein als Vermittler nordosteuropäischer Literaturen. Eine bio-bibliographische Skizze. In: Andrejs Veisbergs u.a. (Hg.): *Pragmatische Aspekte der Translation. Erstes Rigaer Symposium.* Riga: Universität Lettlands, 35-59.

1997c   Im Niemandsland der Sprachen und Kulturen. Eine „fremdperspektivische" Interpretation des Gedichts *Niemandsname* von Manfred Peter Hein. In: Ernest W.B. Hess-Lüttich u.a. (Hg.): *Fremdverstehen in Sprache, Literatur und Medien*. Frankfurt/M. u.a.: Lang, 311-331.

1998   Kleine Länder – Kleine Sprachen – Kleine Literaturen. Übersetzer- und Dolmetscherausbildung für das „Gemeinsame Haus" Europa. In: *Jahrbuch Deutsch als Fremdsprache* 24, 365-373.

2001   [Hrsg.] *Dolmetschen. Beiträge aus Forschung, Lehre und Praxis.* Frankfurt/M. u.a.: Peter Lang.

2002   *Deutschland:Finnland 6:0. Deutsch contra Englisch und Französisch. Zum Dolmetschstreit in der Europäischen Union. Saksa-Suomi: 6-0. Saksa vastaan englanti ja ranska. Tulkkauskiistasta Euroopan unionissa.* Ins Finnische übersetzt von Maiju Virtanen. Tampere: Universität Tampere 2001 [2002].

2003a   Vom deutschen Leben (III). Persönliche Anmerkungen zu Geschichte und Pespektiven der finnischen Germanistik. In: Ewald Reuter/ Marja-Leena Piitulainen (Hg.): *Internationale Wirtschaftskommunikation auf Deutsch.* Frankfurt/M. u.a.: Peter Lang, 373-393.

2003b   Mahometismus. Zu einigen Ingredienzien der Übersetzung des Islam ins Abendländische. In: Matthias Perl/ Wolfgang Pöckl (Hg.): *„Die ganze Welt ist Bühne". Festschrift für Klaus Pörtl zum 65. Geburtstag.* Frankfurt/M. u.a.: Peter Lang, 93-109.

2003c   Interkulturelle Germanistik und Übersetzer-/Dolmetscherausbildung am Germersheimer Fachbereich Angewandte Sprach- und Kulturwissenschaft der Johannes Gutenberg-Universität Mainz. In: Alois Wierlacher/ Andrea Bogner (Hg.): *Handbuch interkulturelle Germanistik.* Stuttgart/ Weimar: Metzler, 628-634.

2004   *Reden ist Silber. Zur Ausbildung im Übersetzen und Dolmetschen.* Universitätsreden 1994 bis 2003. Vaasa/ Germersheim.

Don Kiraly (Mainz-Germersheim)

Eine Reise auf verschlungenen Pfaden
hin zu einer Didaktik des Übersetzens

Ohio, USA: eine Kindheit und Jugend mit (und gegen) Fremdsprachen

Als ich in den sechziger Jahren zur Schule ging, war das Erlernen von Fremd-sprachen der Fluch meines Lebens.

Meine fünf Jahre während Erfahrung mit Französischunterricht begann in der zweiten Klasse im experimentellen FLES- Programm (Fremdsprachen in Grundschulen) und endete mit einem trostlosen Misserfolg, als meine Lehrerin mich in der siebten Klasse den Französischkurs abwählen ließ, damit sie mich nicht durchfallen lassen musste.

Soweit ich mich erinnern kann, habe ich während dieser fünf Jahre Unter-richt viel gepaukt, aber so gut wie nichts gelernt. In meiner Erinnerung erscheint der Unterricht wie eine endlose Reihe von toten Stunden, ein Wirrwarr aus grammatischen Regeln und eine schier endlose Liste fremder Vokabeln, die auswendig gelernt werden sollten. Im Klassenzimmer bedeutete Französisch für mich nur Fakten und Strukturen, die es galt wie ein Kassettenrekorder aufzu-nehmen, um sie später auf Verlangen wieder abzuspielen.

Am Ende dieser Tortur konnte ich Französisch weder lesen noch schrei-ben; selbst mein passiver Wortschatz war gleich Null, und ich hätte noch nicht einmal ein Croissant in einer französischen Bäckerei kaufen können. Es war eine ungeheure Erleichterung, im Alter von 13 Jahren vom weiteren Belegen des Französischkurses freigesprochen zu werden.

Meine Gnadenfrist war jedoch nur von kurzer Dauer. Da das zweijährige Erlernen einer Fremdsprache an meiner High School Pflicht war, entschied ich mich für Spanisch, was allgemein in den USA als die leichteste Fremdsprache angesehen wird. Ich war keineswegs bereit, mein Glück noch einmal mit Französisch zu versuchen, und die angebotenen „schwierigen" Sprachen Deutsch und Russisch kamen gar nicht erst in Frage. Meine Erlebnisse in den zwei Jahren Spanischunterricht ähnelten denen meiner schmerzvollen Jahre mit Französisch: eine Unmenge von Grammatik, langweilige Drills und gedanken-loses Nachsprechen.

Der Frontalunterricht im Rhythmus des nach grammatischen Einheiten organisierten Lehrplans (wie er heutzutage immer noch gang und gäbe ist) war *de rigueur*. Es gab so gut wie kaum Zeit (auch wenn der Lehrer dies gewollt hätte) für echte Kommunikation in der Fremdsprache, weder unter den Schülern noch zwischen dem Lehrer und den Schülern.

Meine albtraumhafte Erfahrung mit Spanisch und Französisch hinterließ tiefe Spuren. Ich begann zu glauben, dass ich des Erlernens einer Fremdsprache unfähig sei, und es entstand in mir eine starke Abneigung gegen den strukturzentrierten Unterricht, bei dem das metasprachliche Wissen des Lehrers auf die Schüler übertragen werden soll. Als junger Mensch ahnte ich schon, dass mit dem konventionellen Ansatz echte kommunikative Kompetenz in einer Fremdsprache nicht zu erreichen war.

Wäre die Schule mein einziger Kontakt zu Fremdsprachen gewesen, wäre ich aller Wahrscheinlichkeit nach meiner Vorliebe für Rechtswissenschaften gefolgt und Rechtsanwalt geworden. Cleveland Heights war in den sechziger Jahren, wie viele andere Vorstädte des amerikanischen mittleren Westens (zumindest an der Oberfläche), alles andere als ein Zentrum multikulturellen Lebens. So verbreitet und allgegenwärtig fremde Kulturen und Sprachen in Deutschland heutzutage sein mögen, genauso rar waren sie in meiner jugendlichen Umgebung. Der sprichwörtliche ethnische Schmelztiegel der amerikanischen Gesellschaft war von einer Art monokultureller Anonymität verschleiert. Unter der Oberfläche aber waren die vielfältigen ethnischen Wurzeln der Amerikaner allgegenwärtig.

Die Eltern meines Vaters, die in einem anderen Stadtteil von Cleveland wohnten, waren beispielsweise Einwanderer aus Ungarn, die den größten Teil ihres Lebens in den USA verbracht hatten, zu Hause aber weiterhin ungarisch sprachen, ungarisch kochten, eine ungarische Zeitung lasen und sogar einen lokalen ungarischen Radiosender hörten (damals war Cleveland eine der größten Enklaven ungarischer Einwanderer in den USA). Die vielen Wochen, die ich während meiner Sommerferien bei meinen Großeltern verbrachte, waren für mich Reisen in eine andere Welt, Reisen, die einen wichtigen und lebendigen Teil meines kulturellen Erbes darstellen.

Ich tauchte jedesmal ein in eine exotische Kultur, und die Klänge und Aromen des alten Landes bereicherten die jugendliche Wahrnehmung meines ansonsten so gleichförmigen Lebens in einer Vorstadt, die mir alles andere als multikulturell erschien.

Obwohl ich die ungarische Sprache von meinen Großeltern nie lernte, nahm ich die fremde Seite meiner Jugendzeit als sehr positiv und aufregend wahr. Als ich Jahre später zu Konferenzen nach Ungarn reiste und an Sokrates-Austauschprogrammen teilnahm, überkam mich jedes mal ein starkes Gefühl der Heimkehr.

Mit 18 ging ich zur Universität und schrieb mich für Politikwissenschaften ein. Da es für alle Studierenden an der Universität Pflicht war, zwei Jahre lang eine europäische Sprache zu belegen, fand ich mich neun Jahre nach meiner schmerzvollen Erfahrung mit dem Spanischunterricht in einem Französischkurs für Anfänger wieder. Mein Verständnis davon, was es bedeutet, eine Fremdsprache zu erlernen und anzuwenden, änderte sich mit diesem neuen Anfang radikal. Obwohl auch diese Dozentin ihren Unterricht nach dem grammatisch organisierten Lehrbuch abhielt, konnte sie mit ihrer ermutigenden Art und ihrem Enthusiasmus für die Sprache die Neugier und das Interesse an fremden Kulturen, die in mir als Enkel von Einwanderern genährt worden waren, wieder erwecken. Ich erinnere mich heute immer noch daran, dass diese Lehrerin sich genauso dafür interessierte, was wir sagten, wie dafür, wie wir es sagten. Zum ersten Mal in einem Fremdsprachenkurs musste ich nicht nur monotone, für mich sinnlose Übungen machen, sondern ich lernte zu kommunizieren durch Kommunikation. Mit ihr als Vorbild erkannte ich, dass eine Fremdsprache ein Kommunikationsmittel sowie ein Fenster zu einer anderen Kultur ist, und nicht einfach eine leblose Sammlung von Regeln und Fakten, die man auswendig lernen und aufsagen können muss.

Wahrscheinlich hat auch meine größere persönliche Reife zu meiner neuen Offenheit Sprachen gegenüber beigetragen; dies kann ich nicht beurteilen. Wie dem auch sei, der Grundstein für ein Leben m i t anstatt g e g e n Fremdsprachen war gelegt. Von diesem Zeitpunkt an war ich ein begeisterter Student des Französischen. Ein Erfolg führte zum nächsten und ich wurde von meiner wachsenden Motivation für das Erlernen von Sprachen mitgerissen. Das Interesse, das ich für die französische Sprache und Kultur entwickelte, hatte zur Folge, dass ich von meiner Professorin für eine Stelle als Lektor für Englisch am Institut National des Sciences Appliquées in Lyon für das Studienjahr 1977 vorgeschlagen wurde.

So ging ich im Alter von 23 Jahren ins Ausland, und bin seitdem nur noch als Besucher in die Heimat zurückgekehrt.

Lyon, Frankreich: Auf der Suche nach neuen pädagogischen Horizonten

Ich war ein typischer Lektor am INSA in dem Sinne, dass ich keinerlei Erfahrung oder Ausbildung als Sprachlehrer hinter mir hatte, als ich meine Pflichten dort aufnahm. Es war meine Aufgabe, Konversationskurse für französische Ingenieurstudenten abzuhalten, die bereits einige Jahre Englisch gelernt hatten, aber zum größten Teil überhaupt nicht interessiert an der Sprache zu sein schienen.

Meine Lehrerfahrung in Lyon wäre eine eher unbedeutende Episode meiner Laufbahn geworden, hätte ich nicht dort das Glück gehabt, mit einer Gruppe von Sprachlehrern in Kontakt zu kommen, die mit *All's Well*, einer damals neuen Methode, arbeiteten. Dies war eine sogenannte SGAV-Methode *(structuro-global, audio-visuel)*, die am CREDIF (*Centre de recherche et d'étude pour la diffusion du français*) in Frankreich entwickelt wurde.

Als in Lyon ein einwöchiges Schulungsseminar für *All's Well*-Lehrer angeboten wurde, meldete ich mich an in der Hoffnung, einige Hinweise für die Gestaltung meiner Konversationskurse zu erhalten. Was ich in dieser Woche gelernt habe, beeinflusste mein Denken über das Lernen und Unterrichten von Fremdsprachen sowie meine Unterrichtsforschung bis auf den heutigen Tag. Wir erhielten keine Schulung im herkömmlichen Sinne, sondern fanden uns stattdessen in Situationen wieder, in denen wir die Methode selbst erfahren konnten, und in denen wir lernten, die physischen, emotionalen und gesellschaftlichen Dimensionen unserer Lerngruppe zu benutzen. Durch individuelle und gruppenbasierte Reflektionen über unsere Erfahrungen entwickelten wir selbst Strategien, um diese Faktoren auch in unserem Englischunterricht zu berücksichtigen.

Während meiner drei Jahre in Lyon hatte ich Gelegenheit, mit vielen Gruppen in der Erwachsenenbildung *All's Well* anzuwenden. Beim Verwenden der Methode im Englischunterricht ging es auf der einen Seite darum, eine facettenreiche und lebendige soziale Umgebung im Klassenzimmer zu schaffen – eine Umgebung, in der möglichst natürliche und das Lernen fördernde Kommunikation stattfinden konnte. Auf der anderen Seite wurden Grammatik und Lexis überhaupt nicht vernachlässigt. Eine gut recherchierte und durchdachte Progression des Grundvokabulars und der Grammatik war in die audiovisuellen Lehrmaterialen eingebaut. Die Vermittlung und das Abfragen von metasprachlichen Erklärungen, die Hauptaktivität in vielen Sprachkursen, blieb allerdings aus. Die Lerner sollten durch einen kommunikativen und induktiven Ansatz ihre angeborenen Sprachlernfähigkeiten wiederbeleben und für sich selber die Fremdsprache konstruieren. Im Klassenraum wurde nur Englisch gesprochen, und die Schüler hatten reichlich Gelegenheit, ihrer Natur entsprechend auf mehrdimensionalen, geselligen, emotionellen und körperlichen Ebenen miteinander zu agieren.

In den vielen Stunden, in denen ich *All's Well* mit Lernern einsetzte, mit Erwachsenen im Alter zwischen 20 und 65, waren nur die überzeugtesten Pauker nicht von diesem Ansatz begeistert. Und die Lernergebnisse waren meistens entsprechend ausgezeichnet. Die gesteigerte Motivation durch die persönliche Einbindung in die neue Sprache und den natürlichen, intuitiven Umgang mit Grammatik, Vokabeln und Kultur war entscheidend dafür, dass die Lerner sich fast ausschließlich für die Sprache begeisterten.

Als Folge dieser positiven Lehrerfahrungen entschied ich mich dazu, in die USA zurückzukehren, um dort meinen M.A. in ‚Englisch als Fremdsprache' an einer großen Universität im Mittleren Westen zu absolvieren.

Champaign-Urbana, Illinois: Von der Desillusion zu einem neuen Anfang

Meine ersten Wochen in diesem neuen Studiengang im Herbst 1980 waren ernüchternd. Es wurde mir schnell klar, dass in diesem zweijährigen Studiengang der lehrerzentrierte Unterricht das A und O war.

Alle Bereiche des Sprachunterrichts, von der Grammatik bis hin zur Leistungsevaluierung, von der Aussprache bis hin zur Erstellung von Lehrplänen, wurden bis ins kleinste Detail von den Dozenten und Professoren frontal vermittelt und ließen praktisch keinen Raum für das Ermessen und die Kreativität der angehenden Lehrer oder für die gesellschaftlichen, emotionalen und gemeinschaftlichen Aspekte des Lernens, die bei *All's Well* im Mittelpunkt standen.

Trotz dieses unsanften Erwachens hatte ich das Glück, einen Konversationskurs in Französisch mit Sandra Savignon, der Leiterin des Magister-Studiengangs ‚Französisch als Fremdsprache', als Gasthörer zu besuchen. 1972 hatte Savignon mit ihrer Dissertation einen wichtigen Beitrag geleistet zur Entwicklung des kommunikativen Sprachunterrichts in den Schulen und Universitäten Amerikas. Ihre Dissertation beinhaltete ein überzeugendes Experiment, das die Wirksamkeit eines starken Fokussierens auf Kommunikation im Sprachlernprozess aufzeigte.

Sandra Savignon war für mich immer eine außergewöhnliche Lehrerin, deren Schlüssel zum Erfolg, neben ihrer Fachkompetenz, ihr Einfühlungsvermögen für ihre Studenten war, sowie ihre Fähigkeit, das Lernen zu fördern ohne zu versuchen, ihr Wissen anderen aufzudrängen. Sie war auch immer aufgeschlossen und bescheiden genug, um auch von ihren Studenten zu lernen. Wir lernten nicht von ihr, sondern mit ihr.

Zurück in Europa: Auf Umwegen nach Germersheim

Nach diesem Abschluss wollte ich unbedingt wieder nach Europa. Da mein Versuch, erneut eine Aufenthaltserlaubnis für Frankreich zu erlangen, scheiterte, fand ich mich auf dem Weg nach Gijón, Spanien, wo ich durch die Vermittlung eines INSA-Kollegen eine Stelle als Englischlehrer an einer Sprachschule erhielt. Es war sicher nicht meine katastrophale Erfahrung mit dem Erlernen der spanischen Sprache, die mich ermutigt hat, dorthin zu gehen. Doch von den ersten Tagen an war diese neue Sprachlernerfahrung für mich eine deutliche Bestätigung der Prinzipien des interaktiven Sprachunterrichts, die ich mir bis dahin angeeignet hatte.

Ich lernte Spanisch sozusagen auf der Straße, in dem ich in Geschäften, Cafés und im Unterricht sowie in einer Unzahl von weiteren Alltagssituationen mit Menschen kommunizierte und die Sprache für mich selbst konstruierte. Induktives Lernen im täglichen Leben war angesagt und funktionierte, mit wenig Mühe und Stress, aber mit viel Freude und ausreichendem Erfolg.

Sehr viele Spanier, mit denen ich in Kontakt kam, machten mir das Lernen leicht: Sie verhielten sich mir gegenüber nicht nur vorurteilsfrei, sondern unterstützten mich auch enthusiastisch bei meinen Versuchen, ihre Sprache zu benutzen. Sie waren meine sprachlichen Vorbilder, meine nichts ahnenden Partner im Lernprozess.

Als mein neunmonatiger Aufenthalt zu Ende ging, hatte ich bereits eine starke Affinität und Zuneigung für die Spanier, ihre Sprache, ihr Land und ihre Kultur entwickelt, und durch ein wenig Selbststudium hatte ich mir auch eine recht solide grammatikalische Basis angeeignet. Das deduktive Erlernen von Regeln war diesmal keine Qual, weil ich es mir selbst aufgezwungen hatte. Die Regeln waren nicht, wie so oft im konventionellen Fremdsprachenunterricht, die Grundlage meines Lernens; stattdessen festigten sie meine schon existierenden intuitiven Kenntnisse der Sprache, die ich mir durch authentische Kommunikation angeeignet hatte. Es war, wie ich es durch die *All's Well*-Methode gelernt hatte: zuerst kommt die persönliche, intuitive Erfahrung mit der Sprache – dann die metasprachliche Verfeinerung. Dies ist natürlich keine große Erkenntnis. Genauso lernt jedes Kind auf der Welt seine Muttersprache. Nur im konventionellen Sprachunterricht ist diese natürliche Reihenfolge gestört.

Ich beendete meinen Spanienaufenthalt mit einem Spanischkurs an der Sommer-Universität Menéndez Pelayo in Santander, wo ich meine zukünftige Frau kennenlernte, die am FASK Germersheim Französisch und Spanisch studierte. Ein Jahr später, nach Aufenthalten in Dijon und Roanne, Frankreich, kam ich im Alter von 29 Jahren mit all meinem Hab und Gut auf dem Rücken und kaum einem Wort Deutsch in meinem sprachlichen Repertoire in Germersheim an. Aber zu diesem Zeitpunkt hatte ich bereits grundlegende Überzeugungen, wie das Sprachenlernen auf natürliche Weise gestaltet werden kann.

Germersheim – Konfrontation mit der Übersetzerausbildung

Obwohl ich nur das bisschen Deutsch sprach, das ich mir während meines kurzen Aufenthalts in Dijon mit Hilfe eines Privatlehrers angeeignet hatte und keinerlei Erfahrung als Übersetzer besaß, stellte mich Professorin Renate von Bardeleben im Herbst 1983 am Institut für Anglistik und Amerikanistik am Fachbereich Angewandte Sprachwissenschaft der Johannes Gutenberg-Universität Mainz als Lehrbeauftragten ein, um Grundkurse in Englisch zu unterrichten. Zu diesem Zeitpunkt war es schon klar, dass der einzige amerikanische Dozent in der Abteilung 14 Monate später in Rente gehen würde, und ich setzte es mir zum Ziel, genügend Deutsch sowie die Grundlagen des Übersetzens und der Übersetzungsdidaktik zu lernen, damit ich mich für diese Stelle bewerben konnte.

Angesichts der Tatsache, dass es zu jener Zeit weltweit keine Ausbildungsprogramme für Übersetzungslehrer gab (eine Situation, die sich leider in den letzten 20 Jahren kaum geändert hat!), versuchte ich zu erfahren, wie das Übersetzen unterrichtet wird, indem ich die Kurse anderer Dozenten besuchte. Meine Erfahrungen als Übersetzer bis dahin waren begrenzt auf ein paar Kurse mit der Sprachkombination Französisch-Englisch, die ich an der Universität von Lyon belegt hatte.

Aber während meines Jahres als Lehrbeauftragter gelang es mir, einige Übersetzungsaufträge an Land zu ziehen. Kein Auftraggeber damals (oder seitdem) hat sich dafür interessiert, ob ich irgendeine Qualifikation als Übersetzer hatte. Die authentische Arbeit als Übersetzer war eine Ausbildung in sich. Ich erlernte sowohl die deutsche Sprache als auch Übersetzerfertigkeiten, indem ich mich mit meinen Aufträgen und dem Feedback meiner Auftraggeber auseinandersetzte. Das Übersetzen, wie die spanische und deutsche Sprache, brachte ich mir am Anfang eher induktiv und intuitiv bei.

Ich fand bald heraus, dass es am FASK im wesentlichen nur eine standardisierte Vorgehensweise in der Übersetzerdidaktik gab. Der Dozent fertigte im Vorfeld eine Musterübersetzung an und verteilte den Originaltext an die Studenten, die ihn zu Hause vorbereiteten. Im Unterricht las dann ein Student einen Satz vor, gefolgt von der Kritik des Dozenten, der am Ende die korrekte Lösung verbal verteilte.

Seit der ersten Unterrichtsstunde, der ich beiwohnte, wurde mir die große Diskrepanz zwischen dieser Art des Inhalt vermittelnden Lehrens und dem globalen, konstruktivistischen Ansatz des Spracherwerbs, wie er von der *structuro-global method* und dem kommunikativen Sprachlernen gelehrt wird, bewusst.

Als ehemaliger *All's Well*-Lehrer war mein Unbehagen als Beobachter in diesen Kursen groß... aber meine Situation erlaubte es mir nicht, gegen die fest verankerten Methoden zu argumentieren. Zuerst musste ich mich in die konventionelle Vorgehensweise einarbeiten, um danach Alternativen zu suchen. Ende 1984 erhielt ich die ersehnte Stelle als wissenschaftlicher Angestellter am FASK. In meinen allgemeinen Übersetzungsübungen stellte ich fest, dass ich mit viel Zeit und Aufwand die Musterübersetzung gut vorbereiten konnte, und es fiel mir leicht, die Kurse in der herkömmlichen Art zur Zufriedenheit meiner Studenten abzuhalten. Doch trotzdem war ich davon überzeugt, dass dies sicher nicht der einzige und vielleicht auch nicht der beste Weg war, Studierenden das Übersetzen beizubringen.

Zu meinem Glück war die Promotion eine Vorraussetzung für eine dauerhafte Einstellung, und ich nutzte die Gelegenheit, um an der University of Illinois unter der Leitung von Professor Savignon zu promovieren. Mit der vollen Unterstützung meiner Vorgesetzten am FASK, Professor von Bardeleben, ging ich im Sommer 1986 nach Illinois und kehrte im Januar 1988 zurück, nachdem ich meine Vorprüfungen im Rahmen des Promotionsstudiums abgelegt sowie einen Großteil des theoretischen Fundaments für meine Dissertation aufgebaut hatte. Bevor ich in Illinois in das Doktorandenprogramm aufgenommen werden konnte, musste ich eine Ersatz-Magisterarbeit anfertigen, da ich für meinen M.A. in Französisch keine solche Arbeit hatte schreiben müssen. Ich versuchte mir in dieser Arbeit einen Überblick über die Übersetzungswissenschaft und die Übersetzungsdidaktik zu verschaffen. Zur gleichen Zeit wurde mir klar, dass meine wachsende professionelle Erfahrung als Übersetzer eine unbezahlbare Quelle des persönlichen Wissens war, die ich in den Unterricht einbringen konnte. Die Erkenntnis, dass persönlich gewonnene Erfahrungen wichtiger sind als sekundär vermittelte, und auch meine Überzeugung von der Notwendigkeit authentischen, studentenorientierten kollaborativen Arbeitens im Klassenzimmer haben meinen soziokonstruktivistischen Ansatz in der Übersetzerausbildung in hohem Maße beeinflusst.

Promotion an der University of Illinois

An der University of Illinois war ich für das fachübergreifende Promotions-studium in ‚Zweitsprachenerwerb und Lehrerausbildung' eingeschrieben, der gemeinschaftlich von den Instituten für Erziehungswissenschaft, Französisch, Deutsch, Spanisch und Linguistik organisiert wurde.

Zusätzlich zur Dissertation beinhaltete der Studiengang Hauptseminare in verschiedenen Bereichen wie Soziolinguistik, Psycholinguistik, Statistik, Eva-luierung, Interkulturelle Kommunikation, Qualitative Forschungsmethoden, Grundlagen der Erziehungswissenschaft sowie Curriculumentwicklung für den Fremdsprachenunterricht. In einem von Braj Kachru gehaltenen soziolinguis-tischen Seminar kam ich das erste Mal mit J.R. Firth von der *British School of Linguistics* in Berührung, dessen eher gesellschaftlich ausgerichteter Ansatz in der Linguistik mir einen wichtigen Impuls geben sollte bei meinem Versuch, in meiner Dissertation eine systematische Vorgehensweise für die Übersetzeraus-bildung zu entwickeln.

In einem Kurs über Psycholinguistik lernte ich Jean Piagets und Lev Vygotskys Ideen über die Entwicklungspsychologie kennen, doch ich habe erst 1995, nach der Veröffentlichung meiner Doktorarbeit mit dem Titel *Pathways to Translations,* festgestellt, dass Vygotskys Verständnis von der intersubjektiven Basis des Lernens als Fundament für einen sozialen konstruktivistischen Ansatz in der Übersetzerausbildung dienen könnte.

Während ich meine Dissertation vorbereitete, wurde ich auf eine Reihe wertvoller einschlägiger Quellen aus dem Bereich der Übersetzungswissen-schaft aufmerksam. Ich erinnere mich daran, Nida, Wilss, Steiner, Neubert, Newmark, Delisle und Seleskovitch gelesen und genossen zu haben. Der hermeneutische Ansatz von Henry Chau war vielleicht mein erster Kontakt zu einer eher konstruktivistischen Sichtweise in Sachen Übersetzen. In Illinois ent-deckte ich auch Hans Krings' Dissertation *Was in den Köpfen von Übersetzern vorgeht,* die mich mit den Möglichkeiten der Introspektion und der Technik des *Think Aloud*-Protokolls zur Untersuchung mentaler Übersetzungsprozesse vertraut machte.

Diese Werke unter vielen anderen gaben mir die nötigen Impulse für meine Dissertation, die sich auf zwei Säulen stützte: 1) eine theoretische fachübergreifende Basis für einen systematischen Ansatz in der Übersetzer-ausbildung, und 2) eine Untersuchung der mentalen Prozesse beim Übersetzen im Hinblick darauf, Möglichkeiten zu finden, die TAP-Technik im Über-setzungsunterricht anzuwenden.

Die wichtigste Feststellung meiner empirischen Untersuchung war für mich die Tatsache, dass ein Großteil des Übersetzungsprozesses intuitiver Natur zu sein schien und es folglich so gut wie unmöglich war, hier die TAP-Technik anzuwenden. Mit meiner Ernüchterung bezüglich der TAP-Methode war ich anscheinend nicht der einzige im Kreis der Forscher. Als meine Dissertation

1995 veröffentlicht wurde, war der große Boom der TAP-Forschung – zumindest in Deutschland – schon vorbei.

Meine Beobachtungen sowohl im Rahmen meiner Dissertationsforschung als auch im Hörsaal deuteten darauf hin, dass Übersetzungsprozesse extrem individualisiert sind, d.h. man kann sie nicht mechanisch lernen und automatisch anwenden. Der hermeneutische Ansatz in der Übersetzungswissenschaft und auch meine *All's Well*-Erfahrungen waren in dieser Zeit wichtige Impulse, die mich nochmals losschickten in eine neue Phase meiner Suche nach einer systematischen Methode für die Übersetzerausbildung.

Zurück in Germersheim – der Kreis schließt sich

Erst nachdem ich *Pathways* veröffentlicht hatte, entdeckte ich zufällig Thomas Duffys und David Jonassens Werk *Constructivism and the Technology of Construction*, das einen Dialog zwischen Befürwortern und Kritikern des Konstruktivismus in der Erziehungswissenschaft darstellt. Als ich die ersten Seiten dieses Buch las, wurde mir klar, dass Konstruktivismus durchaus die Verbindung sein könnte, die meine gesamten Erfahrungen als Sprachlehrer und Schüler, Übersetzer und Dozent vereinen könnte. Ich stöberte in den Werken zahlreicher Autoren wie z.B. Lev Vygotsky, William Lakoff, John Dewey, William Bruffee, Jean Piaget und Ernst von Glasersfeld, Paolo Freire und Ernesto Maturana, Donald Schön und Carl Bereiter & Marlene Scardamaglia, die ich alle zur weit verzweigten Familie der Konstruktivisten zähle. Vor allem die sozial-konstruktivistische Perspektive erschien mir aufregend und viel versprechend. Die Grundidee, dass die Realität von Individuen durch Kollaboration und Interaktion in einem sozialen Gefüge konstruiert wird, erlaubte es mir, meine gesamten Lehr- und Lernerfahrungen zu vereinen und auf dieser Grundlage einen systematischen Lehransatz für das professionelle Übersetzen zu entwickeln. Diese Theorie war der Ausgangspunkt und der rote Faden, der für eine alternative Übersetzungsdidaktik im lernerzentrierten Unterricht, für authentische Projekte und die kollaborative Entwicklung professioneller übersetzerischer Fähigkeiten und Fertigkeiten eine zentrale Rolle spielen würde. Die theoretische Grundlage und auch praktische Vorschläge aus den verschiedensten Bereichen, in denen konstruktivistisches Denken schon weit fortgeschritten ist, habe ich in meinem eigenen Unterricht im Rahmen eines Klassenzimmer-Forschungsprojekts in die Praxis umgesetzt. Die Ergebnisse dieses Projekts und die erste Formulierung meines Ansatzes wurden in *A Social Constructivist Approach to Translator Education,* herausgegeben bei St. Jerome im Jahre 2000, dargelegt. Seitdem suche ich mit Kollegen (vor allem in Workshops an Universitäten im Ausland) und mit meinen Studenten im täglichen Unterricht fruchtbare Möglichkeiten, um diesen Einsatz weiter zu entwickeln. Wir stehen am Anfang eines Weges, der viele Möglichkeiten der Abkehr von Ladmirals lehrerzentrierter *performance magistrale* aufzeigt. Ich hoffe, dass ich diesen Weg mit anderen Übersetzungsdidaktikern gehen werde, da wir nur dann Auswege finden können, wenn wir sie gemeinsam suchen. Oder, wie Paolo Freire gesagt hat: "We make the road by walking". Die Übersetzungswissenschaft hat sich in den letzten Jahrzehnten zu einem eigenständigen Fach entwickelt. Jetzt brauchen wir pädagogische Ansätze, die dieser Tatsache Rechnung tragen und die geeignet sind, angehende Übersetzer auf den professionellen Einsatz im 21. Jahrhundert vorzubereiten. Ich hoffe, dass mein Ansatz einen kleinen Schritt in diese Richtung geführt haben wird.

Auswahlbibliographie

Pathways to Translation. Kent, Ohio: Kent State University Press 1995.

The Translator's Contexts: Toward Filling the Pedagogical Gap in Translation Skills Instruction'. In: Nikolai Salnikow (ed.): *Sprachtransfer – Kulturtransfer.* Frankfurt/M.: Lang 1995, 17-30.

Students take the floor. In Search of Alternative Approaches to Classroom Interaction. In Klaudy Kinga & János Kohn (eds.): *Transferre necesse est. Proceedings of the 2nd International Conference on Current Trends in Studies of Translation and Interpreting.* Budapest: Scholastica 1997, 383-387.

Collaborative Learning in the Translation Practice Classroom. In: Eberhard Fleischmann et al. (eds): *Translationsdidaktik: Grundfragen der Übersetzungswissenschaft.* Tübingen: Günter Narr 1997, 152-158.

In Search of New Pathways for Translator Education. In: Horst W. Drescher (ed): *Transfer – Übersetzen, Dolmetschen, Interkulturalität.* Frankfurt/M.: Lang 1997, 135-152.

Think-Aloud Protocols and the Construction of a Professional Translator Self-Concept. In: Joseph Danks (ed): *Cognitive Processes in Translation.* Thousand Oaks, CA: Sage Publications 1997, 137-160.

Investigating the Translation Practice Classroom, or What's Going on Here? In: *Conference Proceedings of the 1st Riga Symposium on Pragmatic Aspects of Translation.* Riga, Latvia: University of Latvia 1997, 60-75.

Toward Qualitative Cooperative Assessment of Learning in Translator Education – A Constructivist Approach. In: *Conference Proceedings of the 2nd Riga Symposium on Pragmatic Aspects of Translation.* Riga: University of Latvia 1999, 121-143.

A Social Constructivist Approach to Translator Education: Empowerment from Theory to Practice. Manchester: St. Jerome 2000.

Translation into a Non-mother Tongue: From Collaboration to Competence. In: M. Grosman/ I. Kovacic/ M. Snell-Hornby (eds): *Translation into Non-mother Tongues – In Professional Practice and Training.* Tübingen: Stauffenburg Verlag 2000, 117-123.

Frank G. Königs (Marburg)

„Am Anfang war der Frust… und am Ende die Neugier"
Ein persönlicher Essay über den
Zugang zur übersetzungsdidaktischen Forschung

Man stelle sich folgende Situation vor: Ein mit 100 Studierenden gut gefüllter Hörsaal, feste Bestuhlung, statt des freundlich stimmenden Tageslichts legt sich die muffige Atmosphäre kahler, neonlichtverseuchter Betonwände auf die Stimmung der anwesenden Französischstudierenden nieder. Die Gespräche verstummen schnell, obwohl der Französischlektor noch gar nicht da ist. Offenbar ist allen die Lust zum Gedanken- und Informationsaustausch vergangen. In sich gekehrt, denken die im Hörsaalghetto Eingepferchten darüber nach, was wohl die nächsten 90 Minuten bringen werden. Die meisten bewegen sich – wenn auch mit unterschiedlichen Gefühlen – auf das Erste Staatsexamen zu. Sie kennen den Universitätsbetrieb. Große Überraschungen – vor allem positive – erwarten sie nicht. Der Lehrer, ein französischer Muttersprachler, betritt den Hörsaal, trägt einen Stoß von Kopien unter dem Arm, geht flotten Schrittes die Stufen hinunter bis zur großen dreiteiligen Wandtafel und enttäuscht die ohnehin kargen Erwartungen der Anwesenden nicht. Nach einem kurzen, kaum wahrnehmbaren „Bonjour" lässt er die Kopien herumgehen: eine Kopie des Frankreich-Korrespondenten der „ZEIT", wieder einmal. Ein Artikel zur Wirtschaftspolitik des Nachbarlandes, sachkundig geschrieben, aber offenbar Lichtjahre von den Themen entfernt, die geeignet wären, bei angehenden Vermittlern der französischen Sprache und Kultur mehr als betretenes Schweigen auszulösen. Das Schweigen steigert sich noch einmal: In welcher Reihe wird heute damit begonnen, Übersetzungsvorschläge für die einzelnen Sätze abzurufen? „Wir haben heute den 7., also fangen wir in der 7. Reihe an" – sofort setzen in den Reihen 5 – 9 hektische Aktivitäten ein: Man beginnt mit den Hochrechnungen darüber, bei welchem Satz es einen selbst erwischt, erkundigt sich nach unbekannten Vokabeln, sucht nach grammatischen Konstruktionen, blättert verzweifelt unter der Bank in kleinen zweisprachigen Wörterbüchern, raschelt mit hektischer Verzweiflung in den mitgebrachten Papieren in der meist unberechtigten Hoffnung, darin irgendeine verwertbare Notiz oder Information zu finden – da ist plötzlich alles umsonst: „Wir fangen heute mal von oben an!" tönt es von vorn, und das breite Lächeln des Lektors macht auch dem Letzten überdeutlich klar, für wie gelungen er diesen didaktischen Coup hält. Entspannung in den Reihen 5 – 9 von unten macht sich ebenso breit wie panische Betriebsamkeit in den Reihen 5 – 9 von oben. Diesen Reihen gehört das uneingeschränkte Mitgefühl der vom didaktischen Einfall des Lektors verschont Gebliebenen. Die Sitzung verläuft wie immer: Satzweise stellen die ‚Opfer' ihre Lösungsvorschläge vor, je nach Persönlichkeit mal mit größerer, zumeist mit geringerer Selbstsicherheit; kaum einmal werden Übersetzungsvorschläge kommentarlos oder gar mit an Lob wenigstens vage erinnernden Bemerkungen kommentiert. Es dominieren kritische Formulierungen, die drei Tafelflügel füllen sich mit zahllosen, zumeist unübersichtlich angeordneten Alternativen oder Antonymen, nicht selten flankiert von hämischen Kommentaren über den schwachen Leistungsstand und über die große Wahrscheinlichkeit des Scheiterns im Examen. Nach 90 Minuten haben 100 frustrierte Französischstudenten nicht Eiligeres zu tun, als sich angstschweißdurchsetzt den Weg zurück ans Tageslicht zu bahnen: 48 Stunden Zeit zur Regeneration, bevor das Martyrium mit der üblichen großen Zahl von Unbekannten von vorne beginnt.

Szenenwechsel: Ein halbes Jahr später. Die examensrelevanten Übersetzungskurse sind ebenso glücklich wie erfolgreich absolviert. Zum Abschluss des Studiums fehlt „nur" noch die große Abschlussarbeit (und dann noch die mündlichen Prüfungen). Ich sitze bei meinem Betreuer in der Sprechstunde. Es geht um das Thema der Arbeit. Da ich mich damit über mehrere Monate beschäftigen muss, hält er wenig davon, mir ein Thema vorzuschreiben. Ein sehr sympathischer Gedanke – nur: Mir fällt nichts ein, außer dass es etwas sein soll, was ich für eine spätere Unterrichtstätigkeit und für das Verstehen fremdsprachlicher Lernprozesse gebrauchen kann. „Und wenn Sie etwas zum Übersetzen machen? Ich weiß, dass da Vieles im Argen liegt, Ihre Kommilitonen klagen auch beständig darüber. Das wäre doch was!" Nach dem ersten Schock, den das Wort „Übersetzen" auslöst, gewinne ich dem Thema immer mehr ab. Die letzten Widerstände lösen sich endgültig in Wohlgefallen auf, als ich das Angebot erhalte, dass mir alle relevante Literatur problemlos zur Lektüre zur Verfügung gestellt werden kann.

Bald türmen sich Berge von Büchern und Kopien auf meinem Schreibtisch. Ich bin von der Fülle an Literatur ebenso beeindruckt wie von der Tatsache, dass es sich bei der Übersetzungswissenschaft um eine eigene wissenschaftliche Disziplin handelt, die sich dezidiert von einer (kontrastiv orientierten) Sprachwissenschaft absetzt. Die Formulierungen, die sie wählt, um Übersetzen zu beschreiben, muten sehr kompliziert an, aber sie haben eine nicht zu übersehende Logik. Stutzig werde ich, als ich versuche, mich mit meinen Erfahrungen in den durchaus verschiedenen und konkurrierenden theoretischen Ansätzen wiederzufinden. Liegt das an mir oder an den Theorien? Ich beschließe, die theoretischen Befunde aufzuarbeiten und daraufhin zu befragen, ob sie Auskünfte darüber erlauben, wie sich Übersetzen *tatsächlich* vollzieht. Das Ergebnis ist ernüchternd – ich finde nur wenig. Liegt das an mir? Habe ich vielleicht nur „Pech" mit meinen Übersetzungskursen gehabt? Eine Umfrage bei Veranstaltern universitärer Übersetzungskurse ergibt, dass es sich nicht um singuläre Erfahrungen handelt, sondern um einen beklagenswerten Umstand mit einem beträchtlichen Grad an Generalisierbarkeit. Eine Übersetzungsdidaktik – etwa analog zur Fremdsprachendidaktik – existiert zu diesem Zeitpunkt (Ende der siebziger Jahre des 20. Jahrhunderts) allenfalls in sehr bescheidenen Ansätzen. Das beunruhigt mich, aber ich beschließe, der Sache weiter nachzugehen. Was ich herausfinde, stellt mich nicht zufrieden: Die Übersetzungswissenschaft hat ein breites, meist gut durchdachtes theoretisches Gerüst anzubieten, mit dem das Phänomen ‚Übersetzen' beschrieben wird. Allerdings verstärkt sich bei der Lektüre der einschlägigen Arbeiten das Gefühl, dass an dem Vorurteil einer im Elfenbeinturm vor sich hindenkenden Wissenschaft mehr dran sein könnte, als mir lieb ist: Zu oft konzentrieren sich die Arbeiten und Argumentationen an einem idealen Übersetzer, dem unterstellt wird, dass er sich – natürlich – so verhält, wie es der scheinbar logische Ablauf vorsieht, den die Übersetzungswissenschaft meint, für das Übersetzen konstatieren zu können. Mir fehlt bei all diesen theoretischen und bisweilen modellbe- und manchmal auch -überladenen Beschreibungen ‚der Mensch'. Und der reagiert, so lassen mich nicht nur meine eigenen Erfahrungen und Beobachtungen vermuten, bisweilen alles andere als theoriegesteuert. Ich versuche, gängige Übersetzungsmodelle durch den Blick auf das Individuum zu erweitern und gleichzeitig herauszufinden, ob meine Eindrücke von universitären Übersetzungskursen verallgemeinerbar sind oder ob ich nur einfach in den falschen Kursen gesessen habe (Königs 1979). Offensichtlich war mein Erlebnis kein Einzelschicksal. Ich stoße bei weiterer Literaturrecherchen auf drei für mich interessante Erkenntnisse: Erstens scheint die Frage danach, was Übersetzende tatsächlich machen, wenn sie einen Text übersetzen sollen, ziemlich ‚neu' zu sein, denn Untersuchungen am real existierenden Übersetzungsnovizen sind mehr als rar. Zweitens lehnt die Übersetzungswissenschaft es in großen Teilen offensichtlich ab, bisweilen sogar explizit, sich mit didaktischen Fragen des Übersetzens und des Übersetzungsunterrichts aus wissenschaftlicher Sicht näher zu beschäftigen. Und drittens gibt es eine lange Tradition in der Fremdsprachendidaktik, sich mit dem Für und Wider des Übersetzens im Fremdsprachenunterricht auseinander zu setzen. Je mehr ich mich in diese Diskussion einlese, desto mehr verstärkt sich der Eindruck vom Übersetzen als allseits ungeliebtem Kind. Dabei fällt mir auf, dass sich dieser Liebesentzug nicht – oder zumindest nicht immer oder nicht nur – auf das Phänomen des Übersetzens selbst bezieht, sondern darauf, wie mit ihm im Fremdsprachenunterricht umgegangen wurde, wird oder eben auch nicht umgegangen wird (Königs 1981a). Mindestens für einen Teil übersetzerischen Vorgehens scheint mir die Annahme plausibel, dass Übersetzende ihren eigenen Weg bei der Überführung eines Ausgangstextes in einen Zieltext gehen (Königs 1981b). So nachvollziehbar mir diese Annahme erscheint, so wenig lässt sie sich – zunächst – beweisen. Das ändert sich allerdings, als ich beginne, mich intensiver in die Fremdsprachendidaktik einzuarbeiten, die zu jener Zeit dabei ist, sich in eine empirisch orientierte Sprachlehrforschung zu verändern. Damit einher geht nämlich eine stärkere Beschäftigung mit der Psycholinguistik. Deren Annahmen und Methoden beeinflussen die Entwicklung der Sprachlehrforschung nachhaltig, und es stellt sich mir die Frage, ob sich dies nicht auch für die Erforschung des Übersetzungsprozesses nutzbar machen lässt. Und es lässt sich nutzbar machen! Der Versuch, in den Kopf des Übersetzenden zu blicken, eröffnet mir wichtige Perspektiven (Königs 1986, 1987a, 1988, 1989, 1995b, 1996), gerade auch im Hinblick auf mögliche didaktische Konsequenzen

(Königs 1987). Zur selben Zeit finden sich weltweit etliche Studien, die dem Übersetzungsprozess zu Leibe rücken – so falsch kann also mein Gedanke nicht sein, so beruhige ich mich[1]. Der traditionellen Übersetzungswissenschaft sind die Ergebnisse dieser Studien und damit die Studien selbst nicht sehr angenehm, so stelle ich fest: Sie belegen nämlich, dass die traditionellen Übersetzungsmodelle nicht immer ein sehr authentisches Bild des Übersetzungsvorgangs insgesamt liefern. Es kann also nicht verwundern, wenn die Skepsis seitens der Übersetzungswissenschaft gegenüber der übersetzungsbezogenen Prozessforschung deutlich überwiegt. Das irritiert mich aber dennoch insofern, als ich die Prozessforschung immer als – allerdings auch notwendige – Ergänzung zu einer produktorientierten übersetzungswissenschaftlichen Forschung verstanden habe. Sollten da – auf welcher Seite auch immer – Ängste bezogen auf die eigene Existenzberechtigung als Forscher mit im Spiel sein? Mehr noch irritiert mich allerdings, dass der eigentliche Unterricht, in dem Übersetzen eine wichtige Rolle spielt – in erster Linie der Übersetzungsunterricht, aber auch der Fremdsprachenunterricht, in dem Übersetzen vorkommt – so wenig in das Blickfeld der Übersetzungswissenschaft und damit der Forschung rückt. Ich konstatiere nicht unerhebliche Berührungsängste, sowohl gegenüber der wissenschaftlichen Beschäftigung mit dem Lehren und Lernen von Fremdsprachen und damit gegenüber der Fremdsprachendidaktik und der Sprachlehrforschung als auch gegenüber dem Versuch, daraus ableitbare Erkenntnisse für die Gestaltung und Erforschung des Übersetzungsunterrichts nutzbar zu machen (Königs 1987b) und die Beziehung zwischen ‚normalem' Fremdsprachenunterricht und Übersetzen auf einer anderen, grundsätzlicheren Ebene zu diskutieren Königs 1992; im Druck). Zugleich eröffnen sich aus der prozessorientierten Forschung aber erhebliche Perspektiven für die Gestaltung eines lernerorientierteren Übersetzungsunterrichts: Wenn man den Unterricht danach ausrichtet, was Lernende machen, sie also da abholt, wo sie sind, kommt es nämlich zu produktiveren und nachhaltigeren Arbeits- und Übungsformen im Übersetzungsunterricht. Dabei ‚schafft' man zwar weniger Texte als im traditionellen

---

[1] Gerloff, P.: *From French to English: A Look at the Translation Process in Students, Bilinguals and Professional Translators.* Harvard: University 1988.

Kiraly, D.C.: *Toward a Systematic Approach to Translation Skill Instruction.* Ann Arbor: University of Michigan 1990.

Krings, H.P.: *Was in den Köpfen von Übersetzern vorgeht. Eine empirische Untersuchung zur Struktur des Übersetzungsprozesses an fortgeschrittenen Französischlernern.* Tübingen: Narr 1986.

Jääskeläinen, R.H.: *Features of Successful Translation Processes: A Think Aloud Protocol Study.* Savonlinna: University of Joensuu, Savonlinna School of Translation Studies 1990.

Lörscher, W.: *Translation Performance, Translation Process and Translation Strategies. A Psycholinguistic Investigation.* Tübingen: Narr 1991.

Séguinot, C. (ed.): *The Translation Process.* Toronto: H.G.Publications 1989.

Tirkkonen-Condit, S. (ed.): *Empirical Research in Translation and Intercultural Studies.* Tübingen: Narr 1991.

Übersetzungsunterricht, aber der Lernerfolg ist offensichtlich nachhaltiger, weil den Lernenden der Weg eröffnet wird, ihre eigenen Lösungen reflektierend und reflektiert zu begleiten, zu überarbeiten und mit ihrem je spezifischen, auf unterschiedlichen Abstraktionsebenen verankerten Vorwissen organisch zu verknüpfen (Königs 1994). Von daher bieten sich auch für die theoretische Fundierung des Übersetzungsunterrichts und der Übersetzerausbildung neue Perspektiven (Königs 1995a). Die Ausarbeitung derartiger Konzepte und ihre Erprobung in der Praxis zeigt mir nicht nur, dass diese Verfahren den Übersetzungsunterricht tatsächlich nachhaltig verändern, sondern sie geben darüber hinaus auch wichtige Impulse für die Gestaltung des ‚normalen' Fremdsprachenunterrichts, der auf die Ausbildung einer rudimentären Übersetzungskompetenz, die freilich mit der eines professionellen Übersetzers weder vergleichbar ist noch vergleichbar sein soll, nicht verzichten kann, will er sein allgemeines Lernziel ernst nehmen: Vermittlung der Kompetenz, sich in einer Fremdsprache in möglichst vielen kommunikativen Situationen angemessen auszudrücken und sprachlich zu handeln. Wir alle wissen aus Erfahrung, dass dabei dem Sprachmitteln in der Alltagsrealität eine nicht unbeträchtliche Bedeutung zukommt, auf die der Fremdsprachenunterricht seine Lerner vorbereiten muss. Und wie sich herausstellt, geht dies wirklich (Königs 2000; 2003), übrigens auch im Rahmen des angestrebten Ziels, die Teilnehmer am Fremdsprachenunterricht zu einer reflektierten Mehrsprachigkeit zu erziehen (Königs 2002).

Es hat sich also etwas verändert: Die Ausgestaltung des Übersetzungsunterrichts muss heute keineswegs mehr zu Auswüchsen führen, wie ich sie eingangs beschrieben habe. Neuere übersetzungsdidaktische Arbeiten zeigen, dass die prozessorientierte Forschung zu einer deutlich veränderten Position gegenüber dem ‚Phänomen' Übersetzungsunterricht, aber auch konkret hinsichtlich seiner Durchführung geführt hat[2].

Und wie geht es weiter? Kehren wir noch einmal in unseren eingangs beschriebenen Hörsaal zurück: Äußerlich hat sich nicht viel verändert: Dieselben kahlen, neonlichtverseuchten Betonwände, dieselbe feste Bestuhlung, wobei sich der Anteil defektuös anmutender Klappstühle und -tische erhöht haben dürfte. Statt 100 Französisch-Studierenden sind es nur noch 50; die Halbierung geht allerdings weniger auf didaktisch motivierte Teilnehmerbeschränkungen zurück als vielmehr auf das weltweit zu beobachtende sinkende Interesse an Französisch – die vergleichbaren Veranstaltungen für Englisch oder Spanisch sind voller als vor 30 Jahren. Und der Unterricht? Wenn mich meine Beobachtungen und Rückmeldungen nicht täuschen, ist der Anteil an einem Unterricht wie dem eingangs beschriebenen gesunken – immerhin! Aber er kommt immer noch vor – leider –, und das auch in einem immer noch bekla-

---

[2] Kiraly, D.C.: *Pathways to Translation. Pedagogy and Process.* Kent, OH: Kent State University Press 1995.

Kussmaul, P.: *Training the Translator.* Amsterdam/Benjamins 1995.

Kautz, U.: *Handbuch Didaktik des Übersetzens und Dolmetschens.* München: iudicium/Goethe-Institut 2000.

genswerten Umfang – noch einmal: leider! Dabei wissen wir doch heute so viel mehr über Übersetzen und Übersetzungsdidaktik. Waren alle Bemühungen vergeblich, das Phänomen ‚Übersetzen' in seinen vielfältigen Dimensionen zu durchdringen? Das scheint mir nicht so; zur Selbstzerfleischung besteht für Übersetzungswissenschaft und Übersetzungsdidaktik kein Anlass. Zur Selbstzufriedenheit allerdings auch nicht. Warum hat sich (noch?) nicht genug verändert? Bei der Ursachenforschung stößt man auf ein ganzes Bündel von nicht von der Hand zu weisenden Ursachen:

Da fällt zunächst das Theorie-Praxis-Problem ins Auge, das die Übersetzungswissenschaft seit ihrer Entstehung begleitet, mal in größerer, aber eben doch häufiger in geringer Entfernung. Dieses Schicksal teilt sie mit vielen anderen wissenschaftlichen Disziplinen, auch der Sprachlehrforschung: Längst nicht alle Erkenntnisse der Forschung erreichen diejenigen, auf die sie sich eigentlich beziehen (wollen/sollen). Das gilt wechselseitig: (Längst) nicht alle Erkenntnisse der Praxis erreichen die Forschung oder wecken ihr Interesse. Das hat mit einer sorgfältig gepflegten und mit nicht wenigen Vorurteilen genährten Skepsis gegenüber der ‚anderen Seite' ebenso zu tun wie mit der gewollten oder unverschuldeten Unfähigkeit, diese Erkenntnisse der anderen Seite zu kommunizieren. Dass menschliche Eitelkeiten da auch mit hineinspielen, darf man getrost annehmen. Die Appelle zum Niederreißen dieser undurchdringlich scheinenden Mauer sind in der übersetzungsbezogenen Forschung Legion – aber nicht nur da. Zweifelsohne hat diese Mauer Löcher bekommen, z. T. auch große – zum Niederreißen fehlt allerdings immer noch sehr viel. Ob das Schicksal ‚politisch gewollter' Mauern da ein Trost ist? Dort wo sie gefallen sind, haben jedenfalls beide Seiten entsprechende Schritte aufeinander zu gemacht.

Werfen wir zweitens einen Blick auf den Lehrer im Übersetzungsunterricht. Welche Voraussetzungen muss er erfüllen? Klar, er muss die fach(wissenschaft)lichen Voraussetzungen erfüllen: Er muss beide Sprachen (Ausgangs- und Zielsprache) können, und er muss Übersetzen können. Wir wissen, dass diese Kompetenzen nicht identisch sind. Aber reicht das schon aus? Nein, natürlich nicht, denn ein guter Übersetzungslehrer muss nicht nur ein Fachmann für Sprachen und Übersetzen, sondern auch für das Lehren und Lernen von Übersetzen sein. Wo kann er diese Kompetenz erwerben? Ist es nicht erstaunlich, dass wir intensiv über die Lehrerausbildung und deren Reform nachdenken und diskutieren, dass es aber keine Aufbau- oder Zusatzqualifikation für Lehrende in Übersetzungskursen gibt? Geben wir uns nicht viel zu häufig damit zufrieden, dass die Lehrenden ‚einfach' Muttersprachler sind oder aber einen Übersetzerstudiengang erfolgreich, vielleicht gar mit akademischer Qualifikation absolviert haben? Kann man mit diesem Hintergrund allein schon ‚gut' unterrichten? Natürlich nicht! Wir würden ja auch niemanden zum Automechaniker machen und an unseren Wagen zum Reparieren lassen, nur weil er den Führerschein mit Glanz und Gloria bestanden hat und gut bzw. sicher Autofahren kann. Ich erinnere mich an meine ersten Versuche, prozessorientierten Übersetzungsunterricht im Ausland (Lateinamerika) zu geben: Das lief keineswegs so glatt, wie es sich in der Beschreibung liest, insbesondere nicht unter dem Aspekt der Lernberatung. Inzwischen wissen wir aus der fremdsprachendidaktischen Forschung: Lernberatung und prozessbezogenes Lehren will gelernt sein! Und Unterrichten ‚schlechthin' auch! Ist eine gute (oder eine bessere) Übersetzerausbildung uns das nicht Wert?

Aller guten Dinge sind drei – aller schlechten Dinge leider wahrscheinlich auch: Die aktuellen gesellschaftlichen und bildungspolitischen Entwicklungen und Diskussionen laufen einer Verbesserung der geschilderten Verhältnisse zuwider. Wo betriebswirtschaftliches Denken und Handeln immer mehr um sich greifen und alle Bereiche der Gesellschaft erfasst, hat kostenträchtige Zuwendung zum Individuum keine Chance. Solange eine Universität dafür belohnt wird, dass sie in den oben beschriebenen Hörsaal sogar 150 Studierende einpfercht, bleibt nichtwirtschaftliches Effizienzdenken – das gibt es tatsächlich, auch wenn seine Existenz vielen verborgen bleibt oder nicht einleuchten will (darf) – auf der Strecke.

Also doch: Frust statt Lust? Nein, das wäre die falsche Reaktion, denn an der Überzeugung, dass prozessorientiertes Arbeiten den Übersetzungsunterricht im Sinne der Lerner *und* der angestrebten Lernziele verbessert, hat sich nichts geändert. Im Gegenteil! So bleibt die Neugier, noch mehr darüber herauszubekommen, was Lernende mit den unterrichtlich vermittelten Informationen im Kopf machen und darüber, wie man dieses Wissen zur Verbesserung des Lehrens und Lernens von Übersetzen nutzbar machen kann. Es bleibt also noch viel zu tun, und es gilt, die bisweilen missionarisch anmutende Neugier zu erhalten. Warum eigentlich auch nicht ...

Bibliografie

Gerloff, P. (1988): *From French to English: A Look at the Translation Process in Students, Bilinguals and Professional Translators*. Harvard: University.

Jääskeläinen, R. H. (1990): *Features of Successful Translation Processes: A Think Aloud Protocol Study*. Savonlinna: University of Joensuu, Savonlinna School of Translation Studies.

Kautz, U. (2000): *Handbuch Didaktik des Übersetzens und Dolmetschens*. München: iudicium/ Goethe-Institut.

Kiraly, D.C. (1990): *Toward a Systematic Approach to Translation Skill Instruction*. Ann Arbor: University of Michigan.

Id. (1995): *Pathways to Translation. Pedagogy and Process*. Kent, OH: Kent State University Press.

Krings, H.P. (1986): *Was in den Köpfen von Übersetzern vorgeht. Eine empirische Untersuchung zur Struktur des Übersetzungsprozesses an fortgeschrittenen Französischlernern*. Tübingen: Narr.

Königs, F. G. (1979): *Übersetzung in Theorie und Praxis: Ansatzpunkte für die Konzeption einer Didaktik der Übersetzung*. Bochum/ Heidelberg: Groos.

Id. (1981a): Übersetzung und Fremdsprachenunterricht – vereinbar oder unvereinbar? In: K.-R. Bausch/ F.-R. Weller (Hg.): *Übersetzen und Fremdsprachenunterricht*. Frankfurt/M.: Diesterweg 1981, S. 203-216.

Id. (1981b): Zur Frage der Übersetzungseinheit und ihre Relevanz für den Fremdsprachenunterricht. In: *Linguistische Berichte* 74, S. 82-103.

Id. (1986): Der Vorgang des Übersetzens: Theoretische Modelle und praktischer Voll-
zug. Zum Verhältnis von Theorie und Praxis in der Übersetzungswissenschaft.
In: *Lebende Sprachen* 31/1, S. 5-12.

Id. (1987a): Was beim Übersetzen passiert. Theoretische Aspekte, empirische Befunde
und praktische Konsequenzen. In: *Die Neueren Sprachen* 86/2, S. 162-185.

Id. (1987b): Übersetzungsdidaktik: Forschungsstand, Forschungsperspektiven und
Konsequenzen für die Praxis. In: R. Ehnert/ W. Schleyer (Hg.): *Übersetzen im
Fremdsprachenunterricht – Annäherung an eine Übersetzungsdidaktik.*
Regensburg: AkDaF, S. 91-107.

Id. (1988): Auf der Suche nach dem richtigen Wort. Analysen zum lexikalischen
Suchverhalten beim Schreiben in der Fremdsprache und beim Hinübersetzen.
In: *Fremdsprachen Lehren und Lernen* 17, S. 99-117.

Id. (1989): „Wenn ich schreibe, übersetze ich doch sowieso!" Untersuchungs-
methodische Anmerkungen und empirische Befunde zur Vergleichenden
Prozeßanalyse deutscher Spanischlerner. In: F. G. Königs/ A. Szulc (Hg.):
*Linguistische und psycholinguistisch orientierte Forschungen zum Fremd-
sprachenunterricht. Dokumentation eines deutsch-polnischen Kolloquiums.*
Bochum: Brockmeyer, S. 243-266.

Id. (1992): Ein Schritt zurück ins nächste Jahrtausend? Oder: Warum Übersetzen und
Fremdsprachenerwerb nicht voneinander loskommen können. In: C. Gnutz-
mann/ F.G. Königs/ W. Pfeiffer (Hg.): *Fremdsprachenunterricht im internationalen Vergleich – Perspektive 2000.* Frankfurt/M.: Diesterweg, S. 215-228.

Id (1994): Psycholinguistische und didaktische Aspekte der Übersetzerausbildung:
Neun Thesen zur Reflexion (und zur Provokation). In: H. Breitung/ Goethe-
Institut/ Sprachen- und Dolmetscher-Institut München (Hg.): *Dolmetscher- und
Übersetzerausbildung. Materialien eines Internationalen Produktionsseminars
17. – 21.12.1993.* München: Goethe-Institut, S. 116-136.

Id. (1995a) (zusammen mit J. Azenha): *Studienbrief ‚Übersetzen'* (brasilianische
Fassung) (im Rahmen des Studienbriefprojekts des Goethe-Instituts). São
Paulo: Goethe-Institut.

Id. (1995b): „Worte, nichts als Worte?" Überlegungen zur Bedeutung des Wortschatzes aus übersetzungsdidaktischer Perspektive. In: J. Iluk (Hg.): *Aspekte
der Wortschatzbeschreibung für Zwecke des Fremdsprachenunterrichts.*
Katowice: Wydawnictwo Uniwersytetu Slaskiego, S. 41-59.

Id. (1996) (zusammen mit R. Kaufmann): Processus mentaux étudiés chez des sujets
allemands apprenant le français lorsqu'ils sont en train de traduire. Résultats
d'une petite étude de cas comme contribution à la didactique de la traduction et
de l'enseignement des langues étrangères. In: *Meta* 41/1, S. 7-25.

Id. (2000): Übersetzen im Deutschunterricht? Ja, aber anders! In: *Fremdsprache
Deutsch* 23, S. 6-13.

Id. (2002): Mehrsprachigkeit statt Sprachenlosigkeit! Überlegungen zur Bedeutung
von Mehrsprachigkeitskonzepten für Deutsch als Fremdsprache. In: R.
Koroschetz de Marango (Hg.): *Brückenschlag. Lengua y cultura alemana: un
puente entre dos continentes. Actas del X. congreso latinoamericano de
estudios germanísticos.* Caracas: Universidad Central de Venezuela, S. 47-60.

Id. (2003): Übungen zur Sprachmittlung. In: K.-R. Bausch/ H. Christ/ H.-J. Krumm
(Hg.): Handbuch Fremdsprachenunterrricht. 4., vollständig neu bearbeitete
Auflage. Tübingen: Francke, S. 315-317.

Id. (im Druck): Was der Kopf macht, kann der Unterricht nicht verhindern! Zur Rolle des Übersetzens im Fremdsprachenunterricht.

Kussmaul, P. (1995): *Training the Translator*. Amsterdam: Benjamins.

Lörscher, W. (1991): *Translation Performance, Translation Process and Translation Strategies. A Psycholinguistic Investigation*. Tübingen: Narr.

Séguinot, C. (ed.) (1989): *The Translation Process*. Toronto: H. G. Publications.

Tirkkonen-Condit, S. (ed.) (1991): *Empirical Research in Translation and Intercultural Studies*. Tübingen: Narr.

Rainer Kohlmayer (Mainz-Germersheim)

Das Theater der Übersetzer

Als Klaus Birkenhauer Anfang der 1980er Jahre in Germersheim einen Vortrag hielt, begann er ihn mit einem Spruch, der an Birkenhauers Wirkungsstätte in Straelen wohl gang und gäbe war, für mich aber noch den Reiz des Neuen hatte und mir damals wie heute weniger arrogant, als vielmehr geradezu philosophisch vorkam: „Bei wem es zum Schriftsteller nicht reicht, der wird Übersetzer; und bei wem es zum Übersetzer nicht reicht, der wird Übersetzungswissenschaftler". Der ins Schwarze treffende (Lichtenberg-Nestroy-Nietzsche-Wittgensteinsche) Gedanke darin ist, dass Schriftstellerei, Übersetzen, Theoretisieren drei Etagen der Existenz und drei Ebenen von Sprachspielen darstellen, auf denen man sich immer weiter von den Unkosten der eigenen sinnlichen und körperlichen Erfahrung entfernen darf und muss. Das existentielle Risiko schrumpft, wenn man die Bühnenbretter der eigenen Erfahrungen und Engagements auf der Feuerleiter nach oben, in Richtung Leseerlebnisse oder gar Forschungsberichte verlassen kann. Die Lebenspraxis wird gemütlicher, die Lebensplanung vorhersehbarer. Der Tropfen Gift in diesem Witzwort ist aber vermutlich die unausgesprochene Tatsache, dass bei diesem Weg in die Abstraktion der *Wert* der sinnlich-körperlichen Erfahrung und Gefühlsbeteiligung, also das Fundament und der Mutterboden der gesamten dreigeschoßigen Bildungsanlage, *abgewertet* wird oder ganz in Vergessenheit gerät. Die Muse der Reduktion von Komplexität belohnt immer nur die Abstraktionsbereiten. Martin Walsers *Tod eines Kritikers* (2002) handelt übrigens, wenn auch bezogen auf den Rahmen des literarisch-medialen Sprachspiels, weitgehend von dieser Abwertung der Lebenserfahrung, was meines Wissens in der öffentlichen Auseinandersetzung über dieses Buch von den theoretischen Textverwertern nicht wahrgenommen wurde. Wer theoretisch oben sitzt und vom Dachkämmerchen oder der Dachterrasse der Übersetzungsforschung aus nach einer zeitgemäßen Übersetzungstheorie Ausschau hält, braucht dazu keine Lese- oder Lebens-Erlebnisse, sondern eine einfache Perspektive, die sich von den einfachen Ideen anderer durch eine *Unique Selling Proposition* deutlich unterscheidet. Man wähle z. B. ein Sprachmodell oder ein Textmodell oder ein Kommunikationsmodell oder ein Rezipientenmodell oder ein Handlungsmodell oder ein Hirnmodell oder ein Gendermodell oder ein biologisches Modell usw.; oder man setze auf den erstbesten Paradigmenwechsel, der zweifellos demnächst von der amerikanischen Ost- oder Westküste aus seinen Siegeszug in Richtung Europa antritt. Wer immer nur das Ganze sehen will, ist selbst dran schuld, wenn er nie etwas Ganzes vorlegen kann.

Birkenhauers bissiger Scherz passte gut in meine satirische Sicht der Dinge, wie sie sich mir in den 1970er und 1980er Jahren, als ich allmählich ernsthafter in die Übersetzerei und das Reflektieren darüber hineinglitt, darstellten. Ich las damals sprach- und übersetzungswissenschaftliche Bücher, die in grauem Bürokratendeutsch geschrieben waren oder mickrige Ideen auf byzantinische Art präsentierten. Und dieser forsche Zug der vorgeblich jungen Wissenschaft stört mich auch heute noch gelegentlich. Zum Beispiel wenn Translationsexperten im Brustton der Überzeugung über im Gehirn ablaufende Prozesse sprechen, als wüssten wir Übersetzungsforscher darüber besser Bescheid als über Sprache und Stil; wenn Übersetzungswissenschaftler ihre Behauptungen durch die Berufung auf die Funktion oder die Adressaten immunisieren, als könnten sie sich auch nur auf eine einzige empirische Untersuchung stützen; wenn Übersetzungswissenschaftler von *meta-narrativen Gedankenstrichen* in einem literarischen Text sprechen, ohne sich vorstellen zu können, weshalb der Autor ein deutliches Signal setzt, damit die sprechende Figur oder die Erzählerstimme an dieser Stelle eine Pause macht.

Es ist vermutlich einfacher, eine neue Theoriewolke zu konstruieren, als eine neue Shakespeare- oder Molière-Übersetzung zu machen (ganz davon zu schweigen, dergleichen selber schreiben zu wollen). Ich habe in meinem Leben nie härter gearbeitet als bei der Vers-Übersetzung von Molières *Menschenfeind*. Die wochenlange angestrengteste Konzentration, die man dafür aufbringen muss, wenn man sowohl zeilengenau als auch satzgenau als auch figurengetreu als auch in natürlicher, dramatischer Gegenwartssprache und in gereimten Versen übersetzen will, ist nur motiviert durch die *Bewunderung des Originals* und den *Anspruch an das eigene Niveau*. Wer diesen Anspruch nicht hat oder sich davon befreien möchte, kann sich bei verschiedenen Gegenwarts-Theoretikern und –Didaktikern Rat holen, die *translation light* anbieten.

Als ich im Oktober 1967 in Germersheim in den Übersetzungsunterricht einstieg, hatte ich zwar schon beträchtliche Übersetzungserfahrungen hinter mir, aber von Übersetzungstheorie nur eine leise Ahnung. Meine ersten Lebenserfahrungen mit der Notwendigkeit des Übersetzens waren eher schmerzlich. Eines der düstersten Bilder aus meiner Kindheit ist, wie ein fremdsprachiger Soldat, vermutlich 1945, vermutlich beschwipst in unserem Hausflur steht und mit einer Waffe herumfuchtelt, während meine Mutter auf den Knien liegt und zusammen mit meinen drei älteren Geschwistern geradezu hysterisch weint und schreit (mein Vater war seit 1943 im Osten vermisst); bis heute weiß ich nicht, was der dunkelhäutige Soldat eigentlich wollte; er redete, aber niemand verstand ihn richtig; er zog nach einiger Zeit unverrichteter Dinge wieder ab oder wurde von einem Vorgesetzten abgeholt. Ein weiteres unvergessliches „Übersetzungs"-Erlebnis war, als ich das mindestens drei Zeilen hohe rote Fragezeichen von Lehrer Schattner auf meinem ersten Aufsätzchen in der Volksschule sah. Wir sollten beschreiben, was der Bauer auf dem Acker tut. Eines meiner Sätzchen, das durch eigene Erfahrung unumstößlich abgesichert war, lautete ungefähr: „Im März zackert der Bauer mit der Zacker." Der Lehrer verstand das Wort „Zacker" nicht! Alle anderen Kinder in der Otterbacher Bergstraße wussten genau, was die Zacker ist! Der Lehrer verstand eine Menge anderer Wörter nicht, wie mir bald bewusst wurde. Als ich mit zehn in ein Katholisches Privatgymnasium in

Bruchsal kam, wurde mir endgültig klar, dass ich eine Fremdsprache sprach und jetzt Schriftdeutsch lernen musste. Aus Protest oder um meine pfälzische Identität zu retten, lernte ich mit zehn oder elf sämtliche Verse der *Pälzisch Weltgeschicht* von Paul Münch auswendig. Aber im Laufe der Jahre *genoss* ich die pfälzisch-schriftdeutsche Zweisprachigkeit geradezu. Ich glaube, diese frühe Bildungsgeschichte hat viel mit meiner tiefen Sympathie für afrikanische Studierende zu tun.

Im Altsprachlichen Gymnasium haben wir von Anfang an regelmäßig übersetzt. Lateinische Sätzchen ins Deutsche, deutsche in Latein. „Gallus clamat." Herr Kammerer war ein guter Philologe, aber langweilig. Wenn ich einen deutschen Satz vorlesen musste, versuchte ich immer, einen deutlichen Satzakzent auf die falsche Stelle zu setzen, um die Routine irgendwie zu dramatisieren oder um mich wichtig zu machen. „*Der* Hahn kräht." Oder „Caesar zog *mit* seinen Truppen weiter." Herr Kammerer grinste dann immer etwas schief, aber er gab keinen weiteren Kommentar dazu ab. Jedenfalls blieb die Übersetzung immer gleich. Heute sehe ich die enge Verbindung zwischen richtigem Lesen- und Übersetzen-Können. Der Griechisch-Unterricht war von anderem Kaliber. Ich freute mich auf die Stunden, wo wir Platon und Homer übersetzen durften. Schuldirektor Dr. Grumer machte mir Sokrates zu einem der sympathischsten Menschen, denen ich je begegnet bin. Und die Auszüge aus Homers *Ilias* und *Odyssee*, die wir übersetzten, hatten im Griechischen einen Klang – „als ob Welle auf Woge und Woge auf Welle in ununterbrochenem Wechsel ...", oder jedenfalls so ähnlich. Die Übersetzungen mussten möglichst genau sein; gerade das Ungewöhnliche sollte entziffert werden. Dr. Grumer stand oft vor mir – wer drankam, musste damals noch aufstehen – und half dadurch nach, dass er mich mit dem aufgeschlagenen Homer sachte anstupste und sagte: „Es steht doch alles da, man braucht doch nur zu sagen, was da steht!" Er hatte stupende Kenntnisse der antiken Kultur und Philosophie, und war dabei immer der bescheidenste und leiseste Mensch, den man sich vorstellen kann. Mir tut es bis heute in der Seele weh, dass ich ihn nach dem Abitur nie mehr besuchte. Aber ich glaube, er wusste, dass er einen tiefen Eindruck auf mich gemacht und mir den Verstehensoptimismus eingepflanzt hatte, den ich bis heute nicht verloren habe.

Nach dem Abitur lautete für mich die Wahl: Journalistik, Germanistik oder Theaterwissenschaft. Ich wählte das Brot- und Lehrerstudium Germanistik, Anglistik, Amerikanistik. Die weitere latente Ausbildung zum Literatur-übersetzer und Übersetzungstheoretiker fand aber nicht in der Saarbrücker oder Mainzer Anglistik/Amerikanistik statt (auch nicht an der amerikanischen Schule, wo ich als junger Student 1960/61 fast ein ganzes Jahr lang Deutsch unterrichtete; auch nicht in London, wo ich 1963 ein halbes Jahr lang als Stipendiat eine *European Language School* besuchen durfte; auch nicht an der *Alleyne's Boys' Grammar School* in Stevenage, wo ich 1964/65 deutscher Assistenzlehrer war), als vielmehr auf einem unerwarteten Nebenschauplatz: In den mediävistischen Hauptseminaren bei Walter Johannes Schröder. Ich saß mindestens sechs Semester lang, als meist schweigsamer Zaungast eher nur geduldet, in Schröders Haupt- und Oberseminaren, obwohl ich längst meine Scheine hatte. Schröder ließ niemals Referate halten, sondern in jeder Seminarsitzung rund 30-40 Verse übersetzen, sonst nichts. Man las vor, übersetzte einen Satz, und dann wurde über Formales oder Inhaltliches geredet, über die Änderungen der Wortbedeutungen und Konventionen. Schröder brachte uns sehr eindrucksvoll bei, dass mittelhochdeutsche Texte nicht einfach Texte aus anderen Zeiten sind, sondern aus *anderen Wirklichkeiten*; es sei nicht unsere Realität, dahinter stecke eine völlig andere Denkweise, die uns oft naiv und schematisch vorkomme, die aber im Rahmen der damals geglaubten Realität durchaus Sinn mache; der Bösewicht biege nun einmal nach *links* ab, der Gute nach *rechts*; die empirische Realität sei in der mittelhochdeutschen Literatur nur insoweit relevant, als sie auf angebliche abstrakte Wahrheiten verweise. Ich übersetzte bei und mit Schröder das *Hildebrandslied*, Auszüge aus Heinrichs von Veldeke *Eneit*, Wolframs *Parzival*, *Willehalm*, Hartmanns *Iwein*, *Erec*, Wittenwilers *Ring*. Es war ein Vergnügen, wie Schröder, immer flankiert und assistiert von der brillanten Gisela Holland, die ihn oft auch trocken von einer falschen Fährte zurückholen konnte, die mittelalterliche höfische Wirklichkeit zu rekonstruieren und mit den eigenen Erfahrungen zu kontrastieren versuchte. Seine Kriegserfahrungen flossen immer wieder in seinen, gelinde gesagt, maskulinen Diskurs mit ein. Die eigentliche Übersetzungsproblematik wurde nur gelegentlich angeschnitten, weil ja Schröders enzyklopädische Kommentare die oft etwas schwunglosen Übersetzungsvorschläge anschaulich unterstützten. Aber er war immer bestrebt, die mittelalterlichen Texte nicht nur verständlich zu machen, sondern *in gegenwärtigem Deutsch* lebendig werden zu lassen. Ich erinnere mich an die Diskussion des Problems, wie man der „minnecliche Gawan" in heutiger Sprache wiedergeben könne. Für meinen Vorschlag, Gawan habe „Glück bei den Frauen", schenkte er mir aus der Rauchwolke, die ihn meist umgab, ein bärbeißig-anerkennendes Grinsen. Vor ein paar Jahren hörte ich, wie der bekannte Übersetzer Reinhard Kaiser in einem Rundfunk-Interview sagte, die Übersetzungen aus dem Mittelhochdeutschen während seines Germanistik-Studiums hätten ihn am besten auf die spezifischen Schwierigkeiten der Englisch-Deutsch-Übersetzung vorbereitet; denn man habe zwar oft dieselben Wörter vor sich, aber die Bedeutung sei doch völlig anders – so wie „frouwe" nicht „Frau" sei usw. Ich kann nur zustimmen und – dank Schröder – verstärken: Andere Wörter, andere Wirklichkeiten; entscheidend ist aber, dass die übersetzte Wirklichkeit in *lebendiger* Sprache weiterlebt.

Ich begann im Januar 1967 meine mediävistische Promotion bei Schröder und ging im Oktober 1967 nach Germersheim, wo ich Deutsch für Ausländer und Übersetzen für englische Muttersprachler unterrichtete. Ich hatte ab jetzt zuhause einen literarisch-mediävistischen und einen englisch-deutsch-fachsprachlichen Schreibtisch. Dass ich bei Schröder promovieren wollte, war ursprünglich dadurch begründet, dass er, wie mir Dr. Holland suggestiv versichert hatte, Vorsitzender des Stipendienausschusses war und mir *sofort* ein

Volkswagenstipendium verschaffen würde. Andernfalls hätte ich eine Woche nach dem Examen den Referendardienst in Karlsruhe antreten müssen. Schröder verschaffte mir *sofort* ein Stipendium und machte nur die Auflage, es solle ein Thema aus dem späten Mittelalter werden. (Die Betreuung bestand in *einer* Teestunde pro Jahr bei Schröder, was uns *beiden* entgegenkam.) Ich schaute im De Boor nach, wo am wenigsten Sekundärliteratur zu finden war, und stieß auf Ulrich von Etzenbach, einen Prager Hofdichter mit Verbindungen zu einem bekannten italienischen Rhetoriklehrer. Ich hatte die Dissertation als geistige Disziplinübung begonnen, aber nach zwei, drei Jahren wurde die Arbeit daran spannend wie ein Krimi, als ich immer deutlicher bemerkte, wie Prag Ende des 13. Jahrhunderts zu einem modernen, kulturverbindenden europäischen Zentrum wurde. Ich bin jetzt noch stolz auf die Menge von textkritischen, ästhetischen, politischen Entdeckungen, die ich in dem 1974 erschienenen Buch *Ulrichs von Etzenbach „Wilhelm von Wenden". Studien zu Tektonik und Thematik einer politischen Legende aus der nachklassischen Zeit des Mittelalters* vorlegen konnte. Mein Lieblingslehrer in Mainz war aber Paul Requadt gewesen, der vor allem als Lichtenberg- und Goetheforscher profiliert war. Er war ein glänzender, künstlerisch-sensibler Lehrer, der in seinen Seminaren und Vorlesungen immer ein Höchstmaß an Belesenheit und Artikulationsfähigkeit forderte. Die *Werther,- Wilhelm-Meister-, Wahlverwandtschaften-, Hölderlin-, Trakl*-Seminare und die *Goethe-* und *Moderne-Literatur*-Vorlesungen waren das Beste, was ich an der Universität lernte. Requadt verband in den Textanalysen Philosophie, Soziologie und Literaturästhetik. Für ihn schrieb ich meine Staatsexamensarbeit über *Der Außenseiter und die bürgerliche Gesellschaft in den Dramen Wedekinds*. Warum habe ich nicht trotz allem bei Requadt promoviert, wie er es zwar passiv, aber dennoch selbstverständlich erwartet hatte? Vielleicht schreckte ich als Proletarierkind doch ein wenig vor dem Georgeschen Tonfall zurück? Das Eigenbrötlerisch-Lichtenbergsche („Selber denken!") habe ich aber gerne von Requadt übernommen und mit ihm bis zu seinem Tod gerne und oft korrespondiert.

Mein Privatleben war inzwischen genauso kompliziert geworden wie meine mediävistisch-translatorische Doppelexistenz. Seit 1967 lebte ich in Straßburg mit meiner normannisch-französischen Frau, die ich in England kennengelernt hatte; wir sprachen – mangels Deutsch- bzw. Französisch-Kenntnissen – Englisch miteinander! Erst als unsere kleine Tochter in die école maternelle kam, stieg ich um auf Französisch. Seit 1976 wohne ich im Grenzstädtchen Lauterbourg praktisch auf der elsässisch-pfälzisch-badisch-französisch-deutschen Grenze. Meine Kinder verstehen Deutsch einigermaßen, aber neben ihrer Muttersprache Französisch beherrschen beide besser das Englische; mit meinem elsässischen Schwiegersohn kann ich jederzeit Deutsch sprechen. Meine Alltagsrealität ist so hybrid wie der Grenzort, wo ich wohne, und ich bedaure nur, dass die Normandie und England so weit entfernt sind; Dutzende Male sind wir mit der Fähre von Cherbourg nach Südengland übergesetzt, Pilgerfahrten in eine unserer sprachlichen Heimaten. Wenn meine amerikanische Schwester oder ihre Söhne zu Besuch kommen, habe ich alle Sprachen und Dialekte, in denen ich mich beheimatet fühle, in einem hybriden Schlemmereintopf beisammen.

Zurück zu meinen Schleichwegen in die Übersetzungswissenschaft. Anfang der 1970er Jahre durfte oder musste ich ein Linguistisches Proseminar übernehmen, worauf ich besonders durch Hans Galinskys amerikanistische Veranstaltungen in Mainz fachlich vorbereitet war, obwohl ich damals den strukturalistischen Phonem-, Morphem- usw.-Analysen nichts abgewinnen konnte. Mein Herz gehörte der Literatur, aber der Platz war institutionell besetzt, der Leiter des Germanistischen Instituts ließ mich keinen Millimeter weit in ‚Kulturelles' eindringen. Also las ich brav einen riesigen linguistischen Bücherberg weg, begriff auch die geistige Disziplinierung, die in diesen Skelettierungs- und Sortierungsoperationen steckt, bewunderte aber mehr altmodisch-philologische Synthesen wie Porzigs *Wunder der Sprache* oder Wandruszkas *Sprachen, vergleichbar und unvergleichlich*. Ich kaufte auch sehr viele DDR-Bücher, Georg Klaus' *Sprache der Politik* und dgl. Die Linguistik lief für mich aber als eigene Welt neben meinen Übersetzungsübungen her. Gelegentlich floss eine Wortfeldanalyse mit ein, auch viel Sprachkritisches, aber in der Regel war mir jeder zu übersetzende Text eine eigene Welt mit spezifischen inhaltlichen und sprachlichen Problemen, und der linguistische Zugriff schien mir immer nur an der Oberfläche zu bleiben (so wie beim *Nibelungen*-Seminar Friedrich Bischofs in Mainz oder früher schon bei Hugo Moser in Saarbrücken). Im Rückblick kommen mir die Jahre von etwa 1972 bis 1980 wie ein freudloser Marsch durch die Wüste vor.

1980 kam für mich die Wende hin zu *meiner* Art von Übersetzungswissenschaft, ohne dass ich das damals so empfunden hätte. Ich gründete eine Theatergruppe, die *Uni-Bühne Germersheim*, mit der ich zunächst ein englisches Stück spielte, danach deutsche Stücke, eigene Stücke, eigene Übersetzungen und Bearbeitungen. Ich führte Regie, spielte mit in Haupt- und Nebenrollen, schrieb Lieder zu den Stücken, die mein Kollege Johannes Westenfelder vertonte und brillant am Klavier begleitete. In England an der Schule hatte ich 1965 erlebt, wie der Oxfordianer Mr. Fox mit den Schülern eine sensationelle Shakespeare-Aufführung hinlegte. Ein derartiger Projektunterricht war immer mein heimlicher Wunsch gewesen; aber Vorschläge für Übungen wie „Vom Text zur Bühne" wurden von meinem pedantischen Chef schlicht als nicht zu meinen Aufgaben gehörend abgewiesen. Also pflegte ich das Theater jetzt als mein privates Hobby an der Universität, ohne dass mir je dafür auch nur eine einzige Stunde auf das Deputat angerechnet worden wäre. Ich hatte damit ab 1980 meinen eigenen, völlig unabhängigen Theater-, Lehr- und Forschungsbetrieb! Am Anfang wurde ich zwar von manchen etwas schief angesehen, manche Leute ließen anfragen, ob ich wohl ausgelastet sei usw. Aber sehr schnell fand ich viel Anerkennung und Zuspruch. Die Studierenden waren begeistert, und ich selbst fühlte mich wie neugeboren. Als ich mir nach der Aufführung von Wildes *The Importance of Being Earnest* die deutsche Reclam-Ausgabe anschaute, schrieb ich dem Verlag, der Text sei lücken- und fehlerhaft und unelegant, ich könne das besser. Da ich das ganze Stück in- und auswendig kannte und auch schauspielerisch draufhatte, war die Übersetzung im Nu fertig und wurde von Dr. Klose gerne übernommen; inzwischen haben die größten Bühnen von Bonn bis Berlin, von Stuttgart bis Wien diesen und andere meiner Texte gespielt.

Beim Einüben eines Theaterstücks mit deutschen und ausländischen Studierenden dringt man viel intensiver in einen Text ein als beim bloßen Übersetzen. Angefangen von der phonetischen Oberfläche (Intonation, Akzent, Timbre, Gefühlsbeteiligung usw.) über die interessanten Divergenzen zwischen Gesagtem und Gemeintem, über die Herstellung von Ambiguität, wenn Körper und Sprache verschiedene Wege gehen, bis zur Bedeutung von Zögern und Pausen und Selbstverrat und kommunikativem Aufbau des Anderen tauchen unendlich viele hochinteressante Dinge auf, die aber nicht als leere Begriffe, sondern körperlich-sinnlich erfahren werden. Der Sitz des Textes im jeweiligen Körper, die sozialen, emotionalen und figuralen Unterschiede der Sprechweise, die Interaktion auf der Bühne und mit dem Publikum: Mir wurde klar, dass im Grunde zu jedem Text eine typische (konventionelle) und zahllose untypische (individuelle) Verkörperungen gehören. Mir wurde auch klar, dass die ganze antike Rhetorik letzten Endes auf die „actio" hinzielte, und dass die Körperlosigkeit und Unsinnlichkeit der Linguistik und der mir bekannten zerebralistischen Übersetzungstheorien auf unnötigen Selbstbeschränkungen oder Selbstverstümmelungen beruhen.

Der Rest der Geschichte ist rasch erzählt. Von diesen Erfahrungen her stieg ich ab etwa 1988 *kritisch* in die Übersetzungswissenschaft ein. Meine heimliche Parole lautete: Kampf den Reduktionen, es lebe die Komplexität. Mit einem langen polemischen Artikel in *Lebende Sprachen* machte ich mir einige wenige Freunde und viele Feinde, ohne dass ich mich aber weiter um die theoretische Fundierung meines individualistischen Ansatzes groß gekümmert hätte. Ich begann anlässlich einer Neuübersetzung von Wildes *An Ideal Husband* für meine Truppe eher nebenbei die verschiedenen Wilde-Versionen zu sammeln, die es in deutschen Bibliotheken und Theaterarchiven gab. Bei der Gründung der *European Society for Translation Studies* in Wien traf ich erfreut mehrere verwandte Seelen, die in Europa ähnlichen literarisch-übersetzerischen Forschungsprojekten nachgingen, so dass ich mir in Germersheim nicht mehr so isoliert vorkam. Ich müsste hier eine ganze Reihe von Namen aufzählen, denen ich mich dank *EST* wissenschaftlich verbunden fühle. Ich wurde mehrmals zum Sonderforschungsbereich *Literarische Übersetzung* nach Göttingen eingeladen, wo ich jeweils meine neuesten Arbeiten zur Diskussion stellen konnte, vor allem über die Themen Ideologie und Übersetzung sowie über Wilde-Versionen im Nationalsozialismus. Auch in Göttingen lernte ich viele Personen kennen, denen ich für geistige Anregungen dankbar sein muss. Als ich im Herbst 1991 auf der Rückfahrt von Göttingen im Projektbericht des SFB las, man habe jemanden auf eine Wilde-Dissertation über *Dorian Gray* angesetzt, beschloss ich, ebenfalls sofort ein Buch über die deutsche Wilde-Rezeption zu schreiben. Nach ein paar

Monaten Arbeit dachte ich zum ersten Mal daran, eine Habilitationsschrift daraus zu machen. Die Arbeit daran war ein pures Vergnügen, flossen hier doch alle die Dinge zusammen, die ich beim Theater gelernt hatte. Aber auch die Sprachwissenschaft kam wieder zu ihrem Recht, da 1985 Peter von Polenz' großes Buch *Die deutsche Satzsemantik. Grundbegriffe des Zwischen-den-Zeilen-Lesens* erschienen war, ein Buch, das endlich den Text bzw. die sprachliche Oberfläche nur als Spitze des Eisbergs betrachtete und die Bedeutung des Subtextes und der notwendigen Leserergänzungen in den Vordergrund rückte. Genaueste Textanalyse konnte ich jetzt verbinden mit den unerlässlichen synthetischen Gesichtspunkten wie Figurensprache oder dramatische Interaktion. Meine Habil.-Schrift, die ich 1993 (mit 53 Jahren!) einreichte, trug den schönen und richtigen Titel *Das Theater der Übersetzer*. Ich war dann so töricht, den Titel für die Veröffentlichung weniger wortspielerisch-mehrdeutig zu machen. Das war sicher ein Fehler, weil das Buch zwar in der Anglistik als Buch über Wilde, aber nicht in der Übersetzungswissenschaft als Buch über Text- und Übersetzungstheorie wahrgenommen wurde.

Heute evoziert der Begriff *Übersetzungswissenschaft* (ebenso wie *Sprachwissenschaft*!) bei mir ein völlig anderes Bild als in den 1970er und 1980er Jahren. Ich sehe darin jetzt eine offene Vielfalt von Forschungsmethoden, eine enge Verbindungsmöglichkeit von Theorie und Praxis, eine Synthese von Sprach- und Kulturwissenschaft, eine Fülle von Forschungsaufgaben. Mich selbst interessieren zur Zeit die Herausarbeitung der Übersetzungskonzeptionen bedeutender Übersetzer, die Probleme der Komikübersetzung, die Bedeutung der übersetzerischen Empathie, die Hinterfragung reduktionistischer Theorien, die Skizzierung einer Theorie des literarischen Übersetzens...

Literaturliste

Kohlmayer, Rainer (1988): Der Literaturübersetzer zwischen Original und Markt. Eine Kritik funktionalistischer Übersetzungstheorien. In: *Lebende Sprachen* 33, 145-156.

Kohlmayer, Rainer (1996a): *Oscar Wilde in Deutschland und Österreich. Untersuchungen zur Rezeption der Komödien und zur Theorie der Bühnenübersetzung.* Tübingen: Niemeyer (Theatron, 20).

Kohlmayer, Rainer (1996b): Wissen und Können des Literaturübersetzers. Bausteine einer individualistischen Kompetenztheorie. In: Andreas F. Kelletat (Hg.): *Übersetzerische Kompetenz. Beiträge zur universitären Übersetzerausbildung in Deutschland und Skandinavien.* Frankfurt/M.: Lang, 187-205.

Kohlmayer, Rainer (2003): Empathie und Rhetorik. Gedanken zur Didaktik des Literaturübersetzens. In: Matthias Perl /Wolfgang Pöckl (Hg.): *„Die ganze Welt ist Bühne" / „Todo el mundo es un escenario". Festschrift für Klaus Pörtl.* Frankfurt/M.: Lang, S. 417-433.

Kohlmayer, Rainer/ Wolfgang Pöckl (2004) (Hg.): *Literarisches und mediales Übersetzen. Aufsätze zu Theorie und Praxis einer gelehrten Kunst.* Frankfurt/M.: Lang.

Vgl. auch www.rainer-kohlmayer.de

Joachim Kornelius (Heidelberg)

Mein Weg in die Übersetzungswissenschaft: auf vorangelegten Wegen

Gymnasium, Bundeswehr, das erste Studienjahr – die eigene „Vor- und Frühgeschichte" umgibt in der Rückerinnerung ein zarter wie tröstlicher Morgennebel. Das Studium der Archäologie war und erhielt sich als ein Studienwunsch, blieb jedoch in einem geordneten, bürgerlichen Familienumfeld eher unartikuliert, in einer Familienwelt, die mütterlicherseits durch ein traditionsreiches familieneigenes Mode- und Konfektionshaus in Krefeld, der Stadt der Seide, nachhaltig geprägt war, und die väterlicherseits vor allem durch Familienmitglieder bestimmt wurde, die alle Juristen waren.

Aus der mehrsprachigen Welt der Kaufleute und Konfektionäre leiteten sich persönliche betriebwirtschaftliche Interessen, praktische Fähigkeiten und Fertigkeiten ab, die sich später beruflich im Kontext eines allgemeinen universitären Wissenschaftsmanagements und eines speziellen wissenschaftlichen Projektmanagements als natürliche Gaben und Neigungen einbringen und nutzen ließen. Einflussreich war die brillante forensische Rhetorik des Vaters, erfahr- und erlebbar in geschliffenen Plädoyers des Staatsanwalts, die bereits bei dem Gymnasiasten ein Verständnis von Sprache als *Sprachkunst* begründet, die ihn frühzeitig die Kraft sprachlichen Handelns erfahren lässt und ihn offen macht für alle Formen der persönlichen sprachlichen Kompetenzerweiterung in der eigenen Sprache wie in den schulischen Fremdsprachen. Sprache als Kunst trat gleichwertig neben die Musik und die Malerei, Künste, die in der Familie im 19. Jahrhundert mit dem Komponisten Peter Cornelius und seinem Onkel, dem Maler Peter Cornelius vertreten und in der Familienerinnerung verfügbar waren und sich mit meiner Cousine Dorothee Jacobs, einer Meisterschülerin von Josef Beuys, und meinen Besuchen in der Kunstakademie Düsseldorf lebendig erhielten.

Die eigenen Sprach- und Fremdsprachenkompetenzen erfahren durch zahlreiche längere Familien-, Schüler- und Studienreisen, vor allem in die Länder des mediterranen Raums, eine nachhaltige Erweiterung um eigene kulturelle Erfahrungen und lassen Erinnerungen an die Enge der als überlang erfahrenen Schulzeit, Erinnerungen an die politisch-gesellschaftliche Enge eines Adenauer-Deutschlands und eines Europas der Grenzen gleichermaßen an Kontur verlieren. Reisen bilden, dies galt auch für die Besuche in der lexikografischen Werkstatt meines Onkels, des Romanisten Hans Wilhelm Klein, der als Sprachwissenschaftler an der Justus-Liebig-Universität Gießen lehrte. Wiederkehrende Familienbesuche ermöglichten Einblicke erster Hand in den *workflow* der lexikografischen Praxis, in die Welt der Zettelkästen und der Belegsammlungen, aus denen Wörterbücher, Grammatiken und Schulbücher entstanden. Der Onkel nahm sich viel Zeit, um dem interessierten Neffen an einfachen Beispielen die Makro- und Mikrostruktur eines Wörterbuchs zu erklären, er arbeitete in dieser Zeit zusammen mit dem Übersetzungswissenschaftler Wolf Friederich an einer Neuausgabe der *Englischen Synonymik*. Ich war mir damals des nachhaltigen Einflusses dieser Aufenthalte in einer lexikografischen Werkstatt nicht bewusst, doch liegen rückblickend hier die Anfänge meiner späteren Arbeitsinteressen im Bereich der mehrsprachigen übersetzungsbezogenen Terminologieforschung, die ich immer mit jeder Art verfügbarer elektronischer Hilfsmittel zu betreiben suchte, war mir doch die Mühsal der lexikografischen Kärnerarbeit aus der vordigitalen Zeit in Erinnerung geblieben.

In diesem Vorfeld hätte sich ein Studium der Übersetzungswissenschaft, der Sprachwissenschaft oder zweier philologischer Fächer angeboten. Doch kommt es zu keinen weiteren Überlegungen, denn vier Wochen nach dem Abitur wird der Abiturient Anfang Januar 1966 zur Bundeswehr eingezogen. Diese Zeit des Wehrdienstes konnte persönlich als eine Phase der Orientierung und der Entdeckung des Praktischen, des Angewandten, des Machbaren im Kontext einer Ausbildung zum Reserveoffizier an der Schule der Technischen Truppe in Bremen erfahren und genutzt werden. Die praktizierte radikale Wahrnehmung jeder Art von praktischen Ausbildungsangeboten ließ sich viele Jahre später zur eigenen Überraschung bei der Führung einer wissenschaftliche Abteilung, eines Instituts und bei der Wahrnehmung verwaltungsbezogener Funktionen im Kontext eines hochschulpolitisch verordneten betriebswirtschaftlichen Managements erneut funktionalisieren – hatte man doch im ersten Leben die erste und zweite Verwaltungsprüfung abgelegt und REFA-Lehrgänge belegt, und konnte so als Hptm. d. Res. organisatorisch und verwaltungsbezogen wie und bis Amtmann „denken" und „handeln".

Der Übergang von der Schule zum Studium vollzog sich wenig geordnet. De facto verfügte man in der damaligen Zeit über keine verlässlichen Mittel der „Eignungsfeststellung", es gab keine Mittel der elektronischen Wissensrecherche, und so geriet die Sammlung, Sichtung und Auswertung von studienbezogenen Daten eher mühsam und erratisch. Zwischen Schule und Universität lagen Welten.

Im gesellschaftspolitisch bewegten Jahr 1968 wurde die Wehrzeit verkürzt, die Zeit für einen Wechsel zwischen Wehrdienst und Studium betrug gerade einmal eine Woche. Rat kam von Hans Wilhelm Klein. Er regte an, ein Studium an der Justus-Liebig-Universität Gießen in den Fächern Anglistik, Germanistik, Erziehungswissenschaften und Philosophie aufzunehmen. Ich nahm den Rat an, siedelte in Wochenfrist nach Gießen um, nahm ein Zimmer im Nachbarhaus des Onkels, schrieb mich ein und fand mich unvorbereitet in der tiefsten Provinz wieder. Alles war eng, klein und bieder. Die philologischen Seminare und Institute waren in unzerstört gebliebenen, von der Universität angemieteten Privathäusern in der Gießener Innenstadt untergebracht. Seminarräume waren Teil der Bibliotheken, und in der Erinnerung erhalten sich ganz spezifische Dielengeräusche und die Sorge über das Überschreiten von Deckentraglasten. Studien- und Prüfungsordnungen muss es wohl gegeben haben, doch man kam mit ihnen nicht in Berührung, das Curriculum stellte sich vielmehr als „Wildwuchsgebiet" dar, und Studienberatung erteilten verdiente Altstudierende vor dem persönlichen Erfahrungshintergrund von vierzehn und mehr Semestern. Die Lehre stellte sich als höchst zufällige Ansammlung von speziellen Seminaren dar, deren Themenwahl sich allein aus den individuellen Forschungsinteressen der Lehrenden zu erklären schien. Die Lehre war nur schwach strukturiert, pädagogische Naturbegabungen waren rar. Kurz, die curriculare und die Lehrsituation waren vergleichsweise chaotisch.

Wenn die Erinnerung nicht trügt, wurde in den ersten vier Semestern im Kontext der studentischen Revolution durchgängig gestreikt. Es erwies sich als persönlicher Vorteil, bereits andere politische und kulturelle Welten gesehen zu haben, man realisierte daher selbst als junger Mensch recht schnell, dass in Gießen in der Provinz – im Gegensatz zu Frankfurt, Heidelberg, Marburg oder Berlin – nur die *B-Movies* gedreht wurden. In der Pflichtveranstaltung des ersten Semesters „Einführung in das Altenglische" kommt es – bei sechs Zeilen Textfortschritt in dreizehn Sitzungen – zu einer Begegnung mit dem heutigen Verleger Dr. Erwin Otto. Im Umfeld der *Battle of Brunnanburg* entsteht eine persönliche Freundschaft, die in Höhen und Tiefen des Lebens Bestand halten sollte. Die Freunde wollen einen berufsqualifizierenden Studienabschluss in der Regelstudienzeit erreichen, sie versuchen, einen Beitrag zu leisten, Ordnung in das curriculare Chaos der eigenen Umwelt zu bringen, und sie geben ihr Wissen als Multiplikatoren über die Mitarbeit in der Fachschaft weiter. Akademische Lehre dieser Zeit vollzieht sich im Umfeld studentischen Aufruhrs oftmals in Privatveranstaltungen, in Dienstzimmern und in anderen akademischen Biotopen.

Die ersten, durchgängig negativen Studienerfahrungen führen zu einem veränderten Wahlverhalten und zu persönlichen Neupositionierungen, die den späteren Studien- und Berufsweg nachhaltig bestimmen sollten.

Liebeslyrik bei Shakespeare und *J. Bunyan Pilgrims Progress*, zwei Seminare einer damals bekannten Shakespeareforscherin, führen zu einer persönlichen Abkehr von der Literaturwissenschaft und zu einer Hinwendung zur Mediävistik in beiden philologischen Fächern. Dies wird ausgelöst durch die Erfahrung einer unerwarteten Methodenlosigkeit, durch die Nicht-Nachvollziehbarkeit dogmatischer Interpretationen, persönlicher Lehrmeinungen und empfindungsbasierter Behauptungen. In der Mediävistik hingegen waren Methoden verfügbar, Erkenntnisse ließen sich herleiten, und die Wissensbestände waren so strukturiert, dass sie erlernbar und in Klausuren reproduzier- und anwendbar waren. Und für mich war ein Hauch von Archäologie spürbar.

Die Übersetzungsübungen des Grundstudiums in der Anglistik stellen ein weiteres Missvergnügen dar. Beim endlosen, ungeleiteten Bosseln an Texten verliert sich bei mir, wie bei zahlreichen Kommilitonen, die quasi natürlich gegebene Begeisterung für das Übersetzen, verstanden als ein sprach- und kulturmittlerisches Handeln. Übersetzen wurde ausschließlich erfahren als ein

Übersetzen als Prüfungsform. Die Folge: Wir schrieben uns in den Magister-studiengang um, dieser Studiengang schien uns stärker wissenschaftlich konturiert zu sein und hatte den Vorzug, dass hier nicht quasi schulisch, mit dem Ziel der Aufdeckung von fremdsprachlichen Defiziten übersetzt werden musste. Erst Jahre später gelang es mir, als Mitherausgeber von *anglistik & englisch-unterricht* im Artikel „Was beim Übersetzen an der Hochschule geschehen sollte" im Themenband *Realities of Translating* den früh erfahrenen, nach-haltigen Frust über diese in philologischen Studiengängen einbetonierten un-strukturierten, ineffizienten Übersetzungsübungen von der Seele zu schreiben (Kornelius 1995a). Auch hier sind vorangelegte Wege erkennbar. Es gibt später in meinem Berufsleben die seltene Chance einer Überwindung erfahrener curricularer Missstände in der Möglichkeit einer curricularen Neugestaltung im Bereich der wissenschaftlichen Fachübersetzung. In meiner Projektgruppe *CVS Creating Virtual Seminars* konnte ich seit 1999 in Zusammenwirken mit Diplo-manden, Doktoranden und Dozenten zunächst die fachwissenschaftlichen und übersetzungsmethodisch-didaktischen Grundlagen für die Erstellung von virtuellen Lehr- und Lernmodulen der Fachübersetzung in den gegebenen Diplomstudiengängen und mit Blick auf die Erarbeitung neuer Curricula in modularisierten BA-/MA-Studiengängen erarbeiten. In der Folge entstehen zahlreiche Lehr- und Lernkonserven der Fachübersetzung, die Teil des Regel-betriebs einer modularisierten, fachwissenschaftlich, methodisch wie praktisch reorganisierten Lehre werden. Die Erkenntnis: Nur mit langem Atem und großer Anstrengung lassen sich curriculare Defizite in etablierten Strukturen heilen.

Rückblende: Eher zufällig erwerbe ich antiquarisch das Buch von Wil-helm Fucks: *Nach allen Regeln der Kunst*, es ist eine Art populärwissen-schaftliche Einführung in die mathematisch-statistische Sprachanalyse und deren Anwendung im Bereich der literarischen Textanalyse (Fucks 1968). Das Buch übt große Faszination auf den studentischen Leser aus, er erkennt, dass die Verfügbarkeit von Methoden und eine Handlungssicherheit im Umgang mit Methoden es möglich machen, Strukturen von Sprache zu entdecken und Erkenntnisse über Regelhaftigkeiten so zu beschreiben, dass sie intersubjektiv nachvollziehbar sind. Das Buch von Wilhelm Fucks wurde der Auslöser dafür, dass ich mich über zwei Semester studienbegleitend, rein autodidaktisch in die Grundlagen der mathematisch-statistischen Text- und Stilanalyse und in die Welt der Signifikanztests einarbeitete. Mehrere Einführungen in die Statistik wurden aus Eigeninteresse gründlich studiert. Als höchst brauchbar erwiesen sich dabei englischsprachige Einführungen. Und im vordigitalen, rechnerlosen Umfeld vollzogen sich alle Berechnungen noch per Hand. Das neue Wissen wird in einer kleinen Fallstudie funktionalisiert. Es geht um Bemessungen der syntaktisch-semantischen Komplexität in ausgewählten Erzählungen Heming-ways. Damals las jeder Hemingway, und auch die unbedarftesten Leser „erkann-ten" die „Undifferenziertheit" und „Restringiertheit" seines Stils. Das waren wieder einmal reine Behauptungen. Nach einer Korrespondenz mit Wilhelm Fucks zur Klärung von Berechnungswegen erhielt ich eine Einladung zu seinem

Doktorandenkolloquium, fuhr nach Aachen und konnte meine kleine Untersuchung vorstellen. Fucks war Mathematiker und Physiker, unterhielt ein namhaftes Forschungsinstitut und betrieb aus persönlicher wissenschaftlicher Neigung heraus quantitative Stilanalysen zu literarischen Texten. Mehrere Teilnehmer des Kolloquiums wurden später Professoren der Computerlinguistik. Eine weitere Analyse zur syntaktischen Komplexität galt dem Monolog Leverkühns in Thomas Manns *Doktor Faustus*. Der Professor der Literaturwissenschaft am germanistischen Seminar zeigt sich in seinem Kosmos der werkimmanenten Interpretation leicht irritiert, wertet die Analyse in einem subtilen Kommentar als eine wissenschaftliche Aberration, bewertet sie jedoch mit bester Note.

Beide *free lancer*-Studien erreichen institutsvermittelt Hans-Jürgen Diller, der seit 1971 am Englischen Seminar einen Lehrstuhl für Englische Sprachwissenschaft innehat. Die Analysen und der Entdeckungswille eines Studierenden müssen ihm zugesagt haben, denn der studentische Autor mutiert zur wissenschaftlichen Hilfskraft, und eine über 30 Jahre anhaltende Zusammenarbeit nimmt ihren Anfang. Der akademische Lehrer fördert das Eigenengagement im Bereich der mathematisch-statistischen Stilanalyse, liegt es doch außerhalb des *mainstream* „S=NP+VP", außerhalb der einzig wahren und reinen Lehre der Zeit, der Lehre der Generativisten. HJD, so das Hauskürzel und Markenzeichen, hielt durchaus regelmäßig Lehrveranstaltung zur Generativen Transformationsgrammatik ab und trug damit den Erwartungen der Zeit Rechnung, jedoch war er als Linguist, als Mediävist und Literaturwissenschaftler wissenschaftlich so breit ausgewiesen und forschungsbezogen umfassend interessiert, dass er jede Art von sprachwissenschaftlichen Untersuchungen, eben auch empirische, später korpusorientierte Sprachanalysen, fördern konnte, Untersuchungen, die im persönlichen Fall nach einem als *revelation* erfahrenen Studienaufenthalt am *Trinity College Dublin* (1971) in empirischen Stilanalysen von Texten irischer Dramatiker der *Irish Renaissance* im Kontext einer Magisterarbeit (1972) mündeten und die fortgeführt als Dissertation mit dem Titel *Stilstatistische Untersuchungen zum Drama der "Irish Renaissance" unter besonderer Berücksichtigung des Dramenwerks J. M. Synges – ein Beitrag zur mathematisch-stilistischen Analyse der Formalstruktur dramatischer Werke* 1974 erschienen. Trotz aller zeitgebundenen Widrigkeiten konnte damit das Magister- und das stipendiumsgeförderte Promotionsstudium in insgesamt zwölf Semestern erfolgreich abgeschlossen werden. Dokumentiert in der eigenen, im Web verfügbaren Vita, sollte sich dieses zügig abgewickelte Studium später als *role model* für Beratungsgespräche mit Studierenden über ein Studium innerhalb der Regelstudienzeit erweisen.

Eine letzte historische Rückblende: Kam der Neffe abendlich zu Besuch, so hielt Hans Wilhelm Klein vergleichsweise regelmäßig auf höchst süffisante, spöttische und vor allem genüssliche Art Nachfrage ob meiner Lernfortschritte in Seminaren zu „Herrn Chomsky", er erfragte meine Einschätzung nach dem möglichen Erscheinungsdatum einer TG-Lernergrammatik für den Fremdsprachenunterricht, ich verstand das Spiel, jedoch beließ er es nicht bei einer bloßen Kritik. Er gab mir vermittelt über seine Frau Charlotte Klein, die mich durch das gesamte Studium fast nach amerikanischem Vorbild als *student advisor*, als Tutorin begleitete, kleine „Leseanregungen" in Form von bibliografischen Hinweisen auf Zetteln an die Hand, es waren die Zettel seiner Zettelkästen. Und ich habe diese Anregungen angenommen, ich war lesebegierig, interessiert, offen für jede Form der Entdeckungen in der „Expedition Sprache", und so las ich sorgsam vorausgewählte Titel von Trier, Coseriu, von seinen Schülern und vor allem Schriften von Ernst Leisi. Und so erwachte bereits im Studium ein persönliches Interesse an Problemstellungen der kontrastiven (heute würde man ergänzend hinzufügen übersetzungsbezogenen) Wortfeldforschung und vor allem an der Kollokationsforschung. Hans-Jürgen Diller erahnte diese Einflüsse und förderte sie. Unmittelbar nach der Promotion folgte ich meinem akademischen Lehrer 1974 an die Ruhr-Universität Bochum und nahm meine Arbeit als wissenschaftlicher Mitarbeiter am Lehrstuhl der Mediävistik des Englischen auf.

Die als Reformuniversität gestartete Universität bot zunächst ein idealtypisches Ambiente zur Fortführung der eigenen Forschungsinteressen im Schnittbereich zwischen paradigmatischer und syntagmatischer Semantik und jeder Art von Projekten der Sprachbemessung. In letzteren bot die Schule um Gabriel Altmann wissenschaftliche Heimat und nach der sog. kognitiven Wende ließen sich die eigenen Interessen einer sprachwissenschaftlich betriebenen kontrastiven Wortfeldforschung an der Ruhr-Universität Bochum im Kontext der empirischen Sprachpsychologie eines wissenschaftlichen Boliden vor Ort, Hans Hörmann, engagiert und im Kontext eines landesseitig geförderten Projekts wissenschaftlich fortführen. Hier bedarf es der Nennung von Dieter Goeke. Wir arbeiteten projektbezogen, fast wie Naturwissenschaftler zusammen. Nach meiner heutigen Einschätzung war er ein geniehaft begabter Kollege, wir veröffentlichten mehrere Artikel zusammen, oftmals fungierte ich nicht nur als Ko-Autor, sondern auch als Bereitsteller einer intrasprachlichen Übersetzung. Dieter Goeke hatte zu viele Begabungen und extreme Eigenanforderungen, er benötigte mehr als einmal einen Vermittler und Übersetzer zur Kommunikation mit der fachwissenschaftlichen Welt, und er verlässt quasi über Nacht als *drop out* die Universität, um erst zwanzig oder mehr Jahre später ein einziges Lebenszeichen aus einer Entwicklungskaderschmiede eines Softwaregiganten abzusetzen.

Teamorientiertes wissenschaftliches Handeln erfreute sich in den 70ern und 80ern in philologischen Disziplinen an deutschen Universitäten, ganz im Gegensatz zu anglo-amerikanischen Forschungseinrichtungen, keiner besonderen Wertschätzung. Jedes Buch, jeder Artikel in Koproduktion zählte nur „halb", und in Bewerbungsverfahren wurde fleißig gezählt, die Wissenschaftlichkeit des Bewerbers mehrte sich mit jeder weiteren Einzelpublikation und mit jedem Mehr an Seitenzahl. An dieser Unart des berufsfixierten, belegorientierten, massemachenden Publizierens hat sich bis heute wenig geändert. Uns ließ das damals unbeeindruckt, wir hatten eine Idee, wir arbeiteten an der Realisierung eines landesgeförderten Projekts, und wir veröffentlichten die Ergebnisse in einer geradezu frugalen Form, doch in einem drucktechnisch höchst professionell besorgten Umfeld, im Wissenschaftlichen Verlag Trier, verlegerisch betreut von Dr. Erwin Otto. So erscheint 1985 Hans-Jürgen Diller zum 50. Geburtstag gewidmet die Schrift *Wortfelder aus bemessenen Ordnungen: ein empirischer Beitrag zur Wortfeldforschung*, von Sprachpsychologen gewürdigt, rückblickend persönlich als eine Gemme erachtet und zugleich ein Wegstück in eine empirisch ausgerichtete Übersetzungswissenschaft.

Die Jahre der Lehre an der Ruhr-Universität Bochum entwickelten sich anders als persönlich erhofft. Die Universität mutiert von einer Reform- zu einer Massenuniversität mit allen jedem Fachvertreter bekannten Problemen. Die Seminare sind übergroß. Die eigene Motivation überlagern Schatten im Wissen um die Ausbildung von Studierenden, die nach ihrer Ausbildung der Arbeitslosigkeit anheim fallen. Überdies dokumentieren Aufstellungen im Bundesland NRW zahlenmäßig geradezu katastrophale Abbrecherquoten: 85 Prozent der Studierenden enden als *university drop outs*. Zehn Jahre der Mitgliedschaft in einer Studienreformkommission der Fakultät bringen die Zahlen immer wieder ins Bewusstsein.

Die eigene Karriereplanung bleibt in den 70er Jahren eher unklar. Manche junge Kollegen votieren für die Habilitation, andere erklären diese als tot, weitere sehen ihr Heil in einer kumulativen Habilitation. Die Orientierung fällt schwer, Anleitung ist nicht verfügbar, und durch meinen familiären Hintergrund sehe ich mich wirtschaftlich zu unabhängig, um irgendeine Normkarriere anstreben zu müssen. Vielmehr überwiegt immer wieder die Neigung an der Entdeckung von sprachlich Neuem.

1977 bewegen Joachim Kornelius, Erwin Otto und Stephan Kohl ihre akademischen Lehrer Hans-Jürgen Diller und Gerd Stratmann zur Gründung der wissenschaftlichen Reihe *anglistik & englischunterricht*. Erwin Otto und Joachim Kornelius überzeugen den Trierer Zeitungsverleger Nikolaus Koch, in dieses, heute würde man sagen eher risikoreiche Drittmittelprojekt einzusteigen. Erwin Otto und Joachim Kornelius absolvieren beim Verleger des *Trierischen Volksfreundes* ein *internship* in traditionellen wie modernen, jetzt bereits digitalen Satztechniken. Rückblickend gesehen waren es wieder Teilstücke vorangelegter Wege. Damals war es mir sicherlich nicht bewusst, dass ich die hier erworbenen praktischen Kenntnisse, Fähigkeiten und Fertigkeiten im Bereich Neuer Medien Jahre später erneut nutzen konnte, so in Fachübersetzungsübungen und Seminaren im Kontext des *webpublishing* und der Softwarelokalisierung.

anglistik & englischunterricht wird zur auflagenstärksten wissenschaftlichen Reihe der Anglistik, insgesamt erscheinen mehr als 68 Themenbände. Die Mitherausgeberschaft verbindet sich mit einer endlos erscheinenden Lektüre und Begutachtung von Manuskripten vorrangig literaturwissenschaftlicher Thematik. Der Verleger *outsourced* das Projekt nach drei Bänden, und so entsteht 1977 der *WVT Wissenschaftliche Verlag Trier*, mit Dr. Erwin Otto als Geschäftsführer. Der Verlag entwickelt sich in der Folgezeit höchst erfolgreich. Ich selbst bleibe stiller Teilhaber. Der Verlagshintergrund erlaubt mir später kostenneutral einige Projekte anzugehen, exemplarisch sei *Lighthouse Unlimited*, einsehbar unter www.lighthouse-unlimited.de angeführt. In dieser wissenschaftlichen Reihe des Wissenschaftlichen Verlag Trier werden unter der Herausgeberschaft von Dr. Anja Holderbaum und Joachim Kornelius veröffentlichungswerte Diplomarbeiten vor allem aus dem Bereich der übersetzungsbezogenen Terminologieforschung für die Publikation eingerichtet und als elektronische Bücher auf CD-ROM publiziert.

Ein weiteres Wegstück in die Übersetzungswissenschaft stellt sicherlich das 1977 zusammen mit H.-J. Diller verfasste Buch *Linguistische Probleme der Übersetzung* dar, das zusammen mit einigen weiterführenden übersetzungsdidaktisch ausgerichteten Artikeln erschien (Diller/Kornelius 1978, Kornelius 1982 „Übersetzungsübungen als Reduktion von Komplexität"). Die Publikation erhielt zahlreiche überwiegend positive Besprechungen. Einige Kapitel haben die Zeit vergleichsweise wohl überstanden, so lässt sich die Unterscheidung von *primärer* und *sekundärer Übersetzung* heute erneut in der Diskussion um das Verhältnis von Fachübersetzung und Lokalisierung funktionalisieren. Und meine Forschungsinteressen galten damals schon vor allem syntagmatischen Problemen der Übersetzung, hier begründete sich ein Forschungsschwerpunkt, den ich als übersetzungsbezogene Kollokationsforschung im Kontext elektronischer Hilfsmittel bis heute höchst intensiv betreibe (Kornelius 1999, Kornelius/Holderbaum 2001). Heute befasse ich mich vor allem mit der übersetzungsbezogenen Extraktion von Terminologie und von Kollokationen und arbeite gemeinsam mit Dr. Anja Holderbaum an der lexikografischen korpusgestützten Befüllung eines entwickelten webbasierten zweisprachigen elektronischen Kollokationswörterbuchs.

Gehen wir noch einmal historisch zurück, so blieben die Jahre der Lehre in einer Massenuniversität vergleichsweise unspektakulär, mit Ausnahme eines weiteren Wegstücks, das sich wie viele Dinge in meinem Leben eher zufällig ergab. Mitte der 80er Jahre kam ich in Kontakt mit einem führenden englischen Softwarehersteller von Texteditoren und Datenbanken. Nach einem weiteren *internship* betrieb ich Adaptionen und Übersetzungen im Kontext von – heute würde man sagen – Technischer Dokumentation und Softwarelokalisierung. Ich erstellte jede Art von programmbezogenen Einführungsschriften, Kurzanleitungen, Anwenderhandbüchern, technischen Handbüchern und lokalisierte englische Bedieneroberflächen ins Deutsche. Die bemerkenswert dotierten Auftragsarbeiten füllen tausende von Seiten und dokumentieren sich noch heute in voluminösen Schubern, die zwei Meter Regal in meinem Dienstzimmer einnehmen und heute eher des optischen Nachweises meiner Erfahrungen in der technischen Übersetzung dienen.

Bewegungen in der eigenen Vita kommen auf mit der Wahrnehmung externer Lehraufträge, es schließen sich Professurvertretungen an der GHS Siegen, an der Universität Osnabrück-Vechta und an der Universität Heidelberg an. Hier finden die Wege in die Übersetzungswissenschaft in den 90ern ein glückliches

Ende mit der Ernennung auf eine Professur Übersetzungswissenschaft: Englisch am Institut für Übersetzen und Dolmetschen der Universität Heidelberg.

Es brechen bewegte Zeiten an. Es gilt eine Ausgliederung des Instituts aus der Universität abzuwehren, einem permanenten Stellenabbau und vor allem dem Verlust von Professuren entgegen zu wirken und zugleich ein überaltertes Curriculum im Kontext des Bologna-Abkommens durch gestufte, modularisierte BA/MA-Studiengänge zu ersetzen. Ein kleiner Kreis von Kollegen und Mitarbeitern formiert sich, um die überfälligen Reformen anzugehen. Der Reformdruck ist extrem, es gibt eine Evaluierungskommission für das Institut, ein Monitoring Board des Rektors, eine Umsetzungskommission des Ministeriums und den üblichen Dienstweg. In zwei Jahren verfasse ich zusammen mit Dr. Anja Holderbaum de facto nur noch Studien- und Prüfungsordnungen, entwickle zugehörige Eignungsfeststellungsverfahren mit den zugehörigen Ordnungen, reformiere die bestehenden Diplomstudienordnungen und vertrete die Ordnungen in den Gremien der Universität. Es eröffnen sich völlig neue Gestaltungsmöglichkeiten, und dies macht für uns den Reiz an der Aufgabe aus.

In kurzer Folge entsteht ein ministeriell gewollter BA-Studiengang *Translation Studies for Information Technologies*, der zum WS 2003/04 in Kooperation mit der Fachhochschule Mannheim angefahren wird, die Diplomstudiengänge werden überarbeitet und aktualisiert, es wird ein gestufter BA/MA-Studiengang *Übersetzungswissenschaft* entwickelt, der sich auf dem Gremienweg befindet, und ein MA-Studiengang *Konferenzdolmetschen*, der zum WS 2004/05 eingeführt wird. Ein nachhaltiger *backbone* der Arbeit an den neuen Studiengängen waren die über mehrere Jahre geleisteten Vorarbeiten in meiner Forschungsgruppe *CVS Creating Virtual Seminars*. Der Reformprozess wurde nachhaltig erleichtert durch einen einsetzenden umfassenden Generationswechsel unter den Dozenten. Das Institut ist derzeitig für die Zukunft neu eingerichtet und jenes Institut in der Fakultät, das als erstes die Reform im Kontext des Bologna-Abkommens vollzogen hat.

In den letzten Jahren hat sich das persönliche Tätigkeitsspektrum recht grundsätzlich verändert. Neben den Erfordernissen der wissenschaftlichen Forschung und Lehre und der Umsetzung curricularer Reformvorgaben gilt es heute vor allem, die Abteilungen und das Institut unter betriebswirtschaftlichen Gesichtspunkten einzurichten, im Bemühen, einen nachhaltigen Beitrag zu leisten, damit das Funktionsganze im Kontext wirtschaftlich schwieriger Zeiten sicher durch schwierige Fahrwasser gesteuert werden kann.

Angemerkt sei, dass meine Tochter Christina Kornelius an der Universität Mainz Archäologie studiert. Der Vater begleitet die Entwicklung als sekundärer Leser.

Bibliografie

Diller, Hans-Jürgen/ Joachim Kornelius (1978): *Linguistische Probleme der Über-setzung*. (Anglistische Arbeitshefte 19). Tübingen.

Fucks, Wilhelm (1968): *Nach allen Regeln der Kunst: Diagnosen über Literatur, Musik, bildende Kunst, die Werke, ihre Autoren und Schöpfer*. Stuttgart.

Goeke, Dieter/ Joachim Kornelius (1984): *Wortfelder aus bemessenen Ordnungen. Ein empirischer Beitrag zur Wortfeldforschung*. Trier.

Holderbaum, Anja (2003): *Kollokationen als Problemgrößen der Sprachmittlung*. Trier.

Klein, Hans Wilhelm/ Wolf Friederich (1975, 4. Aufl.): *Englische Synonymik für Studierende und Lehrende*. München.

Kornelius, Joachim (1974): *Stilstatistische Untersuchungen zum Drama der "Irish Renaissance" unter besonderer Berücksichtigung des Dramenwerks J. M. Synges – ein Beitrag zur mathematisch-stilistischen Analyse der Formalstruktur dramatischer Werke*. Gießen.

Kornelius, Joachim (1982): Übersetzungsübungen als Reduktion von Komplexität. In *Neusprachliche Mitteilungen* 2, S. 88-94.

Kornelius, Joachim (1995a): Was beim Übersetzen an der Hochschule geschehen sollte. In *anglistik & englischunterricht. Realities of Translating*. Bd. 55/56. Heidelberg, S. 45-71.

Kornelius, Joachim (1995b): Vom Printwörterbuch zum elektronischen Kollokations-wörterbuch. Theoretische, methodische und praktische Überlegungen zur Erstellung eines Kollokationswörterbuches. In: *Lexicographica* 13, S. 153-171.

Kornelius, Joachim (1999): Ergebnisse und Dokumentationsformen der übersetzungs-bezogenen Terminologiearbeit als *backbone* virtueller fachsprachlicher Über-setzungsübungen. In Norbert Greiner/ Joachim Kornelius/ Giovanni Rovere (Hg.): *Texte und Kontexte in Sprachen und Kulturen. Festschrift für Jörn Albrecht*. Trier, S. 181-200.

Kornelius, Joachim/ Anja Holderbaum (2001): Kollokationen als Problemgrößen der Sprachmittlung. In Andrea Lehr et al. (Hg.): *Sprache im Alltag. Beiträge zu neuen Perspektiven in der Linguistik. Herbert-Ernst Wiegand zum 65. Geburtstag gewidmet*. Berlin et al., S. 533-545.

Hans Krings (Bremen)

Was in den Köpfen von Übersetzern vorgeht –
eine Metapher als Programm

Höchstens eine gute Idee im Leben?

In einer Diskussion über die Frage, welche Rolle Kreativität und Originalität in wissenschaftlichen Laufbahnen spielt, hat ein Kollege vor vielen Jahren einmal die Auffassung vertreten, man habe im Leben als Wissenschaftler maximal eine wirklich gute Idee. Der Rest sei Variation und Ausschmückung.

Ich erinnere mich, dass diese These damals meinen heftigen Widerspruch hervorrief. Ich war fest überzeugt, dass alle guten Ideen, die ich bis dahin schon gehabt zu haben glaubte, nur der Auftakt für noch sehr viel mehr und noch sehr viel bessere Ideen sein würden. Das war wahrscheinlich ganz normaler jugendlicher Überschwang. Heute halte ich es für möglich, dass der Kollege zumindest im Kern recht gehabt haben könnte. Ich habe im Laufe meiner wissenschaftlichen Tätigkeit viele Kolleginnen und Kollegen kennen gelernt, die ihr ganzes Leben oder doch zumindest über lange Zeiträume von einer Grundidee, einem zentralen Interessenfokus, einer charakteristischen wissenschaftlichen Forschungsmethode, einer erkenntnisleitenden Grundüberzeugung, einem persönlichen *ceterum censeo*, einer individuellen „Denke" angetrieben wurden und dieser über große Strecken ihrer wissenschaftlichen Laufbahn treu geblieben sind. Vielleicht liegt dies daran, dass es durchaus eine große und langwierige Aufgabe sein kann, einer Idee, wenn sie neu ist, in der kritischen *scientific community* zum Durchbruch zu verhelfen. Insbesondere gute Ideen haben für andere stets den entscheidenden Makel, dass sie nicht von ihnen stammen, und werden schon deshalb (aber natürlich nicht nur deshalb) anfänglich oft heftig bekämpft. (Viele schöne Beispiele dafür finden sich in dem lesenswerten Buch von Luc Bürgin, *Irrtümer der Wissenschaft*). Vielleicht liegt es aber auch daran, dass die Fragen, die uns wirklich bewegen, tief im Biographischen wurzeln und uns die Wissenschaft erst sehr viel später die methodischen Werkzeuge oder den theoretischen „Überbau" dafür liefert, wie man diesen Fragen in einer von der *scientific community* akzeptierten Form nachgeht. Jedenfalls gibt es nach meiner Beobachtung ein erstaunliches Maß an Konstanz hinsichtlich der Fragen, die über unser ganzes Leben hinweg unsere wirkliche (und nicht nur wissenschafts-rhetorisch inszenierte) intellektuelle Neugier hervorrufen. Und diese Feststellung gilt zweifellos auch für mich. Aber gehen wir ein wenig chronologisch vor.

Von Zufällen und Wechselfällen

Leben ist bekanntlich das, was einem passiert, während man etwas ganz anderes plante. Und so waren es auch bei mir biographische Zu- und Wechselfälle, die wichtige Weichenstellungen in meiner beruflichen Laufbahn vornahmen. Meine Studienfachwahl war zunächst noch eine geplante. Sie führte mich in den Studiengang „Sozialwissenschaften" an die damals noch ganz junge Universität Bochum. Von diesem integrierten Studiengang mit möglichen Schwerpunktsetzungen in Soziologie, Sozialpsychologie und Politologie versprach ich mir zunächst eine gute Entfaltung meiner schon in Schulzeiten entstandenen persönlichen Interessen. Doch im Studienjahr 1973/74 war die Lage in der „Abteilung" 8 der Universität Bochum durch Lehrveranstaltungsboykotts, Streiks, Dekanatsbesetzungen und Polizeieinsätze gekennzeichnet. Politische Diskussionen fanden, wenn überhaupt, nur noch in einem Klima gegenseitiger Verdächtigungen und Abqualifizierungen statt, die Fachschaft war fest in Händen von Studierenden, die sich Maoisten nannten und die die dauerhafte Verhinderung der Lehrveranstaltung „Sozialwissenschaftliche Methodenlehre I – Einführung in die Statistik" als unverzichtbares Nahziel auf dem Weg zur Diktatur des Proletariats betrachteten. Nach zwei Semestern war mir klar, dass dies kein Klima war, in dem ich mich als Student würde entfalten können.

Einer schon früher entstandenen Liebe zur italienischen Sprache folgend, flüchtete ich mich in die Romanistik, die in Bochum zwar nur einen Gebäudeblock weiter residierte, die mir aber, obwohl durchaus politisiert, im Vergleich zu den Sozialwissenschaften geradezu als ein Ort kontemplativer Gelassenheit erschien. Wesentlich kleinere Lerngruppen und sympathische Lektoren taten ihr übriges, um aus dem angedachten Sozialwissenschaftler einen überzeugten Romanisten mit den beiden Lehramtsfächern Italienisch und Französisch zu machen.

Für meine weitere Laufbahn waren dann weniger die Inhalte des Studiums als vielmehr zwei prägende Erfahrungen außerhalb des Studiums entscheidend, die allerdings zunehmend in dieses hineinwirkten.

Um mein Taschengeld aufzubessern, hatte ich schon ganz zu Beginn meines Studiums angefangen, nebenher an einer privaten Sprachenschule in meiner Heimatstadt Mönchengladbach Kurse in Deutsch als Fremdsprache zu unterrichten – mit wachsender Leidenschaft. Die sprachliche und kulturelle Vielfalt meiner Schülerinnen und Schüler war faszinierend und bereichernd, aber genauso die Aufgabe, meine Muttersprache Nicht-Muttersprachlern transparent zu machen. Mein Interesse an angewandt-linguistischen und fremdsprachendidaktischen Fragestellungen war damit geweckt, noch bevor ich von diesen Disziplinen überhaupt wusste.

Das zweite prägende Erlebnis dieser Zeit war eine einjährige Tätigkeit in einem Übersetzungsbüro in Ancona, Italien, für die ich mein Studium unterbrach, um Praxiserfahrung zu sammeln. Ich hatte damals noch genau die gleiche Fehleinschätzung wie alle Laien: Wer eine Fremdsprache kann, kann auch übersetzen. Spätestens als mir schon in den ersten Wochen, bedingt durch den Urlaub einer fachkundigen Kollegin, eine deutsche DIN-Norm zur Übersetzung ins Italienische auf den Schreibtisch kam, in der ein Testverfahren zur Überprüfung der Entflammbarkeit von Teppichböden beschrieben wurde, war mir klar, dass in der Praxis Sprachkenntnisse alleine keine ausreichende Grundlage für das Übersetzen sind. Auch dann nicht, wenn man glaubt, über ein gutes Fachwörterbuch zu verfügen. Um so größer war meine Bewunderung für die Kollegin, die den Text nach der Rückkehr aus ihrem Urlaub übersetzte, als sei es ein Rezept für *Saltimbocca alla romana*.

Im Laufe meiner einjährigen Tätigkeit in diesem Übersetzungsbüro habe ich viel über die Praxis des Übersetzens gelernt, z. B. über die Notwendigkeit von Fach- und Sachwissen, über die Folgen fehlender Recherche, über die Unverzichtbarkeit eines klaren Übersetzungsauftrags, über die laienhaften Vorstellungen von Kunden hinsichtlich der Schwierigkeit des Übersetzens, über unzuverlässige Wörterbücher, über Zeit- und Leistungsdruck in der Übersetzungspraxis u.v.a. mehr. Aber mir fiel auch auf, dass Praktiker ihre übersetzerischen Entscheidungen oft nur nach Gefühl und Wellenschlag trafen, ohne sie konzeptionell begründen zu können. Dies fand ich oft unbefriedigend. Auch in diesem Fall war es so, dass ich einen Bedarf an wissenschaftlicher Orientierung verspürte, bevor ich von einer eigenständigen Disziplin „Übersetzungswissenschaft" wusste.

Faszination Sprachkontraste

Beide Tätigkeiten, die des Deutsch-als-Fremdsprache-Lehrers und die des Übersetzers, hatten aber einen gemeinsamen Effekt: Sie ließen jene Faszination in mir entstehen, die bis auf den heutigen Tag geblieben ist, nämlich die Faszination hinsichtlich der völlig unterschiedlichen Arten, wie verschiedene Sprachen die außersprachliche Welt strukturieren. Und man muss keineswegs ein Anhänger der sprachlichen Relativitätstheorie sein, um dieser Faszination zu erliegen. Dabei sind es weniger die offensichtlichen und in ihrer Zahl noch eher überschaubaren Unterschiede in der Syntax der Sprachen, sondern es ist eher das schier endlose Meer der Versprachlichungsunterschiede in Lexik, Phraseologie, Pragmatik und Textologie, der permanente Unterschied zwischen dem, was man, vom System der Sprache her gesehen, so oder so sagen könnte, aufgrund der Gebrauchsnorm dann aber doch ganz anders sagt.

Dabei sind die in den Wörterbüchern als Kollokationen oder Phraseologismen erfassten festen Versprachlichungen nur die Spitze des Eisbergs. Zu ihnen kommt noch eine weitaus größere Zahl von weniger offensichtlichen Unterschieden hinzu, die nirgendwo kodifiziert sind. Um sich davon zu überzeugen, reicht schon der Versuch, einen Allerweltstext, z.B. eine Zeitungsmeldung, nur mit dem Inventar an Äquivalenten zu übersetzen, das ein zweisprachiges Wörterbuch unter den jeweiligen Lemmata zur Verfügung stellt.

Jeder Übersetzer weiß, wie schnell die unendliche Vielfalt divergierender Versprachlichungsmuster den Rahmen jedes zweisprachigen Wörterbuchs sprengt. Sie lässt ihn beispielsweise einen Satz wie „Des centaines de personnes ont assisté hier, impuissantes, à la destruction de leurs foyers" mit „Hunderte von Menschen mussten gestern ohnmächtig mit ansehen, wie ihre Häuser zerstört wurden" übersetzen, obwohl kein Wörterbuch eine Wiedergabe von *assister* durch *mit ansehen müssen* vorschlägt.

In meiner Staatsarbeit habe ich versucht, für das Sprachenpaar Deutsch-Italienisch solchen nicht kodifizierten Gebrauchsnormen der beiden Sprachen nachzuspüren. Die Beschäftigung mit dieser Aufgabe führte mich mitten in die Kontrastive Linguistik und in die Übersetzungswissenschaft. Coserius Normbegriff verschaffte mir damals ein wichtiges Aha-Erlebnis auf dem Weg zur wissenschaftlichen Beschreibung solcher Sprachunterschiede. Eine besondere Faszination ging für mich aber verständlicherweise von den Arbeiten der *Stylistique comparée* sowie des multilateralen Sprachvergleichs von Mario Wandruszka aus, lieferten diese Ansätze doch eine große Fülle von konkreten Sprachbelegen für nicht kodifizierte interlinguale Versprachlichungsunterschiede aller Art.

Von der Idee zur Methode

Angesichts dieser Faszination durch Sprachkontraste war es eigentlich selbstverständlich, dass die Dissertation sich auch wieder, diesmal auf einem ernsthafteren wissenschaftlichen Niveau, mit einer kontrastiven Fragestellung beschäftigen sollte. Doch irgendwann einmal in der Phase der Suche nach einem Promotionsthema hatte ich die Idee, das Thema der Sprachkontraste und ihrer Bedeutung für das Übersetzen einmal von der anderen Seite aus anzugehen, sozusagen „von hinten" in den unübersichtlichen Dschungel der Sprachkontraste einzudringen, von ihren Folgen ausgehend statt von ihren Ursachen: Was geht in den Köpfen von Übersetzern vor, wenn sie im Nahkampf mit jener unendlichen Zahl interlingualer Versprachlichungsunterschiede ausgangssprachlich strukturierte Welt in Zielsprache gießen müssen? Was findet man heraus, wenn man die mentalen Prozesse des Übersetzers als den Brennpunkt interlingualer Begegnung analysiert, als den Punkt, in dem die Sprachkontraste sozusagen unter „Einigungszwang" aufeinanderstoßen? Und sofort war auch die Grundidee da, wie man an dieser Begegnung möglichst nahe würde teilhaben können: mit Hilfe des Lauten Denkens. Dieses versprach die unmittelbarsten Einsichten zu der Frage, was in den Köpfen von Übersetzern vorgeht, sozusagen eine Art Live-Übertragung vom Ort des Geschehens.

Und auch hier war es wieder so, dass mir diese Methode zunächst rein intuitiv in den Sinn kam. Erst im Zuge meiner weiteren Recherchen entdeckte ich dann, dass das Laute Denken tatsächlich ein Verfahren war, das bereits um die Jahrhundertwende entwickelt worden war, dann im Zuge des Behaviorismus für lange Zeit in Vergessenheit geriet, gerade aber durch die ‚kognitive Wende‘ in den Geisteswissenschaften eine erstaunliche Renaissance erlebte. Die bahnbrechenden Arbeiten der amerikanischen Kognitionspsychologen K. Anders Ericsson und Herbert A. Simon begründeten das Verfahren systematisch und lieferten auch mir die nötige wissenschaftsmethodische „Rückendeckung“, um es im Rahmen einer Dissertation anzuwenden. Meine Sorge, möglicherweise auf ein Außenseiterverfahren zurückzugreifen, wurde durch die weitere Entwicklung in den Geisteswissenschaften aber mehr als zerstreut: Schon bald wurden das Laute Denken und andere Formen von sog. „verbalen Daten“ zu den am häufigsten praktizierten Methoden zur Untersuchung kognitiver Prozesse in der Psychologie und ihren Nachbardisziplinen.

Bei meinen Recherchen zum Thema stellte ich zu meiner großen Überraschung auch fest, dass es trotz einer mindestens vierstelligen Zahl von Publikationen, die damals bereits zum Thema Übersetzen vorlagen, keine einzige Arbeit gab, die sich in vergleichbarer Form empirisch mit der Beschreibung von mentalen Prozessen beim Übersetzen beschäftigt hatte. Wenn in der damaligen Übersetzungswissenschaft vom „Übersetzungsprozess“ die Rede war, so handelte es sich praktisch immer um theoretische Modellierungen aus linguistischer, semiotischer, kommunikationstheoretischer, text- oder auch literaturwissenschaftlicher Sicht, nie aber um den Versuch, die tatsächlichen mentalen Prozesse bestimmter Übersetzer bei der Übersetzung bestimmter Texte zu beschreiben. Als mir zunehmend klar wurde, dass ich mit meiner Arbeit wissenschaftliches Neuland betrat, war dies natürlich sehr motivierend. Welcher junge Wissenschaftler träumt nicht davon, wenigstens einmal bis an die ‚leading edge‘ der wissenschaftlichen Erkenntnis vorzustoßen, und sei es auch nur in einem Minisegment seiner Disziplin?

Die Umsetzung der Idee war natürlich harte Arbeit. Die Analyse von Protokollen des Lauten Denkens ist aufwändig und entsprechend langwierig. Besonders schwierig ist es, aus der riesigen Fülle von Einzelbeobachtungen durch aufsteigende Abstraktion die zugrundeliegenden Strukturen herauszuarbeiten und so zu verallgemeinerbaren Aussagen oder zumindest Hypothesen zu kommen. Aber gerade das dazu notwendige zigfache Durchgehen der Protokolle unter immer neuen Aspekten lässt beim Analysierenden das Gefühl entstehen, ganz tief in den Kopf des jeweiligen Übersetzers eingedrungen zu sein. Auch heute, rund 20 Jahre später, erinnere ich mich noch lebhaft an jede einzelne Versuchsperson und ihre typischen übersetzerischen Probleme und Strategien.

Von Sportfliegern und telepathischen Übersetzern

Anfang 1986 erschien die Dissertation dann unter dem Titel „Was in den Köpfen von Übersetzern vorgeht. Eine empirische Untersuchung zur Struktur des Übersetzungsprozesses an fortgeschrittenen Französischlernern“. Mit der Beachtung, die das Buch seit seinem Erscheinen gefunden hat, kann ich mehr als zufrieden sein. Eine Frage aber beschäftigte die Fachwelt von Anfang an kritisch: Darf man Übersetzungsprozesse an fortgeschrittenen Lernern untersuchen oder hätte man von vornherein professionelle Übersetzer als Versuchspersonen wählen müssen? Während z. B. Katharina Reiß mir kurz nach dem Erscheinen des Buches in einem persönlichen Brief zu dem „ungeheuren Mut" gratulierte, „sich endlich an die ‚black box' zu wagen", meinte Hans Vermeer, ebenfalls in einem persönlichen Brief, trocken: „Ich kann die Flugfähigkeit eines Sportflugzeuges nicht dadurch testen, dass ich einen flugunerfahrenen Piloten abstürzen lasse". Bei anderer Gelegenheit spitzte er seine Metaphorik noch etwas weiter zu: Man könne kein krankes Gehirn untersuchen, um die Funktionsweise des gesunden zu erklären.

Für mich damals war es eher zweitrangig, ob ich mit Lernern oder Profiübersetzern arbeitete, ging es doch darum, überhaupt erst einmal ein kontrolliertes methodisches Instrumentarium zu entwickeln, um Übersetzungsprozesse systematisch untersuchen zu können, denn ein solches gab es ja nicht einmal im Ansatz. Fortgeschrittene Lerner schienen mir als Versuchspersonen besonders geeignet, weil ich annahm, dass die Schwierigkeiten des Übersetzens hier deutlicher zutage treten und damit auch die von ihnen ausgelösten mentalen Prozesse besser beobachtbar sein würden. Bei Berufsübersetzern fürchtete ich demgegenüber einen deutlich höheren Automatisierungsgrad und entsprechend geringere Aussagekraft der Daten. Systematische Vergleiche zwischen beiden Gruppen waren für mich ein erst für später vorzusehender Schritt.

Die Furcht vor zu wenig aussagekräftigen Daten hat sich übrigens mittlerweile als unbegründet erwiesen. In den Untersuchungen mit professionellen Übersetzern zeigte sich, dass das Übersetzen auch für Profis noch hinreichend schwer ist, um zu ausreichend umfangreichen problemorientierten Verbalisierungen beim Lauten Denken zu führen.

Es zeigte sich aber auch immer wieder, dass das an den Lernern entwickelte Instrumentarium sehr wohl geeignet war, als *tertium comparationis* für Vergleiche mit Übersetzungsprofis zu dienen, ja dass gerade dadurch die in der Tat deutlichen Unterschiede zu den Profis hinsichtlich zahlreicher übersetzungsprozessualer Merkmale besonders klar herausgearbeitet werden können.

Bei verschiedenen Gelegenheiten zeigte sich schließlich auch, dass es keineswegs leicht ist, professionelle Übersetzer als Versuchspersonen für solche Untersuchungen zu gewinnen. Ein Grund dafür ist zweifellos die Angst vor der Entzauberung. Wie alle Profis können auch Übersetzer nicht immer der Versuchung widerstehen, dem Erfolgsrezept ihres Könnens einen guten Schuss nicht weiter analysierbarer Spezialbegabung oder gar eine Prise genialoider Begnadung beizumengen. So schrieb mir ein sehr erfahrener Übersetzer einmal: „Es kommt gelegentlich vor, dass ich Sätze oder Satzteile aus Büchern niederschreiben kann, die ich noch nicht gelesen habe. Meistens fallen mir diese Wortgruppen (sogar mit Seitenzahl) ein, wenn die betreffenden Bücher sich in meiner Nähe befinden. Solche Einfälle führen unter Umständen zur raschen Lösung eines Übersetzungsproblems. Eine rationale Erklärung hierfür kann ich

Ihnen leider nicht bieten". Seit diesem Brief ist mir klar, dass noch erhebliche Forschungsdefizite im Bereich des telepathischen Übersetzens bestehen. Als Forschungsmethode bietet sich hier das Übersetzen durch Handauflegen an. Dass wirklich geniale Übersetzer solche Berührungsängste gegenüber der psycholinguistischen Erforschung ihrer Prozesse nicht haben müssen, zeigt auf der anderen Seite das große Interesse, das Elmar Tophoven, der leider viel zu früh verstorbene deutsche Beckett-Übersetzer, meinen Untersuchungen entgegenbrachte. Es sah in ihnen eine indirekte Begründung für sein Konzept der Übersetzerwerkstatt, wie er sie als Gründer des Europäischen Übersetzerkollegiums in Straelen realisiert hat.

Ein Forschungsfeld und seine Perspektiven

Heute, knapp 20 Jahre nach dem Erscheinen der ersten empirischen Untersuchungen zum Übersetzungsprozess, hat sich so etwas wie eine Übersetzungsprozessforschung als kleines, aber aktives Forschungsgebiet etabliert. Weltweit sind bis heute rund 50 empirische Untersuchungen veröffentlicht worden, zahlreiche unveröffentlichte kleinere Untersuchungen, vor allem in Form von Abschlussarbeiten, kommen hinzu. Zentren der Forschung sind derzeit vor allem die Übersetzerausbildungsinstitute in Savonlinna (Finnland) und an der Copenhagen Business School. Zu zahlreichen Einzelfragestellungen wurden interessante Ergebnisse erzielt. Wir wissen heute sehr viel mehr über typische Prozesse von Lernern, semiprofessionellen und professionellen Übersetzern als vor 20 Jahren und viele dieser Erkenntnisse sind in den Übersetzungsunterricht zumindest derjenigen eingeflossen, die an solchen Untersuchungen beteiligt waren.

Ich selbst habe im Rahmen meiner Habilitationsschrift (Krings 2001) das in den 80er Jahren entwickelte Verfahren weiterentwickelt und auf die Fragestellung angewandt, welche mentalen Prozesse ablaufen, wenn Übersetzer Maschinenübersetzungen nachredigieren müssen, wie groß der damit verbundene kognitive Aufwand ist und welche Konsequenzen sich daraus für die Möglichkeiten und Grenzen eines effizienten Einsatzes von Maschinenübersetzungen in der Übersetzungspraxis ergeben. Methodisch habe ich dabei nicht nur mit Lautem Denken, sondern auch mit retrospektiven Verbalisierungen, Dialogprotokollen und reinen Beobachtungsdaten ohne Verbalisierungsaufgaben gearbeitet. Die verschiedenen Formen verbaler Daten haben sich dabei erneut als sehr aussagekräftig erwiesen. Das gleiche gilt für ihre Anwendung außerhalb der Übersetzungswissenschaft. Im Laufe der Jahre habe ich verbale Daten auf eine Vielzahl von angewandt-linguistischen Fragen angewendet, von der Untersuchung muttersprachlicher und fremdsprachlicher Schreibprozesse bis hin zum Testen von Sprachenlernsoftware. Insbesondere das Laute Denken hat sich dabei immer wieder als besonders geeignet für die Exploration neuer Forschungsgegenstände erwiesen.

Was bis auf den heutigen Tag fehlt, und dies ist eine wichtige Perspektive der Übersetzungsprozessforschung, ist ein groß angelegtes, europäisches oder internationales Projekt mit einer entsprechenden Drittmittelausstattung, das die zahlreichen kleineren Projekte zusammenführt, die Datenbasis der bisherigen Projekte deutlich verbreitert, die vorhandenen Hypothesen überprüft und ergänzt und so zu einer breit angelegten integrativen Theoriebildung über die Psycholinguistik des Übersetzens voranschreitet. Bisher hat sich niemand an eine solche Aufgabe herangewagt. Vielleicht wird sich über kurz oder lang jemand dieser Herausforderung stellen. Eins aber ist sicher: Diese Aufgabe ist geringfügig gegenüber der, auch nur für ein einziges Sprachenpaar die unendliche Vielgestaltigkeit von Sprachunterschieden zu erfassen, die den Anlass allen Übersetzens und damit auch allen Nachdenkens über die mentalen Prozesse beim Übersetzen bilden.

Auswahlbibliographie

Krings, H. P. (1986): *Was in den Köpfen von Übersetzern vorgeht. Eine empirische Untersuchung zur Struktur des Übersetzungsprozesses an fortgeschrittenen Französischlernern*. Tübingen: Narr.

Krings, H.P. (1988): Blick in die black box: Eine Fallstudie zum Übersetzungsprozeß bei Berufsübersetzern. In: Reiner Arntz (Hrsg.): *Textlinguistik und Fachsprache*. Hildesheim: Olms 1988. S. 393-411.

Antos, G. / H. P. Krings (Hrsg.) (1989): *Textproduktion. Ein interdisziplinärer Forschungsüberblick*. Tübingen: Niemeyer 1989.

Krings, H. P. / G. Antos (Hrsg.) (1992): *Textproduktion. Neue Wege der Forschung*. Trier: Wissenschaftlicher Verlag Trier.

Krings, H. P. (1992): Schwarze Spuren auf weißem Grund. Fragen, Methoden und Ergebnisse der Schreibprozeßforschung im Überblick". In: H.P Krings/ G. Antos (Hrsg.): *Textproduktion. Neue Wege der Forschung*. Trier. S. 45-110.

Krings, H. (Hrsg.) (1996): *Wissenschaftliche Grundlagen der Technischen Kommunikation*. Tübingen: Narr.

Krings, H. P. (1996): Wieviel Wissenschaft brauchen Technische Redakteure? Zum Verhältnis von Wissenschaft und Praxis im Bereich der Technischen Dokumentation. In: H.P. Krings (Hrsg.): *Wissenschaftliche Grundlagen der Technischen Kommunikation, S*. 5-128.

Krings, H. P. (2001): *Repairing Texts. Empirical Investigations of Machine Translation Post-Editing Processes*. Kent, Ohio: Kent State University Press.

Sigrid Kupsch-Losereit (Mainz-Germersheim)

Von den Teilen zum Ganzen

Von meinem 16. Lebensjahr an durfte ich regelmäßig als Austauschschülerin nach Frankreich fahren und recht schnell erfasste mich eine durch viel Lektüre genährte Frankophilie. Nach der Rückkehr litt ich monatelang an Fernweh, das mit unterschiedlichen Mitteln geheilt wurde. Meine Mutter servierte für mich allein einen zusätzlichen Essensgang: Käse mit Weißbrot und ein Glas Wein; die Lehrer ließen mich auf Französisch über Reiseeindrücke und meine Lektüre berichten. Für die endgültige Wahl eines geisteswissenschaftlichen Studiums waren also sowohl begeisternde und kompetente Lehrer als auch eine literatur-interessierte Mutter mitbestimmend.

Nach dem Abitur schrieb ich mich in Heidelberg ein für Germanistik und Romanistik, die zwei Fächer, die ich bis zum Staatsexamen und der Promotion beibehielt. Zusätzlich belegte ich Lehrveranstaltungen in Philosophie. Über-wältigend war im ersten Semester die Berührung mit der Germanistik und ich begeisterte mich für die historisch-vergleichende Sprachwissenschaft. Mir machte es Spaß, Gotisch, Alt- und Mittelhochdeutsch zu lernen, konnte ich doch dadurch den faszinierenden Vorlesungen von Peter Wapnewski zu Minnesang und höfischem Roman besser folgen. Nach der Zwischenprüfung studierte ich je ein Semester in Bonn und Caen, wo ich den gesamten Winter mit Lesen in der herrlichen Bibliothek verbrachte. Nach der Rückkehr galt meine Vorliebe der Romanistik, sie stand von jetzt an im Vordergrund. Natürlich pilgerte ich in Heidelberg weiterhin zu Gadamer, um Hermeneutisches, zu Wapnewski, um fasziniert mittelalterliche Dichtung, aber vor allem zu Baldinger, um Semester für Semester Wortgeschichte über die germanisch-romanische Symbiose und zu Köhler, um Literatursoziologisches zu hören.

Große Anziehungskraft übten auf mich die Seminare von Baldinger aus, in denen wir die diversen Ansätze der Semantik behandelten. Von Ferdinand de Saussures Auffassung von der Sprache als Zeichensystem und seinem *Signifiant/ Signifié*-Modell über das Ullmannsche Dreieck landeten wir bei Hegers Trapezmodell und probierten es am konkreten Beispiel von *se souvenir/ (se) rappeler* aus. Erst später kam mir zu Bewusstsein, dass ich die Anfänge einer neuen Semantik miterlebt hatte. Ein immer stärkeres Interesse galt jedoch der Literaturwissenschaft, denn die wurde in den 60er Jahren politisch engagierten Studierenden exemplarisch vorgeführt. Erich Köhlers Vorlesungs-zyklus zur französischen Literatur von den Anfängen bis zum Nouveau Roman sowie seine Seminare führten meisterhaft in die literatursoziologische Text-analyse ein. Das war anregend und spannend, so dass trotz allen Interesses an der Sprachwissenschaft die Neigung zur Literatur größer war und ich 1966 mit einer literarhistorischen Arbeit das Staatsexamen abschloss.

Ein Promotionsstipendium erlaubte die Fortsetzung und Ausarbeitung dieser Arbeit in Paris. So verbrachte ich die meiste Zeit in der Bibliothèque Nationale mit meinem Thema zur Paradiessymbolik im Werk der Symbolisten. Aber ich versuchte, wenn irgend möglich, die Koryphäen des Strukturalismus zu hören: Greimas, Barthes, Lyotard und Foucault. Das Spannungsverhältnis zwischen historisch-vergleichender Sprachwissenschaft und strukturalistischer Zeichenwissenschaft mit ihren Regelsystemen, Systemzwängen und Codes, zwischen Entstehung von (Text)bedeutungen aus geschichtlichem und gesellschaftlichem Wandel und der Preisgabe historischer Fragestellungen, ja der Auflösung des historischen Subjekts, erfuhr ich gerade im Pariser Mai 1968 als Bruch mit den gewohnten theoretischen Orientierungen.

Trotzdem fühlte ich mich nach meiner Rückkehr als Doktorandin bei Köhler und als Hiwi-Mitarbeiterin am altfranzösischen Wörterbuch (DEAF) bei Baldinger gut aufgehoben – zwischen literatursoziologischer Arbeit über den Symbolismus und handfestem lexikographischen Brötchenverdienst. 1969 schloss ich die Promotion ab. Niederschlag fand meine literaturwissenschaftliche Beschäftigung und die Eindrücke der Pariser Zeit noch bis Anfang der 80er Jahre in Artikeln zu Rimbaud, Valéry, Genet und Sartre sowie in vielen Rezensionen zur Literatur seit dem 17. Jahrhundert.

Während der gesamten Studienzeit waren meine Erfahrungen in den Übersetzungsübungen bedeutungs- und belanglos. *Version* und *thème* waren langweilige Pflichtveranstaltungen. Die traditionell sprachlich-kulturell geprägte Ausrichtung der Übungen sah im Übersetzen ein Mittel zur Kontrolle über erworbenes Sprachwissen und beschränkte sich meist auf literarische Texte. Kaum dass die Schriften Mounins oder die *stylistique comparée* erwähnt wurden. Textarten mit ausgeprägten außersprachlichen Komponenten, z.B. Fachtexte, kamen nicht vor, so dass metareflexive Kompetenz ausreichte, um das erste Staatsexamen abzulegen. Auch während meiner Referendarzeit an einem Mannheimer Gymnasium (1969-70) dienten die Übersetzungen dem Spracherwerb der Schüler und waren ein wichtiges – wenn nicht das wichtigste – Instrument zu Sprachlernzwecken.

Die erste Übersetzung, ein Essay Valérys, fertigte ich noch als Doktorandin für den Philosophen Professor Löwith an. Sie entstand nach traditionell vorgegebenem Muster, das Übersetzen unabhängig vom spezifischen Text, dem Adressaten und der vorgegebenen außersprachlichen Situation rein linguistisch als satzsemantische Operation beschreibt, die den Erhalt der Invarianz fordert, bzw. der literarischen Tradition westlicher Kulturen treu, in denen ein literarischer Text formal und inhaltlich in die Ausgangskultur eingebettet bleibt. Auch für einen von Historikern herausgegebenen Sammelband von Reden vor dem Pariser Konvent (1792) übersetzte ich, sprachhistorischer Analyse folgend, brav nach demselben Schema.

Während meiner zweijährigen Lektorentätigkeit in Reims (1970-72) stand die Übersetzung historischer und zeitgenössischer aktueller Zeitungstexte auf dem Programm. Dabei entwickelte ich allmählich das Bewusstsein für die einzigartige ausgangs- und zielsprachliche Kommunikationssituation und damit ein vages Bewusstsein vom Übersetzen zu Kommunikationszwecken. Die mir vertrauten Gebiete der Sprachgeschichte, der strukturalistischen Semantik, der klassischen Literaturwissenschaft und der Hermeneutik reichten nicht aus, um die subtilen Wortgebrauchsfehler der französischen Studierenden zu beschreiben, zu analysieren oder gar zu klassifizieren. Als ich dann im Herbst 1972 in Germersheim meine Tätigkeit aufnahm, also als klassisch ausgebildete Philologin an einem Fachbereich Angewandte Sprachwissenschaft unterrichtete, war die Unkenntnis von Gegenstand und Inhalt der Lehre recht groß. Das erfuhr ich spätestens nach meiner ersten Übersetzungsübung. Ich startete vor großem Publikum sogleich mit einem schwierigen literarischen Text; in der Woche danach war der Hörsaal fast leer. Offenbar hatte ich die informationsorientierten Kompetenzen der Studierenden nicht angesprochen und der institutionellen Aufgabe der fachlichen Ausbildung von zukünftigen Translatoren nicht genügend Rechnung getragen.

Daraufhin las ich mich in die Fachliteratur ein: zunächst in Searles Sprechakttheorie, danach in Wandruszkas kontrastive Linguistik und in die Schriften der Leipziger Schule (Kade, Jäger, Neubert), die methodisch der *stylistique comparée* verpflichtet ist mit den für die Benennung des Übersetzungsvorgangs gebrauchten Termini: interlingualer Transfer, Um- bzw. Neukodierung, oder Termini wie Substitution, Transposition und Modulation, Neukodierung. Es folgte die Lektüre der Schriften von Wolfram Wilss, der die Kommunikationssituation und den Adressatenbezug als übersetzungsbeachtliche Faktoren einführte. Aber die Übersetzungseinheit blieb immer noch auf ein satzinhaltliches Textsegment beschränkt, wobei translatorische Strategien kontrastlinguistisch beschreibbar sind.

Während ich noch meine theoretische Orientierung langsam erweiterte in Richtung Textlinguistik und Pragmatik, welche die Beziehung von Sprache und sprachlichem Subjekt unter Verwendungsaspekten betrachtet, drückte mir ein Kollege ein kleines rotes Büchlein in die Hand und meinte väterlich-mitleidsvoll: nach der Lektüre werden Sie wenigstens verstehen, was Übersetzen und Übersetzungswissenschaft ist, und vor allem, dass es etwas Anderes ist als das, was Sie gelernt haben. Das saß! Ich begann also am selben Abend mit dem Lesen von Katharina Reiß: *Möglichkeiten und Grenzen der Übersetzungskritik* in der Erstauflage von 1971. Erst einmal nichts Neues, denn Bühlers Organonmodell und Jakobsons Kommunikationsmodell kannte ich aus den Oberseminaren von Baldinger. Dann gelangte ich zu den "außersprachlichen Determinanten" und ihrer Bedeutung für das Übersetzen, das war eine "révélation", fast ein pragmatischer Schock. Katharina Reiß hat mit ihrer Texttypologie und den Textsorten ein funktionales Modell des Übersetzens aufgestellt, das als Rahmen für übersetzerische Entscheidungen auf allen Sprachebenen dienen kann. Allerdings lautete die übersetzerische Maxime für K. Reiß immer noch, dass die dominierende Textfunktion des Ausgangstextes (AT) erhalten bleiben soll. Jahrelang gab es kein übersetzungswissenschaftliches Proseminar, für das dieses

Buch nicht Grundlage und verpflichtende Lektüre wurde. Fast gleichzeitig ergaben sich aus Besuchen der Vorlesungen von Hans Vermeer sowie der Lektüre seiner Schriften und daraus erwachsender, oft heftiger Diskussionen eine immer intensivere Beschäftigung mit den übersetzungsrelevanten Kommunikationsfaktoren. Dabei rückte der Übersetzungszweck und der Zieltext, die Interaktion zwischen Übersetzer und Auftraggeber, der intendierte oder potentielle Leserkreis der Übersetzung, die Kommunikationssituation mit ihrem gesamten soziokulturellen Bezugsrahmen in den Vordergrund. Aus der Vielfalt der Ansätze und Aspekte kristallisierte sich allmählich eine integrale Theorie der Translation heraus, die auf dem Zusammenwirken von Handlungs-, Kultur- und Zeichentheorie basiert und Übersetzen als Prozess, als organisierte Abfolge von objektivierbaren Entscheidungen versteht. Diese neue Translationswissenschaft unternahm den Versuch, die Zweck-, Kultur-, Situations- und Textgebundenheit jeglicher sprachlichen Äußerung nachzuweisen und sie in dieser Abfolge auch als Steuerungsfaktoren für alle übersetzerischen Entscheidungen fest zu schreiben. Ich hatte den – damals allerdings noch diffusen – Eindruck, die Geburtsstunde einer neuen Disziplin mit zu erleben und fand die neue Skopostheorie recht aufregend.

Aber im eigenen Haus gab es erbitterte Auseinandersetzungen zwischen den Befürwortern der Skopos-Theorie und den strikten Ablehnern. Die heftigen Kontroversen wurden in Kolloquien und selbst am Stammtisch weiter ausgetragen. Dem besonnenen Naturell von Paul Kussmaul ist es zu verdanken, dass die Wortgefechte nicht eskalierten und nur in der abwertenden Bemerkung "Ihr ignoranten Funktionalisten" gipfelten. Von da an übernahmen wir die Bezeichnung *Germersheimer Funktionalisten* für uns als Ehrentitel.

Am ergiebigsten waren für mich damals die Diskussionen mit den Germersheimer Freunden Hans Hönig, dem streitbaren Rainer Kohlmayer und dem unermüdlich zu kreativem Übersetzen ermutigenden Paul Kussmaul sowie viele Gespräche mit Christiane Nord, Jörn Albrecht, finnischen und österreichischen Kollegen. Weitere Anregungen kamen aus Vortrags- und Forschungsreisen, den EST-Kongressen, den Aufenthalten an ausländischen Universitäten im Rahmen von Erasmus/ Sokrates (Antwerpen, Bordeaux, Brüssel, Paris, Prag). Folgerichtig behandelten meine damaligen Publikationen Themen wie: übersetzungsrelevante Textanalyse, hermeneutische Verstehensprozesse beim Übersetzen, Textsortenkonventionen und deren kultur- und sprachspezifische Vertextungsnormen, die Relevanz von kommunikationstheoretischen Modellen für Übersetzungstheorie und übersetzerische Praxis.

Die kognitive Wende in den 90er Jahren des letzten Jahrhunderts, auch Dekade des Gehirns genannt, weckte in mir starkes Interesse für kognitive Prozesse und Strukturen. Durch hermeneutische Fragestellungen sensibilisiert, interessierten mich Verstehensprozesse, aber jetzt als Resultat kognitiver Vorgänge, die Sprach-, Welt- und Handlungswissen neuronal vernetzen. Dazu kamen neuere empirische Untersuchungen über die mentale Repräsentation von sprachlichen Inhalten. Kognitive Modelle beziehen den Sprachbenutzer, der die jeweils aktuelle Beziehung zwischen Sprache, konzeptuellem Weltwissen und konkreter Situation herstellt, in die Theoriebildung mit ein. Wortbedeutungen ergeben sich in diesen Modellen aus wahrgenommenen, anschaulichen, proto-typischen Details und Szenen, die als kognitive Einheiten gesehen werden. Sie erfassen dieses Wissen in geordneten Zusammenhängen – *scenes* und *frames* – sprach- und kulturspezifisch (vgl. die entsprechenden Artikel in Snell-Hornby, Mary et al. (Hg.) (²1999): *Handbuch Translation*. Tübingen: Stauffenburg). In meinen Publikationen lieferten seitdem kognitive Semantik, psycholinguistische und neurologische Forschung die unverzichtbare Grundlage, um kognitive Pro-zesse des Translators (z. B. Inferenzen) nachzuweisen und Übersetzen als trans-kulturellen Verstehens- und Produktionsvorgang darzustellen. Dabei interessiert mich neben allgemeinen Problemen der Interkulturalität insbesondere, welchen Anteil die kulturelle Kompetenz des Translators und dessen prognostische Annahmen hinsichtlich des Zieltextempfängers auf seine übersetzerischen Strategien und Entscheidungen haben (vgl. meine Publikationen seit 1990, die im Volltext abrufbar sind: http://www.fask.uni-mainz.de/user/kupsch/publ).

Ein wichtiger Impuls von ganz anderer Art, der aktueller denn je und in einer rasanten Entwicklung begriffen ist, war Anfang der 80er Jahre die Com-putertechnik. Automatische Datenspeicherung ermöglichte die Anlage von ter-minologischen und bibliographischen Datenbanken sowie von Textkorpora, die Paralleltextvergleiche ermöglichen. Der Begeisterung meines damaligen Ger-mersheimer Kollegen Peter A. Schmitt für diese neue Technik, die endlich eine wissenschaftlich fundierte und dokumentierte Terminologiearbeit ermöglichte, konnte man kaum widerstehen; Diskussionen über daraus erwachsende neue Kriterien zur Steuerung, besseren Qualitätssicherung und Evaluierung von Fachübersetzungen nahmen viel Zeit in Anspruch, die wir mit exzessivem Schokoladenessen durchhielten. Seit 1992, als ich zur Leiterin der Fachgruppe Fachübersetzen ernannt wurde, beschäftige ich mich verstärkt mit computer-gestütztem Übersetzen und den unverzichtbaren elektronischen Arbeitsmitteln. Der Einsatz sowie die Integration elektronischer Medien und sprachtechnologi-scher Hilfsmittel in den fachsprachlichen Übersetzungsunterricht ist unverzicht-bar und bereits Routine (Systeme zur Textverarbeitung und graphischen Gestal-tung sowie zur Terminologieverwaltung und –recherche, rechnergestützte Terminologiearbeit, Erstellung und Verwaltung eigener Glossare, Umgang mit terminologischen, bibliographischen sowie textuellen Datenbanken für Re-cherche und Dokumentation, Anwendung integrierter Übersetzungssysteme). So fand in den letzten Jahren auch meine Beschäftigung mit computergestütztem Übersetzen und mit Software-Lokalisierung ihren Niederschlag in Veröffent-lichungen.

Übersetzungswissenschaftler haben in den letzten Jahren eine Wende in der wissenschaftstheoretischen Fundierung ihrer Disziplin vollzogen. Abge-sehen von translationsrelevanten elektronischen Mitteln werden die Ergebnisse der kognitiven Semantik und der Kreativitätsforschung, die Erkenntnisse aus Gehirnforschung, Psychologie und Psycholinguistik sowie die Theorien des sprachlichen Handelns und der interkulturellen Kommunikation auf die komplexe Realität des Übersetzens und insbesondere auf die Modellierung des Übersetzungsprozesses bezogen. So stellt sich der Prozess der Ausdifferenzierung des Fachs Translationswissenschaft für mich persönlich dar als Weg von den Teilen zu einem noch weiter zu erkundenden und zu vermessenden Ganzen.

Auswahlbibliographie

Scheint eine schöne Sonne? oder: Was ist ein Übersetzungsfehler? In: *Lebende Sprachen* 31, Heft 1, (1986), 12-16.

Die Relevanz von kommunikationstheoretischen Modellen für Übersetzungstheorie und übersetzerische Praxis. In: *TextConText* 6 (1991), 77-100.

Die Übersetzung als Produkt hermeneutischer Verstehensprozesse. In: Mary Snell-Hornby/ Franz Pöchhacker/ Klaus Kaindl (Hg.): *Translation Studies. An Interdiscipline*. Amsterdam/ Philadelphia 1994, 45-54.

Kognitive Verstehensprozesse beim Übersetzen. In: Angelika Lauer/ Heidrun Gerzymisch-Arbogast et al. (Hg.): *Übersetzungswissenschaft im Umbruch. Festschrift für Wolfram Wilss zum 70. Geburtstag*. Tübingen: Narr 1996, 217-228.

Übersetzen als transkultureller Verstehens- und Produktionsprozeß. In: Mary Snell-Hornby/ Zuzana Jettmarová/ Klaus Kaindl (Hg.): *Translation as Intercultural Communication. Selected papers from the EST Congress – Prague 1995*. Amsterdam: Benjamins 1997, 249-260.

Computerunterstütztes Lehren von Übersetzen. In: *Jahrbuch Deutsch als Fremdsprache. Intercultural German Studies*. München: Iudicium 24 (1998), 235-250.

Kognitive Prozesse, übersetzerische Strategien und Entscheidungen. In: Alberto Gil/ Johann Haller/ Erich Steiner/ Heidrun Gerzymisch-Arbogast (Hg.): *Modelle der Translation. Grundlagen für Methodik, Bewertung, Computermodellierung*. Frankfurt: Lang 1999, 157-176.

Die kulturelle Kompetenz des Translators. In: *Lebende Sprachen* 47, Heft 3, (2002), 97-101.

Paul Kußmaul (Mainz-Germersheim)

Entwicklung miterlebt

Wie vermutlich die meisten meiner Generation studierte ich nicht Übersetzungswissenschaft, ja nicht einmal Sprachwissenschaft, sondern Philologie – Anglistik und Germanistik.

Übersetzungswissenschaft existierte während meiner Studienzeit (1959-1965 in Tübingen, Newcastle on Tyne und München) praktisch noch nicht, und in die Übersetzungskurse der Philologiestudiengänge hätte sie ohnehin keinen Einzug gehalten. Dies ist ja bis heute noch kaum geschehen.

Was Sprachwissenschaft betrifft, hatte man natürlich auch als Philologe schon davon gehört, dass es neben der historischen Laut- und Formenlehre, die ja für Philologen Pflicht war, so etwas wie Moderne Linguistik gab. In Tübingen war diese Wissenschaft in der Tat durch bekannte Namen vertreten: in der Anglistik durch Hans Marchand und in der Romanistik durch Eugenio Coseriu und Mario Wandruszka. Als Student der Literaturwissenschaft erschien mir jedoch die Linguistik zu abstrakt, ja skurril. Marchands Begriff „Nullmorphem" z.B. erregte bei mir und meinen Kommilitonen eher Heiterkeit als Verständnis. Wenige Jahre später dann sollte sich die allgemeine Einstellung zur Linguistik ändern. Ab 1968 erhoffte man sich von ihr neue gesellschaftliche Impulse.

Wenn ich heute zurückblicke, kann ich sagen, dass ich miterlebte, wie die moderne Linguistik in Deutschland immer mehr Fuß fasste, und für die Übersetzungswissenschaft gilt dies in noch stärkerem Maße. Ich will versuchen, dies im Folgenden deutlich zu machen.

Als ich 1969-1971 meine Dissertation über *Bertolt Brecht und das englische Drama der Renaissance* in Bristol in England schrieb, fragte ich mich gelegentlich, was eigentlich der Sinn und die Relevanz literaturwissenschaftlicher Forschung sei. Die Antwort meines Betreuers Barry Nisbet, ich würde doch die Wissenschaft ein Stück weiter voran bringen, war zwar vom akademischen Standpunkt aus durchaus schlüssig, konnte mich aber nicht so ganz befriedigen. Was ich vermisste, war die lebenspraktische Relevanz. Die 68er Studenten auf dem Kontinent hätten sicher eine andere Antwort gewusst, aber ich war ja in England, und die Ereignisse der Studentenrevolution schwappten kaum auf die Insel über.

Eines Tages gab mir mein englischer Freund Rodney Sampson (inzwischen ein Spezialist für romanische Phonologie) ein Buch von R. H. Robins mit dem Titel *General Linguistics – An Introductory Survey* zu lesen und sagte: „Du wirst bei der Lektüre vermutlich zunächst einmal denken: Hier werden die natürlichsten Dinge der Welt auf unnötig komplizierte Weise erklärt. Davon darfst du dich nicht beirren lassen. Du musst einfach weiterlesen."

Ich habe weitergelesen und begann, mich für Linguistik zu interessieren, war mehr und mehr fasziniert von ihren Methoden und entdeckte, dass sie einen praktischen Nutzen hat.

Als ich im Jahr 1971 in Germersheim am damaligen *Auslands- und Dolmetscherinstitut der Universität Mainz* zu unterrichten begann, war die Übersetzungswissenschaft in den allerersten Anfängen. Es gab, wie ich damals erfuhr, seit einigen Jahren in Leipzig Albrecht Neubert, Otto Kade und Gert Jäger (die sogenannte Leipziger Schule), und in Heidelberg gab es Katharina Reiß, deren Buch *Möglichkeiten und Grenzen der Übersetzungskritik* in jenem Jahr erschienen war. Es gab ferner Eugene A. Nida in den USA und Georges Mounin in Frankreich.

Ich las, was ich an übersetzungswissenschaftlicher Literatur finden konnte – damals war sie noch überschaubar. Was die Linguistik betraf, konnte ich, da ich sie mir ja selbst erarbeitete, auswählen, was mir gefiel und wovon ich mir eine Anwendungsmöglichkeit versprach. Mit der Generativen Grammatik, die damals die gefeierte Theorie war, konnte ich mich nicht anfreunden, denn sowohl für den Fremdsprachenunterricht als auch für das Übersetzen erschien sie mir allzu systemorientiert.

Anders war es mit der Sprechakttheorie. In fast allen Englischbüchern wurden in jenen Jahren ihre Erkenntnisse umgesetzt. Von der Sprechakttheorie war ich in der Tat so begeistert, dass ich 1980 eine Sammlung von Aufsätzen ihrer bekannten Vertreter, die ich übersetzt hatte, herausgab mit dem Titel *Sprechakttheorie. Ein Reader.* Eine Umsetzbarkeit versprach ich mir ferner auch von der deskriptiven Stilistik, der Soziolinguistik und der Semantik. Der neue Name für das Germersheimer Institut, nämlich *Fachbereich Angewandte Sprachwissenschaft*, passte sehr gut zu meinen Interessen.

Bleibende Eindrücke aus jener Zeit waren für mich die linguistischen Kolloquien, die René Dirven an der Universität Trier veranstaltete, wo ich die großen Meister meiner Interessengebiete, z.B. John Searle, dessen Aufsätze in meinem *Reader* erschienen, William Labov und David Crystal persönlich kennen lernen konnte.

Als ich in den 70er Jahren am *Survey of English Usage* am damaligen *University College of London* Material für Illokutionsindikatoren von Sprechakten sammelte, sagte Randolph Quirk, der damalige Leiter des *Survey* und spätere *Vice-Chancellor* der *University of London*, bei dem man nie so recht wusste, ob er etwas ironisch meinte oder nicht: „So you have gone all communicative." In der Tat, ich hatte „die kommunikative Wende" in der Linguistik von ganzem Herzen mitgemacht, oder besser gesagt, ich musste sie gar nicht mitmachen, weil ich von Anfang an in diese Richtung gegangen war.

Das Übersetzen linguistisch zu reflektieren bedeutete für mich am Anfang, Übersetzungsprobleme den linguistischen Beschreibungsebenen zuzuordnen. Dies hatte zur Folge, dass ich die Probleme zunächst einmal isoliert voneinander betrachtete, was zu jener Zeit ja eine generell praktizierte Methode war. Man suchte die Äquivalenz bzw. Invarianz – ein Schlagwort der Leipziger

Schule – auf allen Ebenen und war ausschließlich am Ausgangstext orientiert. Die Texttypologie von Katharina Reiß brachte mich sehr bald einen Schritt weiter. Sie lieferte einen Rahmen, um die Entscheidungen auf den einzelnen Ebenen in den größeren Zusammenhang der Textfunktion zu bringen, sie änderte jedoch nichts am Primat des Ausgangstexts.

In diese Zeit fielen zwei von Wolfram Wilss – dem großen Nestor der Übersetzungswissenschaft in Deutschland – organisierte Kolloquien in Saarbrücken, von denen mir eines im Jahr 1973 noch in lebhafter Erinnerung ist, denn der Gastredner war der große Eugene A. Nida. Er war nicht nur ein damals schon berühmter Spezialist für Bibelübersetzung, sondern war, wie ich in Saarbrücken erlebte, auch ein faszinierender Redner. Er hielt, wie eine Kollegin bemerkte, seine Vorträge geradezu, als seien sie Predigten. Ich war gleichermaßen beeindruckt von seinem Engagement und seiner soliden Fundierung durch die strukturelle Semantik. Seine Grundbegriffe „formale" und „dynamische Äquivalenz" füllten bei mir eine Lücke, die ich – zunächst noch unklar – empfunden hatte, denn mit diesen Begriffen erschien mir die Möglichkeit gegeben, die Bedingungen der Zielkultur in die übersetzerische Reflexion einzubeziehen.

Der Gedanke, dass man der Zielkultur ein stärkeres Gewicht verleihen müsse, lag damals, zumindest in Germersheim, bei mir und einigen meiner Kollegen und Kolleginnen in der Luft. Er artikulierte sich in einer Vorlesung, die, wenn ich mich recht erinnere, im Sommersemester 1977 stattfand. Hans Josef Vermeer las über Translationstheorie, und ich nahm daran zusammen mit Sigrid Kupsch-Losereit und Hans Hönig teil. Die Vorlesung begann zunächst in traditioneller Manier: Vermeer trug vor und die Studenten und wir hörten zu. Doch schon bald entwickelte sich eine lebhafte Diskussion zwischen uns dreien und Vermeer, die oft die ganze Vorlesungszeit einnahm, so dass ich mich fragte, was Vermeer wohl mit seinem Vorlesungsskript machen werde. Ich fand diesen Vorlesungsstil ungemein anregend. Was die Studenten dazu sagten und wie viele von ihnen bis zum Schluss durchhielten, weiß ich nicht mehr. Wie viel Vermeer von seinem Manuskript in die Vorlesung einbringen konnte, ließ sich auch nicht feststellen, aber die Vorlesung hatte, das darf man wohl sagen, ein für die Übersetzungswissenschaft äußerst wichtiges Resultat. Im Jahr 1978 erschien in den *Lebenden Sprachen* ein Aufsatz von Vermeer mit dem Titel „Ein Rahmen für eine allgemeine Translationstheorie". Dieser Aufsatz war der Grundstein für die Skopostheorie.

Eine Kernthese des Aufsatzes bestand darin, dass Ziel und Zweck einer Übersetzung von den Bedürfnissen und Erwartungen des Lesers in seiner Kultur bestimmt wird. Vermeer nannte dies „Skopos", und die sogenannte „Treue gegenüber dem Original", also die Äquivalenz, war diesem Skopos untergeordnet. Wir empfanden dies als Befreiungsschlag, so als sei die Übersetzungstheorie endlich vom Kopf auf die Füße gestellt worden. (Manche meinten damals freilich, das Umgekehrte sei geschehen.) Als Hans Hönig und ich unser Buch *Strategie der Übersetzung* schrieben, das 1982 erschien, waren Vermeers Ideen für uns eine ganz wichtige Grundlage. Der Begriff „Skopos" hatte sich damals allerdings noch nicht allgemein als Kernbegriff herausgebildet. Wir benützten für unsere Vorstellung von Kommunikation mittels Übersetzen die Begriffe „Funktionskonstanz" und „Funktionsveränderung".

Bei einem Kolloquium im Jahr 1983 in Saarbrücken sprach dann Vermeer von den „Germersheimer Funktionalisten". Sigrid Kupsch, Hans Hönig und ich waren die ersten, die mit diesem Etikett versehen wurden, und wir freuten uns über diese Etikettierung. Inzwischen sind zum Kreis der Germersheimer Funktionalisten noch weitere Kollegen und Kolleginnen hinzugekommen, was natürlich nicht heißt, dass die Mehrheit der Germersheimer Kollegen Funktionalisten sind; daneben gibt es nach wie vor Verfechter des Äquivalenzprinzips.

Ich war also „Funktionalist", und ich versuchte dem Namen gerecht zu werden. Ab Mitte der 80er Jahre hatte ich Gelegenheit, bei DAAD-Kurzzeitdozenturen in vielen Ländern das „Evangelium vom rechten Übersetzen zu verkünden", wie es mein Kollege Karl-Heinz Stoll einmal humorvoll formulierte.

Vermeer soll auf einer seiner Vortragsreisen einmal gefragt worden sein, warum er der Linguistik, z.B. der Semantik, in seinen Arbeiten keinen größeren Raum gebe. Er soll darauf geantwortet haben: „Warum müssen wir noch zu Fuß gehen, wenn wir fliegen können?" Dies war zweifellos eine pointierte Formulierung, aber für die Praxis des Übersetzungsunterrichts erschien sie mir damals und erscheint sie mir auch heute noch unbefriedigend. Da gilt eher die Metapher von „den Mühen der Ebenen". Die häufigste Fehlerart, dies ist meine Erfahrung, sind Semantikfehler und sie führen zu den schwerwiegendsten Sinnveränderungen. Für mich bedeutete dies, dass ich meine Aufgabe ab Ende der 80er Jahre mehr und mehr darin sah, in diesem Punkt im Rahmen des Skopos Detailarbeit zu leisten.

Die „Maxime vom notwendigen Differenzierungsgrad", die Hans Hönig und ich in der *Strategie der Übersetzung* aufgestellt hatten, wandte ich auf Semantikprobleme an. Dabei wurde mir immer deutlicher, dass eine strukturelle Semantik, die ich, beeinflusst von Nida, zunächst begierig aufgenommen hatte, als Erklärungsmodell nicht ausreichte. Was wir als Übersetzungsdidaktiker brauchten, war eine Semantik, die Verstehensprozesse, also den Übersetzer als Person, integrierte. Dies tat die Prototypensemantik und das *Scenes-and-frames*-Modell von Charles Fillmore. Seit etwa zehn Jahren verwende ich diese Modelle, um Übersetzungsprozesse von Studenten und professionellen Übersetzern, festgehalten auf Tonkassetten, zu analysieren. Mehrere Kapitel in meinem Buch *Training the Translator* befassen sich mit diesen Fragen.

In diesem Zusammenhang stieß ich auf ein Thema, das zwar in der Übersetzungswissenschaft als zugkräftiges Schlagwort immer wieder genannt wurde, aber noch nicht genau untersucht worden war. Ich meine die Kreativität beim Übersetzen. Sie ist seither zu meinem zentralen Interessengebiet geworden. Ich benütze zu ihrer Erforschung einen interdisziplinären Ansatz: Die Kreativitätsforschung und die Kognitionslinguistik. Die Ergebnisse sind in meinem Buch *Kreatives Übersetzen* festgehalten.

Ich habe von meiner Beschäftigung mit der Übersetzungswissenschaft gesprochen. Diese geschieht nicht im stillen Kämmerlein. Dazu gehört der Austausch mit Kolleginnen und Kollegen, und er findet unter anderem bei Konferenzen statt. In diesem Zusammenhang möchte ich die Wiener Translationsgipfel erwähnen, die Mary Snell-Hornby ab 1989 veranstaltete und bei denen sich z.B. zeigte, dass die Skopostheorie und vergleichbare funktionale Ansätze auch in Finnland (Tampere und Turku) auf fruchtbaren Boden gefallen waren – bei Mary Snell-Hornby ohnehin. Diese Kolloquien waren, wie ich rückblickend feststellen kann, eine gute Gelegenheit, neue Ideen zu vorzustellen und zu diskutieren. Unvergesslich sind mir Justa Holz-Mänttäris Präsentationen ihrer Handlungstheorie des Übersetzens, die eine starke Affinität zu Vermeers Skopostheorie hatten, ferner die Vorträge der Wiener Kolleginnen und Kollegen zu gehirnphysiologischen Vorgängen beim Dolmetschen, zum multimedialen Übersetzen und zur Didaktik des Übersetzens. Eine Entwicklung wurde von Mary Snell-Hornby sehr stark propagiert – die Interdisziplinarität der Translationswissenschaft. Wir sahen darin in jenen Jahren die Möglichkeit, uns von der beengenden Ankoppelung an die Linguistik zu lösen. Auch wissenschaftspolitisch, so dachten wir, konnte dies in eine neue Richtung führen: weg von der Unterordnung unter die Philologischen Fakultäten (z.B. in Heidelberg und Saarbrücken) und hin zu selbständigen Fachbereichen oder Instituten. Leider haben sich diese Erwartungen nicht immer erfüllt.

Dass Konferenzen nicht nur wegen der wissenschaftlichen Vorträge, die dort gehalten werden, sondern auch wegen der Geselligkeit beliebt sind, wissen wir alle schon lange und dürfen wir seit David Lodges Roman *Small World* auch zugeben. Das Besondere an den Wiener Translationsgipfeln lag aber darin, dass die Geselligkeit wieder wissenschaftliche Ideen gebar. Im Jugendstilhotel „Cottage" saßen wir oft noch lange beim letzten Frühstück zusammen, und eine Idee schälte sich immer deutlicher heraus: Die Übersetzungswissenschaft als relativ neue Disziplin müsste eigentlich bekannter werden, als sie es bisher war. Bei einer Konferenz zum 50. Jubiläum des Wiener Instituts für Übersetzer- und Dolmetscherausbildung im Jahr 1992 wurden alle Teilnehmer, die es wollten, zu Mitgliedern der „European Society for Translation Studies" (EST) ernannt. Ich wurde damals in den Gründungsvorstand gewählt, und wir versuchten, Übersetzungswissenschaftlern in Europa Gelegenheit zum Ideenaustausch zu geben und unsere Wissenschaft durch Kongresse zu fördern und bekannt zu machen. Inzwischen hat sich der Vorstand laufend verändert und verjüngt, und die inzwischen sehr facettenreiche Übersetzungswissenschaft hat sich mehr und mehr etabliert, was nicht zuletzt das Verdienst der EST und ihrer Mitglieder ist. Dass eine Wissenschaft Fuß gefasst hat, zeigt sich auch darin, dass Handbücher entstehen. Eines ist 1998 erschienen: das *Handbuch Translation* hrsg. von Mary Snell-Hornby, Hans G. Hönig, Paul Kußmaul und Peter A. Schmitt.

Mehr als drei Jahrzehnte habe ich die Übersetzungswissenschaft nun auf ihrem Weg begleitet. Ich habe mich von ihr leiten lassen und vielleicht auch etwas dabei geholfen, sie in bestimmte Richtungen zu lenken. Ich hoffe, beides noch weiter tun zu können.

Publikationen

Kußmaul, Paul (Hg.): *Sprechakttheorie. Ein Reader.* Wiesbaden: Athenaion 1980.

Hönig, Hans G./ Paul Kußmaul: *Strategie der Übersetzung. Ein Lehr- und Arbeitsbuch.* Tübingen: Narr 1982 (5. Aufl. 1999).

Kussmaul, Paul: Übersetzen als Entscheidungsprozess. Die Rolle der Fehleranalyse in der Übersetzungsdidaktik. In: Mary Snell-Hornby (Hg.): *Übersetzungswissenschaft. Eine Neuorientierung.* Tübingen: Francke 1986, 206-229.

Kussmaul, Paul: Semantic models and translating. In: *Target* 6:1 (1994), 1-14.

Kußmaul, Paul: *Training the Translator.* Amsterdam: John Benjamins 1995.

Kußmaul, Paul: Text-type conventions and translating. In: Anna Trosborg (Hg.): *Text typology and Translation.* Amsterdam: John Benjamins 1997, 67-83.

Kußmaul, Paul: Die Erforschung von Übersetzungsprozessen: Resultate und Desiderate. In: *Lebende Sprachen* 43, Heft 2, (1998), 49-53.

Snell-Hornby, Mary/ Hans Hönig/ Paul Kußmaul/ Peter A. Schmitt (Hg.): *Handbuch Translation.* Tübingen: Stauffenburg 1998, ²1999.

Kußmaul, Paul: *Kreatives Übersetzen.* Tübingen: Stauffenburg 2000.

Kussmaul, Paul: A cognitive framework for looking at creative mental processes. In: Maeve Olohan (Hg.): *Intercultural Faultlines. Research Models in Translation Studies I. Textual and Cognitive Aspects.* Manchester: St. Jerome 2000, 57-72.

Wladimir Kutz (Leipzig)

Vom „Gelben Meer" an die „blaue" Pleiße: Ein Weg zur Dolmetschwissenschaft

Herkunft

Durch die nach dem 2. Weltkrieg entstandenen Wirrnisse wurde ich 1947 in China geboren. Meine sprachliche und kulturelle Sozialisation erfolgte, trotz der ukrainisch-deutschen Abstammung, auf Russisch. Seit meinem 7. Lebensjahr lebte die Familie im abgeschiedenen, waldreichen fernöstlichen Teil der Sowjetunion. Das dortige kontinentale Klima weist einen subtropischen Einschlag auf: Von wildem Wein umrankte Tannen sind dort keine Seltenheit, im Frühjahr und Herbst wird der küstennahe Landstreifen von verheerenden Taifunen heimgesucht. Unvergesslich sind die bis zu 10 Tagen dauernden Reisen im Zug und Auto durch die eindrucksvollen Landschaften: der Amur, dessen gegenüberliegendes Ufer nur mit Mühe zu erkennen war, der „heilige Baikalsee" mit seinem kristallklaren Wasser, die endlosen Fichten-, Lärchen- und Tannenwälder. Ebenso die Menschen, denen man begegnete: Die dort an-sässigen Chinesen wurden gerade damals, Anfang der 50er Jahre, nach China umgesiedelt (zurück blieben nur ihre niedrigen Behausungen), ganze Dörfer in der Taiga sprachen noch Ukrainisch. Es waren Nachkommen der während der „Kollektivierung" der Landwirtschaft in den 30er Jahren verbannten „reichen" ukrainischen Bauern (es genügte, ein paar Kühe zu besitzen, um zu ihnen gezählt zu werden). Man hatte sie einfach mit ein paar Spaten und Heugabeln ausgestattet und im Urwald ausgesetzt. Vorhanden waren noch Reste der Kosakenbevölkerung, gerade in jener Zeit wurde ein indigenes, der mongo-lischen Rasse zuzurechnendes Volk entdeckt – die Ärmsten, etwa 2.000 Seelen, wussten nichts vom Sozialismus.

In Erinnerung sind geblieben offene, gesellige, oftmals sanges- und trink-freudige Menschen einer TV-losen Zeit (deren erster Trinkspruch meist auf Stalin ausgebracht wurde) und die sich am Ende ihrer Zusammenkünfte gewis-sermaßen verbrüderten, indem sie mehrstimmig lange, wehmütig anmutende Lieder sangen.

Diese Umgebung weckte Liebe zur Natur, aber auch ein waches Interesse für Menschenschicksale – was in jener Zeit oftmals Berührung mit Tragischem, mit Schmerz bedeutete.

Als Erstklässler wurde ich wegen meines fremden Familiennamens im Schulhof verprügelt („die fünfte Ecke" hieß die Prozedur). Ein Schock für mich, der damals angesichts des allgemein verbreiteten Patriotismus glaubte, wir seien alle Russen und das unangenehme, oft beängstigende Gefühl, nicht dazuzu-gehören. Ungewollt wurde ich Zeuge von Gefangenentransporten, die in Vieh-waggons oder in Marschkolonnen unterwegs waren. Die durch warm gekleidete und schwer bewaffnete Soldaten mit Schäferhunden bewachten Gefangenen liefen barfuß durch Schnee, einmal aber mit lächelnden Gesichtern! – freuten sie sich darüber, im Freien zu sein? Und noch ein wichtiges Erlebnis: Eines Tages, als ich, ein Steppke mit einem viel zu großen Schulranzen, von einem älteren, kräftig gebauten Mitschüler auf der Straße genüsslich drangsaliert wurde, erschien plötzlich ein noch älterer Schüler und ließ dem Übeltäter dasselbe widerfahren: Auch sein Ranzen flog in den Schnee, gefolgt von seiner Pelzmütze, auch sein nunmehr verblüfftes Gesicht wurde mit frischem Pulverschnee eingerieben. „Nie wieder sollst du dich an Schwächeren vergreifen!" – waren die Worte des edlen Jungen. Dies alles weckte in mir Sinn für Gerechtigkeit, für eine gerechte Bestrafung Böswilliger (mit dem „Pazifismus" kann ich bis jetzt wenig anfangen), machte aus mir einen Einzelkämpfer mit wenig ausgeprägter Anpassungsbereitschaft. Gleichzeitig weckte dies auch eine vage Sehnsucht nach einem „anderen" Leben.

Mit 6 oder 7 Jahren fand ich zu Hause ein Fremdwörterbuch, durchforstete es, lernte eine beachtliche Menge von Begriffen sowie lateinischen und griechischen Ausdrücken (die ich, wie mir schien, danach überaus effektvoll zitierte). Seitdem achte ich auf gemeinsame Wurzeln der Wörter, somit auch der Kulturen.

Wir, die Kinder, wuchsen damals weitgehend selbständig auf, denn die Eltern überließen uns oft großzügig uns selbst in der freien Natur. Unsere Clique entfaltete damals eine unbändige Abenteuerlust: Neben endlosen „Kriegen", die solche Jungs gegeneinander, „Haus gegen Haus" führten, und der ewigen Suche nach verborgenen Schätzen in den Bergen, bauten wir einmal ein Floß, um damit den Fluss Sujfun entlang weit hinaus, in das 60 km entfernte Japanische Meer zu segeln und dabei allgemeine Bewunderung zu erwecken. Die geklauten teergetränkten Eisenbahnschwellen, aus denen das Konstrukt mühsam zusammengebaut war, gingen allerdings im Fluss alsbald unter (die Eltern haben von diesem Unternehmen nie etwas erfahren).

Bereits damals umgaben mich Sprachen. Irgendwie fiel es mir leicht, sie zu lernen – Englisch in der Schule, etwas Ukrainisch vom Vater, einige Brocken Deutsch von der Mutter: Die Wörter, ihr Klang fielen mir gleich wieder ein. Unvergesslich ist die freudige Erregung beim Kontakt mit den „anderen Klängen". Gleichzeitig aber lag das „Andere" unerreichbar weit entfernt, wie der Mond. Man konnte auch damals schon recht viele in das Russische übersetzte Bücher aus aller Welt lesen, was ich in der kleinen Bibliothek der Siedlung ausgiebig tat (unvergesslich „Zeit zu leben und Zeit zu sterben" von Erich Maria Remarque). Die wenigen ausländischen Filme, die in der sibirischen Abgeschiedenheit liefen, waren meist Musikproduktionen: „La Edad del Amor" mit der unvergleichlichen spanischen Sängerin Lolita Torres (habe ich später unbewusst Spanisch ihretwegen studiert?), „Sun Valley Serenade" (mit Glenn Millers Orchester). Ich erinnere mich auch an ein zerfleddertes Buch mit den mit rätselhaften Buchstaben geschriebenen Grimms Märchen, aus dem mir ein anderes Deutschland als in den Filmen jener Jahre entgegentrat –

efeubewachsene Fachwerkhäuser mitten in einem wie gepflegt aussehenden Wald und die lieben flachsblonden Köpfe der Kinder auf den vergilbten Bildern. Wuchs damals schon in der schönen, aber einsamen Welt das Fernweh?

Meine Englisch-Lehrerin in Simferopol auf der Krim, wo sich die Familie 1960 niederließ, wusste es genau: „Du musst in Moskau studieren", genau wie einer ihrer Schüler vor mir. Das gab mir *den* Impuls. Träumte ich von einer Diplomatenlaufbahn im Dienst einer guten Sache?

Bereits damals hatte ich Schwierigkeiten mit der Staatsmacht. Ein offensichtlicher Grund war zunächst, dass in beiden Familien meiner Eltern unschuldige Opfer (auch Kinder) des kommunistischen Regimes zu beklagen waren. Zu Hause bemühte man sich darum, dies streng geheim zu halten, um den Kindern nicht das Leben unnötig zu erschweren. Denn Opfer zu haben war gleichbedeutend damit, irgendwie nicht ganz vorbehaltlos für die Sowjetmacht zu sein. Wie ich übrigens nach der Auflösung der Sowjetunion erfuhr, erging es sehr vielen Familien ebenso. Irgendwie mussten ja die in viele Millionen gehenden Opferzahlen zusammenkommen. Sie setzten sich nicht nur aus Mitgliedern „falscher" Parteien und Fraktionen „*der* Partei" zusammen, aus Menschen, die vor der Revolution einen Posten inne gehabt oder einfach studiert hatten, sich einen unpassenden politischen Scherz erlaubten. Dazu zählten auch diejenigen, die Verwandte im kapitalistischen Ausland hatten, „falsche" Sender hörten usw. „Falsche" soziale und manchmal auch nationale Abstammung barg bis zuletzt eine latente Gefahr, durch die zumindest die beruflichen Chancen zunichte gemacht werden konnten. Ich glaube, damals recht antisowjetisch eingestellt, eher für einen „echten Sozialismus" gewesen zu sein. Allerdings ist die Frage danach, wie er eigentlich sein soll, auch jetzt nicht einfach zu beantworten. Wie dem auch sei, als 14jähriger wurde ich wegen „gefährlicher Umtriebe" in einem furchterregenden Gebäude, in dem ein schweres Maschinengewehr „Maxim" gegenüber dem Eingang aufgestellt war, mehrere Male von zwei Männern verhört, danach aus der Schule entlassen – gefolgt von der nicht wachsam genug gewesenen Schuldirektorin.

Moskau: Übersetzer- und Dolmetscherstudium

1965 nahm ich das Übersetzer- und Dolmetscherstudium an der jetzigen Linguistischen Universität Moskau auf. Meine Hauptfächer waren: Spanisch und Englisch. Letzteres war damals für meine Gleichgesinnten die Sprache der Modernität, der Freiheit, des Fortschritts.

Während des Studiums bekam ich zahlreiche Dolmetscheinsätze und bereiste als Dolmetscher mit spanischsprachigen Delegationen große Teile des Vielvölkerstaates (Mittelasien, Baltikum, Ukraine). Dabei musste ich erkennen, dass hinter der Fassade der Völkerfreundschaft eine Russifizierungsmaschinerie im Gange war. Ich hingegen lernte gierig Wörter und Ausdrücke auf Litauisch, Lettisch, Estnisch, Tadschikisch. Nach dem Diplom wurde mir eine Aspiratur

(Forschungsassistentenstelle) am Institut für Lateinamerika der Akademie der Wissenschaften der UdSSR angeboten. Dieses und einige weitere ähnliche Forschungsinstitute bereiteten Informationen vor, die als Entscheidungsgrundlage für die Politik der Sowjetunion in Lateinamerika, in den USA usw. dienten. Der Kreis, dessen Anfänge in die Kindheit reichten, sollte sich indessen anders schließen. Hinzu kam die Liebe zu einer Leipzigerin.

Leipzig: Übersetzungswissenschaft an der TAS

Seit 1971 in Leipzig, das immer noch weitgehend von Bombenangriffen des 2. Weltkriegs und dem Verfall alter Gebäude gekennzeichnet war, nahm ich mir zuerst vor, mithilfe der berühmten Schliemannschen Methode des "vergleichenden Lesens" die deutsche Sprache zu lernen – und tat dies anhand mehrerer Erzählungen Tschechows, und zwar mit wahrer Begeisterung, als würde ich mich meiner vor langer Zeit vergessenen Muttersprache erinnern. Erzogen im Geiste der nationalen Einheit, bekannte ich mich auch in der DDR dazu, in der gerade das verfassungsmäßige Wiedervereinigungsgebot über Bord geworfen und die "Abgrenzungspolitik" eingeleitet wurde. Viele waren durch diese Haltung überrascht – angenehm oder unangenehm. Für viele Kollegen und Bekannte war ich offensichtlich "ein Russe", und zwar im Guten und im Bösen stellvertretend für "das Land des roten Oktobers". Fast amüsant war es zu beobachten, wie die persönlichen Erfahrungen der Menschen mit jenem Land ihre Einstellung zu mir beeinflussten. Etwas weniger amüsant und eigentlich merkwürdig war hingegen der Umstand, dass meine beruflichen "Bremser" offensichtlich in der Parteileitung saßen. Wie dem auch sei, ich genoss die enorme Bereicherung durch die "drei Fenster in die Welt", die sich mir bereits damals aufgrund der Sprachbeherrschung und aus eigenem Erleben auftaten: das Erleben mehrerer Kulturen nunmehr aus ihrem Inneren weckte Empathie für andere Auffassungen und Gewohnheiten, es bedeutete aber für mich gleichzeitig eine Sensibilisierung für die Zerbrechlichkeit des Gleichgewichts interkultureller Kontakte, für ihren potenziell explosiven Charakter. Mein wissenschaftlicher Betreuer war glücklicherweise Prof. Otto Kade. Zu ihm entstand ein gutes Verhältnis – nicht nur bei der Abfassung der Promotion (Dissertation A) über russischsprachige Realienlexeme und ihre Wiedergabe im Deutschen (1977). Es handelte sich um kulturspezifische, im Verhältnis zweier Kulturen nulläquivalente, entsprechungslose Erscheinungen. Etwa 200 der für die russische Zivilisation spezifischen Phänomene wurden anhand von drei Typen der Nulläquivalenz erfasst: zum Einen werden sie durch Unterschiede in der Lebensrealität bedingt, zum Anderen lediglich durch Unterschiede in der kognitivsprachlichen Widerspiegelung und zum Dritten "nur" aufgrund der pragmatischen Markierung sprachlicher Zeichen bestimmt. Die translatorische Wiedergabe sollte grundsätzlich entsprechend den Gesetzmäßigkeiten in der Aufnahme (Assimilation) begrifflich neuer Informationen vorgenommen werden, die ich zu beschreiben versuchte. Danach wurden die Wiedergabe-Verfahren sowie die Faktoren, von denen die Auswahl dieser Verfahren abhängt, charakterisiert. Das Neue an diesem Ansatz war die verstehens-orientierte Berücksichtigung der text- und situationspragmatischen Faktoren: die Kommunikationssphäre, das Kommunikationsziel, der Grad kultureller und sprachlicher Verschiedenheit usw.. Daraus ergab sich, dass in der übersetzerischen "Angebotsphase" einer Realie nur ganz selten *eine* Auflösung in der Zielsprache entsprechen dürfte. Denn die funktionalen Anforderungen an die angebotenen zielsprachlichen Varianten sind überaus variabel. Da dieser Ansatz m. E. immer noch Bestand hat, will ich auf dieses kulturologisch-translatorische Thema mit neuen Erkenntnissen und Methoden zurückkommen. War diese translationswissenschaftliche, also auch hermeneutische, psychologische und kulturologische Herausforderung das Thema, zu dem ich am meisten beitragen könnte, "das Thema für mich"? Jedenfalls war sie die erste Option.

„Dolmetschwissenschaft" – gibt es dieses Wort denn überhaupt?

Im Oktober 1982, nach dem frühen Tod Otto Kades, musste ich eine erkrankte Kollegin im neuen Fach "Einführung in das Dolmetschen" vertreten. Ich stand vor der Aufgabe, eine schlüssige Konzeption für die Fragestellung vorzulegen: Was ist das Wesentliche im Dolmetschprozess? Angesichts der damaligen Allmacht der System-Linguistik, des C-Paradigmas (zweifellos einer wichtigen Disziplin, deren Anhänger indes auf die „primitiven Sprach-Anwender" herabschauten, die ihre Erkenntnisse nicht einmal als Diagramme zu formalisieren vermochten), hatte ich die Gewissheit: "Linguistisch" sind die Dolmetschspezifika nicht zu beschreiben, denn schon bei der Bestimmung der "Bedeutung" wurde Unüberbrückbares sichtbar. Die berühmte Leipziger Übersetzungswissenschaftliche Schule (Blütezeit: 1960-1990er Jahre) wurde damals nicht nur durch die starren ideologischen Vorstellungen eingeengt: alle Menschen mussten halt *gleich* denken, will heißen, die gleiche Abbildung der Wirklichkeit verinnerlicht haben, nur die Verbindung Abbild – sprachliches Zeichen "dürfte" in verschiedenen Sprachen etwas "willkürlich" ausfallen. Leo Weisgerber mit seinen "sprachlichen Zwischenwelten" und der "Inhaltsbezogenen Grammatik" war daher z. B. der große Buhmann. Mittlerweile weiß man, dass er viele spätere kulturologische Erkenntnisse vorweggenommen hatte. Allerdings hatte dieser Grundsatz wahrscheinlich eher einen deklarativen, allgemeinen Charakter, denn bei meinen konkreten Untersuchungen der Realien Russisch-Deutsch spürte ich eine derartige Einengung nur wenig. Die zweite Einengung bestand im o. g. Alleinvertretungsanspruch des Systemlinguistischen, für das schon „Psycholinguistik" ein ausgesprochenes Reizwort war. In der Auseinandersetzung mit der "Pariser Schule" waren unsere Karten insofern von Anfang an ungünstig gemischt. Trotz dieser Umstände hat die Leipziger Übersetzungswissenschaftliche Schule, vertreten durch die vier recht verschieden denkenden Köpfe (Otto Kade, Albrecht Neubert, Gert Jäger, Gerd Wotjak), für die Übersetzungswissenschaft Beachtliches geleistet.

In meinem Bemühen um die Beschreibung der Dolmetschspezifika kamen mir die ersten sogenannten Wenden in der Angewandten Sprachwissenschaft zu Hilfe: die pragmatische (70er Jahre: "der Einbruch der Pragmatik in die Sprachwissenschaft") und die psychologische (80er Jahre: Anerkennung des in Konzepten, *frames* usw. "verpackten" gemeinsamen Wissens). Die erste Wende war damals mehr oder minder akzeptiert, die zweite wurde belächelt, allerdings etwas nervös (außer dem "Restaurant-Script" könne man nichts bieten – hieß es). Heute erscheint es uns merkwürdig, aber damals sah man nicht, dass wir von Scripts umgeben sind!

Diese Vertretungsstunden wurden prägend für meine nunmehr langjährige Beschäftigung mit der Dolmetschwissenschaft. Das Wort „Dolmetschwissenschaft" löste übrigens damals in den Kreisen, die selbst die Übersetzungswissenschaft nur bedingt auf gleicher Augenhöhe betrachteten, Heiterkeit aus. Dies drückte recht plastisch so etwas wie „strukturelle Gewalt" gegenüber dieser Hauptart der Translation aus. Die Translation beschrieb man meist anhand des Übersetzens und fügte hinzu, beim Dolmetschen verliefe die Translation "ähnlich". Auf die offensichtliche Lückenhaftigkeit von derlei Beschreibungen angesprochen, erwiderte man, der Dolmetschprozess entzöge sich jeglichem wissenschaftlichen Zugang. Von den anregenden Unterredungen mit Gelij Tschernow aus Moskau (einem lange Zeit verkannten Wegbereiter der psycholinguistischen und kommunikationswissenschaftlichen Untersuchung des Simultandolmetschens) wusste ich allerdings, dass es nicht überall so zuging.

Wahr bleibt jedoch: es handelt sich um einen äußerst flüchtigen und facettenreichen Gegenstand. Ein auch für die Praxis zweckmäßiger Zugang zu ihm konnte nur durch ein kognitionswissenschaftliches Amalgam aus psycholinguistischen, psychologischen, semantischen, translatologischen, kulturologischen, kommunikationswissenschaftlichen, rhetorischen (prosodischen, körpersprachlichen) u. a. Aspekten geöffnet werden.

Zu einem Modell der Dolmetschkompetenz:
Kompressionen beim Simultandolmetschen

Mitte der 80er Jahre: Neben Publikationen zu Realien (nunmehr auch deutschen und spanischen), Studien- und Vortragsreisen nach Spanien, Kuba und in der Sowjetunion, arbeitete ich als Dolmetscher auf dem Leipziger Dokumentarfilmfestival, bei der Kriminalpolizei, auf Fachkonferenzen und bei kommerziellen Verhandlungen. Dann beschloss die Leitung: "Herr Kutz soll sich nicht nur nebenberuflich eine goldene Nase verdienen, sondern gefälligst auch etwas für die Forschung tun, z. B. die Kompressionen beim Simultandolmetschen erforschen!"

War das ein "Abstellgleis"? Denn neue dolmetschwissenschaftliche, interdisziplinäre Ansätze waren hierzu unumgänglich. Wollte man dies wagen, so stand man jedoch damals, zumindest in Leipzig, "allein auf weiter Flur": Das systemlinguistische Korsett war zwar bereits am Platzen, manche Naht hielt aber noch! Auch aus der übersetzungswissenschaftlichen Sparte, die selbst um volle akademische Anerkennung rang, war nur eine recht vage Hilfsbereitschaft zu vernehmen.

In einem neuen Anfang lag aber zweifellos auch eine Chance! Als "subversiver" Mensch versuchte ich einen neuen („inkompatiblen") Beschreibungsansatz. Der wichtigste Aspekt war verstehenssemantisch, d. h. auf die Erkennung der Komprimierbarkeit einzelner Elemente in Fachvorträgen ausgerichtet. Dieser Ansatz wurde zunächst einmal für den normalen Kompressionsdruck (bei einem Redetempo von ca. 220 Silben/Min.) erstellt. Er enthielt eine textuelle Ausdehnung der Thema-Rhema-Gliederung und betrachtete dabei die Rezeption aus einer konstruierten Erkenntnisgewinn-Perspektive durch den Zuhörer. Modelliert wurde eine vorwegnehmende Ausnutzung der wohl unkontrollierten, unbewussten Reduktion des sprachlichen Inputs bei der Konzeptualisierung. Als Instrument dieser Konzeptualisierung wurden die vielfältigen Rekurrenz-Mechanismen postuliert. Für die hohen Werte des Kompressionsdrucks war ein anderer Ansatz konzipiert: Hier wurde die unterschiedliche Diskurswertigkeit der sprachlichen Zeichen beschrieben. Danach wurden die Kompressionen beim Simultandolmetschen beschrieben, welche die geringsten konzeptuellen Verluste zulassen. Der Darlegungsstil dieser ersten und wohl bislang einzigen Habilitationsschrift in Deutschland zur Dolmetschwissenschaft wurde zwar durch meine Angst, nicht wissenschaftlich genug zu erscheinen, nicht sehr leserfreundlich, durch sie wurden aber die Grundzüge eines Kompetenzmodells der Dolmetschdidaktik gelegt. 1988 wurde dieses Modell zur methodologischen Grundlage für die Konferenzdolmetscherausbildung in Leipzig gewählt.

1989 und die Zeit danach

1989 drangen die Rufe „Deutschland einig Vaterland!" auch in die Hallen der Karl-Marx-Universität. Wir wollten mit einem Volk zusammen sein, das indes merkwürdigerweise zunehmend mit sich selbst haderte, die Traditionslinien kappte und dessen Teile gerade erst (wie es ein bekannter Intellektueller aus Göttingen ausdrückte) „in Venedig angekommen" waren. „Venedig" steht hier offensichtlich auch für San Francisco, New York, Mallorca, die Provence, Katmandu oder eben für den Baikalsee (aber dies ist ein Thema für sich). Die Universität wurde umgestaltet, verschlankt, z. T. abgewickelt, umbenannt. Leider wurde 1993 die Dolmetscherausbildung in den Sprachen der meisten heutigen EU-Beitrittsländer abgeschafft. Ihr Wiederaufbau erscheint unter den gegenwärtigen Bedingungen äußerst kompliziert. Die Dolmetscher-Ausbildung wurde von der Übersetzer-Ausbildung im Rahmen eines sogenannten Y-Modells weitgehend getrennt. An den methodologischen Grundlagen der Ausbildung musste jedoch so gut wie nichts verändert werden, auch wenn dies heute manchem, der uns gerne überblättert, unglaubwürdig erscheinen mag.

Mein wohl letzter zivilisatorischer Paradigmenwechsel in der Kette vom China der Vor-Mao-Zeit über den realen Sozialismus unterschiedlicher Ausprägungen bis in die offene, wohlhabendere, allerdings etwas kühlere neue Welt bestätigte mir: Nichts ist nur gut, das „Gute" enthält auch „Schlechtes". Und umgekehrt. Es kommt halt auf das Maß an.

Auch in meinem familiären Bereich kam es zu Umwälzungen. Dolmetscheinsätze werden nunmehr weniger. Wird es dem eigenen Ego lästig, lediglich ein *alter ego*, „die Stimme", ein „Papagei mit Kopfhörern" zu sein? – obwohl der Dolmetscher doch gelegentlich die Kommunikation „mitformen", ja retten kann. Oder zeigte sich so der Frust wegen des hartnäckigen Nicht-Verstehen-Wollens seitens mancher Kunden und Veranstalter, die das schwierige Wesen des Dolmetschens ignorieren? Die Forschung beschäftigte mich immer mehr. Dazu gehören Studien- und Vortragsreisen an Universitäten in Deutschland, Österreich, der Schweiz, Großbritannien, Spanien, der Slowakei, der Ukraine, Kirgisien, Armenien, Kuba, Kolumbien und zuletzt Chile – es waren vorwiegend Lehrgänge und Seminare zum Thema Konferenzdolmetscherausbildung, zur Dolmetschwissenschaft.

Durch langjährige pädagogische Erfahrungen und Untersuchungen ist das Leipziger Kompetenzmodell mittlerweile „erwachsen" geworden und wird für die Veröffentlichung vorbereitet. Das Modell beschreibt die dolmetschspezifischen kognitiven Operationen und Handlungsweisen des Konsekutiv- und des Simultandolmetschers. Durch seine Systematik war es möglich, solche Fragestellungen wie die Vorbereitung auf Dolmetscheinsätze, die professionelle Analyse der kommunikativen Dolmetschsituation, die Betrachtung der Rezeption als makrotextuelle, situationsintensive kognitive Leistung, die Anwendung der Gedächtnistechniken, semantische Erschließungen, die Wechselwirkung verbaler, prosodischer und körpersprachlicher Ausdrucksmittel beim Dolmetschen, die Überwindung aktueller Entsprechungslücken während des Dolmetschprozesses sowie die interkulturell bedingten Aspekte des Dolmetschens usw. erstmalig in Publikationen zu thematisieren.

Zu wünschen wäre, dass viel mehr wirklich interdisziplinär geforscht werden kann. Der Dolmetschprozess reizt offensichtlich immer mehr Forscher. Untersuchung dieses Prozesses etwa durch Übersetzungswissenschaftler oder im Sinne der experimentellen Psychologie kann zu großer Bereicherung führen. Allerdings könnte hierdurch im wissenschaftlichen Diskurs eine aus anderen Bereichen stammende Vorstellung vom Gegenstand der Dolmetschwissenschaft entstehen. Man wünscht sich außerdem, dass sich die Hand voll Menschen, vor allem im deutschen Sprachraum, die sich diesem tückischen Objekt „Dolmetschvorgang" verschrieben hat, zusammenschließen und somit unsere gemeinsame Position stärken möge.

Publikationen

Zur translatorischen Überwindung der Nulläquivalenz rusisschsprachiger Lexeme im Deutschen. Promotion (Dissertation A). Sektion der TAS der Universität Leipzig 1977.

Semantische versus perzeptuelle Struktur einer Äußerung. In: *Germanistische Studien*. Universidad de Valladolid 1988, 55-64.

Translatorisch-interpretative Kompressionen beim Simultandolmetschen, dargestellt am Beispiel deutscher Redetexte zu industrieller Thematik. Habilitationsschrift (Dissertation B). Universität Leipzig 1988.

Zur Überwindung aktueller Entsprechungslücken als einer dolmetscherspezifischen Fähigkeit. In: *Übersetzungswissenschaft und Sprachmittlerausbildung. Akten der I. Internationalen Konferenz zu Berlin, Mai 1988. Band II.* Herausgegeben an der Humboldt-Universität Berlin 1990, 405-408.

Gut für wen? Zur Bewertung von Konsekutivdolmetschleistungen. In: E. Fleischmann/ W. Kutz/ P. Schmitt (Hg.): *Translationsdidaktik. Grundfragen der Übersetzungswissenschaft.* Tübingen: Narr 1997, 243-254.

Compression of the Source Massage During Simultaneous Interpretation. In: E. Arcaini (Hg.): *Quaderni di Libri e Reviste d'Italia. La Traduzione. Saggi e Documenti (III).* Rom 1997, 243-263.

Pragmatik und Mnemonik beim Dolmetschen: Rezeption und Gedächtnistechniken. In: Peter Schmitt (Hg.): *Paradigmenwechsel in der Translation. Festschrift zu Ehren Albrecht Neuberts.* Tübingen: Stauffenberg-Verlag 2000, 137-164.

Training für den Ernstfall. Warum und wie sich die Vorbereitung auf den Dolmetscheinsatz lohnt. In: *Mitteilungen für Dolmetscher und Übersetzer (MDÜ)*, 2000/3, 8-13.

Warum zum Teufel sagt er das? Gedächtnistechniken für Konsekutivdolmetscher. Teil 1: Kommunikative Dolmetschsituation und Verstehen. In: *Mitteilungen für Dolmetscher und Übersetzer (MDÜ)* 2000/ 4-5, 27-31.

Warum zum Teufel sagt er das? – Verstehensleistung und Gedächtnistechniken beim Konsekutivdolmetschen. In: *Mitteilungen für Dolmetscher und Übersetzer (MDÜ)* 2000/6, 11-15.

Kommunikative Dolmetschsituation →Dolmetschauftrag →Bewertungsmodus: Wie bewertet man das Konsekutivdolmetschen situationsgerecht? In: S. Kalina/ S. Buhl/ H. Gerzymisch-Arbogast (Hg.): *Dolmetschen: Theorie – Praxis – Didaktik.* Röhrig Universitätsverlag St. Ingbert 2001, 91-112.

Interkulturelle Aspekte des Dolmetschens. In: S. Buhl/ H. Gerzymisch-Arbogast (Hg.): *Kultur und Übersetzung. Methodologische Probleme des Kulturtransfers.* Narr: Tübingen 2002, 131-168.

Dolmetschkompetenz und ihre Vermittlung. In: J. Best/ S. Kalina (Hg.): *Dolmetschen und Übersetzen: Eine Orientierungshilfe* (UTB M 2329) A. Francke Verlag: Tübingen/ Basel 2002, 184-195.

Semantische Erschließung als dolmetschspezifisches Handlungsmuster. In: M. Emsel/ A. Hellfayer (Hg.): *Brückenschlag, Beiträge zur Romanistik und Translatologie. Gerd Wotjak zum 60. Geburtstag.* Frankfurt/M. u.a.: Peter Lang 2003, 235-258.

Albrecht Neubert (Leipzig)

Mein Weg zur Übersetzungswissenschaft

Wegetappen: (1) Philologiestudium – HF Anglistik, NF Germanistik und Romanistik (1949-1953) – (2) freie Dolmetsch- und Übersetzungspraxis – (3) akademische Qualifizierung – Promotion 1955, Habilitation 1960 – und Lehre (1953-1960) – (4) Dozentur (1960) und Professur (1962) für Anglistik/Amerikanistik – (5) Direktor des Leipziger Dolmetscherinstituts (1962) – (6) Übersetzungswissenschaft in Forschung und Lehre – (7) Forschung auf Teilgebieten der Linguistik wie Sozio- und Textlinguistik – (8) lexikographische Arbeit.

Mit diesen verknappten Marken sind die Stationen meines Weges zur Übersetzungswissenschaft markiert. Sind es die Etappen eines Normal-, Ideal- oder eines Ausnahmefalls? Bedacht werden sollte dabei auch, dass diese Etappen oder Phasen keine Abfolge bedeuten, für die eine jeweilige Ausschließlichkeit gilt. Insbesondere reicht die zweite Phase mehrfach in die nachfolgenden hinein. Ebenso ist Abschnitt (7) bei mir niemals abgeschlossen. Auch mit Stufe (6) war zwar ein wesentliches Wegziel erreicht, doch galt meine Aufmerksamkeit nach wie vor auch Themen der Linguistik. So zog mich etwa mit Abschnitt (8) eine ganz spezielle Aufgabe der angewandten Linguistik in ihren Bann und beschäftigte mich für zwei Jahrzehnte (1968-1988) parallel zum übersetzungswissenschaftlichen Hauptberuf. Es war die völlige Neuerarbeitung eines 120 000 Stichwörter großen *Englisch-Deutschen Handwörterbuchs* (1988, [3]1992). Gerade dieses scheinbar von meiner universitären Tätigkeit isolierte Projekt hatte aber neben dem breiten Leserpublikum in der DDR, für das ein Nachschlagewerk dieser Größenordnung längst überfällig war, natürlich immer auch meine Übersetzerstudenten im Auge. Wenn auch kein eigentliches „Übersetzungswörterbuch" herauskam, so hat es sich doch für die Berufsübersetzer aller Genres bis heute als eine wertvolle Hilfe bewährt.

Rückschauend möchte ich aber eines festhalten: obwohl meine Berufung zum Professor 1962 zunächst noch „den Lehrauftrag für englische Sprache" beinhaltete, war für mich nach der für mich unerwarteten Ernennung zum Direktor des Leipziger Dolmetscherinstituts im gleichen Jahr die Entscheidung gefallen. Der Blick auf translatorische Probleme bestimmte von da an für immer meine wissenschaftlichen Ambitionen. Dabei waren es in all den Jahren sowohl Forschung als auch Lehre, die für mich im Zentrum meiner akademischen Welt standen.

Von wohl maßgeblicher Bedeutung war für mich, dass mein mir vom Rektor der Leipziger Alma Mater übermittelter universitärer Auftrag darin bestand, meine ganze Kraft dazu einzusetzen, die traditionsreiche Ausbildungseinrichtung für Übersetzer und Dolmetscher, in den zwanziger Jahren als die private Bachschule gegründet und nach manchen Zwischenstadien 1957 in die

Universität eingegliedert, zu einem akademischen Lehr- und Forschungsinstitut zu entwickeln. Nach wie herrschte unter den Professoren der Philosophischen – später Philologischen – Fakultät, erhebliche Skepsis, ob die „Dolmetscher", wie das Institut ziemlich abschätzig und herablassend en bloc bezeichnet wurde, überhaupt in die heiligen Hallen der Universität gehörten. Was waren denn überhaupt die wissenschaftlichen Grundlagen, so fragten sich und mich die Damen und Herren Philologen im Fakultätsrat, auf denen das „Sprachmittlerstudium", der von uns gewählte Terminus für die Übersetzer- und Dolmetscherausbildung, beruhte? Wie sollten die, zugestanden, praktisch bzw. sprachlich, also „nur sprachpraktisch" versierten Lehrkräfte, unter denen es so gut wie keine Promovierten, also „wissenschaftlich Ausgewiesene", gab, einen akademischen Lehrbetrieb auf den Weg bringen, geschweige denn mit seriösen Publikationen aufwarten?

In dieser Situation hätte sich ein junger Professor, der mit 32 Jahren gerade erst in sein Amt berufen worden war – übrigens auf Grund von Promotions- und Habilitationsleistungen, die mit Translation recht wenig zu tun hatten – auf ziemlich verlorenem Posten vorkommen müssen. Aus heutiger Sicht wird mir nachträglich klar, dass diese scheinbar aussichtslose Lage ein generelles Merkmal des Zustands an allen akademischen Bildungsstätten und zwar nicht nur in Deutschland war. Erschwert wurden die ersten Bemühungen um verlässliche akademische Begründungen noch durch die scheelen Blicke der etablierten, sich um keinerlei akademische Rechtfertigungen kümmernden Vertreter der kommerziellen Übersetzer- und Dolmetscherschulen, die es nach wir vor in den meisten Ländern gab und die nach überkommenen Schemata Absolventen auf den Markt brachten. Auch die praktischen Dolmetscher und Übersetzer betrachteten unsere akademischen Ambitionen skeptisch und mit großer Zurückhaltung

Es war jedoch meine feste Überzeugung, nicht zuletzt bestärkt durch häufige praktische Dolmetscheinsätze und Übersetzungsaufträge, dass die sich in der zweiten Hälfte des 20. Jahrhunderts im globalen Maßstab eindeutig abzeichnenden ständig wachsenden Anforderungen an die Translation auf nahezu allen Gebieten von Wirtschaft und Politik, Wissenschaft und Technik, in allen Medien, nota bene keineswegs primär in der Literatur, nicht mehr nur mit den herkömmlichen Methoden befriedigt werden konnten. Sowohl Quantität als auch Qualität der sprachmittlerischen Leistungen stellten immer höhere Anforderungen an das Wissen und die Fertigkeiten der Sprachmittler. Deshalb war es mein unumstößliches Credo vom ersten Tag meiner Arbeit an meinem neuen Institut, dass eine effiziente *wissenschaftliche Durchdringung des Ausbildungsprozesses* unabdingbar war. Zur Erreichung dieses Zieles bedurfte es einer soliden Untermauerung aller Lehrbemühungen. Entscheidend war dabei, dass es mir gelingen musste, durch Publikationen im In- und Ausland und durch Kolloquien im eignen Haus und im internationalen Maßstab ein für Forschende, Lehrende und Studierende attraktives wissenschaftliches Leben zu entfalten. In Anbetracht der Beschränkungen, die auch der Bewegungsfreiheit der Universitäten und ihren Angehörigen in der DDR auferlegt waren, wird die Schwierigkeit unserer wissenschaftlichen Vorhaben mehr als deutlich. Ein vielleicht nicht unmaßgeblicher Faktor, der sich gerade in den 60er und 70er Jahren positiv für meine Ziele auswirkte, war die relativ entwickelte Einsicht einiger staatlicher und politischer Funktionsträger, geboren durch deren weitgehend fehlendes fremdsprachliches Können, dass die angestrebte internationale Anerkennung ohne hochqualifizierte Sprachmittler nicht zu haben war.

Als Schlüsselfrage erkannte ich auf meinem Weg die Heranbildung von jungen Kolleginnen und Kollegen, die ihre akademische Qualifizierung vorrangig auf die Aufhellung und Lösung von Problem des Übersetzens und Dolmetschens zu konzentrieren bereit waren. An den philologischen Instituten der Fakultät, von denen sie in der Regel, wenn auch nicht ausschließlich, kamen, wäre ein herkömmliches Thema sicherlich leichter und auch schneller zu bearbeiten gewesen, Es bedurfte also schon mehr als wissenschaftlichen Ehrgeizes. Man musste auch für die neue Disziplin brennen. Diese Begeisterung wurde genährt durch das Bewusstsein, am Aufbau einer ganz neuen Disziplin beteiligt zu sein.

Ein bestärkender Faktor war sicherlich die Reihe von internationalen Konferenzen unter dem Rahmenthema *Grundfragen*, die ich mit der zunächst sehr kleinen Gruppe von begeisterten jungen Kolleginnen und Kollegen des Instituts ins Leben rief. Die erste fand 1965 statt mit aktiven Teilnehmern aus über einem Dutzend Ländern. In dieser Atmosphäre des Aufbruchs zu neuen akademischen Ufern übte sich ein Kreis von Institutsangehörigen, die meist unter 40 Jahre alt waren und ihre Zukunft in der Translatologie sahen. Auf den Konferenzen stellten wir unsere ersten Ergebnisse vor und mit der Zeitschrift *Fremdsprachen*, ursprünglich einem ganz praktisch ausgerichteten Organ für „Sprachkundige", führten wir erstmals ein regelmäßiges übersetzungswissenschaftliches Forum ein. Die langfristigen Vorbereitungen und auch die kritischen Nachbereitungen der Konferenzen, das kann man mit Fug und Recht behaupten, trugen systematisch zur Entstehung und Entfaltung einer echten Diskussionsatmosphäre bei. Bis heute fanden acht solcher Konferenzen statt, von denen ich sechs bis zu meiner Emeritierung im Jahre 1995 hauptverantwortlich mitgestaltet habe. Beiträge und Diskussion der Konferenzen und auch selbständige Monographien erschienen zunächst als *Beihefte der Zeitschrift Fremdsprachen,* doch bald auch in den weit über die Leipziger Universität bekannt werdenden *Beiträgen zu Grundfragen der Übersetzungswissenschaft.* Nach dem Niedergang unseres Leipziger Verlags VEB Enzyklopädie gelang es, den letzten von mir mit herausgegeben Band 1993 unter dem Titel *Proceedings of the Fifth International Conference on Basic Issues in Translation Studies* an der Kent State University in Ohio/USA herauszubringen. An dieser nordamerikanischen Staatsuniversität initiierte ich mit meinem amerikanischen Kollegen Gregory M Shreve, 1985 für ein Jahr Gastprofessor in Leipzig, die neue Reihe *Translation Studies,* in der bis 2002 bereits fünf respektable übersetzungswissenschaftliche Monographien erschienen sind.

Wenn ich heute das knappe halbe Jahrhundert Revue passieren lasse, erkenne ich die Geschichte unserer Disziplin in der Tat als Aufbruch in ein akademisches Lehrgebiet und in eine neue Forschungslandschaft mit sehr differenzierten Voraussetzungen. Das Bild, das die Übersetzungswissenschaft noch heute bietet, gleicht einer zerklüfteten Landschaft. Ich bin überzeugt, dass einer der Gründe dafür in den verschlungenen Wegen zu suchen ist, auf denen die meisten Vertreter dazu gestoßen sind. Der unterschiedliche Zugang hat auch oft zu ganz anderen Endstationen geführt, insbesondere aber auch auf dem Weg (oder Umweg?) über recht weit auseinander liegende Zwischenstationen. Noch heute orientieren sich die meisten Forscher und Lehrer nach theoretischen Landkarten, auf denen ihre jeweils besonderen Anmarschwege deutlich ausgezeichnet sind und die ihre heutige Richtung beeinflussen. Damit unterscheidet sich die akademische Beschäftigung mit der Translation von den meisten anderen akademischen Disziplinen, wo Kernbereiche auszumachen sind, die die Mehrzahl ihrer Vertreter auf ihrem Werdegang in der Regel durchschritten haben, auch wenn sie danach in vielerlei Richtungen weitergezogen sind und neue Gebiete erschlossen haben. In der Übersetzungswissenschaft lassen sich dagegen Trails ausmachen, die durch ganz andere Szenerien gekennzeichnet sind. Gemeinsam ist wohl die durchgehende Doppelkulisse, die die Wanderer zu beiden Seiten ihres Forschungstableaus immer vor Augen haben: auf der einen Seite die Originale und auf der anderen deren Übersetzungen. Doch beide Aussichtshorizonte sind von dem schmalen Grat des Übersetzens tatsächlich links und rechts von tiefen Klüften getrennt. Wie sie zu überwinden sind, ist niemals klar entscheidbar. Die Wegweiser des Woher und Wohin sind nirgendwo eindeutig ausmachbar. Vor allem kommen diese bergigen Pfade zwischen den Welten der Ausgangs- und der Zieltexte aus aller Herren Gegenden. Dies erklärt auch die recht unterschiedliche geistige Wegzehrung, die die Forscher mit sich führen. Auch gilt dies für die Unübersichtlichkeit der Karten, die sie für die Beurteilung ihrer Zielrichtung auf den Etappen ihres zu wählenden Weges konsultieren. Das gesamte Areal des Übersetzens, wie oft und immer neu es auch seit Alters her durchschritten wurde, birgt für eine wissenschaftliche Beschäftigung unendlich viele Probleme.

Ein Ziel eint alle Akteure, die Praktiker wie die Forscher: die Lösung des seit Menschheitsgedenken dringlichen Problems des Übersetzens aufzuhellen und zu optimieren. Doch wie sie sich an die Erklärung und Bewältigung dieses Urthemas heranmachen, das hängt immer wieder von den Kehren und Ausblicken ab, die ihnen auf ihren jeweiligen Wegstrecken auffielen bzw. die sich ihnen als der Beachtung würdig erwiesen haben.

Vielleicht habe ich mit diesem Bild ein wenig übertrieben. Dies war aber Absicht. Die Metaphorik sollte einen Eindruck von den Unsicherheiten vermitteln, die mich im Gegensatz etwa zu der relativen Klarheit meiner linguistischen Kenntnisse über das Sprachsystem ständig auf Schritt und Tritt durch die Unwegbarkeiten des Themas Übersetzen begleitet haben. Es macht auch deutlich, dass es einen *common ground* in dieser Disziplin (noch) nicht gibt. Und dennoch möchte ich behaupten, dass der Ertrag der Explorationen durch das Land des Übersetzens, wie er in den Berichten gesammelt vorliegt, das Durchforschen gelohnt hat. Das Durchdenken der Erscheinungswelt der Translation, ihrer Vielfalt und ihrer praktisch unendlichen Problemfülle, zeitigte eine schillernde Beschreibungspalette und führte zu immer wieder interessanten Erklärungsvarianten ebenso wie zu oft schöpferischen Lösungsangeboten. Vielleicht aber liegt hier auch ein grund für immer wieder auftretende Umwege und unübersichtliche Neukartierungen, die nicht selten nur Reformulierungen alter Pfade sind und nicht in Neuland führen.

Wahrscheinlich hängt die Offenheit der theoretischen Bemühungen um das Übersetzen auch mit der eigentümlichen Topographie des Übersetzens zusammen (Neubert 2003). Entgegen dem „normalen" Umgang mit Sprache und den in jeweils *einem* Sprachsystem begründeten Voraussetzungen, die etwa die Linguistik zu beschreiben und zu erklären sucht, hat es die Translatologie immer mit den Unwegbarkeiten zwischen den Sprachen und deren Diskursen zu tun. Der Übersetzer macht sich erst auf, wenn sprachliche Verfahren und Resultate längst „erledigt" sind. Erst nachdem ein sprachlicher Text seine diskursive Funktion bereits erfüllt hat, treten die Sprachmittler auf den Plan. Sie bahnen einen Weg für ein sprachliches Vorhaben, obwohl der originale Diskurs zuvor schon sein Ziel erreicht hat und die Sprachverwender ihre Zwecke verfolgt haben. Der Translator geht immer einen Weg ein *zweites Mal*, wo doch der erste Weg eigentlich schon genügt hat, die Sprache ihre kommunikative Ausgabe realisiert hat. Diese *Doppelung* ist Quelle zahlreicher Unsicherheiten, zugleich aber Anlass höchst schöpferischer Überlegungen. Wer als Translator die Problematik der sprachlichen Nachschaffung zu bewerkstelligen sich anschickt, muss den Blick in viele Richtungen schweifen lassen. Das im Gegensatz zur einsprachigen Kommunikation „Abnorme" des Übersetzens gebiert die Vielfalt der Lösungswege und -normen. Demgemäß nutzt der Translatologe sein Beschreibungsarsenal und entwirft seine Erklärungsversuche, anders als der Linguist, immer auf *indirekte* Weise. Er baut eine neue Erscheinungswelt auf, in der Texte nicht den herkömmlichen Gepflogenheiten der einsprachigen Kommunikation folgen. Er beschreibt, wie Übersetzungen entstehen und wie sie den Gegebenheiten ihrer neuen Adressaten gemäß sind.

Das Problembewusstsein des Translators, die Axiomatik translatorischer Verfahren war für mich von Anfang an nicht nur von der Konstrastivität sprachlicher *Systeme* bestimmt. Der eigentliche Gegenstand der Übersetzungswissenschaft war vom ersten Tage an am Leipziger Institut, ja schon vorher in meiner vielfältigen translatorischen Praxis der *Text*. Mich bewegte und bewegt noch heute das *Gefälle der Texte*. Translatoren wie Translatologen leben in und orientieren sich an *Textwelten*, solchen der Ausgangs- wie der Zielsprache. Was zur adäquaten Übersetzung hinführt und was anders als in der Welt des Originals erst im Kontext der Gewohnheiten und Erwartungen der Adressaten eine ganz neue Erfüllung findet, finden soll oder vielleicht misslingt, das erschien mir stets in erster Linie ein *textuelles Ereignis*. Um es zustande zu bringen, muss ständig sprachlich „rückgerechnet" werden. Keine translatorische Konstruktion ist denkbar, geschweige denn machbar ohne detaillierte Rekonstruktion, Zurückverfolgung des neuen Textes auf die Bestandteile des alten. Die Grundorientierung auf die Gegebenheiten des Textes ist für mich zum Kompass geworden, der meinen Weg immer richtungweisend begleitet hat.

Meine ersten Lehrveranstaltungen, die kritischen Diskussionen in den von mir bereits Anfang der 60er Jahre eingerichteten übersetzungswissenschaftlichen Weiterbildungs- und Forschungsseminaren und meine Publikationen aus jenen und auch den folgenden Jahren waren von dieser Dominanz des Textuellen geprägt. Sprachmittlung in Praxis, Lehre und in der Theorie sehe ich bis heute durch die Brille der *Textualität*. Nach vielen Ansätzen war es dann 1985, dass ich mit der Monographie *Text and Translation* mein Credo erstmalig zusammenhängend formulierte. Diesem Buch folgte ein paar Jahre später *Translation as Text* (1992), worin ich zusammen mit meinem US-amerikanischen Kollegen Gregory M. Shreve meine Erfahrungen beim Aufbau eines neuen akademischen translatologischen Lehr- und Forschungsinstituts an der Kent State University, Ohio, nutzen konnte.

Im Rückspiegel betrachtet, weist die aus den sechziger Jahren in die Gegenwart führende Wegstrecke natürlich mancherlei Biegungen und vielleicht auch Um- und Irrwege auf. Was ich heute als die durchgängige Wegeinfassung, als das „Geländer des Textes" ausmache, an dem ich mich immer wieder festgehalten und orientiert habe, trat bisweilen auch unter anderen Bezeichnungen in den Blick. Insbesondere war das sehr früh die semiotische Dimension der *Pragmatik*. Das übergreifende Konzept der *pragmatischen Gerichtetheit* war vielleicht mein erster genuiner Beitrag zur Konstituierung der Übersetzungswissenschaft, den ich 1965 auf unserer ersten internationalen Konferenz in Leipzig vorstellte (Neubert 1968). Die Einsicht, dass Texte, sowohl ausgangssprachliche als auch zielsprachliche, von der pragmatischen Relation Zeichennutzer/ Zeichenkomplex wesentlich bestimmt werden, habe ich mir von Anfang an zu eigen gemacht. Textuelle Gerichtetheit nahm um Jahrzehnte den Grundgedanken der sog. Skopostheorie voraus. Von pragmatischen Überlegungen leiteten sich auch Auffassungen zum *soziolinguistischen* Kontext ab. Zunehmend waren es dann *textlinguistische*, ja eigentlich *textwissenschaftliche* Begründungszusammenhänge, die für mich maßgebend waren. Dabei war ein weiterer prägender Einfluss die frühe Übernahme des Prototypenkonzepts aus der Psychologie (Neubert 1984).

Obwohl ich *für mich* mit diesen theoretischen Grundpositionen sowohl ein recht produktives Forschungsmuster als auch vor allem eine sehr tragfähige methodische Orientierung für die Ausbildung erarbeitet zu haben glaubte, geschah es doch immer wieder, dass der übersetzungswissenschafliche Meinungsstreit auf Konferenzen und die Auswertung der internationalen Literatur reale als auch scheinbare Kontroversen unumgänglich machten. Um meine eigene Herangehensweise im Konzert der Meinungen deutlicher herauszustellen, bemühte ich mich seit den achtziger Jahren zunehmend um eine deutlichere

Abklärung der Leipziger Schule gegenüber der relativ breit gefächerten Palette der Meinungen der anderen Vertreter zum Übersetzen. Es lag mir vor allem daran, meine eigene Position durch eine *mise en relief* zum einen zu konsolidieren, zum anderen im Konzert der Auffassungen in bestimmter Weise einzuordnen. Wenn auch teilweise in Konfrontation zu anderen Auffassungen, so meinte ich, brauchte doch der eigene Standpunkt die übergreifenden theoretischen Bezüge der Disziplin nicht zu gefährden, sondern konnte einen bestimmten Platz im Rahmen des Gesamtkonzeptes der Übersetzungswissenschaft beanspruchen und insofern sogar zur Systematik und Ordnung des Ganzen beitragen.

Den Schlüssel zu diesem Vorhaben lieferte mir der wissenschaftstheoretische Begriff des *Modells* (1983, 1991). Er erlaubt es nicht nur, sondern verlangt es sogar, den *Objektbereich* der Disziplin, also das reale Übersetzen und Dolmetschen, auf unterschiedliche Sichtweisen zu betrachten. Damit treten wissenschaftliche *Gegenstände* auf den Plan, die ihre Eigenschaften im Ergebnis bestimmter Perspektivierungen seitens des Betrachters offenbaren. Für mich brachte die Entdeckung der jeweiligen *Perspektive auf die Translation* den erstrebten Ausweg aus der oft irritierenden Uneinigkeit, wie sie Konferenzdiskussionen und auch die wenig einheitliche Fachliteratur immer wieder charakterisierte. Zumindest wurde es leichter, eklatante Meinungsverschiedenheiten durch den Verweis auf unterschiedliche Ausgangspositionen besser einzuordnen. Der Streit der Auffassungen konnte dadurch „aufgehoben" werden und entpuppte sich als fast zwangsläufige Konsequenz unterschiedlicher Ausgangspositionen. Das weite Feld der Translation offenbarte so Gesichtspunkte, die gerade aus der vom Betrachter gewählten Perspektive klarer hervortraten und im Ergebnis auch jeweils exakter beschrieben und erklärt werden konnten.

Mit der *Modellierung* erschloss sich mir ein allseitiges Forschungstableau, von dem aus der *Objektbereich* Translation den Erkenntnisinteressen des Betrachters entsprechend repräsentiert werden kann. Der Blick auf die Textualität ist dabei für *meine* Forschungsbemühungen zentral. Übersetzen erschließt sich mir mit Hilfe eines *textwissenschaftlichen Modells* (1). Für den Übersetzungslehrer geht es um die Herausbildung und Übung von translatorischer Kompetenz. Die entscheidende Zielgröße ist das Training der Lernenden in der effektiven Handhabung aller Verfahren, die zum adäquaten Zieltext führen. Sein Modell von der Translation ist insofern eindeutig *prospektiv*, d.h. auf die Neuerschaffung der Übersetzung orientiert. Er praktiziert das *pädagogische* oder *methodologische Modell* (2). Ganz im Gegensatz dazu schaut das *übersetzungskritische Modell* (3) vom Translat auf das Original zurück und hebt die Pros und Kontras der gewählten Entsprechungen hervor. Es lebt von der *Retrospektive*. Seine Adepten bewerten translatorische Produkte ohne unbedingt selbst eine bessere Problemlösung parat haben zu müssen. Von ganz anderem Holz ist das vornehmlich *linguistische Modell* (4). Wer es als sein zentrales Thema betrachtet, der fragt fast ausschließlich nach den Regularitäten, die es ermöglichen, dass zwischen den kontrastiven Systemen der Ausgangs- und der Zielsprache *Entsprechungsbeziehungen* aufgedeckt und dann *beschrieben* und *erklärt* werden können. Ist das Interesse des Forschers auf die geistigen bzw. psychischen Prozesse gerichtet, die im Translator bei seiner Tätigkeit bewusst oder unbewusst ablaufen, kann vom *psychologischen Modell* (5) der Translation gesprochen werden. Eine weitere Perspektivierung abstrahiert vom Humanübersetzer und konzentriert sich stattdessen auf *elektronische Modellierung* (6) des translatorischen Geschehens. Damit ist nicht mehr primär nur das automatische Übersetzen mit Hilfe der „Übersetzungsmaschine" (6a) involviert. Mit der zunehmenden Nutzbarmachung des Computers durch den menschlichen Übersetzer entstehen sehr viele, heute immer mehr an Bedeutung zunehmende Zwischenstufen, die als das *Modell des computerunterstützten Übersetzens* (6b) bezeichnet werden, dem es um die vielversprechende Konstruktion translatorischer „software" zur Effektivierung der Arbeit des Translators geht (Neubert 1991, Neubert im Druck [1]).

Mit diesen 6 Modellen sind die *Gegenstände* keineswegs voll erfasst, die aus dem Objektbereich der Translation ausgesondert werden können. Es sind dies sicherlich die dominanten Sichtweisen. Man könnte aber beispielsweise durchaus weitere Modelle konzipieren wie etwa das *ökonomische Modell*, das die Einflussgrößen des Marktes auf das Übersetzen untersucht. Es wäre auch ein *sprachhistorisches Modell* aus den Arbeiten zur Geschichte der Zielsprache ableitbar bzw. mit besonderem Nachdruck überhaupt erst in seinen Grundlinien und seinem Resultat zu formulieren. Auch mit der Einbeziehung der *ästhetischen Perspektive* lassen sich viele immer wieder ins Feld geführte Auffassungen zum literarischen Übersetzen besser erfassen und nicht, wie es oft geschieht, als von der modernen Übersetzungswissenschaft überhaupt nicht betrachtbar, geschweige denn erklärbar generell aussondern.

Wichtiger ist in diesem Gesamtzusammenhang indes, dass alle Modelle nicht *rein* existieren und ihre Anhänger aus guten Gründen immer wieder auch Blicke in „benachbarte" Modellbereiche schweifen lassen. So galt für meinen Weg, dass für mich zwar sehr bald die Dominanz des *Textmodells* feststand, dass aber bis heute auch die Ortung der anderen Gegenstände eine differenzierte Rolle spielte, wobei dieses Ausscheren jedoch in der Regel von mir deutlich vermerkt wurde (Neubert 1996).

Schließlich bewegte mich in den letzten Jahren, etwa seit den 90er Jahren, in immer stärkerem Maß, ob es denn nicht zwischen den mit Gewinn en detail erforschten einzelnen *Gegenständen* einigende oder zumindest übergreifende Verbindungen oder Bande gibt, die die Vision einer allgemeine Theorie der Translation am Horizont erscheinen lassen. Dabei kann die Kombination zunächst in der Amalgamierung nicht unbedingt aller, sondern jeweils einzelner Sichtweisen bestehen. Der erste Versuch in Richtung einer solchen partiellen und letztlich globalen zusammenschau stellt der programmatische Beitrag„ Postulates for a Theory of *Translatio*" (1997) dar. Nicht zufällig geschah dies auf einem interdisziplinären Symposium mit bekannten amerikanischen Psychologen, die dabei aber eine für meine Begriffe recht einsträngige, ja althergebrachte Auffassung von der Translation gegenüber den beteiligten

Übersetzungswissenschaftlern an den Tag legten. Mein Ansatz akzentuierte stattdessen die distinktiven merkmale der Translation generell, die ich unter dem Konzept der *translatio* (englisch für Übersetzen und Dolmetschen, da nur ersteres mit „translation" abgedeckt wird) subsummierte. Engl. *translatio* wie dt. *Translation* bezeichnen ein Besonderes gegenüber den anderen Realisationen der Kommunikation mittels natürlicher Sprache. Es umfasst sechs maßgebliche Parameter, die stets anzutreffen sind, wenn Translation vorliegt: (1) Vermittlung durch einen zweiten Text (*doubling/mediation*), (2) versetzte Reformulierung (*rephrasing at a distance*), (3) dislozierte Situationalität (*displaced situationality*), (4) bilinguale/ multilinguale Intertextualität (*bilingual and multilingual inter-textuality*), (5) abgeleitete Kreativität (*derived creativity*) und schließlich (6) erweiterte pragmatische Gerichtetheit (*expanded pragmatic directedness*).

Es war indes schon drei Jahrzehnte früher, dass ich die Spezifik des Übersetzens in den übergreifenden Zusammenhang der Wissenschaftsentwicklung einzuordnen bemüht war (Neubert 1973). Seit dieser Zeit habe ich mich ständig bemüht, den Radius meines Weges durch das bis heute nicht sehr übersichtliche Gelände der Übersetzungswissenschaft immer den Anforderungen der Praxis anzupassen. Darunter habe ich zuerst die Bedürfnisse der Ausbildung im Hinblick auf den späteren Beruf verstanden. Ausschlaggebend war dabei aber nie eine beschränkte Sichtweise auf die gerade obwaltenden, oft unbefriedigenden Bedingungen der in der Praxis Tätigen. Translatologie hat nur wirklich Wert, wenn sie hilft, durch die Aufdeckung wesentlicher Zusammenhänge des Übersetzungs- und Dolmetschprozesses die Erkenntnisse so zu vertiefen, dass dadurch konkrete Optimierungen in der Praxis, konkret: in der Lehre für die Praxis, in den Blick genommen werden. Akademische Ausbildung verdient ihre Daseinsberechtigung, indem sie den zukünftigen Praktikern effektive Werkzeuge und Verfahren vermittelt. Sie hat ihnen auch einen wissenschaftlichen Kompass mit auf den Weg zu geben, der sie befähigt, ihre ständig neuen und veränderten Aufgaben zu durchschauen, zu analysieren und echte, d.h. praktikable Lösungswege zu erarbeiten.

Auf meinem Weg zur und im Gefolge der Translatologie habe ich meine Aufgabe zunehmend bewusster darin gesehen, einen spezifischen Beitrag zu einem größeren Ganzen zu leisten. Ich wollte mithelfen, dass dem Übersetzen, „einem der wichtigsten und würdigsten Geschäfte im allgemeinen Weltwesen" (Goethe in einem Brief an Carlyle vom 20. Juli 1827), das ihm gebührende Gewicht im Konzert der modernen Wissenschaft zukommt. Dabei ist es mir bis heute ständiges Anliegen geblieben, den Anforderungen an die tägliche Übersetzungspraxis immer einen Schritt voraus zu sein. Nur durch theoretisch fundierten Vorlauf auf dem Feld der Forschung und auf dem Gebiet der Vermittlung an die Praxis können die historisch sich ständig wandelnden und sich global weiter entwickelnden Ausprägungsformen und kommunikativen Funktionen ihren gesellschaftlichen Anforderungen auch in Zukunft gewachsen sein.

Bibliographie (in chronologischer Abfolge)

Neubert, Albrecht (1968): *Grundfragen der Übersetzungswissenschaft*. Fremdsprachen Beiheft 2. Leipzig: Enzyklopädie.

Neubert, Albrecht (1968): Pragmatische Aspekte der Übersetzung. In: Albrecht Neubert (Hg.): *Grundfragen der Übersetzungswissenschaft*, 21-33.

Neubert, Albrecht (1973): Verständlichkeit, Verstehbarkeit, Übersetzbarkeit. In: *Sitzungsberichte der Deutschen Akademie der Wissenschaft* 18. Berlin: Akademie-Verlag.

Neubert, Albrecht (1983): Discourse Analysis of Translation. In: *Proceedings of the XIII [th] International Congress of Linguists*. Tokio 1983. Auch in: *Zeitschrift für Anglistik und Amerikanistik* 31,2.

Neubert, Albrecht (1984): Text-bound translation teaching and the proto-type view. In: Wolfram Wilss/ Gisela Thome (Hg.): *Die Theorie des Übersetzens und ihr Aufschlusswert für die Übersetzungs- und Dolmetschdidaktik*. Akten des Internationalen Kolloquiums der AILA. Saarbrücken 1983. Tübingen:Narr, 61-70.

Neubert, Albrecht (1985): *Text and Translation*. Leipzig: Enzyklopädie.

Neubert, Albrecht/ Erika Gröger (1988, [2]1989): *Handwörterbuch Englisch-Deutsch*. Leipzig: Enzyklopädie.

Neubert, Albrecht/ Erika Gröger ([3]1991): *Großes Handwörterbuch*. München: Langenscheidt.

Neubert, Albrecht (1991): Models of Translation. In: Sonja Tirkkonen-Condit (Hg.): *Empirical Research in Translation and Intercultural Studies*. Selected Paper of the TRANSIF Seminar, Savonlinna 1988. Tübingen: Narr, 17-26.

Neubert, Albrecht & Gregory M. Shreve (1992): *Translation as Text*. Kent, Ohio: Kent State University Press.

Neubert, Albrecht/ Gregory Shreve/ Klaus Gommlich (Hg.) (1993): *Proceedings of the Fifth International Conference on Basic Issues in Translation Studies*. Kent, Ohio: Kent State University Press.

Neubert, Albrecht/ Gregory Shreve (Hg.) (1992-2002): *Translation Studies*. Vol. 1 – 5.

Neubert, Albrecht (1996): Textlinguistics of Translation: The Textual Approach to Translation. In: Marilyn Gaddis Rose (Hg.): *Translation Horizons. Beyond the Boundaries of Translation Spectrum*. Translation Perspectives IX 1996. Binghamton: State University of New York at Binghamton, 87-106.

Neubert, Albrecht (1997): Postulates for a Theory of Translation. In: Joseph H. Danks/ Gregory M. Shreve/ Stephen B. Fountain/ Michael K. McBeath (Hg.): *Cognitive Processes in Translation and Interpreting*, Applied Psychology, vol. 3, Individual, Social, and Community Issues. Seven Oaks, London, New Delhi: Sage Publications, 3-24.

Neubert, Albrecht (2001): Translation in a textual context: a new appraisal. In: Marcel Thelen/ Lewandowska-Tomaszcyk (Hg.): *Translation and Meaning* Part 5. Maastricht: School of Translation and Interpreting, 55-72.

Neubert, Albrecht (2003): Text parameters in the light of translation pragmatics. In: Eva Hajicova/ Petr Sgall/ Annelie Rothkegel/ Dorothea Rothfuß-Bastian/ Heidrun Gerzymisch-Arbogast (Hg.): *Textologie und Translation*. Tübingen: Narr, 189-202.

Neubert, Albrecht (im Druck [1]): Textuelles Übersetzen im Lichte global präsenter Textwelten

Neubert, Albrecht (im Druck [2]): Die Geburt der Pragmatik aus dem Geist der Praxis. In: Ina Müller/ Hans J. Vermeer (Hg.): Festschrift für Heidemarie Salevsky zum 60. Geburtstag. Frankfurt a. M.: Peter Lang.

Postscriptum

Eine sicherlich viel zu freundliche Nachzeichnung meiner Versuche, die Wege durch das zerklüftete Areal der Übersetzungswissenschaft gangbarer zu machen, präsentieren drei Festschriften aus Anlass meines 60,. 65. und 70. Geburtstags:

Jäger, Gert/ Klaus Gommlich/ Gregory M. Shreve (Hg.) (1993): *Text and Meaning*. Kent Forum on Translation Studies. Vol. I. Kent, Ohio: Institute for Applied Linguistics, Kent State University.

Wotjak, Gerd/ Heide Schmidt (Hg.) (1997): *Modelle der Translation, Models of Translation*. Frankfurt a. M.: Vervuert Verlag.

Schmitt, Peter A. (Hg.) (2000): *Paradigmenwechsel in der Translation*. Tübingen: Stauffenburg Verlag.

(Die letzten beiden Bände enthalten Verzeichnisse meiner Veröffentlichungen bis zum Jahr 2000)

Christiane Nord (Magdeburg)

Faszinosum Übersetzen
Einmal Wissenschaft und zurück

1. Vorbemerkung

Was macht eigentlich das Übersetzen so faszinierend, dass jemand davon nicht lassen kann? Ein Text ist aus Sprache A in Sprache B zu übersetzen, ein Übersetzungsauftrag gibt die Richtung an (in der Sprache des Fachs: den Skopos), Wörterbücher, Nachschlagewerke, Paralleltexte, das Internet, Datenbanken, hilfsbereite Menschen, die über die abwegigsten Gebiete Bescheid wissen und die man zur Not anrufen kann, alles ganz normal. Viel Routine. Ein bisschen einsam vielleicht, wenn man nicht gerade im Team übersetzt. Klingt alles nicht besonders aufregend. Aber warum denke ich dann immer nur an das Eine? Daran, wie dieser Text, diese Formulierung, wohl "rüberzubringen" wäre (selbst wenn der Roman, den ich gerade lese, gar nicht übersetzt werden muss, jedenfalls nicht von mir), oder warum ein bestimmter Text todsicher eine Übersetzung sein muss, obwohl es nirgendwo vermerkt ist? Eine unheilbare Krankheit, *déformation professionnelle* nennt man das.

Die folgenden Notizen handeln vom Faszinosum Übersetzen. Sie beginnen mit einem Traum und enden damit, dass dieser Traum, wenn auch ein wenig anders als gedacht, Wirklichkeit geworden ist. Es ist eine Art autobiographisches Zirkelschema (vgl. Nord [1988] [3]1995:36), in dessen Verlauf der Ausgangspunkt zu einem neuen Ziel wird.

2. Berufstraum Übersetzen

"Übersetzerin", das war mein Berufswunsch, solange ich denken kann. Nicht Tierärztin oder Kunstreiterin, vorübergehend kurz Lehrerin, aber dann wieder Übersetzerin. Natürlich literarische Übersetzerin – dass man auch Computermanuals übersetzen kann, wusste man damals noch nicht, und dass Fachtexte oder Lehrbücher auch übersetzt werden (müssen), darüber dachte ich nicht nach. Ich hatte ein großes Vorbild: meine Mutter. Sie hatte 1939/40 am Heidelberger Dolmetscher-Institut Italienisch und Englisch studiert und dann in Rom als Übersetzerin für die deutsche Botschaft gearbeitet, nebenbei aber – und das war natürlich das Interessanteste für mich – ihrem Freund Giaime Pintor, der als Angehöriger der Resistenza sehr jung ums Leben kam, bei seinen Rilke-Übersetzungen geholfen. Schon früh hat sie mir aus ihrer schönen englischen Dickens-Ausgabe *David Copperfield* auf Deutsch "vorgelesen", ohne dass ich das in irgendeiner Weise verwunderlich gefunden hätte – dass man so etwas "vom Blatt übersetzen" nennt, lernte ich erst später.

Auf dem Gymnasium wurde im Englisch- und Französischunterricht natürlich auch übersetzt – aber das war offenbar nicht so eindrucksvoll (weder positiv noch negativ!), dass mir irgendwelche Sternstunden im Gedächtnis geblieben wären. Ich weiß aber noch sehr genau, dass ich Nachmittage lang von den Latein-Hausaufgaben gefesselt war, Cicero besonders, Sallust, und dann Horaz-Oden und Ovid-Metamorphosen, möglichst im Versmaß, je schwieriger, desto besser. Leider habe ich die Ergebnisse dieser Bemühungen nicht aufgehoben, sonst könnte man feststellen, ob ich "funktional" übersetzt habe – aber vielleicht war es auch damals schon so, dass die Faszination vor allem im Tun lag, im Spiel mit Worten und Sätzen, Reim und Rhythmus, in der Herausforderung, das, was im Lateinischen so unnachahmlich elegant klang, auf Deutsch wiederzugeben. Auf jeden Fall wäre es eine retrospektive Projektion zu sagen, dass mir die "Funktion" meines Translats ein Anliegen gewesen wäre. Allerdings gab es häufig Diskussionen mit Lehrern, die der Meinung waren, ich übersetzte "freier als nötig", während ich darauf beharrte, dass die Devise "so treu wie möglich" noch nicht zum gewünschten Ergebnis geführt hätte. Zum Argumentieren fehlte aber das Instrumentarium, denn man schrieb etwa das Jahr 1960, und von Übersetzungswissenschaft war noch nicht die Rede. Aber immerhin brachten meine Lehrerinnen und Lehrer immer so viel Verständnis auf, dass der Berufstraum Übersetzen nie ernsthaft in Gefahr war.

Da das Ziel also schon früh feststand, blieb nur noch über den Weg zu entscheiden: die Sprachenwahl. Zumindest in diesem Punkt wollte ich die Mutter nicht nachahmen. Zusammen mit einer Schulfreundin sammelte ich Sprachen wie andere Leute Briefmarken: Schwedisch, Russisch, auch ein Weilchen Altgriechisch, und dann Spanisch, als einer der ersten "Gastarbeiter", Julio mit Namen, in unserer Heimatstadt an der Volkshochschule einen Kurs anbot. Das war Liebe auf den ersten Blick (natürlich zur Sprache!), und damit war klar: Spanisch sollte es sein, Englisch sowieso.

Spanisch und Englisch mit dem Berufsziel Diplom-Übersetzerin konnte man damals in Germersheim, Saarbrücken und in Heidelberg studieren. Angesichts der familiären Vorgeschichte kam für mich nur Heidelberg in Frage. Eine nette Lehrerin (ebenfalls Heidelberger DI-Absolventin) an der Berlitz-School, wo ich die von Julio vermittelten Grundkenntnisse vertiefte, riet mir, die "neue" Sprache als Hauptfach zu studieren, um den Rückstand gegenüber der Schulsprache besser aufholen zu können. Ein guter Rat, wie sich herausstellen sollte, denn durch das "Hauptfach Spanisch" sind mir in Heidelberg dann die für den hier zu beschreibenden Weg entscheidenden Personen begegnet.

3. Traumberuf Übersetzen lehren

3.1. Sprache lernen, Übersetzen lernen und ein Hauch von Wissenschaft

Es begann am 4. Mai 1963, 10 bis 13 Uhr: Übersetzen, Landeskunde, Sprachkunde, Zimmer 2, DI – d.h. Dolmetscher-Institut Heidelberg, Plöck 50. So steht es noch heute mit Bleistift auf der Titelseite von meinem "Spanischen Lehrbuch auf wissenschaftlicher Grundlage" von Heinermann/Palau, 20. Auflage, München, Hueber Verlag 1960.

Anfängerkurs Spanisch bei Katharina Reiss, denn vor das Übersetzenlernen haben die Götter den Erwerb der nötigen Sprach- und Kulturkompetenz gesetzt. Es war eine harte Schule: "auf wissenschaftlicher Grundlage", das sagte schon alles. Die Zeiten von Superlearning und Kuscheldidaktik waren noch nicht angebrochen. Vielmehr lernte man so nützliche Wörter wie *el céfiro*, der Westwind, und *el meritorio*, der Volontär, und dass Winde, Himmelsrichtungen, Monate und Tage sowie die meisten Berge, Flüsse, Bäume und Zahlen im Spanischen "männlich" sind. Aber dank der von Julio gelegten Grundlagen konnte ich das relativ entspannt überstehen.

Übersetzen lief damit schon parallel und war zunächst eher kontrastive Grammatik, später vor allem kontrastive Stilistik, bei der wir mindestens ebenso viel über unsere Muttersprache wie über das Spanische lernten. "Deutsch ist Ihre erste Fremdsprache!" pflegte Katharina Reiß zu dozieren. Wir fanden das irgendwie befremdlich, aber seit Jahren gebe ich diesen Satz an meine Studierenden weiter. Heute bin ich der Meinung, dass diese kontrastive Stilistik in eine Übersetzungspropädeutik, nicht in den Übersetzungsunterricht selbst gehört, aber dass ich sie für einen unabdingbaren Bestandteil der übersetzerischen Sprach- und Kulturkompetenz halte, kann man inzwischen auch nachlesen (vgl. Nord 2003). Allerdings würde ich auch darauf bestehen, dass der Maßstab für das, was in den beiden kontrastierten Kulturen sprachüblich und situationsgemäß ist, nicht (mehr) allein die Spracherfahrung der Lehrenden sein kann, sondern anhand von Paralleltextkorpora gemeinsam mit den Lernenden erarbeitet werden muss. Aber auch diese Erkenntnis hat etwas mit den neueren Entwicklungen in der (Text-)Linguistik und vor allem in der Übersetzungswissenschaft zu tun. Und natürlich auch damit, dass die Allwissenheit der Lehrenden damals noch nicht zur Diskussion stand... Da war es schon ein großes Privileg, eine Lehrerin vor sich zu haben, die – bei aller Strenge des Anspruchs – ihre Lehrziele glaubwürdig verkörperte. Vielleicht hatte ich auch einfach Glück, dass mein Berufstraum Übersetzen so gewissermaßen Gestalt gewann (viele, um nicht zu sagen, die meisten Texte, die wir im Unterricht übersetzten, hatten zumindest einen Stich ins Literarische!) und ich ein solides Handwerkszeug mit auf den Weg bekam, von dem ich noch heute zehre – selbst wenn von "wissenschaftlicher Grundlage" beim Übersetzenlernen kaum je die Rede war. Aber zumindest war nicht mehr "so treu wie möglich, so frei wie nötig" das einzige Kriterium. Zitate und Beispiele aus Güttingers *Zielsprache* (Güttinger 1963) trugen dazu bei, dass das "Ziel" des Übersetzens in den Blick kam.

"Wissenschaft" kam vor allem, allerdings auch in homöopathischen Dosen, in Form von Sprachwissenschaft vor. Hier war Friedrich Irmen die Persönlichkeit, der ich am meisten zu verdanken habe. *Lexikologie des Spanischen und Portugiesischen* war damals wohl sein eigenes Steckenpferd (etwas später sollte sein portugiesisch-deutsches Wörterbuch erscheinen, vgl. Irmen 1968), und aus meinem Semester haben fast alle Kommilitoninnen und Kommilitonen in ihrer Diplomarbeit "lexikologische Studien" angefertigt. Meine handelte von dem spanischen Verb *corresponder* – und noch heute springen mir die Formen dieses Verbs aus jedem Text als Erstes ins Auge, da ich für mein Beispiel-Korpus alle spanischsprachigen Bücher der Institutsbibliothek – diese bestand damals im Wesentlichen aus einem vielleicht dreißig Quadratmeter großen Raum mit hohen Regal-Wänden und einem fast ebenso großen Balkon, von dem man in einen verwunschenen Garten schaute – von der ersten bis zur letzten Seite auf Stellen mit *corresponder*, *correspondencia* und *correspondiente* durchgekämmt habe. Diese legte ich dann Irmen vor, der seine Sprechstunde in dem ebenso verwunschenen Gartenhaus des verwunschenen Institutsgartens abhielt, und er erklärte mir geduldig, wie man aus den verschiedenen Kontexten die Grundbedeutung und die abgeleiteten Bedeutungen dieses Verbs herausfiltert. Für die jüngeren Leserinnen oder Leser dieser autobiographischen Notizen sei angemerkt, dass es damals weder Kopiergeräte noch natürlich Computer gab, sodass alle Beispielstellen sorgfältig mit der Hand oder auch mit einer (mechanischen!) Schreibmaschine auf Karteikärtchen geschrieben wurden.

Man mag über den Sinn solcher Arbeiten im Rahmen einer Übersetzerausbildung durchaus geteilter Meinung sein, aber wie das Leben so spielt: Man weiß nie, wozu etwas gut ist, und für mich war dies eine strenge Schule philologisch-lexikologischen Arbeitens, die mir viel später bei meiner Dissertation über Neologismen in der modernen spanischen Pressesprache (vgl. Nord 1983) sehr von Nutzen sein sollte. Diese Arbeit entstand übrigens gerade aus der im Übersetzungsunterricht gemachten Erfahrung heraus, dass die Bedeutung von Wörtern, die (noch) nicht in Wörterbüchern stehen, nur durch eine genaue Analyse ihrer Struktur erschlossen werden kann. Dennoch hat mich der Blick auf die Wörter nicht so nachhaltig gefesselt wie der Blick auf die Texte, von dem weiter unten die Rede sein wird.

Die Übersetzungswissenschaft, so wie wir sie heute kennen, war noch in den Kinderschuhen, um nicht zu sagen: in den Windeln. Die bahnbrechenden Werke von Nida (1964) und Catford (1965) waren gerade erschienen, hinter dem Eisernen Vorhang publizierte schon Otto Kade (1965), aber so schnell fanden diese Gedanken ihren Weg nicht an die westdeutschen Universitäts-Institute, an denen Übersetzer und Dolmetscher ausgebildet wurden. Es war die Jahrzehnte vorher ja immer ohne Wissenschaft gegangen. Aber auch in dieser Hinsicht hatte ich besonderes Glück: In einem meiner letzten Semester vor dem Diplom streifte uns in einem Seminar zum Thema "Übersetzungskritik" bei

Katharina Reiss der erste Hauch einer wissenschaftlichen Herangehensweise an das Thema Übersetzen. Wir analysierten zuerst Besprechungen übersetzter Bücher und sollten dann selbst eine Übersetzung mit ihrem Original vergleichen, und zwar – im Gegensatz zu der meist entweder pauschal-unverbindlichen oder in Form von anekdotischer Fehlersuche durchgeführten Bewertung der vorher analysierten Besprechungen – mit einer sachgerechten Argumentation und ggf. einem eigenen Verbesserungsvorschlag. Dabei sollten verallgemeinerbare Kriterien für die Übersetzungskritik erarbeitet werden. Nach ungefähr drei Jahren "Trial and Error" war dies ein entscheidendes Aha-Erlebnis. Über das vielzitierte "Sprachgefühl" hinaus, das man ja entweder hat oder nicht hat und das, wenn man es glücklicherweise zu haben glaubt, dennoch zuweilen in eklatantem Widerspruch zum Sprachgefühl anderer Leute, zum Beispiel der Lehrenden, steht, ließen sich Gründe für oder wider eine bestimmte Übersetzungslösung finden. Auch hierbei spielte die kontrastive Stilistik (und leider, obwohl es sich um gedruckte, meist um literarische Übersetzungen handelte, auch die kontrastive Grammatik!) immer noch eine große Rolle, aber Sprach"gefühl" wurde nicht als unwiderlegbares Argument akzeptiert, sondern musste anhand von Wörterbüchern, Grammatiken, Stilistiken oder anderen Gewährsmaterialien belegt werden. Außerdem kamen aber auch Parameter wie Situations- oder Zeitbezug als Kriterien der Beurteilung ins Spiel. Es war ja kein Zufall, dass Katharina Reiß das Thema Übersetzungskritik für ihr Seminar gewählt hatte – sie arbeitete gerade an ihrem Buch *Möglichkeiten und Grenzen der Übersetzungskritik*, das 1971, also etwa vier Jahre später, erscheinen sollte! Die Art und Weise, wie Katharina Reiss uns dazu brachte, selbst über Kategorien der Übersetzungskritik und damit natürlich auch des Übersetzens zu reflektieren, ohne uns ihre Sicht der Dinge aufzudrängen, hat mich sehr beeindruckt.

3.2. Vom Lernen zum Lehren in 14 Tagen

Mittelbar war dieses Seminar wohl für mich tatsächlich der Anstoß zur wissenschaftlichen Beschäftigung mit dem Übersetzen (immerhin war meine erste Publikation in dieser Disziplin eine Übersetzungskritik, vgl. Nord 1980), vorerst ging es aber zunächst einmal ganz anders weiter.

Als ich im Frühjahr 1967 stolz mein Übersetzer-Diplom in den Händen hielt, bot mir Katharina Reiss eine halbe Stelle als Lektorin am Heidelberger Dolmetscher-Institut an. Und so kam es, dass ich bereits wenig mehr als zwei Wochen nach meinem mündlichen Diplom-Examen vor meiner ersten "Klasse" stand. Die Studierenden waren kaum jünger als ich (manche waren sogar meine ehemaligen Kommilitonen), und an das flaue Gefühl, das mich jedes Mal vor dem Unterricht beschlich, kann ich mich noch sehr gut erinnern.

Es gab ja keine Übersetzungsdidaktik, kaum Theorie oder Methodik, und die einzigen Vorbilder waren die Lehrenden, deren Unterricht mir selbst gut gefallen hatte. An ihnen versuchte ich mich zu orientieren. Aber während Katharina Reiss allein kraft ihrer respekteinflößende Persönlichkeit und ihrer eigenen

Übersetzer-Erfahrung die Zweifel der Schülerinnen zum Schweigen brachte, hatte ich mit meinen knapp 24 Jahren natürlich wenig zu bieten. Ein paar praktische Übersetzungsaufträge nebenher halfen ein bisschen, aber rückblickend muss ich sagen, dass ich nur deshalb einigermaßen erfolgreich über die Runden kam, weil wir noch in der "guten alten Zeit" waren, als die Worte von der anderen Seite des Katheders noch widerspruchslos akzeptiert wurden – auch wenn dort nur eine blutige Anfängerin stand, die ein paar Monate vorher noch selbst Studentin gewesen war. Zwei, drei Jahre später wurde das anders, denn da wurde grundsätzlich nichts mehr unhinterfragt gelassen, aber inzwischen – aus der halben war eine ganze Stelle geworden – hatte ich mich schon in meiner neuen Rolle etwas zurecht gefunden und konnte sogar relativ gelassen damit fertig werden, dass die Studierenden mein penibel vorbereitetes Proseminar "Einführung in die lateinamerikanische Landeskunde" zu einer grundsätzlichen Diskussion über Che Guevara, die kubanische Revolution und ihre unmittelbaren Konsequenzen für die deutsche Hochschule umfunktionierten.

3.3. Textlinguistik und Übersetzen

Eines Tages entfiel bei der Verteilung der Lehrveranstaltungen für das folgende Semester eine neue Aufgabe auf mich: Ich sollte eine Übung zur Textanalyse übernehmen. Auf der Suche nach theoretischen Anhaltspunkten stellte ich verwundert fest, dass die fast ausschließlich wortorientierte Sprachwissenschaft, die wir im Studium kennen gelernt hatten, nach einem kurzen, für das Übersetzen(lehren) relativ unergiebigen Umweg über die Generative Transformationsgrammatik, bei der man durch Bäumchenzeichnen die theoretischen Grundlagen des Übersetzens zu finden hoffte, einer anderen, den gesamten Text in den Blick nehmenden Betrachtungsweise gewichen war. In der Textlinguistik fand ich endlich viele der Argumente, die mir im Übersetzungsunterricht (sowohl auf der lernenden als auch auf der lehrenden Seite des Katheders) immer gefehlt hatten: Kohäsion, Kohärenz, thematische Progression, das waren Begriffe, mit denen man das intuitive "So-klingt-es-einfach-besser" untermauern oder aber auch zurückweisen konnte. Textanalyse und Textproduktion, zunächst in der eigenen, dann auch in der fremden Sprache, das war eine sinnvolle Vorbereitung auf das Übersetzen. Daraus wurde mein erstes "übersetzungswissenschaftliches" Buch (Nord 1988), und dieses Prinzip haben wir später bei der Erarbeitung der Curricula für die Studiengänge an der Hochschule Magdeburg-Stendal in die Praxis umgesetzt. Daher erscheint es nur folgerichtig, dass ich im Wintersemester 2003/2004 wieder einmal die Ausbildung der Erstsemester in übersetzungsorientierter "Textanalyse und Textproduktion" übernommen habe.

Textlinguistik, Textsortenlinguistik und die Erkenntnis, dass sowohl Textualitätskriterien und Verfahren der Textkonstitution kulturspezifischen Normen unterliegen, also die "kontrastive Textologie" (vgl. Hartmann 1980, Spillner 1981), haben aus meiner Sicht maßgeblich zur Entwicklung der heutigen korpusgestützten Translationswissenschaft (vgl. etwa Baker 1993) beigetragen. Meine Habilitationsschrift "Titel, Text und Translation", mit der ich mich 1993 an der Geisteswissenschaftlichen Fakultät der Universität Wien für die Fächer Angewandte Übersetzungswissenschaft und Übersetzungsdidaktik habilitierte (vgl. Nord 1993), kann bereits als Korpusanalyse bezeichnet werden, auch wenn das Korpus – ca. 12.500 deutsche, englische, französische und spanische Buch- und Texttitel – nicht elektronisch, sondern "von Hand" (und, auf den langen Zugfahrten zwischen Heidelberg und Wien, mit Strichlisten!) ausgewertet wurde.

Obwohl die Erkenntnisse der Pragmatik und der pragmatisch orientierten Textwissenschaft ja in Wirklichkeit nicht ganz so neu sind, wenn man bedenkt, dass die Rhetorik der alten Griechen und Römer vieles davon schon enthielt, würde ich sagen, dass die Übersetzungswissenschaft davon beträchtlich pro- fitiert hat. Heutige Studierende, denen dies alles spätestens in ihren "Sprach- wissenschaftlichen Grundlagen" mit auf den Weg gegeben wird, wissen es vielleicht nicht immer gebührend zu schätzen – aber "es klingt besser so" kann man im Übersetzungsunterricht einfach nicht mehr als Argument akzeptieren (und sollte es auch nicht als Begründung gebrauchen).

3.4. Last, but not least: Skopos und Funktion

Als Anfang der 80er Jahre Hans J. Vermeer den Ruf auf die Professur für Allgemeine und portugiesische Übersetzungswissenschaft am Institut für Über- setzen und Dolmetschen der Universität Heidelberg, wie es inzwischen offiziell genannt wurde (im Volksmund konnte das neue Sigel "IÜD" das traditionelle "DI" nicht wirklich verdrängen) annahm, war ein weiteres Aha-Erlebnis vorge- zeichnet. Auf Initiative Vermeers konstituierte sich ein Diskussionszirkel, von Andersgesinnten verächtlich "Vermeers Freitags-Zirkus" genannt, bei dem erstmalig die Lehrenden, vor allem die des Mittelbaus, über das Übersetzen- lehren und die Verbindung von Theorie, Praxis und Didaktik diskutierten.

Hier wurde mir einmal mehr etwas deutlich, was ich schon oft gedacht hatte und was auch immer noch im Wesentlichen zutrifft: Wer heute den Beruf des "Übersetzungslehrers" ergreift, steht im Grunde vor dem gleichen Problem, dem ich mich 1967 gegenüber sah. Nachahmen, was man bei geschätzten Lehrern selbst erfahren hat, Trial-and-Error, und allmählich die Entwicklung eines eigenen Lehr-Stils, sofern nicht das Leben irgendwann andere Wege weist, sind immer noch die Stufen der Übersetzungslehrerausbildung "on the job". Aus diesen Überlegungen heraus entstanden mein übersetzungsdidaktischer Erstling *Textanalyse und Übersetzen* (Nord 1988) und die meisten meiner anderen Publi- kationen. Denn sehr bald stellte sich heraus, dass ich hiermit in eine Lücke gestoßen war, die den Kolleginnen und Kollegen an den weltweit wie Pilze aus dem Boden schießenden Ausbildungsstätten zu schaffen machte (und offenbar noch macht): das Fehlen einer institutionalisierten Ausbildung und einer Didaktik für Lehrende in der universitären Übersetzungsausbildung.

Für eine solche Didaktik, bei der es um die Ausbildung professioneller Sprach- und Kulturmittler geht, erwies sich aus meiner Sicht der funktionale Ansatz als besonders fruchtbar, wie die Kollegen Hönig und Kußmaul in Germersheim bereits 1982 gezeigt hatten (vgl. Hönig/ Kußmaul 1982). "Funktion", das war das Zauberwort, durch das sich plötzlich klären ließ, warum man in der Ausbildung auf die Frage "Wie übersetzt man ...?" je nach Situation verschiedene gute Ratschläge oder bestenfalls die unbefriedigende Antwort "Das kommt drauf an" bekam. Und so kam ich schließlich zu einem Nebenberuf, der mich inzwischen um die halbe Welt geführt hat: "Missionarin" in Sachen Funktionale Translation.

Inzwischen hatte ich herausgefunden, dass das Übersetzenlehren für mich eigentlich ein noch viel schönerer Beruf war als das Übersetzen selbst. Letzteres konnte ich ja immer auch "nebenher" betreiben, was einerseits die Einsamkeit des Übersetzens vermeiden half und andererseits reichlich Material für die Lehre und für die Ausbildung der Lehrenden lieferte. Nach 40 Jahren Übersetzen, Übersetzenlehren und Übersetzenlehren-Lehren bin ich immer noch und mehr denn je davon überzeugt, dass dies mein wirklicher Traumberuf ist.

4. Und immer wieder: Faszinosum Übersetzen

Allerdings hat sich in den letzten acht Jahren das Faszinosum Übersetzen in einer früher nicht geahnten Weise wieder gemeldet, und hier schließt sich gewissermaßen der Kreis. Zunächst die Übersetzung von neutestamentlichen und außerkanonischen frühchristlichen Schriften (Berger/Nord 1999) und dann Übersetzen religiöser Texte aus dem Lateinischen ins Deutsch (Wilhelm von Saint-Thierry 2001 und Nikolaus von Kues 2002, weitere Projekte sind für die kommenden Jahre geplant).

Das Faszinierende an diesen Projekten ist zum Einen, dass das Übersetzen selbst noch immer so viel Spaß macht wie vor 40 Jahren. Das Latein von Wilhelm und dem Kusaner scheint besonders semantisch dem Spanischen schon recht nahe zu sein (immerhin erschien ja die erste spanische Grammatik des Nebrija, auf die spätere sprachpflegerische Aktivitäten immer wieder zurück gegriffen haben, bereits im Jahre 1492), sodass die gymnasiale Sprachkompetenz hier höchst sinnvoll ergänzt wird. Zum Anderen ist es geradezu aufregend, dass die durch wissenschaftliche Untermauerung begründete funktionale Übersetzungsmethode auch bei diesen Projekten anwendbar ist. Damit bereichern die "Fälle" und die Beispiele aus den Übersetzungen die Lehre um eine Facette, die erstaunlicherweise nicht nur bei Philologen und ÜbersetzungslehrerInnen in aller Welt (sei es in Südafrika oder in Chile, in Osteuropa oder in New York) gut "ankommt", sondern sogar bei vielen Studierenden der Magdeburger Hochschule, deren Interesse an Fragen der Religion im Allgemeinen und des Christentums im Besonderen aus historischen Gründen denkbar gering ist.

Ob Fasziniertsein durch Übersetzen erblich ist, hat meines Wissens noch niemand untersucht. Dass es ansteckend ist, möchte ich einfach einmal behaupten: Ich habe mich wenigstens anstecken lassen, und wenn es mir gelungen ist, diesen "Bazillus" ein wenig weiter zu verbreiten, dann soll es mir recht sein.

Literaturangaben

Baker, Mona (1993): Corpus Linguistics and Translation Studies: Implications and Applications. In: Mona Baker/ Francis Gill/ Elena Tognini-Bonelli (Hg.): *Text and Technology: In Honour of John Sinclair.* Amsterdam: Benjamins, 233-250.

Berger, Klaus/ Christiane Nord (1999): Zur Anordnung, Übersetzung und Kommentierung. Historischer, religionsgeschichtlicher, theologischer und übersetzungswissenschaftlicher Überblick. In: *Das Neue Testament und frühchristliche Schriften,* neu übersetzt und kommentiert von Klaus Berger und Christiane Nord. Frankfurt a.M.: Insel Verlag, 11-32.

Catford, J. C (1965): *A Linguistic Theory of Translation.* London: University Press.

Güttinger, Fritz (1963): *Zielsprache.* Zürich: Manesse Verlag.

Hartmann, Reinhard K. K. (1980): *Contrastive Textology. Comparative Discourse Analysis in Applied Linguistics.* Heidelberg: Julius Groos.

Hönig, Hans G./ Paul Kußmaul (1982): *Strategie der Übersetzung.* Tübingen : Narr.

Irmen, Friedrich (1968): *Langenscheidts Taschenwörterbuch der portugiesischen und deutschen Sprache. Teil I: Portugiesisch-Deutsch.* Berlin-München-Wien-Zürich: Langenscheidt.

Kade, Otto (1968): Zu einigen Grundlagen der allgemeinen Übersetzungstheorie. In: *Fremdsprachen* 3, 163-177.

Kues, Nikolaus von (2002): *Über den Frieden zwischen den Religionen.* Lateinisch-Deutsch. Frankfurt/M.: Insel Verlag.

Nida, Eugene A. (1964): *Toward a Science of Translating.* Leiden: Brill.

Nord, Christiane (1980): Die verhinderte Entdeckung der Ana María Matute. In: *Lebende Sprachen* XXV, 2, 82-85.

Nord, Christiane (1983): *Neueste Entwicklungen im spanischen Wortschatz. Untersuchung auf der Grundlage eines pressesprachlichen Korpus.* Rheinfelden: Schäuble.

Nord, Christiane (1988): *Textanalyse und Übersetzen. Theoretische Grundlagen, Methode und didaktische Anwendung einer übersetzungsrelevanten Textanalyse.* Heidelberg: Groos.

Nord, Christiane (1993): *Einführung in das funktionale Übersetzen. Am Beispiel von Titeln und Überschriften.* Tübingen: Francke (= UTB 1734).

Nord, Christiane (2002): *Fertigkeit Übersetzen. Interaktiver Kurs zum Übersetzenlehren und Übersetzenlernen.* Alicante: Editorial Club Universitario.

Nord, Christiane (2003): *Kommunikativ Handeln auf Spanisch und Deutsch. Ein übersetzungsorientierter, korpusgestützer Stilvergleich.* Wilhelmsfeld: Gottfried Egert.

Reiss, Katharina (1971): *Möglichkeiten und Grenzen der Übersetzungskritik.* München: Hueber.

Saint-Thierry, Wilhelm (2001): *Meditationen und Gebete. Lateinisch-deutsch.* Herausgegeben, kommentiert und übersetzt von Klaus Berger und Christiane Nord. Frankfurt/M.: Insel Verlag.

Spillner, Bernd (1981): Textsorten im Sprachvergleich. Ansätze zu einer kontrastiven Textologie. In: Wolfgang Kühlwein/ Gisela Thome/ Wolfram Wilss (Hg.): *Kontrastive Linguistik und Übersetzungswissenschaft. Akten des internationalen Kolloquiums Trier/ Saarbrücken 25.-30.9.1978.* München: Fink, 239-250.

Franz Pöchhacker (Wien)

Fachliche Entwicklung – persönliche Genese

Ein Universitätsstudium zu absolvieren, ohne ein einziges Buch zum Fach gelesen zu haben, ist kaum der ideale Ausgangspunkt für eine wissenschaftliche Laufbahn. Dass sich dieser dunkle Punkt in meiner Vorgeschichte findet, sollte ich daher in meiner akademischen Biographie vielleicht besser verschweigen. Andererseits aber soll meine Wegbeschreibung auch Einblicke in die institutionellen Hintergründe und Entwicklungen bieten, die für die junge Disziplin der Dolmetschwissenschaft prägend waren und sind. Ausgehend vom persönlichen Weg in die (Translations-)Wissenschaft sollen also die folgenden Seiten einige wissenschaftssoziologische Zusammenhänge unseres Faches illustrieren und damit auch meine eigene Positionierung in der translationswissenschaftlichen Teildisziplin Dolmetschwissenschaft nachvollziehbar machen.

Übersetzen und Dolmetschen

Als ich in den frühen achtziger Jahren mein Studium am Institut für Übersetzer- und Dolmetscherausbildung der Universität Wien betrieb, war auch, wie wir heute wissen, die Dolmetschwissenschaft in eine entscheidende Entwicklungsphase getreten. In den Master-Arbeiten von Jennifer Mackintosh und Catherine Stenzl (beide 1983), den frühen Aufsätzen von Daniel Gile und der Sondernummer zum Konferenzdolmetschen im dreißigsten Jahrgang der Zeitschrift *Meta* (30:1, 1985) lagen die Wurzeln für jene Neuorientierung in der wissenschaftlichen Auseinandersetzung mit dem Dolmetschen, die bald danach, anlässlich des internationalen Symposiums zur Konferenzdolmetscherausbildung in Triest zum Durchbruch gelangen sollte. Auch einige Lehrende des Wiener Instituts leisteten damals wichtige Beiträge zur dolmetschwissenschaftlichen Literatur: Hildegund Bühler etwa, die, obzwar nicht praktizierende Konferenzdolmetscherin, dem Dolmetscherstand durch ihren Mann aufs engste verbunden war und einige wegweisende Aufsätze zu Kernfragen der Praxis und Forschung publizierte; und natürlich Ingrid Kurz, die nicht nur Untersuchungen zu den Arbeitsbedingungen von KonferenzdolmetscherInnen durchführte, sondern sich auch besonders ihren historischen Forschungsinteressen widmete. Und doch war von alledem während meiner viereinhalbjährigen Studienzeit nichts zu merken. Mit Ausnahme einer Einführungsvorlesung zu „Grundfragen der Sprachwissenschaft", die von Professor Dressler im Auditorium Maximum des Universitätshauptgebäudes für Studierende sämtlicher Sprachfächer gehalten wurde, waren Wissenschaft und Theorie im Studium kein Thema. In der Studienordnung, die 1972 in Kraft getreten war und dem Institut mehr als dreißig Jahre lang als curriculare Grundlage diente, war zwar eine Vorlesung zur „Übersetzungswissenschaft" („falls angeboten") verankert, doch machten die Institutsgremien von dieser Möglichkeit niemals Gebrauch. Die Ausbildung stand also ganz im Zeichen der sogenannten Praxisorientierung und bestand im wesentlichen aus „Sprachvervollkommnung", dem Erwerb von landeskundlichen Kenntnissen und dem Einüben von Fertigkeiten im Übersetzen und Dolmetschen. Die Lehrenden hatten Sprachbeherrschung, Landeskunde und übersetzerisches Geschick zu vermitteln, aber nicht Wissenschaft zu betreiben. Das Angebot für eifrige Studierende war reichhaltig; das Fehlen von Theorie und wissenschaftlicher Reflexion wurde niemandem als Mangel bewusst.

Sich diese „früheren Verhältnisse" einzugestehen, fällt umso leichter, als sich das Wiener Institut damit wohl kaum von anderen Ausbildungsinstitutionen unterschied, wie sie etwa in der Internationalen Direktorenkonferenz der Übersetzer- und Dolmetscherinstitute (CIUTI) zusammengeschlossen sind. Man könnte für die Wissenschaft am Wiener Institut sogar von einer „Gnade der späten Geburt" sprechen: Durch den Kunstgriff der Universitätsverantwortlichen, das Fehlen der (organisationsrechtlich vorgeschriebenen) Professorenebene am Institut für administrative Zwecke durch die Doppelzuordnung von Ordinarien aus den Philologien zu kompensieren anstatt eigene Lehrstühle einzurichten, blieb dem „Dolmetschinstitut" eine fremddisziplinäre Verwissenschaftlichung und damit auch der vielbeschworene Theorie-Praxis-Konflikt erspart. Hätte es einen solchen damals gegeben, wäre für die am Wiener Institut Sozialisierten, mich eingeschlossen, die Parteinahme für die „Praxis" immer außer Zweifel gestanden.

Solcherart zum Dolmetscher ausgebildet, konnte ich mir dank eines Fulbright-Stipendiums den lang gehegten Wunsch erfüllen, noch einmal für ein Jahr nach Amerika zu gehen, wo ich vor dem Studium ein prägendes Jahr als Austauschstudent verbracht hatte. Um mein Vorhaben auch akademisch zu rechtfertigen, formulierte ich als Ziel des Aufenthalts neben der sprachlich-kulturellen und translatorischen Kompetenzerweiterung auch die Recherche für eine mögliche Doktorarbeit zum Thema „Dolmetscherausbildung" – dem einzigen Thema, mit dem ich, wenn auch nur praktisch, einigermaßen vertraut war. Ingrid Kurz hatte im Unterricht einige Male Beiträge aus der Fachliteratur (wie z.B. das frühe Plädoyer von Nancy Schweda Nicholson für den Einsatz von Videoaufnahmen im Konsekutivdolmetschunterricht) als Ausgangsmaterial für Dolmetschübungen verwendet und damit sicherlich ein gewisses einschlägiges Interesse geweckt. So wollte ich also meinen postgradualen Aufenthalt an der Division of Translation and Interpretation des Monterey Institute of International Studies in Kalifornien unter anderem für das nützen, wofür es im Diplomstudium weder Zeit noch Notwendigkeit gegeben hatte – das Lesen von Fachliteratur.

Lesen und Denken

Wer die Halbinsel Monterey und das weitere kalifornische Umland kennt, weiß, dass man dort keineswegs dazu verleitet wird, sich in eine Bibliothek zurückzuziehen. Aber die zum Thema Dolmetschen verfügbaren Bücher (die es natürlich allesamt auch in Wien gegeben hätte), gekoppelt mit dem Anreiz, die Beschäftigung mit ihnen als Studienleistung (1 *credit*) angerechnet zu bekommen, ließen mich gerne in die Lektüre eintauchen. Im Rahmen meines sogenannten *directed study*-Projektes überließ mir die zuständige Betreuerin, Ine van Dam, eine Kopie der Doktorarbeit von Barbara Moser, die einige Jahre lang als Institutsleiterin in Monterey gewirkt hatte. Diese interdisziplinär orientierte Dissertation, die 1976 an der Universität Innsbruck vorgelegt worden war, erwies sich als idealer Ausgangspunkt für eine breit angelegte kognitionswissenschaftliche Erkundung des Dolmetschprozesses, die sich von Eric Lennebergs biologischen Grundlagen der Sprache bis zu Roger Schanks Gedächtnismodellen aus der KI-Forschung erstreckte. War auch in Monterey selbst nur wenig Literatur aus dem Bereich *Cognitive Science* verfügbar, wurde doch alles von Bibliothekarin Ann Flower ebenso bereitwillig wie effizient per Fernleihe beschafft. So las ich mich durch einen stets nachwachsenden Stapel von Fachartikeln zum Thema *Language Processing* und versuchte, sie so gut es ging zu verdauen.

Neben der reichhaltigen kognitionswissenschaftlichen Kost gab es aber auch noch anderen Nährstoff für die eigene Reflexion. Und wiederum war es gleichsam Import aus der Alten Welt, der mir in Monterey den Einstieg in eine völlig neue fachliche Dimension ermöglichte. Heidrun Gerzymisch-Arbogast, die damals für ein Jahr am Monterey Institute unterrichtete, machte mich mit ebensoviel Begeisterung wie Geduld mit dem Heidelberger Funktionalismus bekannt. Die Lektüre der *Grundlegung* von Reiß und Vermeer war für den (translations)theoretisch kaum Vorbelasteten ein großer Schritt, und so bedurfte es einiger intensiver Gespräche (meist im zufällig so genannten *Viennese Coffee Shop* in Downtown Monterey), bis ich mich für die Theorie vom Skopos zu erwärmen begann. Dem engen Kontakt mit Heidi, meiner Mentorin in Monterey, verdanke ich neben dem theoretischen Pfingsterlebnis auch tiefe Einblicke ins wissenschaftliche Arbeiten – etwa als Augenzeuge im Kampf gegen die Abgabefrist für einen Beitrag in einem Sammelband – und in die strukturellen Bedingungen und Möglichkeiten des Universitätsbetriebs. Sie war es auch, die mich als erste zu einer wissenschaftlichen Karriere anregte. Während eines sommerlichen Besuchs in Heidelberg versuchte sie, passenderweise bei einem Spaziergang auf dem Philosophenweg, meine Skepsis mit den Worten zu zerstreuen: „Aber stell Dir vor – die bezahlen Dich fürs Denken!"

Wieder in Monterey, wo ich meinen Aufenthalt um ein „Praktikumsjahr" verlängern konnte, wurde ich erst einmal fürs Unterrichten bezahlt. Das zuvor erstandene, fast noch druckfrische Werk zur *Textanalyse* von Christiane Nord erwies sich als wertvolle Hilfe bei der Unterrichtsgestaltung und festigte mich ganz allgemein in meiner skopostheoretischen Grundhaltung. Fast schon hätte sich der Schwerpunkt meines Forschungsinteresses in Richtung Translationstheorie und Übersetzungsdidaktik verlagert, als ich im Oktober 1988 zur ATA-Konferenz nach Seattle fahren konnte und dort richtungweisende Impulse erhielt. In der Sektion zum Thema „Dolmetschdidaktik und –theorie" bot ein gewisser Daniel Gile einen Forschungsüberblick zum Konferenzdolmetschen. Gile (1988) verband seine Warnung vor den komplexen Anforderungen experimenteller Prozessforschung mit dem Hinweis darauf, dass das Forschungsfeld des Konferenzdolmetschens kaum systematisch beackert worden sei und man auch mit einfachen Methoden der systematischen Datenanalyse gute Ergebnisse erzielen könne. Diese Botschaft nahm ich mit Erleichterung und Begeisterung auf und mit nach Hause. Und als ich einige Zeit später in einem Team mit Ine van Dam und Barbara Moser-Mercer bei einer Diskussionsveranstaltung dolmetschte, die wir alle als besondere Herausforderung erlebten, reifte in mir der Entschluss, den für Protokollzwecke angefertigten zweikanaligen Audiomitschnitt (Original und Verdolmetschung) einer systematischen Beschreibung und Analyse zu unterziehen. Dass der Veranstalter einer solchen wissenschaftlichen Auswertung seine Zustimmung versagte, machte dieses Vorhaben fürs erste zunichte.

Als ich die Rückkehr nach Wien antrat, hatte ich zwar kein konkretes Dissertationsthema, aber doch einen breiten, wenn auch nicht sehr kohärenten Überblick über die Literatur. Dank Heidi Gerzymisch wusste ich auch, dass es bei der Schaffung eines neuen Lehrstuhls, wie sie am Wiener Institut 1989 im Gange war, auch Assistentenstellen zu besetzen geben könnte. Erste Kontakte mit Mary Snell-Hornby, die den Ruf nach Wien bekommen hatte und im Herbst 1989 ihren Dienst antrat, verliefen sehr positiv. Obwohl ich ihre Frage, ob es mir ernst damit sei, mich nach Abschluss der Promotion zu habilitieren und eine Professur anzustreben, recht ausweichend und unbedarft beantwortete, gab mir Mary Snell-Hornby ihr Vertrauen – und die (vorerst auf vier Jahre befristete) Stelle.

Basis und Vernetzung

Vor meinem Dienstantritt Ende 1989 kehrte ich kurz in die USA zurück, um auf der 30. Jahrestagung der American Translators Association in Washington einen noch in Monterey ausgearbeiteten Aufsatz zur neueren Theoriebildung im deutschsprachigen Raum vorzutragen. Im Anschluss an mein Referat, mit dem ich mich gleichsam als „Dolmetscher" der Skopostheorie in Amerika versuchte, bescherte mir UN-Dolmetscher Sergio Viaggio ein denkwürdiges Erlebnis, das überaus treffend die Bedeutung von Fachtagungen für die wissenschaftliche Sozialisierung und Vernetzung illustriert. Kaum hatte sich ein gewisser Herr Neubert (damals bereits an der Kent State University) zu Beginn seiner Wortmeldung namentlich vorgestellt, erschallte es aus Sergios Munde mit ungläubiger Begeisterung: „*You*'re Professor Neubert? *The* Professor Neubert?" – Wäre ich von ähnlich südländischem Temperament wie unser theoriebegeisterter UN-Kollege, der bald danach vom UNO-Hauptsitz in New York als Chefdolmetscher nach Wien übersiedelte, ich hätte nicht nur in Washington, sondern vor allem einige Monate später, bei Mary Snell-Hornbys Antrittsvorlesung in Wien, immer wieder in solche Ausrufe verfallen müssen.

Einladungen zur feierlichen Antrittsvorlesung der ersten (und nach wie vor einzigen) Lehrstuhlinhaberin für Übersetzungswissenschaft an der Universität Wien waren Anfang 1990 nicht nur an die primären Adressaten vor Ort verschickt worden, sondern auch an FachkollegInnen im Ausland wie Hans Vermeer, Justa Holz-Mänttäri, Christiane Nord, Hans Hönig und Paul Kußmaul. Frau Snell-Hornby war nicht weniger überrascht als ich, als viele von ihnen tatsächlich den Weg nach Wien auf sich nahmen, um bei der offiziellen Geburtsstunde des Faches am Wiener Institut dabei zu sein. Bei dieser Gelegenheit wurde ich den illustren Gästen, die ich bis dahin nur von Büchern kannte, als Assistent vorgestellt, der im Rahmen der funktionalen Translationstheorie zum Simultandolmetschen arbeiten wollte. Dass mich Hans Vermeer sogleich einlud, in seinem Seminar in Heidelberg über mein Vorhaben zu referieren, verursachte so etwas wie eine Initialzündung. Mit einer Mischung aus Bangigkeit und Begeisterung stürzte ich mich in die kritische Auseinandersetzung mit translationstheoretischen Konzepten und ihrem Aufschlusswert für die Analyse des Simultandolmetschens. Mein Auftritt in Heidelberg, bei dem ich auch Heidemarie Salevsky kennenlernte, muss viel Unbedarftes an sich gehabt haben, wurde aber durchaus wohlwollend und freundlich aufgenommen. Hans Vermeer wollte die schriftliche Fassung meiner „Überlegungen" sogar in seiner Zeitschrift *TEXTCONTEXT* veröffentlichen und ermöglichte mir damit die erste Publikation zu meinem eigenen Ansatz (Pöchhacker 1991).

Dem Ausflug nach Heidelberg folgte bald darauf jener ins dänische Helsingör zur ersten *Language International*-Konferenz von Cay Dollerup. Mit einigem Krampf hatte ich dafür mein bis dahin vorliegendes theoretisches Modell in den thematischen Rahmen der Dolmetschdidaktik gezwängt (Pöchhacker 1992). Damit lag ich zwar bei dieser breit gefächerten Zusammenkunft sicher nicht gerade im Trend, lernte aber doch zahlreiche KollegInnen kennen, die damals, Anfang der neunziger Jahre, die Aufbruchstimmung im Fach teilten. Unter anderem gab es ein Wiedersehen mit Daniel Gile, der in recht kaustischer Weise auf mein theoriebetontes Referat reagierte: „Should we first open a bank account or start earning the money?" Der solcherart metaphorisierte Konflikt zwischen Theorie und Empirie in der Dolmetschwissenschaft sollte mich noch einige Zeit beschäftigen, erwies sich aber letztlich als eine sehr produktive Dialektik (Pöchhacker 1994). Dementsprechend entwickelte sich zwischen Daniel und mir ein freundschaftliches Spannungsverhältnis, dem ich entscheidende Anregungen für meine wissenschaftliche Arbeit verdanke. In der engen Zusammenarbeit im Rahmen der 1992 in Wien gegründeten Europäischen Gesellschaft für Translationswissenschaft (EST) und bei zahlreichen anderen

Gelegenheiten für ein gemeinsames Engagement wurde Daniel in den neunziger Jahren zum wichtigsten Begleiter auf meinem fachlichen Weg. Von ihm mit Skepsis und von mir mit Optimismus betrachtet, entwickelte sich in jenen Jahren die Dolmetschforschung über diverse Zugänge zu dem, was Miriam Shlesinger (1995, 9) als „(sub)discipline in the making within a discipline in the making" charakterisierte. Dass ich einige Jahre später Gelegenheit hatte, gemeinsam mit Miriam dieser Sichtweise der Dolmetschwissenschaft als einer durchaus eigenständigen translationswissenschaftlichen (Teil-)Disziplin Ausdruck und Gestalt zu verleihen, bedeutete für mich einen Höhepunkt in der Entwicklung des breit konzipierten Faches. Die ebenso intensive wie harmonische Koproduktion des *Interpreting Studies Reader* (Pöchhacker/Shlesinger 2002) schenkte nicht nur der jungen Disziplin ein identitätsstiftendes Standardwerk, sondern auch mir eine Weggefährtin, der ich ungeachtet geographischer Distanzen kaum enger verbunden sein könnte.

Forschung und Entwicklung

Rund ein Dutzend Jahre waren vergangen, seit ich, von Wien nach Monterey ausgezogen und wieder zurückgekehrt, die ersten zaghaften Schritte auf meinem (dolmetsch)wissenschaftlichen Weg gesetzt hatte. Heidi Gerzymisch hatte mir in mancher Hinsicht die Richtung gewiesen, und Mary Snell-Hornby hatte durch ihr Engagement für die Förderung des wissenschaftlichen Nachwuchses in Wien jenes Umfeld geschaffen, in dem eigenständige Forschung und fachliche Vernetzung gedeihen konnten. Dank einer festen Stelle an der Universität (vorbehaltlich fachlicher Bewährung) und der Möglichkeit, an zahlreichen internationalen Tagungen teilzunehmen und rege Kontakte mit KollegInnen zu pflegen, wurde vieles Wirklichkeit, was ich mir als frisch diplomierter Konferenzdolmetscher nicht einmal hätte erträumen können.

Seit den späten achtziger Jahren hatte auch die wissenschaftliche Auseinandersetzung mit dem Phänomen Dolmetschen eine eindrucksvolle Entwicklung erfahren. Nicht mehr nur im traditionellen Zentrum in Paris, sondern in Triest, Prag, Turku, Århus, Heidelberg, Granada und an vielen anderen Orten der Welt kam in den neunziger Jahren eine Dynamik in Gang, mit der das Fach allmählich eine kritische Größe erreichte (vgl. Pöchhacker 1995). Nicht zuletzt dank Daniel Giles engagiertem Bemühen um Austausch und internationale Vernetzung und den verstärkten Beziehungen zwischen der länger etablierten Konferenzdolmetschforschung und den neueren Dolmetschsparten im kommunalen Bereich konnte die Basis und Infrastruktur der Dolmetschwissenschaft stark verbreitert werden. Dass der Einstieg ins Fach für Studierende und PraktikerInnen durch Bücher wie den *Interpreting Studies Reader* und meine „Einführung in die Dolmetschwissenschaft" (Pöchhacker 2004) nunmehr ungleich leichter ist als noch vor eineinhalb Jahrzehnten, gibt einigen Grund zur Hoffnung. Wenn die institutionellen und personellen Grundlagen für qualitativ hochwertige Forschung gesichert und weiter ausgebaut werden können, braucht uns um die weitere Entwicklung des Faches nicht bang zu sein.

Literaturangaben

Gile, Daniel (1988): An Overview of Conference Interpretation Research and Theory. In: Deanna Lindberg Hammond (Hg.): *Languages at Crossroads. Proceedings of the 29th Annual Conference of the American Translators Association.* Medford NJ: Learned Information Inc., 363-371.

Pöchhacker, Franz (1991): Einige Überlegungen zur Theorie des Simultandolmetschens. In: *TEXTCONTEXT* 6 (1), 37-54.

Pöchhacker, Franz (1992): The Role of Theory in Simultaneous Interpreting. In: Cay Dollerup/ Anne Loddegaard (Hg.): *Teaching Translation and Interpreting: Training, Talent and Experience.* Amsterdam/ Philadelphia: John Benjamins, 211-220.

Pöchhacker, Franz (1994): *Simultandolmetschen als komplexes Handeln.* Tübingen: Gunter Narr.

Pöchhacker, Franz (1995): "Those who do...": A Profile of Research(ers) in Interpreting. In: *Target* 7 (1), 47-64.

Pöchhacker, Franz (2000): *Dolmetschen. Konzeptuelle Grundlagen und deskriptive Untersuchungen.* Tübingen: Stauffenburg.

Pöchhacker, Franz (2004): *Introducing Interpreting Studies.* London/ New York: Routledge.

Pöchhacker, Franz/ Shlesinger, Miriam (Hg.) (2002): *The Interpreting Studies Reader.* London/ New York: Routledge.

Shlesinger, Miriam (1995): Stranger in Paradigms: What Lies Ahead for Simultaneous Interpreting Research? In: *Target* 7 (1), 7-28.

Erich Prunč (Graz)

Kontinuitätsbrüche

Eigentlich wollte ich immer schon wissen, wie es die anderen gemacht haben. Sie wurden alle durch ihre Kindheit für ihre spätere wissenschaftliche Karriere vorgeprägt, wurden in die richtige(n) Sprachgemeinschaft(en) geboren, haben schon in der Adoleszenz die relevante Literatur gelesen, sind von einer renommierten Universität zur anderen gezogen, haben bei den Berühmtheiten ihres Faches studiert und haben konsequent am wissenschaftlichen Opus in „ihrem" Fach gearbeitet. Nichts von alledem trifft bei mir zu.

Geboren als zwölftes Kind in eine Großfamilie mit bäuerlichem Kleinstbesitz, rotznasiger Hirtenbub, der als Ministrant durch den Headhunter erster Klasse, die katholische Kirche, die Chance erhielt, in ihre Talenteschmiede, das *seminarium minor* in Tanzenberg, aufgenommen zu werden. Studieren war in den 50er Jahren im rauen Süden Kärntens für einen Angehörigen der slowenischen Minderheit noch synonym mit Pfarrerkarriere. Doch es kam anders. Die Talenteschmiede, in der ich gemeinsam mit Florjan Lipuš und Gustav Januš, zwei zeitgenössischen Kärntner slowenischen Autoren, meine ersten Komplexe eingeimpft erhielt, entwickelte ihre dialektische Dynamik. Ich war einer jener Bauernlümmel, die sich – wie Peter Handke in seiner *Wiederholung*[1] schildert – zusammenrotteten, um in ihrer slowenischen Muttersprache miteinander zu sprechen, später eine Literaturzeitschrift herauszugeben, sie heimlich zu drucken, subversive Strategien des ideologischen Selbstschutzes zu entwickeln und dennoch vom klassischen Bildungstyp mit acht Klassen Latein, fünf Jahren Griechisch und einer soliden Allgemeinbildung zu profitieren. Englisch, und das erwies sich erst viel später als Handicap, musste da zu kurz kommen. In der Siebenten dann der große *crash*. Wir hatten den Bogen überspannt. *Consilium abeundi* und Schulwechsel knapp vor Schulschluss.

In der neuen Umgebung, am humanistischen Gymnasium in Klagenfurt, mehrfach stigmatisiert – sozial, ethnisch und ideologisch – blieb ich unter meinen bürgerlichen (groß)deutschen Klassenkameraden stets ein Fremder. Der Kärntner Minderheitenkonflikt schwelte bereits. Am neu gegründeten Bundesgymnasium für Slowenen wuchs die zweite Nachkriegsgeneration von Intellektuellen heran, die im Gegensatz zu uns bereits einen säkularen Bildungsweg durchlaufen konnte. Die soziale und ideologische Differenzierung der Minderheit begann. Die Visionen über den Emanzipationsprozess, in den wir eingebunden waren, waren unterschiedlich. Wir, die alten, flüchteten uns in die Literatur und setzten auf die radikale Erneuerung des kulturellen Lebens, sie, die jüngeren, wussten mit der Diskriminierung bereits politisch umzugehen.

---

[1] Peter Handke: *Die Wiederholung*. Frankfurt/M: Suhrkamp 1986.

Ich war trotz aller Revolte noch zu sehr von Tanzenberg geprägt, um mich ideologisch wirklich freizuspielen. Deshalb der Versuch, den vom sozialen Milieu vorgezeichneten Weg wieder aufzunehmen und ins *seminarium maior* zu gehen. Hier, in der provinziell verengten und simplifizierenden Indoktrinationsmühle musste es zum endgültigen, mit einer großen demonstrativen Geste durchgeführten Bruch kommen. Nach einem Semester trat ich aus. Was prägend blieb, war die Aversion gegen alle rigiden und repressiven Ideologien, die zwanghafte Lust, daran zu kratzen und dagegen zu revoltieren. Lipuš' *Zögling Tjaž*[2] steht exemplarisch für unsere Grundstimmung und unsere Schicksale.

Das Slawistikstudium in Graz war zunächst eine Verlegenheitslösung. Sie ermöglichte es mir als Quereinsteiger, ohne Semesterverlust weiterzustudieren und die Zweisprachigkeit optimal umzusetzen. Das konservative Slowenische erwies sich als ausgezeichnete Basis zur Erlernung weiterer slawischer Sprachen. Dies ließ mich das Studium spielend bewältigen und gab genügend Freiraum für Literatur und Theater.

Während der Stipendienaufenthalte in Ljubljana die Konfrontation mit einem anderen, ebenso rigiden ideologischen System. Der Eiserne Vorhang hatte in den 60er Jahren noch nichts von seiner Schwere verloren. Einvernahmen der Gaststudenten durch den Sicherheitsdienst, die UDBA, zählten zur Normalität. Erschreckend, wie er jedes Detail über uns wusste. An der Universität gab es kaum eine Vorlesung ohne ideologische Scheuklappen, zu den christlichen Feiertagen wurden demonstrativ Pflichtlehrveranstaltungen angesetzt (Dialektik der ideologischen Kurzsichtigkeit: Gerade dadurch machte man das „Opium der Religion" attraktiv). Lediglich in der Literatur begann das Dogma des Sozialistischen Realismus bereits brüchig zu werden. Halb im Untergrund, halb öffentlich und geduldet, entstand eine Literatur, die allmählich mit den europäischen Strömungen gleichzog. Zum ersten Mal in meinem Leben hatte ich durch das relativ hohe Auslandstipendium ausreichend Geld. Ich war hungrig nach slowenischen Büchern, las und kaufte alles, was es zu dieser Zeit auf dem Markt gab, und schrieb. Ein Lyrikband entstand wie in einem Atemzug. Er sollte mein einziger bleiben, mein Abschied von der Literatur. Übersetzungen slowenischer Autoren, die ich aus Ljubljana mitbrachte, stießen in der Grazer Literaturszene, im berühmten Forum Stadtpark, auf lebhaftes Echo. Der unbekannte Nachbar jenseits des Eisernen Vorhanges begann, ein neues Gesicht zu bekommen, frei von ideologischen und historischen Belastungen, ästhetisch ansprechend.

Der Weg in die Wissenschaft ergab sich wie von selbst. Als „Muttersprachler" war ich aufgrund meiner praktischen Sprachkenntnisse meinen Slawistenkollegen, die erst an der Universität eine slawische Sprache erlernen mussten, natürlich weit voraus. Vergleichende Grammatik, Altkirchenslawisch und eine faktographisch kompilative, nach so genannten Einflüssen suchende in ihrem Wesen kolonialistische Literatur- und Geistesgeschichte bildeten den

[2] Florjan Lipuš: *Der Zögling Tjaž*. Aus dem Slowenischen von Peter Handke zusammen mit Helga Mračnikar. Salzburg/ Wien: Residenz-Verlag 1981.

Kern des Faches[3]. Erst am Ende des Studiums hörte ich zum ersten Mal Termini wie Struktur, Morphem oder Phonologie, Namen wie Saussure, Trubetzkoy und Jakobson. Doch dann ging es sehr rasch. In der Slawistik wurden die Prager Strukturalisten und die russischen Formalisten rezipiert, in der Allgemeinen Linguistik wurde Chomsky zum Abgott. Doch das waren bereits die späten 60er Jahre.

Die 68er Revolte nahm ich eher am Rande wahr. Ich war noch zu sehr mit existentiellen Problemen beschäftigt. Doch die radikale Kritik repressiver Systeme und Ideologien ließ wiederum meine aus Tanzenberg ererbte Grundhaltung ins Zentrum des Denkens rücken. Der Minderheitenkonflikt in Kärnten begann zu eskalieren, bis er 1972 im Ortstafelsturm explodierte. In der Solidaritätsbewegung, die sich auf die Seite der Minderheiten warf, traf ich nun den Kern der 68er. Ein heftiges Engagement in der Minderheitenpolitik folgte und band für einige Zeit die Kräfte.

Außerhalb Kärntens liefen die Uhren anders. Die Öffnung der Grenze zu Jugoslawien, die Intensivierung der Wirtschaftskontakte und die aktive Nachbarschaftspolitik öffneten in den 70-er Jahren einen neuen Markt für die „kleinen", insbesondere die südosteuropäischen Sprachen. Als Gerichtsdolmetscher hatte ich bereits in der Studienzeit ein Zubrot verdienen können. Nun wurde der Einsatzbereich breiter. Die Professionalisierung der Dolmetschleistungen für Sprachen wie Slowenisch, die bisher in der akademischen Dolmetscherausbildung nicht angeboten wurden, war ein Gebot der Stunde. Mehr oder minder zufällig fiel mir die Aufgabe zu, für die 1978 gegründete Arbeitsgemeinschaft Alpen-Adria[4] einen Dolmetsch- und Übersetzungsdienst aufzubauen. Ein durchaus einträgliches, aber kräfteraubendes Amphibiendasein als aktiver Dolmetscher und Wissenschafter begann.

In der österreichischen Slawistik zeichnete sich ein Paradigmenwechsel ab. Soziolinguistik, Sprechakttheorie und Textlinguistik wurden aktuell. Man begann die Minderheitensprachen zu entdecken. Ein Forschungsgebiet, wie geschaffen für meine Dispositionen. Ein groß angelegtes Projekt zur Erforschung der Kärntner slowenischen Dialekte wurde gestartet. Ich hatte das Forschungskonzept zu entwickeln, die operative Leitung zu übernehmen. Die Zeit drängte. Auch das Kärntner Slowenische blieb, wie alle Dialekte, von den Auswirkungen der Urbanisierung nicht verschont. Der Prozess der Germanisierung war unaufhaltbar. „Dokumentieren und publizieren" war die saloppe Devise. Eine Form musste gefunden werden, die es ermöglichen würde, klassische dialektologische Fragestellungen mit soziolinguistischen Aspekten zu

---

[3] Signifikant dafür z.B. Josef Matl: *Europa und die Slaven.* Wiesbaden: Harrasowitz 1964.

[4] Die *ARGE Alpen- Adria* ist eine Organisation der Regionalregierungen Südösterreichs, Norditaliens, Westungarns und der heute selbständigen Republiken Nordjugoslawiens, vgl. http://www.alpeadria.org/.

kombinieren. Der *Thesaurus der slowenischen Volkssprache*[5] sollte ein Referenzwerk werden, das versucht, die Entwicklung der Kärntner slowenischen Dialekte in ihrer aktuellen Dynamik, einschließlich der Phänomene der zunehmenden Systemlabilität und der deutsch-slowenischen Interferenzen im Wortschatz, festzuhalten.

Mit der Habilitation, der kritischen Edition und der Wortschatzanalyse eines slowenischen Vorromantikers, war das philologische Arbeitsfeld abgesteckt. Ein Jahr danach, 1989, bot sich die Möglichkeit, mein Amphibiendasein zu beenden. Ich hatte die Wahl, in der Slawistik zu bleiben und nach Tübingen zu gehen oder Graz nicht zu verlassen und die neu gegründete Lehrkanzel für Übersetzungswissenschaft zu übernehmen. Die Herausforderung einer neuen Wissenschaft, die Möglichkeit Theorie und Praxis miteinander zu verbinden, wogen schwerer als der Ruf an eine große Universität.

Die Ziele, die es in der neuen Disziplin zu erreichen galt, waren klar: die wissenschaftliche Infrastruktur aufzubauen, die Lehre auf eine wissenschaftliche Basis zu stellen und die Translationswissenschaft als selbstständiges Fach in der akademischen Gemeinschaft zu etablieren. Aus der Slawistik konnte ich Einiges an Handwerklichem und Konzeptuellem mitnehmen. Vor allem den Funktionalismus der Prager Schule. Ein Kontinuitätsbruch in meiner wissenschaftlichen Arbeit war jedoch unvermeidbar. Die slawistischen Projekte blieben ein Torso. In der Fakultät war ein Zweifrontenkrieg gegen einen unreflektierten Praktizismus und die gezielt geschürte Angst vor der „Verwissenschaftlichung" beim alteingesessenen Lehrpersonal des Instituts einerseits, gegen die Vorurteile und die manchmal schwer zu ertragende herablassende Hybris der etablierten Disziplinen andererseits zu führen. Dazu die organisatorische Belastung durch den Ausbau des Institutes. An kontinuierliches wissenschaftliches Arbeiten war jahrelang nicht zu denken.

Der Terminus *Translation* schien auch für mich zunächst gewöhnungsbedürftig. Doch dann erkannte ich die Chance, dem neuen historisch unbelasteten Begriff eine Definition zu unterlegen, die wesentlich weiter war als der traditionelle Begriff des Übersetzens und Dolmetschens, und so einen kohärenten Objektbereich zu konstruieren, der alle relevanten Tätigkeiten einer (professionell) vermittelten transkulturellen Kommunikation abdecken kann. Die Skopostheorie bot aus meiner Sicht nicht nur die Möglichkeit, bei Konzepten der Prager Funktionalisten, die von der deutschen Translationswissenschaft kaum rezipiert worden waren, anzuknüpfen, sondern auch praxisorientierte Modelle translatorischer Entscheidungsprozesse zu entwickeln. Was wir als TranslatorInnen vor dem Hintergrund philologischer und strukturalistischer Äquivalenzmodelle nur mit schlechtem Gewissen getan hatten, konnte mit Hilfe der Skopostheorie

---

[5] Stanislaus Hafner/ Erich Prunč et al.: *Thesaurus der slowenischen Volkssprache in Kärnten.* Schlüsselband und Band I: 1982, Band II: 1987, Band III: 1992, Band IV: 1994. Wien: Verlag der Österr. Akademie der Wissenschaften (= Österreichische Akademie der Wissenschaften, Philosophisch-historische Klasse, Schriften der Balkankommission, Sonderpublikation).

argumentativ stringent begründet werden. Was ihr zu Beginn vielleicht fehlte, waren eine tiefere historische, die soziale und die ideologiekritische Dimension. Die *Descriptive Translation Studies* und die *Manipulation School* boten eine fruchtbare Ergänzung. Das Fach begann an Kontur zu gewinnen. Die Paradigmen wechselten in immer kürzer werdenden Abständen. Die Vielfalt wissenschaftlicher Meinungen und das Erscheinen von Handbüchern und Nachschlagewerken zur Translationswissenschaft sind ein deutlicher Hinweis darauf, dass die Disziplin in ihre reife Phase getreten ist.

Persönlich begann ich mich zusehends für die moralischen und politischen Aspekte von Translation zu interessieren. Die Integration des Gebärdensprachdolmetschens und des *Community Interpreting* in die regulären Curricula waren Teilziele, durch deren Verwirklichung nicht nur aktuellen Tendenzen im Handlungsfeld Translation Rechnung getragen, sondern auch die sozialpolitische Funktion translatorischen Handelns unterstrichen werden sollte. Die Rolle der Translation bei der Konstruktion der Kulturen innerhalb der Habsburgermonarchie scheint mir ein Arbeitsfeld zu sein, auf welchem sich die österreichische Translationswissenschaft profilieren können wird. Für mich wäre eine solche Aufgabe umso reizvoller, als sie mir die Möglichkeit böte, die vielen Torsi, die sich auf meinem wissenschaftlichen Lebensweg angesammelt haben, wieder zu einer Einheit zu fügen und die Brüche zu kitten.

Bibliografie

Prunč, Erich (1997): Translationskultur. In: *TexTconTexT* 11 (= NF 1), 99-127.

Id. (1997): Skopostypologie. In: Nadja Grbić/ Michaela Wolf (Hg.): *Text – Kultur – Kommunikation. Translation als Forschungsaufgabe. Festschrift aus Anlaß des 50jährigen Bestehens des Instituts für Übersetzer- und Dolmetscherausbildung.* Tübingen: Stauffenburg, 33-52.

Id. (2001): „Quod licet Iovi…". In: *TexTconTexT* 15 (= NF 5/2), 165-179.

Id. (2002): Version und Autoversion der Gedichte von Gustav Janusch. In: Klaus Amann/ Fabjan Hafner (Hg.): *Worte. Ränder. Übergänge. Zu Gustav Januš.* Klagenfurt/ Wien: Ritter Verlag, 90-126.

Id. (2003): *Einführung in die Translationswissenschaft*, Bd. 1: Orientierungsrahmen. 4., unveränderte Auflage. Graz: ITAT (= GTS – Graz Translation Studies 3).

Id. (2003): Óptimo, subóptimo, fatal: reflexiones sobre la democracia etnolingüística en la cultura europea de traducción. In: Dorothy Kelly et al. (Hg.): *La direccionalidad en traducción e interpretación: perspectivas teóricas, profesionales y didácticas.* Granada: Editorial Atrio, 67-89.

Katharina Reiß (München)

Wie ich unversehens eine Übersetzungswissenschaftlerin wurde

Kürzlich schrieb mir ein wohlwollender Zeitgenosse, ich kennte ja wohl „meine Rolle" in der deutschen Übersetzungswissenschaft. Dazu kann ich nur folgendes sagen: seit einiger Zeit hat man mir so oft versichert, eine Rolle gespielt zu haben, daß ich es nun fast glauben muß. Heute bin ich zwar überzeugte Übersetzungswissenschaftlerin, darf hingegen versichern, daß ich nie bewußt und gezielt Übersetzungswissenschaftlerin werden und Übersetzungswissenschaft betreiben wollte. Als ich anfing, mich intensiv mit dem Übersetzen zu befassen (in den späten vierziger Jahren), existierte meines Wissens dieser Begriff noch gar nicht. Ich wuchs nach und nach ganz unversehens in diese „Rolle" hinein. Und das kam so:

Eigentlich bin ich eine Kriegsgewinnlerin. Im Oktober 1944 hatte ich gerade meine Diplom-Prüfung am Dolmetscher-Institut der Universität Heidelberg bestanden, da reisten, angesichts der näherrückenden Front, alle spanischen Lektoren in ihre Heimat zurück. Die Studenten wurden dienstverpflichtet. Nur wer nach dem Wintersemester 44/45 sein Examen ablegen wollte, durfte noch weiter studieren. Aber auch dafür brauchte man ja noch Lehrkräfte. Während die beiden Kommilitoninnen, die gleichzeitig mit mir ihr Examen gemacht hatten, sofort zum gefürchteten SD (Staatssicherheitsdienst) eingezogen wurden, blieb mir dieses Schicksal erspart, weil ich aufgrund meines guten Examens als „Assistentin" in der spanischen Abteilung des DI eingestellt wurde. Mit Begeisterung ging ich an meine neue Aufgabe, konnte auch noch gerade im März 1945 beim letzten Examenstermin mitwirken – dann kam das Kriegsende. Die Universität mußte ein Jahr lang schließen. Als dann aber im SS 1946 die Studien wieder aufgenommen werden konnten, arbeitete auch ich – nach erfolgter „Entnazifizierung" – weiter als Assistentin in der Spanischen Abteilung, zuständig für Grammatik, Landeskunde und – Übersetzen aus dem Spanischen.

Das Übersetzen hatte mich schon immer fasziniert, und sobald es wieder Bücher und Zeitschriften (nicht nur in der Bibliothek) zu lesen gab, begann ich alles zu lesen, was sich mit dem Übersetzen befaßte. Viel war das zu Anfang wahrlich nicht. Und was es gab, war zum Teil so disparat und einander widersprechend, daß bei mir die Faszination – aber auch der Frust – ständig wuchsen. Besonders die Rezensionen von Übersetzungen (in Zeitungen und Zeitschriften) weckten meinen angeborenen Widerspruchsgeist. Entweder wurde überhaupt nicht berücksichtigt, daß es sich jeweils um Übersetzungen handelte, oder aber es wurden nichtssagende „Noten" verteilt: kongenial übersetzt, die Übersetzung läßt zu wünschen übrig etc.pp. – und dies alles ohne jegliche Begründung.

Derweil sammelte ich jahrelang im Übersetzungsunterricht so meine eigenen Erfahrungen und machte mir meine eigenen Gedanken. Aber dann „mußte" ich promovieren, um weiterhin als Lehrkraft am Dolmetscher-Institut arbeiten zu können. Neben einem sechzehn-Wochenstunden-Unterrichtsdeputat begann ich also Philologie zu studieren (Fächer: Spanisch, Portugiesisch, Neuere Geschichte, Geographie). Meine Dissertation durfte ich auf spanisch schreiben, da sich die Universität Oviedo (an der Leopoldo Alas, „Clarín", gelehrt hatte, ein unter Franco verfemter Autor, mit dessen Werk sich meine Arbeit befaßte) an der Publikation der Arbeit interessiert zeigte.

Nach der Promotion wandte ich mich wieder vor allem der Lehrtätigkeit zu, las weiterhin alles, was mir zur Frage des Übersetzens zugänglich wurde und begann, in meiner freien Zeit selbst aus dem Spanischen zu übersetzen (Kurzgeschichten, Novellen, Romane, Sachbücher, Essays, die zum Teil auch publiziert wurden). Die bei eigener Übersetzungspraxis gemachten Erfahrungen sind m.E. unverzichtbar für jeden, der sich mit der Theorie des Übersetzens befassen will – schon damit er davor bewahrt wird, theoretische „Luftschlösser" zu bauen. Neben der aus der Übersetzungspraxis gewonnenen Erfahrung gab dann den entscheidenden Anstoß zur systematischen Befassung mit theoretischen Fragen die Unterrichtspraxis. Die Studenten hatten sich inzwischen gründlich verändert. Während sie bisher Korrekturen ihrer Übersetzungen (im Unterricht und in Klausurarbeiten) fraglos hingenommen hatten, begannen sie nun Fragen zu stellen: warum ist das falsch? wieso soll das so und nicht anders übersetzt werden? etc. Man mußte also Argumente und Begründungen finden, sie glaubhaft und überzeugend darlegen – eine glänzende „Schulung".

Im Jahre 1965 war ich Leiterin der Spanischen Abteilung des Heidelberger DI geworden, und nun oblag es mir, Oberseminare abzuhalten – ein unumgänglicher, aber auch willkommener Anlaß, die Probleme des Übersetzens und der Übersetzungen systematisch „aufzuarbeiten", theoretische Grundlagen zu erarbeiten, die vorhandene – inzwischen schon ziemlich umfangreiche – Literatur zu diesem Themenbereich kritisch zu sichten und auszuwerten.

Inzwischen hatte sich die Situation an der Heidelberger Universität und (durch vom Berliner Otto-Suhr-Institut eingeschleuste radikale Studenten) insbesondere auch am Dolmetscher-Institut ständig zugespitzt. Die Spanische Abteilung konnte ich aus den Auseinandersetzungen fast ganz heraushalten, war aber als Abteilungsleiterin im Institutsrat trotzdem damit konfrontiert. Vor lauter „Sitzungen", die fast immer bis in die Nacht hinein dauerten, kam man kaum noch dazu, die eigene Arbeit vorzubereiten und ordentlich durchzuführen. Eine schwere Erkrankung brachte mir ein Semester Beurlaubung. Dann sagte mein Arzt zu mir: „Entweder Sie trennen sich von „Ihrem" Institut oder ich sehe Sie spätestens in drei Monaten wieder." Das wurde der Anlaß zu meinem Wechsel an das Seminar für Romanische Philologie der Universität Würzburg im Jahre 1970.

Nach – wenn man die Studienzeit mit einbezieht – fast dreißig Jahren fiel mir der Abschied von „meinem" Institut ungeheuer schwer. In dem halben Jahr, das (dank St. Bürokratius) zwischen meinem Weggang aus Heidelberg und der Aufnahme meiner neuen Tätigkeit in Würzburg verging, versuchte ich, meinen Abschiedsschmerz damit zu therapieren, daß ich den Stoff meines letzten

Oberseminars (zur Übersetzungskritik) sichtete, ordnete, durcharbeitete und schriftlich niederlegte. So entstand das Bändchen „Möglichkeiten und Grenzen der Übersetzungskritik. Kategorien und Kriterien für eine sachgerechte Beurteilung von Übersetzungen", das vom Münchner Hueber-Verlag publiziert wurde. Es wurde eine Art Best- und Longseller, vielfach – auch in Auszügen, u.a. ins Russische, Türkische, Chinesische und Spanische – und dann, im Jahre 2000 vollständig ins Englische (schlecht) und ins Französische (vorbildlich) übersetzt. Daß ich mit diesem „Abschiedsgruß aus Heidelberg" einen dicken Stein ins Wasser geworfen hatte, der so weite Kreise ziehen sollte, war mir damals durchaus nicht bewußt, denn das „Kreiseziehen" zog sich über viele Jahre hin.

Neben meiner Lehrtätigkeit in Würzburg schrieb ich weiter Artikel und Aufsätze – die Thematik ließ mich eben nicht los –, hielt Vorträge auf Kongressen (insbesondere denen der GAL = Gesellschaft für Angewandte Linguistik), bei denen ein reger Gedankenaustausch mit inzwischen vielen Kollegen möglich wurde, und wurde dann nach und nach auch von zahlreichen ausländischen Universitäten zu Vorträgen und Seminaren eingeladen.

Auf einem der Kongresse bekam ich eines Tages das Angebot zur Habilitation in Angewandter Sprachwissenschaft (mit Spezialgebiet Übersetzungswissenschaft), die – über den Fachbereich Angewandte Sprachwissenschaft der Universität Mainz in Germersheim – an der Universität Mainz erfolgte. Nach dem damals geltenden rheinland-pfälzischen Hochschulgesetz wurde mir mit der Habilitation der Titel Professor verliehen.

Von da an – wenn ich mich recht erinnere – wurde ich immer öfter als Übersetzungswissenschaftlerin apostrophiert, begann mich selbst aber erst in den folgenden Jahren als solche zu betrachten, während ich zusätzlich zu meiner Tätigkeit in Würzburg allwöchentlich in Germersheim einen Lehrauftrag wahrnahm und mich – vor allem auch aufgrund der anregenden förderlichen Zusammenarbeit mit H. J. Vermeer – immer intensiver mit übersetzungswissenschaftlichen Themen auseinandersetzte.

Inzwischen hat sich die Übersetzungswissenschaft (Translatologie), nachdem dies in einer ganzen Anzahl anderer Länder beispielgebend bereits geschehen war, auch in Deutschland, gegen mancherlei Vorurteile und vordergründige „Bedenken", als eigenständige akademische Disziplin durchgesetzt, die ihre eigenen Forschungsziele und Methoden entwickelt und einen eigenen Rahmen geschaffen hat, in dem sie sich beweisen kann (Vgl. K. Reiß: Was heißt und wozu betreibt man Übersetzungswissenschaft. In: Wiener Vorlesungen, Universitätsverlag Wien, 1995, [2]2000) und den sie durchaus noch ausweiten und überschreiten kann.

Auswahlbibliographie

Aufsätze

Texttypen, Übersetzungstypen und die Beurteilung von Übersetzungen. In: *Lebende Sprachen* 3 (1977), 97-110.

Rezension zu J. Stackelberg, Weltliteratur in deutscher Übersetzung, in: *Göttingische Gelehrte Anzeigen* 3/4, (1979), 259-277.

Der Übersetzungsvergleich. Formen – Funktionen – Anwendbarkeit. In: Kongreßberichte des Internationalen Symposions über Kontrastive Linguistik und Übersetzungswissenschaft. München: Fink 1981, 311-319.

Übersetzungstheorien und ihre Relvanz für die Praxis. In: *Sprache* 1 (1986), 1-5.

Ortega y Gasset, die Sprachwissenschaft und das Übersetzen. In: *BABEL* Nr. 4 (1986), 202-214.

Textverstehen aus der Sicht des Übersetzers. In: *Übersetzen. Theorie und Praxis*. Atti del Convegno Internazionale „Tradurre, teoria ed esperienze". Bozen 1987, 131-135.

Von Kaninchen, Vögeln und Bandwürmern oder – Übersetzen, was heißt das eigentlich? In: *FLuL*, Sonderheft Übersetzen, (1988), 52-61.

Bücher

Möglichkeiten und Grenzen der Übersetzungskritik. München 1971, [2]1978, [3]1984 (=hueber hochschulreihe 12).

Texttyp und Übersetzungsmethode. Der operative Text. Kronberg/Ts. 1976; Groos: Heidelberg [2]1983, [3]1993.

(mit H. J. Vermeer): *Grundlegung einer allgemeinen Translationstheorie*. Tübingen: Niemeyer 1984, [2]1991.

Grundfragen der Übersetzungswissenschaft, Wiener Vorlesungen. Wien: Universitätsverlag 1995, [2]2000.

Irmgard Rieder (Innsbruck)

Translation als Umweg

Das Phänomen der „Mehrsprachigkeit" prägte bereits meine frühe Kindheit. Ich wuchs in einem Geschäftshaushalt auf, wo neben der einheimischen Innsbrucker Mundart auch der Dialekt des Tiroler Unterlands und Schwäbisch gesprochen wurde und immer wieder Gelegenheiten auftraten, sich auch mit weiteren Varianten der deutschen Sprache auseinanderzusetzen. So war mir bereits als Fünfjährige klar, dass unsere Marillen bei manchen Leuten Aprikosen heißen, dass „Wiener" unsere „Frankfurter" sind und Graubrot, rote Beete, Blumenkohl, Brötchen und Sahne bei uns eben als „Halbweißes", Rohnen, Karfiol, Semmeln und Rahm verkauft werden und ich amüsierte mich darüber, dass manche Leute Paradeiser, Fisolen und „Patatti" sagten, wenn sie Tomaten, Bohnen und Kartoffeln meinten.

Diese frühe Konfrontation mit verschiedenen „Sprachen" bzw. Dialekten löste bei mir allerdings kein gesteigertes Interesse für Sprachen aus, ich galt während meiner gesamten Schullaufbahn als mathematisch besonders begabt und interessierte mich – als eine der wenigen an unserer reinen Mädchenschule – für Sport und Technik.

Bei der Studienwahl ergaben sich allerdings Probleme mit „meinen" Fächern. Sport, Mathematik und evtl. Physik fielen für mich aus, da mir von allen, die ich dazu befragte, bestätigt wurde, dass man als Mädchen mit diesen Fächern nur Lehrerin werden könne. Und genau das wollte ich nicht. Für den Bereich Technik wurden die Aussichten für Mädchen höchstens im Bereich technisches Zeichnen gesehen, was mir nicht unbedingt erstrebenswert erschien und wozu mein zeichnerisches Talent vermutlich auch nicht gereicht hätte.

Als Kompromiss entschied ich mich dann für das Studium der Übersetzer- und Dolmetscherausbildung, von dem ich mir erhoffte, dass es mir – über den „Umweg" Fremdsprache – die Beschäftigung mit verschiedenen interessanten Wissensbereichen ermöglichen würde.

Die Studienordnung aus dem Jahre 1946, nach der ich mein Studium absolvierte, sah die Ausbildung in einer Fremdsprache und einem Sachfach vor, eine zweite Fremdsprache, die man uns dringend empfahl, musste als zweites Studium im vollen Stundenausmaß absolviert werden. Da der Studienabschluß als Diplom-Dolmetscher in nur einer Sprache nach 7 Semestern möglich war und ein Doktorat nur an den Philologien erworben werden konnte, wurden die Absolventen auch nicht als vollwertige Akademiker eingestuft. Die Institute waren reine Ausbildungsinstitute und hatten auch keine Professuren, sondern einen zugeordneten Gremialvorstand, der in unserem Fall aus einem Romanisten und einem Anglisten bestand sowie einen Direktor, der neben seiner Lehrtätigkeit für die Verwaltung des Instituts zuständig war. Neben Lehrveranstaltungen zu Landeskunde, Sprachvervollkommnung und Sprachmittlung waren Vorlesungen zu den Fächern Berufskunde, Sprachwissenschaft und Internationale Organisationen sowie den gewählten Sachfächern vorgesehen, von denen aber nur die Berufskunde am Institut (vom Direktor) angeboten wurde. Alle anderen Vorlesungen hörten wir an den jeweiligen Instituten, wo wir auch den einzigen Kontakt zu „echten Professoren" hatten.

Dass diese Konstellation nicht unbedingt dazu angetan war, den Forschergeist in den Studierenden zu wecken und sie anzuregen, sich mit dem Hintergrund der im Studium erlernten Tätigkeit zu befassen, liegt auf der Hand. So ist es sicher auch verständlich, dass unser Direktor, der als einziger Lehrer am Institut auch für uns ersichtlich großes Interesse an der damals noch nicht generell als eigenständige Wissenschaft angesehenen Übersetzungswissenschaft hatte, ziemlich vergeblich versuchte, uns neben der Pflichtlektüre von Mounin und Güttinger zur Lektüre weiterer einschlägiger Werke oder Artikel zu bewegen.

So schloss ich, wissenschaftlich weitgehend unbeleckt, mein Studium ab, erwarb damit dank der damals in Österreich durchgeführten Vereinheitlichung der akademischen Grade den neu eingeführten Grad „Magister der Philosophie" und trat meine erste Stelle als Übersetzerin und Sachbearbeiterin für Auslandspatente in einem Patentanwaltsbüro an. Ich glaubte, damit meinen Traumjob gefunden zu haben, der mir eine meiner Ausbildung entsprechende Tätigkeit mit Schwerpunkt Technik und Naturwissenschaft bot.

Nach relativ kurzer Zeit wurde mir allerdings klar, dass Patentschriftfloskeln und die Verwendung möglichst umfassender Begriffe (um eine eventuelle Einschränkung des Patentumfangs zu vermeiden) längerfristig wenig Abwechslung boten, denn Patentschriften unterscheiden sich nur minimal, egal ob sie sich auf Tellerminen, Stanzgeräte für Sauger von Babyfläschchen oder Einrichtungen zur Markierung von Skipisten beziehen.

Eine Stellenausschreibung für Mitarbeiter an einem Wörterbuchprojekt beim Collins-Verlag in Glasgow bot mir die Möglichkeit, dem Patentwesen den Rücken zu kehren und ich übersiedelte für ein Jahr nach Schottland. Dort lernte ich im Rahmen eines nach damaligem Stand neuen Konzepts der Wörterbucherstellung die hohe Kunst der Lexikographie, was meinen translatorischen Horizont wesentlich erweiterte. Die Auswahl der in das Wörterbuch aufzunehmenden Austriazismen, die mir als einziger Österreicherin am Projekt zufiel, schärfte mein Bewusstsein für die Eigenheiten des österreichischen Deutsch.

Nach diesem Ausflug in die Welt der Wörter kehrte ich nach Innsbruck zurück und trat eine halbe Vertragsassistentenstelle an meinem ehemaligen Ausbildungsinstitut an. Zwar war in der Zwischenzeit eine neue Studienordnung in Kraft getreten, die das Studium von zwei Fremdsprachen und eine wissenschaftliche Grundausbildung einschließlich Diplomarbeit, also ein Vollstudium vorsah, doch die personelle Besetzung und die Einstellung zur Wissenschaft hatten sich nicht geändert und die Tätigkeit der vier halbtägig beschäftigten „Assistentinnen" beschränkte sich auf Verwaltung und Bibliotheksdienste. Die wissenschaftliche Grundausbildung mussten sich die Studierenden nach wie vor an anderen Instituten „beschaffen". Über Lehraufträge waren auch die Assistentinnen in die Lehre integriert, allerdings war keine entsprechende didaktische Ausbildung vorgesehen und auch nicht gegeben.

In den nächsten zehn Jahren erfolgte ein langsames Herantasten an verschiedene Bereiche der Translationswissenschaft, wenn auch im Wesentlichen in beratender Funktion. Nach dem plötzlichen Tod unseres Direktors Dr. Gottfried Reitinger war ich für Organisation und Koordination des Prüfungswesens zuständig und somit sehr oft erste Ansprechpartnerin der Studierenden bei den Überlegungen zur Wahl eines Diplomarbeitsthemas sowie eines entsprechenden Betreuers. Da das Institut noch immer ohne eigene Professur war, gestaltete sich diese Beratung oft ziemlich schwierig. Immer wieder berichteten die Studierenden über wenig motivierende Aussagen der Betreuer ihrer Diplomarbeiten, die ihnen mangelndes Wissen in vielen Bereichen der Sprachwissenschaft vorwarfen, aber selbst oft nicht bereit waren, auf translationsrelevante Aspekte in den Arbeiten einzugehen. Diese ungünstige Situation war an allen drei österreichischen „Dolmetsch"-Instituten gleich, aber erst Ende der Achtziger Jahre entsprach das Ministerium der immer wieder vorgebrachten Forderung der Institute, die im Studienplan vorgesehene wissenschaftliche Ausbildung der Übersetzer und Dolmetscher durch eigene Professoren und nicht nur durch gelegentliche Gastprofessuren abdecken zu lassen, und so wurden endlich Lehrstühle eingerichtet und in den Jahren 89 und 90 auch besetzt.

Frau Prof. Schmid, die erste Inhaberin des Lehrstuhls in Innsbruck, begann ihre Tätigkeit im März 1990 und bemühte sich, möglichst rasch einen funktionierenden Wissenschaftsbetrieb am Institut einzurichten. Durch neue Stellen in der Verwaltung konnte der Großteil der administrativen Tätigkeiten von den Assistentinnen an diese Kräfte übergeben werden und auf zwei neuen Assistentenstellen wurden 1993 und 1994 die ersten „hauseigenen" Translationswissenschaftler promoviert. Auf der Suche nach einem eigenen Arbeitsbereich bot sich mir der Bereich Terminologie besonders an. Einerseits brachte ich mit meiner lexikologischen „Vergangenheit" und einem 1977 abgelegten Schnupperpraktikum bei Ingo Hohnhold und Karlheinz Brinkmann vom Sprachendienst Siemens München, das mir erste Erfahrungen mit TEAM, einem der ersten Terminologieverwaltungsprogramme bescherte, etwas Vorwissen und einschlägige Erfahrung mit, und andererseits konnte ich das in langjähriger Übersetzertätigkeit erarbeitete Fachwissen in vielen Bereichen von Technik, Wirtschaft und Sport vor allem bei der Vorbegutachtung von terminologischen Diplomarbeiten gut nutzen. Der zunehmende Einsatz von Computern in der Verwaltung, für Übersetzungen und bei der Erstellung von Diplomarbeiten kam meinen technischen Interessen durchaus entgegen. Ich bin allerdings bis heute Anwenderin geblieben und wollte immer nur die Logik der Programme kennen, mich aber nicht mit Details der Programmierung beschäftigen. Die Entwicklung des Bereichs Terminologie zum Forschungsschwerpunkt bot mir die Gelegenheit, an der Konzeption des Innsbrucker Terminologieverwaltungsprogramms TERM und am Aufbau der Terminologiedatenbank des Instituts mitzuarbeiten. In ersten Kontakten mit der „Terminologenszene" lernte ich nicht nur die erste Terminologengeneration der Schwesterninstitute in Deutschland und der Schweiz, sondern auch die leitenden Mitarbeiter der Terminologiedienste der Europäischen Gemeinschaft und verschiedener großer Konzerne kennen und konnte Einblicke in die verschiedenen Methoden und Anwendungen von Terminologiearbeit gewinnen.

Neben der Terminologie befasste ich mich auch immer wieder mit anderen Bereichen der Übersetzungswissenschaft – vor allem im Bereich Berufskunde und Curriculumforschung. Im Zuge der vorbereitenden Arbeiten für eine Novellierung der Studienordnung, die sich auf Grund der Entwicklungen in den Berufsprofilen und im Umfeld der Sprachmittlung als notwendig erwies, führte ich eine Umfrage unter den Absolventen der Studienrichtung durch, die einerseits Informationen über die Beschäftigungssituation liefern sollte und eine kritische Auseinandersetzung mit dem bestehenden Studienplan bzw. dem „konsumierten" Lehrangebot darstellen sollte. Die Ergebnisse entsprachen teilweise den Erwartungen – zu Beginn des PC-Zeitalters stand damals bei vielen der frisch in die Praxis entlassenen Absolventen der Wunsch nach EDV-Ausbildung am Institut im Vordergrund, manche Wünsche – wie z.B. mehr Landeskunde in der zweiten Fremdsprache – waren eher überraschend, und ein generelles Unbehagen bezüglich der theoretischen Fundierung der eigenen Tätigkeit – vor allem empfunden im Umgang mit der Unbedarftheit vieler Auftraggeber und Vorgesetzter über die Tätigkeit des Translators – zeigte auf, dass im Bereich der theoretischen Grundlagen durchaus ein gewisses Manko festgestellt wurde.

Als eine Änderung des Dienstrechts im Zuge des UOG 1993 meine vagen Gedanken an eine Dissertation plötzlich sehr konkret werden ließ, stellte sich zunächst die Frage der Themenwahl. Nach längerem Abwägen der Umstände und des Umfelds in den für mich möglichen Bereichen Terminologie, Fachsprache und Fachübersetzung sowie Berufskunde entschloss ich mich, das mir aus langjähriger – teilweise leidvoller – Erfahrung als Übersetzerin und Dolmetscherin bei internationalen Sportveranstaltungen und Verbands- und Komiteesitzungen hinlänglich bekannte Phänomen des Umgangs der „Sportwelt" mit Sprache näher unter die Lupe zu nehmen. Ich wählte das in der Sprachmittlung eher selten erwähnte und auch vielfach nicht als „wirklich ernstzunehmend" angesehene Fachgebiet, weil es mir die Möglichkeit bot, die vielen verschiedenartigen Erfahrungen, die ich im Lauf von mehr als zwei Jahrzehnten zu den verschiedensten Aspekten der Verbindung von Sport und Sprache gesammelt hatte, Revue passieren zu lassen, sie zu strukturieren und vielleicht einige Punkte aufzuzeigen, die längerfristig zu einer Verbesserung des Ansehens der – vor allem geschriebenen – Sprache im Sport führen könnten.

Da der Bereich Sport und Sprache bis dahin hauptsächlich vor dem Hintergrund der Sprache der Sportreportage behandelt worden war, fand ich mich mit der Behandlung der Sprache im Sport als Fachsprache der Sportler, Trainer, Funktionäre, Sportwissenschaftler und Hersteller bzw. Vertreiber von Sportgeräten im Neuland, was den Vorteil hatte, nicht an Ähnlichem gemessen zu werden, aber auch den Nachteil, auf nichts Einschlägiges zurückgreifen zu können. Die Betreuung der als interdisziplinär eingestuften Arbeit erfolgte durch Prof. Annemarie Schmid als Übersetzungswissenschaftlerin und Prof. Günther Mitterbauer als Sportwissenschaftler, was mir auch einen Einblick in die mir weniger bekannten Methoden der Forschung und wissenschaftlichen Arbeit in einem den exakten Wissenschaften nahe stehenden Fach verschaffte. Die Arbeit mit zwei Betreuern aus verschiedenen Fächern förderte auch mein Bewusstsein für die verschiedenen Ansätze zur Bearbeitung eines Themas. Während der Arbeit ergaben sich immer wieder Aspekte, deren nähere Untersuchung mich interessiert hätte, was aber aufgrund des vorgegebenen Rahmens nicht sinnvoll erschien. Einige davon konnte ich inzwischen als Diplomarbeitsthemen an interessierte Studierende vergeben.

Eine weitere Möglichkeit, „mein Steckenpferd zu reiten", ergab sich vor etwa einem Jahr, als das Organisationskomitee für die Winteruniversiade 2005 in Innsbruck gegründet wurde und seine Absicht erklärte, eng mit den Tiroler Universitäten und Fachhochschulen zusammenarbeiten zu wollen, da eine frühzeitige Einbeziehung von Lehrenden und vor allem von Studierenden in die Vorbereitung und letztlich auch die Durchführung dieser internationalen Sport-großveranstaltung ihren Erfolg als „Veranstaltung von, mit und für Studierende aus aller Welt" gewährleisten kann. Im Rahmen der Zusammenarbeit wurden im WS 02/03 von den Teilnehmern einer Lehrveranstaltung die Richtlinien des Internationalen Studentensportverbands für die Austragung von Universiaden ins Deutsche übersetzt und im SS wurde das Projekt „Terminologie der Universiade", die Erarbeitung der Terminologie der Wettkampforganisation für die Universiade-Sportarten in den Sprachen Deutsch, Englisch, Französisch und Italienisch im Rahmen von terminologischen Diplomarbeiten beschlossen und die Vorarbeiten begonnen.

Zusammenfassend würde ich sagen, dass sich hier der Kreis zu schließen beginnt. Auch wenn ich mich bei der Studienwahl aus sehr pragmatischen Gründen von den „mir auf den Leib geschnittenen" Fächern abwandte, boten mir die Sprachmittlung und in ihrer Folge auch die Translationswissenschaft durchaus die Möglichkeit, mich – zwar vor anderem Hintergrund und von anderer Warte – mit diesen Fächern zu befassen und damit indirekt auch zu ihrer weiteren Entwicklung beizutragen.

Publikationsliste

Internationale Regelwerke – eine wenig beachtete Textsorte im Sport. Text-linguistische und terminologische Untersuchung der deutschen und englischen Regelwerke von Sportarten mit Bezug zum alpinen Raum. Dissertation Univ. Innsbruck, 2000.

Terminologische Aktivitäten am Institut für Übersetzer- und Dolmetscherausbildung der Universität Innsbruck. In: R. Arntz/ F. Mayer/ U. Reisen (Hg.): *Geistiges Eigentum an Terminologien.* Deutscher Terminologie-Tag e.V., Kongreßakten, Köln 1992, 99-103.

Sprachmittlerausbildung in Österreich – Einige Wünsche offen. In: ÖHZ (Österreichische Hochschul-Zeitung) 3/92, 22-23.

Was will der Markt – was bietet die Ausbildung. In: E. Fleischmann/ W. Kutz/ P. A. Schmitt (Hg.): *Translationsdidaktik. Grundfragen der Übersetzungswissenschaft.* Tübingen: Gunter Narr Verlag 1997, 193-196.

Das österreichische Deutsch aus der Sicht des Sprachmittlers. In: *Terminologie & Traduction* 2/97, 155-174.

Terminologiearbeit im Neuland. In: P. Holzer/ C. Feyrer (Hg.): *Text – Sprache – Kultur. Festschrift zum 50 jährigen Bestehen des Institut für Übersetzer- und Dolmetscherausbildung der Universität Innsbruck.* Frankfurt/Main: Peter Lang Verlag 1998, 173-184.

Wozu brauchen wir das? – Probleme bei der Sensibilisierung von Nicht-Linguisten für Terminologie. In: Wilfried Wieden/ Andreas Weiss/ Andreas Schachermayer (Hg.): *Internationale Wirtschaftsbeziehungen: Mehrsprachige Kommunikation von Fachwissen – 24. Jahrestagung der IVSW* (Internationale Vereinigung Sprache und Wirtschaft). Göppingen: Kümmerle Verlag 1999, 65-74.

Sport – (k)ein Thema für Sprachmittlerausbildung und –praxis? In: Eberhard Fleischmann/ Peter A. Schmitt/ Gerd Wotjak (Hg.): *Translationskompetenz.* Tagungsakten der LICTRA 2001, VII. Leipziger Internationale Konferenz zu Grundfragen der Translationswissenschaft, Tübingen: Stauffenburg Verlag 2003.

Giovanni Rovere (Heidelberg)

Methodologisches zu Fragen der Äquivalentbestimmung

1. In einem forschungsgeschichtlichen Überblick zur deutschen Übersetzungswissenschaft stellt Gerzymisch-Arbogast (2002, 26f.) fest, dass sich „die Übersetzungswissenschaft in ihren Theorien bis heute noch weitgehend über die Anleihe beim theoretischen Gedankengut anderer (benachbarter) Disziplinen [...] definiert. Dieser Mangel an Eigenständigkeit [...] hat bislang die Ausprägung eines gesicherten Forschungsprofils und die Entwicklung eines Selbstverständnisses über das Primat eigener, übersetzungsspezifischer Gegenstände, Begriffe und Methoden verhindert". Setzt man diese Bilanz in Beziehung zu Programmen, Ansprüchen und Legitimationsversuchen in Einleitungen und Handbüchern zur Übersetzungswissenschaft, drängt sich die Frage auf, ob jeweils durch die Wahl des Ausdrucks *Übersetzungswissenschaft* nicht etwas als gegeben betrachtet wird, dessen Existenz erst nachzuweisen wäre, nämlich die Etablierung der Übersetzungswissenschaft als wissenschaftliche Disziplin.[1] Bekanntlich lassen sich unterschiedliche Auffassungen von Wissenschaft vertreten, und folgt man der Unterscheidung von Gerzymisch-Arbogast (2002, 18), die *Übersetzungsforschung* durch die Eigenschaften ‚auf einen Erkenntnisgewinn abzielend' und ‚methodisch sich an allgemein geltende Konventionen und Normen haltend' von *Übersetzungswissenschaft* abgrenzt, erscheint das Missverhältnis zwischen der verbreiteten Ausübung der Tätigkeit ‚Übersetzungswissenschaft betreiben' und dem offenbar bescheidenen Ergebnis dieser Tätigkeit nicht weiter erstaunlich. Wendet man nun schließlich das von Wiegand (1998, 89ff.) entwickelte Verfahren zur Ermittlung des Status der Forschungen zu einem Forschungsfeld an, kommt man wohl jenseits aller Subjektivität zum Schluss, dass die Übersetzungswissenschaft keine wissenschaftliche Disziplin in einem wissenschaftstheoretischen Sinne ist. Diese Hinweise können in der gebotenen Kürze nicht erörtert werden; sie dienen hier auch lediglich als Teilerklärung dafür, dass der Verfasser dieser Zeilen, obwohl seit zwanzig Jahren auf dem Weg in die Übersetzungswissenschaft, dort (noch) nicht angekommen ist. Eine weitere Teilerklärung hängt mit biographischen Gegebenheiten zusammen.

---

[1] Was nicht mit ihrer Etablierung als akademischer Disziplin zu verwechseln ist. Das Problem stellt sich gleichermaßen bei der italienischen *traduttologia*. Der Ausdruck ist laut De Mauro (1986) seit 1973 belegt, seit 1981 laut GDU (1999) und Zingarelli (2003). D'Oria/Conenna (1981, 5) sprechen in ihrer kritischen Bibliographie zur Theorie der Übersetzung in Italien (1920-1980) von einer „scienza *in fieri* che si chiama *traduttologia*". Nergaard (1995, 2ff.) schlägt vor, statt *teoria* oder *scienza della traduzione* den Ausdruck *Translation Studies* zu wählen, „perché non è una scienza, forse nemmeno una teoria, ma certamente un campo di studi". Vgl. auch Ladmiral (2001, 41), der in der *traductologie inductive ou scientifique* « la traductologie de demain » sieht.

Es ist nicht unwahrscheinlich, dass eine frühe Mehrsprachigkeit (Erwerbs-reihenfolge: Friaulisch, Italienisch, Basler Dialekt, Hochdeutsch), mit der eher mühseligen Erfahrung des häufigen Sprachwechsels verbunden, zur Ansicht führt, die Sprache sei „aus der Not des Alltags geboren" (Jaberg 1937, 293), und eine intensive Beschäftigung mit ihr sollte, über eine schärfere Wahrnehmung der Probleme, einen handlungsleitenden Bezug zur Dimension der Sprachver-wendung beinhalten. Die in der allgemeinen Vorstellungswelt verankerte Über-zeugung, wer zweisprachig sei, könne auch übersetzen (notabene ohne Berück-sichtigung der spezifischen Ausprägung seiner Zweisprachigkeit),[2] hat anderer-seits den Vf. als Studenten in die Lage gebracht, sich auf anschauliche Weise mit Übersetzungsproblemen auseinander zu setzen, die sich nicht auf die vorder-gründig dominante Schwierigkeit der zu erarbeitenden terminologischen Dokumentation beschränken. Prägend – im Sinne des Herausgebers dieses Sam-melbandes – erwiesen sich albtraumartige Erlebnisse wie das Übersetzen ins Italienische von Fachliteratur zu regional unterschiedlichen Bauernhaustypen der Schweiz. Sätze wie z.B. „Die Stüde stützen den Firstbalken, über den meist paarweise, scherenförmig, durchgeschlitzt oder überblattet und mit einem Holznagel gesichert, die bei alten Häusern konzentrisch verlaufenden Rafen gehängt sind („Rafen" im Gegensatz zu „Sparren", welche an ihrem Fußpunkt aufstehen). Das dickere Ende befindet sich am First, während sie mit dem dünnern Teil auf Rähmbalken oder Fußpfetten („Schüpfholz") aufliegen" (Max Gschwend, *Hochstudhäuser*, Schweizer Baukatalog BSA, AXZ 115, Nov. 1968, S. 4) nähren u.a. das Interesse für textsortentypische und sprachenpaarbezogene Erscheinungen (z.B. Normunterschiede im Bereich der fachsprachlichen Syntax) und führen gleichzeitig zur bekannten Zurückhaltung gegenüber allumfassenden translatologischen Modellen, deren Einsichten generell einleuchtend erscheinen mögen, die aber selten zu einem hilfreichen Verständnis der dem jeweiligen Phänomen zugrunde liegenden theoretischen Problematik beitragen.

2. In einem valenzlexikographischen Projekt, das die Erstellung eines zweisprachigen Wörterbuchs als praktisches Ziel hat (z.B. Blumenthal/Rovere 1998), ist grundsätzlich über die Voraussetzungen nachzudenken, die für die Bestimmung der zielsprachlichen Äquivalente relevant sind. Eine möglichst genaue Erfassung des Zusammenspiels zwischen Syntax und Semantik erlaubt zwar eine detaillierte, wenngleich lexikographisch nicht immer leicht darzu-stellende Beschreibung polysemer Valenzträger, die Ermittlung der zielsprach-lichen Äquivalente lässt sich jedoch nicht auf wirksame Weise systematisieren, da es gilt, auch valenzfreie Komponenten der Wortbedeutung zu ermitteln (vgl. Blumenthal/Rovere 1992). Der Wert eines Valenzwörterbuchs wird hingegen

---

[2] Die in Übersetzungsinstituten verbreitete, gegensätzliche Meinung, Zweisprachige seien durch diese Eigenschaft in der Entwicklung einer übersetzerischen Kompetenz behindert, gehört in ihrer Pauschalität zum traditionsreichen Katalog der negativen Stereotypen über den Bilinguismus.

für Übersetzer als potentielle Benutzer im vorliegenden Fall dadurch erhöht, dass der überwiegende Teil der Materialbasis aus gemein- und fachsprachliche Textsammlungen umfassenden, maschinenlesbaren Korpora gebildet ist. Das bedeutet insbesondere, dass die Textexzerpte, mit denen sich der Lexikograph in der Phase der Auswertung und Bearbeitung des ausgangssprachlichen Materials beschäftigt, potentiell identisch sind mit den Textsegmenten, denen der Übersetzer im Übersetzungsprozess begegnet. Daraus darf allerdings nicht geschlossen werden, es sei somit möglich, dem lexikographischen Produkt die Funktion eines Übersetzungswörterbuchs im Sinne z.B. von Henschelmann 1993 zuzuschreiben. Selbst wenn die Quellenangabe zu einem Belegbeispiel dessen textsortenspezifische Einordnung erlaubt, ist zu berücksichtigen, dass das in der Beispielposition angeführte Textexzerpt unter dem Gesichtspunkt der lexikographischen Präsentation der Verwendungsbedingungen eines Wortes ausgewählt wurde, also grundsätzlich einen anderen Status als ein Übersetzungsbeispiel hat. Bezeichnenderweise erweist sich die Polysemie bei der fachsprachlichen Übersetzung, im Gegensatz zur gemeinsprachlichen (vgl. Francescato 1973), meist nicht als ein primäres Problem, da sie in fachlichen Kontexten in der Regel präzis beschreibbar ist. Schwieriger zu erfassen sind textsortentypische Normen und Konventionen, insbesondere aber an der Textoberfläche nicht expliziertes Fachwissen, das bei der Interpretation des Textes zunächst als kohärenzstiftendes Mittel aktiviert werden muss (vgl. dazu Rovere 1998).

3. Neuentwicklungen in der zweisprachigen Lexikographie mit Deutsch und Italienisch berücksichtigen zunehmend Benutzerbedürfnisse, die Übersetzern in besonderem Maße zu eigen sind. Ein gutes Beispiel dafür stellen Kollokationsangaben im PONS (2001) dar. Die Qualität der Äquivalentangaben scheint hingegen trotz evidenter Verbesserungen i. A. noch keinen befriedigenden Stand erreicht zu haben.[3] Das methodologische Hauptproblem besteht darin, dass die Ermittlung der Äquivalente auf der Grundlage der Eigenkompetenz des Lexikographen erfolgt. Diskussionen und Revisionen mögen das Risiko des Fehlentscheids reduzieren, in der Substanz ändert sich das rein intuitive Prozedere nicht. Eine intersubjektiv überprüfbare Beschreibung der semantischen und pragmatischen Verwendungsbedingungen von Wörtern bedingt jedoch eine systematische Analyse der entsprechenden, aus elektronischen Textkorpora gewonnenen Okkurrenzen (vgl. dazu Rovere 2003). Dass ein solches Verfahren, das im Übrigen eine zweisprachige Kompetenz des Lexikographen nicht überflüssig macht, sondern sie vielmehr in hochentwickelter Form voraussetzt, eine Reihe von schwierigen, auch epistemologischen Fragen aufwirft, ist schon mehrfach dargelegt worden. Der Verzicht auf korpuslinguistische Untersuchun-

---

[3] Diese persönliche, selbstredend auch für Valenzwörterbücher geltende Einschätzung stützt sich bislang auf keine aussagekräftige Wörterbuchkritik; wenige Hinweise finden sich in Marello/Rovere 1999.

gen führt andererseits im besten Fall zu empirisch unzureichend abgesicherten, im schlimmsten zu fragmentarischen und fehlerhaften Ergebnissen. Für den Übersetzer oft besonders problematisch erweisen sich die lexikographischen Angaben zu Phrasemen (zum Sprachenpaar Italienisch/Deutsch vgl. Rovere 2003a). Dies soll exemplarisch, und aus Raumgründen nur ansatzweise, an den Äquivalentangaben in Sansoni (1987), DIT (1996) und PONS (2001) zu *dare/dichiarare forfait*[4] dargelegt werden: *aufgeben* (alle), *verzichten* (Sansoni), *zurücktreten* (DIT), *seinen Rücktritt erklären* (PONS). Mit Ausnahme von *verzichten* gelten die Angaben sowohl für den Gebrauch des Ausdrucks in sportlichen Kontexten als auch in übertragener Verwendung. Zur ersten Verwendung ist zunächst anzumerken, dass die Bedeutungsparaphrasen in den einsprachigen Wörterbüchern (z.B. ‚abbandonare una competizione lasciando la vittoria agli avversari' (GDU 1999) und ‚abbandonare una competizione iniziata' (Garzanti 1998)) ungenau sind. In einigen Sportarten (Fußball, Schach, Kartenspiele u.a.) hat der Ausdruck terminologischen Status und dient der Benennung eines reglementarisch definierten Sachverhalts. Je nach Sportart und Reglement sind die Konsequenzen für den Spieler (oder die Mannschaft) unterschiedlich: Es erfolgt ein Ausscheiden aus dem Turnier oder nicht, oder nur unter zusätzlichen Bedingungen; der Gegner profitiert oder profitiert nicht vom Verzicht/Rücktritt, usw. In den hier herangezogenen Korpora (Tageszeitungen, Wirtschaftszeitung) finden sich ausschließlich Okkurrenzen, in denen sich der Sportler von einem Wettbewerb vor dessen Beginn zurückzieht, z.B. „Agassi ha dato forfait al torneo di Amburgo per un infortunio alla mano" (*Corsera* 5.6.97). Typischerweise tritt die Absage kurz vor Beginn des Wettbewerbs ein und ist durch ein im Kotext erwähntes Ereignis veranlasst. In diesen Fällen findet sich in den entsprechenden zielsprachlichen Texten (*die Teilnahme*) *absagen*. Liegt die Sprechzeit nach der Aktzeit, ist jedoch ohne Berücksichtigung des Kontextes nicht immer ersichtlich, ob es sich um einen Rücktritt oder um einen Verzicht handelt. Die semantische Beschreibung lässt sich auf andere, nicht sportliche Kontexte übertragen, in denen es um die zugesicherte, beabsichtigte oder bloß erwartete Teilnahme an einer Veranstaltung u.Ä. geht. Diese, in unseren Korpora am häufigsten belegte Verwendungsweise (vgl. z.B. „Ieri, preso atto che alla riunione programmata non sarebbe stato presente il ministro Visco, hanno dato forfait" *Sole* 7.9.99, Äquivalent: *absagen*) fehlt in den einsprachigen Wörterbüchern, mit Ausnahme von Turrini (1995), das authentische Belegbeispiele und als Bedeutungsparaphrase ‚annullare un impegno' anführt.[5] Eine relevante Unterscheidung ergibt sich zwischen *dare forfait* und *dichiarare forfait*, da Ersteres, wie eben angedeutet, nicht notwendigerweise einen Sprechakt impliziert (z.B. „Ingroia ha deposto in un'aula deserta con le gabbie vuote. Tutti

---

[4] Das Idiom ist gemäß den Wörterbüchern pragmatisch nullmarkiert, so dass wir uns hier zunächst auf die semantische Äquivalenzrelation beschränken. Für die Anregung zur Wahl dieses Idioms danke ich Petra Lampadius.
[5] Der Fall einer erwarteten aber nicht zugesagten Präsenz ist allerdings durch diese Paraphrase nicht berücksichtigt.

i diciotto imputati [...] hanno dato forfait" *Corsera* 13.11.97, Äquivalent: *fernbleiben*) und somit als Hyperonym zu werten ist. Die in den einsprachigen Wörterbüchern der Bedeutungsparaphrase (z.B. ,rinunciare alla possibilità di riuscita di un'impresa, di un lavoro già avviati' (GDU 1999)) zugewiesene Funktion, die übertragenen Verwendungsweisen abzudecken, übernehmen in den zweisprachigen Wörterbüchern die oben genannten Äquivalente. Typische Belege wie „La pazienza degli aspiranti investitori [...] è stata messa a dura prova. Tra gli investitori veneti, per esempio, c'è chi ha dato forfait" (*Sole* 2.6.99) legen die Frage nahe, ob nicht auch zielsprachliche Idiome wie z.b. *das Handtuch werfen* als Äquivalente lexikographisch zu berücksichtigen wären. Dagegen spricht, dass, wie die Verwendungen in formalen Kontexten dokumentieren,[6] das italienische Idiom nicht mit *gettare la spugna* und anderen z.T. aus dem gleichen Bildspendebereich stammenden Idiomen, die sich nach Ausweis der entsprechenden Okkurrenzen in der Expressivität von *dare/dichiarare forfait* unterscheiden, austauschbar ist.[7] Bei umgangssprachlichen Kontexten können sich aber Übersetzungen wie beispielsweise *kapitulieren* in der Bedeutung von ,resignierend aufgeben' anbieten. Eine weitere typische, von den einsprachigen Wörterbüchern nicht erfasste Verwendungsweise hebt sich von den anderen dadurch ab, dass die Subjektposition durch ein nichtbelebtes Objekt besetzt ist, vgl. z.B. „La responsabile amministratrice di una software house ha dovuto ricostruire e reinserire settimane di contabilità perché il disco fisso del suo cliente ha dato forfait. [...] la sostituzione del disco rotto [...]" (*Sole* 29.9.99). Die dadurch eintretende Anthropomorphisierung enthält ein, allerdings geringes, expressives Potential, das zu ironisch-scherzhaften Verwendungen eingesetzt werden kann. In den entsprechenden deutschen Kontexten wird dieser Sachverhalt meist mit *streiken* ausgedrückt, wenn es sich um eine momentane Störung, mit *den Geist aufgeben*, wenn es sich um einen endgültigen Ausfall handelt. Während in den einsprachigen Wörterbüchern, die bei Idiomen traditionsgemäß auf Beispielangaben verzichten, der Benutzer zur Erschließung der Semantik idiomatischer Ausdrücke auf die Bedeutungsparaphrasen angewiesen ist, stehen ihm bei den zweisprachigen, die in der Regel ebenfalls keine Beispielangaben enthalten, nur die zielsprachlichen Äquivalente zur Verfügung. Äquivalentangaben ohne Beispiele und ohne Angaben zur Äquivalentunterscheidung sind aber schon deswegen problematisch, weil zielsprachliche Äquivalente ebenfalls polysem sein können (so *aufgeben* und

---

[6] Vgl. „Se ci troviamo di fronte a problemi d'ordine pratico, a carenze nell'attuazione del programma delineato dall'articolo 65, dobbiamo cercare in tutti i modo di superarli, prima di dichiarare forfait e così decretare la fine di un istituto che appartiene alla nostra più alta tradizione giuridica" (*Foro* ter 1987/V col. 215). Tritt das Idiom in fachsprachlichen Kontexten an die Stelle von terminologischen Ausdrücken (z.B. *ritirarsi da un esame*), kommt zu semantischen Unterschieden offenkundig auch eine pragmatische Markierung hinzu.
[7] Diese und ähnliche Aussagen an anderer Stelle müssen als Hypothesen formuliert werden, da die Analyse der Okkurrenzen hier nicht im Einzelnen erörtert werden kann.

zurücktreten). Bei idiomatischen Ausdrücken ist, gerade auch unter dem Blickwinkel der Benutzerbedürfnisse von Übersetzern, nach dem Verhältnis zu den in den einsprachigen Wörterbüchern als Synonyme angegebenen nichtidiomatischen Ausdrücken zu fragen. Auch in Anbetracht dieser Problematik erscheint die Sichtung von Okkurrenzen, die aus maschinenlesbaren Korpora gewonnen werden, ein vielversprechender Weg. Als aufschlussreich erweisen sich Kotexte, in denen der idiomatische und der nichtidiomatische Ausdruck in parallelen Konstruktionen verwendet werden: „Gli italiani, che non avevano disertato le stazioni sciistiche a Natale, hanno dato forfait nel periodo delle settimane bianche" (*Sole* 27.11.89). Nach der üblichen Lesart liegt hier stilistische Variation vor, und das Idiom hätte die Bedeutung ‚fernbleiben', die in den entsprechenden deutschen Texten häufig mit *wegbleiben* ausgedrückt wird. Die Einbeziehung des vorangehenden Kotextes (ein schneearmer Winter hat zu Weihnachten schon zu einem Rückgang der ausländischen Touristen geführt, denen die Garantie, Schnee vorzufinden, wichtiger ist als den einheimischen Urlaubern) legt die Vermutung nahe, die Wahl des Idioms sei in seiner Eigenschaft begründet, über die Feststellung eines Ereignisses (hier: Aufgabe eines Plans) hinaus auf die Existenz eines Grundes (hier: Vermeidung von Enttäuschung) zu verweisen. Auch in „Dopo otto anni di attività come giudice della Commissione centrale tributaria, ha dato forfait [...]. Il prof. Arnaldo Ciano ha redatto poche righe per annunciare le proprie dimissioni" (*Sole* 20.11.89) beinhaltet die Feststellung eines Ereignisses (Rücktritt) den Verweis auf die Existenz einer Ursache (Enttäuschung), Äquivalent: *resignierend aufgeben*; vgl. im Kotext: „Perché ho constato che lo Stato non fa nulla per rimuovere le condizioni che impediscono alla giustizia tributaria di funzionare".[8] Die Bedeutung des Idioms erscheint also in der Hinsicht komplex, als es die Existenz einer Kausalbeziehung zum Ausdruck bringt: Ein Sachverhalt ist das Ergebnis negativer Erfahrungen, oder es tritt zu deren Vermeidung ein. Damit lassen sich nun jene Fälle erklären, in denen *dare forfait* nicht ohne weiteres, d.h. in erster Linie nicht ohne Verbalisierung von Kausalität, mit *disdire*, *ritirarsi* oder *annullare un impegno* austauschbar ist. Bei der Übersetzung eines Einzeltextes kann es angebracht sein, nach alternativen, lexikographisch aber vernachlässigbaren oder zu vernachlässigenden Lösungen zu suchen. Zum Beispiel kann der Verweis auf die Existenz einer Kausalbeziehung durch Modalverben ausgedrückt werden: „La prima a dare forfait è stata la Arthur Andersen [...]. Trascinata nella polvere dal caso Enron, non si è più risollevata [...]" (*diario della settimana* 11.7.02) "...die aufgeben musste..."; „[...] con Gian Ferrari hanno dato forfeit[9] nove [gallerie]. [...] Il mercato da almeno cinque-sei anni è zoppicante" (*Corsera* 8.1.97) "...haben schließen müssen...". Zum

---

[8] *dare forfait* unterscheidet sich aber semantisch von *arrendersi* u.a. in der Intensität: „Gravi disagi alla circolazione [...] hanno costretto parecchi pendolari a dare forfait o ad arrivare tardi sul posto di lavoro" (*Messaggero* 1.2.03).

[9] *forfeit* ist als graphische Variante im *Corriere della Sera* (1997) häufiger belegt als *forfait*.

Schluss erhebt sich die bei Idiomen mit komplexer Semantik meist schwierige Frage, ob sie jeweils als polysem zu beschreiben sind, oder ob eine abstrakte Bedeutungsparaphrase als gemeinsamer Nenner der verschiedenen Verwendungsweisen angezeigt ist. In lexikographischer Perspektive hängt eine überzeugende Antwort auch von der Zielvorgabe des Wörterbuchprojekts ab. Zeigt eine empirisch abgesicherte Analyse aber typische, voneinander relativ klar unterscheidbare Verwendungsweisen auf, dürfte für potentielle Benutzer, die aufgrund einer Textrezeptions- oder einer Textproduktionsstörung ein zweisprachiges Wörterbuch konsultieren, eine differenzierende, kotextuelle Äquivalenzbedingungen angebende Beschreibung von größerem Nutzen sein als eine das Bedeutungspotential in seiner Beziehungsweite umfassende Paraphrase, die Oppositionen also disjunktiv darstellt oder neutralisiert. Vom Methodologischen her ist festzuhalten, dass die Ermittlung der zielsprachlichen Äquivalente durch die Möglichkeit einer systematischen Suche in den entsprechenden Kontexten in erheblichem Maße erleichtert wird. Im vorliegenden Fall erlaubt die Sichtung der ausgangssprachlichen Korpusbelege u.a. zu erkennen, dass sich *dare forfait* und *dichiarare forfait* in der Frequenz deutlich unterscheiden, dass sie nicht Synonyme sind, und dass, unter dem Blickwinkel der pragmatischen Äquivalenzrelation, die genannten zielsprachlichen Äquivalente nicht durch pragmatisch markierte zu erweitern sind. Letzteres wird deswegen nochmals hervorgehoben, weil so der unterschiedliche Status der zu lexikographischen Zwecken ermittelten Äquivalente und der Übersetzungen, die der Übersetzer, unter Berücksichtigung textueller Steuerungsfunktionen (vgl. Henschelmann 1999, 24), in Bezug zu individuellen Texten wählt, bekräftigt werden kann. Damit ist auch zugestanden, dass die hier vorgetragenen Anmerkungen nur von mittelbarer Relevanz für das Übersetzen sind. Andererseits dürften, wohl mindestens bis zu dem Punkt, an dem eine präzise Trennung zwischen einer sprachlichen und einer spezifischeren übersetzerischen Kompetenz wenig sinnvoll oder unmöglich ist, methodologische Anstrengungen zur Verbesserung der lexikographischen Praxis für Übersetzer als professioneller Benutzergruppe lexikographischer Werke von besonderer Bedeutung sein.

Bibliographie

Blumenthal, Peter/ Giovanni Rovere (1992): Valenz, Polysemie und Übersetzung. In: *Romanische Forschungen* 104, 1-26.
Blumenthal, Peter/ Giovanni Rovere (1998): *Wörterbuch der italienischen Verben.* Stuttgart [etc.]: Klett.
De Mauro, Tullio (1986): Traduttologia. In: *L'Espresso* 19.10.86.
DIT (1996): *Dizionario tedesco italiano italiano tedesco.* Torino/ Berlin/ München: Paravia/ Langenscheidt.
D'Oria, Domenico/ Mirella Conenna (1981): Bibliografia critica sulla teoria della traduzione in Italia (1920-1980). In: *Il lettore di provincia* 44, 5-18.
Francescato, Giuseppe (1973): Polisemia differenziale e traduzione. In: AA.VV.: *La traduzione. Saggi e studi.* Trieste: Lint, 225-233.

Garzanti (1998): *Grande dizionario della lingua italiana*. Torino: Garzanti.

GDU (1999): *Grande Dizionario Italiano dell'Uso*. Torino: Utet.

Gerzymisch-Arbogast, Heidrun (2002): Ansätze der neueren Übersetzungsforschung. In: Joanna Best/ Sylvia Kalina (Hg.): *Übersetzen und Dolmetschen*. Tübingen/ Basel: Francke, 17-29.

Henschelmann, Käthe (1993): Möglichkeiten und Grenzen von Übersetzungswörterbüchern am Beispiel französischer Abstrakta und ihres Entsprechungspotentials im Deutschen. In: Giovanni Rovere/ Gerd Wotjak (Hg.): *Studien zum romanisch-deutschen Sprachvergleich*. Tübingen: Niemeyer, 19-39.

Henschelmann, Käthe (1999): *Problembewusstes Übersetzen*. Tübingen: Narr.

Jaberg, Karl (1936): *Sprachwissenschaftliche Forschungen und Erlebnisse*. Paris [etc.]: Droz.

Ladmiral, Jean-René (2001): Les 4 âges de la traductologie. In: Giovanna Calabrò (ed.): *Teoria, didattica e prassi della traduzione*. Napoli: Liguori, 21-51.

Marello, Carla/ Giovanni Rovere (1999): Mikrostrukturen in zweisprachigen Wörterbüchern Deutsch-Italienisch/Italienisch-Deutsch. In: *Germanistische Linguistik* 143-144, 177-206.

Nergaard, Siri (1995): Introduzione a AA.VV.: *Teorie contemporanee della traduzione*. Milano: Bompiani, 1-48.

PONS (2001): *Wörterbuch Deutsch Italienisch Italienisch Deutsch*. Hrsg. von Luisa Giacoma/ Susanne Kolb. Bologna/ Stuttgart [etc.]: Zanichelli/ Klett.

Rovere, Giovanni (1998): Polisemie incrociate nella comunicazione tecnica. In: Patrizia Cordin/ Maria Iliescu/ Heidi Siller-Runggaldier (Hg.): *Parallela 6. Italienisch und Deutsch im Kontakt und im Vergleich*. Trento: Editrice Università degli Studi di Trento, 371-397.

Rovere, Giovanni (2003): Das GWDS und der Grande Dizionario Italiano dell'Uso. In: Herbert Ernst Wiegand (Hg.): *Untersuchungen zur kommerziellen Lexikographie der deutschen Gegenwartssprache I*. Tübingen: Niemeyer, 61-80.

Rovere, Giovanni (2003a): Phraseme in zweisprachigen Wörterbüchern mit Italienisch und Deutsch. In: *Lexikographica* 19, 115-135.

Sansoni (1987): *Dizionario delle lingue italiana e tedesca*. Firenze/ Wiesbaden: Sansoni/ Brandstetter.

Turrini, G., et al. (1995): *Capire l'antifona. Dizionario dei modi di dire*. Bologna: Zanichelli.

Wiegand, Herbert Ernst (1998): *Wörterbuchforschung*. 1. Teilband. Berlin/ New York: de Gruyter.

Zingarelli (2003): *Vocabolario della lingua italiana*. Bologna: Zanichelli.

Heidemarie Salevsky (Magdeburg-Stendal)

„Ach, machen Sie doch lieber etwas Solides!"

Fünf Jahre hatte ich hauptberuflich als Konferenzdolmetscherin und Übersetzerin (von Fachtexten, literarischen und multimedialen Texten) gearbeitet, als ich daranging, dies auch zu unterrichten. Die Translationswissenschaft war in einem Stadium, in dem sie kaum jemand als eigenständige Disziplin akzeptierte, und nie hätte ich gedacht, dass ich sie je zu „meinem" Fach machen würde. Eigentlich suchte ich zu jener Zeit (als Lehrende und gleichzeitig noch praktizierende Konferenzdolmetscherin) mehr nach einer Systematik für den Unterricht. Die konfrontative Sprachwissenschaft hatte in den 70er Jahren des 20. Jh. und besonders an der Humboldt-Universität zu Berlin, an der ich tätig war, einen sehr hohen Stellenwert. Eines Tages aber begriff ich, dass für mein Untersuchungsobjekt – das Simultandolmetschen – mit der Sprachwissenschaft etwas nicht stimmte. Sie hielt Kategorien bereit, die von richtig oder falsch ausgingen. Für das aber, worüber ich in der Dolmetschkabine gestolpert war und was ich deshalb erforschen wollte, passte die Herangehensweise nicht. Alle Grammatiken, die ich zur Hand nahm, gingen vom vollständigen Satz aus. Beim Simultandolmetschen aber hatte ich keine vollständigen Sätze, ich musste mit der Übertragung beginnen, noch lange bevor das Ende der Äußerung zu hören war und dann sehen, wie ich mich „herauswinden" konnte, wenn ich am Anfang eine falsche Wahrscheinlichkeitsprognose über das Ende der Äußerung aufgestellt hatte.

Auch das, was ich an sprachwissenschaftlicher Literatur las, ging mit „meinen" Tatsachen aus der Praxis so um, als handele es sich um schwarzweiße, rein sprachliche Fakten. Diese Wissenschaft konnte nicht meine Basis sein. Mit dieser Erkenntnis aber tauchten neue Zweifel auf. Die Intoleranz und Ignoranz vieler Sprachwissenschaftler der damaligen Zeit gegenüber sprachmittlungspraktischen Belangen tat ein Übriges. Ich aber kam aus der Praxis, ging mit meinen Studenten zusammen in die Kabineneinsätze und hatte doch noch immer keine Basis für einen problemorientierten Dolmetschunterricht gefunden.

Mir wurde zunehmend klarer, dass meine Sicht auf die Dinge sehr von meinen praktischen Dolmetscherfahrungen als Konferenzdolmetscherin für internationale Organisationen wie die UNESCO, die ISO und die IDFF, als Verhandlungsdolmetscherin im Bereich der Wirtschaft, als Konsekutivdolmetscherin im medizinischen Bereich, bei Behörden und bei Schiedsgerichtsverfahren sowie als Übersetzerin im technischen Bereich (Maschinenbau, Kraftwerksanlagenbau, Elektrotechnik, Informatik und Bergbau) bestimmt war und ich von anderen als rein linguistischen Prämissen, Methoden und Kategorien auszugehen hatte.

Das Dolmetschen war zu jener Zeit international noch kaum erforscht. Die erste Habilitationsschrift zum Simultandolmetschen las ich (im Manuskript!) in Moskau, es war die auf dem 1978 erschienenen Buch „Theorie und Praxis des Simultandolmetschens" basierende Arbeit von Gelij Černov (seinerzeit Inhaber des ersten Lehrstuhls für Dolmetschen am Moskauer Staatlichen Fremdspracheninstitut „Maurice Thorez", zuvor mehrere Jahre Leiter der Gruppe der russischen Simultandolmetscher bei der UNO in New York).

Ich begriff, dass „mein" Gebiet Probleme der Wahrscheinlichkeitsprognose und der Entropie berührte, d. h. nur unter Einbeziehung nichtlinguistischer (vor allem psychologischer und neurophysiologischer) Aspekte zu untersuchen war. Es ging schließlich um die simultane Aufnahme von Segmenten einer Äußerung (eines Ausgangstextes in einer Ausgangskultur und -sprache) und die parallele Übertragung in Segmente einer Äußerung (des Zieltextes in einer Zielkultur und -sprache) für bestimmte Adressaten in einer bestimmten Situation – zunächst einmal im Kopf, dann aber in einer angemessenen akustischen Präsentation, die nach Möglichkeit genau mit dem Redner abzuschließen hatte. Das Logische (die abstrakten Klassifikationen der Sprachwissenschaft) und das Faktische (meine praktischen Erfahrungen) kamen nicht zusammen. Ich sah die viel beklagte Kluft zwischen Theorie und Praxis vor mir, und es erstaunte mich, dass dies an der Universität niemandem Kopfzerbrechen bereitete. Operationale Aspekte (wie z. B. das Sprechtempo des Redners in der Ausgangssprache), die beim Simultandolmetschen den gesamten Prozess dominieren können, sind sprachwissenschaftlich nicht interessant. Für den Ausführenden aber und für die Ausbildung von Simultandolmetschern und damit auch für die theoretische Aufarbeitung sind sie von großer Bedeutung.

Herausfinden wollte ich gern, warum an bestimmten Stellen in "meiner" Übertragungsrichtung immer wieder Hesitationspausen auftraten, warum es zu Korrekturen, erneuten Satzanfängen, Satzabbrüchen u.ä.m. kam. Um diesen Fragen auf die Spur zu kommen, entschied ich mich, Versuche mit Simultandolmetschern vorzunehmen. Zehn Stunden Ausgangstext (UNO-Reden), von fünf professionellen Simultandolmetschern aus dem Russischen ins Deutsche übertragen (= 50 Stunden aufgezeichnete Dolmetschleistungen) sollten mir Aufschluß geben über die Probleme, auf die ich meinen Unterricht konzentrieren wollte. Diese Versuche brachten völlig unerwartete Ergebnisse und ließen mich die allgemeinen Translationstheorien in Frage stellen, die ich nicht zum Ausgangspunkt meiner Untersuchungen machen konnte, da sie das Simultandolmetschen ungenügend berücksichtigten. Sie brachten mich zu der Erkenntnis, dass eine realiter allgemeine Theorie für alle Bereiche der Translation Gültigkeit haben müsste. Dies wiederum erforderte, alle Arten und Formen von Translation als Prozesse zu erforschen, um den Einfluß der verschiedenen Faktoren sowohl untereinander als auch jedes einzelnen auf den Prozeß und sein Resultat erkennen zu können. Einen problemorientierten Unterricht geben zu wollen, bedeutete für mich, diese Aspekte zunächst einmal aufspüren zu müssen, sie entsprechend zu untersuchen, um dann für die Didaktik geeignete Handlungsstrategien aufstellen zu können. Damit aber war – auch international – zu jener Zeit kaum jemand befasst. Ich habe es deshalb zum Gegenstand meiner Dissertation B (Habilitationsschrift) gemacht, die ich 1983 an der Humboldt-Universität zu Berlin verteidigte.

Die Arbeit wurde (bis 1980) von Prof. Dr. Otto Kade, dem ersten Lehrstuhlinhaber für Übersetzungswissenschaft in der DDR, betreut, der sowohl in Leipzig als auch in Berlin (1963 – 1980) die Vorlesungen zur Translationswissenschaft hielt (die damals noch Übersetzungswissenschaft hieß, da sich der von Kade bereits 1970 vorgeschlagene Terminus Translationswissenschaft erst viele Jahre später allgemein durchsetzte).

Zuvor hatte ich mich unter den Sprachwissenschaftlern nach einem wissenschaftlichen Betreuer umgetan und auf mein Ansinnen, zu dem Gebiet eine Arbeit schreiben zu wollen, auf dem ich praktische Erfahrungen mitbrachte, zur Antwort erhalten: „Wozu wollen Sie schreiben? Zum Simultandolmetschen? Da werden Sie wohl in der DDR keinen Betreuer finden. Ach, machen Sie doch lieber etwas Solides!" Gedacht war dabei an Lexikologie, Morphologie, Syntax oder Phonetik. Diese Antwort hätte mir bestimmt den Mut genommen, wenn mir nicht inzwischen zehn Jahre praktische Erfahrung im Simultandolmetschen und Übersetzen den Rücken gestärkt hätten. So war für mich klar: Ich schreibe entweder zum Simultandolmetschen oder gar nicht.

Damit aber war ich tatsächlich ziemlich allein auf weiter Flur. Selbst der im Simultandolmetschen erfahrene Professor Kade ließ mich wissen: "Betreuen im eigentlichen Sinne kann ich Sie nicht. Auf diesem Gebiet gibt es im deutschsprachigen Raum noch keine Arbeiten. Sie müssen an das Thorez-Institut nach Moskau." Dies aber war sehr schwierig, und es gelang nur, da es eine Vereinbarung zwischen der DDR und der Sowjetunion gab, nach der Auslandsteilstudenten der DDR die Möglichkeit einzuräumen war, für die Arbeit an einer Dissertation an die russische Hochschule gehen zu dürfen, an der sie zuvor mindestens ein Jahr studiert hatten. Vor allem aber gelang es aufgrund der sehr freundschaftlichen Beziehungen von Professor Kade zu den Fachkollegen in Moskau.

Professor Kade hatte mich auch für das postgraduale Studium Konferenzdolmetschen an der Leipziger Universität geworben. Er hatte die DDR-Studenten in Moskau besucht und war mit mir am Heiligabend des Jahres 1965 zwei Stunden durch Moskau spaziert, um mich in mühevoller Kleinarbeit davon zu überzeugen, dass ich doch für dieses Studium geeignet sei. Er war es auch, der dann in diesem „5. Studienjahr" mit mir in den ersten Kabineneinsatz ging. Ich hatte zu Beginn der 70er Jahre die von ihm bei der Vereinigung der Sprachmittler der DDR angebotenen Weiterbildungsveranstaltungen besucht und dort den Kontakt wieder aufgenommen. Als ich ihm mein Anliegen vortrug, eine Dissertation schreiben zu wollen, fragte er: „Haben Sie sich das gut überlegt? Es wird Sie Wochenenden kosten und viel Freizeit. Am besten, Sie schreiben erst einmal ein Exposé von 20 Seiten zum Thema."

Das lieferte ich bangen Herzens ab. Danach ebnete er mir den Weg, wurde mein akademischer Lehrer, ich wurde seine Assistentin in Berlin und hielt die Seminare zu seinen Vorlesungen. Er vereinbarte mit Prof. Dr. Gennadij V. Kolšanskij, damals Prorektor für Forschung am Moskauer Staatlichen Fremdspracheninstitut „Maurice Thorez" (der heutigen Moskauer Staatlichen Linguistischen Universität), dass ich im Rahmen der dortigen postgradualen Konferenzdolmetscherausbildung meine Versuche vornehmen konnte.

Diese Versuche ergaben eine negative Antwort auf alle zuvor aufgestellten Arbeitshypothesen. Ich musste von vorn anfangen. Das war damals ein harter Schlag für mich, denn die Zeit der auf drei Jahre angesetzten Aspirantur lief unerbittlich.

Dann kam das zweite schwierige Moment: 1980 starb Professor Kade.

Noch vor seinem Tode hatte er mit der Leitung der Sektion Slawistik an der Humboldt-Universität zu Berlin vereinbart, dass ich die Vorlesung übernehmen sollte. So geschah es denn auch. Ab 1981 wurde mir die Vorlesung „Einführung in die Übersetzungswissenschaft" übertragen wurde, obwohl ich erst Assistentin war. Diese sprachenübergreifende Vorlesung war obligatorisch für die Studierenden in den Sprachmittlerstudiengängen für die am Institut für Slawistik vertretenen Ausbildungssprachen (Russisch, Polnisch, Tschechisch, Slowakisch, Bulgarisch, Serbokroatisch und Ungarisch) und offen für alle Studierenden der anderen Übersetzer und Dolmetscher ausbildenden philologischen Institute der Humboldt-Universität zu Berlin (Anglistik/Amerikanistik, Romanistik und Asienwissenschaften).

Nach der Wende wurde die Vorlesung Translationswissenschaft für alle drei Berliner Universitäten geöffnet. Ich erinnere mich gern an die Diskussionen nach den Vorlesungen und in den Seminaren, an denen dann auch Studierende der Fachrichtungen Journalistik, Theologie, Germanistik und Geschichte, Studierende des Osteuropa-Instituts der Freien Universität sowie Studierende der Semiotik und Kommunikationswissenschaft der Technischen Universität teilnahmen.

Nach der Verteidigung der Dissertation B 1983 erwarb ich noch im gleichen Jahr die Venia legendi (damals: Facultas docendi) für Übersetzungswissenschaft und wurde zum 1. Februar 1984 zur ersten ordentlichen Dozentin für dieses Fach an der Humboldt-Universität zu Berlin berufen. (Das war eine Berufung auf Lebenszeit, die verbunden war mit dem Recht der Betreuung von Dissertationen und Habilitationen und sich auch sonst – außer in Titel und Gehalt – nicht von den Aufgaben eines Professors unterschied.) Da die Dolmetscher- und Übersetzerausbildung bei ihrer Wiederaufnahme an der Berliner Universität 1962 nicht in einem eigenständigen Institut konzentriert war, kam dieser ersten Dozentur eine gewisse Koordinierungsfunktion für die bis 1989 an der Humboldt-Universität zu Berlin vertretenen 33 Ausbildungssprachen zu. Dies betraf auch die von mir initiierte I. Internationale Konferenz „Übersetzungswissenschaft und Sprachmittlerausbildung" an der Humboldt-Universität zu Berlin, die vom 17. bis 19. Mai 1988 (mit 250 Teilnehmern aus

20 Ländern) in Kooperation mit der Fédération Internationale des Traducteurs (FIT) stattfand.

Wichtig für meinen Weg in die Translationswissenschaft war der Gedankenaustausch, den ich durch die interdisziplinäre Arbeit und meine Mitarbeit in verschiedenen internationalen Fachgremien erfahren habe, so u. a. im Komitee Translationswissenschaft und im Komitee Aus- und Weiterbildung der Fédération Internationale des Traducteurs (1981 – 1999), im Komitee Translationswissenschaft der Internationalen Vereinigung der Lehrkräfte für Russische Sprache und Literatur/ MAPRJaL (1986 – 1999) und im Executive Board der Europäischen Gesellschaft für Translationswissenschaft/EST (1992 – 1998).

Besonders dankbar bin ich den Mitgliedern des Scholarly Forum/ United Bible Societies (in dem ich von 1992 bis 2001 das Fach Translationswissenschaft vertreten durfte) sowie den Mitgliedern des EUMECOT/UBS, die mir als Theologen und Übersetzungsberater für Bibelübersetzungsprojekte in den verschiedenen Teilen der Welt auf einzigartige Weise stimulierende Diskussionspartner waren. Sie haben mich fachlich vorangebracht und durch ihre Fragestellungen dazu beigetragen, dass ich meinen eigenen Weg gehen und mit einigen von ihnen einen neuen theoretischen Ansatz im Rahmen eines interdisziplinären und interkonfessionellen Projektes testen durfte.

Unvergessen ist die im Zusammenhang mit der 50. Jahrestagung der SNTS (Studiorum Novi Testamenti Societas) 1995 in Prag veranstaltete UBS-Konferenz „Translation Theories after Nida", auf der ich die Vor- und Nachteile der verschiedenen übersetzungstheoretischen Ansätze mit Blick auf ihre Anwendbarkeit erstmals in einem interdisziplinären Kreis ausführlich diskutieren konnte. Dem folgten Vorträge und Diskussionen auf Tagungen in Madrid, Bratislava, Uppsala, St. Petersburg, Istanbul, Athen, Amsterdam, Frankfurt/Main, London und schließlich das o. g. Projekt.

Einen großen Anteil an der Weiterentwicklung meiner Vorlesungen und Seminare zur Translationswissenschaft hatten meine jeweils einsemestrigen Gastprofessuren in den 90er Jahren – an der State University of New York at Binghamton, an der Ruprecht-Karls-Universität Heidelberg, an der Leopold-Franzens-Universität Innsbruck und an der Universität Wien, wofür ich meinen Gastgeberinnen und Gastgebern herzlich danke. Prof. Dr. Hans J. Vermeer war es, der mir nach der Wende als erster den Weg an eine Universität im vormals anderen und mir bis dahin unzugänglichen Teil Deutschlands bahnte und mit dem ich nach meinen Vorlesungen in Heidelberg 1991 und nach seinen Vorlesungen an der Humboldt-Universität zu Berlin 1992 anregende fachliche Diskussionen führte. Meinem Semester am Center for Research and Translation der USA, und persönlich Prof. Dr. Marilyn Gaddis Rose, verdanke ich die Ermutigung, das Vorhaben eines Kompendiums „Translationswissenschaft" anzugehen (der erste Band erschien 2002 im Peter Lang Verlag).

Gern denke ich auch an meine Gastprofessur an der Leopold-Franzens-Universität Innsbruck im Frühjahrssemester 1993 zurück. Die damals entstandenen Kontakte mit Fachkollegen des Instituts für Übersetzen und Dolmetschen (des heutigen Instituts für Translationswissenschaft), des Instituts für Slawistik und des Instituts für Vergleichende Literaturwissenschaft halten bis heute an. Dankbar bin ich den Innsbrucker Theologen, die mir seinerzeit den Weg an das Bibelinstitut in Rom und an die Gregoriana ebneten. Es waren persönliche Gründe, die mich veranlassten, den 1996 ergangenen Ruf auf die Professur für Übersetzungswissenschaft an der Universität Innsbruck nicht anzunehmen.

Auch die Gastprofessur in Wien im Wintersemester 1994/95 brachte neue wissenschaftliche Kontakte. Die von Prof. Dr. Mary Snell-Hornby organisierten Wiener Translationsgipfel taten ein Übriges.

Die Zeit mit meinen Gastprofessoren an der Abteilung Translationswissenschaft des Instituts für Slawistik der Humboldt-Universität zu Berlin – mit Prof. Dr. Mary Snell-Hornby (1996) und ein Jahr zuvor mit Prof. Dr. André Lefevere (University of Texas at Austin) waren Zeiten intensiven Gedankenaustauschs.

Eine besondere Art der Auseinandersetzung mit theoretischen, didaktischen und praktischen Problemen des Übersetzens und Dolmetschens bietet bis heute das 1989 ursprünglich als Diskussionsforum für die Sprachmittler ausbildenden Universitäten der ehemaligen DDR (Berlin, Leipzig, Greifswald und Rostock) gegründete Forschungsseminar zur Translationswissenschaft. Seit der Gründung am 17. März 1989 in Berlin haben 70 Veranstaltungen stattgefunden. Dazu gehören auch das Interdisziplinäre Kolloquium zum 225. Geburtstag Friedrich Daniel Ernst Schleiermachers am 18./19. November 1993 (in Kooperation mit der Theologischen Fakultät der Humboldt-Universität zu Berlin) und das Internationale wissenschaftliche Kolloquium „Dolmetscher und Übersetzerausbildung gestern, heute und morgen" anlässlich des 100jährigen Jubiläums der Dolmetscher- und Übersetzerausbildung Russisch an der Berliner Universität (1894 – 1994) am 12./13. Mai 1995 mit über 100 Teilnehmern und Gästen aus Finnland, Frankreich, den Niederlanden, Österreich, Polen, Russland, der Schweiz, Tschechien, Ungarn, den USA und Deutschland.

Die Veranstaltungen des Forschungsseminars fanden bis 1996 an der Humboldt-Universität zu Berlin statt (an der ich von 1972 bis 1996 tätig war und von 1990 bis 1996 die Abteilung Translationswissenschaft am Institut für Slawistik leitete). Durch die Annahme des Rufes auf die Professur für Translationswissenschaft und Fachkommunikation Russisch am Fachbereich Fachkommunikation der Hochschule Magdeburg-Stendal (1996) ist nun auch das Forschungsseminar dort beheimatet und trägt seitdem den Namen *Forschungsseminar zur Translationswissenschaft und Fachkommunikation*.

Über die Hälfte der 70 Veranstaltungen haben bereits in Magdeburg stattgefunden. Insgesamt waren nahezu 100 Wissenschaftler von in- und ausländischen Universitäten, Vertreter internationaler Organisationen (u. a. der UBS, der EST, der FIT und der MAPRJaL), Repräsentanten staatlicher und kirchlicher Einrichtungen, Dichter und Nachdichter, Übersetzer und Dolmetscher Referenten und stimulierende Diskussionspartner im Forschungsseminar. Sie kamen aus Brasilien, Frankreich, Großbritannien, Italien, Kanada, den Niederlanden, Österreich, der Russischen Föderation, Spanien, der Schweiz, der Tschechischen Republik, aus Thailand, Ungarn, aus den USA und aus Deutschland.

Es bleibt zu hoffen, dass die allerorten angesagten Sparzwänge dem Forschungsseminar nur quantitativ, nicht aber qualitativ etwas anhaben können. Die Translationswissenschaft gehört inzwischen an mehreren Universitäten zum Kanon der Promotionsfächer. Es ist sehr erfreulich, dass sich auch Doktoranden aus anderen Ländern für dieses Fach interessieren und sie über den DAAD jeweils für ein Jahr nach Magdeburg kommen.

Am Fachbereich Fachkommunikation der Hochschule Magdeburg-Stendal ist ab Wintersemester 2005/06 ein internationaler MA-Studiengang „Translation Studies" geplant, gemeinsam mit Kooperationspartnern im In- und Ausland, an Universitäten, Hochschulen und in der Praxis.

Bibliografie
(Monografien, Sammelbände und Lehrbücher zur Translationswissenschaft)

Salevsky, Heidemarie (1979): *Einführung ins Dolmetschen*. Berlin: Humboldt-Universität.

Salevsky, Heidemarie (1987): *Probleme des Simultandolmetschens: Eine Studie zur Handlungsspezifik*. Berlin 1987 (Linguistische Studien/ZISW/A; 154).

Salevsky, Heidemarie (Hg.) (1987): *Berliner Beiträge zur Übersetzungswissenschaft. Reihe "Berichte" der Humboldt-Universität zu Berlin 7, Nr. 17*.

Salevsky, Heidemarie (Hg.) (1990): *Übersetzungswissenschaft und Sprachmittlerausbildung: Akten der I. Internationalen Konferenz "Übersetzungswissenschaft und Sprachmittlerausbildung", veranstaltet von der Humboldt-Universität zu Berlin in Kooperation mit der Vereinigung der Sprachmittler der DDR unter der Schirmherrschaft der Fédération Internationale des Traducteurs. Berlin, 17.-19. Mai 1988*. 2 Bde. Berlin: Humboldt-Universität.

Salevsky, Heidemarie (Hg.) (1992): *Wissenschaftliche Grundlagen der Sprachmittlung*. Frankfurt a.M.: Lang (Berliner Beiträge zur Übersetzungswissenschaft).

Salevsky, Heidemarie (Hg.) (1996): *Dolmetscher- und Übersetzerausbildung gestern, heute und morgen. Akten des internationalen wissenschaftlichen Kolloquiums anläßlich des 100jährigen Jubiläums der Dolmetscher- und Übersetzerausbildung Russisch an der Berliner Universität (1894-1994), veranstaltet an der Humboldt-Universität zu Berlin am 12. und 13. Mai 1995*. Frankfurt a.M.: Lang.

Salevsky, Heidemarie (1998): *Über die Sprache hinaus: Beiträge zur Translationswissenschaft*. Heidelberg: TEXTconTEXT, (TEXTconTEXT Wissenschaft 5).

Salevsky, Heidemarie (2002): *Translationswissenschaft. Ein Kompendium*. Bd. 1. Unter Mitarbeit von Ina Müller und Bernd Salevsky. Frankfurt a.M. u.a.: Lang.

Zu weiteren Publikationen vgl.

http://www.fachkommunikation.hs-magdeburg.de/russisch/publi.htm

Peter Sandrini (Innsbruck)

„Aut viam inveniam, aut faciam":
Die Suche nach der eigenen Positionierung

Es stellt eine Herausforderung dar, einen Bericht über den eigenen Zugang zur Forschung einerseits diachronisch-historisch, vor allem aber synchronisch-synthetisch anzulegen: Nicht nur handelt es sich bei der Translationswissenschaft um eine relativ junge und daher heterogene Disziplin, auch sind die individuellen Einstiegs- und Förderungsmöglichkeiten sehr unterschiedlich. Biographische Zufälligkeiten mischen sich so mit eigenen Zielen, Zweifeln, Befruchtungen, theoretischen Überzeugungen und Erfolgen.

Nach einem Jahrzehnt als Wissenschaftler an einem Universitätsinstitut kann ein Rückblick gewissermaßen als Überprüfung der eigenen Position dienen. Ein Rückblick, der ausgehend von dem auslösenden Input bis hin zu den eigenen Forschungsleistungen das Spektrum an motivierenden Gedankengängen, Theorien und Perspektiven auslotet.

Aus einer Südtiroler Familie stammend brachte mir die klassisch-humanistische Bildung am Franziskanergymnasium in Bozen zunächst die Bekanntschaft mit den antiken Sprachen Griechisch und Latein, vor allem aber die Liebe zum Wissen und dessen klarer und strukturierter Formulierung in Sprache. Das Übersetzen der klassischen Texte diente im Unterricht zwar der Sprachbeherrschung, eröffnete aber zugleich den Blick auf die Sprache als Kommunikationsmittel über zeitliche und kulturelle Grenzen hinweg: Sprachbeherrschung als Tor zu fremden Kulturen und umgekehrt Sprache als Mittel zum Transfer eigenen Wissens.

Einer Zeit der Identitätssuche nach der Matura, gekennzeichnet durch einen abgebrochenen Studienbeginn an der Veterinärmedizinischen Universität in Wien und einer Periode der Arbeit als EDV-Operator in einem mittelgroßen Unternehmen, folgte dann die Entscheidung für das Studium der Übersetzerausbildung in Innsbruck. Entscheidend für diese Wahl war einerseits die Möglichkeit des Anknüpfens an meine klassisch-philologische Bildung, andererseits aber auch pragmatisch-wirtschaftliche Aspekte, die ein eher praxisorientiertes Universitätsstudium favorisierten.

Diese Erwartung wurde sogar übertroffen: Die Ausbildung war zwar sehr praxisorientiert, im Vergleich zu den Inhalten von studentischen Freunden anderer Studienrichtungen fehlte mir manchmal aber etwas der Tiefgang bzw. die Reflexion. Die Praxisorientiertheit äußerte sich in einer durchgehenden Schwerpunktsetzung auf Sprachkompetenz, die mich manchmal auch forderte, aber dennoch als Ausbildungsziel nur wenig befriedigend war. Es fehlte die fachliche Spezialisierung, ein Bereich, in dem eine Expertise erworben werden konnte. Eine reine Sprachkompetenz war dafür zu wenig, da sich das disziplinäre Selbstverständnis zumindest damals noch kaum entschieden auf die translatorische Kompetenz stützte.

Neben der Sprachkompetenz gründete sich meine Auffassung von der Expertise im gewählten Fachgebiet der Translation auf zwei herausragende wichtige Faktoren: Zuerst einmal auf die Terminologielehre, die mir aufgrund der offiziellen Zweisprachigkeit in Südtirol als etwas Notwendiges erschien, deren praktische Anwendung vor Ort aber noch kaum wissenschaftlich untermauert war. Hier galt es, die im Rahmen der Übersetzerausbildung erworbenen wissenschaftlich fundierten Kenntnisse in der Praxis umzusetzen. In dieser Hinsicht sind meine Bemühungen auch bald auf fruchtbaren Boden gefallen.

Andererseits habe ich, allerdings erst gegen Ende meines Studiums, die Translationswissenschaft kennen gelernt, die ihrerseits viel zu einem gestärkten Selbstbewusstsein als Translator beitragen kann. Erst mit einer entsprechenden theoretischen Fundierung können ausgebildete Übersetzer nach außen hin als Experten für Translation auftreten. Hier war der Einfluss von Reiss/Vermeer (1984) prägend; davon konnte mich auch die Bekanntschaft mit Vertretern anderer Forschungsrichtungen nicht abbringen. Anlässlich eines Londoner Sommerkurses etwa sah ich mich gezwungen, den funktionalen Standpunkt der Translationswissenschaft gegenüber Peter Newmark, der den Kurs leitete, in äußerst stimulierenden Diskussionen zu vertreten. Die unterschiedlichen Auffassungen über die Prioritäten des translatorischen Handelns traten dabei klar zutage: Auf der einen Seite der Translationsauftrag und der Skopos, auf der anderen der Ausgangstext mit seinen sprachlichen Merkmalen.

Nach dem Studium stellte sich die Frage nach der Lebenssicherung in aller Vehemenz. Das freiberufliche Übersetzen lieferte zwar eine Grundlage dafür, konnte aber längerfristig kaum den intellektuellen Anforderungen gerecht werden. Hier bot sich die Terminologielehre als Möglichkeit an, die eigene Expertise in die öffentliche Diskussion einzubringen. Die Südtiroler Landesregierung plante damals gerade die Errichtung einer Terminologiedatenbank innerhalb einer neuen Forschungseinrichtung, um die italienisch-deutsche Rechtsterminologie zentral verwalten zu können. Aufgrund des während des Studiums angeeigneten Wissens – zu nennen ist in diesem Zusammenhang vor allem die grundlegende Einführung zur Terminologie von Arntz/Picht/Mayer (4. Auflage 2002) sowie die Arbeiten Eugen Wüsters (Wüster 1979) – gelang es, die Projektarbeiten zur Errichtung der Datenbank wesentlich mitzugestalten. Das erworbene Wissen konnte durch einen entsprechenden Praktikumsplatz bei TermDat, der schweizer Version von Eurodicautom, der Terminologiedatenbank der Europäischen Kommission, ausgebaut werden. Darüberhinaus konnte eine Reihe von Kontakten zu Institutionen im Bereich der Terminologie geknüpft werden, die meine späteren Aktivitäten erst ermöglichten.

Was mich an der Terminologie interessierte, war der enge Zusammenhang zwischen der an der Universität vermittelten Expertise und den Anforderungen der Fachkommunikation in der Berufswelt. Beigetragen hat dazu vor allem der begriffsorientierte und aus den praktischen Anforderungen heraus entstandene Ansatz Eugen Wüsters. Dadurch bot sich die Möglichkeit der unmittelbaren Verwertung des erworbenen theoretischen Wissens in der Praxis. Aus den durchgeführten Projektarbeiten und meiner Stelle an der Universität Innsbruck ergab sich dann auch meine Dissertation (Sandrini 1996), die den Versuch darstellte, theoretisch reflektiert ein praktisches Problem, nämlich die Darstellung rechtssystemgebundener Terminologie in einer Datenbank, zu lösen.

In diesem Zusammenhang gilt mein besonderer Dank Frau Professor Annemarie Schmid, der ich zwar während meiner Studienzeit nicht begegnete, die sich aber nachher als Vorstand des Institutes für Translationswissenschaft für alle meine Projekte aktiv einsetzte und es mir ermöglichte, an der Universität Innsbruck zu forschen und zu lehren.

Die Anerkennung für meine Dissertationsarbeit – sie wurde mit dem Forschungspreis der Landeshauptstadt Innsbruck ausgezeichnet – durch externe und universitätsinterne Begutachtung, bestätigte mir, dass auch im Bereich der Translation Forschung über das Fach hinausgehende Anerkennung finden kann. Dazu sollte allerdings Nabelschauforschung vermieden werden und die multilingualen Kommunikationsschwierigkeiten der verschiedenen Fachdisziplinen auf konkrete Art und Weise mit den Mitteln der Translationswissenschaft bzw. der Fachsprachenforschung untersucht werden. Dadurch werden einerseits die Erkenntnisse dieser aus dem geisteswissenschaftlichen bzw. linguistischen Eck kommenden Wissenschaften etwas mehr in die Öffentlichkeit gerückt, andererseits werden aber auch die einzelnen Fachdisziplinen auf die spezifischen translatorischen Kompetenzen aufmerksam. In der Tat ist es ja sehr oft der Fall, dass Fachleute nicht wissen, an wen sie sich mit Problemen der Mehrsprachigkeit wenden können. Hier gilt es für die Translationswissenschaft einzuhaken und ausgebildete Translatoren als Problemlöser bzw. als Fachleute für die Mehrsprachigkeit anzubieten.

Chesterman nannte als den Ausgangspunkt jeder übersetzungsrelevanten Untersuchung das, was „people seem to call translations" (Chesterman 1998, 203), womit er eine solide empirische Grundlage für die Translationswissenschaft einforderte. Das stellt sicherlich einen wesentlichen Schritt weg vom Ausgangstext als alleinigem Startpunkt hin zu einer Übersetzungswissenschaft als eigenständiger Disziplin dar. Denkt man diesen Gedanken einen Schritt weiter und stellt den Übersetzer in einen sozialen Kontext, in dem er seine Leistungen als gesellschaftlich relevante Arbeit erbringt, so müsste der Ausgangspunkt eines solchen gesellschaftlichen Ansatzes lauten: Wie fügt sich der Translationsprozess in allgemeine (fach-)kommunikative Prozesse ein? Mit welchen Kenntnissen kann sich der Übersetzer für seine Umwelt aus sozialer und ökonomischer Perspektive erfolgreich einbringen?

Die Expertise eines universitär ausgebildeten Fachübersetzers kann sich damit nicht nur auf eine noch so gute Sprachbeherrschung stützen, sondern muss neben der Fähigkeit zur translatorischen Aktivität vor allem folgende zwei Aspekte beinhalten: Die Kompetenz zum Management der Mehrsprachigkeit (Terminologie, Sprachtechnologie) und die Fähigkeit zur theoretischen

Beründung seiner Aktivität. Diese zusätzlichen Kompetenzen gelten insbesondere für den Fachübersetzer, während hingegen Dolmetscher weniger Schwierigkeiten mit der Selbst- und Fremdeinschätzung ihrer Kompetenz zu haben scheinen. Die Fähigkeit zur unmittelbaren und erfolgreichen Übertragung eines Vortrages oder Gesprächs wird vom Publikum als professionelle Kompetenz höher eingeschätzt als die schriftliche Übertragung eines Fachtextes.

Natürlich muss auch die Ausbildung in diesem Sinne ausgerichtet werden: Das Ziel sollte es nicht sein, mit Scheuklappen allein die sprachliche Umsetzung eines Ausgangstextes in einen Zieltext zu sehen, sondern vielmehr auf die spezifischen Bedürfnisse der Fachleute bzw. Unternehmen in ihrer kommunikativen Situation einzugehen. Dazu gehört natürlich auch das Aufzeigen von Rationalisierungsmöglichkeiten durch das Einführen von computergestützten Werkzeugen wie Translation-Memory-Systemen, Terminologiedatenbanken oder auch Globalisierungs-Management-Systemen in Unternehmen oder international tätigen Organisationen. Ein kleiner Schritt in diese Richtung war der Aufbau einer entsprechenden Terminologiedatenbank zur Aufnahme und Verwaltung der von den StudentInnen verfaßten terminologischen Abschlußarbeiten bis hin zu Publikation dieser terminologischen Daten über ein Webinterface (http://www2.uibk.ac.at/fakultaeten/c6/c613/termlogy/abfrage.html).

Die Anbindung an die internationale Research Community konnte in einer Reihe von terminologischen Aktivitäten in verschiedenen Vereinen und Gremien sowie die Ausrichtung eines internationalen Kongresses (Sandrini 1999) an der Universität Innsbruck erreicht werden. Der Aufbau eines persönlichen Netzwerkes öffnete den Blick auf andere Forschungsrealitäten und half dabei, die eigenen Prioritäten ins rechte Licht zu rücken.

Ähnliches gilt für die Kooperation im Rahmen drittfinanzierter Projekte, auch wenn in diesem Fall die Erfahrungen mit der administrativen Handhabung sowie der personellen Besetzung von Drittmittelstellen im Vordergrund standen. Erstere kann sehr aufwändig sein und bedarf einer entsprechenden Planung und Unterstützung. Das Problem bei der Besetzung von befristeten Mitarbeiterstellen in Innsbruck liegt daran, dass Studenten relativ schwer für eine weiterführende wissenschaftliche Arbeit zu motivieren sind. Der Grund dafür liegt höchstwahrscheinlich darin, dass in der Lehre wenig wissenschaftliche Projekte eingebunden werden und deshalb das Verständnis dafür fehlt, und die wissenschaftliche Arbeit im allgemeinen in der Bewertung weit hinter die berufliche Ausübung zurückfällt. Dennoch konnten im Rahmen eines Projektes, das durch die EU und das Land Tirol gefördert wurde, 12 Diplomarbeiten gefördert und eine wissenschaftliche Mitarbeiterin für zwei Jahre am Institut eingestellt werden. Dies erlaubte nicht nur die Förderung der StudentInnen am Institut, sondern auch die Publikation zweier terminologischer Nachschlagewerke in CD-Rom-Form (Sandrini 2001 und 2002).

Meine Aktivitäten in Forschung und Lehre haben sich zusammenfassend in verschiedene Richtungen bewegt: Auf der einen Seite das praxisnahe Gebiet der Terminologielehre, auf der anderen Seite die Translationswissenschaft und die Fachsprachen sowie die computergestützten Hilfsmittel. Das gesamte Spektrum könnte unter dem Begriff der transkulturellen Fachkommunikation zusammengefasst werden. Mit der Kommunikation über kulturelle Grenzen hinweg hat sich insbesondere ein von mir initiierter und herausgegebener Band zum Übersetzen von Rechtstexten (Sandrini 1999b) auseinandergesetzt, in dem die übersetzungswissenschaftlichen Möglichkeiten interdisziplinären Denkens im Rahmen der Rechtswissenschaften ausgelotet wurden.

In diesem Sinne möchte ich allen, die sich für die Translationswissenschaft bzw. für Translation im allgemeinen interessieren, empfehlen, den Weg in die Wissenschaft zu wagen. Eine gute Gelegenheit dazu bietet etwa ein Forschungsstipendium oder eine Promotionsstelle an der Universität, falls die allgemeinen budgetären Probleme und Stellenkürzungen an den Universitäten einigermaßen überwunden werden können. Das Wichtigste ist jedoch, sich bereits während des Studiums „die Szene" anzusehen und sich die Frage zu stellen: Was kann ich dazu beitragen? Wo gibt es noch Marktlücken? Das ist keinesfalls nur rein ökonomisch zu sehen, sondern vor allem auch politisch-gesellschaftlich gemeint: Es kann sich um eine wirtschaftliche Aktivität handeln, wie z. B. das Eröffnen eines Übersetzungsbüros, oder um ein öffentliches Projekt, wie z.B. den Aufbau einer Terminologiedatenbank in einem offiziell zweisprachigen Land, wie in meinem Fall, oder die Einsetzung einer Dienstleistungsstelle für Mehrsprachigkeit in Unternehmen innerhalb der lokalen Wirtschaftskammer, o.ä.. Sobald ein lohnendes Ziel ins Auge gefasst wurde, muss man sich dafür auf allen Ebenen einsetzen, Kontakte knüpfen und versuchen, sein Ziel zu erreichen. Die Erfahrung lehrt, dass sich dann meist ganz von selbst verschiedene Möglichkeiten ergeben, und zwar in zweifacher Hinsicht: Einerseits die praktische Notwendigkeit einer Lebenssicherung, andererseits aber vor allem auch die Frage nach der gesellschaftlichen Relevanz und damit sozialen Akzeptanz des eigenen Tuns.

Bibliographische Angaben

Arntz, Reiner/ Heribert Picht/ Felix Mayer (2002): *Einführung in die Terminologiearbeit. Studien zu Sprache und Technik.* Hildesheim/ Zürich/ New York: Olms.

Chesterman, Andrew (1998): Causes, Translations, Effects. In: *Target* X:2, 201-230.

Reiß, Katharina/ Hans J. Vermeer (1984): *Grundlegung einer allgemeinen Translationstheorie.* Tübingen: Niemeyer.

Sandrini, Peter (1996): *Terminologiearbeit im Recht. Deskriptiver begriffsorientierter Ansatz vom Standpunkt des Übersetzers.* IITF Series 8. Wien: TermNet.

Sandrini, Peter (Hg.) (1999a): *Terminology and Knowledge Engineering TKE '99. Proceedings of the 5th International Conference on Terminology and Knowledge Engineering TKE '99 in Innsbruck 23-27 August 1999.* Wien: TermNet. 830.

Sandrini, Peter (Hg.) (1999b): *Übersetzen von Rechtstexten. Fachkommunikation im Spannungsfeld zwischen Rechtsordnung und Sprache.* Tübingen: Narr (=FFF Forum zur Fachsprachenforschung 54).

Sandrini, Peter (2001): *TermLeg 1.0 - Vertragsrecht: Ein terminologischer Vergleich Italienisch – Deutsch.* CD-Rom. Innsbruck: Studia-Verlag.

Sandrini, Peter (2002): *TermLeg 2.0 - Arbeitsrecht: Ein terminologischer Vergleich Italienisch – Deutsch.* CD-Rom. Innsbruck: Studia-Verlag.

Wüster, Eugen (1979): *Einführung in die Allgemeine Terminologielehre und Terminologische Lexikographie.* Wien/ New York: Springer.

Christina Schäffner (Birmingham)

Grenzöffnung und Grenzgänge

Auf meinem Weg in die Übersetzungswissenschaft lagen zwar keine Stolpersteine, aber die scheinbar geradlinige Entwicklung – Studium, Promotion, Beruf – reflektiert dennoch keine konstante Orientierung an Wegweisern mit der Aufschrift 'Übersetzungswissenschaft'.

Bereits als Kind interessierte ich mich sehr für Fremdsprachen. Ich kann mich erinnern, dass ich ein kleines Heft hatte, in das ich nach Sprachen geordnet Wörter und Sätze eintrug, die ich irgendwo gelesen hatte. Englisch war mein Lieblingsfach in der Schule, und als es um die Studienwahl ging, war ein Fremdsprachenstudium eine nahe liegende Option. Studienbewerbung in der DDR lief über die Schule, und als ich kurz vor dem Abitur dem zuständigen Lehrer an der Erweiterten Oberschule in Mühlhausen (Thüringen) meinen Studienwunsch vortrug, rief dieser voller Begeisterung aus: "Lehrer". Auf meinen zaghaft vorgebrachten Alternativvorschlag "Übersetzer oder Dolmetscher" wurde mir mitgeteilt, dass da nur männliche Bewerber eine Chance hätten. Also stellte ich einen Antrag auf Zulassung für ein Lehrerstudium für Englisch und Russisch an der Universität Leipzig. Da ich allerdings nicht sehr glücklich war mit der Vorstellung, 4 Jahre später als Lehrerin in einer Schule zu arbeiten, war meine Freude groß, als ich kurz vor Studienbeginn von der Universität Leipzig das Angebot erhielt, eine Ausbildung als Fremdsprachenlehrer für Erwachsenenbildung (EB) zu machen. Bei diesem Studiengang war die Berufsperspektive eine Tätigkeit im Hochschulbereich, genauer: im Fachsprachenunterricht für Studenten aller Fakultäten (in der DDR absolvierten alle Studenten zusätzlich zu ihrem Hauptfach Kurse in zwei Fremdsprachen in den ersten zwei Studienjahren).

So begann ich im September 1969 mein Studium an der Sektion Theoretische und angewandte Sprachwissenschaft (TAS) der Karl-Marx-Universität Leipzig (KMU). Zu meiner großen Überraschung waren ca. 90% der Sprachmittlerstudenten, mit denen wir in den Vorlesungen zu Marxismus-Leninismus zusammen saßen, weiblichen Geschlechts. Da aber ein Antrag auf Studienwechsel sowieso kaum Aussichten auf Erfolg hatte, konzentrierte ich mich auf meine eigenen Seminare und Vorlesungen – wozu auch eine Vorlesung bei Albrecht Neubert zur Semantik der englischen Sprache gehörte. Als EB-Studenten hatten wir im letzten Studienjahr u.a. Seminare zur Fachsprachenlinguistik, die sich anfangs der 70er Jahre als Teildisziplin zu etablieren begann. Leipziger Fachsprachenlinguisten wie Lothar Hoffmann und Rosemarie Gläser hatten wesentlichen Anteil an dieser Entwicklung. Wie viele andere EB-Studenten schrieb ich meine Diplomarbeit im Fachsprachenbereich, und zwar spezifisch im Bereich Politik, unter Betreuung von Rosemarie Gläser. Zweisprachige Terminologielisten waren das praktische Ergebnis dieser Untersuchungen, die dann auch im Fachsprachenunterricht an der KMU eingesetzt wurden.

1973 erhielt ich meine Urkunde als Diplomfremdsprachenlehrer für Erwachsenenbildung in Englisch und Russisch, fühlte mich selbst allerdings noch nicht 'reif' für das Berufsleben. Als mir das Angebot unterbreitet wurde, ein 3-jähriges Forschungsstudium zu unternehmen mit dem Ziel der Promotion sagte ich daher sofort zu. Meine 'Doktormutter' war Rosemarie Gläser, und mein Thema war, in Fortsetzung meiner Diplomarbeit, Fachsprachenforschung im Bereich Politik, speziell die Untersuchung englischer Entsprechungen für politische Termini DDR-spezifischer Wirtschafts- und Sozialpolitik. Es war während der Arbeit an diesem Thema, dass ich zum ersten Male näher mit Fragen der Übersetzung in Berührung kam, war doch ein Großteil der englischen Texte, die ich analysierte, Übersetzungen aus dem Deutschen. An original englischen Texten stand Mitte der 70er Jahre in der DDR relativ wenig zur Verfügung. Meine Hauptquelle war der *Morning Star*, die Tageszeitung der britischen Kommunistischen Partei. Um Zeitungen der 'kapitalistischen' Presse in der Leipziger Universitätsbibliothek bzw. der Deutschen Bibliothek lesen zu können, bedurfte es einer gesonderten Genehmigung (wir sprachen vom 'Giftschein', der Zutritt zu einem separaten Leseraum verschaffte). Durch diese Analysen auf das Phänomen Übersetzen aufmerksam geworden, begann ich aus eigenem Interesse Vorlesungen (bei Otto Kade) und Seminare zur Übersetzungstheorie für Sprachmittlerstudenten an der TAS zu besuchen und übersetzungswissenschaftliche Literatur zu lesen (von der es Mitte der 70er Jahre noch nicht allzu viel gab).

Nach dem Abschluß der Promotion 1977 erhielt ich dann eine Stelle als Lektor im Bereich Englische Übersetzungswissenschaft (EÜW) der TAS, dessen Leiter Albrecht Neubert war. Der Wechsel von der Fachsprachenlinguistik zur Sprachmittlerabteilung bedeutete, dass ich Unterricht für Sprachmittlerstudenten gab, vor allem Sprachunterricht Englisch, aber auch Übersetzen Englisch-Deutsch, Dolmetschen und Einführung in die marxistisch-leninistische Übersetzungstheorie. Sprachmittler wurden an der TAS in ca. 12 verschiedenen Sprachen ausgebildet, die Einführungsseminare zur Übersetzungstheorie wurden jedoch unabhängig vom Sprachenpaar einheitlich gestaltet. Zwecks Themenkoordination trafen sich deshalb die KollegInnen, die diese Seminare unterrichteten, regelmäßig unter Leitung von Gert Jäger. Bei diesen Treffen ging es auch um inhaltliche und terminologische Fragestellungen. Ich erinnere mich zum Beispiel an eine rege Diskussion zur Frage, wie ausführlich die Invariantenproblematik zu behandeln sei...

Zur gleichen Zeit nahm ich an den von Albrecht Neubert geleiteten Forschungsseminaren zur englischen Übersetzungswissenschaft teil. Dort diskutierten wir über neue Publikationen, Konferenzbeiträge und eigene Forschungsthemen. Albrecht Neubert sorgte auch immer dafür, dass FachkollegInnen aus dem Ausland bei ihren Leipzig-Besuchen Gastvorträge hielten. Das passierte in schöner Regelmäßigkeit, und so kam es, dass wir unter anderem mit Peter

Newmark, Mary Snell-Hornby und Justa Holz-Mänttäri über ihre Ansichten vom Übersetzen diskutierten. Diese Forschungsseminare machten deutlich, dass man auf unterschiedliche Art an das Phänomen Übersetzung herangehen konnte, und dass es sinnvoll war, scheinbar (zumindest in Leipzig) etablierte Begriffe wie Äquivalenz und Heterovalenz, Translation und Adaptation kritisch zu hinterfragen.

Ich bin Albrecht Neubert sehr dankbar dafür, dass er stets dafür gesorgt hat, dass wir jüngeren Kollegen mit den Besuchern in Kontakt kamen. Die 'jungen Kollegen' (oder wie es in der DDR hieß: 'der wissenschaftliche Nachwuchs') wurden an der TAS generell gefordert und gefördert, und ein wichtiges Ereignis für meinen 'Weg in die Übersetzungswissenschaft' war die III. Internationale Konferenz 'Grundfragen der Übersetzungswissenschaft', die 1981 in Leipzig stattfand (diese Konferenz sollte eigentlich 1980 stattfinden, wurde aber dann wegen des plötzlichen Todes von Otto Kade auf 1981 verschoben). Das Organisationskomitee dieser Konferenz bestand aus Neubert, Jäger und Kade (bzw. nach Kades Tod Gerd Wotjak) – und mir. Ich war damals vor allem für organisatorische Aspekte zuständig, aber die Gespräche zur inhaltlichen Gestaltung, zur Wahl der Redner und Themen für die Hauptreferate, zur Entscheidung über die Akzeptierung oder Ablehnung der angebotenen Vorträge, zur Zusammenstellung thematisch kohärenter Sitzungen, waren höchst interessant. Obwohl ich damals bei diesen Vorbereitungsgesprächen nicht alle Feinheiten der übersetzungswissenschaftlich kontroversen Debatten völlig verstand, so war doch klar, dass die 'Leipziger Schule' nie eine einheitliche Theorie repräsentierte (außerdem wurde der Name 'Leipziger Schule' in Leipzig selbst auch nicht als Eigenbezeichnung verwendet). Diese Konferenz gab mir zum ersten Mal das Gefühl, zu einer internationalen Gemeinschaft von Übersetzungswissenschaftlern zu gehören.

Eigene 'richtige' Forschung hatte ich seit dem Abschluß der Promotion kaum betrieben, aber das änderte sich nahezu schlagartig ab Januar 1982. Im Herbst 1981 hatte mich Albrecht Neubert gefragt, ob ich Interesse an Forschungen zum politischen Wortschatz hätte, die er an der Sächsischen Akademie der Wissenschaften (SAW) in Leipzig koordinieren sollte. Da dies eine Fortsetzung meiner Forschung für die Dissertation bedeutete, sagte ich spontan zu. Diesen Entschluss habe ich nie bereut, begann doch mit dem Wechsel an die SAW eine Zeit, in der Forschung die Hauptaufgabe war. Allerdings war es keine Fortsetzung des Wegs in die Übersetzungswissenschaft, denn der Schwerpunkt lag nunmehr auf Textlinguistik (die sich Anfang der 80er Jahre zu etablieren begann) und Semantik. Ich wurde Abteilungsleiterin einer kleinen Arbeitsgruppe, die vergleichende textlinguistische Analysen von Pressetexten (deutsch, englisch und französisch) zur Thematik 'NATO-Doppelbeschluss von 1979 und seine Folgen' unternahm (zum Analysemodell und den Ergebnissen siehe Schäffner/ Neubert 1986). In weiterführenden Analysen ging es dann um die Anwendung der Prototypen- und *frame*-Semantik auf die Beschreibung des politischen Wortschatzes.

Diese Zeit an der SAW bot ausreichend Gelegenheit, Kenntnisse auf verschiedenen Teilgebieten der Linguistik zu vertiefen. Des Weiteren ergaben sich auch mehr Möglichkeiten, an Konferenzen teilzunehmen. Wie wichtig diese Konferenzen für berufliche und auch für persönliche Kontakte waren, muß wohl nicht extra erwähnt werden. So wurde ich zum Beispiel infolge meiner Teilnahme am AILA-Kongreß 1984 in Brüssel eingeladen, am 'Projekt Semiotik' mitzuarbeiten, einem vom Wiener Zentrum koordinierten Projekt zur semiotischen Analyse der KSZE-Schlußakte von Helsinki. Dabei ging es um den Vergleich der Interpretation politischer Schlüsselwörter anhand der 6 offiziellen Versionen der Schlußakte, wobei ich – als Deutsche – die englischen Texte analysierte, denn es gab keine britischen Mitarbeiter in dieser internationalen Projektgruppe (siehe Villain-Gandossi et al. 1990).

Die Übersetzungswissenschaft war in dieser Zeit zwar in den Hintergrund gerückt, aber nicht völlig verschwunden. Es war wiederum Albrecht Neubert, der mich stets ermutigte, auch bei übersetzungswissenschaftlichen Konferenzen Vorträge zu halten. Bei einer Konferenz 1988 in Savonlinna (Tirkkonen-Condit 1991) lernte ich unter anderem Candace Séguinot, Miriam Shlesinger, Hans Krings, Gideon Toury, Paul Kußmaul und Christiane Nord kennen (die fast alle dann 1991 zur V. Internationalen Konferenz 'Grundfragen der Übersetzungswissenschaft' nach Leipzig kamen). Diese Konferenz in Savonlinna war insofern wichtig für mich, als ich zum ersten Mal intensiver mit dem Normkonzept und psycholinguistischen Ansätzen in Berührung kam und auch mein Verständnis funktionaler Ansätze vertiefen konnte.

Auch für die SAW-Arbeitsgruppe hatten wir beschlossen, die Forschung wieder mehr in Richtung Übersetzungswissenschaft zu lenken, da das von uns entwickelte textlinguistische Modell zur Wortschatzbeschreibung relativ umfassend getestet worden war. Gegen Ende der 80er Jahre war ein neues Forschungsprojekt unter dem Arbeitstitel 'Übersetzen im europäischen Kontext' in groben Zügen konzipiert. Es sollte dabei um die Rolle des Übersetzens für den Transfer von Konzepten und Ideen und folglich für die kulturell-intellektuelle Entwicklung Europas gehen. Doch ehe die Forschung richtig begann, machte ich mich im Januar 1989 auf in die USA, um 5 Monate lang an der Kent State University in Ohio Seminare zur Übersetzungstheorie für Studenten eines neuen postgradualen Studiengangs am neu gegründeten Institute for Applied Linguistics zu geben. Dieser Aufenthalt war möglich geworden durch eine Kooperationsvereinbarung, die zwischen der KMU Leipzig und der Kent State University Ende der 80er Jahre unterzeichnet worden war. In Kent arbeitete ich zusammen unter anderem mit Gregory Shreve, Joe Danks (siehe Shreve et al. 1993) und Sue Ellen Wright. Des Weiteren bot sich Gelegenheit, einer Einladung von Candace Séguinot nach Toronto zu folgen und an ihrer Universität Vorträge zu halten, zu hospitieren und mit KollegInnen Erfahrungen zur Gestaltung von Übersetzungsstudiengängen auszutauschen.

Zurück aus Kent fand ich eine in Veränderung begriffene DDR vor. Es folgten die 'Wende' und die Öffnung der politischen Grenzen im Herbst 1989 und dann die deutsche Vereinigung 1990 – eine in jeder Hinsicht sehr interessante Zeit. Für die wissenschaftliche Entwicklung bedeutete die neu gewonnene Freiheit unbeschränkten Zugang zu Fachliteratur, größere Möglichkeiten der Teilnahme an Konferenzen, sowie offene Kontakte mit KollegInnen im westlichen Ausland. Aber die Zeit Anfang der 90er Jahre war auch eine Zeit der Unsicherheit über die Zukunft der Forschungen an der SAW. So manche Entscheidung wurde erst einmal vertagt, einige KollegInnen suchten sich neue Arbeitsstellen, und auch für unser neu konzipiertes Projekt 'Übersetzen im europäischen Kontext' gab es erst einmal kein grünes Licht.

In dieser Zeit des Umbruchs erreichte mich Anfang 1992 ein Brief eines Kollegen von der Aston Universität in Birmingham mit der Einladung, mich für die aufgrund der Pensionierung eines Kollegen frei werdende Stelle in der Deutschabteilung zu bewerben. Die Stellenbeschreibung schien mir in der Tat auf den Leib geschrieben zu sein, denn gesucht wurde jemand mit Kompetenz in Lehre und Forschung zu Themen wie Sprache und Politik, Übersetzen Deutsch-Englisch/Englisch-Deutsch, Textlinguistik. Ich selbst war zu dieser Zeit nicht auf der Suche nach einer neuen Stelle, doch die Aussicht auf Arbeit in Großbritannien reizte mich ungemein – war ich doch trotz eines Anglistikstudiums und Promotion auf dem Gebiet der Anglistik erst ein einziges Mal in Großbritannien gewesen (1980 zu einem 4-wöchigen Sommerkurs in London, bei dem ich unter anderem Übersetzungsseminare bei Peter Newmark belegt hatte). Ich bewarb mich, wurde zum Interview eingeladen (was eine völlig neue Diskurssituation für mich war), und erhielt die Stelle – als 'Lecturer in German', obwohl ich keine ausgebildete Germanistin war.

So packte ich im Sommer 1992 die Koffer und siedelte von Leipzig nach Birmingham über. Im ersten Jahr unterrichtete ich vor allem Sprachkurse in Deutsch, und das in allen Studienjahren, sowie wahlobligatorische Veranstaltungen zum deutsch-englischen Textsortenvergleich und zu Sprache und Politik. In diesen wahlobligatorischen Veranstaltungen konnte ich auf meinen an der SAW durchgeführten Untersuchungen aufbauen, sowie meine Forschungen im Bereich der politischen Textanalyse und der Metaphernforschung in politischen Texten fortsetzen (z.B. Schäffner 1996). Auch die in den 80er Jahren geknüpften Kontakte mit KollegInnen konnte ich ausbauen, was u.a. zur Organisation von Konferenzen und Workshops sowohl an der Aston University selbst als auch außerhalb führte (z. B. Schäffner/ Wenden 1995, Musolff/ Schäffner/ Townson 1996, Chilton/ Schäffner 2002).

Übersetzen an der Aston University war Teil der Sprachausbildung, d.h. es wurde praktiziert im traditionellen philologischen Sinne (die Aufgabenstellung ging über ein 'translate into English' oder 'translate into German' nicht hinaus). Mein eigenes Herangehen mit Betonung des Übersetzungsauftrags, Akzeptierung verschiedener Varianten und Interesse an Diskussionen zur Begründung der gefundenen Lösungen stieß anfangs sowohl bei Studenten als auch bei KollegInnen auf leichtes Unverständnis. Studenten waren primär an der 'richtigen' Lösung interessiert, und Kollegen, die zwar Übersetzen unterrichteten, aber selbst andere Forschungsinteressen hatten, sahen das Hauptziel der Übungen verständlicherweise in der Entwicklung der Sprachkompetenz. Glücklicherweise fand ich in Beverly Adab eine Kollegin mit Interesse an Übersetzungstheorie und -praxis. Ein Vorteil des britischen Hochschulsystems ist es, dass die Integration von Lehre und Forschungsinteressen gefördert wird, das heißt, jeder kann neue Module und Programme entwickeln, solange sie in das Gesamtprofil der Universität passen. Des Weiteren tragen institutionalisierte Qualitätskontrollen (wie *external examiners, student feedback questionnaires, annual monitoring procedures, subject reviews*) dazu bei, dass sowohl einzelne Module wie auch Programme modifiziert werden können. Dank dieses Umfelds konnten wir seit Mitte der 90er Jahre entscheidende Veränderungen durchsetzen. So haben wir das methodische Herangehen an die Übersetzungsmodule schrittweise geändert (ein funktionales Herangehen ist mittlerweile etabliert) sowie auch neue Studiengänge entwickelt. Seit 1997 bieten wir einen 4-jährigen Bachelorstudiengang BSc *Translation Studies* Deutsch und/oder Französisch an (mit integriertem Auslandsjahr) sowie einen einjährigen postgradualen Master-Studiengang MA in *Translation in a European Context.* Der BSc-Studiengang war der erste seiner Art in England (Übersetzerkurse werden traditionell im postgradualen Bereich angeboten), und das MA-Programm mit seinem Schwerpunkt auf EU-Thematik und politische Texte wurde mit Blick auf das Forschungsprofil in unserer *School of Languages* and *European Studies* konzipiert (wobei der Titel bewußt in Anlehnung an das nie realisierte Forschungsthema an der SAW gewählt wurde). Zur Einführung dieser Studiengänge organisierten wir im Herbst 1997 eine internationale Konferenz zum Thema 'Developing Translation Competence' (Schäffner/ Adab 2000).

Diese Entwicklungen hatten zur Folge, dass mein eigener Unterricht sich immer mehr in den Bereich der BSc- und MA-Übersetzungsstudiengänge verlagerte und inzwischen ausschließlich dort liegt. Das bedeutete auch, dass ich mich in meinen Forschungen seit Mitte der 90er Jahre verstärkt translationswissenschaftlichen Themen widme, wobei ich allerdings bemüht bin, mein Interesse an der Translationswissenschaft, am politischen Diskurs und an Metaphern soweit wie möglich zu integrieren. Ein weiteres Phänomen in der britischen Hochschullandschaft ist der institutionelle Druck, regelmäßig zu publizieren. Alle 5-6 Jahre gibt es die *Research Assessment Exercise* (RAE), deren Ergebnis Einfluss hat sowohl auf den Ruf der Universität für die Qualität ihrer Forschungen (reflektiert in *league tables*) wie auch auf die finanziellen Mittel, die für die Forschungsarbeit zur Verfügung stehen. Dieser Druck hat andererseits auch wieder den Vorteil, dass Forschungsvorhaben gefördert werden. Das erlaubte unter anderem solche Aktivitäten wie die Organisation thematischer Seminare im Rahmen der Reihe *Current Issues in Language and Society* (CILS), die von dem Verlag Multilingual Matters gesponsort und publiziert wurden (u.a. Schäffner 1998 b, 1999, 2002a, 2004). Mit diesen

Konferenzen und Publikationen, einer wachsenden Zahl von Doktoranden sowie den Studiengängen hat sich unsere *School* als ein Zentrum der Ausbildung und Forschung auf dem Gebiet der Translationswissenschaft etabliert.

Die Übersiedlung von Deutschland nach England bedeutete somit in wissenschaftlicher Sicht eine Schwerpunktverlagerung von der Textlinguistik zur Translationswissenschaft. Doch wo würde ich mich selbst innerhalb der Translationswissenschaft positionieren? Mein Hauptinteresse gilt translations-wissenschaftlichen Aspekten im politischen Bereich, vor allem dem politischen Diskurs in den Medien und Institutionen, einschließlich EU-Institutionen. Ich interessiere mich für die Analyse authentischer Übersetzungen, mit Blick auf politische und/oder ideologische Konstellationen und Bedingungen für die Produktion und Rezeption von Übersetzungen. Ich versuche, die vorgefundenen textuellen Strukturen (einschließlich Metaphern) durch Bezug auf sozio-kulturelle, institutionelle und ideologische Normen und Zwecke zu beschreiben und zu erklären (z.B. Schäffner 1997a, 1997b, 1998a, 2001, 2002b). Des Weiteren gilt mein Interesse der Translationsdidaktik, vor allem der Entwick-lung von Translationskompetenz in der Übersetzerausbildung (siehe Schäffner/ Wiesemann 2001). Forschungsmethodisch stütze ich mich auf funktionale Theorien, Ansätze innerhalb der *Descriptive Translation Studies*, sowie kausale Modelle.

Nach der Vorstellung meiner Analysen unter Bezugnahme auf kausale Modelle meinte kürzlich ein Kollege in Aston "I always thought you are a functionalist." Diese Kategorisierung empfand ich selbst als etwas zu eng, denn ich habe mich immer bemüht, offen zu sein für neue Fragestellungen und Ansätze innerhalb der Translationswissenschaft. Die Zusammenarbeit mit einem immer größer werdenden Kreis von Kollegen und Freunden ist dabei inspirie-rend. Ich denke hier vor allem an die Kontakte im Rahmen der *European Society for Translation Studies* (EST) und der CETRA-Sommerkurse. EST-Mitglied bin ich seit der Gründungsveranstaltung 1992 in Wien. 1998 wurde ich in das EST *Executive Board* gewählt und fungiere seither als *Secretary General*. Diese Tätigkeiten bieten vielfältige Möglichkeiten zum Gedankenaustausch zu translationswissenschaftlichen Themen. Zur Beschreibung und Erklärung von Übersetzungen stütze ich mich allerdings auch auf Methoden und Konzepte aus anderen Disziplinen, vor allem der Textlinguistik, der *Critical Discourse Analysis*, der kognitiven Semantik und der Metaphernforschung. Durch die Mitarbeit in Vereinigungen (z.B. Arbeitsgemeinschaft Sprache in der Politik e.V.) und in *advisory boards* von Zeitschriften (z.B. *Discourse & Society*) bin ich nach wie vor auch Teil der Diskursgemeinschaft solcher Nachbardisziplinen. Der größte Teil meiner Forschungen liegt nunmehr jedoch im Bereich Über-setzen, und folglich bemühe ich mich, diese anderen Disziplinen für trans-lationswissenschaftlich relevante Aspekte zu sensibilisieren (siehe Schäffner 2003, im Druck a, b). Anders gesagt, ich versuche eng verstandene Disziplin-grenzen aufzubrechen und durch die Erörterung von Beispielen disziplinverbin-dende Aspekte herauszuarbeiten.

Rückblickend kann ich sagen, dass mein Weg in die Übersetzungs-wissenschaft anfangs stark durch Zufälle bestimmt war. Es erreichten mich Angebote, die ich annahm, ich war aber kaum selbst proaktiv. Erst seitdem ich an der Aston University arbeite, konnte ich eigene Initiativen entwickeln, wobei die treibende Kraft immer wieder der enge Zusammenhang von Lehre und Forschung war und ist. Auch in den verbleibenden Arbeitsjahren sehe ich meine Hauptaufgabe darin, das Interesse der Studierenden an der Translationswissen-schaft zu wecken und somit die Disziplin selbst weiter zu stärken.

Bibliographie

Chilton, Paul/ Christina Schäffner (Hg.) (2002): *Politics as Text and Talk. Analytic Approaches to Political Discourse.* Amsterdam and Philadelphia: Benjamins.

Musolff, Andreas/ Christina Schäffner/ Michael Townson (Hg.) (1996): *Conceiving of Europe – Diversity in Unity.* Aldershot: Dartmouth.

Schäffner, Christina (1996): Building a European House? Or at two speeds into a dead end? Metaphors in the debate on the United Europe. In: Andreas Musolff/ Christina Schäffner/ Michael Townson (Hg.): *Conceiving of Europe – Diversity in Unity.* Aldershot: Dartmouth, 31-59.

Schäffner, Christina (1997a): Strategies of Translating Political Texts. In: Anna Trosborg (Hg.): *Text Typology and Translation.* Amsterdam: Benjamins, 119-143.

Schäffner, Christina (1997b): Where is the source text? In: Heide Schmidt/ Gerd Wotjak (Hg.): *Modelle der Translation. Models of Translation.* Festschrift für Albrecht Neubert. Frankfurt/Main: Vervuert, 193-211.

Schäffner, Christina (1998a): Hedges in political texts – a translational perspective. In: Leo Hickey (Hg.): *The Pragmatics of Translation.* Clevedon: Multilingual Matters, 185-202.

Schäffner, Christina (Hg.) (1998b): *Translation and Quality.* Clevedon: Multilingual Matters.

Schäffner, Christina (Hg.) (1999): *Translation and Norms.* Clevedon: Multilingual Matters.

Schäffner, Christina (2001): Attitudes towards Europe – mediated by translation. In: Andreas Musolff et al. (Hg.): *Attitudes towards Europe. Language in the unification process.* Aldershot: Ashgate, 201-217.

Schäffner, Christina (Hg.) (2002a): *The role of discourse analysis for translation and translator training.* Clevedon: Multilingual Matters.

Schäffner, Christina (2002b): Third Ways and New Centres – Ideological unity or difference? In: María Calzada Pérez (Hg.): *Apropos of Ideology. Translation Studies on Ideology – Ideologies in Translation Studies.* Manchester: St. Jerome, 23-41.

Schäffner, Christina (2003): Translation and Intercultural Communication: Similarities and Differences. In: *Studies in Communication Sciences/ Studi di scienze della comunicazione* 3, 79-107.

Schäffner, Christina (Hg.) (2004): *Translation research and Interpreting research: Traditions, gaps and synergies.* Clevedon: Multilingual Matters.

Schäffner, Christina (im Druck a): Metaphor and Translation: Some implications of a cognitive approach. In: *Journal of Pragmatics.*

Schäffner, Christina (im Druck b): Political Discourse Analysis from the Point of View of Translation Studies. In: *Journal of Language and Politics.*

Schäffner, Christina/ Albrecht Neubert (Hg.) (1986): *Politischer Wortschatz in textueller Sicht.* (= Linguistische Studien, A, 146). Berlin: Zentralinstitut für Sprachwissenschaft.

Schäffner, Christina/ Anita Wenden (Hg.) (1995): *Language and Peace.* Aldershot: Dartmouth.

Schäffner, Christina/ Beverly Adab (Hg.) (2000): *Developing Translation Competence.* Amsterdam/ Philadelphia: Benjamins.

Schäffner, Christina/ Uwe Wiesemann (2001): *Annotated Texts for Translation: Functionalist approaches illustrated (English-German).* Clevedon: Multilingual Matters.

Shreve, Gregory/ Christina Schäffner/ Joseph Danks/ Jennifer Griffin (1993): Is there a special kind of "reading" for translation? An empirical investigation of reading in the translation process. In: *Target* 5, 21-41.

Tirkkonen-Condit, Sonja (Hg.) (1991): *Empirical Research in Translation and Intercultural Studies. Selected Papers of the TRANSIF Seminar*, Savonlinna 1988. Tübingen: Narr.

Villain-Gandossi, Christiane/ Klaus Bochmann/ Michael Metzeltin/ Christina Schäffner (Hg.) (1990): *Le concept de l'Europe dans le processus de la CSCE / The concept of Europe in the process of the CSCE.* Tübingen: Narr.

Annemarie Schmid (Innsbruck)

Mein Weg in die Übersetzungswissenschaft – ein Alleingang ohne Markierung

1. Im beginnenden 21. Jahrhundert ist die Frage – Übersetzungswissenschaft[1] (ÜW), was ist das? – nahezu verstummt. Denn in den vergangenen drei Jahrzehnten gelang es, die Aussagen zur Jahrhunderte geübten sprachmittlerischen Praxis in wissenschaftlicher Annäherung zu betrachten, die aufgeworfenen Probleme an Forschungsergebnissen und Methoden anderer Wissenschaften (Linguistik, Kommunikationswissenschaft, Soziologie, Psychologie, Semiotik, Handlungstheorie, Kulturwissenschaften u. a.) zu messen, daraus eigene Ansätze zu entwickeln und theoretisch zu fundieren. Die sie umspannende allgemeine Übersetzungstheorie, die das „allen Übersetzungsprozessen Gemeinsame" (Salevsky 2002, 156) erfassen soll, ist noch nicht vollständig erarbeitet. Denn die im Übersetzen wirksamen kognitiven und emotionalen Prozesse sind sehr komplex, mit den derzeitigen Methoden der Prozessanalyse – wenn überhaupt – nicht erfassbar. Immerhin wurde in den vergangenen zwei Jahrzehnten ein Bezugsrahmen für die im Übersetzen relevanten Faktoren entworfen, der es ermöglicht, über das Zustandekommen einer Übersetzung und das Produkt angemessen zu sprechen.

Auch der Objektbereich des Übersetzens, aus dem sich das weite Feld der Forschungsbereiche ableiten lässt, die zu bearbeiten der ÜW aufgetragen ist, wurde verschiedentlich abgesteckt, in jüngster Zeit ein System der wichtigsten translationswissenschaftlichen Begriffe entworfen (Koller 1979, 97-101; Reiß 1989, 99; Salevsky 2002, 75 und 154).

1.1. Die Notwendigkeit, die seit Jahrhunderten geübte Praxis des Übersetzens/ Dolmetschens wissenschaftlich zu untermauern, entsprang dem nach dem 2. Weltkrieg stetig zunehmenden Bedarf an Sprachmittlung in Politik, Wirtschaft und Technik, dem man mit der Einrichtung universitärer Ausbildungsstätten für

---

[1] Der Terminus „Übersetzungswissenschaft" umfasste bis in die neunziger Jahre die wissenschaftliche Annäherung sowohl an das Übersetzen als auch an das Dolmetschen (die Lehrkanzel, auf die ich 1990 ernannt wurde, lautete auf „Übersetzungswissenschaft", obwohl das betroffene Institut sich seit seiner Gründung der Ausbildung von Übersetzern u n d Dolmetschern gewidmet hatte), ehe sich der von Kade eingeführte Oberbegriff „Translationswissenschaft" durchsetzte. In den vorliegenden Ausführungen verwende ich „Übersetzungswissenschaft" /ÜW als der „Translationswissenschaft" unter- und der „Dolmetschwissenschaft" nebengeordneten Begriff. Ich begründe diese Eingrenzung damit, dass ich keinen Beitrag zur Dolmetschwissenschaft geleistet habe, weil meine Lehr- und professionelle Tätigkeit im Dolmetschbereich dafür nicht ausreichte.

Übersetzer und Dolmetscher begegnete[2]. Von den dort Lehrenden und Absolventen ging dann das Bemühen um wissenschaftliche Fundierung des Übersetzens und Dolmetschens mehrheitlich aus.

1.2. Der lange Prozess, in dem sich in der Folge die ÜW herauskristallisierte und mehrere Modelle des Übersetzungsprozesses entwickelt wurden, ist mehrfach dargestellt worden (Wilss 1977, 27-57; Reiß 1989, 97-100; Salevsky 1993, 19-35; Salevsky 2002, 101-127).

Nach der Art und Weise, wie ich diesen Kristallisationsprozess erlebte und an ihm durch Lektüre, Weiterlernen sowie eigene Untersuchungen und Publikationen teilhatte, möchte ich unterscheiden

- die linguistische Phase, in der die Diskussion des Begriffs *Äquivalenz* die ÜW prägt;
- die integrativ-emanzipatorische Phase, in der die ÜW sich anderen Wissensbereichen öffnet, deren Erkenntnisse einbezieht, sich aber gleichzeitig von ihnen emanzipiert und als eigenständige Disziplin herauskristallisiert;
- die Phase der handlungstheoretisch fundierten funktionalen Ausrichtung der Translation;
- die Phase der kognitiv-emotionalen Ausrichtung auf den eigentlichen Übersetzungsprozess.

Alleingang ohne Markierung

2. Die vier genannten Phasen des Ausformungsprozesses der ÜW haben meinen beruflichen Weg viele Jahre begleitet, geprägt und mich aktiv an ihnen teilnehmen lassen.

Jedoch zum Zeitpunkt, an dem Entscheidungen zu Studium und Beruf üblicherweise fallen, war ein Weg in die ÜW und in ihr[3] für jemand meiner Generation (Jahrgang 1930) in Österreich gar nicht vorstellbar. Wenn Zufall und später berufliche Praxis mich in diese Richtung lenkten, war es anfangs ein Alleingang ohne Markierung, bei dem man das im Studium Erworbene hinter sich lassen und sich meist autodidaktisch, in stetigem Dazulernen weiter bewegen musste.

---

[2] Vgl. die Gründungsdaten der Institute im C.I.U.T.I. (=Conférence Internationale Permanente d'Instituts Universitaires de Traducteurs et Interprètes)-Handbuch. *Translation and Interpreting Studies* (hg. von M. Forstner) 1995.
[3] Zwar bestanden in Wien, Graz und Innsbruck universitäre Ausbildungsstätten für Übersetzer und Dolmetscher; die Förderung und Anerkennung der entstehenden Disziplin „Übersetzungswissenschaft" ließ in Österreich außerordentlich lange auf sich warten. Erst seit 1989 hat sie ihren durch facheinschlägige Professuren legitimierten Platz.

2.1. Begonnen hat dieser Weg vielleicht damit, dass ich seit meiner Kindheit an fremden Sprachen und Ländern sehr interessiert war[4]. Ich wurde darin von meinen Eltern in der Weise gefördert, dass ich nach der Matura in Paris, Perugia und Abingdon/GB die jeweiligen Sprachen erlernen konnte, etwas was 1950 und danach – Österreich war noch von den 4 Siegermächten besetzt, Ausfuhr von Devisen untersagt – nicht leicht zu bewerkstelligen war. Es folgten Jahre der beruflichen Tätigkeit in der väterlichen Firma und als Fremdsprachenlehrerin, begleitet von der Ausbildung zum „Akademischen Übersetzer" am 1945/46 an der Universität Innsbruck gegründeten „Institut für das Dolmetschwesen". Eine erste Wegmarke?

1960-64 absolvierte ich in Innsbruck und Paris das Lehramtsstudium E, F für Höhere Schulen und wurde nach Abschluss des Praktikumsjahres von meinem Lehrer, dem Anglisten H. H. Kühnelt, auf die Stelle eines Lehrers im Hochschuldienst am „Institut für Übersetzer- und Dolmetscherausbildung" an die Universität zurückgeholt.

2.2. Diese Wegmarke war schon eindeutiger!
In meiner Lehre wurde von mir erwartet, an der Ausbildung von Übersetzern und Dolmetschern (Französisch als B-, Englisch als C-Sprache) mitzuwirken. Das bedeutete – nach der damaligen Auffassung von Übersetzen als ausschließlich sprachlichem Unterfangen – einen Gutteil Sprachunterricht für Fortgeschrittene, Vergleiche sprachlicher Phänomene zwischen Fremdsprache und Muttersprache anhand von Übersetzungen, daneben auch Übersetzen von Texten und Fachtexten, das sich dem professionellen, von mir auch geübten Arbeiten eines Übersetzers annäherte. Im Bereich des Dolmetschens waren mir Notiertechnik und Einführung ins Konsekutivdolmetschen aufgetragen.

Die Direktoren des Instituts (Schmid 1998, 15-28) standen der aufkommenden Übersetzungswissenschaft aufgeschlossen gegenüber, bereicherten die Bibliothek um die diesseits des Eisernen Vorhangs erscheinenden Publikationen und Zeitschriften, sodass es an einschlägiger Lektüre nicht fehlte.

Neben der Lehre galt es, die Promotion zu erlangen. Nach einigem Liebäugeln mit einem literarischen Thema folgte ich dem Wunsche meines Lehrers, des Romanisten A. Kuhn, an seinem großen Projekt – der Erforschung der romanischen Unterschichtung der Tiroler Dialekte – mit einer Untersuchung der romanischen Orts- und Flurnamen im Raum Landeck, der Heimat meiner Kindheit, mitzuwirken[5]. Die Feldarbeit war mir aufgrund meiner Kenntnis des lokalen Dialekts, die Recherche nach Quellen in Archiven und Klöstern und die

---

[4] Die in der väterlichen Firma arbeitenden französischen Kriegsgefangenen brachten mir die ersten Worte Französisch bei und erzählten mir von ihrer Heimat.

[5] Das Projekt, der junggrammatischen Tradition aber auch der geographisch-historischen Dialektforschung verpflichtet, setzte sich das Ziel, durch die Untersuchung der romanischen Reliktwörter sowie der Orts- und Flurnamen Ausmaß und geographische Verteilung der romanischen Unterschichtung der Tiroler und Vorarlberger Dialekte nachzuweisen.

etymologische Interpretation der Namen aufgrund meiner philologischen Ausbildung möglich (Schmid 1974). Aber die Arbeit, erschwert durch den plötzlichen Tod meines Doktorvaters und das Ende des Forschungsprojekts, lag weitab von meiner beruflichen Tätigkeit als Lehrende und Übersetzerin. Von der neuen, synchronen, vorwiegend strukturalistischen Sicht der Sprache, die sich mir in Fortbildungskursen in Frankreich erschlossen hatte, erhoffte ich mir mehr Relevanz für mein Tun.

2.3. So begann mein Weg in die ÜW am kurzen Seil der Linguistik, im Alleingang, ohne Markierung: In mühsamem, weil ungeordnetem Selbststudium spürte ich den Strömungen der im Aufschwung befindlichen Linguistik nach – Europäische Strukturalismen, Tesnière und die weitere Ausformung seiner Dependenzgrammatik, Untersuchungen zur Semantik (Greimas, Pottier, Coseriu u.a.), die Semanalyse und ihre Verbindung mit Wortfeldern, im Bereich des Übersetzens die *Stylistiques comparées* von Vinay-Darbelnet und Malblanc, Nidas übersetzungstheoretische Überlegungen in Zusammenhang mit der Bibelübersetzung, Levýs Werk zur literarischen Übersetzung und Jumpelts Ausführungen zur Übersetzung naturwissenschaftlicher und technischer Literatur interessierten mich. Doch vermochte die stark auf die Sprache als System zentrierte Linguistik, die aus dieser Sicht vorwiegend Grammatiktheorien hervorbrachte und aufgrund ihrer Auffassung von Wissenschaft die Semantik erst nach und nach in den Blick nahm, meine übersetzerischen Fragen nur unbefriedigend zu beantworten.

Dennoch versuchte ich, mit den sich anbietenden linguistischen Methoden des syntaktisch-semantischen Analysierens den Phraseologismen, einem Stolperstein des Übersetzens, zu Leibe zu rücken (Schmid 1984 und 1991). Meine Wahl fiel aufgrund meiner Unterrichtserfahrung auf die sehr produktiven Phraseme mit dem Verb „mettre". Der Erfolg meiner (EDV-gestützten, auf Lochkarten festgehaltenen) Analyse im Hinblick auf das Erkennen und Verstehen der Phraseme konnte bei deren übersummativer Bedeutung nur mäßig sein. Auch sind Phraseologismen zu vielschichtig, zu kultur- und textbezogen, als dass ihnen der von der Systemlinguistik vorgegebene Rahmen gerecht werden könnte.

Eben diese Einsicht und die Beschäftigung mit der Phraseologieforschung insgesamt[6] drängten mich dazu, die Wende zum Text, zur Pragmatik, im besonderen zur Einbettung der Phraseologismen in situative und kulturbedingte Gegebenheiten, zu vollziehen und die Schwierigkeiten ihrer Übertragung in einen Zieltext zu skizzieren (Schmid 1987). Somit war der Weg der integrativ-

---

[6] Die Phraseologieforschung hat sich in den letzten drei Jahrzehnten in der Sowjetunion, in Europa und in den Vereinigten Staaten zu einer konsolidierten Teildisziplin der Sprachwissenschaft entwickelt, deren kommunikativ-pragmatische Wende mitvollzogen und hinsichtlich Bestimmung des Gegenstands *Phrasem*, dessen Gebrauch, Vergleichbarkeit innerhalb der Sprachen, klassifikatorische und lexikalische Erfassung usw. viel geleistet (vgl. Häcki-Buhofer et al. 2001, 211 – 220).

emanzipatorischen Phase vorgegeben, am langen Seil von Ergebnissen und Methoden der Textlinguistik, der Pragmatik, der Soziolinguistik, der Kulturwissenschaften. Die eigene Route der ÜW ließen die Publikationen von K. Reiß (1971, 1976 und 1984), E. Coseriu (1978) sowie die Skizze einer allgemeinen Translationstheorie von H. J. Vermeer (1978) erkennen.

Maschinelle Übersetzung und Sprachdatenverarbeitung

2.4. Eine Assistenzprofessur am Monterey Institute of International Studies/CA eröffnete mir nicht nur Einblicke in die intensive Arbeit, die zweijährige, postgraduale Ausbildungsgänge den Studierenden und deren Lehrern abverlangen. In Monterey kam ich auch in Kontakt mit der Maschinenübersetzung und wurde in die Handhabung der Software-Produkte eingeschult, die an der Brigham Young University, Provo/Utah und später von ALPSystems in drei Stufen – SelecTerm, AutoTerm und TransActive – entwickelt worden waren.

Nach meiner Rückkehr aus den USA und dem Abschluß des Habilitationsverfahrens[7] finanzierte der Fonds zur Förderung der wissenschaftlichen Forschung mein zweijähriges Projekt, mit dem (anhand von Protokollen) untersucht werden sollte, welche Ergebnisse mit welchen Arbeitsschritten das interaktive System TransActive bei Texten verschiedener Gattungen und Schwierigkeitsgraden erzielte, im Vergleich zur Vorgangsweise und den Ergebnissen (Gruppenprotokolle), die Studierende unseres Instituts beim Übersetzen derselben Texte an den Tag legten (Schmid 1991). Die Auswertung der TransActive-Ergebnisse bestätigte die vielfach (u.a. von W. Wilss 1988) aufgezeigten Grenzen der Maschinenübersetzung, vor allem, dass Sinnvollzug/Verstehen des Ausgangstextes und Neu/Nachformulieren von Sinn im Zieltext nicht möglich sind. Die mühsame, zeitraubende Interaktion mit dem Übersetzer hebt das nicht auf, denn die eigentliche Übersetzung folgt dem Programm, Nachredaktion ist unerlässlich, Zeitersparnis illusorisch. Auch in den neunziger Jahren versuchte Ansätze, denen ich nachging, etwa der wissensbasierte Ansatz (Textverstehen soll über Repräsentationen von Fach-, Welt- und Textwissen induziert werden), der corpus- bzw. beispielbasierte Ansatz und der statistikbasierte Ansatz (die alle den Übersetzungsprozess in irgendeiner Form auf Corpora bereits übersetzter Texte stützen) lassen das Ziel, vollautomatisch eine qualitativ zufrieden stellende Übersetzung zu produzieren, noch immer utopisch erscheinen.

---

[7] Die umfangreichste meiner für die Habilitation vorgelegten Schriften war die syntaktisch-semantische Analyse der Phraseme mit „mettre", also eine linguistische Untersuchung. Sie konnte von den Mitgliedern der Habilitationskommission – lauter Sprachwissenschaftler und nur ein Übersetzungswissenschaftler – fachlich beurteilt werden. Das zeigt, dass noch Mitte der achtziger Jahre der Weg der ÜW in Österreich nur über die Linguistik beschritten werden konnte.

Die Gegenüberstellung der TransActive-Protokolle und der Arbeitsproto-kolle der Humanübersetzer zeigt, dass kaum Vergleichbarkeit vorliegt. Wohl spiegeln auch die Gruppenprotokolle das Ringen der Übersetzer um die adäqua-te Bedeutungsverwendung und die syntaktische Gestaltung des zielsprachlichen Textes im Gesamtzusammenhang und gemäß der Funktion des Zieltextes wider, aber die dabei verbalisierten mentalen Schritte lassen in ihrer Einbettung in Wissen, Erfahrung und Situation des Übersetzers keinen pertinenten Vergleich mit den von TransActive präsentierten stereotypen Wahlmöglichkeiten seman-tischer, seltener syntaktischer Art zu (Schmid 1994). Die Auswertung der Gruppenprotokolle machte deutlich, dass die Untersuchung des eigentlichen Übersetzens noch starker experimenteller Untermauerung mit der Prozess-forschung angemessenen Methoden bedarf. Vielleicht aber findet die Erfor-schung des komplexen Übersetzungsprozesses darin ihre Grenzen, dass nur ein Bruchteil der involvierten kognitiv-emotionalen Vorgänge manifest wird, vieles im „unkontrollierten Arbeitsraum" (Hönig 1995, 50) vor sich geht und erst das Ergebnis dann bewusst auf die Funktion der Übersetzung bezogen werden kann.

Angeregt durch SelecTerm und AutoTerm und in Fortsetzung der am Institut traditionellen Beschäftigung mit Terminologie, initiierte ich nach meiner Rückkehr aus den USA die Schaffung eines Terminologieprogramms als Grund-lage einer terminologischen Datenbank. Diese Initiative wurde von einigen mei-ner Mitarbeiter aufgegriffen, in deren Forschungsarbeit weiter entwickelt und durch zahlreiche terminologische Diplomarbeiten der Studierenden untermauert. Die erarbeiteten Glossare sind nunmehr in eine terminologische Datenbank integriert und unter der Homepage des Instituts intrawi@uibk.ac.at abrufbar.

Im Dienste der Übersetzungswissenschaft

3. Nach meiner Berufung auf die erste Lehrkanzel für Übersetzungswissenschaft an der Universität Innsbruck war das Institut in die C.I.U.T.I. zu führen, in die Studenten- und Dozenten-Austauschprogramme der EU einzubinden, vor allem aber die ÜW den Studierenden in Vorlesungen und Seminaren näher zu bringen. Es galt, Themen für Diplomarbeiten anzuregen und den wissenschaftlichen Nachwuchs in seinen weit gespannten Forschungsinteressen zu fördern und zur Promotion zu führen. Außerdem war die immer unerträglichere Raumsituation des Instituts einer Lösung anzunähern.

Eine dringend erforderliche 2. Professorenstelle, die Arbeitsteilung und eine Rotation in der Vorstandschaft des Instituts erlaubt hätte, wurde vom zu-ständigen Ministerium nicht gewährt.

1995 führte die Arbeitsbelastung zu meiner Emeritierung aus gesundheit-lichen Gründen. Einige Zeit später setzte eine schwere Erkrankung auch meiner wissenschaftlichen Arbeit im Bereich der Terminologie und Übersetzung juristischer Texte ein jähes Ende (Schmid 1999a und b).

3.1. Der ÜW kann man nur wünschen, dass professionelle Übersetzer und Lehrende an Ausbildungsstätten für Übersetzer/Dolmetscher viele empirische, mit wissenschaftlicher Methodik durchgeführte Untersuchungen (nicht nur exemplarische Ausführungen) zu den vielfältigen Forschungsbereichen der jungen Wissenschaft vorlegen, so die Brücke von der Praxis zur Theorie schlagen, dieser erlauben, ihre Ansätze zu überprüfen und auf diese Weise in der theoretischen Fundierung der Disziplin voran zu schreiten. In der gegenseitigen Befruchtung von Theorie und Praxis liegt die Hoffnung, vermehrt Einsicht in die Bedingungen des Übersetzens und der Evaluierung von Übersetzungen zu gewinnen, dem entsprechend die Ausbildung zu optimieren und den effizienten Einsatz von Hilfsmitteln des Übersetzens einzuschätzen.

Der Weg dieser Hoffnung verfügt bereits über eigene Markierungen, Berg Heil!

Bibliographie

Coseriu, Eugenio (1978): Falsche und richtige Fragestellungen in der Übersetzungstheorie. In: Lillebill Grähs et al. (Hg.) *Theory and Practice of Translation* Bern/ Frankfurt/M./ Las Vegas: Lang, 17-32.

Hönig, Hans G. (1995): *Konstruktives Übersetzen*. Tübingen: Stauffenburg (Studien zur Translation 1).

Koller, Werner (1979, [5]1997): *Einführung in die Übersetzungswissenschaft*. Heidelberg: Quelle & Meyer (UTB 819).

Reiß, Katharina (1971): *Möglichkeiten und Grenzen der Übersetzungskritik: Kategorien und Kriterien für eine sachgerechte Beurteilung von Übersetzungen* Ismaning b. München: Hueber (hueber hochschulreihe 12).

Reiß, Katharina (1976): *Texttyp und Übersetzungsmethode. Der operative Text.* Heidelberg: Groos.

Reiß, Katharina/ Hans J. Vermeer (1984): *Grundlegung einer allgemeinen Translationstheorie*. Tübingen: Niemeyer (Linguistische Arbeiten 147).

Reiß, Katharina (1989): Was heißt und warum betreibt man Übersetzungswissenschaft? In: *Lebende Sprachen* 34/3, 97-100.

Salevsky, Heidemarie (1993): Translationswissenschaft – eine apokryphe wissenschaftliche Disziplin? In: Justa Holz-Mänttäri/ Christiane Nord (Hg.): *Traducere navem. Festschrift für Katharina Reiß zum 70. Geburtstag.* Tampere: Tampereen Yliopisto, 19-35.

Salevsky, Heidemarie (2002): *Translationswissenschaft. Ein Kompendium.* Frankfurt/M.: Lang.

Schmid, Annemarie (1974): *Die romanischen Orts- und Flurnamen im Raume Landeck.* Innsbruck: Romanica Aenipontana 9.

Schmid, Annemarie (1984): *Ein Beitrag zur Phraseologie des Französischen. Syntaktisch-semantische Untersuchungen zu „mettre" in festen Verbindungen* Innsbruck: IBK Sonderheft 57.

Schmid, Annemarie (1991): <*Mettre à toutes les sauces*>. *Analyse sémantico-syntaxique des lexies complexes à base de 'mettre'*. Paris : Klincksieck (Recherches Linguistiques XV).

Schmid, Annemarie (1987): Phraseologismen und Übersetzung. In: Manfred Kienpointner/ Hans Schmeja (Hg.): *Sprache – Sprachen – Sprechen. Festschrift für Hermann Ölberg zum 65. Geburtstag.* Innsbruck: IBK Germanistische Reihe 34, 183-194.

Schmid, Annemarie (1991): Maschinenübersetzung: Möglichkeiten und Grenzen (Forschungsbericht). In: *TEXTconTEXT 6, 2/3,* 115-156.

Schmid, Annemarie (1994): Gruppenprotokolle – ein Einblick in die black box des Übersetzens? In: *TEXTconTEXT 9,* 121-146.

Schmid, Annemarie (1998): Geschichte des Instituts für Übersetzer- und Dolmetscherausbildung der Universität Innsbruck. In: Peter Holzer/ Cornelia Feyrer (Hg.): *Text, Sprache, Kultur.* Frankfurt/M.: Lang, 15-28.

Schmid, Annemarie (1999a): Un nouveau nœud, l'histoire – Relevanz der historischen Dimension in der Terminologie des Steuerrechts. In: Peter Sandrini (Hg.) *Übersetzen von Rechtstexten, Fachkommunikation im Spannungsfeld zwischen Rechtsordnung und Sprache.* Tübingen: Narr, 243-267.

Schmid, Annemarie (1999b): Phraséologie contrastive du droit fiscal : Fonction des phrasèmes dans un texte juridique. In : *Nouveaux Cahiers d'Allemand 17* (=Revue de linguistique et de didactique de l'Université de Nancy), 413-424.

Vermeer, Hans J. (1978): Ein Rahmen für eine allgemeine Translationstheorie. In: *Lebende Sprachen 23/3,* 99-102.

Wilss, Wolfram (1977): *Übersetzungswissenschaft. Probleme und Methoden.* Stuttgart: Klett.

Wilss, Wolfram (1988): *Kognition und Übersetzen.* Tübingen: Narr.

Michael Schreiber (Heidelberg)

Grenzgänger aus Not und Überzeugung
Wege zwischen Übersetzungswissenschaft und Romanistik

Als der Herausgeber dieses Bandes mich bat, einen autobiographischen Text beizusteuern, habe ich zunächst spontan abgesagt. Zu sehr kam mir mein eigener akademischer Werdegang noch als *work in progress* vor, um bereits Bilanz zu ziehen. Da Wolfgang Pöckl mir jedoch ausdrücklich versicherte, daß auch Zwischenbilanzen willkommen seien, will ich nun doch versuchen, eine solche zu wagen. Ich werde mich dabei auf einige biographische und bibliographische Aspekte beschränken, die ich für mein derzeitiges Dasein als Privatdozent für „Französische Sprach- und Übersetzungswissenschaft" als besonders aussagekräftig ansehe.

1. Biographisches

1.1 Profil-Probleme
Mein Berufswunsch entstand beim Besuch der gymnasialen Oberstufe mit den Leistungsfächern Französisch und Englisch: Ich wollte Übersetzer werden (nicht Lehrer, auch nicht Dolmetscher, tatsächlich Übersetzer). Also entschloss ich mich nach dem Abitur in der Kleinstadt Melsungen für den Studiengang Diplom-Übersetzer in der Kleinstadt Germersheim (Städte wie Heidelberg und Saarbrücken erschienen mir damals als nordhessischem Landei riesig). Als Sprachenkombination wählte ich Französisch (seit der 7. Schulklasse meine Lieblingssprache) und... Niederländisch, da ich gern eine neue Sprache erlernen wollte, mich Land und Leute interessierten und es mir damals utopisch erschien, eine „exotische" Sprache wie Russisch, Arabisch oder Chinesisch ohne Vorkenntnisse zu studieren. Vorkenntnisse hatte ich zwar im Spanischen, das ich in der Schule als Wahlfach belegt hatte, doch die Lehrerin hatte mir und meinen MitschülerInnen die Freude an dieser Sprache vergällt, indem sie monatelang versucht hatte, uns das Zungenspitzen-r anzutrainieren (was in meinem Fall vergeblich war). Als weiteres Studienfach nahm ich nach einigen Semestern das mir hinlänglich bekannte Englische hinzu, ohne das man als Übersetzer kaum überleben könne, wie es schon Mitte der achtziger Jahre hieß. Ich ahnte nicht, daß diese – aus übersetzungspraktischer Hinsicht sinnvolle, aus akademischer Perspektive unorthodoxe – Sprachenkombination der erste Grundstein für meine späteren akademischen Profil-Probleme sein würde. Weitere Grundsteine sollten folgen.

Mein Interesse an Sprach- und Übersetzungswissenschaft (und zwar an beiden Disziplinen gleichermaßen) wurde insbesondere in den Vorlesungen und Seminaren meines Lehrers Jörn Albrecht geweckt, dessen wissenschaftliche

Vielseitigkeit ich nach wie vor bewundere. Ich besuchte u.a. Seminare zu so unterschiedlichen Themen wie „Linguistik – Literaturwissenschaft – Übersetzen", „Mündlichkeit und Schriftlichkeit" und „Sprachphilosophie". Die Lust am wissenschaftlichen Arbeiten packte mich endgültig bei der Abfassung meiner Diplomarbeit zu stilistischen Problemen der niederländisch-deutschen Übersetzung. Gleichzeitig enstand der Wunsch, nun doch nicht Übersetzer zu werden, sondern eine akademische Karriere einzuschlagen (von deren Unwägbarkeiten ich nur eine vage Vorstellung hatte). Es folgte eine Dissertation zum Thema „Übersetzung und Bearbeitung", mit der ich mich im Bereich der allgemeinen Übersetzungswissenschaft situierte (Schreiber 1993b). Ich war inzwischen meinem Lehrer nach Heidelberg gefolgt (das sich als erheblich kleiner erwies als von mir angenommen) und vertrat dort zunächst eine Assistentenstelle. Gemeinsam mit Jörn Albrecht kam ich zu der Überzeugung, daß ein rein übersetzungswissenschaftliches Profil aufgrund der geringen Anzahl entsprechender Universitätsinstitute für eine akademische Laufbahn zu eng sei. Ich habilitierte mich daher – stipendiengestützt – zu einem Thema, das eher kontrastiv-linguistisch als übersetzungswissenschaftlich war: „Proformen im gesprochenen Französischen und Deutschen" (Schreiber 1999b). Zudem begann ich, mich (wieder) mit anderen romanischen Sprachen zu beschäftigen, zunächst insbesondere Spanisch (die traumatischen Zungenspitzen-r-Erlebnisse waren verblaßt), später auch Italienisch. Mein übersetzungswissenschaftliches Profil begann zu verschwimmen. Von einem romanistischen Profil war ich aber noch weit entfernt.

1.2 Vertretungskarussell

Nach meiner Habilitation bekam ich eine Vertretung für die Professur „Romanistik/ Linguistik" an der Universität Stuttgart (Nachfolge Peter Blumenthal) angeboten. Für mich bedeutete dies vorerst einen Sprung ins kalte Wasser, denn ich vertrat dabei auch Inhalte, für die ich bisher keine einschlägige Lehrerfahrung hatte (z.B. französische Sprachgeschichte). Meine Vorkenntnise waren dennoch mehr als rein autodidaktisch, denn der Romanist Jörn Albrecht hat in seine übersetzungswissenschaftlichen Lehrveranstaltungen immer auch romanistische Inhalte einfließen lassen. Während meiner Stuttgarter Zeit (insgesamt vier Semester) wuchs mein Interesse an der Italianistik, die ich z.T. mit vertrat, und an der allgemeinen Romanistik. So bot ich auch allgemeinromanistische Lehrveranstaltungen an (z.B. eine Einführung in die romanische Sprachwissenschaft), die ich für mich als besondere Bereicherung empfand.

Es folgte eine befristete Rückkehr nach Heidelberg mit der neuerlichen Vertretung einer Assistentenstelle am Lehrstuhl „Übersetzungswissenschaft Französisch" (ebenfalls insgesamt vier Semester). Jörn Albrechts Assistentin, Heidi Aschenberg, vertrat verschiedene romanistische Professuren, so daß ich nun der Vertreter einer Vertreterin war, was die semesterweise zu genehmigenden Vertragsverlängerungen nicht einfacher machte, da eine Vielzahl von Gremien an jeweils zwei Universitäten involviert war.

Anschließend erhielt ich das Angebot, am Institut für Translationswissenschaft der Universität Graz die Professur von Erich Prunč für die Dauer von dessen Freisemester zu vertreten (in Form einer Gastprofessur). Auch diese Vertretung war (trotz ihrer Kürze) für mich eine große Bereicherung. Ich bot sprachübergreifende Vorlesungen und Seminare zur allgemeinen Translationswissenschaft an und bekam hierdurch, sowie durch anregende Fachgespräche mit KollegInnen, Einblick in Gebiete, die mir bisher fremd (Gebärdensprachdolmetschen, Community Interpreting) oder suspekt (Postkolonialismus, feministische Translationswissenschaft) waren.

Die nächste Vertretung folgte auf dem Fuße: eine Gastprofessur für Übersetzungswissenschaft an der Universität Innsbruck. Ein Ende der einerseits bereichernden, andererseits aber auch schwierigen Vertretungstätigkeit, die von meiner Familie mit bewundernswerter Geduld ertragen wird, ist beim Schreiben dieser Zeilen (geschrieben Anfang 2003 in der Kulturhauptstadt Europas) noch nicht in Sicht. Dieses Zwischenfazit müßte eigentlich zwangsläufig zum Thema „Bewerbungen" führen. Dieses möchte ich jedoch aussparen und stattdessen zu bibliographischen Fragestellungen übergehen.

2. Bibliographisches: Der kontrastive Blick

Bei der Durchsicht meines eigenen Publikationsverzeichnisses ist mir vor einiger Zeit klar geworden, wie stark meine Veröffentlichungen von einer Grundhaltung geprägt sind, die ich als „kontrastiven Blick" bezeichnen möchte. Mit anderen Worten: Ich bin ein passionierter Vergleicher. Wenn ich keine Texte oder Sprachen vergleiche, vergleiche ich etwas anderes, z.B. Theorien. Ich möchte dies kurz am Beispiel meiner Aufsätze illustrieren. Meine bisher (Stand: Januar 2003) insgesamt 34 erschienenen bzw. im Druck befindlichen Aufsätze lassen sich im Hinblick auf ihre Kontrastivität grob vereinfacht (ohne Doppelnennungen) in folgende Kategorien einteilen (um das Literaturverzeichnis nicht über die Maßen mit eigenen Titeln aufzublähen, nenne ich pro Kategorie nur einen Aufsatz):
1. Allgemeine Translationswissenschaft: 7 Titel. Ein Schwerpunkt liegt dabei – im Anschluß an meine Dissertation – auf der Klassifikation von Übersetzungstypen und -verfahren (knapp zusammengefaßt in Schreiber 1998).
2. Sprachenpaarbezogene Translationswissenschaft: 7 Titel. Ich gehe (immer noch) davon aus, daß ein Großteil der tatsächlich auftretenden Übersetzungsprobleme sprachlicher Natur ist und daß der sprachenpaarbezogenen Translationswissenschaft daher ein mehr als nur marginaler Platz innerhalb der Translationswissenschaft zukommt (bzw. zukommen sollte). Programmatisch hierzu, auch zur Abgrenzung von der kontrastiven Linguistik, vgl. Schreiber im Druck/a.
3. Kontrastive Linguistik: 8 Titel. Hierbei liegen Schwerpunkte auf dem romanisch-deutschen und innerromanischen Sprachvergleich, gelegentlich –

unter Einschluß des Niederländischen – ausgeweitet zum romanisch-germanischen Sprachvergleich (wie in Schreiber 1999a).

4. Vergleichende Grammatikographie: 4 Titel. Bei diesen Arbeiten geht es nicht um Probleme des Sprachvergleichs, sondern um methodische Probleme der Grammatikographie, die sich anhand von Grammatiken verschiedener Sprachen besser demonstrieren lassen als in einzelsprachbezogenen Analysen. Bei den Sprachen dominieren ebenfalls romanische Sprachen und das Deutsche. Programmatisch hierzu vgl. Schreiber 2001.

5. Theorie-Vergleich: 4 Titel. Dabei geht es meist um den Vergleich linguistischer Theorien und Modelle, wie z.B. struktureller Semantik und Prototypensemantik (Schreiber 1993a). Auch hier kann der „kontrastive Blick" m.E. zu neuen oder klareren Einsichten verhelfen.

6. Vergleichende Landeskunde: Bisher 1 Titel zum Kulturpaar Frankreich-Deutschland (Schreiber im Druck/b).

7. Nicht-kontrastive Arbeiten: 3 Titel. Hierzu zählen z.b. Artikel zur Geschichte der Sprachwissenschaft, wie Albrecht/ Schreiber im Druck.

Von 34 Titeln zählen somit 14 zur Translationswissenschaft (Kategorien 1 und 2), 8 zur kontrastiven Linguistik (Kategorie 3), 9 zu weiteren kontrastiven Themen (Kategorien 4-6) und nur 3 zu nicht-kontrastiven Themen. Die hierbei deutlich zu Tage tretende Grundhaltung des „kontrastiven Blicks" kann man sicher auf meinen übersetzungswissenschaftlichen Werdegang zurückführen. Sie erklärt im übrigen aber auch mein Interesse an der Romanistik, denn die romanistische Linguistik ist bekanntermaßen – vor allem im deutschsprachigen Raum – viel stärker sprachvergleichend ausgerichtet als etwa die germanistische Linguistik, die in Deutschland ja leider meist nur als deutsche Sprachwissenschaft betrieben wird. Man könnte vielleicht sogar so weit gehen, eine Wesensverwandtschaft zwischen der Romanistik und dem Phänomen des Übersetzens (Schlieben-Lange 1999, 852) bzw. der Übersetzungswissenschaft (Schreiber 2003) zu postulieren.

Unabhängig davon, wo ich in der Lehre einmal „lande", möchte ich mir den „kontrastiven Blick" und mein – aus der Not (sprich: Profil- und Bewerbungsstrategie) geborenes und inzwischen zur Überzeugung gewordenes – Grenzgängertum zwischen Übersetzungswissenschaft und Romanistik zumindest im Bereich der Forschung auf jeden Fall erhalten, um nicht eines Tages doch noch der in der Übersetzungswissenschaft heute weit verbreiteten Philologie-Allergie, die der Herausgeber dieses Bandes treffend als „Kirchturmmentalität" (Pöckl 2002, 119) bezeichnet hat, bzw. der nicht weniger beklagenswerten Anti-Translatologitis vieler Philologen (hierzu vgl. z.B. Wilss 1999, 146), zu verfallen.

Literaturverzeichnis

Albrecht, Jörn/ Michael Schreiber (im Druck): Hermann Paul. Erscheint in: John Joseph/ Pierre Swiggers (Hg.): *Biographical Dictionary of Western Linguistics since 1450*. London: Routledge.

Pöckl, Wolfgang (2002): Zur Sozialgeschichte der Übersetzung. In: Lew Zybatow (Hg.): *Translation zwischen Theorie und Praxis*. Frankfurt/M.: Lang, 119-137.

Schlieben-Lange, Brigitte (1999): Die deutsche Romanistik – ein Modell für die Zukunft? In: Frank Fürbeth et al. (Hg.), *Zur Geschichte und Problematik der Nationalphilologien in Europa*. Tübingen: Niemeyer, 847-854.

Schreiber, Michael (1993a): Strukturelle Semantik und Prototypensemantik: Semantik der Einzelsprachen vs. Universalsemantik? In: *Papiere zur Linguistik* 49, 159-165.

Schreiber, Michael (1993b): *Übersetzung und Bearbeitung. Zur Differenzierung und Abgrenzung des Übersetzungsbegriffs*. Tübingen: Narr.

Schreiber, Michael (1998): Übersetzungstypen und Übersetzungsverfahren. In: Mary Snell-Hornby et al. (Hg.): *Handbuch Translation*. Tübingen: Stauffenburg, 151-154.

Schreiber, Michael (1999a): Schlagzeilen im Sprachvergleich. Zur Syntax von Zeitungsüberschriften in einigen romanischen und germanischen Sprachen. In: Sylvia Reinart/ Michael Schreiber (Hg.): *Sprachvergleich und Übersetzen: Französisch und Deutsch*. Bonn: Romanistischer Verlag, 303-316.

Schreiber, Michael (1999b): *Textgrammatik – Gesprochene Sprache – Sprachvergleich. Proformen im gesprochenen Französischen und Deutschen*. Frankfurt/M.: Lang.

Schreiber, Michael (2001): Vergleichende Grammatikographie. Neuere Tendenzen der italienischen, französischen und deutschen Grammatikschreibung. In: *Linguistica Antverpiensia* 35, 109-138.

Schreiber, Michael (2003): Romanistik und Übersetzungswissenschaft: Abgrenzung oder Entgrenzung? In: Frank Estelmann/ Pierre Krügel/ Olaf Müller (Hg.): *Traditionen der Entgrenzung. Beiträge zur romanistischen Wissenschaftsgeschichte*. Frankfurt/M: Lang.

Schreiber, Michael (im Druck/a): Kontrastive Linguistik und sprachenpaarbezogene Translationswissenschaft. Erscheint in: Gyde Hansen et al. (Hg.): *Translation Studies: Claims, Changes, and Challenges*. Amsterdam/ Philadelphia: Benjamins.

Schreiber, Michael (im Druck/b): Zur Vermittlung interkultureller Kompetenz im Landeskundeunterricht (am Beispiel des Kulturpaars Frankreich-Deutschland). Erscheint in: Eberhard Fleischmann et al. (Hg.): *Translationskompetenz*. Tübingen: Stauffenburg.

Wolfram Wilss (1999): *Übersetzen und Dolmetschen im 20. Jahrhundert. Schwerpunkt deutscher Sprachraum*. Saarbrücken: ASKO.

Alexander Schwarz (Lausanne):

Protokoll eines Stolperns
(in die und in der Übersetzungswissenschaft)

Charakteristisch an meinem Weg in die Übersetzungswissenschaft ist zweierlei: erstens, dass ich mir nicht so sicher bin, je am angegebenen Ziel „Übersetzungswissenschaft" angekommen zu sein oder wenigstens Halt gemacht zu haben, und zweitens, dass die Schritte auf dem Weg dahin mir nicht ständig präsent sind, sondern erst beim Überlegen und beim Schreiben dieser Zeilen langsam Gestalt annehmen. Ob jener „Stein des Anstoßes", auf den ich unlängst beim Vergleich von Übersetzungen des „Zerbrochenen Kruges" gestoßen bin, die Metapher für die Rolle der Übersetzung und der Wissenschaft von ihr auf meinem bisherigen Weg sein könnte? Also Übersetzungswissenschaft nicht als Zielpunkt eines Weges, sondern eine Folge von möglicherweise zufälligen und zusammenhangslosen Stolpersteinen, die dem akademischen Wanderer immer wieder Einhalt geboten und ihn auf den Pfad der Übersetzung zurückgewiesen haben? Die Hindernisse auf dem Abweg (weg von der Übersetzung) waren immer zuerst Menschen und dann erst Lektüren. Diese Zeilen sind deshalb vor allem Ausdruck der Dankbarkeit diesen Menschen gegenüber.

Mit *Übersetzungswissenschaft* habe ich insofern nichts zu tun, als ich an der Section d'allemand der Université de Lausanne für Linguistik verantwortlich bin und nicht für die Literarische Übersetzung, die hier unter der Leitung von Irene Weber ein eigenständiger Bereich des Studienangebotes und der Prüfungsordnung ist. Andererseits bin ich in letzter Zeit gleich viermal von außen mit Übersetzung in Verbindung gebracht worden. Einmal ist jemand, der Hinweise zur Comic-Übersetzung suchte, über die Bearbeiterliste des im Druck befindlichen HSK-Handbuches „Übersetzen" auf meinen Namen gestoßen. Dann meldete sich die Dolmetscherschule Zürich auf der Suche nach einem Referenten, der schulinternes Nachdenken über Übersetzungstheorie befördern sollte, wie es im Rahmen der Schaffung einer kantonalen Fachhochschule von den Dozierenden erwartet wird. Drittens hat mich die ehrenvolle Einladung erreicht, im Dezember 2002 in Heidelberg an einem internationalen Kolloquium zum 60. Geburtstag von Werner Koller teilzunehmen, deren Akten von Heidrun Gerzymisch-Arbogast und Jörn Albrecht herausgegeben werden sollen. Und schließlich bin ich nicht selbst auf den Gedanken verfallen, diese Zeilen zu verfassen.

Kollers Geburtstagskolloquium gab mir die Möglichkeit, meine „minimale Übersetzungstheorie" zur Diskussion zu stellen. Sie nimmt das semiotische Dreieck von Ogden und Richards auf und definiert innerhalb dieses Modells die Übersetzung als „Symbol", das Original als dazugehörigen „Referent" und die implizite oder explizite Theorie des Übersetzers respektive immer der Übersetzerin (die [die Theorie] auch durch die Formulierung des Auftrages vom

Kunden vorgegeben sein kann) als den die beiden Texte verbindenden „Thought or Reference". Die Übersetzung handelt dann vom Original, das Original dagegen von seinem jeweiligen Thema, und die Theoriebildung ist das Vorgehen der übersetzungspraktischen wie – als Re-Konstruktion – der übersetzungstheoretischen Arbeit. Wie diese Original und Übersetzung respektive Übersetzung und Original verbindende Theorie auszusehen hat, bestimmt der jeweilige Übersetzer oder, wie gesagt, sein Kunde. Der Übersetzungswissenschaftler geht dagegen rein deskriptiv vor, baut also schlicht solche Theorien nach, gleichgültig, ob der Übersetzer sie ausdrücklich nennt oder ob sie als die Überlegungen aus seinen Entscheidungen abzuleiten sind, die diese offensichtlich geleitet haben. Die solchermaßen rekonstruierten Theorien kann der Übersetzungswissenschaftler dann zur Charakterisierung einer Übersetzung, eines Übersetzers oder eines zeitlichen oder räumlichen Kapitels der Übersetzungsgeschichte verwenden. Je stärker sich Übersetzung und Original von einander unterscheiden, desto glücklicher ist er natürlich, sonst aber hält er sich, wie gesagt, mit Urteilen wohlweislich zurück. Ich weiß mit anderen Worten nicht, wie man übersetzen soll, will aber gerne wissen, wie man übersetzt (hat) und welche Antworten auf die Frage gegeben worden sind, wie man übersetzen solle.

Mein *Weg* in die Übersetzungswissenschaft begann vor dem Einsetzen eines Bewusstseins dafür, denn da war mein Vater in Wien schon amtlich beeideter Gerichtsdolmetscher für Niederländisch und Flämisch. Einfache Übersetzungen, wie die der Personalien in einem Reisepass, habe ich unter seiner Aufsicht schon einmal übernommen, bevor ich einen anständigen Schulaufsatz schreiben konnte.

Das Bestimmungswort „Wissenschaft" kam freilich erst an der Universität ins Spiel, da aber in meinem Zürcher Germanistikstudium von allem Anfang an. Das verdanke ich meinem Lehrer Stefan Sonderegger, der sich der Bedeutung der Übersetzung, vor allem der Bibel- und der literarischen Übersetzung, für die deutsche Sprachgeschichte immer bewusst war und seinen Schülern dieses Bewusstsein bei jeder sich bietenden Gelegenheit einimpfte und auffrischte. In seinen Lehrveranstaltungen lernte ich die Aussagen eines Luther, Schleiermacher, Nida, Kade und Neubert zum Übersetzen kennen, aber auch die Meinungsverschiedenheit der Brüder Grimm darüber, ob Texte aus älteren Sprachstufen überhaupt übersetzt werden oder die potentiellen Leser solcher Denkmäler nicht besser die entsprechenden Sprachen lernen sollten. Da war es kein Zufall, wenn mein erster (und bis heute erfolgreichster) Aufsatz („Glossen als Texte") gewissermaßen das erste Kapitel einer Geschichte des Übersetzens ins Deutsche in Angriff nahm. Zwei Jahrzehnte später gab eine Glossentagung in Bamberg mir Gelegenheit, das zweite Kapitel zu versuchen, in dem Walter Benjamins berühmter Satz „Die Interlinearversion des heiligen Textes ist das Urbild oder Ideal aller Übersetzung" endlich einmal an einer echten mittelalterlichen Interlinearversion, nämlich an Notkers Psalter, überprüft werden sollte.

Es sind noch zwei weitere Namen von damaligen Unterrichtenden am Zürcher Deutschen Seminar zu nennen, die mich davon überzeugt haben, dass die Übersetzungswissenschaft ein lohnendes Ausflugsziel ist. Der eine ist der schon erwähnte Werner Koller. Er war der erste Assistent von Sondereggers neuem Kollegen Harald Burger, und ich war einer der studentischen Tutoren seines linguistischen Einführungskurses. Erst als 1973 sein berühmtes rotes Buch „Einführung in die Übersetzungswissenschaft" erschien, wurden mir Kollers einschlägige Interessen überhaupt bewusst. Sie haben auch danach unsere berufliche Zusammenarbeit, die in Vertretungen und einem Austauschsemester Bergen-Lausanne gipfelte, und unsere Freundschaft stets eher begleitet als bestimmt.

Der andere ist Jelle Stegeman, damals Lektor für Niederländisch an Sondereggers Lehrstuhl. Als ich in seinen Kursen diese meine Muttersprache (die Sprache meiner Mutter) auffrischen wollte, führte er mich in die Dolmetscherschule Zürich ein, wo ich nicht nur in Ergänzung zu seiner Version Deutsch-Niederländisch die umgekehrte unterrichtete, sondern später auch Kurse zum Übersetzen aus dem Englischen und zur Lexikographie und Übersetzungstheorie, bis ich 1993 endgültig nach Lausanne wechselte. Stegemans Habilitationsschrift „Übersetzung und Leser" ist für mich mit ihrem rezeptionsempirischen Ansatz immer ein methodisch wichtiges Buch geblieben.

Aus der Zürcher Zeit sind mir weitere lokale wie internationale Kontakte in Erinnerung. Mary Snell-Hornby war bis zu ihrer Berufung nach Wien eine initiative Privatdozentenkollegin, deren rotes Buch „Übersetzungswissenschaft. Eine Neuorientierung" ich heute noch gerne neben Kollers rotes Buch lege. Und dann organisierte ich in den Achtzigerjahren an der Universität Zürich einen Vortrag von Albrecht Neubert. Die Schwierigkeit, einen Professor zu finden, der die entsprechende Einladung hätte unterschreiben wollen – was damals einem Privatdozenten nicht zustand –, bringt mich auf die Frage, ob der Weggang von Koller und Snell-Hornby nicht etwas damit zu tun haben könnten, dass in der Schweiz die wenigsten Hochschullehrer so dachten wie Stefan Sonderegger (oder dass man Ordinarius sein musste, um so denken zu dürfen).

Einen zweiten Hochschullehrer dieses Schlages durfte ich in der Folge sehr gut kennenlernen. Walter Lenschen, germanistischer Mediävist, der in Lausanne die Ältere Abteilung im klassischen Sinne vertrat (also mittelalterliche Literatur plus die gesamte Sprachwissenschaft), holte mich 1984 für eine Vertretung in Linguistik an seinen Lehrstuhl. 1987 bekam ich die zu seiner Entlastung neugeschaffene Assistenzprofessur, um die ich mich u.a. mit dem Manuskript meines eigenen roten Buches beworben hatte. In „Alte Texte lesen" reagierte ich gewissermaßen auf die Auseinandersetzung der Grimms, indem ich jede heutige Beschäftigung mit mittelalterlicher Sprache und Literatur als (wieder einmal explizite oder implizite) Übersetzungsarbeit nachzeichnete.

In Lausanne war ich zur Stelle, als Lenschen 1989 das *Centre de traduction littéraire* gründete. Es führte Übersetzerinnen und Übersetzer nach Lausanne, wo sie mit ihren Kollegen, Autoren, Lektoren, Kritikern und mit der akademischen Welt in einen nicht immer reibungslosen, aber nie langweiligen oder nutzlosen Austausch treten konnten und sollten. In der Schweiz, einem multilingualen und -kulturalen Land, in dem die Übersetzungsschulen (ich denke an Genf, Zürich und St. Gallen) sich nicht nur aus berufsperspektivischen Überlegungen auf die Fachübersetzung konzentrieren, sondern auch aus dem Zweifel heraus, ob literarische Übersetzung lernbar sei, war und ist dieses Zentrum von nicht zu überschätzender Bedeutung. Der für Zusammenarbeit immer offene Walter Lenschen hat es mir ermöglicht, mit dieser kleinen aber feinen Übersetzungsszene oft Montag für Montag in Kontakt zu treten. Der kleine Sammelband „L'amour des lettres", den ich zusammen mit Alena Vacek, Forschungsassistentin am CTL, Walter Lenschen zu seinem 65. Geburtstag geschenkt habe, und der Beitrag „Meer und Mehr", den ich darin gemeinsam mit der Übersetzerin und Schriftstellerin Yla von Dach zu Gottfried von Straßburg als Tristan-Übersetzer geschrieben habe, sind gleichzeitig Spuren dieser Kontakte und Zeichen des Dankes an ihren Initiator.

Es war auch wieder nicht meine Idee, sondern eine Folge der in Lausanne generell herrschenden übersetzungsfreundlichen Atmosphäre, wenn die erste Doktorarbeit, die ich hier betreuen konnte, der Übersetzungstheorie gewidmet war. Laure Abplanalp Luscher, damals meine Assistentin, hat hier sowie in einer Reihe von begleitenden Arbeiten den Versuch von Ernst-August Gutt, Übersetzung und Relevanztheorie zusammenzubringen, zu einer eindrücklichen und minuziöse Textarbeit erlaubenden Pragmatik und Semantik des Übersetzungsvorganges (und der Lektüre und Kritik von Übersetzungen) weiterentwickelt.

Inzwischen war Lenschen emeritiert worden, der das CTL neben seiner Tätigkeit als Mediävist geleitet hatte. In der Folge wurde die Professur geteilt, so dass wir heute einen Mediävisten und mit Irene Weber eine Übersetzungswissenschaftlerin an der Section haben. Ihr verdanke ich die Überzeugung, dass es Übersetzungsfehler nicht gibt, genauer, dass es eine verpasste Erkenntnischance ist, auffällige Abweichungen von Original und Übersetzung als solche zu disqualifizieren und nicht weiter zu verfolgen. Irene Weber hat in Lausanne einen eigenen Studiengang „Traduction" aufgebaut. Er kann – einmalig in der Schweiz und darüber hinaus – in Lausanne ebenso wie die klassischen Teildisziplinen Ältere und Neuere deutsche Literatur und Sprachwissenschaft als Studienschwerpunkt gewählt werden kann. Dieser Studiengang beginnt bis heute erst im zweiten Studienteil, wobei wir im ersten Studienteil innerhalb der linguistischen Studieneinheit Semantik vier gemeinsame Stunden vorgesehen haben. Ob die Rolle, die Irene Weber dabei meiner Disziplin zuerkennt, für diese sehr schmeichelhaft ist, wage ich nicht zu entscheiden, bin aber trotzdem durchaus bereit sie zu unterschreiben, weil sie sehr treffend meinen Weg in die/ der Übersetzungswissenschaft charakterisiert: „Es ist nicht sicher, dass die Linguistik der Übersetzung etwas zu bieten hat, hingegen ist sicher, dass die Übersetzung der Linguistik sehr viel zu bieten hat".

Literaturliste

Abplanalp Luscher, Laure (2001): *Vers une théorie sémantico-pragmatique pour la traduction.* Göppingen: Kümmerle (= Göppinger Arbeiten zur Germanistik 695).

Benjamin, Walter (1926: 1972): Die Aufgabe des Übersetzers. In: *Gesammelte Schriften* (hg. von Tilman Rexroth). Frankfurt: Suhrkamp, IV.I., 9-21.

Koller, Werner (1979): *Einführung in die Übersetzungswissenschaft.* Heidelberg u. Wiesbaden: Quelle & Meyer (= UTB 819)

Schwarz, Alexander (1977): Glossen als Texte. In: *Beiträge zur Geschichte der deutschen Sprache und Literatur* (West) 99, 25-36.

Schwarz, Alexander (1988): Verstehen als Übersetzen. In: Alexander Schwarz/ Angelika Linke/ Paul Michel/ Gerhild Scholz Williams: *Alte Texte lesen.* Bern/ Stuttgart: Haupt (= UTB 1482), 13-54.

Schwarz, Alexander (1989): *COMICS übersetzen – besonders ins Deutsche und besonders in der Schweiz.* Lausanne: Travaux du centre de traduction littéraire 4.

Schwarz, Alexander (2001): Deconstructing Notker. In : Rolf Bergmann/ Elvira Glaser/ Claudine Moulin-Fankhänel (Hg.): *Mittelalterliche volkssprachige Glossen.* Heidelberg : Winter, 575-585.

Schwarz, Alexander/ Yla M. von Dach (1999): Meer und mehr. In: Alexander Schwarz/ Alena Vacek (Hg.): *L'amour des lettres.* Bern: Lang, 85-97.

Snell-Hornby, Mary (Hg.) (1986): *Übersetzungswissenschaft. Eine Neuorientierung.* Tübingen: Francke (= UTB 1415).

Stegeman, Jelle (1991): *Übersetzung und Leser. Untersuchungen zur Übersetzungsäquivalenz dargestellt an der Rezeption von Multatulis "Max Havelaar" und seinen deutschen Übersetzungen.* Berlin/ New York: de Gruyter (= Studia Linguistica Germanica 30).

Weber, Irene (1999): *DifferenzlektüreN. Fremdes und Eigenes der deutschsprachigen Schweizer Literatur, gelesen im Vergleich von Original und Übersetzung.* München: Iudicium.

Mary Snell-Hornby (Wien)

Diplomatischer Dienst, oder die Lust auf Abenteuer[1].
Ein Weg (mit Hindernissen) in die Translationswissenschaft

Prolog

Die Anfänge in den 50er Jahren waren eher unscheinbar: Karriereberatung an einer englischen Public School, Berufswunsch „Diplomatischer Dienst", daher als logische Folge der Fächerschwerpunkt „Moderne Sprachen" und – an der Universität St. Andrews – ein entsprechendes Studium (Deutsch, Französisch, Englisch, dazu Einführungskurse in Spanisch und Russisch). Aber noch viel prägender als die Studieninhalte (damals streng philologisch-historisch und, so fand ich, eher realitätsfern) waren die damit verbundenen Reisen, vor allem in die Bundesrepublik Deutschland, aufstrebendes Wirtschaftswunderland und in jener Zeit nicht bei allen Engländern besonders beliebt. Ich war aber von diesem Land und seinen Menschen zugleich begeistert und fasziniert: unvergesslich war insbesondere eine Reise nach Westberlin im September 1959. Damals konnte man noch ungehindert durch das Brandenburger Tor gehen: hier pulsierendes, glitzerndes Leben, dort Tristesse, und dazwischen nur Hass und Misstrauen. Mein Auslandssemester verbrachte ich im Sommer 1961 in Wien, und ich habe sowohl das missglückte Treffen zwischen Kennedy und Kruschtschev als auch den Bau der Berliner Mauer dort mitbekommen. Mit einem Honours Degree („German Language and Literature") und einem Forschungsstipendium der österreichischen Bundesregierung kam ich 1962 nach Wien zurück, um für eine Dissertation über die dramatische Satire von Karl Kraus und Johann Nestroy vor Ort zu recherchieren. Mit im Gepäck hatte ich ein persönliches Empfehlungsschreiben an den britischen Botschafter, der mir Einblick in den Alltag der Diplomatie erlauben sollte. Dazu gehörte auch ein Wochenendausflug mit Angehörigen der anglikanischen Gemeinde nach Prag: neben Stehempfang und Morgengottesdienst bleibt mir wieder die Trostlosigkeit der Stadt in Erinnerung sowie ein großer Rummel um einheimische Bedienstete, die aus der Küche eines Diplomaten Eier entwendet haben sollten, weil sie selbst keine hatten. Ich war über diese streng abgeschottete Welt etwas enttäuscht, denn ich hatte mir den diplomatischen Dienst eher als völkerverbindend und grenzüberschreitend vorgestellt. Daher wandte ich mich tagsüber lieber meiner wissenschaftlichen Forschungsarbeit und abends dem Wiener Musik- und Theaterleben zu: die letzte Erinnerung an meine Ambitionen für den diplomatischen Dienst ist eine

---

[1] Diese Wendung, sowie die Idee der „dramaturgischen" Anordnung, verdanke ich Franz Pöchhacker, Klaus Kaindl und Mira Kadric, die meinen Weg in die Translationswissenschaft bereits besonders zutreffend beschrieben haben (s. Pöchhacker at al. 2000).

rauschende und absolut völkerverbindende Silvesterballnacht in der britischen Botschaft in Wien.

Ouvertüre: Die Swinging Sixties

Im Herbst 1963 trat ich eine Stelle als Englischlehrkraft an der Sprachenschule der Stadt München (v.a. Übersetzungsübungen und Gesprächsdolmetschen) an. Damals war es für englische Muttersprachler relativ leicht, eine angemessene Beschäftigung zu bekommen, und so erhielt ich für das Sommersemester 1964 auch einen Lehrauftrag am Englischen Seminar der Universität München. Es ging um „sprachpraktische Übungen" für Staatsexamenskandidaten – Stilaufsatz und Übersetzen in die Fremdsprache – wobei insbesondere ein native speaker gesucht wurde, der bereit und in der Lage war, die Arbeiten der Studierenden regelmäßig zu korrigieren. Im Herbst 1964 wurde der Lehrauftrag – zunächst befristet auf ein Jahr – in eine Lektorenstelle umgewandelt, die aber dann – wieder um ein Jahr – verlängert werden konnte. Das waren die (später berüchtigten) Kettenverträge: ich war aber nichts ahnend und damals recht zufrieden.

Fünf Jahre war ich als Lektorin am Englischen Seminar der Universität München tätig. Aus den paar Studierenden des ersten Semesters wurden immer mehr, so dass bald Parallelkurse eingerichtet werden mussten, und auch diese wurden dann so groß, dass sie um 8 Uhr früh abgehalten werden mussten, weil der große Hörsaal dann frei war. Der Ansturm betraf vor allem die Übersetzungsübung: 1967 hatte ich in drei Parallelkursen insgesamt ca. 350 TeilnehmerInnen, ebenso viele Übersetzungen wurden alle vierzehn Tage korrigiert und die verschiedenen Lösungsvorschläge wurden im Plenum besprochen. Meine Notizen nahmen schier endlose Ausmaße an und lieferten den Stoff für zwei Übungsbücher (Snell 1967 und dann Snell 1972, das in der neugegründeten „hueber hochschulreihe" ein Bestseller werden sollte) und später auch für meine Habilitationsschrift (Snell-Hornby 1983). Meine Studenten waren gut motiviert und intellektuell z. T. hoch begabt: einige von ihnen haben sich in Wissenschaft, Politik oder Wirtschaft längst einen Namen gemacht. Bei den Lehrveranstaltungen handelte es sich natürlich „nur" um sprachpraktische Übungen eines philologischen Faches: sie haben aber absolut faszinierende Einblicke in die Tiefen der Sprache, Literatur und Kultur geboten, und ich kann aus heutiger Sicht sagen, dass diese Jahre in München zu den schönsten meiner ganzen beruflichen Tätigkeit gehörten.

In dieser Zeit habe ich auch Übersetzungsaufträge angenommen, und zwar insbesondere die Kommentartexte zu den von „Inter Nationes" erstellten Dokumentarfilmen, die in englischer Fassung u.a. bei internationalen Filmfestivals gezeigt werden sollten. Es wurde mir bald klar, dass diese Tätigkeit grundlegend anders war als das Übersetzen für die Übungen an der Universität. Dort sollten v.a. Fremdsprachenkenntnisse unter Beweis gestellt und möglichst genaue ausgangstextorientierte Fassungen kurzer Textausschnitte erstellt werden. Bei den Filmkommentartexten hingegen ging es vor allem um idiomatische, leicht verständliche, sprechbare Sprache, die sich dem Bildmaterial der betreffenden Takes anpassen sollte: wesentlich war hier die Arbeit am Schneidetisch. Offensichtlich funktionierte das Berufsübersetzen nach anderen Regeln als das philologische Übersetzen im Hörsaal.

Die Sechziger waren für mich nicht nur die übersetzerische Lehrzeit, sondern auch Wanderjahre. Ein Vorteil der Kettenverträge war es sicherlich, dass Lektoren in der vorlesungsfreien Zeit keine Präsenzpflicht hatten. So konnte ich vor allem die Sommermonate für Weltreisen nutzen: 1965 Indien, 1966 USA/ Mexiko/ Mittelamerika, 1967 Naher Osten (Ostern) und Südostasien (Sommer). Finanziert wurden die Reisen aus eigenen Ersparnissen, es ging also sehr bescheiden ab, mit Bahn, Bus, Fähre oder Billigstflug, Übernachtung in Kleinstpensionen. Dafür hatte ich z. T. recht abenteuerliche Erlebnisse, die mir Einblicke in die verschiedensten Kulturen dieser Welt und nicht zuletzt die Einsicht geboten haben, wie Menschen verschiedener Sprachen, Kulturen und Religionen nebeneinander leben können – oder eben nicht. Diese Reisen – noch lange vor der Ära des Massentourismus – zeigten mir mehr als irgendein akademisches Studium, wie unendlich kompliziert die zwischensprachliche und interkulturelle Kommunikation sein kann, die weit über das hinausgeht, was wir als Übersetzen oder Dolmetschen verstanden hatten.

Meine Tätigkeit an der Universität München fand mit dem Jahr 1968 ein jähes Ende. Für die Reformbestrebungen der Studenten, auch für deren gesellschaftliches Engagement, hatte ich Verständnis. Zum einen habe ich in einer Übung versuchsweise Gruppenarbeit eingeführt – heute eher selbstverständlich, für konservative Ordinarien von damals ein rotes Tuch. Den Argumenten gegen die Notstandsgesetze konnte ich auch durchaus etwas abgewinnen – einen Zettel, den ich an die Tür meines Hörsaals geheftet hatte, habe ich heute noch:

Wegen des Vorlesungsstreiks gegen die Notstandsgesetze fallen meine Übungen am Montag d. 27.5. und Dienstag d. 28.5. aus. Aus Rücksicht auf die Examenskandidaten werde ich die ausgefallenen Übungen in der letzten Semesterwoche nachholen.

Mary Snell

Ich wurde umgehend zur Institutsleitung und anschließend zum Kanzler der Universität zitiert. Streiken durfte ich nämlich nicht, hieß es, ich hätte mich stattdessen krankmelden sollen.

Die betreffenden Übungen wurden tatsächlich nachgeholt, und da viele universitäre Lehrveranstaltungen (wohl „krankheitshalber") in jenen letzten Maitagen des Jahres 1968 ersatzlos ausfielen, dürften sie somit zu den wenigen gehören, die tatsächlich irgendwann stattfanden. Es half aber nicht: mein Kettenvertrag wurde nicht wieder verlängert, und im Juli 1969 endete meine Lehrtätigkeit an der Universität München.

Erster Akt: Die Illusion der Äquivalenz

Es folgte eine Zeit der Desorientierung, die einerseits wertvolle Erfahrungen (etwa als Lektorin für Deutsch an der Universität Pietermaritzburg/Südafrika oder als wissenschaftliche Mitarbeiterin im Max Hueber Verlag[2]) und private Veränderungen brachte (Heirat 1973, Geburt der Tochter 1976), aber für das Übersetzen nicht wesentlich war. Die Wende kam im Oktober 1977 mit der Übersiedelung nach Zürich, und dort begann meine eigentliche akademische Laufbahn. Ich wollte vor allem bei Ernst Leisi arbeiten, dessen pragmatischer Zugang zur Sprachwissenschaft – als Gegenpol zur damals noch vorherrschenden Transformationsgrammatik – mir sehr zusagte. Ausgehend von dem Material, das ich aus meinen Münchner Übersetzungsübungen gewonnen hatte, strebte ich also einen Doktorgrad bei Leisi an. Erklärend muss ich hier hinzufügen, dass ich zwischen den Stühlen zweier akademischer Systeme steckte. Meine Dissertation zum Thema „The dramatic satire of Karl Kraus and Johann Nestroy. A comparative study" (Snell 1966) gehörte nämlich zum Bereich der germanistischen Literaturwissenschaft und wurde der Universität St. Andrews vorgelegt. Eine alte Vorschrift dieser Universität schrieb damals für einen Ph.D. Präsenz und Wohnsitz in St. Andrews vor. Ich hatte meine Arbeit aber in München geschrieben, und deshalb kam nur der Forschungsgrad „Bachelor of Philosophy" (B.Phil.) in Frage, der mir 1966 verliehen wurde.[3] In Zürich wurde mein Fall von einer Kommission untersucht, die dann feststellte, dass mein B.Phil. der Universität St. Andrews in der wissenschaftlichen Substanz als einem Schweizer Doktorgrad äquivalent beurteilt werden könnte, deshalb könnte ich mit meinem neuen Forschungsprojekt in Zürich gleich eine Habilitation anstreben. Diese erwarb ich dann 1981 mit der kontrastiven Untersuchung *Verb-descriptivity in German and English. A contrastive study in semantic fields* (Snell-Hornby 1983). Beantragt hatte ich eine venia legendi mit der Bezeichnung *Übersetzen*. Die – linguistisch orientierte – Übersetzungswissenschaft war nämlich zu dieser Zeit sehr wohl existent, an der Universität Zürich war sie jedoch nicht vertreten. Deshalb wurde mir die vor allem für spätere Bewerbungen etwas missverständliche venia „Englische Linguistik und Sprachdidaktik" verliehen.

Eine große Schwierigkeit blieb der trotz Habilitation immer noch fehlende Doktortitel. Als 1986 Professuren für Übersetzungswissenschaft an den drei „Dolmetschinstituten" in Österreich geschaffen wurden (und dort wäre ich trotz „äquivalenter" Dissertation ohne Doktortitel wohl chancenlos gewesen), fasste ich den Entschluss, meine bisherigen übersetzungswissenschaftlichen Arbeiten als Monographie auszubauen und mit dem Titel „Translation Studies – An Integrated Approach" für ein Zürcher Doktorat vorzulegen. Die Niederschrift erfolgte unter extremem Zeitdruck, meist als Nachtarbeit.

---

[2] Über meinen Schreibtisch ging auch das Manuskript von Katharina Reiß (1971), cf. Snell-Hornby 1993, 335.
[3] Diese antiquierte Regelung wurde ein Jahr später aufgehoben.

Mein Hauptinteresse galt der literarischen Übersetzung, der Betreuer war daher der in diesem Bereich ausgewiesene Literaturwissenschaftler Peter Hughes. Als das Manuskript gemäß Zürcher Vorschrift zur Einsicht auflag, meldete sich aber ein anglistischer Sprachwissenschaftler zu Wort: als Studie zur Übersetzung gehöre die Arbeit zu seinem Zuständigkeitsbereich, sie sei aber keine „richtige linguistische Studie" und müsste daher gründlich überarbeitet werden. Mit dem Argument, die Arbeit sei weder in der Linguistik noch in der Literaturwissenschaft, sondern in der Übersetzungswissenschaft anzusiedeln, konnte ich mich nur nach einer schwierigen Auseinandersetzung durchsetzen. Die Studie erschien jedenfalls bei Benjamins (Snell-Hornby 1988) und wird heute noch in aller Welt (neuerdings auch in einer Fassung für den chinesischen Markt) verkauft. Mit einem britischen Hochschulabschluss, einem Doktorat sowie einer Habilitation aus Zürich war ich nun für die deutschsprachige akademische Kultur qualifiziert: die „Zugabe", der immer noch missverstandene B.Phil. aus St. Andrews bleibt ein handfester Beweis für die Illusion der Äquivalenz.

Zweiter Akt: Weitere Wanderjahre

Neben der Forschung gab es natürlich auch eine Lehrtätigkeit, nicht zuletzt als Broterwerb. Zunächst (1977) übernahm ich in Zürich die Vertretung einer Lektorenstelle, die aber auf ein Jahr befristet war. Danach gab es nur Lehraufträge. 1981 meldete sich aber dann die Schweizer Fremdenpolizei. Nach der Habilitation gäbe es keine rechtliche Grundlage für meinen Aufenthalt in der Schweiz, hieß es, und ich sollte ausgewiesen werden. Als Privatdozentin hatte ich aber die Pflicht, in Zürich zu lehren. Nach einem schwierigen Rekursverfahren wurde mir schließlich gestattet, mich maximal 90 Tage im Jahr in der Schweiz aufzuhalten; ich durfte aber neben dem Lehrauftrag in Zürich kein Geld im Land verdienen. Während der 80er Jahre folgte daher eine Reihe von Gastprofessuren, Vertretungen und befristeten Lehraufträgen in diversen Teilen des deutschsprachigen Raums.

Zunächst trat ich im August 1981 die Vertretung des neugeschaffenen Lehrstuhls „Übersetzungswissenschaft: Englisch" am Institut für Übersetzen und Dolmetschen der Universität Heidelberg an und vollzog somit den Wechsel von der Philologie zur Berufspraxis und -ausbildung. Unvergesslich war hier die Persönlichkeit Fritz Paepcke, der stolz darauf war, ein Freund Gadamers zu sein und mit glühender Überzeugung den hermeneutischen Ansatz in der Übersetzungswissenschaft vertrat. Für den linguistischen Ansatz – und vor allem für die Linguistik Chomskys – hatte er nur Verachtung: „Die Sprachwissenschaft", pflegte er zu sagen, „ist eine Wissenschaft ohne Sprache". In Heidelberg lernte ich auch WissenschaftlerInnen kennen, die heute im Fach Translationswissenschaft international bekannt sind: Radegundis Stolze, Christiane Nord, Heidrun Gerzymisch-Arbogast und später auch Hans Vermeer. Justa Holz-

Mänttäri hatte ich bereits 1981 auf einem AILA-Kongress in Lund kennen gelernt, wo sie ihr Modell des translatorischen Handelns präsentiert hatte. Mit dem neu entstandenen funktionalen Ansatz – neben Holz-Mänttäri auch die Skopostheorie von Hans Vermeer, der das Übersetzen nicht als sprachlichen, sondern als kulturellen Transfer darstellte (vgl. Vermeer 1986) – entwickelte sich die Übersetzungs-, oder vielmehr die Translationswissenschaft im Laufe der 80er Jahre von einem Teilbereich der Linguistik zur eigenständigen Disziplin. Vom funktionalen Ansatz war ich vor allem für das Fachübersetzen absolut überzeugt. Dieser fand aber in Heidelberg – besonders bei den Philologen der Nachbarfächer – nicht nur Unterstützung, und ähnlich wie in München wurde mein Engagement nicht überall geschätzt. Und so wurde ich 1983 nach drei Semestern in Heidelberg wieder einmal in die Arbeitslosigkeit entlassen. Trotzdem oder vielleicht gerade deshalb: bedeutende Aufsätze zur neuen Entwicklung habe ich in den folgenden Jahren zusammengestellt und 1986 als Sammelband (UTB 1415) mit dem Titel *Übersetzungswissenschaft – eine Neuorientierung. Zur Integrierung von Theorie und Praxis* herausgegeben. Die Neuorientierung setzte sich bekanntlich auch durch.

Weitere Stationen in den 80er Jahren waren Saarbrücken (eine Gastprofessur in der Anglistik), Innsbruck (Gastprofessur und Lehraufträge am „Dolmetschinstitut") und Göttingen. Dort war ich 1986-1987 als „Gastlinguistin" am Sonderbereich „Das literarische Übersetzen" tätig und lernte Anhänger der Descriptive Translation Studies wie José Lambert, André Lefevere, Gideon Toury und vor allem Susan Bassnett kennen, die später die herausragende Vertreterin des Faches Translation Studies in England wurde. Durch meine Habilitationsschrift lernte ich auch KollegInnen kennen, die in der Lexikographie tätig waren (neben Reinhard Hartmann vor allem auch Tony Cowie und Patrick Hanks). Ich war Gründungsmitglied, später Vorstandsmitglied der European Association for Lexicography (EURALEX) und habe auch deren Kongress „ZüriLEX 1986" organisiert. Denn die Lehrtätigkeit als Privatdozentin in Zürich wurde natürlich fortgesetzt. (Eine Sternstunde war für mich meine Antrittsvorlesung zur damals kaum behandelten Problematik der Bühnenübersetzung: sie fand im Juni 1982 in jenem historischen Großen Festsaal statt, in dem Winston Churchill 1946 seine berühmte Zürcher Rede hielt.) Es waren rastlose, überaus anstrengende Jahre, die ich aber aus heutiger Sicht als Quelle reicher Erfahrungen ansehen kann, und wie Pöchhacker et al. (2000, 11) zu Recht feststellen, sind mir die Zürcher Jahre (der Fremdenpolizei zum Trotz) als schöne und produktive Zeit in Erinnerung geblieben.

Dritter Akt: Wende und Widerstreit

Im September 1989 wurde ich auf den neugeschaffenen Lehrstuhl für Übersetzungswissenschaft an der Universität Wien berufen. Wichtig waren mir für meine neue Tätigkeit vor allem drei Bereiche: die Förderung des wissenschaftlichen Nachwuchses, die Entwicklung des Faches am Institut, insbesondere durch eine längst geplante Reform des Curriculums, und dann der Aufbau von Kontakten mit KollegInnen in den neuen Demokratien, die durch jene dramatische politische Wende entstanden sind, die in meinem ersten Wiener Semester stattfand. Die Nachwuchsförderung zeigte sich zunächst in drei neugeschaffenen Assistentenstellen (vgl. Kaindl und Pöchhacker, in diesem Band), später durch eine ganze Reihe von Diplomarbeiten, ein florierendes DissertantInnenseminar mit bis dato 19 Promotionen (davon 11 mit Auszeichnung) sowie 6 Habilitationen zu allen möglichen Bereichen des Faches. Der Kontakt mit den Nachbarländern wurde zunächst durch meine Antrittsvorlesung am 19. Januar 1990 und dann im November 1991 durch das „Mitteleuropäische Symposium" (Snell-Hornby 1992) konkretisiert: wie ein Wunder schien es damals, dass KollegInnen aus Prag, Budapest, Krakau oder Bratislava ohne weiteres nach Wien reisen konnten. Durch den sogenannten „Osttopf" der österreichischen Bundesregierung wurden Kontaktbesuche an Universitäten in den östlichen Nachbarländern sogar gefördert: ich ergriff die Gelegenheit und ging (meist mit einem/r meiner drei AssistentInnen) auf Kontaktreisen durch Polen, Litauen und Rumänien, nach Prag, Budapest, Ljubljana, Bratislava und Moskau. Entstanden sind neben Freundschaften und Vorträgen (denn das Interesse am Fach Translationswissenschaft war groß) zahlreiche feste Austauschprogramme und sonstige Kooperationen. Am tiefsten berührt hat mich Rumänien: in Bukarest (der erste Besuch im September 1991 fiel mit dem Bergarbeiterstreik zusammen, den wir hautnah mitbekamen) konnten wir mit finanzieller Unterstützung der österreichischen Bundesregierung, mit sonstiger Unterstützung des damaligen Rektors und späteren Staatspräsidenten Emil Constantinescu sowie dem besonderen Engagement der Kollegin Dr. Doina Motaş das Übersetzerprogramm wieder ins Leben rufen, das unter Ceauşescu ohne Angaben von Gründen geschlossen worden war. Auch sonst waren die 90er Jahre durch Dienst- und Vortragsreisen in aller Welt geprägt (s. Snell-Hornby 1996), u.a. in Brasilien, Kanada, Thailand, Vietnam und den Philippinen. Es waren Erlebnisse, die meine seinerzeitigen Jugendträume von völkerverbindendem Kulturaustausch im diplomatischen Dienst verblassen ließen. Höhepunkte waren ein Aufenthalt als Wei Lun Gastprofessorin an der Chinese University of Hong Kong im Dezember 1992, in Europa Gastprofessuren in Finnland, Spanien und Berlin sowie etliche hochkarätige Seminare bei Susan Bassnett an ihrem renommierten „Centre for Translation and Comparative Cultural Studies" der University of Warwick, an dem ich seit 1997 als Honorarprofessorin tätig bin.

International hat sich das Fach Translationswissenschaft während der 90er Jahre ohne Zweifel gefestigt: belegt ist das nicht zuletzt durch das *Handbuch Translation* (Snell-Hornby et al. 1998) und die Reihe *Studien zur Translation* im Stauffenburg Verlag. Am Wiener Institut fanden ab 1990 regelmäßige Expertentreffen statt, die (selbstironisch) als die „Wiener Translationsgipfel" bezeichnet wurden. Auswärtige TeilnehmerInnen waren u.a. Hans Vermeer, Justa Holz-

Mänttäri, Hans Hönig, Paul Kußmaul und Christiane Nord. Daraus ging 1992 im Rahmen des Kongresses „Translationswissenschaft – Eine Interdisziplin" (s. Snell-Hornby et al. 1994) die „European Society for Translation Studies" (EST) hervor, deren Präsidentin ich bis 1998 war und die bis dahin ihren Sitz in Wien hatte. Für die geplante Studienreform am Institut selbst wurde ebenfalls 1990 – unter anderem durch Arbeitsgruppen der Lehrenden – ein modulares Modell erarbeitet, das wissenschaftlich fundiert, aber gleichzeitig markt- und praxisorientiert sein sollte (s. Snell-Hornby 1992a). Wie aber zuvor in München und Heidelberg fanden die neuen Ideen nicht ungeteilte Akzeptanz: der daraus entstehende „Kulturkonflikt", der dazu führte, dass wieder ein Philologe die Institutsleitung übernahm, wird trefflich von Pöchhacker et al. (2000) dargestellt. Tatsache ist jedoch, dass im Herbst 2003 ein neues Curriculum am Wiener Institut eingeführt wurde (dreijähriges B.A.- und anschließend ein zweijähriges modulares M.A.-Programm), das dem heiß umstrittenen Modell aus dem Jahr 1990 verblüffend ähnlich ist.

Epilog: Fazit, Ausblick und Utopie

Mit der Entwicklung des Faches Translationswissenschaft in den letzten Jahrzehnten deckt sich mein wissenschaftlicher Werdegang, und ich kann mich mit der neuen Disziplin in ihren vielfältigen Facetten voll identifizieren. Schwierig bleiben aber auch heute nicht nur die gesellschaftliche Anerkennung des Faches, sondern auch sein Verhältnis zu den Philologien. Das gilt insbesondere für die Linguistik, deren Gegenstand die Sprache ist und die wohl deshalb auch das Übersetzen für sich beansprucht. Für die Translationswissenschaft ist die Sprache aber nicht Gegenstand, sondern Werkzeug oder Instrument, mit dem die zwischensprachliche Verständigung und somit der Kulturtransfer vollzogen wird. Weltwissen, Sachwissen und Kulturkenntnisse stehen hier im Mittelpunkt, die eine ständige Auseinandersetzung mit dem Fremden erfordern und daher nicht nur Sensibilität und „diplomatische Befähigung", sondern auch gewissermaßen die „Lust auf Abenteuer" voraussetzen. Vom wissenschaftlichen Nachwuchs wird es abhängen, ob die Translationswissenschaft ihre eigenständige Identität als Kernbereich der transkulturellen Kommunikation und somit ihre gesellschaftlichen Anerkennung festigen kann: unserer in vielfacher Hinsicht von Fehlkommunikation geprägten und deshalb bedrohten Welt von heute kann man es jedenfalls nur wünschen.

Literaturhinweise

Pöchhacker, Franz/ Klaus Kaindl/ Mira Kadric (2000): Mary Snell-Hornby. Eine Würdigung. In: Mira Kadric/ Klaus Kaindl/ Franz Pöchhacker (Hg): *Translationswissenschaft. Festschrift für Mary Snell-Hornby zum 60. Geburtstag.* Tübingen: Stauffenburg, 19-26.

Reiß, Katharina (1971): *Möglichkeiten und Grenzen der Übersetzungskritik.* München: Hueber.

Snell, Mary (1966): *The dramatic satire of Karl Kraus and Johann Nestroy. A comparative study.* Unpubl. B.Phil. Thesis, University of St. Andrews.

Snell, Mary (1967): *German Thought in English Idiom. Exercises in Translation and Style for Final Year Students.* München: Hueber.

Snell, Mary (1972): *German-English Prose Translation.* München: Hueber.

Snell-Hornby, Mary (1983): *Verb-descriptivity in German and English. A contrastive study in semantic fields.* Heidelberg: Winter.

Snell-Hornby, Mary (Hg.) (1986): *Übersetzungswissenschaft – Eine Neuorientierung. Zur Integrierung von Theorie und Praxis.* Tübingen: Francke.

Snell-Hornby, Mary (1988): *Translation Studies – An Integrated Approach.* Amsterdam: Benjamins.

Snell-Hornby, Mary (Hg.) (1992): *Translation in Mitteleuropa. Beiträge aus dem Mitteleuropäischen Symposium am Institut für Übersetzer- und Dolmetscherausbildung der Universität Wien, 11.-13. November 1991.* Prag: Charles University.

Snell-Hornby, Mary (1992a): The professional translator of tomorrow: Language specialist or all-round expert? In: Cay Dollerup/ Anne Loddegaard (Hg.): *Teaching Translation and Interpreting. Training, Talent and Experience.* Amsterdam: Benjamins, 9-22.

Snell-Hornby, Mary (1993): Der Text als Partitur: Möglichkeiten und Grenzen der multimedialen Übersetzung. In: Justa Holz-Mänttäri/ Christiane Nord (Hg.): *Traducere navem. Festschrift für Katharina Reiß zum 70. Geburtstag.* Tampere: Univ. Tampere, 335-350.

Snell-Hornby, Mary/ Franz Pöchhacker/ Klaus Kaindl (Hg.) (1994): *Translation Studies – An Interdiscipline.* Amsterdam: Benjamins.

Snell-Hornby, Mary (1996): *Translation und Text. Ausgewählte Vorträge.* Wien: WUV-Universitätsverlag.

Snell-Hornby, Mary/ Hans G. Hönig/ Paul Kußmaul/ Peter A. Schmitt (Hg.) (1998): *Handbuch Translation.* Tübingen: Stauffenburg.

Vermeer, Hans J. (1986): Übersetzen als kultureller Transfer. In: Mary Snell-Hornby (Hg.): *Übersetzungswissenschaft – Eine Neuorientierung,* 30-53.

Jürgen von Stackelberg (Göttingen)

Wie die Übersetzung ins Zentrum meiner Interessen rückte

Manchmal denke ich, wer zweisprachig aufgewachsen ist, der hat den ersten Schritt in die Übersetzungswissenschaft schon getan. Ich bin im Südbadischen aufgewachsen, habe im Dorf und mit den Dienstmädchen (die Eltern waren beide berufstätig) alemannisch, ansonsten aber hochdeutsch gesprochen: die Eltern waren „Herg'loffene" und haben den Dialekt, den ich perfekt sprach, nie richtig gelernt. Ich sprach mit den Spiel- und Schulkameraden, lauter Bauernkindern, nicht nur in ihrer Sprache, ich war auch einer „wie sie". Zuhause war ich ein ganz anderer. Instinktiv wusste ich also schon, dass eine Sprache mehr ist als nur ein Ausdrucksmittel: sie bestimmte mein ganzes Wesen, ich war, der ich sprach. In der Schule habe ich wenig dazugelernt. Die guten Lehrer waren alle im Krieg, nur die schlechten, das heißt die alten und kauzigen, waren zuhause geblieben. Ich kam zum Militär: das war verschwendete Zeit, obwohl man mit jungen Leuten aus allen möglichen Gegenden Deutschlands zusammenkam und Dialekte kennen lernte, die man vorher nur vom Hörensagen gekannt hatte. Seit der Zeit kann ich die meisten deutschen Dialekte nachmachen – und es ist geradezu ein Tick von mir, mit einem Berliner „balinisch", mit einem Wiener „wienerisch", mit einem Kölner „kölsch" zu reden. Ich habe mir eine sprachliche Mimikry angewöhnt, von der ich nicht weiß, ob sie immer höflich ist. Denn manch einer fühlt sich eher geschmeichelt, wenn man ihn hochdeutsch anspricht.

Die anderthalb Jahre meiner Kriegsgefangenschaft in England habe ich dann dazu genutzt, englisch zu lernen. Ich konnte es schließlich so gut, dass ich nach meiner vorgezogenen Entlassung im Januar 1946 ein Vierteljahr in einem Übersetzungsbüro gearbeitet habe. Wir übersetzten, in der Mehrzahl Deutsche, vor allem die politischen Nachrichten aus den Lokalzeitungen, für die das „Military Government" sich wegen der *re-education* der Deutschen zur Demokratie interessierte. Das geschah in Oldenburg, weil ich aus guten Gründen noch nicht in die französische Zone zurückkehrte: man hätte mich dort womöglich aufgegriffen und noch einmal in Kriegsgefangenschaft geschickt.

Da ich englisch schon konnte, studierte ich dann Romanistik, zuerst in Zürich, dann in Freiburg, in Paris und in Pisa. Eine Tournee mit einer französischen Theatergruppe, die durch die ganze damalige französische Besatzungszone führte (wir spielten einen Molière auf französisch, einen Brecht auf deutsch), lehrte mich das Französische zu sprechen wie ein Franzose, oder eine Französin (um nicht zu lügen). Ich falle noch heute, wenn ich gut in Stimmung bin, in Frankreich nicht als Ausländer auf. Einmal unterhielt ich mich einen ganzen Abend lang mit Nathalie Sarraute, die zu einem Vortrag nach Freiburg gekommen war. Spät abends fragte sie mich, wann ich wohl nach Paris zurückführe? Sie hatte mich für einen Franzosen gehalten. (Da war ich sehr stolz.)

Natürlich bot das Studium in Freiburg, wo viele Franzosen hinkamen, auch Gelegenheit genug, französisch zu sprechen. In Pisa, an der *Scuola Normale*, lernte ich italienisch, spanisch kam als dritte Fremdsprache hinzu. Ich konnte es später, 1962, auf einer Vortragsreise durch Südamerika und als Gastprofessor in Valparaiso perfektionieren. Aber über die vier Fremdsprachen, die ich mehr oder minder gleich gut verstehe und spreche, also englisch, französisch, italienisch und spanisch, bin ich nicht hinausgekommen. Ich habe mich nicht getraut, noch mehr Sprachen zu lernen, weil ich das Gefühl hatte, mich in diese vier eingelebt zu haben und wie ein Franzose, Italiener, Spanier und Engländer denken zu können, das sei genug. Man kann seine Persönlichkeit nicht beliebig „vervielfältigen". Wer das Sprachensprechen dergestalt als eine existenzielle Angelegenheit auffasst, dem sind wahrscheinlich Grenzen der Polyglossie gesetzt. Was darüber hinausgeht, ist (Ausnahmen bestätigen die Regel) Papageientum. Oder sagen wir: russisch und schwedisch könnten noch dazu!

Ich übergehe Staatsexamen und Promotion und komme gleich auf meine Habilitationsarbeit zu sprechen: die galt der Rezeption des Tacitus in der Romania (vor allem in Frankreich und Italien) und hatte in mehrfacher Hinsicht mit dem Problem des Übersetzens zu tun. Zum einen war Tacitus ein so „schwieriger" Autor, dass ich ihn immer mit einer Übersetzung las, meistens der französischen der Budé-Ausgabe, die ich meiner Arbeit zugrundelegte, zum anderen aber vollzog sich die Rezeption von einem bestimmten Zeitpunkt an natürlich in der jeweiligen Landessprache, also französisch und italienisch. Die Geschichte der Übersetzungen des Tacitus in diese Sprachen gehörte zu meinem Gegenstand und ich veröffentlichte mehrere Zeitschriftenartikel darüber, die so etwas wie „Ableger" der Arbeit darstellten, einen über den Florentiner Bernardo Davanzati, der einer der ganz großen Übersetzer der Renaissance war und in Italien fast die Rolle gespielt hat, die Amyot in Frankreich, Luther in Deutschland spielte: auch Davanzati hat sprachbildend gewirkt – und eine Vorbildfunktion in der Herausbildung des toskanischen Italienisch besessen, weswegen er immer zur Sprache zu kommen pflegt, wenn von der *questione della lingua* die Rede ist. Mein zweiter Aufsatz galt D'Alembert, Diderot und Rousseau, die alle fast zur selben Zeit Tacitus übersetzt haben – und eben dies, der Vergleich dreier so verschiedener Autoren, die gleichzeitig einunddenselben Autor übersetzten, schien mir ein übersetzungsgeschichtlich interessantes Thema zu sein, was natürlich die „Kometenschweife", also übersetzungsgeschichtliche Sequenzen nicht uninteressant macht.

Seitdem habe ich kaum eine wissenschaftliche Arbeit geschrieben, in die nicht Fragen der Übersetzung mit hineinspielten. Ich will sie nicht alle nennen, muss aber doch auf ein paar davon eingehen, weil sie mein weiteres Vordringen in die Problematik der Sache, meinethalben auch in die Übersetzungswissenschaft, aufzeigen.

Nicht zuletzt angeregt durch die Rezeptionstheorie von Hans Robert Jauß (die ich in der Praxis zu überführen gedachte) schrieb ich 1972 meine *Literarischen Rezeptionsformen*. Darin figuriert ein Abriss der französischen (und italienischen) Übersetzungsgeschichte an erster Stelle (S. 1 – 117). Ich hoffe, er ist im wesentlichen immer noch brauchbar, obwohl die zwischenzeitlich gemachten Fortschritte auf diesem Gebiet natürlich hinzugedacht werden müssen. Der Abriss mündete in einen Exkurs über „Übersetzungen aus zweiter Hand". Auf dieses Phänomen, dem ich 1984 ein ganzes Buch gewidmet habe, war ich durch die Graciánübersetzungen gestoßen, die ich in der Herzog-August-Bibliothek zu Wolfenbüttel vorgefunden hatte: die mehreren waren nach einer französischen Übersetzung, die von dem Tacitomanen Amelot de la Houssaie stammte, gemacht. Später entdeckte ich Übersetzungen, die sich an italienische Vorlagen anlehnten, die ihrerseits auf der französischen Übersetzung Amelots beruhten, und ähnlich abenteuerliche Mixturen mehr. Das Interesse an den „Übersetzungen aus zweiter Hand" hat mich jahrelang beschäftigt. Das größte Korpus solcher Übersetzungen stellten französische Versionen englischer Autoren des 18. Jahrhunderts dar, die ins Deutsche weiterübersetzt wurden. Ich brachte die Sache in den Sonderforschungsbereich *Die literarische Übersetzung* ein, an dem ich von Anfang an in Göttingen mitgearbeitet habe – und woraus unter anderem die Bibliographie von W. Graeber und G. Roche über eben diese anglo-französisch-deutschen Übersetzungen hervorgegangen ist (erschienen 1988 bei Niemeyer in Tübingen).

Übersetzungen historisch zu sehen und zu werten, ist eines, sie zu kritisieren ein anderes. Zwar sind die Grenzen zwischen den beiden gleich wissenschaftlichen Tätigkeiten nicht leicht zu ziehen – und manchmal kaum feststellbar –, aber grundsätzlich geht es doch um zweierlei: der Übersetzungshistoriker registriert Abweichungen von der Vorlage als Indizien für die Intentionen des Übersetzers, insbesondere auch als Indikatoren für den „Erwartungshorizont" des Publikums, er wertet sie nicht als Fehler (die sie durchaus sein können), er nimmt sie als „écarts significatifs" hin (wie die französischen Komparatisten sagen). Beim Vergleich von Ausgangs- und Zieltext von Übersetzungen unserer Tage aber muss es erlaubt sein, die Richtigkeit gutzuheißen, die Irrtümer zu tadeln. Natürlich sind dazu sachkundige Einschätzungen der Vorlagen, wenn es denn literarische sind, unerlässlich, und das ist der Grund, weswegen ich finde, dass der Übersetzungswissenschaftler, wenn er literarische Übersetzungen beurteilt, literaturwissenschaftlich geschult sein muss. Ich selbst würde mich gar nicht einen Übersetzungswissenschaftler nennen, sondern einen Literaturwissenschaftler, der diese Wissenschaft als einen Teil der seinen versteht. Aber die Entwicklung mag zeigen, dass es hier einer eigenen Disziplin bedarf. Nur darf sie, ich sage es noch einmal, den Unterschied zwischen der Übersetzung literarischer, also künstlerisch geformter Texte, und derjenigen von Sachtexten nicht übersehen. Denn bei den ersteren gehört zur „Richtigkeit" der Wiedergabe eben auch diejenige der Formqualitäten, der rhetorischen Figuren, der Wortmalereien etc. Da kann einer inhaltlich ganz richtig übersetzen – und künstlerisch danebenhauen, er kann stilistisch fehlgehen, den spezifischen Ton der Vorlage verkennen, und wenn das so ist, ist die ganze Übersetzung nicht zu retten. An Beispielen hierfür fehlt es nicht. (Mir schien fast immer die Einhaltung des Stilniveaus der entscheidende Punkt zu sein – und deshalb habe ich in all meinen Übersetzungskritiken darauf den größten Wert gelegt.)

Ich lasse meine *Weltliteratur in deutscher Übersetzung* von 1978 auf sich beruhen, ebenso auch die *Fünfzig Romanischen Klassiker in deutscher Übersetzung* von 1997: da führe ich an vielen, vielen Beispielen vor, wie ich denke, dass Übersetzungskritiken gemacht werden sollten. Im letztgenannten Buch verrate ich auch eingangs, wie ich dabei (und in meinen Lehrveranstaltungen) vorzugehen pflegte. Eigens erwähnt hätte ich aber gern noch die Preisschrift *Mehrsprachigkeit der Geisteswissenschaften*, die 1986 von der Deutschen Akademie für Sprache und Dichtung gekrönt und 1988 in den Band *Gerechtfertigte Vielfalt* (hg. v. H. M. Gauger) aufgenommen worden ist. Darin plädiere ich dafür, dass auch Wissenschaftler wissenschaftliche Übersetzungen herstellen. Der Grund versteht sich von selbst: man muss die Sache beurteilen können, um über die Übersetzung urteilen zu können. Einige eklatante Verstöße dagegen prangere ich in der Preisschrift an, sage aber gleich, dass es immer möglich ist, auch wissenschaftliche Werke – selbst so eigenwillige, wie Hugo Friedrichs *Struktur der modernen Lyrik* – in andere Sprachen zu übersetzen. Freilich sollte sich das auch finanziell lohnen ... Aber das ist wieder ein anderes Kapitel.

Schließlich und endlich habe ich selbst nicht wenig übersetzt: einiges davon ist im Druck erschienen (Pablo Neruda, Petrarca, Voltaire, Montesquieu, La Fontaine, La Rochefoucauld, Molière), anderes ruht unveröffentlicht in meinen Schubladen und wird wohl da noch ruhen, wenn ich nicht mehr lebe. Die Praxis des Übersetzens kennenzulernen, auch wenn sich keine Gelegenheit bietet, das Übersetzte zu veröffentlichen, halte ich für ein Gebot, an das sich jeder Übersetzungswissenschaftler halten sollte. Denn da kann sich zeigen, dass alles wieder ganz anders aussieht, als die Theorien es einen erwarten ließen.

Da ich nun aber mit meinem Bericht darüber, „wie die Übersetzung ins Zentrum meiner Interessen rückte", hinter dem vom Herausgeber dieses Bandes vorgesehenen Umfang zurückgeblieben bin, darf ich vielleicht noch etwas zu einem Thema sagen, das eher selten behandelt wird, nämlich den Freuden des Übersetzens. Die Leiden pflegen nicht zu kurz zu kommen, sei's dass die Übersetzer über die verbreitete Geringschätzung ihres Geschäfts, das fast immer „ein schlechtes Geschäft" ist, klagen, sei's dass die Unmöglichkeit bedauert wird, zumindest bei dichterischen Texten voll befriedigende Lösungen des Wiedergabeproblems zu finden. „Traduttore traditore" heißt es nur zu oft zu Recht. Aber es gibt auch das Gegenteil, die Übersetzertreffer, die glücklichen Funde, „les trouvailles". Sie machen die Freuden des Übersetzers aus. Drei solche Treffer möchte ich zur Sprache bringen. Leider, fürchte ich, sind sie nicht maschinell zu speichern, denn jeder Fall liegt wieder anders. (Dies ist, nebenbei bemerkt, ein Punkt, der mich meinem Freund Tophoven gegenüber immer ein bisschen skeptisch gestimmt hat, wenn er sich allzu optimistisch über das von ihm ins Leben gerufene Straelener Übersetzungsinstitut äußerte.)

Mein erstes Beispiel betrifft die „Cena Trimalchionis" von Petron. Man erinnert sich (vielleicht): da hat der neureiche Sklave ein ungeheuerliches Festmahl angerichtet, das er mit allerlei Geistreicheleien und pseudogelehrten Anspielungen würzt. So ruft er, als das Gelage losgeht, wiederholt mit lauter Stimme *Carpe, carpe!* Das erklärt sich daraus, dass der Vorschneider Carpus heißt und Trimalchio ihm die Aufforderung, das Fleisch zu schneiden, mit dem Wort, das zugleich sein Name (im Vokativ) ist, geben kann: „Carpe", heißt es im lateinischen Text, „eodem verbo et vocat et imperat". In der Übersetzung von mehreren Übersetzern, die 1963 vom Ullstein-Verlag herausgegeben wurde, heißt das: „Sooft er also ‚Pack, pack!' ruft, ruft er ihn beim Namen und gibt ihm zugleich seinen Befehl." Das mag angehen. Aber ich habe von ich-weiß-nicht-mehr-welcher anderen Übersetzung eine viel schönere Übersetzung in Erinnerung, nämlich: *Schneider.* „Schneid-er, Schneider!" sagt Trimalchio da, und das, fand ich, war ein „Übersetzertreffer", denn „Schneider" kann man ja eher heißen, als – ausgerechnet – „Pack".

Besonders gern habe ich mich sodann in letzter Zeit mit dem Problem der Übersetzung der Sprichwörter und Redewendungen Sancho Panzas beschäftigt, die der Schildknappe Don Quijotes bekanntlich vorzugsweise verdreht und verkehrt anbringt. Als in Kapitel 10 des zweiten Teils drei Bauerndirnen auf Eseln dahergeritten kommen, die Sancho als Dulcinea und zwei ihrer Hofdamen apostrophiert, sagt der Knappe, sie ritten auf *tres cananeas*, was Don Quijote ihm gleich in *hacaneas* verbessert, das heißt ‚Paßgänger' oder auch ‚Zelter'. Der Versprecher ist diesmal nicht besonders plausibel, denn *cananeas* sind – wahrscheinlich – die „Kanaaniter". Wo sollte Sancho das aufgeschnappt haben? Ludwig Tieck war ursprünglich als Wiedergabe des Kalauers nichts besseres eingefallen, als „Balglachen"/"Wallachen"; (‚Balge' ist norddeutsch für ‚Waschfass'). Doch dann kam ihm eine der älteren Übersetzungen aus dem Französischen zu Gesicht, die er eigentlich durch seine Direktübersetzung ersetzen wollte, und da fand er für *cananeas/hacaneas* die Übersetzung: *Kelter/Zelter*, und die übernahm er. Er fand zu Recht, dass das ein Übersetzertreffer war; (denn was eine Kelter ist, wusste Sancho Panza ganz gewiss!).

Ist es übertrieben zu meinen, die Übersetzung sei „besser" als das Original? So etwas gibt es durchaus. Mein drittes Beispiel, scheint mir, spricht ebenfalls dafür. Ich entnehme es dem vierten Abschnitt von Pablo Nerudas *Alturas de Macchu Picchu*, also des Gedichts, das Rudolf Hagelstange einmal mit meiner Hilfe und derjenigen unseres gemeinsamen Freundes Hugo Montes aus Santiago für den Verlag Hoffmann und Campe übersetzt hat. Da heißt es *ancho mar, oh muerte, de ola en ola no vienes,/sino como un galope de claridad nocturna/o como los totales números de la noche.* Was die Verse „bedeuten" sollen, kann ich nicht sagen, wohl aber, dass unsere Übersetzung poetischer ausgefallen ist als der Ausgangstext. Sie lautet: *du, großes Meer, oh Tod! kommst nicht Welle auf Welle,/sondern wie ein Galopp aus nächtlicher Helle,/oder wie die totalen Zahlen der Nacht.*

Machen Sie mit, liebe Übersetzerkollegen, solche Übersetzertreffer zu sammeln? Es lohnt sich und kann einem die Freude am Übersetzen wiedergeben, wenn das Geschäft einem mal wieder verdrießlich zu werden droht.

Literaturangaben

Tacitus in der Romania. Studien zur literarischen Rezeption des Tacitus in Italien und Frankreich. Tübingen 1960.

Weltliteratur in deutscher Übersetzung. Vergleichende Analysen. München 1978.

Übersetzungen aus zweiter Hand. Rezeptionsvorgänge in der europäischen Literatur vom 14. bis zum 18. Jahrhundert. Berlin/ New York 1984.

Blüte und Niedergang der ‚Belles Infidèles'. In: Harald Kittel (Hg.): *Die literarische Übersetzung. Stand und Perspektiven ihrer Erforschung.* Berlin 1988, 16-29.

Fünfzig romanische Klassiker in deutscher Übersetzung. Bonn 1997.

„Herbstblätter". Studien zur Literatur der Aufklärung, zur Übersetzungsgeschichte und zur Übersetzungskritik. Bonn 2002.

Erich Steiner (Saarbrücken)

Wege in die Übersetzungswissenschaft

Ich möchte meinen Weg in die Übersetzungswissenschaft zunächst durch ein kurzes biographisches Gerüst beschreiben, um danach einige Leitthemen zu diskutieren, in denen sich meines Erachtens wichtige gegenwärtige und zukünftige Entwicklungen auf diesem Gebiet zeigen.

Nach meiner Geburt in Heidelberg 1954 und meinem Schulbesuch in Neunkirchen/ Saar 1961 – 1974 studierte ich kurzfristig Musik und Geschichte, danach Englisch und Deutsch für das Lehramt an Gymnasien in Freiburg/Brsg. und Saarbrücken, einschließlich eines Semesters in Reading/ Berks. England. Nach dem 1. Staatsexamen folgten Auslandsaufenthalte in London und Cardiff im Rahmen eines DAAD Postgraduiertenstipendiums, danach die Promotion in Englischer Philologie/ Sprachwissenschaft in Saarbrücken (Steiner 1983). Danach absolvierte ich Referendardienst und 2. Staatsexamen, bei gleichzeitiger Lehr- und Forschungstätigkeit in Englischer Linguistik und Übersetzung in der Anglistik in Saarbrücken. Von 1985 bis 1989 arbeitete ich im Bereich der Maschinellen Übersetzung in Saarbrücken und Luxemburg für die EU, unterbrochen von einigen Monaten als Visiting Professor an der Rice-University Houston/Texas und auch am Information Sciences Institute der University of Southern California/ Los Angeles (vgl. Steiner et al. eds. 1988). Es folgte meine Habilitation in Neuerer Englischer Sprachwissenschaft in der Philosophischen Fakultät der Universität des Saarlandes in Saarbrücken im Jahr 1989 (Steiner 1991). Danach wechselte ich auf die Position eines Projekt- und dann Bereichsleiters am Institut für Integrierte Publikations- und Informationssysteme (IPSI) der Gesellschaft für Mathematik und Datenverarbeitung (GMD) in Darmstadt (1989-1990). Gegen Ende 1990 erfolgten Rufe auf eine Professur (C3) Englische Sprach- und Übersetzungswissenschaft an der Universität des Saarlandes und auf eine Professur (C4) für Linguistische Datenverarbeitung der Universität Hildesheim (Ruf Ende 1990 abgelehnt). 1991 erfolgte dann die Berufung auf eine Professur (C4; Nachfolge Wilss) Übersetzungswissenschaft Englisch, Universität des Saarlandes. Schließlich erhielt ich einen Ruf auf eine C4-Professur Anglistik mit dem Schwerpunkt Angewandte Sprachwissenschaft und Übersetzungswissenschaft im Fachbereich 10 Sprach- und Literaturwissenschaften der Universität Bremen, den ich 1996 ablehnte.

In der Fachrichtung „Angewandte Sprachwissenschaft, sowie Übersetzen und Dolmetschen" der Universität des Saarlandes war ich mehrfach Geschäftsführer. Zusätzlich war ich 1993-1995 Prodekan des Fachbereichs 8 Neuere Sprach- und Literaturwissenschaften und 2002-2004 Dekan der Philosophischen Fakultät II für Sprach-, Literatur- und Kulturwissenschaften der Universität des Saarlandes.

Meine Hauptforschungsgebiete waren nach der Funktionalen Sprachwissenschaft und der Maschinellen Übersetzung der 80 Jahre seit Beginn der 90er Jahre insbesondere die Humanübersetzung und die vergleichende Sprachwissenschaft Englisch-Deutsch. Ich vertrete eine Integration von funktionaler Sprachwissenschaft und Übersetzungswissenschaft, was sich auch an den weiter unten diskutierten Themen zeigt, die ich für interessante Leitthemen einer Übersetzungswissenschaft der Gegenwart und der Zukunft halte: es geht mir hierbei um Themen, die eine wissenschaftliche Beschäftigung mit Translation motivieren und organisieren, und zudem vom erwartbaren Erkenntnisgewinn her diese Beschäftigung für eine breitere (wissenschaftliche und außerwissenschaftliche) Gemeinschaft signifikant machen können. Diese Themen, und die Beantwortung darin eingeschlossener Fragen, können einen Gegenstandsbereich Translation und mehrsprachige Wissensverarbeitung konstituieren, sowie die Erarbeitung und Integration eines Bestandes an Methoden motivieren, die unabhängig von Fragen einer engen Grenzziehung zwischen den Disziplinen Sprach- und Übersetzungswissenschaft – eine Grenzziehung, die ich im Übrigen für ein zunehmend nachrangiges Thema halte – von hoher Bedeutung für unser Verständnis von menschlicher Sprache sind (vgl. auch Steiner 1999). Im folgenden werden wir den Begriff „Translation" als Oberbegriff für Übersetzen und Dolmetschen gebrauchen.

Als erstes dieser Leitthemen sei hier formuliert „Translation und ihre Rolle in Sprachkontakt, Sprachvariation und Sprachwandel". Translation in ihren verschiedenen Manifestationen ist eine der wichtigsten Formen, in denen sich Sprachkontakt realisiert. In Geschichte und Gegenwart sind Sprachen durch Translation in Kontakt getreten, haben sich gegenseitig beeinflusst. In dem Maße, wie Translation innerhalb und außerhalb interkultureller Institutionen immer mehr zu einem Massenphänomen wird, dürfte sich ihre Bedeutung für die Sprach- und Kulturentwicklung in Zukunft noch erhöhen. Weiterhin dürfte auch der Zusammenhang zum Komplex der sprachlichen Variation in seiner Bedeutung anwachsen: Zum einen gibt es Anzeichen, dass übersetzte Texte selbst eine wichtige Variante darstellen (vgl. Baker 1995, Hansen 2003, Neumann 2003, Teich 2003), zum anderen treten gerade die funktionalen Varianten verschiedener Sprachen (Fachsprachen, Register etc.) immer häufiger durch Übersetzung miteinander in Kontakt. Wenn man voraussetzt, dass die jüngere Vergangenheit und die Gegenwart gerade durch die stark wachsende Bedeutung funktionaler Varianten gegenüber regionalen Varianten gekennzeichnet ist – dass also der durch Handlung konstituierte und strukturierte abstrakte Raum bedeutender wird für die Sprach- und Kulturentwicklung, als der physikalische – dann wird die Translation zu einem zentralen Medium dieses Prozesses. Die Translationsforschung hat damit begonnen, sich hierzu Positionen zu erarbeiten und zu vertreten, etwa in der Auseinandersetzung um Fragen sprachlicher und kultureller Dominanz. Zudem ist durch rechnergestützte umfangreiche (Translations-)textkorpora vielleicht zum ersten Male die Möglichkeit gegeben, die Frage, wie sich Translation und verwandte Prozesse auf den Sprachwandel auswirken, anders als nur exemplarisch anzugehen. In diesem Arbeitszusammen-hang kann die Translationwissenschaft zunächst auf die Verfahren der Korpus-linguistik zurückgreifen, wird dann aber auch eigene Verfahren benötigen, etwa um die grammatisch-strukturellen Kategorien der Korpuslinguistik stringent in Beziehung zu setzen zu den eigenen, notwendigerweise eher semantischen Kategorien der Textanalyse. Bei dieser Sichtweise versteht es sich von selbst, dass die Translation nicht in scharfer Angrenzung zu den Prozessen von Sprachkontakt, Sprachvariation und Sprachwandel zu sehen ist, die ja alle auch zum Gegenstandsbereich der Sprachwissenschaft gehören, sondern als Teil und vielleicht auch Medium dieser Prozesse. Eine erfolgreiche Arbeit an den hier an-gesprochenen Fragestellungen setzt einerseits eine ausreichende Spezialisierung auf dem Gebiet der Translation, also Forcierung der Entwicklung eigener Methoden, voraus, andererseits aber auch die Fähigkeit zur Zusammenarbeit mit Wissenschaftlern/-innen in den genannten Bereichen. Die daraus entstehende Anforderung ist nicht Ab- und Ausgrenzung, sondern im Gegenteil Ver-breiterung der Dialogfähigkeit und der Fähigkeit zu themenorientierter wissen-schaftlicher Arbeit am gemeinsamen Projekt. Die Frage, wo scharfe Grenzen zwischen den beteiligten Disziplinen verlaufen, ist in diesem Zusammenhang nicht mehr von vordergründigem Interesse. Die durch die entfallenden Reibungsverluste freiwerdende wissenschaftliche Energie kann der Arbeit am Forschungsprogramm gewidmet werden. Es versteht sich dabei von selbst, dass zum hier erforderlichen wissenschaftlichen Netzwerk keineswegs nur Trans-lationswissenschaftler und Sprachwissenschaftler gehören, sondern auch Wissenschaftler aus anderen Sozial- und Kulturwissenschaften.

Ein zweites Leitthema wäre die Evaluierung von Texten, insbesondere auf der Grundlage eines Begriffes von funktionaler Variation, oder ‚Register'. Der Begriff des Registers kommt ursprünglich aus der britischen Sprachwissenschaft (Halliday et al 1964) und wird in der heutigen Systemisch-Funktionalen Linguistik, aber auch in der Variationslinguistik weiterentwickelt. Er hat auch im Bereich der Translation mehrfach Anwendung gefunden, und zwar sowohl für die übersetzungsbezogene Textanalyse, als auch für die Übersetzungs-bewertung (House 1977/97). Das Konzept kann von zwei komplementären Seiten her begründet werden: Vom sprachlichen System her als kontext-spezifische Subgrammatiken und Lexika, und von der sprachlichen Instanz, also vom Text her, als Texttyp. Die Translationswissenschaft hat ein offenkundiges Interesse an diesem Konzept, aber sie hat in ihrer Perspektive auch Besonderes zu bieten für seine Weiterentwicklung: Einerseits deutet vieles darauf hin, dass die Translation selbst ein Register darstellt, und zwar ein höchst bedeutsames, weil es sich über viele andere ‚Texttypen' hinweg erstreckt, und weil es einen interessanten Zugang zur Frage des Verstehens von Texten bietet. Andererseits ist die Translationswissenschaft sehr interessiert an der Frage der Bewertung von Texten, fragt also nicht nur, wie sich Bedeutung in Texten konstituiert — eine unverzichtbare und zentrale Frage, die auch hier Voraussetzung ist — sondern auch, ob die jeweils vorliegende Instanz für den gegebenen kulturellen und situativen Kontext adäquat ist. Hier liegt eine weites Feld für eigene Beiträge zur Methodologie: Verfahren der Registeranalyse und der Textklassifizierung sind in der Linguistik mehrfach entwickelt worden, aber daran anschließende Verfahren zur Textbewertung wären aber eine echte Neu- und Weiterentwicklung. Von hier stellt sich die zentrale Frage der Bewertung von Texten überhaupt, eine Frage mit der jede Textwissenschaft zentral konfrontiert sein sollte. Die Beschäftigung mit Translation könnte zur Frage der Textbewertung zentrale Beiträge liefern und hat dies in Ansätzen auch schon getan

Ein drittes mögliches Leitthema ist der menschliche Übersetzungsprozess. Nun gibt es hierzu ja bereits eine Tradition in der sog. ‚Empirischen Übersetzungsprozessforschung', und diese sollte fortgesetzt werden, sie kann aber nicht das alleinige methodologische Standbein der Übersetzungsprozessforschung sein. Es müssen vor allem Verfahren entwickelt werden, die theoretisch motivierte Kategorien (etwa Übersetzungsmethode, Übersetzungsprozedur, sprachliche Ebene, Bewertungskategorien, grammatische Metapher) in Beziehung setzen zu psychologischen Prozessen, unabhängig von dem, was den Handelnden selbst bewusst ist. Hier geht es um Ebenen der Sprachverarbeitung, die in wesentlichen Teilen dem eigenen Bewusstsein nicht direkt zugänglich sind. Dabei ist eine Zusammenarbeit mit Linguistik und Psychologie unerlässlich. Was die Erforschung der Translation hier einzubringen hätte, wäre als Gegenstandsbereich einen der komplexesten Sprachverarbeitungsprozesse – nämlich die Translation – einen Prozess, der zudem, richtig verstanden, einen zentralen Teil, und möglicherweise eine zentrale Variante des Verstehensprozesses überhaupt darstellt. Was die Methodik angeht, so läge hier eine weitere Möglichkeit für die Translationswissenschaft, ein Modell des Translationsprozesses vorzulegen, das so explizit und strukturiert ist, dass es als Hypothesengenerator und Bewertungsinstanz für experimentelle psychologische Studien dienen könnte. Die Erforschung des menschlichen Translationsprozesses, auf dieser Ebene gesehen, hat gerade erst begonnen (vgl. Hansen 2003).

Wenden wir uns einem vierten möglichen Leitthema zu, das hier umschrieben werden soll als „Multilinguale und multifunktionale sprachliche Systemkomponenten und die Begriffe der Generalisierung und Abstraktion im sprachlichen System". Hier handelt es sich um einen Forschungsbereich, der in der jüngeren Vergangenheit in Linguistik und Computerlinguistik entstanden ist. Eine zentrale Frage ist dabei, ob und wie man aus einzelsprachlichen Systemfragmenten so generalisieren und abstrahieren kann, dass die entstehenden mehrsprachlichen Fragmente produktiv nutzbar werden für die multilinguale Sprachverarbeitung, etwa die (maschinelle) Übersetzung. Ein auf allgemeiner Ebene verwandter, allerdings bisher eher programmatischer Begriff aus dem Bereich der Translation ist der der Übersetzungsgrammatik. Hier könnte ein bedeutsames Forschungsfeld entstehen an einem Treffpunkt von Vergleichender Sprachwissenschaft, Sprachtypologie, Translationswissenschaft und Computerlinguistik. Was die Translationswissenschaft hier beisteuern könnte, ist eine Perspektive, die nicht nur vergleicht, sondern die Modelle davon entwirft, welche Informationstypen in sprachlichen Systemen enthalten sind, wenn man diese Systeme als mehrsprachige begreift. Gibt es, mit anderen Worten, ein Supersystem, das die Information, die in einzelsprachlichen Systemen repräsentiert ist, generalisiert, oder aus ihnen eine gemeinsame Semantik abstrahiert? Und vor allem, gibt es Verfahren, die uns systematische Erkenntnisse darüber geben, welche dieser Informationsverbände, und damit in der Realisierung Texte, unter welchen Bedingungen von Register und Kultur 'äquivalent' sind? Ein weiterer Beitrag wäre darin zu sehen, dass man in der Translation, wie in der Textproduktion, nicht mit Modellen arbeiten kann, die interpersonale, etwa affektive, und textuelle Bedeutung vernachlässigen. Von daher müsste gerade von der Translationswissenschaft immer wieder die Notwendigkeit multifunktionaler Ansätze betont werden. Letztlich könnte eine Translationswissenschaft, die sich hier engagiert, einen Beitrag leisten zu einem Gebiet, das eigentlich im Zentrum ihres Interesses liegt, der Universaliendiskussion (vgl. hierzu auch Teich 2003, Matthiessen 2001)

Ein fünftes forschungsleitendes Thema könnte formuliert werden als „Multilinguale Textverarbeitung, Textgenerierung und Maschinelle oder maschinell unterstützte Übersetzung". Diese eher technologisch ausgerichteten Gebiete haben bisher kaum von einer translationswissenschaftlichen Perspektive profitiert. Eine Translationswissenschaft der Zukunft könnte hier ihre Modelle des menschlichen Translationsprozesses einbringen. Aus diesen wären zunächst Rahmeneinschränkungen für Systemtypen zu entwickeln, die sich positiv integrierend, anstatt negativ fragmentierend, in diesen Prozess einpassen. Die Translationswissenschaft könnte dann wesentliche Beträge zur System-architektur liefern, was gegenwärtig infolge eines Mangels an expliziter Modellierung kaum der Fall ist. Darauf aufbauend kann man dann in die Debatte eingreifen, wie man bestimmte Typen von Architekturen und Funktionalitäten, etwa Maschinelle Übersetzung, oder Hypertext bewertet. Für die translations-bezogenen Sprachtechnologien müssen die Spezifikationen von Funktionalitäten aus Translationswissenschaft und -praxis kommen, auch die Bewertung der Leistung muss im wesentlichen hier angesiedelt sein (vgl. Reinke 2003).

Ein sechstes und in unserem Zusammenhang letztes Forschungsleitthema könnte heißen „Grammatische Metapher und Übersetzung". Der Begriff der grammatischen Metapher entstammt einer funktionalen Auffassung von Sprache (Halliday 1985/1994, Kapitel 10), ist aber vom Gegenstandsbereich her eng verwandt mit zentralen Aspekten von dem, was etwa Doherty in der Übersetzungswissenschaft sprachübergreifend als parametrisierte Perspektive bezeichnet (Doherty 1993). Der Begriff umfasst zunächst intralingual und in größerer Explizitheit, das, was Vinay und Darbelnet als Übersetzungprozeduren in ihrer vergleichenden Stilistik des Englischen und Französischen entwickeln (Vinay and Darbelnet. 1958). Grammatische Metapher bezeichnet das Phänomen, dass innerhalb von Sprachen lexikogrammatische Konstruktionstypen in dem Sinn für andere stehen können, dass relativ invariant bleibende experientiell-logische Bedeutungen in verschiedenen Konstruktionstypen entlang der grammatischen Rang-Skala auftreten können, oder auch innerhalb desselben Ranges (Projektionsebene) auf unterschiedliche lexikalische Klassen projiziert werden kann. Das Englische ist aus typologischen Gründen besonders offen für solche Beziehungen. So kann etwa eine Bedeutung wie ‚Vorzeitigkeit' ausgedrückt werden durch parataktische Kohäsion (First ...Then ...), durch hypotaktische Konjunktion (before x happened, y ...), ein Hauptverb (a preceeds b), eine Präposition (before A, B happened), eine Nominalphrase (the precedence of ...), eine Adjektivphrase (the preceeding A), daneben natürlich Tempus. Nun entsteht schon innerhalb einer Einzelsprache das Problem, welche dieser Varianten unter welchen Bedingungen zu präferieren sind, und was dabei jeweils an Information (experientiell-logischer, interpersonaler und textueller Art) verloren oder gewonnen wird. Es gibt bereits Ansätze zu einer Forschungsrichtung zum typologisch-basierten Vergleich von Sprachen, zu Konsequenzen für die Übersetzung, und zur Bedeutung etwa für die Fachsprachenproblematik im Englischen. Hier liegt ein großes Potential für die Translationswissenschaft: Zum einen wäre die Gelegenheit gegeben, die in der Translationswissenschaft bereits vorliegenden Taxonomien von Übersetzungsprozeduren von ihren strukturell-oberflächenhaften Formulierungen zu befreien und sie in verarbeitungsgerechtere semantisch-funktionale Kategorien zu übersetzen. Zweitens könnte überprüft werden, ob es formulierbare Strategien gibt, die bei bekanntem Typ von zwei oder mehr an einem Übersetzungsvorgang beteiligten Sprachen nützliche Präferenzen für Übersetzungsprozeduren liefern. Zum dritten wäre die Hypothese zu überprüfen, dass übersetzte Texte tendenziell deshalb länger sind als Originale, weil sie in einem Verstehensprozess entstehen, und weil Verstehen De-Metaphorisierung einschließt. Bei einer expliziten Modellierung dieses Bereiches könnte eine Translationswissenschaft letztendlich maßgebliche Beiträge zu einer Theorie von ‚Verstehen' liefern (vgl. hierzu Steiner 2002).

Damit wollen wir unseren unvollständigen Überblick über Leitfragen einer wissenschaftlichen Beschäftigung mit Translation beenden. Wir halten es für fruchtbar, eine Reihe von Gegenstandsbereichen und Methoden zu skizzieren, die das konstituieren, was man als „wissenschaftliche Beschäftigung mit Translation" bezeichnen kann. Diese Gegenstände und Methoden zu verfolgen, erscheint uns unzweifelhaft lohnend und vorwärtsweisend, sowohl für die beteiligten Disziplinen, als auch für eine breitere inner- und außerwissenschaftliche Öffentlichkeit. Ob ein solches Forschungsprogramm und eine darauf aufbauende Lehre dann den traditionellen Begriff einer wissenschaftlichen Disziplin erfüllen, können wir getrost offen lassen, da es keinesfalls gesichert ist, dass dieser Begriff in Zukunft seine in der Vergangenheit sicherlich große Bedeutung für die Wissenschaftsorganisation behalten wird. Was wir weiterhin zumindest andeuten wollen, ist, dass in allen hier genannten Gebieten Beiträge und Kooperation von verschiedenen Richtungen notwendig sind. Es wird in Zukunft die Fähigkeit sein, inter- oder vielleicht gar transdisziplinäre Netzwerke von wissenschaftlichen Agenten aus all den implizierten Bereichen aufzubauen und flexibel zu gestalten. Was dazu benötigt wird, ist die Fähigkeit zum Verständnis von, und zur Einarbeitung in Gegenstandsbereiche und Methoden der jeweiligen Partner – und diese Fähigkeit kann nur das Ergebnis einer (Aus-)bildung sein, die breit und auf Verstehensfähigkeit hin angelegt ist. In den hier positiv skizzierten Entwicklungen wird sich das weiterentwickeln, was man im Englischen für mich treffend *Translations Studies* nennt, und was in enger Wechselbeziehung mit den weiteren *Language Studies* und *Cultural Studies* steht. Dabei ist es mir ein Anliegen, meinen wissenschaftliche Verpflichtung insbesondere gegenüber Halliday (vgl. Halliday 1985/1994) auszudrücken. Aus der Übersetzungstheorie im engeren Sinne haben mich besonders Juliane House (House 1977/97) und Monika Doherty (Doherty 1993 etc.) stark beeinflusst. Ich hoffe, auf dem Boden des oben skizzierten Selbstverständnisses meine Arbeit fortsetzen und weiterentwickeln zu können, wie sie sich in Steiner/ Yallop (2001) und Steiner (2004), aber auch in Hansen (2003), Neumann (2003) und Teich (2003) manifestiert.

Bibliographie

Baker, Mona (1995): Corpora in translation studies: an overview and suggestions for future research. In: *Target* 7(2), 223-244.

Doherty, Monika (1993): Parametisierte Perspektive. In: *Zeitschrift für Sprachwissenschaft* 12(1), 3-38.

Gil, Alberto/ Johann Haller/ Erich Steiner/ Heidrun Gerzymisch-Arbogast (Hg.) (1999): *Modelle der Translation. Grundlagen für Methodik, Bewertung, Computermodellierung.* Frankfurt/Main: Peter Lang Verlag.

Halliday, Michael A. K./ Angus McIntosh/ Peter Strevens (1964): *The linguistic sciences and language teaching.* London.

Halliday, Michael A. K. (1985/²1994): *An Introduction to Functional Grammar.* London: Edward Arnold.

Hansen, Silvia (2003): *The nature of translated text. An interdisciplinary methodology for the investigation of the specific properties of translations.* Saarbrücken Dissertations in Computational Linguistics and Natural Language Technology, Vol. 13 (ed. German Research Centre for Artificial Intelligence. Hans Uszkoreit, Language Technology Lab).

House, Juliane (1977/²1997): *A Model for Translation Quality Assessment. A Model Revisited.* Tübingen: Gunter Narr.

Matthiessen, Christian M.I.M. (2001): The environments of translation. In: E. Steiner/ C. Yallop (Hg.), 41-126.

Neumann, Stella Maria (2003): *Die Beschreibung von Textsorten und ihre Nutzung beim Übersetzen. Eine systemisch-funktionale Korpusanalyse englischer und deutscher Reiseführer.* Dissertation Philosophische Fakultät II. Saarbrücken: Universität des Saarlandes. Frankfurt/Main: Peter Lang Verlag.

Reinke, Uwe (2003): *Translation Memories: Systeme – Konzepte – linguistische Optimierung.* Dissertation. Philosophische Fakultät II. Saarbrücken: Universität des Saarlandes. Frankfurt/Main etc.: Peter Lang Verlag.

Steiner, E. (1983): *Die Entwicklung des Britischen Kontextualismus.* Heidelberg: Groos.

Steiner, E./ P. Schmidt/ C. Zelinsky-Wibbelt (Hg.) (1988): *From syntax to semantics – insights from machine translation.* London: Frances Pinter.

Steiner. E. (1991): *A functional perspective on language, action, and interpretation.* Berlin etc.: Mouton/ de Gruyter.

Steiner, E./ C. Yallop (Hg.) (2001): *Exploring Translation and Multilingual Text-production: Beyond Content.* Series Text, Translation, Computational Processing. Berlin/ New York: Mouton/ de Gruyter.

Steiner E. (1999): Linguistik und Translationswissenschaft – (getrennte) Disziplinen?" In: Alberto Gil/ Johann Haller/ Erich Steiner/ Heidrun Gerzymisch-Arbogast (Hg.): Modelle der Translation. Grundlagen für Methodik, Bewertung, Computermodellierung. Frankfurt/Main: Peter Lang, 477-506.

Steiner, E. (2002): Grammatical metaphor in translation – some methods for corpus-based investigations. In: Hilde Hasselgard/ Stig Johansson/ Bergljot Behrens/ Cathrine Fabricius-Hansen (Hg.): *Information Structure in a Cross-Linguistic Perspective.* Amsterdam: Rodopi.

Teich, Elke (2003): *Cross-linguistic variation in system and text. A Methodology for the Investigation of Translations and Comparable Texts.* Berlin/ New York: Mouton de Gruyter.

Vinay, Jean-Paul/ Jean Darbelnet (1958): *Stylistique comparée du français et de l'anglais.* Paris: Les éditions Didier.

Schriftenverzeichnis meiner für diesen Zusammenhang 10 wichtigsten Veröffentlichungen

Steiner, Erich (1983): *Die Entwicklung des Britischen Kontextualismus.* Heidelberg: Groos.

Id. / P. Schmidt/ C. Zelinsky-Wibbelt (Hg.) (1988): *From syntax to semantics – insights from machine translation.* London: Frances Pinter.

Id. (1991): *A functional perspective on language, action, and interpretation.* Berlin etc.: Mouton/ de Gruyter.

Id. / C. Yallop (Hg.) (2001): *Exploring Translation and Multilingual Textproduction: Beyond Content.* Series Text, Translation, Computational Processing. Berlin/ New York: Mouton/ de Gruyter.

Id. (1999): Linguistik und Translationswissenschaft – (getrennte) Disziplinen? In: Alberto Gil/ Johann Haller/ Erich Steiner/ Heidrun Gerzymisch-Arbogast (Hg.): *Modelle der Translation. Grundlagen für Methodik, Bewertung, Computermodellierung.* Frankfurt/Main etc.: Peter Lang Verlag.

Id. (2001): How (translated and otherwise interlingual) texts work is our way into what, why and to what effects. In: *Target, International Journal of Translation Studies* 13:2, 343-348.

Id. (2002): Grammatical metaphor in translation – some methods for corpus-based investigations. In: Hilde Hasselgard/ Stig Johansson/ Behrens Bergljot/ Catherine Fabricius-Hansen (Hg.): *Information Structure in a Cross-Linguistic Perspective.* Amsterdam: Rodopi.

Id. (2004): *Translated texts: Properties, Variants, Evaluations.* Frankfurt/Main etc.: Peter Lang Verlag.

Id./ E. Teich (in press): German: a metafunctional profile. In: Alice Caffarel/ Martin Caffarel/ Jim Matthiessen/ C.M.I.M. Matthiessen (Hg.): *Language Typology: a Functional Perspective*. Amsterdam: John Benjamin.

Id. (in press): The heterogeneity of individual languages as a translation problem. In: Werner Koller et al. (Hg.): *Handbuch Übersetzung*. Reihe HSK. Berlin/ New York: Mouton/ de Gruyter.

Radegundis Stolze (Darmstadt)

Wandeln zwischen den Welten

Interesse an Sprache und Übersetzerstudium

Mein Weg zur Übersetzungswissenschaft war vielleicht nicht einmal so sehr verschlungen, aber es gab durchaus Stolpersteine. Schon als Kind hatte mich interessiert, wie die Menschen Dinge benennen und wie Wörter gebildet werden. Eine erste Begegnung mit einer Französisch sprechenden Familie in den Ferien hatte mich sehr beeindruckt.

So war es für mich keine sehr fern liegende Entscheidung, nach dem Abitur Fremdsprachen studieren zu wollen, um später als Übersetzerin zur Völkerverständigung beizutragen. Damals in den Siebziger Jahren war die deutschfranzösische Versöhnung und Freundschaft ein großes Thema.

Ich ging an das Dolmetscher- und Übersetzerinstitut in Heidelberg, das seinerzeit noch DI hieß, um Französisch und Italienisch zu studieren, dies auch um mit einer Nichtschulsprache mein Spektrum zu erweitern. Mit einigen gleich orientierten Kommilitoninnen wurde ich aber schon in der ersten Vorbesprechung auf das nächste Semester verwiesen, denn man sollte erst mit einem Propädeutikum beginnen; doch in Italienisch gab es nur ganz wenig Unterrichtsangebot. So hatte ich mir eigentlich die Universität nicht vorgestellt, das war meine erste Enttäuschung. Als dann noch Freunde zu mir sagten: „Was, so jemand wie du studiert am DI?" war ich etwas irritiert. War denn Sprachmittlung kein gutes Fach? Allmählich merkte ich freilich, dass das Image des Instituts damals eher so etwas wie eine höhere Töchterschule war.

Doch ich hatte das Interesse an dem, was eigentlich dahinter steckt, noch nicht verloren. So setzte ich mich erwartungsvoll in eine fächerübergreifende Lehrveranstaltung zum Thema „Einführung in die Übersetzungswissenschaft", und eine weitere Enttäuschung war programmiert: Es gab überhaupt keine Übersetzungswissenschaft. Es wurden nur Kästchen an die Tafel gemalt, eines für den Ausgangstext, „AS" genannt, eines für den Zieltext ZS und ein Pfeil von links nach rechts dazwischen. Das fand ich ziemlich banal und wenig erhellend.

Eine wirklich prägende Erfahrung gewann ich erst nach der Zwischenprüfung im Oberseminar bei Professor Fritz Paepcke (1918-1990). Er war Romanist und selbst geprägt von Romano Guardini und dem Philosophen Hans Georg Gadamer. Zum ersten Mal war nun in Vorlesung und Seminar von Sprachwissenschaft die Rede. Ich verstand zwar nichts, aber meine Neugier war geweckt. Als Paepcke dann auch noch in einer der ersten Stunden eine wissenschaftliche Hilfskraft zum Abschreiben und Vervielfältigen der zu behandelnden Texte suchte, habe ich mich aus einem intuitiven Impuls heraus gemeldet. Vielleicht war es auch die große elektronische Büroschreibmaschine, die er zur Verfügung stellte.

Fritz Paepcke wurde mein Lehrer. In unendlich vielen Arbeitsbesprechungen, wo es eigentlich nur darum gehen sollte, wie ich diese Texte abschreiben, die Manuskripte in die Druckerei bringen und die kiloschweren Seminarunterlagen dort wieder abzuholen hätte, hat er mich in die konkrete Textarbeit und in sein Denken eingeführt. Jene Tätigkeit hatte praktische und wissenschaftliche Folgen, deren Tragweite kaum abzuschätzen ist. Ich perfektionierte meine Fertigkeiten im Maschinenschreiben und später in der Bildschirmarbeit und entwickelte ein Gefühl für Harmonie in Layout und Textgestaltung. So konnte ich bald auch andere bezahlte Aufträge übernehmen. Auch in der Institutsverwaltung sprach sich dies herum, und beinahe hätte ich meine eigenen Examenstexte getippt. Ich habe nie gewusst, für wie viele Arbeitsstunden ich eigentlich bezahlt wurde, es gab eben jedes Semester eine bestimmte Menge an Texten, die fertig gestellt werden mussten.

Entscheidend war, dass ich durch den ständigen Kontakt mit Fritz Paepcke ganz unwillkürlich auch seine ganzheitliche Sicht- und Arbeitsweise im Umgang mit Texten übernahm; unwillkürlich deshalb, weil Paepcke dies nie explizit erläutert, sondern in seinen Seminaren nur immer wieder neu praktiziert hat, da er jede Methodisierung verabscheute. Seine hermeneutische Auffassung vom Übersetzen lief darauf hinaus, dass man nicht Sprachstrukturen analysiert, sondern vielmehr die Mitteilung des Textes nachzugestalten sucht (Paepcke 1986). Der Titel seines Sammelbandes „Im Übersetzen leben" war Programm. In seinem ganzheitlichen Herangehen hat er dabei Unterschiede zwischen pragmatischen und literarischen Textsorten implizit verdeutlicht.

Es ergab sich, dass ich jenseits aller akademischen Verpflichtungen zum Erwerb von Scheinen an vielen seiner Seminare und Vorlesungen teilnahm. Im Anschluss daran haben wir uns oft über die besprochenen Themen unterhalten, wodurch er mich auf die wissenschaftliche Fährte gesetzt hat. Ich absolvierte mein Übersetzerstudium in der Regelstudienzeit und ergänzte es noch durch eine Zusatzprüfung in Englisch. Schwerpunkte meines Studiums damals waren der Fremdsprachenerwerb und der kontrastive Sprachvergleich. Eine eigentliche Übersetzungswissenschaft wurde, wesentlich angestoßen durch die Arbeiten von Wilss (1977), erst später entwickelt.

Weil jenes Übersetzer-Diplom damals 1974 noch kein anerkannter akademischer Abschluss war, legte ich Anfang 1977 noch den Magister in Sprachwissenschaft an der Neuphilologischen Fakultät der Universität Heidelberg ab. Natürlich hat mich Professor Paepcke darin bestärkt, und ich war mir sicher, dass er einfach seine fleißige Mitarbeiterin behalten wollte. In meiner Magisterarbeit, deren Ergebnisse sich heute als eine Frühform der Prototypensemantik erweisen, befasste ich mich stärker mit der Allgemeinen Linguistik und besonders mit der Bedeutungslehre.

Die Promotion

Erst an dieser Stelle hat Fritz Paepcke lenkend für meinen weiteren Lebensweg eingegriffen. Bei einem Abendessen anlässlich der bestandenen Magisterprüfung bot er mir die Betreuung einer Promotion an. Das kam für mich völlig überraschend, ich wohnte inzwischen nicht mehr in Heidelberg. Aber warum sollte ich nicht promovieren? Ich hatte als Gattin eines Pfarrers, die auch in der Gemeinde mitwirkte, ohnehin nicht vor, irgendwo eine Vollzeitbeschäftigung anzutreten.

Nun erweiterte ich meine Perspektive von Wörtern auf Texte. Im Studium noch gequält mit dem linguistischen und transformationsgrammatischen Strukturalismus, war jetzt der Text als eine Ganzheit Gegenstand meines Forschungsinteresses. Dazu setzte ich mich mit der Literatur zur Textlinguistik und der noch jungen Übersetzungswissenschaft auseinander. Durch meine Tätigkeit am Institut hatte ich auch bereits ein Corpus an Textbeispielen gesammelt, denn Paepcke hatte im Gegensatz zu anderen Lehrkräften vielerlei unterschiedliche Textsorten, und nicht nur Zeitungsartikel verwendet und übersetzen lassen. So war die Materialsuche für mich kein Problem.

Paepcke war ein Hochschullehrer der alten Schule: er war interessiert daran, was man machte, gab Hinweise auf wichtige Neuerscheinungen, auf Ausstellungen, Theaterstücke, Vortragsveranstaltungen, die man möglichst besuchen sollte, teilte seine eigenen Zweifel mit. Vorgelegte Entwürfe von Seminararbeiten korrigierte er ausführlichst, so dass man ohne Theorie lernen konnte, was gefordert war. Paepcke konnte mich zu allen Tageszeiten anrufen und einen Gedanken durchgeben, für mich bis heute ein Vorbild akademischer Betreuung der ihm anvertrauten Studenten.

Niemals hat er jedoch versucht, mich in irgendeine Richtung zu drängen oder zu indoktrinieren. Er ermutigte zu eigenem Denken und begleitete mich kritisch und konstruktiv. Dabei entwickelte ich meine Überlegungen oft antithetisch in der Auseinandersetzung mit der Literatur. Ich habe meine Dissertation zu „Grundlagen der Textübersetzung" (Stolze 1982) nebenher in drei Jahren verfasst, ohne an der Universität angestellt zu sein. Die Publikation ist in 2. Auflage vergriffen. Vielleicht war bei mir auch ein Aspekt nicht abzustreiten, der bei vielen weiblichen Studierenden diagnostiziert wurde, nämlich dass man die Arbeit dem Professor zuliebe macht, ohne ein ehrgeiziges Karriereziel vor Augen zu haben.

In der beruflichen Praxis

Nach der Promotion habe ich mich zunächst auf freiberufliche Übersetzungen und Dolmetschleistungen, vor allem im kirchlich-ökumenischen sowie juristischen Bereich konzentriert. Ich trat dem Berufsverband BDÜ bei und landete umgehend in verantwortlichen Stellungen als Leiterin der Bezirksstelle

Darmstadt, Redakteurin des Mitteilungsblatts und im Landesvorstand des LV Hessen. Im Umgang mit den Kollegen merkte ich rasch, dass diese – vielfach „reine Praktiker", die keine akademische Ausbildung genossen hatten – über so gut wie keine Kriterien für ihre Übersetzungstätigkeit verfügten. Dies zeitigte in meiner Sicht oft erschreckende Ergebnisse. Insbesondere bei der juristischen Urkundenübersetzung, die aber einen großen Bereich der praktischen Übersetzertätigkeit ausmacht, gab es keine wissenschaftlichen Unterlagen. Mir blieb nichts anders übrig, als selbst Material zu sammeln, und ich begann, für die im Beruf stehenden Kollegen Urkundenseminare zu veranstalten, die von Jahr zu Jahr weiter ausgebaut wurden. All dies erfolgte in ehrenamtlicher Tätigkeit, einfach weil ich den Bedarf dafür sah und noch sehe.

In all dieser Zeit blieb ich in Kontakt mit Prof. Paepcke. Von ihm kam erneut die Initialzündung für den nächsten Schritt in meiner wissenschaftlichen Weiterentwicklung, indem er mich aufforderte, doch „an eine größere Publikation" zu denken. Er äußerte auch einmal die Bereitschaft, eine Habilitation meinerseits an der Neuphilologischen Fakultät der Heidelberger Universität zu vertreten. Leider ist er im Sommer 1990 verstorben, nachdem er mich noch im Februar aus Budapest angerufen hatte, um sich nach dem Fortgang meiner Arbeit zu erkundigen.

Publikationen und akademische Hindernisse

Jetzt zeigten sich die Stolpersteine. Ein anderer Kollege an der Fakultät war leider nicht bereit, das Werk „Hermeneutisches Übersetzen – Linguistische Kategorien des Verstehens und Formulierens beim Übersetzen" als Habilitationsschrift anzunehmen und zu vertreten. Man verwies mich an einen neugegründeten Lehrstuhl für Übersetzungswissenschaft im Ausland, doch da hieß es, ich sei Ausländerin und erst müsse jemand einheimisches dort habilitieren. Ich publizierte das Werk (Stolze 1992), und inzwischen ist auch dieses vergriffen.

Auf dem Wiener Kongress „Translation Studies – An Interdiscipline" von 1992, an dem ich teilnahm, um später den BDÜ-Kollegen darüber berichten zu können, prallten viele einander radikal entgegengesetzte und sich auch aggressiv gegenseitig negierende wissenschaftliche Theorien aufeinander. Hier wurde mir deutlich, dass es eine klar definierte Übersetzungswissenschaft immer noch nicht gab, sondern vielerlei verschiedene Ansätze, die das Problem des Übersetzens aus unterschiedlicher Perspektive beleuchten. Im Gespräch mit der Lektorin meines Verlages ergab sich das Projekt einer „Einführung in Übersetzungstheorien" als Systematisierung für Studierende und Praktiker, die sich im Wald der Theorieentwürfe zu verirren drohten. Dieses Lehrbuch (Stolze 1994) liegt inzwischen in dritter Auflage vor.

Meine Publikationen führten immer öfter zu Einladungen für wissenschaftliche Artikel und Vorträge, sowie zu Gastdozenturen in Sao Paulo/

Brasilien, in Posen, Tampere und Graz. Mein Hauptinteresse bestand darin, theoretisch darzulegen, „worauf es beim Übersetzen ankommt". Immer deutlicher sah ich meine Aufgabe darin, Praxis und Theorie miteinander zu verbinden, wobei die wissenschaftliche Tätigkeit auf meinem eigenen Interesse beruhte, da ich ja „keine Stelle" im akademischen Betrieb innehatte, sondern ein selbständiges Übersetzungsbüro mit drei Fremdsprachen betrieb. Meine Situation war und ist also wirklich ein „Wandeln zwischen den Welten".

An der Technischen Universität Darmstadt im Fachbereich Germanistik bestand allerdings Bedarf für eine Darstellung des Übersetzungsproblems, und so übernahm ich hier seit 1994 einen 2-stündigen Lehrauftrag, der inzwischen durch einen Übersetzungskurs im Sprachenzentrum ergänzt wurde. Dabei entwickelten viele Germanistikstudenten ein besonderes Interesse für das Problem des Übersetzens und wählten dies als Prüfungsfach, so dass ich auch entsprechende Magisterarbeiten zu betreuen hatte und Doktoranden mit begleitete.

Ein Schwerpunkt an dieser Universität ist naturgemäß der fachsprachliche Bereich, so dass ich mich in den Seminaren mit einem hohen Prozentsatz ausländischer Studierender insbesondere mit interkultureller Fachkommunikation und Übersetzen befasst habe. Daraus ist ein weiteres Lehrbuch entstanden: „Die Fachübersetzung – eine Einführung" (Stolze 1999). Hier wird aus der Sicht des einzelnen Sprachmittlers didaktisch dargestellt, worauf die professionelle Fachübersetzung in den verschiedenen Arbeitsbereichen gründet, wenn Fachübersetzer für sich in Anspruch nehmen, im Unterschied zu Fachleuten mit Fremdsprachenkenntnissen über ein besonderes Expertenwissen zu verfügen. In dem Buch werden die Elemente dieses Wissens systematisch und die Einzelsprachen übergreifend dargestellt, woraus sich Argumente für die Evaluation und Qualitätssicherung bei Fachübersetzungen in den Kultur- und Realwissenschaften ergeben.

Nach wie vor jedoch war und bin ich nicht habilitiert, und dies wurde auch an der Fakultät der TUD als ein Mangel gesehen. Also beschloss ich nun endlich ein umfassendes Werk zur Übersetzungstheorie vorzulegen. Das war es, was mir eigentlich immer vorgeschwebt hatte: eine Untersuchung des theoretischen Hintergrundes für den Prozess des Übersetzens als humanbestimmten Mitteilungsauftrag. Mir war inzwischen deutlich geworden, dass die in den Modellen der Translation stets ausgeklammerte Subjektivität des Translators mit seinen Wissensbeständen in Wahrheit eine nicht zu unterschätzende Rolle spielt und daher durchaus der theoretischen Erörterung wert ist.

Losgelöst von allen strukturalistischen oder transfertheoretischen Bindungen konnte ich nun im Paradigma der Hermeneutik, welches sich mir seit der Begegnung mit Fritz Paepcke als die sprachphilosophische Basis der Humantranslation erschlossen hat, den übersetzerischen Umgang mit Texten reflektieren. Aus einem kritischen Überblick über Werke aus der hermeneutischen Tradition konnten einige Grundansichten extrahiert werden, die für die Translation relevant sind. Dabei ist der Unterschied zwischen mündlicher und schriftlicher Kommunikation wesentlich, was nicht überall genügend beachtet wird.

Aus der Perspektive der übersetzenden Person stellt sich die Aufgabe des translatorischen Handelns als ein zugleich wissenschaftlich reflektierter wie intuitiver Prozess dar. Die Darstellung einer hermeneutischen Translationstheorie liegt jetzt in dem Werk „Hermeneutik und Translation" vor (Stolze 2003).

Bei den Schwerpunkten heutiger universitärer Forschung, wie Computerlinguistik und empirischer Kognitionsforschung, habe ich allerdings mit diesem hermeneutischen Ansatz wieder keine Möglichkeit zu einem Habilitationsversuch gefunden. Leider ist dies wegen der disziplinären Trennung von der Germanistik und der anderen Ausrichtung der Übersetzungswissenschaft, und gewiss auch wegen der nicht voll anerkannten Identität dieser Disziplin, in Darmstadt selbst nicht möglich. Während es an der einen Stelle trotz anfänglichem Interesse plötzlich hieß, man sähe sich nicht in der Lage, so etwas zu beurteilen, wurde es an einer anderen deutschen Universität vom Dekanat als „ohne inneren Bezug zur Universität" schlicht verweigert, obwohl drei Lehrstuhlinhaber eines Instituts für Translatologie es befürworteten.

Von der Praxis zur Theorie

Meinen Weg hin zur Übersetzungswissenschaft sehe ich heute als eine kontinuierliche Bewegung von der Praxis über deren Reflexion bis hin zur Theorie als Frage nach den verborgenen Strukturen translatorischen Handelns, und in der Verknüpfung von beidem. Dass dies auch außerhalb des institutionalisierten akademischen Betriebes möglich ist, dürfte ich hinreichend bewiesen haben. Hilfreich auf diesem Wege waren sicherlich auch die vernetzten Erfahrungen aus dem ehrenamtlichen Engagement in vielfältigen Lebensbereichen, in der Kirchengemeinde, in der Betreuung von Berufskollegen, als Redakteurin des Mitteilungsblatts des BDÜ, in Auslandstätigkeiten auf allen Kontinenten, im Umgang mit Auftraggebern im Übersetzungsbüro, im Unterricht für Studierende, in Kongressbegegnungen und akademischem Austausch, sowie in dem internationalen wissenschaftlichen Verband EST (European Society for Translation Studies), in dessen Vorstand ich schon 1992 gewählt wurde. Zwar würde ich mich heute mit dem Fach Übersetzungswissenschaft durchaus identifizieren, doch möchte ich die bereichernden Einflüsse von draußen keinesfalls missen.

Da ich überwiegend von der professionellen Praxis her argumentierte, fehlt mir etwas der rein didaktische Ansatz, welcher Antworten vornehmlich auf Probleme der Studierenden abstellt. So konnte ich aber die Perspektive wechseln. Während Ausbildung und Studium fehlt ja vielfach das erforderliche Fachwissen, es muss erst mühsam erworben werden, und daher sind viele aus dieser pädagogischen Sicht entstandene wissenschaftliche Beiträge für die sog.

Praktiker wiederum uninteressant, während umgekehrt der mangelnde Praxisbezug der Ausbildung vielfach beklagt wird. Meines Erachtens kann ein theoretischer Beitrag aus der Berufspraxis von vorn herein deutlicher sagen, welche Faktoren beim Übersetzen tatsächlich relevant sind.

Faktoren des translatorischen Expertenhandelns in Fachkommunikation und Literatur finden sich in der wissensbasierten Textsituierung und in der Evaluation der Formulierungsentwürfe unter Kategorien effizienter Textproduktion, wobei Einsichten der interkulturellen Forschung, der Kognitions- und der Schreibforschung relevant sind. Es geht darum, eine Mitteilung angemessen kognitiv zu erfassen und sie authentisch in ihrem Diskursfeld erneut auszusagen, ihr in dem anderen Kulturbereich Präsenz zu verschaffen, und nicht etwa darum, „einen Text zu transferieren". Bei Gastvorlesungen im In- und Ausland wurde mir aber deutlich, dass trotz aller bisherigen theoretischen Bemühungen um eine allgemeine Grundlegung der Translationswissenschaft nach wie vor eher die philologischen und kontrastiven Fragestellungen den Alltag der Lehre an den Instituten bestimmen. Eine hermeneutische Einstellung zum Übersetzen wird demgegenüber versuchen, vielerlei Erkenntnisse aus unterschiedlichen Forschungsfeldern zu integrieren.

Die Wissenschaft vom Übersetzen, die Translatologie, befasst sich daher gegenstandsadäquat mit der Untersuchung von Grundstrukturen der menschlichen Orientierung in der Welt, in Verstehen und kommunikativem Sprachhandeln. In diesem Sinne erscheint mir die Hermeneutik als ein möglicherweise übergreifendes Paradigma, wo strukturelle Sprachanalyse und Verhaltensmotivation des Einzelnen miteinander verknüpft werden können. Eine Übersetzungswissenschaft, die sich ihres Gegenstandes sicher ist, wird dann auch ihren Platz im Spektrum der Wissenschaften einnehmen, ohne ängstlich um die selbstbezügliche Frage zu kreisen, ob sie als Disziplin nun interdisziplinär oder eher trans-, multi- oder pluridisziplinär sei und wo deren Grenzen lägen.

Ich sehe künftig die Aufgabenstellung darin, die gefundenen translatologischen Rahmenbedingungen – wie Interkulturalität, Hermeneutik, Funktionalität – in angewandten Studien in verschiedenen Diskursfeldern aufzuweisen, um die Humantranslation als Aufgabenstellung dingfest zu machen. Ältere philosophisch-hermeneutische Einsichten werden heute durch Ergebnisse der Kognitionsforschung vielfach bestätigt. Die Translation ist aber kein Vorgang, den man modellieren kann, sondern eine dynamische Problematik, die man individuell reflektiert anzugehen hat. Dem angemessen ist ein hermeneutisches Denken, nicht als Methode, sondern als Haltung informierter Aufgeschlossenheit gegenüber den Mitteilungen in Texten.

Bibliographie

Paepcke, Fritz (1986): *Im Übersetzen leben. Übersetzen und Textvergleich.* Hrsg. von Klaus Berger und Hans-Michael Speier. Tübingen: Narr.

Stolze, Radegundis (1982): *Grundlagen der Textübersetzung.* Heidelberg: Groos.

Stolze, Radegundis (1992): *Hermeneutisches Übersetzen. Linguistische Kategorien des Verstehens und Formulierens beim Übersetzen.* Tübingen: Narr.

Stolze, Radegundis (1994): *Übersetzungstheorien. Eine Einführung.* 2. völlig überarbeitete und erw. Aufl. 1997. 3. Aufl. 2001, Tübingen: Narr.

Stolze, Radegundis (1999): *Die Fachübersetzung. Eine Einführung.* Tübingen: Narr.

Stolze, Radegundis (2003): *Hermeneutik und Translation.* Tübingen: Narr.

Wilss, Wolfram (1977): *Übersetzungswissenschaft. Probleme und Methoden.* Stuttgart: Klett.

Gisela Thome (Saarbrücken)

Langer Weg zu später Entscheidung

Mein schon früh spürbares Interesse an fremden Sprachen verdankt sich – auch wenn dies verblüffen mag – den Amerikanern. Sie kamen als Besatzungssoldaten in meine Siegerländer Heimat und steckten uns neugierigen Kindern manchmal einen Kaugummi oder Schokolade zu – damals Kostbarkeiten, von denen man eine ganze Woche lang winzige Stückchen abnagte. Bei der Beobachtung des Umgangs dieser Fremden miteinander wurde mir erstmals klar, dass man sich auch anders als auf deutsch verständigen konnte – eine Erkenntnis, die mich zutiefst beeindruckte. Später wurden die GIs von französischen Soldaten abgelöst, die gleichfalls ohne Deutsch auskamen, die aber – das war mir durchaus bewusst – anders, leiser und nach meinem Empfinden „schöner" klangen als ihre Vorgänger. Diese ersten Kontakte mit anderen Sprachen hatten natürlich damit zu tun, dass mir die Fremdsprachenkenntnisse meines Vaters nicht hatten zugute kommen können, da er bereits in meinem ersten Lebensjahr eingezogen worden war und erst spät aus US-Gefangenschaft zurückkam, um dann sogleich, erneut fern von der Familie, das ihm in der Nazizeit verwehrte Lehrerstudium im damals üblichen Schnellverfahren nachzuholen.

Die somit notgedrungen auf der Straße gesammelten ersten prägenden Erfahrungen mit fremden Sprachen ließen in der Folge Französisch und Englisch neben Latein und Deutsch bis zum Abitur meine liebsten und stärksten Fächer bleiben. Romanistik und Anglistik wurden ganz natürlich auch meine mit dem gymnasialen Lehramt als Berufsziel gewählten Studiengänge. Im nicht allzu fernen Bonn wurden Harri Meier und seine damalige Assistentin Ilse Nolting-Hauff, Karl Maurer, Walter Pabst und Ulrich Leo meine akademischen Lehrer in Romanischer Philologie als erstem Fach mit Französisch als Haupt- und Spanisch als Zusatzsprache. Mein Angewiesensein auf ein Stipendium nach dem „Honnefer Modell" und die für dessen Erhalt vorgeschriebenen Fleißprüfungen ließen mich mit den genannten Professoren auch recht früh in persönlichen Kontakt treten. Meier führte mich über das Vulgärlateinische ins Altfranzösische ein. Er wusste sein Publikum kontinuierlich zu interessieren und zu faszinieren, war studentenfreundlich-zugänglich, ermutigend und in seinem ganzen Verhalten – zumindest aus meiner damaligen Jungmädchensicht – ein richtig feiner Herr. Letzteres galt sicher auch für Pabst, der im Unterschied zu seinem Kollegen allerdings für mein Empfinden doch ziemlich kühl und distanziert wirkte. Als im menschlichen Umgang ausgesprochen schwierig erschien mir Maurer, der mir, dem blutigen Erstsemester, in einer Lehrveranstaltung zu meinem unsäglichen Schrecken bei einer zaghaft mit „Es ist doch praktisch so, dass ..." begonnenen Wortmeldung streng mit „Nicht so umständlich! Kommen Sie zur Sache!" über den Mund fuhr. Diese schockhaft erlebte Mahnung prägt immerhin bis heute in Lehre wie Forschung mein Bestreben, möglichst hart am Thema zu bleiben und Floskeln tunlichst zu meiden (wie dies übrigens meinerseits auch mit Maurer selbst in den noch verbleibenden Bonner Semestern geschah ...). Nolting-Hauff imponierte mir durch ihre Empathie bei der Abfassung der ersten Hausarbeit meiner Studienzeit („Die Darstellung des Artushofes bei Marie de France und Chrétien de Troyes"). Den nachhaltigsten Eindruck hinterließ bei mir freilich Ulrich Leo, der seine erste Vorlesung im Bonn der Nachkriegszeit mit den mir unvergesslichen Worten begann: „Ich fahre da fort, wo ich vor gut 25 Jahren aufhören musste".

In Anglistik als zweitem Fach waren meine akademischen Lehrer Wolfgang Schmidt-Hidding, der mir mit seinen roten Pausbacken als immer fröhlich und jovial in Erinnerung geblieben ist, und Arno Esch, stets *gentleman-like* und eher auf Distanz (eine klare Parallele zu den Unterschieden der Vertreter von Sprach- und Literaturwissenschaft in der Romanistik). Letzterer bot mir bereits im vierten Semester in einem Proseminar noch vor der Präsentation eines Referats ein Dissertationsthema an. Damals war mir aber bereits meine Neigung zur Sprach- statt zur Literaturwissenschaft voll bewusst. Letztere bestand für meinen Geschmack in beiden Fächern aus – mit Verlaub – zuviel subjektiver Interpretation. Sprachwissenschaft bot nach meinem Eindruck mehr Objektivität oder doch intersubjektive Nachvollziehbarkeit der an den jeweils zu untersuchenden Phänomenen gewonnenen Erkenntnisse. Immerhin schien mir Eschs Angebot ein Urteil ausgerechnet meines gymnasialen Physiklehrers zu bestätigen, der mir ungeachtet meines geringen Interesses an seinem Fach in Obersekunda nach einer Hausarbeit aus dem Bereich der Optik die Eignung für eine wissenschaftliche Tätigkeit bescheinigt hatte.

Eine mit der Präferenz der Linguistik zu begründende Absage an Esch blieb mir jedoch durch besondere persönliche Umstände erspart, die mein weiteres Leben tiefgreifend bestimmen sollten. Nachdem mich die durch ihren nachmaligen Stipendiaten Oskar Lafontaine breiter bekannt gewordene bischöfliche Studienstiftung Cusanuswerk, der mich mein gymnasialer Religionslehrer nach dem Abitur angelegentlich als unterstützungswürdig empfahl, mit dem Hinweis abgelehnt hatte, „nur männliche Studenten" zu fördern (seit ein paar Jahren erst dürfen es auch Frauen sein!), hatte mich die Notwendigkeit, mein „Honnef" durch meiner Hände Arbeit aufzubessern, beim Tellerwaschen auf dem in der Bonner Beethoven-Halle ausgerichteten Fest zum 30jährigen Bestehen von Ford in Köln meinen späteren Ehemann, einen saarländischen Jurastudenten, kennen lernen lassen. Das von uns beiden an jenem denkwürdigen Abend verdiente Geld langte gerade, um die Ringe für unsere einige Wochen später auf dem anglistischen Nikolausfest stattfindende Verlobung zu erstehen. Wenige Monate danach – mitten in meinen letzten Vorbereitungen auf das Philosophikum – war dann der frühe Tod der Mutter meines Verlobten für uns beide der Anlass, unser Studium in Bonn abzubrechen und in Saarbrücken fortzusetzen. Da mich von meinen bis dahin gehörten Philosophie- bzw. Pädagogikprofessoren Rüfner, Barion, Derbolav, Feldmann und Litt lediglich letzterer mit seiner Vorlesung für Hörer aller Fakultäten mehrere Semester lang wirklich beeindruckt hatte, fiel mir die Entscheidung leicht, die Prüfung an der saarländischen Universität nachzuholen. Schwerer war für mich der Abschied von meinen speziell sprachwissenschaftlichen romanistischen und anglistischen Lehrern, die in mir die Basis zu wissenschaftlicher Methodik und Systematik, zu offener und gleichwohl konstruktiver Kritik und zum Respekt vor den Leistungen anderer legten und denen bis heute mein großer Dank gilt. Im übrigen bedeutete der Umzug an die Saar für mich, eine ganze Zeitlang neben meinem Studium und Aushilfsarbeiten in Saarbrücker Kaufhäusern und Gastwirtschaften den Haushalt des verwitweten späteren Schwiegervaters und seiner drei Söhne zu versorgen – ein Umstand, der natürlich nicht ohne Auswirkung auf die Dauer meines durch noch zu schildernde besondere Bedingungen ohnehin erschwerten Studiums blieb.

An der Saarbrücker Universität waren nun gerade die Philosophen Krings, bei dem nach zusätzlichen Vorlesungen und Seminaren zu Platon und Aristoteles endlich mein Philosophikum stattfand, und Kopper, der mir nach einem Referat über Spinoza in seinem Oberseminar das zweite Dissertations-angebot machte, von großem Einfluß auf meine weitere geistige Entwicklung. Thomas Finkenstedt als Linguist, Willi Erzgräber und Hans Itschert als Literaturwissenschaftler waren meine anglistischen Lehrer. Mein Studien-schwerpunkt lag aber gerade im Saarland – schon der Nähe Frankreichs wegen, wo sich die Familie häufig bei Freunden aufhielt und französische Freunde empfing – klar auf der Romanistik. Hier waren Helmut Stimm, Hans Helmut Christmann und Hans Ludwig Scheel (der mir bereits kurz in Bonn begegnet war) meine neuen Lehrer. Stimm war Schüler von Ernst Gamillscheg und wohl auch der Initiator einer mehrsemestrigen Saarbrücker Gastprofessur dieses damaligen Nestors der deutschen Romanistik, dessen Lehrveranstaltungen mir ungemein imponierten. Besonders das dialektologische Hauptseminar beeindruckte mich aufgrund des umfassenden sprachgeschichtlichen Wissens des Veranstalters zutiefst. Es kombinierte aus meiner Sicht in idealer Weise Diachronie und Synchronie – jedenfalls, wenn man wie der Veranstalter versuchte, die von Gilliéron erfaßten dialektalen Formen und syntaktischen Ausprägungen auf ihren – oft in Archivmaterial nachweisbaren – vulgärlateinischen oder zumindest altfranzösischen Ursprung zurückzuführen. Als ihm dann ein Einfall in einem meiner Referate zur Lösung eines Problems in einem damals gerade entstehenden Aufsatz verhalf, den er wenig später (sogar unter Nennung meiner Person) veröffentlichte, war meine Annahme als seine (vermutlich letzte) Doktorandin besiegelt. Die folgenden Jahre sahen mich auf dem Saarbrücker Campus zwischen Unibibliothek und Romanistik regelmäßig die riesigen und schweren Bände des ALF hin- und herschleppen, die das Arbeitsmaterial zu meiner Dissertation in Gestalt eines über die Karten mehrerer Bände verteilten Satzgefüges enthielten, dessen kombiniert sprachgeographische und sprachgeschichtliche Analyse (weitere) Hinweise auf die sprachliche Gliederung der Galloromania und ihre historischen Gründe liefern sollte. Dass mich die Fertigstellung der Doktorarbeit fast fünf Jahre kostete, hatte außer den angedeuteten familiären und finanziellen Belastungen durchaus auch fachliche Gründe. Zum einen waren schon damals um die 1300 Titel des reich bestückten Teilbereichs galloromanische Dialektologie durchzuarbeiten, bis mir klar wurde, was es noch an wirklich neuen Erkenntnissen zu gewinnen galt. Die Folge dieser Sachlage war eine derart umfangreiche Bibliographie, dass sie später schon aus Kostengründen nur auszugsweise mitveröffentlicht werden konnte und als vollständige Ausgabe der Universitätsbibliothek zum Geschenk gemacht werden musste (wo sie bis heute greifbar ist).

Hinzu kam aber als noch viel gravierender, dass mich die Fakultät nach ca. zwei Jahren intensiver Arbeit und angeregten brieflichen Austauschs mit meinem in Tübingen wohnenden Doktorvater unvermutet aus angeblich juristischen Gründen Stimm als Hauptgutachter zuschlug, dessen erste Amtshandlung zu meinem unbeschreiblichen Entsetzen darin bestand, meinen bisherigen gut 100 Druckseiten umfassenden Ansatz komplett zu verwerfen. Dies machte einen völligen Neuanfang erforderlich. Im Nachhinein ist mir nicht mehr klar, warum mir nicht im Traum einfiel, dagegen anzukämpfen und z.B. Gamillscheg selbst in diese Angelegenheit einzuschalten, statt mich sogleich verzweifelt, aber gottergeben auf einen kompletten Neubeginn einzulassen. Pikanterweise beliebte das Dekanat dann drei Jahre später und vier Wochen vor dem Rigorosum, mich von seinem unerforschlichen Ratschluss in Kenntnis zu setzen, dass Gamillscheg nun doch mein endgültiger Erstgutachter und Erstprüfer sei. Vermutlich bewahrte mich nur die Verantwortung gegenüber dem Söhnchen, das ich kurze Zeit später als mein erstes Kind zur Welt brachte, davor, vollends durchzudrehen. Die Hauptprüfung fand somit bei Gamillscheg in Tübingen statt. Julius Wilhelm fungierte dabei als Protokollant, und sämtliche Tübinger Romanisten schienen – nicht gerade zu meiner Freude – als Zeugen eingeladen zu sein.

Bei der damals in Saarbrücken das Rigorosum abschließenden öffentlichen Verteidigung reizte mich dann Christmann, der inzwischen zusätzlich als (dritter) Gutachter bestellt worden war, mit einer unzutreffenden Behauptung zu dem mörderischen Hinweis, dass die von ihm angesprochene Problematik bereits auf Seite 13, Anmerkung 3 meiner Arbeit geklärt werde. Das ungläubige Kopfschütteln und verzweifelte Händeringen meines Mannes in der letzten Reihe der Zuhörer bleibt mir unvergesslich. Welcher Berichterstatter lässt sich schon ungestraft *coram publico* der nachlässigen Lektüre des Objekts seiner Stellungnahme zeihen? Meine Dreistigkeit sollte denn auch schwerwiegende praktische Folgen zeitigen. Auf meine wenig später einsetzenden Bemühungen um eine Assistentenstelle, die gerade in der Romanistik frei wurde und mir von der wissenschaftlichen Ausrichtung her auf den Leib geschneidert erschien, reagierte der offensichtlich nachtragende Christmann mit der knappen Aufforderung: „Kümmern Sie sich jetzt erst mal um Ihren Sohn!". Außer dem Kleinen beschäftigte mich aber natürlich auch die Drucklegung der Dissertation, die aus Geldnot buchstäblich in Handarbeit erfolgen musste. Die in langen Schreibmaschinen-Nächten in einem Kelleraum des ehemals von mir bewohnten Studentinnenheimes erstellte Endfassung wurde in einem winzigen örtlichen Verlag vervielfältigt, unter Mithilfe einer Reihe von Freunden zusammengelegt, gebunden und für den selbst für damalige Verhältnisse extrem niedrigen Betrag von ganzen 500 DM fertiggestellt. Mein Vater, der in meiner Universitätsausbildung so etwas wie die Erfüllung seines eigenen verhinderten Jugendtraumes sah, bekam die Arbeit übrigens nicht mehr zu Gesicht, da er plötzlich starb, noch bevor mir die persönliche Überreichung möglich war. So wurde der Band an seinem Todestag unter Tränen auf seinem verwaisten Schreibtisch deponiert. Gamillscheg, dessen Notenvorschlag *eximium* von den beiden anderen Gutachtern akzeptiert worden war, bezeichnete die Dissertation übrigens nachträglich als „einer Habilitationsschrift gleichwertig" und gab mir damit ein Stichwort vor, das in meinem Kopf zwar fortan latent vorhanden bleiben, jedoch erst nach Jahrzehnten Aktualität erreichen sollte.

So schnell, wie Christmann dies vielleicht erwartet hatte, gab sich freilich die durch so viele Unbilden gestählte frischgebackene Doktorin nicht geschlagen. Auf einer Einladung bot sich mir die Gelegenheit, den amtierenden saarländischen Kultusminister Werner Scherer höchst selbst in meinen Kampf um die besagte Stelle einzuschalten. Er kam meiner Bitte auch wirklich nach, resignierte jedoch sogleich, als ihn Scheel, der mich in Französischer Literaturwissenschaft geprüft hatte, als damaliger Dekan mit der entwaffnenden Bemerkung abblitzen ließ: „Sie hat zu speziell dissertiert".

Damit war meine erhoffte Uni-Laufbahn nun zunächst einmal beendet, noch bevor sie begonnen hatte. So kam mir das unvermutete Angebot sehr gelegen, von heute auf morgen eine Französisch- und Englischlehrerin zu ersetzen, die an einer Saarbrücker Schule vor ihrer Klasse buchstäblich tot umgefallen war. Natürlich wurde die Nachholung der beiden Staatsexamina von mir erwartet, für deren erstes mir allerdings die Dissertation als Staatsarbeit und aufgrund des Rigorosums auch einige Prüfungen angerechnet wurden. In der folgenden harten Zeit galt es, 26 Stunden Unterricht, erstes Examen bzw. nach dessen Bestehen volles Referendariat und familiäre Aufgaben in Einklang zu bringen. Die zweite Prüfung – nach der Staatsarbeit über Sprachunterricht mit dem (damals sensationell neuen Lehrmittel) Sprachlabor – sah mich dann wiederum in hochschwangerem Zustand, der mir nach der Geburt des zweiten Sohnes immerhin eine damals sechswöchige dienstliche Atempause bescherte (die vier Jahre später beim Einzug unserer Tochter, eines damals dreieinhalbjährigen Heimkindes, erheblich notwendiger gewesen wäre).

Noch in dem gleichen ereignisreichen Jahr machte mich dann auf der Hochzeit eines meiner Brüder ein früherer Studienkollege auf die Ausschreibung einer Assistentenstelle am damaligen „Dolmetscher-Institut" der Saarbrücker Universität aufmerksam, an dem er selbst als Dozent tätig war. Eine Anstellung dort erschien mir zwar alles andere als verlockend, da es gerade damals als unter der Würde von Philologen galt, das einschlägige Gebäude auch nur zu betreten, geschweige denn gar an dieser „besseren Berlitz-School" (damaliger O-Ton aus unberufenem Munde) zu arbeiten. Gleichwohl war genau dies eine erste Gelegenheit, endlich einen Fuß in die Tür der Universität zu bekommen. Meine Bewerbung hatte auch sogleich Erfolg. Mit dem Einstieg in mein neues Betätigungsfeld hatte mein langer und beschwerlicher Weg hin zu dem ersehnten akademischen Beruf doch noch eine feste, freilich unerwartete Richtung genommen. Diese bedeutete wiederum einen Anfang von Punkt Null an – wie schon bei Dissertation und Schuldienst. Allerdings ermöglichte mir meine gründliche philologische Ausbildung, die schon nicht mehr durch Kriegsfolgen wie etwa fehlende Bücher aufgrund zerbombter Bibliotheken oder ähnliche Widrigkeiten eingeschränkt und dementsprechend anspruchsvoll gewesen war, eine rasche, gleichwohl intensive Einarbeitung in das mir damals noch fremde, weil ja auch noch junge Fach Übersetzungswissenschaft. An ihm gefiel mir recht bald die bewusste Einbeziehung auch der Praxis, die meine noch stark von Humboldts Bildungsideal geprägte bisher rein theoretische Ausrichtung in attraktiver Weise ergänzte und damit meine aus dem Studium mitgebrachte Perspektive klar erweiterte. Die systematische Lektüre der einschlägigen Literatur von Coseriu über Kade, Koller, Malblanc, Mounin, Neubert, Nida, Reiss, Vermeer und Vinay/Darbelnet bis hin zu Wandruszka war viele Wochen lang tägliche Übung. Dabei kam mir sehr zupass, dass mich in der Promotionszeit Nachhilfestunden und danach der (noch drei Monate lang parallel zu Ende zu führende) Schuldienst beide Sprachen kontinuierlich hatten lebendig erhalten lassen. Englisch wurde vor allem in der Ausübung meiner Assistentinnentätigkeit, Französisch in meinen eigenen Lehrveranstaltungen stetig gebraucht. In meinen Veröffentlichungen spielten von Anfang an beide Sprachen zumal hinsichtlich des Untersuchungsmaterials eine gleich wichtige Rolle. Die Pflege des Deutschen nicht nur als translatorische Zielsprache, sondern insbesondere auch als Wissenschaftssprache mit langer und angesehener Tradition ist mir bis heute ein ganz besonderes Anliegen. Meiner Anstellung folgten fast zwanzig wissenschaftlich überaus fruchtbare Jahre, in denen gerade das Saarbrücker Institut, personifiziert durch das Trio Wilss/Thiel/Thome, durch unermüdliche Forschungsarbeit, die Veranstaltung mehrerer internationaler Kongresse mit namhaften Teilnehmern sowie durch regelmäßige Vorträge im In- und Ausland und nicht zuletzt durch weltweit beachtete Publikationen sehr bald zu internationalem Ansehen gelangte. Hier fand – parallel zu den Bestrebungen am Schwesterinstitut in Leipzig – ab dem Beginn der 70er Jahre ein bedeutender Teil dessen statt, was man als Entwicklung der Übersetzungswissenschaft zu einer eigenständigen Disziplin bezeichnen darf. Meine persönlichen Schwerpunkte lagen dabei – angesichts meines bis heute aktuellen Bemühens um die Integration von Forschung und Lehre, von Theorie und Praxis – vor allem auf der Methodik des Übersetzens, auf der Klärung und Entwicklung der Fachterminologie, auf sprachvergleichenden, textlinguistischen, fachsprachlichen und didaktischen Fragestellungen. Die meisten der in meinen Veröffentlichungen vertretenen Ansichten lassen sich nach meiner Überzeugung inhaltlich wie methodisch bis heute uneingeschränkt aufrecht erhalten. Ganz persönliche Reuegefühle über Publiziertes betreffen dagegen einige meiner zumal in der frühen Zeit viel zu strengen Rezensionen. Besprechungen sollte man eben gerade nicht ausgerechnet dem (oft übereifrigen) wissenschaftlichen Nachwuchs überlassen.

Aufgrund des totalen Mangels an Perspektiven des beruflichen Weiterkommens bei gleichzeitig überaus starker dienstlicher Inanspruchnahme beispielsweise durch die alleinverantwortliche Realisierung gemeinsamer Herausgeberschaften oder auch durch ganze Semester umfassende Vertretungen in Vorlesungen und Seminaren gingen allerdings im Laufe der Jahre bei aller wissenschaftlichen Begeisterung zahlreiche Bewerbungen immer auch auf philologische Ausschreibungen an die verschiedensten deutschen Universitäten, dies jedoch – ungeachtet der damals häufigen Berufungen rein aufgrund der Publikationsliste – ohne jeden Erfolg. Offenbar hatte meine Entscheidung für die Translatologie unmerklich den Ausschluss aus der Philologen-Gemeinschaft zur Folge. Zugleich war meine philologische Herkunft umgekehrt aber wohl auch eine aus translatologischer Sicht disqualifizierende Besonderheit. So vergingen fast zwei Jahrzehnte unverändert abhängiger Tätigkeit, in denen eigene kleine Arbeiten nur nebenbei und nicht selten buchstäblich bei Nacht und Nebel angefertigt und publiziert werden konnten, in denen die gelernte Philologin jedoch immer überzeugter zur Übersetzungswissenschaftlerin mutierte – ohne freilich ihre Herkunft ganz zu verleugnen. In dieser Zeit wurde manches männliche Konsemester (nicht selten mit wesentlich bescheideneren Voraussetzungen) zum Professor. Nach der Pensionierung des Lehrstuhlinhabers beschäftigte mich die Universität für 13 weitere Jahre nunmehr als – immerhin endlich unabhängige und eigenverantwortliche – Lehrkraft in der Frankophonen, Französischen und Englischen Abteilung der Fachrichtung.

Mit dem nach dem Fall der Mauer gefassten Entschluss meines Mannes, aktiv am „Aufbau Ost" mitzuarbeiten, begann aber zunächst ab 1992 unter voller Aufrechterhaltung meines Saarbrücker Deputats ein gut fünf Jahre dauernder Lehrauftrag an der Magdeburger Universität, wo Englisch auf Kosten von Russisch schlagartig das im Sprachenzentrum von Hörern aller Fakultäten belegte Fach geworden war und wo zudem in der Anglistik linguistische Pro- und Hauptseminare anzubieten waren. Es war eine wunderbare, von großer Akzeptanz durch die Kollegen wie die jungen Leute „von drüben" geprägte Zeit, in der aufgrund unorthodoxer, ganz an den aktuellen Erfordernissen orientierter Entscheidungen die Bewerbung um einen Lehrstuhl (auch ohne die immer wieder erwogene, wegen der Vielfachbelastung aber nie ernsthaft realisierbare Habilitation) mit ziemlicher Sicherheit hätte erfolgreich sein können, jedoch gar nicht erst erwogen wurde, um bewusst den Einheimischen den Vortritt zu lassen. Zu spät wurde mir klar, dass mir auch hier inzwischen West-Männer den Rang abgelaufen hatten.

Nach der Pensionierung auch der zweiten Saarbrücker Mitforschenden Thiel folgten noch ein paar Jahre sehr fruchtbarer gemeinsamer Arbeit mit ihr sozusagen als Übergangsphase zur vollständigen eigenen Unabhängigkeit. Mit dem endlich wie in alten Doktorandenzeiten wiedererlangten Status der wissenschaftlichen Einzelkämpferin machte sich in mir dann immer klarer die in den nunmehr fast 32 Jahren universitärer Beschäftigung stets latent vorhanden gebliebene Vorstellung bemerkbar, mich irgendwann doch noch zu habilitieren. Als dann die Universität ankündigte, dass meine Dienstzeit am 30. November 2003 aus Altersgründen enden werde, brach sich die genannte Idee mit Vehemenz Bahn und löste in mir nun endgültig den Entschluss aus, mir in sozusagen letzter Minute eine Art Gesamtbilanz zu verschaffen, d.h. zur offiziellen Anerkennung meiner wissenschaftlichen Aktivitäten durch die Universität Antrag auf kumulative Habilitation zu stellen und damit das vor Jahrzehnten ausgesprochene Reizwort meines Doktorvaters endlich Wirklichkeit werden zu lassen. Von der Antragstellung im Februar 2003 an zeichneten sich jedoch bereits wieder neue Hemmnisse und Erschwernisse ab – u.a. in Gestalt der Beinahe-Schädigung der von mir eingereichten Unterlagen durch einen noch nie da gewesenen Rohrbruch im Dekanat sowie ständiger extremer PC-Störungen mit den entsprechenden Abstürzen während der gesamten Vorbereitung der drei für den Habilitationsvortrag vorgeschlagenen Themen und nicht zuletzt gravierender (auch äußerlich sichtbarer) Gesundheitsprobleme, unter deren Belastung im Juni 2003 das Kolloquium stattfand und im Juli 2003 die Verleihung der *Venia legendi* für Französische und Englische Übersetzungswissenschaft erfolgte. Seinen Abschluss erreichte das Verfahren mit der Antrittsvorlesung in meinem Entlassungsmonat November 2003. Es steht zu hoffen, dass damit das Ende auch der Windungen und Wendungen meines mit Hindernissen gepflasterten Weges zum späten Ziel der vollen Mitgliedschaft in der *scientific community* der Übersetzungswissenschaftler gekommen ist.

Publikationsauswahl

Die Übersetzungsprozeduren und ihre Relevanz für die Ermittlung des translatorischen Schwierigkeitsgrads eines Textes. In: Gerhard Nickel/ Albert Raasch (Hg.): *Kongreßbericht der 6. Jahrestagung der GAL,* Bd. I: Wolfram Wilss (Hg.): *Übersetzungswissenschaft.* Heidelberg 1975, 39-51.

'La mise en relief' und ihre Wiedergabe im Deutschen. In: Gerhard Nickel/ Albert Raasch (Hg.): *Proceedings of the Fourth International Congress of Applied Linguistics,* Bd. 2. Stuttgart 1976, 399-411 (nachgedruckt in: Gerhard Nickel (Hg.): *Translation.* Stuttgart 1978, 107-119).

Die Aufforderung in der französisch-deutschen Übersetzung. In: Wolfram Wilss/ Sven Olaf Poulsen (Hg.): *Angewandte Übersetzungswissenschaft.* Aarhus 1980, 58-81.

Probleme der Teilsatzerkennung. In: Hans Eggers (Hg.): *Maschinelle Übersetzung, Lexikographie und semantische Analyse. Linguistische Arbeiten des Sonderforschungsbereichs 100. N.F. 3.2.* Saarbrücken 1980, 83-90.

Die wörtliche Übersetzung (Französisch-Deutsch). In: Wolfram Wilss (Hg.): *Übersetzungswissenschaft.* Darmstadt 1981, 303-323.

Arbeit mit maschinell übersetzten Texten. In: Wolfram Wilss/ Gisela Thome (Hg.): *Die Theorie des Übersetzens und ihr Aufschlußwert für die Übersetzungs- und*

Dolmetschdidaktik – Translation Theory and its Implementation in the Teaching of Translating and Interpreting. Tübingen 1984, 361-369.

Computer und Übersetzen. Eine Einführung. Hildesheim 1985 (mit A. Blatt, K.-H. Freigang und K.-D. Schmitz).

Resolutionen. Ein empirisch entwickelter Beitrag zur Textanalyse. Tübingen 1987 (mit G. Thiel).

Tendenzen und Perspektiven der Übersetzungswissenschaft zu Beginn der neunziger Jahre. In: Reiner Arntz/ Gisela Thome (Hg.): *Übersetzungswissenschaft – Ergebnisse und Perspektiven. Festschrift für Wolfram Wilss.* Tübingen 1990, 1-8.

Überlegungen zu Funktionen und Handhabung des Übersetzens im Lehrangebot eines Sprachenzentrums. In: Sprachenzentrum der Otto-von-Guericke-Universität Magdeburg (Hg.): *II. Fremdsprachendidaktisches Kolloquium, 14.12.1993.* Magdeburg 1994, 52-58.

VERMUTEN. Nominale Ausdrucksmittel im Wissenschaftsjournalismus (Deutsch – Englisch – Französisch). Tübingen 1996 (mit G. Thiel).

Printmedien und Übersetzung. Zur deutschsprachigen Ausgabe von *Le Monde diplomatique.* In: *ZfAF – Zeitschrift für Angewandte Linguistik. GAL-Bulletin* 28 (1998), 53-71.

Übersetzung und Kompensation. In: Alberto Gil/ Johann Haller/ Erich Steiner/ Heidrun Gerzymisch-Arbogast (Hg.): *Modelle der Translation. Grundlagen für Methodik, Bewertung, Computermodellierung.* Frankfurt a.M. 1999, 523-541.

Zur Anwendung des Sprachvergleichs in der Übersetzungsdidaktik. In: Sylvia Reinart/ Michael Schreiber (Hg.): *Sprachvergleich und Übersetzung. Akten der gleichnamigen Sektion des ersten Kongresses des Frankoromanistenverbandes (Mainz, 24.-26. September 1998).* Bonn 1999, 49-68.

Methoden des Kompensierens in der literarischen Übersetzung. In: Gisela Thome/ Claudia Giehl/ Heidrun Gerzymisch-Arbogast (Hg.): *Kultur und Übersetzung. Methodologische Probleme des Kulturtransfers.* Tübingen 2002, 299-317.

Deutscher Wortschatz als Komponente der Übersetzerausbildung von Studierenden mit Deutsch als erster Fremdsprache. Entwicklung eines Konzeptes aus der universitären Praxis. In: *Die Brücke. Zeitschrift für Germanistik in Südostasien* 1 (2002), 11-33.

Die Textanalyse in der Übersetzerausbildung. In: *Die Brücke. Zeitschrift für Germanistik in Südostasien* 2 (2003), 24-45.

Bedingungen für die Bewertung von Übersetzungsqualität. In: *Die Brücke. Zeitschrift für Germanistik in Südostasien* 3 (2003), 39-54.

Die Übersetzung wissenschaftsjournalistischen Textmaterials als Teil der Unternehmenskommunikation. In: Klaus Schubert (Hg.): *Übersetzen und Dolmetschen: Modelle, Methoden, Technologie.* Tübingen 2003, 165-192.

Strategien der Textverkürzung bei der Übersetzung ins Deutsche. In: Heidrun Gerzymisch-Arbogast/ Eva Hajicová/ Petr Sgall/ Zuzana Jettmarová/ Annely Rothkegel/ Dorothee Rothfuß-Bastian (Hg.): *Textologie und Translation.* Tübingen 2003, 305-330.

Zwischen Explizitation und Implizitation. Zur Empfängerorientierung des Übersetzens. In: *Die Brücke. Zeitschrift für Germanistik in Südostasien* 4 (2004), 62-83.

Irene Weber Henking (Lausanne)

Die Übersetzung – ein kultureller Resonanzraum

Kein Weg hat mich zur Übersetzungswissenschaft geführt und trotzdem bin ich seit kurzem dort angekommen – aus Zufall, und weil ich es wollte. Was in einem absolut monolingualen Elternhause auf dem Lande begann, wollte weg und über die Grenzen. Den vielsprachigen Zugvögeln nach, die mich in den ersten Lektüren fasziniert hatten:

> Die Grasmücken bleiben den ganzen Sommer in Canterdun. Als aber der erste Herbstfrost die Birkenblätter gelb färbt, rüsten sich Zizi und Zizewi mit ihren Jungen für die Reise in wärmere Länder.
> Duméni Tubàk und Frau Nesa mit den Kindern kommen vom Feld. Der Abendwind streicht durch die Zweige der Birke, und ein Wirbel von goldenen Blättern tanzt wie vom Himmel herunter.
> Viturin schaut hinauf. Da sieht er hoch oben in der Luft einen Schwarm kleiner Vögel. Sie ziehen nach Süden. Ob es wohl die Grasmücken sind? Man kann sie nicht genau erkennen. Wenn es aber die Grasmücken waren, haben sie sicher in ihrer Sprache zu Viturin und Babetin heruntergerufen: "Auf Wiedersehen, ihr lieben Kinder von Canterdun, wir kommen wieder – im Frühling, wenn die Berberitze wieder blüht." (Carigiet 1967)

Diesen Grasmücken aus dem Kinderbuch *Birnbaum, Birke, Berberitze* von Alois Carigiet bin ich erst viele Jahre später gefolgt, und die Sprache der Vögel versuche ich noch heute zu verstehen. Nachdem das erste elterliche Projekt, nach Canada auszuwandern und den breiten Dialekt des Zürcher Oberlandes dem singenden Französisch von Québec unterzuordnen, gescheitert war, meine Mutter die bereits belegten Sprachkurse wieder annulliert und ich meine erste "eigene" Fremd-Sprache, das Spanische, gewählt hatte, begann die Reise in den Süden, und das Vogelgezwitscher wurde hörbar mehrsprachig und gewann an poetischer Dichte:

> Las gaviotas nacieron de los pañuelos que dicen ¡adiós! en los puertos.
> (Gómez de la Serna 1988, 25)

Mit der neuen Sprache, dem Spanischen, verstand ich die Vögel und Möwen zwar noch immer nicht, jedoch entdeckte ich eine fremde Kultur, eine andere Literatur, und insbesondere den Bild-Ton der Zeichen. Dabei verlor ich den Glauben an die Referentialität der Sprache und entdeckte deren übrige Funktionen. Dass mir gerade die spanische Sprache Eingang zu den expressiven und insbesondere poetischen Funktionen der Sprache verschaffte, lag sicherlich daran, dass ich das Spanische nicht über den mühsamen und unmöglichen Weg der Übersetzung in die Fremdsprache, wie dies im Falle des Französischen und Englischen praktiziert wurde, erlernte, sondern über die lustvolle und abenteuerliche Umsetzung in die Muttersprache. Das Spanische, wie auch das Lateinische, wurden mir nie zur schulisch auswertbaren Fehlerquelle degradiert, sondern behielten immer den Status einer Entdeckungsreise in Zeit und Raum. Ich wurde nicht mit unsinnigen Übungen in diese Sprachräume gezwungen, sondern erhielt über Texte Einblicke in reale Kulturräume. Bezeichnenderweise begann ich schnell in diesen Sprachen zu träumen, und erlernte denn auch "wie im Traum" die Strukturen dieser Sprachen.

Obwohl aufgrund der elterlichen Pläne Argentinien, Buenos Aires und das Feuerland inzwischen wieder in ungreifbare Ferne gerückt waren, blieb ich meiner Sprachwahl treu. Niemand sollte mich auch in Zukunft von der Tatsache überzeugen können, dass die spanische Sprache die Sprache der Pferde sei und das zumindest geographisch doch sehr nahe liegende Italienische die Sprache der Engel. Englisch dagegen sollte noch lange Jahre teuflisch schwierig für mich bleiben. Diese erste, noch vorwiegend unbewusste Erfahrung der unterschiedlichen Bedeutungen der Übersetzungsverfahren und der Sprachenvielfalt wurde für mein Studium in der französischsprachigen Schweiz (Universität Lausanne) und Spanien (Universität Salamanca) konstitutiv.

Während meines Hauptstudiums in Lausanne habe ich die intra- und interlingualen Sprachendifferenzen kennengelernt, die Sprachen in ihren synchronen und diachronen Variationen und Varietäten entdeckt und v.a. den Reichtum des Zusammenspiels der Klänge erfahren. Während meines Studiums der Germanistik, Hispanistik und Linguistik entdeckte ich die Sprache und die Sprachen, die Literatur und die Literaturen und die Kultur und die Kulturen. Die Vielfalt verdrängte den monolithisch monolingualen Ausgangspunkt und schaffte immer wieder neue Anknüpfungspunkte: Insbesondere in der Germanistik, jenem Ort, wo doch eigentlich meine Muttersprache in den reinsten Tönen hätte gelehrt werden sollen, wurde ich zu den grössten Sprüngen verleitet: Insbesondere Prof. Walter Lenschen, der mich in die literarischen und sprachlichen Geheimnisse des deutschen Mittelalters einführte und zusätzlich zu dieser diachronen Spannbreite eine synchrone Palette der deutschen Sprache in seinen Vorlesungen etwa zur "Jugendsprache" vorführte und vorlebte, öffnete neue Perspektiven: Die deutsche Sprache wurde in der Breite und Tiefe, in ihren zahlreichen Registern erfahrbar. Neben dem Minnesang und dem Strassenslang machte Walter Lenschen ein jedoch bis heute einmaliges und zugleich stets neues Gezwitscher hörbar: Nachdem er 1989 das *Centre de Traduction Littéraire de Lausanne* (CTL) gegründet hatte, ertönten die Stimmen der Männer und Frauen aus dem Hintergrund und von den Untertiteln: Die Übersetzerinnen und Übersetzer. Walter Lenschen, Mediävist und Linguist, baute in Lausanne während 10 Jahren ein Institut auf, das die Stimmen der ÜbersetzerInnen in der Öffentlichkeit zum Klingen brachte: Die grossen Übersetzer der deutschen und französischsprachigen Literatur wurden zu Gesprächen und zu Workshops eingeladen. Zum ersten Mal in meinem Leben sollte ich, bereits nach abgeschlossenem Studium, vom "fost de gööt" sprechen hören. Dabei entdeckte ich, abgesehen von der etwas befremdlichen Betitelung dieses Heiligtums der deutschen Literatur, die

Schwierigkeiten der sprachlichen Umsetzung und Übersetzung von Rhythmus und Klang:

> Drum hab' ich mich der Magie ergeben,
> Ob mir, durch Geistes Kraft und Mund,
> Nicht manch Geheimnis würde kund;
> Daß ich nicht mehr, mit sauerm Schweiß,
> Zu sagen brauche was ich nicht weiss;
> Daß ich erkenne was die Welt
> Im Innersten zusammenhält,
> Schau' alle Wirkenskraft und Samen,
> Und tu' nicht mehr in Worten kramen. (Goethe 1994, 33-34)

Jean Malaplate, der Übersetzer von Goethe in Frankreich, "kramt nicht in den Worten", sondern bringt ein benjaminsches Echo des deutschen *Faust* im französischen Kultur- und Literaturraum zum Klingen, welches nicht allein Benjamins Sprachprinzip, sondern zugleich auch dessen Auffassung von der "Aufgabe des Übersetzers" verständlich macht:

> J'ai donc pensé que la magie
> Et les esprits et leur pouvoir
> Pourraient me révéler quelque secret savoir
> Qui ne m'oblige plus, quand la sueur m'inonde,
> A proclamer ce que j'ignore en vérité,
> Qui m'apprenne ce qu'est le monde
> En sa pure réalité
> Et, découvrant l'effet et sa cause profonde,
> Me délivre des mots et de leur vanité. (Goethe/ Malaplate, 1984, 36)

Der Vergleich mit den vorhergehenden Übersetzungen des *Faust* zeichnet einen langen Weg durch die französische Sprache und Literatur hin zu Goethes Text und Ton ab. Die Produktions- und Rezeptionsbedingungen der Übersetzung wurden mir am und im Text sichtbar gemacht. Die Übersetzung als Text und als Tätigkeit, als Produkt und als Prozess sollten meine folgenden Jahre ganz ausfüllen: In einem von Prof. Peter Utz und Prof. Walter Lenschen geleiteten Forschungsprojekt zum Thema "Differenzierung und Integration. Sprache und Literatur deutschsprachiger Länder im Prozess der Modernisierung" wurde mir die literaturwissenschaftlich-übersetzungsanalytische Fragestellung zur Bearbeitung anvertraut und es entstand daraus meine *thèse de doctorat*, welche ich fünf Jahre später mit einem frischgeborenen Sohn in den Armen abschloss und 1999 unter dem Titel *DifferenzlektüreN. Fremdes und Eigenes der deutschsprachigen Schweizer Literatur, gelesen im Vergleich von Original und Übersetzung* publizierte. Dass es zum Abschluss dieser Arbeit kam, verdanke ich vielen "fremden" Stimmen im Deutschen Seminar von Lausanne, wie etwa dem Linguisten Alexander Schwarz, der mir immer wieder die Gelegenheit anbot und heute noch anbietet, meinen literaturwissenschaftlich-hermeneutischen Ansatz an seinen linguistischen Strukturen zu prüfen und neu aus-zurichten. Aber auch die Kontakte mit den im Ausland etablierten und seit Jahren im universitären Kursus integrierten ÜbersetzungswissenschaftlerInnen bereicherten mein Projekt nachhaltig: Die Gespräche mit Prof. Violeta Pérez Gil und Prof. Miguel-Angel Vega Cernuda vom Instituto de Lenguas Modernas y Traductores der Universität Complutense in Madrid, die zahlreichen Publika-tionen von Prof. Horst Turk und seinen Mitarbeitern und aus dem Göttinger Sonderforschungsbereich zur literarischen Übersetzung und insbesondere die wohlwollenden und immer pertinenten Hinweise von Prof. Wolfgang Pöckl, damals vom Institut für Romanistik in Salzburg, begleiteten die Entstehung meiner Forschungsarbeit.

Auch Kritiken wurden laut: Prof. Werner Koller aus Bergen fragte sich nach der Lektüre eines ersten Kapitels meiner Arbeit, ob denn dies nun wirklich sinnvoll sei, Übersetzungen so zu lesen, ohne die von ihm entwickelte Kategorie der Äquivalenz und damit der Bewertung anzuwenden. Zum ersten Mal musste ich mich verteidigen und meinen marginalen Standpunkt auch in der Über-setzungswissenschaft wahrnehmen.

Ob kritisierend oder unterstützend lehrten mich diese zukünftigen Kol-legInnen die Begriffe zu hinterfragen. Sie lehrten mich im Dazwischen der Sprachen, Kulturen und Theorien zu lesen. Meinem Doktorvater Prof. Peter Utz dagegen habe ich mehr als Anstösse und Hinweise zu verdanken: Er gab mir innerhalb seines Fachbereichs, der Neueren deutschen Literatur, den Freiraum zur Erforschung des Übersetzens und lehrte mich, meinen Sprung von einer Sprache zur anderen und den dabei so schnell überwundenen und übergangenen Zwischenraum sprachlich fassbar zu machen.

Mit dem Abschluss meiner *thèse de doctorat* und dem damit einhergehen-den offiziellen Eintritt in die Übersetzungswissenschaft veränderte sich meine Situation schlagartig. Nachdem ich mich jahrelang negativ zu situieren versucht hatte (ich bin nicht Germanistin, bin nicht Romanistin, bin nicht Sprachwissen-schaftlerin, bin nicht Philosophin, bin nicht Kulturwissenschaftlerin etc.), wurde an der Universität Lausanne ein Lehrstuhl in einem für die Schweiz absolut neuen Forschungsbereich geschaffen: Übersetzungswissenschaft, oder wie es in der Ausschreibung etwas kompliziert hiess: Histoire, théories et analyse de la traduction littéraire.

Nachdem Prof. Walter Lenschen jahrelang in den Denkpausen seines Ordinariats in Mediävistik das *Centre de Traduction Littéraire* aufgebaut und geleitet hatte, schuf man nach seiner Pensionierung einen Lehrstuhl in diesem Bereich und vetraute der Person auch zugleich die Leitung des Institutes an. Nach einem mir endlos lang erscheinenden Auswahlverfahren, erfuhr ich knapp drei Wochen vor Beginn des Vertrages meine Ernennung zur Professorin in einem Bereich, den es noch nicht gab und den ich im Verlaufe der vorher-gehenden Jahre gerade erst in seinen Konturen abgetastet hatte.

Vier Jahre später taste ich immer noch weiter, nehme auf diesen sinn-lichen und sinnvollen Spaziergängen die immer zahlreicheren Studierenden des

Deutschen Seminars mit, die sich für die Unsicherheiten des Dazwischen interessieren und höre mit immer noch wachsender Faszination den ÜbersetzerInnen zu. Doch während die Zugvögel der Kindheit mich schon längst verlassen haben, kommen die ÜbersetzerInnen immer wieder zurück: Das Gespräch mit ihnen und den übersetzten AutorInnen bildet den Rahmen, in dem sich alle meine kulturellen und wissenschaftlichen Tätigkeiten einbetten lassen. Diese Gespräche haben Anlass zu einer mittlerweile grossen Zahl an Lesungen, Publikationen und Ausstellungen gegeben.

Dabei kam die Praxis mit der Theorie ins Gespräch, und die Anforderungen einer Übersetzerin stellten sich dem analytischen Verfahren der Theoretikerin gegenüber. Während die Übersetzerin das "richtige" Wort sucht, ist mir die äquivalente Übersetzung im Sinne von einer schönen, treuen und guten Wiedergabe eines historisch gesehen ersten Textes, dem sog. "Original" zum Unding und zum Unsinn verkommen. Was ich suche, ist nicht der Gleichklang von zwei historisch differenten Texten, sondern die Harmonie der Vielstimmigkeit und die Differenzen zwischen den Texten.

Auf diesem Um-Weg bin ich denn auch endlich wieder zu meinem teuflisch schwierigen Englisch zurückgekommen:

Faire, kinde, and true, is all my argument,
Faire, kinde, and true, varrying to other words,
And in this change is my inuention spent,
Three theams in one, which wondrous scope affords.

Faire, kinde, and true, haue often liu'd alone,
Which three till now, neuer kept seate in one. (Shakespeare 1944, 257)

Diese Zeilen aus dem öfters als "curious sonnet" bezeichneten Skakespeare-Gedicht, dem man auch seine langweiligen Wiederholungen vorwirft, thematisiert, was mich seit Jahren beschäftigt: "Faire, kinde, and true, is all my argument". Dies waren und bleiben die Anforderungen, welche man explizit an die Übersetzungen stellt und sie damit dem Bereich des Unmöglichen zuordnet. Denn wären die Übersetzungen, was man von ihnen verlangt, so würden sie mit den Originalen zusammenfallen, wären mit diesen identisch und verlören die eigene Existenz. Gerade nur weil sie davon abweichen, dem Original untreu werden, existieren sie und verweisen zugleich in einer mimetischen Bewegung auf das Original zurück. Es sind die Differenzen zwischen den Übersetzungen und dem Original und der vielstimmige Gesang der unterschiedlichen Übersetzungen in einer Sprache, welche mir die nötige Erleichterung und auch die Bestätigung meiner Hypothese brachten: Will die Übersetzung den von Shakespeare thematisierten Kriterien der Schönheit, Qualität und Treue folgen, so muss sie vom Original gerade darin wieder abweichen. Heisst es in der Übersetzung der Zeilen von Shakespeare durch Paul Celan:

"Schön, gut und treu", das singe ich und singe.
"Schön, gut und treu" – stets anders und stets das.
Ich find, erfind – um sie in eins zu bringen,
sie einzubringen ohne Unterlass.

"Schön, gut und treu" so oft getrennt, geschieden.
In Einem will ich drei zusammenschmieden. (Celan 1983, 345)

so lautet der gleiche Text bei Stefan George:

"Schön, gut und treu", dies ist mein ganzer plan ...
"Schön, gut und treu", mit neuer worte spiel ...
Mein dichten dreht sich nur in dieser bahn.
Drei ding in einem: wunderbares ziel!

Schön, gut und treu: sie lebten oft allein
Doch selten an demselben platz zu drein. (George 1931, 111)

Wo Celan versucht, die Dreifaltigkeit der von Shakespeare angesprochenen Thematik in einer Harmonie zusammenzufassen, hebt George die Differenz der Register hervor. Und aus der Kombination der unterschiedlichen Texte, Sprechweisen und Tonlagen entsteht jener polyphone Dialog der Sprachen, dem ich im *Centre de Traduction Littéraire* auch in den kommenden Jahren einen Resonanzraum geben möchte.

Kleine Bibliographie

Carigiet, Alois (1967): *Birnbaum, Birke, Berberitze. Eine Geschichte aus den Bündner Bergen*. Zürich: Schweizer Spiegel Verlag. S.n.

Celan, Paul (1983): *Gesammelte Werke in fünf Bänden. Band V, Übertragungen II*. Frankfurt a.M.: Suhrkamp.

Christen, Beat (2003): *Leer réel*. Anthologie bilingue, écrit en allemand et en français par l'auteur. Lausanne: Editions d'En bas, Service de Presse Suisse, CTL.

Gahse, Zsuzsanna (2000): *Übersetzt. Eine Entzweiung*. Lausanne: CTL.

George, Stefan (1931): *Gesamtausgabe der Werke. Shakespeare Sonette. Umdichtung*. Berlin: Georg Bondi.

Goethe, Johann Wolfgang von (1984): *Faust I et II*, traduit par Jean Malaplate, préface et notes de Bernard Lortholary. Paris: Flammarion.

Goethe, Johann Wolfgang von (1994): *Faust*, in: *Sämtliche Werke*, Band 7/1, hg. von Albrecht Schöne. Frankfurt a.M.: Deutscher Klassiker Verlag.

Gómez de la Serna, Ramón (1988): *Greguerías. Introducción y selección de Ricardo Senabre*. Madrid: C.E.G.A.L., 25.

Lenschen, Walter (2000): *Die Sprachen der Liebe. Langues de l'amour*. Bern: Peter Lang.

Pusterla, Fabio (2001): *Une voix pour le noir. Poésies 1985-1999*. Anthologie bilingue, traduit de l'italien par Mathilde Vischer. Lausanne: Editions d'En bas, Service de Presse Suisse, CTL.

Renken, Arno (2002): *La Représentation de l'étranger. Une réflexion herméneutique sur la notion de traduction*. Lausanne: CTL.

Shakespeare, William (1944): *The Sonnets*. Ed. by Hyder Edward Rollins. Vol.I. Philadelphia and London: J.B.Lippincott Company

Vischer, Mathilde (2003): *Philippe Jaccottet traducteur et poète: une esthétique de l'effacement*. Lausanne: CTL.

Weber Henking, Irene (1999): *DifferenzlektüreN. Fremdes und Eigenes der deutschsprachigen Schweizer Literatur, gelesen im Vergleich von Original und Übersetzung*. München: iudicium.

Weber Henking/ Irene und Christine Le Quellec Cottier (2000): *Réinventer Cendrars: Blaise Cendrars et la traduction*. Lausanne: CTL.

Weber Henking, Irene (2001): *Translating/ Traduire/ Tradurre Shakespeare*. Mit Beiträgen von J.-M. Déprats, N. Forsyth, M. Hennard Dutheil de la Rochère, S. Gorga, J.E. Jackson. Lausanne: CTL.

Alle Aktivitäten und Publikationen des *Centre de Traduction Littéraire* sind auch auf unserer Homepage einzusehen: www.unil.ch/ctl

Ursula Wienen (Saarbrücken)

Brückenschlag Übersetzung – Von der Praxis zur Wissenschaft

Agricola arat. ‚Der Bauer pflügt.' Für viele ist er sicher schon zu einer Art Topos geworden, der erste Satz aus *Ars Latina I*, mit dem wohl Hunderte von Sextanern, so auch wir im Jahr 1975, in die Geheimnisse der lateinischen Sprache eingeführt wurden. Für viele war es wohl – wie auch für mich – der erste Satz, den es je zu übersetzen galt. Freilich, die erste Euphorie (man wußte ja Bescheid, hatte man doch den Satz immer und immer wieder, teils mit reimender Verunstaltung in der Übersetzung, von höheren Jahrgangsstufen eingebleut bekommen) wich schnell dahin. Schon bei *Cicadae cantant*, da man sich ernsthaft zu überlegen begann, ob die Grillen oder Zikaden nun singen oder zirpen (‚grillen' war ob der Gartenfestassoziationen bereits eliminiert), wurde man gewahr, daß Übersetzen wohl doch Arbeit bedeutete. Spätestens beim *Gallischen Krieg* dann mußte man obendrein noch einsehen, daß selbst kunstvoll verpackte Produkte der Phantasie (zur Kaschierung von Vokabel- und, viel schlimmer, Formenlücken) nicht immer so recht geeignet waren, den gestrengen Lateinlehrer milder zu stimmen. Dennoch: Bei den Nachfolgesprachen – sofern man dort zu übersetzen hatte – war man gewappnet. Man ging locker in die Leistungskurse für Englisch und Französisch und belegte, da man den Naturwissenschaften insgeheim abgeschworen hatte, lieber noch Altgriechisch: die Begeisterung für die Sprache war in der Schule entfacht.

    Seamless steel pipes. ‚Nahtlose Stahlrohre'. Nach dem Abitur 1984 am Gymnasium Marienberg in Neuss entschloß ich mich zu einer kaufmännischen Ausbildung, die ein sprachliches Element beinhalten sollte. Zwei Jahre erlernte ich bei der Thyssen Handelsunion AG in Düsseldorf den Beruf der Büroassistentin. Eine Ausbildung zur Fremdsprachenkorrespondentin für die englische Sprache war in den Lehrplan integriert. Nach den Abschlußprüfungen wurde ich 1986 in die Personalabteilung übernommen, wechselte in die Abteilung für Werbung und wiederum einige Monate später in die Exportabteilung „Röhren" der Thyssen Stahlunion GmbH. Hier gab es die erste Konfrontation mit dem harten Alltag des Übersetzens: Stahlrohre mußten in englischer und französischer Sprache angeboten werden, und zwar knapp und präzise (Telexkosten!). Zu Stiefkindern verkamen Grammatik und Stil. Gepflegt allerdings die Terminologie: Listen für Röhren samt Zubehör lagen parat, und hier und da zeigte sich schon der eine oder andere sorgsam in *Wang* gehütete Textbaustein.

    Trotz einer interessanten Aufgabe, trotz diversester Fortbildungskurse ging mir ein Gedanke nicht aus dem Sinn. Mein Englischlehrer während der Ausbildung, Seamus McClelland, hatte ihn mir mit seiner unvermittelt gestellten Frage „Ursula, why don't you study?" eines Tages als regelrechten Floh ins Ohr gesetzt. Ich besuchte eine Probestunde für Literaturübersetzen an der Universität Düsseldorf, absolvierte im Januar 1989 einen einmonatigen Sprachkurs in

London und beschloß während dieser bereichernden Zeit, den Sprung ins kalte Wasser zu wagen. Allerdings nicht ins eiskalte – und als das betrachtete ich die Literaturübersetzung damals. Sinnvoller für mich aufgrund seines Praxisbezugs erschien mir ein Übersetzerstudium an der Fachhochschule in Köln. Im März 1989 kündigte ich, ohne die Garantie für einen Studienplatz zu besitzen, meine Stelle bei Thyssen. Nachdem ich in den Sommermonaten im Gästehaus der Benediktinerabtei En-Calcat in Südfrankreich gearbeitet hatte, fand ich bei meiner Rückkehr Anfang September eine Einladung der FH Köln zu einer Aufnahmeprüfung vor. Als auch dieses Hindernis drei Tage später überwunden war, immatrikulierte ich mich für die Sprachkombination Französisch und Spanisch.

Manolo kroch in die Aula. ,Manolo entró en el aula arrastrándose'. Von Anfang an bereitete mir das Studium, das ich mit Nebentätigkeiten im Sekretariatsbereich finanzierte, sehr viel Freude. Eines der Highlights des Studiums waren die Landeskundevorlesungen und die Kurse in spanischer Grammatik – aus einem solchen entsprang der vorangestellte Satz – von Prof. Dr. Alberto Gil, der heute an der Universität des Saarlandes lehrt. Als ich im Herbst 1990 mehr oder weniger zufällig in seine Sprechstunde gelangte, konnte ich noch nicht ahnen, welchen Förderer ich hier gefunden hatte. Herr Gil bot mir eine Stelle als studentische Hilfskraft an, die ich im Frühjahr 1991 freudig antrat: Hier begann die Begegnung mit der Wissenschaft. Prägend in dieser Hinsicht waren auch die langen Gespräche, die ich in den Folgemonaten mit Herrn Prof. Dr. Hans Siegfried Scherer führen durfte, der mich eines Tages bat, seine Diktatstunde für Spanisch zu übernehmen, da ihn ein Termin daran hinderte, den Kurs zu geben. Auch hier ahnte ich noch nicht, wie sich diese Begegnung auf meine Zukunft auswirken würde.

Im siebten Semester nahm ich eine Diplomarbeit im sprachwissenschaftlichen Bereich, nämlich zur epistemischen Modalität im Spanischen und Französischen, in Angriff, die mich, zugegeben, vor allem aufgrund der mehr als knapp bemessenen Zeit von zwei Monaten manchen Nerv kostete. Im März 1993 war es dann aber geschafft: Ich hielt mein Übersetzerdiplom in den Händen, für das ich 1994, völlig unerwartet, den Förderpreis des Bundesverbandes der Übersetzer und Dolmetscher (BDÜ) für den besten Übersetzerabschluß der FH 1993 erhielt. Im Anschluß an das Studium hatte ich das Glück, noch drei Monate an der Fachhochschule bleiben und an einem Projekt zur „Romanische[n] Textur und Modalität" mitarbeiten zu dürfen. Dann hieß es zunächst Abschied von der Hochschule zu nehmen.

Per aspera ... [invariant]. Im Sommer 1993 bewarb ich mich beim Bundessprachenamt in Hürth um eine Übersetzerstelle. Nach den Eignungsprüfungen erhielt ich eine mündliche Zusage, allerdings mit dem Hinweis darauf, daß noch einige Wochen Wartezeit ins Land gehen würden, bis die Stelle definitiv zur Verfügung stünde. Der Gedanke, nun bald wieder im geregelten Arbeitsleben ,gefangen' zu sitzen, erschien mir plötzlich alles andere als verlockend. Aber zunächst einmal gab es ja die Wartezeit. Und da diese nun sinnvoll genutzt

werden mußte, immatrikulierte ich mich kurzentschlossen für ein Magisterstudium an der Universität zu Köln: Romanische Philologie – Französisch und
Spanisch – sowie Allgemeine Sprachwissenschaft. Schon nach den ersten
Studienwochen wurde mir der Gedanke, wohl bald dort herausgerissen zu
werden, fast unerträglich. Welch freudige Überraschung also, als ich von den
Sparmaßnahmen des Bundesverteidigungsministeriums erfuhr, die die Neube-
setzung ‚meiner‘ Stelle verhinderten! Inzwischen war fast das Jahresende
erreicht, und der Lebensunterhalt mußte gesichert werden. Etwas mehr als ein
Jahr arbeitete ich von da ab neben dem Studium als Aushilfskraft für das Übersetzungsbüro Oettingen in Düsseldorf. Hier war einiges über die Organisation
eines Übersetzungsbetriebs zu lernen, und nicht selten geriet man dort auch mit
dem Zeitdruck in Bekanntschaft, der aus dieser Branche wohl niemals
wegzudenken sein wird.

Der Kontakt zu den Kommilitonen der Fachhochschule wie auch zu
meinen Lehrern war während dieser Zeit nicht abgerissen. Ende 1994 berichtete
mir Prof. Scherer von seinem Plan, in den Folgemonaten zusammen mit Prof.
Dr. Lothar Černý sowie Prof. Dr. Klaus-Dirk Schmitz, beide Fachbereich
Sprachen, ein Übersetzungsbüro zu gründen, in dem ich als Geschäftsführerin
eingesetzt werden sollte. Meine anfänglichen Bedenken bezüglich der Durch-
führbarkeit des Projekts schwanden schnell, saßen wir doch schließlich an der
Quelle, die uns stets gute Übersetzer liefern würde. Im Februar 1995 wurde die
Firma Prologos Sprachendienste als Gesellschaft bürgerlichen Rechts in Köln-
Braunsfeld gegründet. Nun mußten Kunden akquiriert, Mitarbeiter gewonnen,
Software eingerichtet und – teils mehr, teils weniger komplexe – Aufträge
abgewickelt werden. In den ersten Monaten ging es oft mit Handy in die Uni,
damit das Büro auch in den Vorlesungszeiten ‚besetzt‘ war. Die Erfahrungen mit
Kunden und Übersetzern, mit Übersetzungs- und Zahlungsmoral, die vielen
Kalamitäten, aber auch die schönen Seiten, die der Beruf des Übersetzers und
der Betrieb eines Büros mit sich bringen, könnten hier Seiten füllen. Nach und
nach wuchs die Kundschaft, auch im Ausland, nach und nach wuchs auch die
Mannschaft der Mitarbeiter, in die immer wieder Praktikanten, meist FH-
Studenten, einbezogen wurden. Die zu bearbeitenden Aufträge (samt Sonder-
wünschen) wie auch die Sprachkombinationen waren äußerst vielfältiger Natur:
Zwar wurde ein Großteil der Texte im Bereich der Softwarelokalisierung abgewickelt und mußte vom Englischen ins Deutsche übertragen werden, jedoch war
stets auch etliches andere Textmaterial an der Tagesordnung, angefangen von
Verträgen und Urkunden über Reiseführer und Kochbücher bis hin zu Gedichten
und Liedern. Die gewünschten Sprachen reichten dabei vom Französischen und
Russischen über Latein und Chinesisch bis hin zur Kölner Mundart. Daß wir
hierzu zum Teil externe Mitarbeiter heranziehen mußten, liegt auf der Hand.

Neben der Geschäftsführung im eigentlichen Sinne (manchmal wünschte
man sich in dieser Zeit, man hätte Psychologie studiert) oblag mir in dieser Zeit
oft eine Tätigkeit, die je nach konkretem Fall gähnende Langeweile, höchsten
Verdruß oder größtes Vergnügen hervorrufen konnte: das Korrekturlesen. An

Texten mit Prädikat „langweilig" war wenig zu meckern – sie waren wunderbar übersetzt. Verdrußtexte hatten Folgen: so mancher Übersetzer wurde notgedrungen aus der Kartei verbannt. So manchem ursprünglichen Verdrußtext verdankten wir aber auch enormen Spaß, dann nämlich, wenn die Mängel so gravierend waren, daß sie nur noch in einer eigens dafür eingerichteten ‚Klopsdatei' landen konnten. Dabei konnte es durchaus passieren, daß ein solcher Klops, wieder und wieder zitiert, als ‚geflügeltes Wort' in die Annalen der Firmengeschichte einging.

Dank tatkräftiger Entlastungsarbeiten meiner Kollegen im Büro sammelten sich nach und nach meine Unischeine an. Viel Ruhe gab es zu der Zeit nicht. 1995 wurde ich als vereidigte Übersetzerin beim Oberlandesgericht Köln eingetragen; im Herbst 1996 war erneut ein Projekt an der Fachhochschule zu bearbeiten; im Wintersemester 1999/2000 sowie 2000/2001 bekam ich in der Romanistik von Prof. Dr. Hans Dieter Bork die wunderbare Möglichkeit, das Tutorium für seinen Altfranzösischkurs zu übernehmen. Das Übersetzen älterer Texte bot hier, wie schon zu Schulzeiten, eine besondere Herausforderung: die Reise in die Vergangenheit mit ihren zum Teil wohl niemals mehr aufzudeckenden Geheimnissen. Es waren dies prägende Zeiten, in denen mich die Praxis des Übersetzungswesens im Büro immer wieder von der Wissenschaft weg auf den Boden der Tatsachen zurückholte – aber auch umgekehrt mich die Wissenschaft die Praxis stets aufs neue in anderem Licht erblicken ließ.

Im Frühjahr 2001 war es dann soweit: Die Magisterarbeit konnte in Angriff genommen werden. Angeregt durch das Hauptseminar „Das Französische in Deutschland" von Herrn Prof. Dr. Artur Greive untersuchte ich unter seiner Fittiche den „[...] Einfluß der Übersetzungen aus dem Französischen im 17. und 18. Jahrhundert auf die Bildung des deutschen Vokabulars im Wortfeld ‚Savoir-vivre'". In der Zwischenzeit hatte ich von Prof. Gil das verlockende Angebot bekommen, als seine Assistentin an der Universität des Saarlandes anzufangen und dort zu promovieren. Das gab Auftrieb, um die letzten Hürden des Studiums zu nehmen. Nachdem ich im Frühjahr ‚mein' Büro nach sieben Jahren Tätigkeit dort in gute Nachfolgehände übergeben hatte, legte ich im Sommer 2002 die Magisterprüfungen für Romanistik und Allgemeine Sprachwissenschaft ab.

... ad astra [dto.]. Seit August 2002 arbeite ich nun am Lehrstuhl für Romanische Übersetzungswissenschaft (Lehrstuhl Prof. Gil) der Universität des Saarlandes. Das Thema der Magisterarbeit konnte in dieser Zeit ausgearbeitet und als Aufsatz mit dem Titel „Übersetzen und Sprachwandel. Interkulturelle Prozesse in Frankreich und Deutschland, aufgezeigt am Beispiel *Savoir-vivre*" (2003) veröffentlicht werden. Dargelegt wird in diesem Aufsatz, wie ein äußerst heterogenes Wortfeld der deutschen Sprache im 17. und 18. Jahrhundert durch den Einfluß von Übersetzungen aus dem Französischen geprägt wurde. In einem weiteren Aufsatz (Wienen 2004a) zur Problematik der Interferenzen als Merkmal übersetzter Texte wird das Korpus der mehr oder minder schwerwiegenden

Übersetzungsfehler analysiert, auf die ich bei den Korrekturarbeiten in Köln gestoßen bin.

Daneben führe ich in Zusammenarbeit mit Herrn Prof. Dr. Nico Weber, FH Köln, und Frau Prof. Dr. Martina Schwanke, Hochschule Magdeburg-Stendal (FH), ein Projekt meines kürzlich nach schwerer Krankheit verstorbenen Lehrers Prof. Dr. Hans Siegfried Scherer weiter, das die Erstellung eines Sachwörterbuchs der Translation zum Ziel hat. Mit der Dissertation schließlich wird ein Beitrag zur verbesserten Beschreibung von Textualität mittels Sprachvergleich und Übersetzung angestrebt: Ihr Thema sind komplexe und gespaltene Konnektoren im Deutschen, Französischen und Spanischen. Ausgangspunkt ist dabei die Fragestellung, aus welchen Gründen für bestimmte Arten von Satzverbindungen ein ‚doppelter‘ Aufwand notwendig scheint. Dies ist beispielsweise der Fall in den für die romanischen Sprachen charakteristischen Fokuskonstruktionen wie frz. *c'est pour cela que* oder span. *es por eso que* (statt einfachem *pour cela* bzw. *por eso*), aber auch in zunächst tautologisch erscheinenden Verbindungen der Art *aber dennoch*, frz. *mais pourtant* oder span. *pero sin embargo*. Mit diesen Arbeiten wird versucht zu zeigen, welch feinnervige Dimensionen die zu erschließende wie auch die neu zu schaffende Textualität im Translationsprozeß darbieten kann. Die Brücke von der Praxis zur Wissenschaft und von dort abermals zur Praxis wird somit immer wieder neu reflektiert.

Bibliographie

Linnenkugel, Albert/ Ernst Bernert et al. (Hg.) (1974): *Ars Latina, Übungsbuch I.* Paderborn.

Wienen, Ursula (2003): Übersetzen und Sprachwandel. Interkulturelle Prozesse in Frankreich und Deutschland, aufgezeigt am Beispiel *Savoir-vivre*. In: Alberto Gil/ Christian Schmitt (Hg.): *Aufgaben und Perspektiven der romanischen Sprachgeschichte im dritten Jahrtausend. Akten der gleichnamigen Sektion des XXVII. Deutschen Romanistentages München (7.-10. Oktober 2001).* Bonn, 319-344.

Wienen, Ursula (2004a): Interferenz und Interkulturalität. Zur Charakterisierung übersetzter Texte. In: Alberto Gil/ Dietmar Osthus/ Claudia Polzin-Haumann (Hg.): *Romanische Sprachwissenschaft. Zeugnisse für Vielfalt und Profil eines Faches. Festschrift für Christian Schmitt zum 60. Geburtstag.* Frankfurt a. M., 511-536.

Wienen, Ursula (2004b, erscheint): *Voilà donc le noyau du barbet.* Frases célebres del *Fausto* en sus traducciones al francés. In: Alberto Gil/ Jürgen Schmidt-Radefeldt (Hg.): *Teoría y práctica de la traducción: ‚Fausto‘ de Goethe en ropaje románico.* Número temático de la Revista de la Universidad de Playa Ancha. Valparaíso, Chile, otoño de 2004.

Publikationen

Übersetzen und Sprachwandel. Interkulturelle Prozesse in Frankreich und Deutschland, aufgezeigt am Beispiel *Savoir-vivre*. In: Alberto Gil/ Christian Schmitt (Hg.) (2003): *Aufgaben und Perspektiven der romanischen Sprachgeschichte im dritten Jahrtausend. Akten der gleichnamigen Sektion des XXVII. Deutschen Romanistentages München (7. - 10. Oktober 2001)*: Bonn, 319 – 344.

Interferenz und Interkulturalität. Zur Charakterisierung übersetzter Texte. In: Alberto Gil/ Dietmar Osthus/ Claudia Polzin-Haumann (Hg.) (2004): *Romanische Sprachwissenschaft. Zeugnisse für Vielfalt und Profil eines Faches*. Festschrift für Christian Schmitt zum 60. Geburtstag. Frankfurt a. M., 511 – 536.

Voilà donc le noyau du barbet. Frases célebres del *Fausto* en sus traducciones al francés. Erscheint in: Alberto Gil/Jürgen Schmidt-Radefeldt (Hg.): *Teoría y práctica de la traducción: 'Fausto' de Goethe en ropaje románico*. Número temático de la 'Revista de la Universidad de Playa Ancha'. Valparaíso, Chile, Otoño 2004.

Wolfram Wilss (Saarbrücken)

Verschlungene Wege zum Ziel
Der unorthodoxe Werdegang eines Universitätsprofessors

Vorbemerkung

Ich bin am 25.07.1925 als Sohn des damaligen Studienrats Dr. Ludwig Wilss in Ravensburg geboren. Ich komme aus einem musikwissenschaftlich-philologischen Umfeld; mein Vater hatte Musikwissenschaft, Französisch und Englisch studiert. Ich habe das humanistische Uhland-Gymnasium in Tübingen besucht und war 1943-1945 im Kriegsdienst und danach in amerikanischer Gefangenschaft. Angesichts meines familiären Hintergrunds war es naheliegend, dass ich ein philologisches Studium ins Auge fasste. Von 1945 bis 1951 habe ich an der Universität Tübingen Deutsch, Englisch, Latein und (das damals in Tübingen für alle Philologen obligatorische Fach) Philosophie studiert. Anfang 1950 promovierte ich bei Hugo Kuhn über ein mittelhochdeutsches literarisches Thema und legte 1951 das erste Staatsexamen ab. Danach ging ich als British Council Scholar mit einem germanistischen Forschungsprojekt nach Sheffield zu Professor Pickering, einem der beiden germanistischen Professoren an der dortigen Universität. Anschließend war ich Studienreferendar (1952-1954). Das Referendariat war ernüchternd. Deshalb ging ich, inzwischen Assessor des Lehramts, wieder ein Jahr nach England, diesmal als Lektor für deutsche Sprache und Literatur, an die Universität Reading, wohin Pickering in der Zwischenzeit berufen worden war. Von 1955 bis 1965 war ich Sprachendienstleiter im Bundeskanzleramt Bonn. Im Jahr 1966 wechselte ich an die Universität des Saarlandes, Saarbrücken, wo ich 1990 emeritiert wurde.

Beruflicher Werdegang, Phase 1

Die erste intensive Begegnung mit dem Problemfeld Übersetzen hatte ich 1952 in Sheffield. Ich bekam Gelegenheit zur Abhaltung einer Übersetzungsübung Englisch-Deutsch und erörterte mit englischen Studenten, methodisch ziemlich chaotisch, Übersetzungsfragen, damals alles ohne Fachterminologie wie Inferenz, Interferenz, Fehleranalyse, Ausgangs/Zieltext, Äquivalenz, Paraphrase, Ausdrucksverschiebung, Übersetzungsvergleich, Kontrastivität, wörtliche vs nichtwörtliche Übersetzung, lexikalische, morphologische und syntaktische Eins-zu-Eins-Entsprechungen, Entscheidungsprozeß, kreatives vs. routinisiertes Übersetzen, die Rolle des Übersetzers im Übersetzungsprozess etc.

Auf meinem in Sheffield erworbenen, ziemlich ungeordneten Erfahrungsschatz aufbauend, habe ich 1953, während meiner Referendariatszeit, am anglistischen Seminar der Universität Tübingen einen Lehrauftrag Übersetzen

Englisch-Deutsch übernommen. Diese Übung war ein Baustein in einem das Philologiestudium Anglistik begleitenden Studiengang „Zertifikat Übersetzen Englisch", damals in der Bundesrepublik vermutlich eine einzigartige Einrichtung. Das Teilnehmerinteresse übertraf alle Erwartungen. Ich habe damals für eine Übungsstunde einschließlich Vor- und Nachbereitung das stolze Honorar von DM 0,88 bekommen.

Das methodisch-konzeptionelle Dunkel, in dem ich nach wie vor herumtappte, lichtete sich ein wenig im Rahmen einer Studienseminararbeit über das von mir gewählte Thema „so treu wie möglich, so frei wie nötig". Dieses vielzitierte Postulat erschien mir seinerzeit plausibel und ein auf die Übersetzungspraxis anwendbares Prinzip zu sein. Was ich damals nicht wusste (und auch sonst in meiner Umgebung niemand wusste), war, dass man sich in den 50er Jahren an der Sektion „Theoretische und Angewandte Sprachwissenschaft" (TAS) der KMU Leipzig, wo ein Ausbildungsschwerpunkt Übersetzen und Dolmetschen war, intensiv mit dem erwähnten Postulat auseinandersetzte und daran berechtigte Kritik übte. Die Revision meines ursprünglichen (positiven) Standpunkts hängt damit zusammen, dass ich in Reading Gelegenheit zu kontinuierlicher Parallellektüre englischer und deutscher Tages- und Wochenzeitungen hatte. Mein Ziel war, mir durch lexikalische, morphologische, phraseologische und syntaktische Auswertung dieses Materials auf politischem und wirtschaftlichem Gebiet ein didaktisch verwendbares, in Zettelkästen geordnetes Inventar an englisch-deutschen und deutsch-englischen „Eins-zu-Eins-" und „Nicht-Eins-zu-Eins-Entsprechungen" aufzubauen und fachsprachlich orientierte Textvergleiche anzustellen, ohne zu ahnen, dass ich damit den Grundstock für meine spätere Arbeit als Professor für angewandte Übersetzungswissenschaft in Saarbrücken legte.

Kurz vor Ende meiner Tätigkeit in Reading, zu einem Zeitpunkt, wo ich noch keine klaren Vorstellungen von meiner beruflichen Zukunft hatte, erreichte mich unerwartet eine Anfrage aus der damaligen Bundeshauptstadt Bonn, ob ich Interesse hätte, als Überprüfer (Revisor) in einem der Bonner Sprachendienste mitzuarbeiten, und ich sagte kurz entschlossen zu. Ich war optimistisch genug anzunehmen, dass mich meine Dienstaufgaben zwangsläufig mit berufspraktischen Fragen der Sprachmittlung und mit (den damals noch unterdiskutierten) methodischen Fragen der wissenschaftlich fundierten Ausbildung von Diplomdolmetschern und Diplomübersetzern in Verbindung bringen würden, aber daraus wurde nichts (oder nicht viel), weil ich alsbald Sprachendienstleiter im Bundeskanzleramt wurde und differenzierte Verwaltungs- und Organisationsfragen der Schwerpunkt meiner Tätigkeit wurden.

Wichtig war für mich als „Quereinsteiger", dass ich Gelegenheit bekam, mich regelmäßig mit anderen Sprachendienstleitern in Bonn „auszutauschen" und dass ich den mündlichen Abschlussprüfungen der drei Universitätsinstitute für Übersetzen und Dolmetschen in Mainz/ Germersheim, Heidelberg und Saarbrücken beiwohnen konnte. Ich unterstützte nachdrücklich die Bildung einer „Sprachendienstleiterkonferenz", die einmal pro Jahr mit wechselnden Standorten aktuelle Fragen der Sprachendienstarbeit diskutierte. Dabei standen zwei Themen, Ausbildungsdefizite und Weiterbildungsfragen, im Mittelpunkt des Meinungs- und Informationsaustausches. U. a. auf mein Betreiben hin wurde 1965 eine Denkschrift ausgearbeitet, die sich mit dem Ausbildungsprofil der akademischen Institute der damaligen Bundesrepublik, d. h. unter Ausschluss von Leipzig, unter den Gesichtspunkten „Studienvoraussetzungen", „Studienziele", „Studiengänge" und „Zusammenführung von Theorie und Praxis" befasste. Während der langwierigen Diskussionen wurde mir immer deutlicher bewusst, dass es eine praxisbezogene Form des Sprachvergleichs geben musste (oder geben müsste), die eher die Unterschiede als die Gemeinsamkeiten oder Ähnlichkeiten zwischen zwei Sprachen und Kulturen erforscht und didaktisch umsetzt. M.a.W.: Ich befand mich unversehens im Umfeld der (damals von der Sprachlehrforschung intensiv diskutierten) kontrastiven Linguistik, ohne diesen aus Amerika stammenden, in Deutschland damals noch nicht flächendeckend rezipierten Terminus zu kennen. Damit war eine Tür aufgestoßen, und durch die Öffnung glaubte ich schemenhaft Zusammenhänge zwischen Sprachvergleich und Sprachmittlung (Oberbegriff für Dolmetschen und Übersetzen; Ursprung: Leipzig) zu erkennen.

Von „Übersetzungswissenschaft" oder gar – in nobilitierter Form – von „Translationswissenschaft/ Translatologie" war damals noch nicht die Rede, und bezeichnenderweise kommen diese Termini in der erwähnten Denkschrift auch nicht vor. Vermutlich hat sich die Sprachendienstleiterkonferenz, die übrigens in Bonn nicht überall auf wohlwollendes Interesse stieß, damit viel Ärger und viele Konfrontationen mit den Bundesbehörden erspart.

Bewirkt hat die Denkschrift erwartungsgemäß nichts, weil sie Vorschläge enthielt, die „kostenneutral" nicht zu verwirklichen waren (z.B. die Umstellung von dreijährigen auf vierjährige Studiengänge), aber für mich hatte sie gravierende Folgen. Irgendwie hatte sich in Saarbrücken herumgesprochen, dass ich maßgeblich an der Denkschrift mitgearbeitet hatte und dass ich mich mit Abwanderungsabsichten trug, weil ich keine Lust hatte, meine beruflichen Aktivitäten als mäßig geschätzter Sprachenfunktionär zu beschließen. Dies umso weniger, als ich seit Mitte der 50er Jahre mit wachsendem Interesse die Entwicklung der maschinellen und der maschinengestützten Übersetzung verfolgte, die damals an der Harvard-Universität in Cambridge Mass. einen ihrer Schwerpunkte hatte. Ich arbeitete für meinen Dienstherrn ein umfangreiches „Memo" aus, verbunden mit dem kühnen Vorschlag einer „Ortsbesichtigung". Zu meiner nicht geringen Überraschung wurde ich zu einem sechsmonatigen Forschungsaufenthalt nach Amerika abgeordnet. Das Ergebnis war ein (viel beachteter) Artikel, den ich 1964 in der Zeitschrift „Sprache im technischen Zeitalter" und in der „Muttersprache" veröffentlichte, wiederum ohne zu ahnen, dass ich damit die Grundlage für mein späteres Amt als Projektleiter und Sprecher des SFB „Elektronische Sprachforschung" der Saarland-Universität legte (1978-1986).

Beruflicher Werdegang, Phase 2

Wiederum völlig überraschend bekam ich 1965 aus Saarbrücken aus Anlass der Eröffnung der neuen Räume des „DI" eine Einladung zu einem Gastvortrag (wie sich später herausstellte, war es eine verkappte Einladung zu einem Probevortrag) zum Thema „Maschinelle Übersetzung". Unter den Zuhörern war auch der Germanist Hans Eggers, der sich damals mit Problemen der automatischen Syntaxanalyse befasste und möglicherweise an meiner Mitarbeit interessiert war. Jedenfalls bekam ich zwei Wochen später eine Aufforderung aus Saarbrücken, mich um das Amt des Direktors des Dolmetscher-Instituts der Saarland-Universität zu bewerben. Ich zögerte lange, buchstäblich bis zum letzten Moment, mit meiner Antwort, weil mir bewusst war, dass der Frontwechsel von der Berufspraxis in die Ausbildung eine tiefe Zäsur in meinem Leben bedeuten würde und ich mir nicht sicher war, ob ich die damit verbundenen Schwierigkeiten meistern würde. Schließlich kannte ich das Saarbrücker Institut mit seinen erbärmlichen Existenzbedingungen und seinem heterogenen Lehrkörper durch diverse Besuche im Rahmen der genannten Abschlussprüfungen zur Genüge und konnte mir ausrechnen, was auf mich zukommen würde, sollte ich die Direktorenstelle bekommen. Letztlich siegte die Aussicht auf mehr Selbständigkeit als ich in Bonn je zu erhoffen wagte. Ich schickte nicht ohne Skrupel meine Bewerbung ab, wurde zum Interview gebeten, legte meine Konzeption dar und erhielt die Stelle zum 01.01.1966. Meine Kollegen in Bonn sahen meinen Wechsel mit gemischten Gefühlen: Einerseits bedauerte man meine Entscheidung, andererseits kam Freude darüber auf, dass in Saarbrücken ein „Praktiker" zum Zuge gekommen war.

Meine ersten Jahre in Saarbrücken waren durch umfangreiche Verwaltungsarbeit geprägt. Es galt, ein relativ großes Institut, das aus allen Fugen geraten war, zu strukturieren, eine sachgemäße Institutsbezeichnung zu finden und durchzusetzen (nicht „Dolmetscher-Institut", sondern „Institut für Übersetzen und Dolmetschen"), die thematischen Schwerpunkte der Ausbildung transparent im Vorlesungsverzeichnis zu verankern, eine neue Prüfungsordnung zu gestalten, das sog. „Sachfachstudium" neu zu organisieren, die Senatskommission für das Institut davon zu überzeugen, dass eine (moderate) Verbesserung der Institutsbibliothek notwendig war, die „Randständigkeit" des Instituts in der Universität zu relativieren und dergleichen Dinge mehr. Ich erinnere mich an eine Äußerung eines Mitglieds der Interviewkommission, des Anglisten Thomas Finkenstaedt (mein kommissarischer Amtsvorgänger), der mir nach meiner Ernennung unheilverkündend zuraunte: „Herr Wilss, das ist ein Job für 30 Jahre", und leider sollte er recht behalten.

Wissenschaftlich von grundlegender Bedeutung für mich war ein Besuch bei meinem Germersheimer Kollegen Lothar Jäger, der mir im Verlauf unseres Gesprächs einen zerbeulten Koffer zuschob mit der Bemerkung: „Schauen Sie da mal rein; vielleicht finden Sie etwas, was Sie interessiert". Ohne viel Begeisterung fing ich an, in dem ungeordneten Bücherhaufen zu graben, und plötzlich fiel mir der Titel des Buches ins Auge, das heute zu den übersetzungswissenschaftlichen Klassikern gehört: Eugene A. Nida (1964), *Toward a Science of Translating*. Leiden: Brill. Für mich wurde die Lektüre ein richtiger „eye-opener"; ich habe von Nidas fundierten Ausführungen sehr viel für meine übersetzungswissenschaftliche Arbeit profitiert.

Das Jahr 1968 begann mit einem Paukenschlag. Sozusagen aus heiterem Himmel beschlossen die Philosophische Fakultät und der Senat, am fakultätsfreien „Institut für Übersetzen und Dolmetschen" einen ordentlichen Lehrstuhl „Angewandte Sprachwissenschaft unter besonderer Berücksichtigung der Theorie des Übersetzens" zu schaffen und mich für die Besetzung vorzuschlagen. Das Kultusministerium gab, wie die Art der Überreichung der Berufungsurkunde zeigte, äußerst widerwillig seine Zustimmung. Dem Fakultätsrat war, wie ich später erfuhr, auch nicht wohl bei der Sache, denn eigentlich wollte er begreiflicherweise keine Hausberufung. Und schon gar nicht wollte er, aus Furcht, das Beispiel könnte Schule machen, die Berufung einer nicht habilitierten Person, die nicht viel vorzuweisen hatte, (eine Dissertation mit philologischem Thema, ein paar Aufsätze und ein paar Universitätsvorträge) und von der niemand wusste, ob sie überhaupt willens und in der Lage war, sich wissenschaftlich weiterzuqualifizieren. Außerdem war sich der Fakultätsrat lange nicht einig, welche Bezeichnung der neue Lehrstuhl und welche Zuordnung er haben sollte. Eine Zuordnung zu einem der etablierten Fakultätsinstitute mit ihren Aversionen gegen alles, was „angewandt" war, kam nicht in Betracht. Schließlich einigte man sich auf einen Kompromiss: Als Lehrstuhlinhaber war ich Mitglied des Fakultätsrats, als Institutsdirektor blieb ich dem Senat direkt unterstellt. Eine Senatskommission übernahm die bei Fakultätsinstituten durch den jeweiligen Institutsdirektor gewährleistete Kontrollfunktion.

Mit der Einrichtung des erwähnten Lehrstuhls hat die Fakultät nolens volens Universitätsgeschichte geschrieben, denn einen vergleichbaren Lehrstuhl gab es damals im deutschen Sprachraum (und in Europa und Übersee) nicht. Trotz vieler Vorbehalte gegen mich als akademisch unterqualifizierter Person und gegen einen Lehrstuhl mit „angewandtem" (nichtphilologischem) Lehr- und Forschungsauftrag war die Abstimmung dank des Engagements des damaligen Rektors, des Philosophen Hermann Krings, und des anglistischen Kollegen Thomas Finkenstaedt erstaunlich eindeutig: 20 Ja-Stimmen, 6 Enthaltungen, 3 Nein-Stimmen.

Die Lehrstuhlbezeichnung mit ihrer für damalige Verhältnisse ungewöhnlichen Verbindung von „angewandter Sprachwissenschaft" und „Übersetzungstheorie" versetzte mich in tiefe wissenschaftstheoretische und wissenschaftspraktische Unsicherheit, um nicht zu sagen, Ratlosigkeit. Eine konzeptionelle Präzisierung der Lehrstuhlbezeichnung und der Lehrstuhlarbeit im Rahmen einer längeren Orientierungs- und Konsolidierungsphase war unumgänglich, sollte sich das Ganze nicht als ein für die Universität risikoreicher Fehlschlag erweisen. Dieser Aufgabe habe ich mich, nicht ohne Frustration und

Selbstzweifel, von Ende der 60er Jahre bis zu meiner Emeritierung unter vier Gesichtspunkten gestellt:

1. Was ist angewandte Wissenschaft?
2. Was ist angewandte Sprachwissenschaft?
3. Was ist Theorie des Übersetzens?
4. Was ist Angewandte Übersetzungswissenschaft?

Über das komplexe Frage/Antwort-Spiel gibt untenstehende Bibliographie Auskunft. Sie beginnt mit dem in Fachkreisen oft als „der grüne Wilss" bezeichneten Buch, das auch heute noch zitiert wird (1977). Sie endet mit der Dokumentation einer von mir an der Europäischen Akademie Otzenhausen/ Saarland veranstalteten internationalen Tagung (2003). Sie lässt erkennen, dass ich mich nicht nur mit übersetzungswissenschaftlichen, sondern auch mit germanistischen, soziokulturellen, anthropomorphen und technomorphen Aspekten der Kommunikation auseinandergesetzt habe.

Im Außenverhältnis ist meine wissenschaftliche Tätigkeit durch die Verleihung der Ehrendoktorwürde der Wirtschaftsuniversität Aarhus/Dänemark (1989), durch die Verleihung der goldenen BDÜ-Ehrennadel und durch zwei substantielle Festschriften gewürdigt worden.

Bibliographie

Übersetzungswissenschaft. Probleme und Methoden. Stuttgart: Klett-Cotta 1977 (Übersetzungen ins Englische, Koreanische und Spanische).
Wortbildungstendenzen in der deutschen Gegenwartssprache. Theorie, Beschreibung, Anwendung. Tübingen: Narr 1986.
Kognition und Übersetzen. Zu Theorie und Praxis der menschlichen und der maschinellen Übersetzung. Tübingen: Niemeyer 1988.
Anspielungen. Zur Manifestation von Kreativität und Routine in der Sprachverwendung. Tübingen: Niemeyer 1989.
Übersetzungsfertigkeit. Annäherung an einen komplexen übersetzungspraktischen Begriff. Tübingen: Narr 1992.
Knowledge and Skills in Translator Behavior. Amsterdam/Philadelphia: Benjamins 1996a.
Übersetzungsunterricht. Eine Einführung. Tübingen: Narr 1996b.
Translation and Interpreting in the 20th Century. Focus on German. Amsterdam/ Philadelphia: Benjamins 1999 (deutsche Fassung 1999 bei ASKO EUROPA-STIFTUNG Saarbrücken).
Wandlungen eines Universitätsinstituts. Vom „Dolmetscherinstitut" zur „Fachrichtung Angewandte Sprachwissenschaft sowie Übersetzen und Dolmetschen" der Universität des Saarlandes. St. Ingbert: Röhrig Universitätsverlag 2000.
(Hg.): *Weltgesellschaft Weltverkehrssprache Weltkultur. Globalisierung versus Fragmentierung.* Tübingen: Stauffenburg 2000.
(Hg.): *Die Zukunft der internationalen Kommunikation im 21. Jahrhundert (2001-2020).* Tübingen: Narr 2003.

Gerd Wotjak (Leipzig)

Mein Weg zur Übersetzungswissenschaft

Letztlich führen wohl in der Tat alle Wege nach Rom, allerdings waren meine Wege zur Übersetzungswissenschaft keineswegs die direktesten. Ich habe mich dieser faszinierenden Disziplin vielmehr auf verschlungenen Pfaden genähert und darf mich wohl als langjähriger interessierter Zaungast und weniger als integrierter Mitgestalter betrachten.

So habe ich mir während meines Studiums der Romanistik an der Universität Leipzig in den Jahren 1959 bis 1964 nicht träumen lassen, dass ich mich einmal für solche Fragestellungen interessieren würde. Obwohl die Uni Leipzig dazumal mit ca. 10.000 Studierenden als durchaus überschaubar zu bezeichnen war, darunter ca. 300 am Dolmetscherinstitut (das 1956 von der Handelshochschule an die Uni wechselte) und ca. 70 am Romanischen Institut, das etwas abgelegen in der Nähe des Völkerschlachtdenkmals in einer 7-Zimmer-Wohnung mit Ofenheizung residierte, hatte wohl nicht nur ich erst in den letzten Studienjahren und eher zufällig von der Existenz einer sogenannten Sprachmittlerausbildung Kenntnis genommen[1].

"Schuld" an dem Kontakt, der über zwei Lehrkräfte dieses Dolmetscher-Instituts hergestellt wurde, war mein für meine Studienrichtung nicht sonderlich typisches Interesse an der Erprobung und Erweiterung meiner fremdsprachen-praktischen Fertigkeiten, dominant im Französischen sowie die durch die Frühjahrs- und Herbstmesse in Leipzig gebotene Möglichkeit zu einer Fremd-sprachenkenntnisse erfordernden Tätigkeit[2].

Dabei hatte man als männlicher Student gegenüber den zahlenmäßig weit überlegenen Kommilitoninnen einen schweren Stand bei der Bewerbung um einen solchen Messejob, insofern als letztere sehr gesucht waren als Hostessen und Standhilfen. Wir wenigen Männer mussten dagegen nicht selten schwie-rigere sprachmittlerische Tätigkeiten übernehmen, für die wir im Philologie-studium nicht vorbereitet worden waren, so etwa als Begleit- und Verhandlungs-dolmetscher auf der technischen Messe.

Mein Einstieg in die umworbene, weil auch das Budget aufbessernde Messetätigkeit feierte ich als männliche Rarität in der Vermietung von Privatzimmern an ausländische Messegäste[3] im Ausländertreff im Alten Rathaus

---

[1] Man hatte damals an der Leipziger Uni auf die Ausgabe von Personalverzeichnissen und auch auf allen zugängliche Studienverzeichnisse aus Gründen der Papierersparnis – und "Absicherung" gegenüber unerwünschter Kontaktnahme! – "verzichtet".

[2] Für die "Westsprachen", darunter außer Rumänisch alle romanischen, bestand nach dem Mauerbau 1961 zunächst ja keine Chance mehr der Erlernung *in situ*; Anfang der 70er Jahre kam das Spanische in Kuba dazu.

[3] In dieser Zeit schliefen nicht wenige Leipziger faktisch in der Badewanne, um mit den bei ihnen wohnenden ausländischen Gästen den "Duft der großen weiten Welt" zu

bzw. am Hauptbahnhof, wo ich als potentieller "Polyglott" gefragt war, um Informationen aller Art[4] an den Mann, seltener an die Frau, zu bringen.

Schon nach zwei Messen in der Wohnungsvermittlung gelangte ich zu höheren Würden; ich bekam eine Anstellung bei der kleinen Exportfirma "All Goods International"/AGI mit Zielrichtung französischsprachige Länder Nordafrikas als Begleit- und Verhandlungsdolmetscher. Hier lernte ich – z.T. unter den kritischen Augen der Leiterin der Französischabteilung am damaligen Dolmetscher-Institut, Frau Dr. Annemarie Heinze und der ebenfalls dort während der Messe tätigen späteren Kollegin Dr. Ingeborg Nieke – erste Grundbegriffe aus dem Wirtschaftsbereich kennen (bspw. den "vollen Satz reingezeichneter Anbord-Konnossemente", *phib* und *phob*, *Ausschreibung*/Tender mit ihren französischen Entsprechungen) und fand zunehmend Gefallen daran, mich in eine mir fremde Welt einzuarbeiten und meine Sprachmittlungskompetenz zu erproben[5].

Offenbar muss meine Arbeitseinstellung und translatorische Leistung vor den gestrengen Augen der zufällig häufiger ebenfalls anwesenden "Profis" aus dem Dolmetscher-Institut Gnade gefunden haben, sonst hätte ich meine Tätigkeit bei dieser Einrichtung nicht über mehrere Messen fortsetzen und meine ersten Sporen im Sprachmittlungshandwerk erwerben können, ohne jedoch je daran gedacht zu haben, dass ich eine solche Tätigkeit zu meinem Beruf machen noch dass mich deren theoretischen Hintergründe interessieren könnten.

In meinem Philologiestudium dominierte traditionell die Beschäftigung mit Literatur: ca. 90% aller Veranstaltungen, wobei ich allerdings schon in den höheren Studienjahren – vielleicht als Reaktion darauf – verstärktes Interesse an sprachwissenschaftlichen Fragestellungen zu entwickeln begann und bspw. mit zwei Kommilitoninnen zusammen eine Arbeitsgemeinschaft/AG "Linguistik" besuchte, die der damalige Direktor des Romanischen Instituts, Prof. Werner Bahner, ins Leben gerufen hatte. Dabei interessierte mich von Anfang an vor allem das Lexikon; so suchte ich mir denn auch als Thema für eine umfangreichere Hausarbeit die Übersetzung/Wiedergabe marxistisch-leninistischer Terminologie ins Spanische und erhielt von meinem Diplomarbeitsbetreuer, Prof. Bahner, den Auftrag, mich in einer Art interdisziplinärer Dienstleistung für

---

schnuppern und zugleich etwas (möglichst sogar West-) Geld in die Familienkasse zu bekommen.

[4] Nur nicht Informationen zu den Messeschönheiten, die periodisch zweimal im Jahr mit stillschweigender Duldung durch die Polizei und Stasi, vielleicht z.T. auch in deren Auftrag/Diensten, Leipzigs Gäste mit ihren Reizen verwöhnten und zu günstigen Abschlüssen stimulierten, hierfür wurde Mund-zu-Mund-Propaganda oder auch das Taxigewerbe eingesetzt – im übrigen sollen durchaus auch verheiratete Standbegleiterinnen die Möglichkeiten zu Westgeldgewinn nicht verachtet haben.

[5] Einschließlich des kulturgeprägten Wissens darum, dass ein vorgebliches Nichtverstehen seitens des ausländischen Verhandlungsführers u. U. wenig über die Qualität der Dolmetschleistung, wohl aber alles über das übliche Pokern und Aushandeln, insbesondere mit dem maghrebinischen Raum, aussagt.

Prof. Markov als ausgewiesenen Geschichtswissenschaftler und Spezialisten für die Französische Revolution um die Beschreibung der Sprache von Jacques Roux, einem wenig bekannten roten Priester dieser Epoche, zu bemühen. Die ursprüngliche Hoffnung, aus den z.T. handschriftlichen Manuskripten und vielen Roux zugeschriebenen fotokopierten Zeitungstexten Schlussfolgerungen dahingehend zu ziehen, ob sie wirklich dessen Feder entstammten, welchen Bildungsweg Roux gegangen war und woher er stammte, musste ich indes leider enttäuschen. Dennoch war mir dieser Auftrag Anlass, mich erstmals vertiefend mit Fragen der Semantik, Stilistik, aber auch dem Französischen dieser Epoche auseinanderzusetzen und beispielsweise der Beziehung von Bildung/Erziehung, ideologischer Einstellung und sprachlicher Realisierung nachzugehen.

Als sich das Staatsexamen 1964 näherte und die Universität sich als immatrikulierende Einrichtung – ihrem gesellschaftlich-rechtlichen Auftrag gemäß – in Zusammenarbeit mit uns Absolventen um den späteren beruflichen Einsatz zu bemühen begann, kam unserem Seminargruppenbetreuer, Prof. Bahner, der Gedanke, dass ich eine am Dolmetscher-Institut ausgeschriebene Doktorandenstelle (eine sogenannte planmäßige Aspirantur mit einem Monatsgehalt von 500 Mark der DDR und einer Laufzeit von 3 Jahren) mit Prof. A. Neubert als Betreuer wahrnehmen könnte. Wie ich später erfuhr, hatten meine AGI-Bekanntschaften gegenüber meinem künftigen Doktorvater, dem Anglisten, künftigen Translatologen und damaligen Direktor des Dolmetscher-Instituts sich nicht abfällig hinsichtlich meiner sprachmittlerischen Versuche geäußert und Prof. Bahner mein Interesse an theoretischen Fragestellungen hervorgehoben.

Kurzum, ich nahm im September 1964 am Dolmetscher-Institut die Arbeit an einer Dissertation zu modernen Beschreibungsmöglichkeiten für die kontrastive Darstellung der lexikalischen Bedeutungen von Verben der Fortbewegung im Deutschen, Spanischen und Französischen auf. Immer mehr sollte mich diese Dissertation in eine mir vorher völlig unbekannte, faszinierende und im methodologischen Umbruch befindliche Welt führen und von dem eher praktischen Ziel abbringen. Da mich die theoretischen Aspekte der zeitgenössischen Analysen der lexikalischen Bedeutung im Gefolge der beginnenden Lexematik bzw. des europäischen Strukturalismus und der semantischen Komponentenanalyse (Pottier, Coseriu, Greimas), aber auch der gebrauchstheoretischen Forschungen im Gefolge Wittgensteins (Leisi, Brekle, Hundsnurscher) und nicht zuletzt der interpretativen Semantik im Umfeld der neu konzipierten generativen Transformationsgrammatik Chomskys (Katz/Fodor, Bolinger) besonders interessierten und ich mir bewusst wurde, wie komplex und kompliziert eine Untersuchung der semantischen Phänomene selbst unter Bezugnahme auf die muttersprachige Kompetenz ist, habe ich der Dissertation nur eine illustrative tabellarische Matrixdarstellung von ca. 50 deutschen Verben der Fortbewegung beigefügt.

Auf Empfehlung der Professoren Bahner und Neubert wurde meine Dissertation, die ich im September 1967 einreichte und am 10.Januar 1968 mit "summa cum laude" verteidigen konnte, in die Publikationsplanung des Akademie-Verlages Berlin für die neu gegründete Reihe "Sprache" aufgenommen, wo sie dann 1971 noch vor der deutschen Übersetzung von Chomskys "Syntax" erschien. Erst später erfuhr ich durch Übersendung eines Belegexemplares, dass das Buch zeitgleich – mit einem anderen Umschlag versehen – im Hueber-Verlag in München erschienen war.

1977 durfte ich im Akademie-Verlag eine zweite ergänzte Auflage herausbringen, die ihrerseits als Grundlage für die spanische Version diente, die 1979 im Verlag Gredos in Madrid erschien und mir später den Kontakt zu mehreren spanischen Linguisten erleichtern sollte. In die frühen 70er Jahre fielen auch meine ersten und einzigen Versuche als praktizierender Übersetzer, wobei ich sowohl ein linguistisches Werk aus dem Französischen ins Deutsche als auch zwei kleinere Erzählungen lateinamerikanischer Autoren ins Deutsche übertrug. Zugleich arbeitete ich neben nunmehr nur noch sporadischen Messeeinsätzen einmal jährlich als Jurydolmetscher bei den im Herbst stattfindenden Dokumentar- und Kurzfilmfestivals in Leipzig. Dabei handelte es sich um eine ebenso fordernde wie bereichernde Tätigkeit, denn wir mussten beinahe die Hälfte der ca. 100 Festivalbeiträge in speziellen Sondervorführungen, bei denen professionelle Sprecher die ins Deutsche übersetzten Texte verlasen, dem Gast (selten zwei Gästen) als Flüsterdolmetscher in die Fremdsprache, in meinem Fall ins Französische, übertragen.

Nach erfolgreich abgeschlossener Promotion durfte ich ab 1968 eine Oberassistentenstelle bekleiden, was eine erfreuliche Gehaltserhöhung auf ca. 800 MDN sowie u.a. die Pflicht mit sich brachte, bis zu jährlich 18 Diplomarbeiten, aufgeteilt auf Französisch und Spanisch, zu betreuen; außerdem durfte ich noch ohne abgeschlossene Habilitation auf Sondergenehmigung hin die Betreuung zweier Dissertationen übernehmen, die 1973 und 1974 abgeschlossen wurden und der Valenz spanischer Verben bzw. den Präinformationsdefiziten im Sprachenpaar Französisch-Deutsch gewidmet waren. Mit wachsenden Lehr- und Betreuungsverpflichtungen und der Arbeit an der Habilitation[6] sowie auch den familiären Pflichten gegenüber meinen beiden kleinen Söhnen wurde die verfügbare Zeit für Dolmetscheinsätze oder Übersetzungsarbeiten immer knapper; so fiel inzwischen die Messetätigkeit ganz weg und nach dem Abschluss der Habilitation auch die Arbeit als Jurydolmetscher (die eine nützliche finanzielle Aufbesserung des Familienbudgets neben dem "ideellen Gewinn" an Kenntnissen, Erfahrungen und auch an Selbstbestätigung im translatorischen Handeln brachte).

Bei der Arbeit an der Habilitationsschrift, die ich als Gemeinschaftsarbeit mit dem Leipziger Philosophen Wolfgang Lorenz in der Zeit von 1969 bis 1975 fertigstellte und die 1977 unter dem Titel "Zum Verhältnis von Abbild und Bedeutung" ebenfalls im Akademie-Verlag Berlin in der Reihe "Sprache" erschien

---

[6] Die gemäß dem sowjetischen Modell als 2. Doktorat, als Promotion B mit dem Abschluss als Doktor der Wissenschaften/Dr. sc. gegenüber der Promotion A mit dem Abschluss als Doktor eines Wissenschaftszweiges bezeichnet wurde.

(diesmal ohne Parallelveröffentlichung im Hueber-Verlag, weil die Kooperation dem kalten Krieg zum Opfer gefallen war), widmeten wir uns der vertieften Beschreibung der Interrelation zwischen lexikalischer Bedeutung und Kognition, wobei wir mit den gut 500 Seiten eine frühe, weitgehend unbeachtet gebliebene Darstellung kognitiver Aspekte weit vor dem später einsetzenden Boom kognitiver Untersuchungen lieferten.

Nach der Verteidigung der Habilitationsschrift und dem Erwerb der Lehrbefähigung/ Venia legendi für romanische Sprachwissenschaft wurde ich im Frühjahr 1976 zum Dozenten für spanische Sprache berufen und trat bereits im Herbst des gleichen Jahres eine Gastprofessur an der drittältesten lateinamerikanischen Universität, der Universidad de La Habana, an, die ich nach bereichernder vierjähriger Tätigkeit 1980 beendete. Im September 1980 wurde ich zum ordentlichen Professor für Spanische Sprache an der Universität Leipzig an die inzwischen in die neu gegründete Sektion Theoretische und angewandte Sprachwissenschaft/TAS integrierte Sprachmittlerausbildung berufen, wo ich dann ununterbrochen bis zu meiner Neuberufung als C4-Professor für Romanische Sprach- und Übersetzungswissenschaft im Jahre 1992 tätig war und hoffe, diese Lehr- und Forschungstätigkeit auch noch bis zu meiner Pensionierung im Jahre 2007 fortsetzen zu können.

Wie aus der groben Skizzierung meines wissenschaftlichen Werdegangs ersichtlich wird, war eine bestimmende Konstante meiner Forschungs- und Lehrtätigkeit die wissenschaftliche Beschreibung des Lexikons, insbesondere des kommunikativen Potentials von Verben (in den 80er/90er Jahren komplettiert durch sporadische Exkurse zu den phraseologischen Einheiten), sowie die Untersuchung des Interface von Semantik und Syntax auf der einen und von lexikalischer Bedeutung und Kognition auf der anderen Seite. Dabei kam schon relativ früh in den 70er Jahren und dann verstärkt in den folgenden Jahrzehnten komplettierend die Beschreibung von kontrastiven Aspekten hinzu, zumeist zentriert aufs Lexikon und dabei vor allem auf die Verben sowie fokussiert auf allgemein-theoretische Fragestellungen, während im engeren Sinne translatologische Überlegungen nur sporadisch, punktuell und relativ selten angestellt wurden. Diese Zurückhaltung bei der theoretischen Untersuchung der faszinierenden Vielfalt translatorischen Handelns erklärt sich mir im Rückblick wohl vor allem daraus, dass ich mich in Leipzig dem national wie international im Bereich der Übersetzungswissenschaft ausgewiesenen Triumvirat von Otto Kade, Gert Jäger und Albrecht Neubert gegenüber sah, neben bspw. Eberhard Fleischmann, aber auch Wladimir Kutz und Heide Schmidt als Amtsnachfolgerin und Schülerin von Otto Kade, die allesamt enger sowohl von ihrer Ausbildung als auch von ihrer Forschungstätigkeit her mit translatologischen Phänomenen verbunden waren als ich selbst.

Angesichts dieser "Hausmacht" und Platzvorteile schien es mir ebenso undankbar wie unmöglich, neue weiterführende Überlegungen auf translatorischem Gebiet – zudem noch ohne eine eigene ausreichende praktische Berufserfahrung, wie sie bspw. P.A. Schmitt als Amtsnachfolger von A. Neubert

Mitte der 90er Jahre in die Leipziger Schule eingebracht hat – wagen zu wollen, zumal zumindest damals noch so Vieles im Vorfeld der Übersetzung einer überzeugenderen Beschreibung harrte – etwa bei den lexikalischen Bedeutungen.

Erst vor der selbstgestellten Aufgabe, in die universitäre Ausbildung von Dolmetschern und Übersetzern an der Universität Havanna eine begleitende theoretische, translatologische Unterweisung einzuführen, arbeitete ich mich – räumlich hinreichend getrennt von den Leipziger Kollegen – verstärkt in der Lehre, aber auch in Teilbereichen der Forschung in übersetzungswissenschaftliche Belange ein; dazu zählten bspw. die Übersetzungstechniken sowie weitere kleinere Aufsätze, die in einem unter meiner Mitwirkung als Berater entstandenen Kompendium zur Übersetzungswissenschaft (man könnte von einem Reader mit Aufgabensammlung sprechen) unter dem Titel "Aspectos fundamentales de teoría de la traducción" 1981 im kubanischen Verlag "Pueblo y Educación", Havanna, erschienen. In dieser gut zweihundertseitigen Artikelsammlung finden sich neben Übersetzungen ausgewählter Artikel der Leipziger Translatologen Jäger, Kade und Neubert und eigenen Beiträgen, auch von kubanischen Kollegen (darunter den Herausgebern), auch zwei Aufsätze sowjetischer Translatologen.

Zugleich bat man mich, im Rahmen meiner Lehrtätigkeit in Havanna als "Beutegermanist" – mit Seminaren zur Lexikologie, Morphologie/Wortbildung, zum Sprachvergleich und zum Übersetzen – auch vor der gesamten Studentenschaft eine Vorlesung zur Übersetzungswissenschaft auf Spanisch zu übernehmen. Zur gleichen Thematik hielt ich auch eine Vorlesung vor den in der Abenduniversität eingeschriebenen erfahrenen Übersetzungspraktikern, die nach ihrer Tagesarbeit einen Universitätsabschluss nachholen wollten. Ich kann sagen, dass mir gerade dieser Unterricht mit gegenüber der Theorie aufgeschlossenen Praktikern als besonders anregend in Erinnerung geblieben ist.

Mein erster Kontakt mit der Translatologie, deren Geburt – einschließlich der Euphorie der ersten Jahre und ihrer Geburtswehen – als um Eigenständigkeit und disziplinübergreifende Anerkennung ringende neue wissenschaftlich-akademische Disziplin ich hautnah miterleben konnte, reicht indes viel weiter zurück und stellt eine nicht weniger anregende und bereichernde Erfahrung in meinem wissenschaftlichen Werdegang dar. Im Herbst 1964 kaum in das Dolmetscher-Institut integriert, wurde ich mit organisatorischen Aufgaben bei der Vorbereitung, Durchführung und Nachbereitung der weltweit ersten internationalen Konferenz zur Übersetzungswissenschaft 1965 in Leipzig betraut, der im Fünfjahresrhythmus (mit einer einmaligen Verschiebung nach dem Tode Otto Kades 1980 auf 1981 sowie einer einmaligen Verlagerung der Tagung nach Moskau 1975) regelmäßig bis in die Gegenwart weitere Tagungen zu "Grundfragen der Übersetzungswissenschaft" in Leipzig folgen sollten.

Ohne diese Tradition (seit 2001 unter dem neuen Namen LICTRA = Leipzig's International Conference on Translation Studies) wäre wohl nicht daran zu denken gewesen, dass mitten im politischen Umbruch (das Ausscheiden von G. Jäger in den vorzeitigen Ruhestand deutete sich an, mehrere

Leipziger Nachwuchswissenschaftler hatten sich bereits auf Arbeitssuche ins Ausland begeben) 1991 diese traditionelle Tagung stattfinden würde, deren Beiträge – diesmal auf Englisch und erstmals ebenfalls im Ausland – dank der Unterstützung der Kent State University in Ohio – analog zu den Vorträgen aller Vorgängertagungen – publiziert werden konnten.

Ich bin dankbar, dass ich als Vortragender an allen diesen Tagungen mitwirken konnte und dass ich mich – neben zahlreichen Promovenden und Kollegen – vor allem in den "Gründerjahren" mit Grundfragen der Übersetzungswissenschaft und dabei vor allem dem Gedankengut der "Leipziger Schule" (dazu L. Jung 2000, G. Wotjak 2002) vertraut machen konnte. Dieser intensive und befruchtende Kontakt erfolgte ab 1964 bis in die Mitte der 70er Jahre hinein insbesondere im Rahmen des regelmäßig vierzehntäglich tagenden Arbeitskreises "Übersetzungswissenschaft", der von G. Jäger ins Leben gerufen und geleitet wurde. Hier wurden Zwischenergebnisse laufender Dissertationsvorhaben ebenso vorgestellt wie Probleme, die in den laufenden Habilitationsschriften von Jäger und Kade auftauchten, neben Gastvorträgen ausländischer Wissenschaftler, nicht zufällig beinahe ausschließlich aus den "befreundeten Bruderländern". Erwähnt seien in diesem Zusammenhang bspw. Vorträge von Barchudarov, Kommissarov, Kol´schanskij, Shveitser, Cviling aus der Moskauer Schule, aber auch von A. Ljudskanov aus Bulgarien und Ivic aus Jugoslawien.

Daneben erhielt ich viele translatologische Impluse auch im Doktorandenseminar von A. Neubert, der selbstverständlich auch im Arbeitskreis mitwirkte, und erfuhr meine übersetzungswissenschaftliche Feuertaufe dadurch, dass ich damit beauftragt wurde, aus ca. 25 Stunden Tonbandmitschnitten der Diskussionen auf der 65er Tagung verschriftete Resümees für den 1968 erschienenen Tagungsband (Beiheft 2 zu "Fremdsprachen", Leipzig: VEB Enzyklopädie 1978 – vgl. das Inhaltsverzeichnis im Anhang) anzufertigen.

Außerdem stand außer Frage, dass alle Mitarbeiter des Dolmetscher-Instituts, das nach seiner Integration 1956 in die Leipziger Universität noch immer um volle akademische Anerkennung rang (in den ersten Jahren wurden daher erfolgreich verstärkte Anstrengungen unternommen, um mehrere Mitarbeiter zur Promotion zu führen), wie auch der wissenschaftliche Nachwuchs im engeren Sinne mindestens zu den übersetzungswissenschaftlichen Tagungen eigene Beiträge vorbereiteten und darüber hinaus die gebotene Möglichkeit wahrnahmen, für professionelle Übersetzer in der Zeitschrift "Fremdsprachen", die 1991 nach 30 Jahren ihr Erscheinen einstellte, theoretische Fragen möglichst anschaulich darzustellen bzw. Arbeitsergebnisse in der 1977 ins Leben gerufenen neuen Schriftenreihe des Instituts[7] *Übersetzungswissenschaftliche Beiträge* (Leipzig: Enzyklopädie; 1989 mit der Nummer 12/ pro Jahr mit Ausnahme von 1978 je ein Band von maximal 150 Seiten) zu publizieren.

---

[7] Inzwischen schon seit 1969 in die damalige Sektion Theoretische und angewandte Sprachwissenschaft/TAS integriert.

Das Jahrzehnt zwischen 1965 und 1975 war – wohl nicht nur für mich, sondern auch für viele weitere Mitstreiter, darunter etwa E. Fleischmann, W. Kutz und H. Schmidt – besonders wichtig und bereichernd, was die Beschäftigung mit translatologischen Fragestellungen angeht. In diesem Zeitraum arbeiteten Kade und Jäger bereits verstärkt an ihren Habilitationsschriften und zahlreiche Doktoranden an ihren Promotionen und lieferten im regelmäßig stattfindenden Arbeitskreis "Übersetzungswissenschaft" Zündstoff für anregende Diskussionen, die durchaus nicht einem monolithischen methodologischen Grundansatz verpflichtet waren. Zieht man die nur in Auszügen veröffentlichten Dissertationen aus dieser Zeit[8], aber auch die in Nummer 3 der Beiträge publizierte Dissertation B/Habilitation von O. Kade und Aufsätze von Neubert, aber selbst von Jäger als dem entschiedensten Vertreter einer linguistisch basierten Übersetzungswissenschaft in Betracht, so wird die relative Heterogenität und Vielfalt von Sichtweisen auf das komplexe Phänomen des translatorischen Handelns deutlich, dem reduktionistische Darstellungen zur Leipziger Schule mit akzentuiertem Bezug auf Jägers 1975 veröffentlichte Habilitation "Translation und Translationslinguistik" und Kades Dissertation von 1964 (veröffentlicht 1968), etwa bei Stolze 1994, nicht gerecht werden. Wir möchten an dieser Stelle u. a. nur verweisen auf Untersuchungen zu den kulturbedingten Realialexemen und dem Präinformationsdefizit als translatologischem Problem (Kutz 1978, 1981; Bastian 1974), auf die semiotischen Aspekte des Übersetzens (Cartellieri 1970) oder auch auf eine frühe Untersuchung zur Geschichte des Übersetzens durch H. Pohling 1972, von Betrachtungen zu Techniken des Übersetzens (E. Fleischmann 1976; B. Herting 1987), zur Metaphernübersetzung (W. Walther 1983) etc. ganz zu schweigen.

Ich erinnere mich an zahlreiche spannende kontroverse Dispute zum Untersuchungsgegenstand der Translation[9]; während G. Jäger getreu seiner 1975 klar argumentierten "Selbstbeschränkung als Linguist" und an der Maschinenübersetzung Interessierter die linguistischen Zugänge nachdrücklich betonte, verwies vor allem O. Kade, der stets einen stärkeren Praxisbezug vertrat, auf zahlreiche sprachmittlerische Tätigkeitsmerkmale, die nur in Kooperation mit ausgewählten anderen Disziplinen beschrieben werden könnten, wobei seine leider relativ unbeachtet gebliebene Habilitation von 1980 einen implizit interdisziplinären Ansatz favorisiert.

---

[8] Etwa in den Nummern 1 und 2 der *Übersetzungswissenschaftlichen Beiträge*; damals und auch später war die Publikation von Dissertationen/Habilitationen in der DDR die große Ausnahme; es genügte zum wissenschaftlichen Ausweis die Abgabe von 6 maschinenschriftlichen Manuskripten für die Ausleihe in Universitätsbibliotheken der DDR.

[9] Wobei wir unter den Leipziger Beiträgen – vgl. u.a. die angefügten Inhaltsverzeichnisse der einschlägigen Publikationen der Leipziger Schule im Anhang – auch erste Untersuchungen zu Spezifika des Dolmetschens finden, aber Analysen des Übersetzens dominierten – dazu Wotjak 2002.

Nach dem Abschluss der Habilitationen und nach dem Tod von Kade begann in den 80er bis Mitte der 90er Jahre das Interesse an translatologischen Fragen in Leipzig nachzulassen; es fanden nur noch sporadische Zusammenkünfte des Arbeitskreises zu diesem Thema statt (zumeist in Vor- und Nachbereitung der einschlägigen Tagungen 1981, 1986 und 1991, 1996).

Mit den politischen Veränderungen nach 1989, dem vorzeitigen Ausscheiden G. Jägers, der schweren Erkrankung von H. Schmidt und deren frühem Tod 1995, sowie dem altersbedingten Ausscheiden A. Neuberts im gleichen Jahr geriet die Leipziger Übersetzungswissenschaftliche Schule in eine ernste Krise, gerade zu einem Zeitpunkt, wo sie in ihrer weltweiten Ausstrahlungsmöglichkeit erstmals nicht mehr durch staatlich regulierte, zumeist restringierte Aus- wie auch Einreiseaktivitäten behindert wurde. Immerhin wurde zumindest die Tradition der übersetzungswissenschaftlichen Tagungen in Leipzig nicht unterbrochen, die sich seit 1991 sogar zunehmenden Interesses erfreuten, was angesichts der weltweit stark ausgeweiteten Aktivitäten auf diesem Gebiet und der Attraktivität der betreffenden Veranstaltungsorte (mehrere Städte in Spanien, Budapest, Prag, Innsbruck, etc.) und auch spezifischer Probleme der Neuorientierung wie des Neuaufbaus im vereinten Deutschland durchaus nicht selbstverständlich erscheint. Im Zuge der faktischen Neugründung der Universität wie des Instituts mit neuen Studienprogrammen, Lehrinhalten, aber auch einer dramatisch veränderten Verlagslandschaft[10], standen die Signale nicht sonderlich günstig für die Forschung an sich und die translatologische Forschung im Besonderen, die im Rahmen dominanter Philologien stets eher als Außenseiter betrachtet wurde. Hinzu kam, dass sich angesichts des drastisch gekürzten Personalbestandes nicht nur jüngere Slavisten, sondern auch promovierte Translatologen aus dem Bereich des Englischen und Romanischen aus Leipzig, nach einer Anstellung andernorts, nicht selten im Ausland, umsehen mussten (wir erwähnen in diesem Kontext als unvollständige Auswahl u.a. K. Gommlich, C. Schäffner, M. Heine, aber auch W. Wagner, W. Scherf und H.J. Busch) bzw. mehrere theoretisch und praktisch ausgewiesene Mitarbeiter in den Ruhestand gingen (u.a. G. Dalitz, W. Schade, I. Nieke, E. Rohwedder und V. Kade).

In diesen aufregenden Jahren nach der mit der Leipziger Revolution 1989 eingeleiteten politisch-fachlichen und personellen Umgestaltung hatte ich mich auf Ermutigung durch eine Kollegin aus Saarbrücken, wo ich 1990 ein Blockseminar erteilt hatte, erstmalig offiziell um eine dort ausgeschriebene C4-Professur beworben und erhielt nach dem obligatorischen "Vorsingen" dann im

---

[10] Ein so traditionsreicher und für die Leipziger Translatologie wichtiger Verlag wie die *Enzyklopädie* stellte seine Arbeit ein, d.h. wurde durch den Langenscheidtverlag übernommen und verschwand wie zahlreiche weitere Verlage aus Leipzig; damit verschwanden auch die Reihe *Übersetzungswissenschaftliche Beiträge* und die Zeitschrift "Fremdsprachen", in denen wie auch in der ebenfalls eingestellten und erst vor gut einem Jahr wiederbelebten Preprint-Publikationsreihe der Leipziger Linguistischen Arbeiten/*LAB* damals relativ problemlos auch translatologische Arbeiten veröffentlicht werden konnten.

Februar 1992 zu meiner freudigen Überraschung den Ruf. Die Annahme dieses Rufes[11] hätte für mich eine anregende Herausforderung dargestellt, der erteilte Ruf war aber auch eine willkommene Selbstbestätigung, denn immerhin stand 1992 in Leipzig die Neubewerbung auf die ursprünglichen Professuren im Verein mit Bewerbern von außerhalb an. Im Rückblick frage ich mich manchmal, ob ich nicht doch diese Chance hätte ergreifen sollen, wären mir doch so manche, durchaus auch undankbare akademische Pflichten erspart geblieben, von der Nähe zu Frankreich und nicht zuletzt auch von einer finanziellen Besserstellung[12] ganz abgesehen. Wohl unter dem Impuls einer Verantwortung dafür, dass bspw. die Translatologie angesichts des unglückseligen Zusammenwirkens der aufgeführten Faktoren in Leipzig den Neubeginn möglicherweise nicht würde überstehen können[13], während diese in Saarbrücken nicht gleichermaßen existentiell gefährdet schien, entschied ich mich im Frühsommer 1992, den erteilten Ruf abzulehnen und in Leipzig zu bleiben, wo ich seit 1964 – nur mit Unterbrechung meines Gastaufenthalts in Kuba 1976 bis 1980 – die ganze Zeit über tätig war[14].

Nach dieser Entscheidung für Leipzig, die ich mir angesichts der verlockenden Perspektive in Saarbrücken nicht leicht gemacht habe, ohne indes alle Konsequenzen damals schon bedacht zu haben, konnte ich mich naturgemäß nicht verweigern, als an mich nach Berufung zum Professor neuen Rechts für "Romanische Sprach- und Übersetzungswissenschaften" im Juni 1992 der Wunsch herangetragen wurde, als kommissarischer Direktor des Instituts für Romanistik in Neugründung und Mitglied zweier Besetzungskommissionen für den wissenschaftlichen Mittelbau und die Lehrer für besondere Aufgaben der damaligen Sektion TAS[15] sowie diverser Berufungskommissionen für die

---

[11] Ich hatte mich während meines mehrfachen Aufenthalts dort sehr wohl gefühlt und war mir sicher, dass ich mich mit den Kollegen gut verstehen würde.

[12] Nach nunmehr 13 Jahren seit der Wiedervereinigung liegen unsere Gehälter immer noch bei jetzt 90 % des vergleichbaren Gehaltes im "Westen" mit drastischen Konsequenzen für die Rente.

[13] Ich war bis 1995 neben A. Neubert und nach dessen Ausscheiden 1995 zusammen mit dessen Nachfolger P. A. Schmitt einer von bis heute nur zwei "ordentlichen" Professoren mit dem Berufungsgebiet Translatologie.

[14] In der DDR war im klaren Kontrast zu den akademischen Gepflogenheiten in der damaligen Bundesrepublik ein Wechsel der Universität, so er sich nicht klar aus familiären Gründen motivieren ließ, suspekt, ein Verbleib dagegen ein Ausweis für wissenschaftliche und persönliche "Qualität".

[15] Faktisch alle ehemalige Mitarbeiter, darüber hinaus aber auch Bewerber aus anderen Einrichtungen der Uni Leipzig und der in diese integrierten Pädagogischen Hochschule Leipzig, durften sich nach einer Überprüfung ihrer politisch-moralischen Integrität und fachlichen Eignung durch unabhängige Kommissionen im Frühjahr 1992 im Sommer 1992 auf eine z. T. drastisch reduzierte Zahl von neu ausgeschriebenen Stellen bewerben, wobei die Auswahl besonders schwierig im Russischen war, wo bis zu 80 Bewerber auf eine Stelle kamen.

faktisch komplett neu ausgeschriebenen Professuren im Bereich der Romanistik und Translatologie zu fungieren[16].

Es dürfte einleuchten, dass ich in diesen bewegten und bewegenden Zeiten des Neuaufbruchs über den drängenden und vielfältigen Tagesaufgaben, vor allem administrativer Art (aber bspw. auch der Neugestaltung der Ausbildung), alle Energie auf die Felder der Neuorganisation der Lehre und Administration verwenden musste. Immerhin erfüllt es mich mit einer gewissen Genugtuung, dass wir die Gunst der Stunde nutzen konnten, um bspw. das Frankreichzentrum zu gründen, eine Französische Sommeruniversität ins Leben zu rufen, die sich gleichfalls auch heute noch bester Gesundheit und großen Zuspruchs erfreut, oder das Iberoamerikanische Forschungsseminar am Institut für Romanistik zu schaffen, das mit zahlreichen Forschungsaktivitäten auf sich aufmerksam gemacht hat und im Januar 2004 auf sein zehnjähriges Bestehen zurückblicken kann. Es gelang uns aber auch, drei neue wissenschaftliche Reihe[17] ins Leben zu rufen und bspw. die Akten der übersetzungswissenschaftlichen Tagungen 1996 und LICTRA 2001 (im Druck) in den Verlagen Gunter Narr und Stauffenburg herauszubringen.

Leider verblieb in diesen "Gründerjahren" wenig Zeit für wissenschaftliche Arbeit im engeren Sinne und noch viel weniger im Bereich der für mich doch letztlich relatives Neuland darstellenden Translatologie, was um so bedauerlicher war, weil nunmehr ein faktisch unbeschränkter Zugang zu den einschlägigen Publikationen sowie zu einem weltweiten wissenschaftlichen Austausch möglich war. Erschwert wurde mein nunmehr auch als Pflicht verbrieftes Bemühen um translatologische Fragestellungen bis in die Mitte der 90er Jahre hinein durch den Umstand, dass ich nach vereinbarungsgemäßem Abtreten meines Direktorpostens an neu berufene Professoren am offiziell im Dezember 1993 wiederbegründeten Institut für Romanistik schon bei den Dekanswahlen im Januar 1994 zum Dekan für die im gleichen Monat neu gegründete Philologische Fakultät gewählt wurde und in dieser Funktion eine noch viel größere Verantwortung wahrzunehmen hatte.

Immerhin gelang es mir auch in diesem Amt, meiner Verantwortung für zwei noch in der DDR begründete Tagungsreihen: *Lingüística Hispánica* seit 1978, seit 1983 im fünfjährigen Turnus, und eine Arbeitstagung zum romanisch-deutschen (und innerromanischen) Sprachvergleich seit 1987 im vierjährigen Turnus unter meiner Verantwortung durchgeführt, gerecht zu werden, was neben der organisatorischen Vorbereitung und Durchführung von dementsprechen-

---

[16] Als zeitweilig einziger Professor neuen Rechts, wobei sich auch die ehemaligen Amtsinhaber neu bewerben konnten, falls sie die entsprechenden Voraussetzungen – s. die erwähnten Kommissionen, die auch die Involviertheit in Stasiangelegenheiten – dafür mitbrachten, also sogenannte "Persilscheine" vorweisen konnten.

[17] *Lingüística Iberoamericana* im Vervuert-Verlag, *Studien zur romanischen Sprachwissenschaft und interkulturellen Kommunikation* im Verlag Peter Lang sowie "Leipziger Schriften zur Kultur-, Literatur-, Sprach- und Übersetzungswissenschaft", auch beim Vervuert-Verlag, mit der Festschrift zum 65.Geburtstag von A. Neubert.

den Tagungen 1991, 1995, 1999 und jetzt 2003 (*Sprachvergleich*) und 1993, 1998 und ebenfalls 2003 (*Lingüística Hispánica*) auch die Verantwortung für die Veröffentlichung der Akten dieser Tagungen mit einschloss.

Ursprünglich mit der Absicht ins Leben gerufen, die politisch bedingte relative wissenschaftliche Isolierung von unseren romanischen Bezugsländern (außer Kuba; mit Nikaragua kamen wir nie so richtig ins Gespräch) und die sehr begrenzten oder auch gar nicht vorhandenen Reisemöglichkeiten in diese Länder, allen voran Frankreich und Spanien, wenigstens ein wenig abzumindern, haben sich diese Tagungen auch mit Wegfall dieser aus der Not geborenen Selbsthilfegründe durch den Mauerfall inzwischen mit erfreulicher Eigendynamik zu international beachteten Treffs von Spezialisten aus Europa und Übersee entwickelt.

Dagegen stellten wir die aus ähnlichen Erwägungen von uns organisierten Herbstschulen zur hispanistischen Linguistik, bei denen unseren Studierenden und Kollegen in einer Intensivkurswoche auf Spanisch wichtige thematisch zentrierte neue Einsichten vermittelt und zugleich Zugang zu neuester Literatur ermöglicht wurde, etwa mit dem Jahre 1993 ein. Zuvor hatten wir als Gäste bei uns Kollegen wie Valerio Báez San José (Cádiz/ Carlos III), Leocadio Martín Mingorance (Granada/ Córdoba), Antonio Narbona, Miguel Ropero (Sevilla), David Mighetto (Göteborg), Timo Riiho (Helsinki), Josse de Kock, Carmen Molina (Leuven/ Antwerpen), Boguslav Zavadil (Prag) und Gerold Hilty (Zürich).

Zur Komplettierung des Panoramas der vielfältigen Aktivitäten, denen ich mich in den 90er Jahren zu stellen hatte und die die für die Translatologie verfügbare Zeit noch weiter einschränkten, sei außerdem noch auf zwei von mir organisierte Tagungen zum Lateinamerikaspanischen verwiesen, mit denen ich 1991 und 2001 in einem *Taller* die u. a. durch M. Perl, der 1992 einen Ruf an die Universität Mainz/Germersheim erhielt, an der Alma Mater Lipsiensis begründeten Forschungen zum iberoamerikanischen Spanisch Kontinuität verleihen wollte.

Neben meiner Publikations- und Forschungstätigkeit zur Lexikontheorie und zur kontrastiven Linguistik nimmt sich der Anteil der im engeren Sinne translatologisch orientierten Publikationen deutlich bescheidener aus. Immerhin habe ich gerade in den 90er Jahren einige grundlegende – kommunikationswissenschaftliche und kognitive – Aspekte des Übersetzens näher betrachtet, aber auch den kontroversen und zumeist etwas vage bestimmten Begriff der kommunikativen Äquivalenz, als einem Herzstück der Leipziger Schule (Wotjak 1997a, 2002), unter die Lupe genommen. Hinzu kommen in letzter Zeit auf Deutsch, Spanisch und sogar in portugiesischer Übersetzung einige persönliche Kommentare zur Leipziger Schule der Übersetzungswissenschaft, deren Gewicht zumindest in den Anfangsjahren der Translatologie nicht selten übergangen oder aber zumindest ungerechtfertigt nur unzureichend thematisiert wurde, so dass eine Erinnerung an deren wissenschaftsgeschichtliche Leistungen mir als einem nicht direkt involvierten Begleiter ein Gebot wissenschaftlicher Redlichkeit schien (dazu Wotjak 2002).

Als Fazit meines eigenen Werdegangs und des Weges zur Translatologie möchte ich an dieser Stelle festhalten, dass offensichtlich sehr unterschiedliche, verschlungene Wege zu einer Beschäftigung mit translatologischen Fragestellungen führen können, dass sich eine solche, gleichwohl dann möglichst intensive Beschäftigung aber immer lohnt und angesichts der gegenwärtig lawinenartig angeschwollenen Literaturflut schon den ganzen wissenschaftlichen Einsatz fordert. Für mich war die Translatologie stets eine Fundquelle für Inspirationen wie auch ein Fernziel und Applikationsfeld für eine Erprobung/ Überprüfung von Einsichten, die im Bereich der vorgängigen und letztlich abgekoppelt betriebenen Forschungen zur lexikalischen Semantik und kontrastiven Lexikologie sowie viel konkreter der vergleichenden Stilistik und Textologie erworben wurden. Dabei hat sich immer wieder die etwa auch von Coseriu betonte herausragende Position translatologischer Untersuchungen im Sinne einer echten *science pilote* bestätigt, egal ob diese nun als Interdiszplin oder aber als Beschreibung des Kulturtransfers bzw. der interkulturellen Kommunikation aufgefasst wurde, was in jedem Fall aber nicht ohne das Zusammenwirken unterschiedlicher Disziplinen zu leisten ist. Der durch die Leipziger Schule empfangenen Prägung und den eigenen Präferenzen für linguistische Grundtatbestände mit Bezug auf Kognitives und Kulturelles getreu, sollte nach meinem Verständnis der linguistischen Beschreibung (durchaus unter Berücksichtigung der vielfältigen Bindestrichlinguistiken, etwa Sozio-, Psycho-, ja Neurolinguistik) unbedingt die ihr gebührende Beachtung zukommen, ebenso wie auch unter dem Dach einer wohlverstandenen kommunikativen Äquivalenz u. E. durchaus neuere Überlegungen der funktionalen Übersetzungstheorie und selbst des Skoposeinbezugs Eingang finden könnten (dazu Wotjak 1997a, 2002). Aus dem Gesagten etwa ableiten zu wollen, dass faktisch das Wesentliche in Sachen Translation von der inzwischen zahlreichen "Familie" von Vollblut- wie Hobby-Translatologen schon gesagt sei, wäre gewiss unzutreffend[18]. Es bleibt also noch viel zu tun – packen wir es an!

Allerdings glaube ich, dass die z.T. nur angerissenen Aspekte mit Bezug auf sehr unterschiedliche Disziplinen nur mit vollem Einsatz und bei sehr gutem Kenntnisstand des disziplininternen Methodenapparates und Umfeldes im Sinne eines wünschenswerten inter- bzw. transdisziplinären Diskurses erforscht werden können, bei dem die Partner sich wechselseitig auf das Abenteuer disziplinübergreifender Verständigung einlassen. Wie schwer dies fällt, ist mir aus persönlicher Erfahrung im Zuge meiner Arbeit an der Habilitation bewusst. Angesichts der nunmehr wohl doch schon zu stark eingefahrenen Gleise, denen ich in meinem unkontrollierten Arbeitsraum bei meinen Forschungen folge, dürfte ich selbst wohl am ehesten noch einen kleinen und bescheidenen Beitrag zur Aufhellung der komplexen Interrelationen von Gesagtem, Mitverstandenem und Gemeintem leisten können. Dabei stellt eine solche Orientierung für mich

---

[18] Ob das Schiff wirklich schon übergesetzt ist, wie es der Titel der Festschrift für C. Nord "Traducta navis", Stauffenburg 2003, suggeriert, soll hier ebenfalls dahingestellt bleiben.

selbst insofern Neuland dar, als ich mich damit einen Schritt von der System-beschreibung hin zur Beschreibung konkreter Sprachverwendung bewege und neben semantischen auch pragmatische Aspekte sowie die Interrelation von Sprache und Kognition unter Einbeziehung von Interferenzen auf das Welt-wissen berücksichtigen muss.

Ich möchte aber jüngere Kollegen und insbesondere motivierte Studieren-de nachdrücklich dazu auffordern, sich den komplexen und komplizierten Problemen der Beschreibung translatorischen Handelns als einer lohnenden wissenschaftlichen Herausforderung zu stellen, wobei ich mit gewisser Sorge sehe, wie wenig Interessenten sich für diese wichtige Aufgabe in Deutschland – und wohl nicht nur in Leipzig – finden, während sich die wissenschaftliche Bearbeitung solcher Fragestellungen bspw. in Spanien verstärkter Nachfrage erfreut.

Literaturverzeichnis

Bastian, Sabine (1974): *Die Rolle der Präinformation bei der Analyse publizistischer und belletristischer Texte im Französischen und Deutschen.* Dissertation A, Leipzig.

Bolinger, Dwight (1965): The Atomization of Meaning. In: *Language* 41, 555-573.

Brekle, Herbert-Ernst (1972): *Semantik. Eine Einführung in die sprachwissenschaft-liche Bedeutungslehre.* München.

Cartellieri, Claus (1970): *Zur Analyse des Ausgangstextes beim Übersetzen* (Beiträge zu einer angewandten Semiotik). Dissertation A, Leipzig.

Coseriu, Eugenio (1964): Pour une sémantique diachronique structurale. In: *Travaux de Littérature et de Linguistique de Strasbourg* II/1, 139-186.

Fleischmann, Eberhard (1976): Zu einigen Fragen der Erarbeitung eines Katalogs von Übersetzungsproblemen. In: *Linguistische Arbeitsberichte 14*, 14-29.

Fleischmann, Eberhard (1999): Die Translation aus der Sicht der Kultur – Kulturelle Modelle der Translation. In: Alberto Gil/ Johann Haller/ Erich Steiner/ Heidrun Gerzymisch-Arbogast (Hg.): *Modelle der Translation.* Frankfurt/ Main, 59-77.

Greimas, Algirdas J. (1966): *Sémantique structurale.* Paris.

Herting, Beate (1987): *Arten, Ursachen und Auswirkungen von lexikalisch-pragma-tischen Verschiebungen bei der Übersetzung. Dargestellt am Beispiel der Über-setzung von Texten aus 'Le Monde' für den 'Guardian Weekly'.* Dissertation A, Leipzig.

Hundsnurscher, Franz (1970): *Neuere Methoden der Semantik.* Tübingen.

Jäger, Gert (1975): *Translation und Translationslinguistik.* Halle (Saale).

Jung, Linus (2000): *La Escuela traductológica de Leipzig.* Málaga.

Kade, Otto (1968): *Zufall und Gesetzmäßigkeit in der Übersetzung.* Leipzig (Beihefte zur Zeitschrift Fremdsprachen; I).

Kade, Otto (1980): *Die Sprachmittlung als gesellschaftliche Erscheinung und Gegen-stand wissenschaftlicher Untersuchung.* Leipzig 1980 (Übersetzungswissen-schaftliche Beiträge; 3).

Katz, Jerold J./ J.A. Fodor (1963): The Structure of Semantic Theory. In: *Language* 39, 2, 170-210.

Kutz, Wladimir (1978): *Zur translatorischen Auflösung der Nulläquivalenz russisch-sprachiger Realienlexeme im Deutschen*. Dissertation A, Leipzig.

Kutz, Wladimir (1981): Zur Auflösung der Nulläquivalenz russischsprachiger Lexeme im Deutschen. In: *Übersetzungswissenschaftliche Beiträge*, Heft 4. Leipzig, 106-139.

Kutz, Wladimir (1988): *Translatorisch-interpretative Kompressionen beim Simultan-dolmetschen am Beispiel deutscher Redetexte zu industrieller Thematik – Eine Studie zum Kompetenzmodell des Simultandolmetschens*. Habilitationsschrift, Leipzig.

Leisi, Ernst (1961[2]): *Der Wortinhalt. Seine Struktur im Englischen und Deutschen*. Heidelberg.

Pohling, Heide (1972): *Zum Problem des Übersetzens aus diachroner und synchroner Sicht*. Dissertation A, Leipzig.

Pottier, Bernard (1964): Vers une sémantique moderne. In: *Travaux de Littérature et de Linguistique de Strasbourg* II/1, 107-136.

Scherf, Willi (1984): *Probleme der Beschreibung des bilateralen Dolmetschens unter Einbeziehung textueller Sichtweisen*. Dissertation A, Leipzig.

Schmidt, Heide (1973): *Textinhalt, Stil und Übersetzung*. Dissertation A, Leipzig.

Walther, Wolfgang (1983): *Probleme des Übersetzens von Metaphern aus dem Englischen*. Dissertation A, Leipzig.

Stolze, Radegundis (1994): *Übersetzungstheorien: Eine Einführung*. Tübingen: Narr.

Wotjak, Gerd (1996): Divergencias y congruencias en el léxico entre el español y el alemán. Los llamados <falsos amigos> del traductor. In: *Sendebar* No. 7. Granada, 125-133.

Wotjak, Gerd (1997a): Äquivalenz und kein Ende? Nochmals zur semantischen und kommunikativen/ translatorischen Äquivalenz. In: G. Wotjak/ H. Schmidt (Hg.): *Modelle der Translation/ Models of Translation. Festschrift zum 65. Geburtstag von Albrecht Neubert*. Frankfurt: Vervuert-Verlag, 133-170.

Wotjak, Gerd (1997b): Kommunikative und kognitive Aspekte des Übersetzens. In: E. Fleischmann/ W. Kutz/ P. A. Schmitt (Hg.): *Translationsdidaktik. Grundfragen der Übersetzungswissenschaft*. Tübingen: Narr, 46-53.

Wotjak, Gerd (1997c): Problem-Solving Strategies in Translation. In: W. Lörscher (ed.): *Translation Studies in Germany*. Ilha do Desterro, no. 33 (Jul/Dez 1977). Florianópolis (Brasilien), 99-114.

Wotjak, Gerd (1998): En torno a la traducción de unidades fraseológicas (con ejemplos tomados del español y del alemán). In: M. Hummel/ C. Ossenkop (Hg.): *Lusitanica et Romanica. Festschrift für Dieter Woll*. Beiheft 1 zu Romanistik in Geschichte und Gegenwart. Hamburg: Helmut Buske, 227-244.

Wotjak, Gerd (1999): Welches Wissen braucht der Übersetzer? In: A. Gil/ J. Haller/ E. Steiner/ H. Gerzymisch-Arbogast (Hg.): *Modelle der Translation*. Peter Lang, Frankfurt et al., 543-561.

Wotjak, Gerd (2000): War das die Leipziger Übersetzungswissenschaftliche Schule? In: P. A. Schmitt (Hg.): *Paradigmenwechsel in der Translation. Festschrift für Albrecht Neubert zum 70. Geburtstag*. Tübingen: Stauffenburg, 279-304.

Wotjak, Gerd (2001): ¿Qué abarca la competencia traslatoria? En: *El traductor profesional ante el próximo milenio (Actas de las II Jornadas sobre la formación y profesión del traductor-intérprete*, Universidad Europea-CEES, 17.2.-20.2.1999). CD-Rom, 2001; file://DI//12.htm

Wotjak, Gerd (2002): Die Leipziger Übersetzungswissenschaftliche Schule – Anmer-kungen eines Zeitzeugen. In: L. N. Zybatow (Hg.): *Translation zwischen Theo-*

rie und Praxis. Innsbrucker Ringvorlesungen zur Translationswissenschaft I (=Forum Translationswissenschaft, Band 1). Peter Lang, 87-119.

Wotjak, Gerd (2002/2003): La Escuela de Traductología de Leipzig. In: *Hieronymus Complutensis. El mundo de la Traducción.* Nos. 9 y 10. Universidad Complutense de Madrid, 7-26.

Wotjak, Gerd (2003): A Escola tradutológica de Leipzig: testemunho de um colaborador não directamente envolvido. In: *Diacrítica.* Braga (Universidade do Minho – im Druck).

Anhänge

BEIHEFTE ZUR ZEITSCHRIFT FREMDSPRACHEN II
(1968)
ZEITSCHRIFT FÜR DOLMETSCHER, ÜBERSETZER UND SPRACHKUNDIGE

GRUNDFRAGEN DER ÜBERSETZUNGSWISSENSCHAFT

INHALTSVERZEICHNIS

Einführung in die Thematik der Konferenz von Prof. Dr. *Albrecht Neubert*, Direktor des Dolmetscher-Instituts der Karl-Marx-Universität

I. Referate
Otto Kade: Kommunikationswissenschaftliche Probleme der Translation
Albrecht Neubert: Pragmatische Aspekte der Übersetzung
Gert Jäger: Elemente einer Theorie der bilingualen Translation
Erhard Agricola: Zur Problematik der syntaktischen Mehrdeutigkeit (Polysyntaktizität)

II. Beiträge
Lothar Römer: Einige syntaktische Gesetzmäßigkeiten beim Simultandolmetschen
Wera Kade: Die Auswirkung von Fehlleistungen im Original auf die Translation
Werner Hückel: Kommunikative Fehlleistungen beim Empfänger der Translation
Rosemarie Gläser: Zur Struktur des Textes der Ausgangssprache beim Dolmetschvorgang
Eberhard Fleischmann: Die Übersetzung von lexikalischen Substandardismen
    (dargestellt an Übersetzungen aus dem Russischen ins Deutsche)
Gerd Wotjak: Zur Übersetzung modernen politischen, philosophischen und administrativen
    Wortschatzes
Richard Rothenhagen: Zur Übersetzung deutscher attributivischer Partizipialkonstruktionen
    ins Tschechische
Günter Dalitz: Entmetaphorisierte Paraphrasen von Sprichwörtern – eine semantische
    Parallele zum abstrakten grammatischen Satz
Harald Liebold: Zur Übersetzung grammatischer Einheiten
Nicolai Gamaleja: Zum Deckungsverhalten der Termini
Rainer Eckert: Übersetzungsvergleich und semantische Analyse
Günter Gossing: Zum Problem der Übersetzungswörterbücher
Walter Schade: Zur Gliederung übersetzungswissenschaftlicher Arbeiten

BEIHEFTE ZUR ZEITSCHRIFT FREMDSPRACHEN III/IV
(1971)
ZEITSCHRIFT FÜR DOLMETSCHER; ÜBERSETZER UND SPRACHKUNDIGE

STUDIEN ZUR ÜBERSETZUNGSWISSENSCHAFT

INHALTSVERZEICHNIS

NEUE BEITRÄGE ZU GRUNDFRAGEN DER ÜBERSETZUNGSWISSENSCHAFT

BEIHEFTE ZUR ZEITSCHRIFT FREMDSPRACHEN V/VI
(1973)

INHALTSVERZEICHNIS

H. *Wüsteneck*: Die Wortartbestimmung der homonymen Adjektiv-/Adverbformen des
  Deutschen als Problem der Beschreibung russisch-deutscher Äquivalenzbeziehungen
G. *Dalitz*: Zur Beschreibung typischer Vorgriffsfälle beim Simultandolmetschen
M. *Rockel*: Korrespondenz und Äquivalenz
A. *Ljudskanov*: Tvorčeskij charakter processa perevoda i vozmožnosti ego avtomatizirovanija
R. *Růžička*: Generative Semantik und Translationsmodell
P. *Sgall*: Aktuelle Fragen der Transformationsgrammatik und Modellierung der Translation
O. *Kade*: Zur Modellierung von Äquivalenzbeziehungen
W. *Reinecke*: Zur linguistischen Fundierung von Algorithmen im Modell des
  Übersetzungsprozesses

Kolloquium „Wissenschaft und Sprachmittlungspraxis"

O. *Kade*: Zum Verhältnis von „idealem Translator" als wissenschaftlicher Hilfskonstruktion
  und optimalem Sprachmittler als Ausbildungsziel

ÜBERSETZUNGSWISSENSCHAFTLICHE BEITRÄGE 2
(1979)

SPRACHLICHES UND AUSSERSPRACHLICHES IN DER KOMMUNIKATION

(Hrsg. O. Kade)

INHALTSVERZEICHNIS

Lew Zybatow (Innsbruck)

Wandern im Wandel von Welten und Wenden
Eine Odyssee in fünf Akten

Prolog oder die unerträgliche Leichtigkeit des Einstiegs

Am Anfang war die Qual der Wahl zwischen Wolfgang Köppen und Wolfgang Pöckl. Zum einen war es Wolfgang Köppen, der seinen Roman „Der Tod in Rom" so beginnt: „Es war einmal eine Zeit, da hatten Götter in der Stadt gewohnt. Jetzt liegt Raffael im Pantheon begraben, ein Halbgott noch, ein Glückskind Apolls, doch wie traurig, was später sich ihm an Leichnamen gesellte, ein Kardinal vergessener Verdienste, ... in der Karriere hochgediente Beamte, ...Gelehrte, die das Lexikon erreichten...Wen schert ihr Leben?"

Zum anderen war es Wolfgang Pöckl, der als Herausgeber von wissenschaftsgeschichtlichem Wert des vorliegenden Buches sprach und mir das schmeichelhafte Angebot machte, daran zu partizipieren – eine Ehre, in die hineinzuwachsen mir hoffentlich genügend Zeit übrig bleibt.

Nun, ich nehme – wie Sie merken – unbeschadet des bezaubernd-treffenden Köppenschen „Tod in Rom"-Einstiegs und meiner eigenen Überzeugung, dass meine Vita zu unwichtig ist, als dass ich ihre Geschichte anderen erzählen mögen müsste, – das Pöcklsche Angebot an: als Gelegenheit zu einer kurzen Selbstreflexion, als Versuch, den verfluchten Lauf der Zeit wenigstens kurz anzuhalten und einen Blick zurück zu werfen.

Der Odyssee 1. Akt: Die geretteten Zungen

Aufgewachsen bin ich in Bessarabien, auf den sonnenüberfluteten Straßen und Gassen von Ackermann[1], Ismail und Odessa, an den Gestaden des Schwarzen Meeres, seinen Limanen und an meiner schicksalsträchtigen Donau. An jener Donau, die seit den mythischen Vorzeiten Umgang mit Göttern gepflegt und an ihren Ufern Halbgötter hervorgebracht hat, die mit ihrer überirdischen Musik das menschliche Geschlecht verzauberten.

Verzaubern ließ ich mich aber als Kind sehr früh vor allem vom Klang unterschiedlicher Zungen, mit bzw. in denen die mich umgebenden Menschen – zumeist recht laut, melodisch und emotionsgeladen – miteinander sprachen, häufig und mit Leichtigkeit von einer Sprache zur anderen wechselnd, ohne auch nur zu ahnen, dass sie dabei der heute oft beschworenen multikulturellen Kommunikation frönten. Es war dies die schier unendliche Vielfalt an Sprachen des unteren Donaulaufs, so dass ich weiß, wovon Elias Canetti schreibt, wenn er

---

[1] heute: Belgorod-Dnestrovskij

schreibt, wie er als Kind in Rustschuk an einem Tag acht Sprachen hören konnte. Im Basar von Ackermann, wo graubärtige Männer mit breiten roten Stoffgürteln bei ihrem Rotweinglas in unerschütterlicher Gemütsruhe majestätisch thronten und dem bunten Treiben zusahen, erhielten wir, barfuss in der Sonne herumlaufende Jungs, sehr zeitig unsere ersten Lektionen in Mehrsprachigkeit, etwa den gereimten Spruch:

Ela tuka!

Gel burda!

Vino încoace!

Idi sjuda!,

der uns die Aufforderung „Komm her!" auf einen Streich gleich in 4 Sprachen – Bulgarisch, Gagausisch, Rumänisch und Russisch – einprägsam vermittelte.

Im Basar von Ismail fiel mir ein stets fein gekleideter Jude auf, dessen Laden von Waren und Kunden immer brechend voll war. Doch als Kind faszinierte mich an ihm nicht etwa der Reichtum an angebotenen Waren, sondern eben seine Fähigkeit, sich mit jedem noch so weither gereisten Vertreter seiner bunten Kundenschar in dessen Muttersprache akzentfrei zu verständigen. Diese mir im Rückblick so klar werdenden Tatsachen legen die schonungslose Wahrheit bloß: mein Weg in die Translationswissenschaft und verwandte, wesentlich brotlosere Künste als Handel war schon sehr früh vorgezeichnet.

Mein Vater indes war auf seine Art und Weise besessen, mich zu Höherem vorzubestimmen – namentlich schon durch die Namensgebung. Er gab mir den Vornamen Lew, was aufgrund seines Vornamens Nikolai für mich die Vor- und Vatersnamen Lew Nikolajewitsch ergab, die dem großen russischen Schriftsteller Tolstoj identisch und mithin für mich eine Verpflichtung waren, die zu erfüllen ich in der verbliebenen Zeit meines Lebens wohl kaum imstande sein werde. Dabei konnte mein Vater bei meiner Geburt nicht vorwegnehmen, was für frühe Lehrstücke angewandter Onomastik mir durch seine Namensgebung beschieden sein würden. Da Lew/Ljowa in der Gegend ein verbreiteter jüdischer Vorname und Kosename war, wurde ich in der Schule zum Opfer ständiger antisemitischer Hetze seitens einiger, z.T. sehr brutaler Mitschüler. Auch viel später in Moskau, als ich mich als Hochschulabsolvent nach Arbeit umsah, hörte ich des Öfteren die klischeehafte Fehleinschätzung, „Ach ja, dieser Jude, Ljowa, aus Odessa ...!", was aufgrund der damaligen (mit dem sog. „5. Punkt" euphemistisch bezeichneten) Restriktionen hinsichtlich der Beschäftigung von Menschen jüdischer Abstammung meine Arbeitschancen beeinträchtigen konnte, ohne dass die Gründe dafür bei mir wenigstens auch wirklich erfüllt gewesen wären! Am schlimmsten litt ich jedoch damals in der Schule, da ich als Kind über zwangsläufige Solidarisierungsmechanismen des Mob noch nicht reflektieren und diese grundlose Brutalität der Masse noch nicht begreifen konnte.

Mein Vater, selbst Diplomphilologe von der Moskauer Lomonossow-Universität und Lehrer für Russische Sprache und Literatur, wollte, dass aus mir unbedingt etwas Anständiges würde („entweder ein großer Schriftsteller oder ein Opernsänger oder ein berühmter Großmeister im Schach. Alles andere wäre sinnlos!"), und war maßlos traurig, als meine (in der Kindheit wirklich vielversprechende, fast engelhafte) Stimme nach dem Stimmbruch an Qualität einbüßte und ich obendrein bei unzähligen erzwungenen Schachsitzungen weder Ausdauer noch Enthusiasmus zeigen wollte.

Diesen Druck nahm meine Mutter – eine wunderschöne Erscheinung von klassischer Weiblichkeit – von mir, die mir ihre sehr mitteilsame, narrative Art und ihre Mehrsprachigkeit selbstlos angedeihen ließ (als bessarabische Bulgarin beherrschte sie Bulgarisch, Rumänisch und Russisch perfekt in Wort und Schrift und auch etwas Deutsch und Französisch) und mir etwas Bulgarisch an Hand der von ihr aus Bulgarien abonnierten Zeitschrift *Ženata dnes* beibrachte oder mich mit Übersetzungen vom Blatt aus dem Rumänischen, z.B. aus Mircea Eliade, verzauberte (was allerdings wohl weniger ihrer Übersetzungskunst denn Mircea Eliade zugute zu halten ist).

Im Hause meiner Kindheit wurde zwar wenig musiziert, dafür aber viel, gern und in verschiedenen Sprachen gesungen. Häufig senkte sich der Abend und mit ihm eine besondere Stimmung auf mein Vaterhaus, wenn die vokale Kommunikation bei Speis und leichtem Rotwein begann. Die Nachbarn sangen ukrainisch und jiddisch, meine Mutter trug mit ihrer sehr klaren und reinen Stimme die schwermütigen bulgarischen Planina-Lieder vor, aber auch zu Herzen gehende rumänische Romanzen aus der Dobrudscha (rum. *Dobrogea*) und Transsilvanien, mein Cousin brachte aus Odessa Gassenhauer und die berühmten Odessaer Judenlieder mit, mein Vater hielt mit poetisch-tiefsinnigen alten russischen Romanzen dagegen, mit getragenen und kraftvollen russischen Volksliedern, aber auch mit Arien aus bekannten Opern und Operetten, die er auf Russisch und Deutsch laut und manchmal etwas schrill, aber sehr leidenschaftlich vortrug.

Während andere ihrem allzumenschlichen Geschäft, dem Klatsch, kleinen Intrigen, Schnüffelei, Arschkriecherei, Diffamierung etc. nachgingen, hat mein Vater gesungen und damit die Zeit hervorragend angelegt. Er sagte immer halb im Scherz, dass er solche Stimm- und Lungenübungen und den so gewonnenen reinen Sauerstoff bitter nötig hätte. Diese etwas operettenhafte Lebensattitüde, die er dabei insgesamt mit ziemlicher Konsequenz kultivierte, war – wie mir jetzt im Rückblick scheint – seine unentbehrliche Waffe, die er den Umständen und der Sinnlosigkeit des Lebens entgegenhielt. In seiner Freizeit hat mein Vater gedichtet und diese Gedichte bzw. Lieder den Gästen vorgetragen, so z.B. sein Loblied auf Bessarabien und Ismail – eine Liebeserklärung an seine bessarabische Wahlheimat, in der er jetzt begraben liegt und für die er schönere Worte als manch alteingesessener Heimatdichter gefunden hat. Bemerkenswert, dass die wirklich tiefe (und nicht offiziell verordnete!) Liebe meines Vaters zu seiner früh verlassenen russischen Heimat ihn nicht im geringsten daran gehindert hat, sich in das wunderschöne Bessarabien und zuvor in Thüringen („das grüne Herz Deutschlands", wie er es aus der Erinnerung heraus nannte) zu verlieben, wo er als (Dolmetsch)Offizier in der sowjetischen Besatzungszone stationiert war, bevor er binnen 24 Stunden von Thüringen nach Bessarabien versetzt wurde, weil er sich in eine Jenenserin (die ihr gewidmeten sehr romantischen Verse hat er mir später einmal vorgetragen) unsterblich verliebt hatte, was strengstens verboten war. Seit seiner Versetzung nach Bessarabien und Demobilisierung „genoss" mein Vater grenzenloses Misstrauen der obwaltenden Behörden und erfuhr keinerlei berufliche Förderung mehr, was er mir nur einmal, viel, viel später, nach Abschluss meines Studiums bei einem Glas Wodka offenbarte, weil er eine Erklärung dafür suchte, wieso ich mit meinem hervorragenden Hochschulabschluss zum „Nichtreisekader" abgestempelt worden war, und befürchtete, dass jene Schatten einfach auf mich „erweitert" worden wären.

Doch damals war Bessarabien, dieser Ort der Verbannung und Zuflucht – ob einst von Ovid oder später von orthodox-heterodoxen Altgläubigen, alias Lipowanern –, dieses an den Kreuzwegen der Geschichte verlorene und von ihr auf rätselhafte Weise mitten in Europa verschont und unberührt gebliebene, wunderschöne Stückchen Erde – uns Kindern noch ein wahres Paradies. Doch Paradiese gehen bekanntlich mit Notwendigkeit verloren.

Der Odyssee 2. Akt: Das verlorene Paradies und der etwas bittere Beigeschmack von Freiheit und Abenteuer

Ich weiß nicht, wann genau mir mein innig geliebtes Kindheitsparadies zu eng wurde. Jedenfalls suchten mein Kinderherz zunehmend ängstliche Vorahnungen heim, dass es irgendwann Abschied zu nehmen gelte. Neugier, Fernweh und Sehnsucht nach der großen weiten Welt verzehrten mich gepaart mit der schlimmen Befürchtung, dass ich in dieser trauten, geradezu idyllischen heimatlichen Harmonie irgendwann einer irreparablen Verblödung anheimfallen würde. Den letzten Anstoß gab meine Deutsch-Lehrerin Emma Alexandrowna, eine Bessarabiendeutsche, eine sehr feine, attraktive Dame und wunderbare Lehrerin, die ich im Stillen bewunderte und die mir eröffnete, dass sie mich für hochgradig sprachbegabt halte, weshalb ich unbedingt versuchen sollte, die Aufnahmeprüfungen an der berühmten Spitzenhochschule des Landes – am Moskauer Fremdspracheninstitut „Maurice Thorez" – zu bestehen. So zog ich – obwohl meine arme Mutter mich beschworen hatte, nicht nach Moskau und überhaupt nicht von zuhause weg zu gehen, denn dann würde ich mich auf eine Wanderschaft begeben, auf der es keinen Halt und kein Zurück mehr geben würde (womit sie – wie so oft – prophetisch war) – nach Moskau aus, sah und siegte.

Bei der Bewerberlage von über 40 Mann auf einen Platz hatte ich etwas Glück. Da ich ein Reifezeugnis mit einer Goldmedaille, d.h. mit dem Prädikat ‚ausgezeichnet' in allen Fächern hatte, genügte es nach den Aufnahmeregeln, die Prüfung nur in der Profildisziplin, d.h. in Deutsch, mit Auszeichnung abzulegen, um von den drei übrigen Prüfungen befreit und immatrikuliert zu werden. Was ich auch tat und mir damit – nun voller Stolz und freudiger

Erwartung – das Tor zum Elitestudium in der Fremdsprachenhochschule Nr.1[2] des großen Landes aufstieß.

Ich tat alle meine Sinne auf und sog wie ein Schwamm alles auf, was die beste Fremdsprachenhochschule sowie die Metropole des großen Reiches so zu bieten hatten. Was sich – zu meinem größten Erstaunen – meinen Augen und anderen Sinnen bot, war die „Famussowsche Moskauer Gesellschaft" pur, so wie sie im Buche (nämlich *Verstand schafft Leiden* von Gribojedow) steht und die uns in der Schule als Relikt der alten, bösen Zarenzeit geschildert worden war, das wir längst „auf dem Müllhaufen der Geschichte" entsorgt hatten. Die historischen Konstanten – auf die ich hier nicht näher eingehen kann – waren jedoch so frappierend, dass das Gribojedow-Buch mit all seinen (Proto)Typen immer wieder vor meinem geistigen Auge erstand.

Es öffnete sich die Welt des Moskauer Injaz,[3] der gepflegten smile-keependen Jungs im Diplomatenlook aus gutem Hause, der alles mit über-schwänglichen „Oh wie schön"-Seufzern bewundernden und sehr bewunderns-werten Injaz-Girls, der nichtssagenden Small Talks und des vielsagenden Schweigens.

Ich war stolz, froh und neugierig, vom Lehrangebot der führenden Vertre-ter der sowjetischen übersetzungs- und dolmetschwissenschaftlichen Schule (die im Westen leider bis heute ungenügend rezipiert worden ist) – Barchudarow, Komissarow, Švejcer, Zwilling, Černov[4] u.a. – profitieren zu können, von denen

---

[2] Fremdsprachenhochschule Nr. 1 deshalb, weil sie damals als einzige Hochschule über eine eigene Fakultät für Übersetzen und Dolmetschen verfügte, an der aus-schließlich Jungs zu Topdolmetschern und -übersetzern für den diplomatischen Dienst, internationale Organisationen wie UNO, UNESCO usw. in zwei Fremdsprachen ausgebildet wurden und sich gleichzeitig in den 60er Jahren die Moskauer Übersetzungswissenschaftliche Schule an dieser Hochschule etabliert hatte.

[3] gängige russische Abkürzung für Fremdspracheninstitute: institut (*Institut*) inostrannych (*fremder*) jazykov (*Sprachen*)

[4] vgl. Leonid S. Barchudarov (1979): *Jazyk i perevod. Voprosy obščoj i častnej teorij perevoda.* [Sprache und Übersetzung. Probleme der allgemeinen und der speziellen Übersetzungstheorie]. Verfolgt einen semiotischen Ansatz und widmet sich vor allen den Übersetzungseinheiten und den Übersetzungstransformationen (Ergänzungen, Weglassungen, Umstellungen und Substitutionen). (s. Salevsky 2002:112);

vgl. Vilen N. Komissarov (1973): *Slovo o perevode (Očerk lingvističeskogo učenija o perevode).* [Ein Wort zum Übersetzen. (Abriss einer linguistischen Übersetzungs-lehre)] – ein textlinguistisches Äquivalenzmodell, in dem fünf Ebenen unterschieden werden: die Ebene i) der sprachlichen Zeichen; ii) der Äußerung, iii) der Mitteilung; iv) der Situationsbeschreibung; v) des kommunikativen Ziels. (vgl. Salevsky 2002:208);

vgl. Aleksandr Švejcer (1973): *Perevod i lingvistika* [Übersetzung und Linguistik] – erste theoretisch fundierte Behandlung der Übersetzungsprobleme im Sprachenpaar Englisch – Russisch. (s. Salevsky 2002:111);

vgl. Gelij V. Černov (1978): *Teorija i praktika sinchronnogo perevoda.* [Theorie und Praxis des Simultandolmetschens] – die international erste Monographie zum Simultandolmetschen auf experimenteller Basis (Englisch – Russisch) (s. Salevsky 2002:114).

ich von Anfang an u.a. gelernt habe, dass man an einer Hochschule unseres Fachs vielmehr das Denken denn das affenartige (Re)produzieren einer Fremdsprache erlernen soll. Das Studium lief (jedes Semester mit Leistungsstipendium) und ich lief zu allen möglichen und unmöglichen Vorträgen und Veranstaltungen, die irgendwie mit meinem Fach zu tun hatten, las klassische und moderne Autoren meiner Fremdsprachen, weinte am Ende der Lektüre von Hermann Hesses „Knulp" – zum größten Befremden meiner Mitbewohner im Studentenwohnheim –, verbrachte Tage und Abende in Bibliotheken. Das fanden viele meiner Kommilitonen – ich war der einzige Nichtmoskauer in meiner Seminargruppe – seltsam, denn sie scherte es keineswegs, dass ihre Fremdsprachenbeherrschung mitnichten akzent- und auch sonst alles andere als einwandfrei war. Der Grund wurde mir erst nach Abschluss des Studiums klar, als meine Moskauer Kommilitonen sofort die für sie warmgehaltenen Stellen in der russischen Botschaft in Bonn-Bad Godesberg, bei Internationalen Organisationen, bei Presseagenturen etc. besetzten, und ich als einziger Absolvent mit dem sog. „roten Diplom" (d.h. alle Prüfungen mit Auszeichnung) und mit drei (statt den üblichen zwei) Fremdsprachen im Diplom (Übersetzer, Dolmetscher und Referent für Deutsch, Englisch und Schwedisch) in einem Land, wo der Staat offiziell der einzige Arbeitgeber war, ohne staatliche Lenkung, d.h. ohne Zuweisung einer Arbeitstelle, auf der Straße stand, zudem mit der Einstufung als Nichtreisekader (d.h. ich durfte aus dem Land überhaupt nicht raus), was mich damals erschütterte. Und obwohl meine offizielle polizeiliche Anmeldung in Moskau nur für die Zeit des Studiums galt, beschloss ich, dass es nun erst recht für mich kein Zurück in mein verlorenes bessarabisches Paradies gab. Und ich begann mich in der Illegalität in Moskau mit Gelegenheitsarbeiten durchzuschlagen. Da tat sich mir das andere, möglicherweise das wahre Herz Moskaus mit Nischen der Güte und echter menschlicher Solidarität auf. Bereits als Student war ich als Simultandolmetscher von Kongressen bekannt, so dass ich nun von den Kollegen in ihre Teams geholt wurde und mich zu ihrer Zufriedenheit und zur Zufriedenheit meiner Geldbörse im Simultandolmetschen zu den verschiedensten Themen übte. Eine fast flüchtige Bekanntschaft verhalf mir zur freien Mitarbeit im Moskauer Institut INION (Institut für wissenschaftliche Information in den Gesellschaftswissenschaften), für dessen Referatebände ich aus dem Deutschen, Englischen und Schwedischen Bücher und Artikel aus den Sozial- und Politikwissenschaften bändeweise übersetzte bzw. referierte und gleichzeitig hochinteressante wissenschaftliche Informationen konsumierte. Die Redakteure des deutschsprachigen Dienstes von Radio Moskau, in dessen Studio ich einmal als Student mit einem Bericht von den Studentenbaubrigaden (übrigens im Dialog mit meiner künftigen Frau und damals noch Sprachmittlerstudentin aus Leipzig) im wahrsten Sinne guten Anklang gefunden hatte, waren froh, dass ich frei war, und an meiner freiberuflichen Mitarbeit interessiert. So wurde ich freier Mitarbeiter beim Funk, machte „Funkexkursionen", Direktreportagen, die ich gleich simultan dolmetschte, – ob von Moskau vor Silvester, dem Moskauer

„Geflügelmarkt" oder von den Moskauer Eisbadern... . Später bekam ich eine eigene Rubrik: „Jugendfunk von Radio Moskau von und mit Lew Zybatow." Außerdem gestaltete ich im Fernsehen regelmäßig Lehrprogramme für Deutsch und Englisch und schrieb ab und zu Drehbücher für die Sendung „Deutsch für Sie". Ein solches von mir verfasstes Silvestermärchen über Herrn Knallfrosch, der als Geist dem Silvester-Knallfrosch entsteigt und allen Kindern, die faul in Deutsch sind, gute Vorsätze fürs Neue Jahr entlockt, wurde viele Jahre hintereinander, auch nachdem ich Moskau schon gen Leipzig verlassen hatte, zu Silvester ausgestrahlt. Nach der Urausstrahlung übrigens hat meine Tochter Tanja vor dem Fernseher untröstlich geweint, als das Märchen zu Ende ging, weil sie unbedingt eine Fortsetzung wollte.

Damals wohnten wir – meine Frau aus Leipzig und unsere Tochter Tanja – schon in Moskau, was für mich seine Richtigkeit hatte, denn ich wollte in meinem Lande leben, mich mit ihm freuen und mit ihm leiden. Es zu verlassen war mir damals unvorstellbar. Bis ich verstand, dass ich meine Leidensbereitschaft nicht auf meine sich nach Leipzig sehnende Familie übertragen durfte und mein Leiden über ihr Leiden mit meinem Lande mir noch unerträglicher werden würde. Eines Tages galt es – ich verspürte einen fast physischen Schmerz – unsere (inzwischen sehr wohnlichen) Moskauer Zelte ab- und gen Leipzig aufzubrechen, wo mich nichts erwartete und wofür ich auch keine sonderliche Abenteuerlust verspürte. Doch die eingangs geschilderten Prophezeiungen meiner Mutter nahmen reale Gestalt an und die Odyssee ihren Fortgang.

Der Odyssee 3. Akt: In Leipzig man beweibt sich!

In Leipzig und an der berühmten Leipziger Universität, wo ich gleich nach meiner Ankunft anklopfte, hat mir niemand den roten Teppich ausgerollt. Nachdem ich lange und beharrlich, aber vergeblich überall angeklopft hatte, beschloss ich, anknüpfend an meine Moskauer Berufserfahrungen als freier Übersetzer und Dolmetscher mein Glück zu versuchen und trat dafür der VdS (Vereinigung der Sprachmittler in der DDR) bei.

Gleich der erste Übersetzungsauftrag – ein illustriertes Minibuch des Leipziger Schriftstellers Helmut Richter über seine Stadt (der Übersetzungsauftrag war wohl aufgrund der großen Schwierigkeit des sehr hintergründig witzelnden und mit Sprachspielen aller Art vollgespickten Originaltextes noch zu haben) – war eine große Herausforderung. Stand doch am Anfang des Buches z.B. zu lesen: „Dass aber nicht alle ... die steinigen Pfade der Wissenschaft wandeln wollten..., beweist ein zum Sprichwort gewordener Lebensplan, das Stenogramm einer beabsichtigten Blitzkarriere: IN LEIPZIG MAN BEWEIBT SICH!"
Das hat mir sehr gefallen, und so übersetzte ich:
Blaženstvom budet okružen, kto v Lejpcige nachodit žen.
[Von Seligkeit wird umgeben, wer in Leipzig findet (seine) Frau(en)!]

Zwar habe ich beim Übersetzen notgedrungen expandiert und – wohl ein wenig in meinem Sinne – expliziert, dafür aber – was z.b. die englische, ebenfalls expandierend umschreibende Übersetzung nicht tut! – den Reim und Rhythmus im russischen Zieltext aufrecht erhalten. Und ich erblickte in diesem Ausspruch den Willkommensgruß Leipzigs für mich, dessen Wahrheit sich mir nach und nach zu erschließen begann. Die wunderbare sächsische Messestadt Leipzig – früher das Kleine Meissner Rom, Kursachsens Diamant, Klein Paris, Pleiss-Athen und jetzt Messestadt, Universitätsstadt, Buchstadt, Musikstadt, Kongress-stadt, Stadt des Sports, Stadt der Dok(umentarfilm)woche (die Liste ließe sich fortsetzen) genannt, bot einem Übersetzer und Dolmetscher ungeahnte abwechslungsreiche Möglichkeiten, von denen ich weidlich Gebrauch machte. Ich dolmetschte simultan beim Film, zur Leiziger Dokumentar- und Kurzfilm-woche, für ihre Auswahlkommission, war Simultandolmetscher auf unzähligen internationalen KdT-Fachtagungen (Kammer der Technik der DDR) – von „Automatisierungstechnik", „Kernreaktoren", „Korrosionsschutz" über „Robo-tertechnik", „Sprengwesen" bis hin zu „Pflanzenschutz" und „Künstlicher Befruchtung". In dieser Zeit habe ich auch viel für Verlage gearbeitet, z.B. Interlinearübersetzungen mit Explikationen für äußerst bezugreiche und faszinierende Gedichte von berühmten russischen Symbolisten als Vorlagen für ihre Nachdichtung durch deutsche Dichter erstellt, zentrale Stichwörter für die Enzyklopädie "Mythen der Völker der Welt" aus dem Russischen ins Deutsche übertragen, das populärwissenschaftliche Buch „Wissenschaften in der Antike" aus dem Russischen ins Deutsche, die Erzählungen Kiewer Schriftsteller in der Anthologie der Schriftsteller der Partnerstädte Kiew und Leipzig „Das Auge der Schlange" aus dem Ukrainischen ins Deutsche, das bereits erwähnte Leipzig–Buch von Helmut Richter ins Russische übersetzt usw. usf., abgesehen von vielen nicht veröffentlichten Übersetzungen z.B. für das Leipziger Zentral-institut für Jugendforschung, den Börsenverein des deutschen Buchhandels etc. etc.

Obwohl ich fast in Arbeit erstickte, besuchte ich hin und wieder – meiner noch aus der Studentenzeit erhaltenen Lust oder Neigung zur wissenschaftlichen Reflexion folgend – einschlägige universitäre Vorträge sowie die Forschungs-kollektive von Albrecht Neubert und Gert Jäger – (nach dem frühen Tod von Otto Kade) den zwei führenden Köpfen der Leipziger übersetzungswissen-schaftlichen Schule.

Die Stunde meiner Universitätsträume schlug, als auf irgendeinen hohen Beschluss hin ein Institut zur Weiterbildung von Sprachmittlern (Sprachmittler war der DDR-Sammelbegriff für Übersetzer und Dolmetscher, den ich immer noch gut motiviert und sehr passend finde) an der Universität Leipzig gegründet werden sollte und gemäß den konzeptionellen Vorstellungen für dieses neue und wohl in der Welt präzedenzlose Institut (abgekürzt IWS) Mitarbeiter mit gleichzeitig theoretischen und praktischen Kompetenzen im Umfeld der Translation gefragt waren und gesucht wurden. Ich bekam das Angebot, gleich bei der Gründung mit anzupacken, sagte „Ja" und war von Anfang an bei der

Entwicklung und Umsetzung der IWS-Konzeption dabei, die – nach den Vorstellungen der Urheber der Idee aus dem Kreise der Leipziger übersetzungswissenschaftlichen Schule – eigentlich in der Schaffung eines elitären akademischen Institutes für Translationswissenschaft bestand (eine Idee, die mir persönlich sehr imponierte), unter dem Druck der Bedürfnisse jedoch so transformiert wurde, dass man attraktive Weiterbildungsangebote zum Transfer der Theorie in die Praxis und zur Verbindung der Translationstheorie mit der Translationspraxis vorsah, wofür wir sowohl reguläre Kurse zur allgemeinen turnusmäßigen Weiterbildung für praktizierende Übersetzer und Dolmetscher, als auch Spezialkurse und Lehrgänge in Zusammenarbeit mit dem Berufsverband VdS entwickelt haben (darunter auch besondere Simultandolmetsch-Kurse in der Abgeschiedenheit der malerisch gelegenen, VdS-eigenen und speziell ausgestatteten Villa „Schiffmühle", bei denen unter Leitung des Kollegen Dr. Cardilleri nach einem speziellen Know-How in 14 Tagen den noch nie simultan gedolmetscht habenden, aber sehr motivierten und fleißigen Teilnehmern die Tranferkompetenz und Zusatzqualifikation eines Simultandolmetschers verpasst wurde – etwas, woran ich nie geglaubt, wenn ich dies nicht selbst praktiziert und erlebt hätte.)

Der IWS-Einstieg war also der Wechsel vom Status eines „freien Künstlers" zu einer Promotionsstelle an der Universität, die bei Erfolg sogar eine Übernahme in ein festes Arbeitsverhältnis versprach. Ich war glücklich, in der Ruhe der Bibliotheken über eine der spannendsten und sehr komplexen Form der Sprachverwendung – die Translation – nachsinnen zu dürfen und dafür sogar bezahlt zu werden. Hinzu kam die berühmte, seit dem 19. Jahrhundert die Geschichte der Sprachwissenschaft schreibende Leipziger Universität, deren Tradition und deren starke Sprachwissenschaft, damals um die Professoren Rudolf Růžička, Anita Steube und Rudi Conrad, und natürlich auch die Leipziger Übersetzungswissenschaftliche Schule für mich einen äußerst fruchtbaren wissenschaftlichen Boden bedeuteten. Mein Thema wählte ich im Bereich der damals boomenden Partikologie und lehnte mich – trotz der immer noch überschwänglich gefeierten pragmatischen Wende – an ein interpretativ-semantisches Satzbedeutungsmodell an, das ich etwas modifizierte und eine pragmatisch-sprechakttheoretische Komponente als Ergänzung hinzunahm, wodurch die Problematik – im erweiterten Kontext des Satzmodus zwischen Grammatik und Pragmatik – im universalgrammatischen, kontrastiven und translatologischen Licht in bezug auf verschiedenen Sprachen klar beschreibbar und erklärbar wurde. Es war ein Erfolgserlebnis und eine Freude für mich, die explanative Kraft der Sprachwissenschaft so unmittelbar zu erleben. Ich sah, dass die Beschränkung der translatologischen Ansätze nur auf Pragmatik und Text- bzw. Sprachverwendungslinguistik nicht gerechtfertigt ist, sondern dass auch – und gerade – systemlinguistische und (universal)grammatische Ansätze wichtige Sprachmechanismen zu erhellen und professionelle Übersetzer und Dolmetscher mit dem erforderlichen Arsenal an Mitteln und Kompetenzen auszustatten imstande sind.

Auf dem Modell meiner Dissertation fußend, habe ich zu Partikeln, Einstellungen, zur Übersetzbarkeit gesprochener Sprache und zur Satzmodusproblematik in verschiedenen Sprachen und unter verschiedenen Blickwinkeln auf internationalen Konferenzen referiert, aber auch vor Praktikern in der VdS oder vor schöngeistigen Übersetzern (die in der DDR nicht in der VdS, sondern in der Sektion literarischer Übersetzer beim Schriftstellerverband organisiert waren). In Zusammenarbeit vom Leipziger IWS und der VdS habe ich auch internationale Weiterbildungsprogramme und Workshops konzipiert und vor Ort durchgeführt, so z.B. für den bulgarischen Übersetzerverband in Sofia und in Varna.

Doch bei aller (zugegebenermaßen – wie bei Javier Marías – etwas zwiespältigen) Liebe zum Übersetzen und Dolmetschen in den verschiedensten Arten, die ich Zeit meines Lebens praktiziert habe, bei allem Engagement für die Aus- und Weiterbildung und für den Transfer der Translationstheorie in die Translationspraxis habe ich immer (und tue es auch heute noch) vor der an unseren Ausbildungsstätten verbreiteten kurzsichtigen forschungsfeindlichen und disziplinschädigenden Attitüde gewarnt, es sei nur die Theorie akzeptabel, die der Translationspraxis und der Translationslehre unmittelbar etwas nütze. Denn damit hindert sich die Translationswissenschaft selbst daran, die Translation wirklich wissenschaftlich erforschen und erklären zu können und beraubt sich selbst ihrer wissenschaftlichen Fragestellungen, ja ihrer Existenz als wissenschaftliche Disziplin.

Ich bin sehr dafür, dass die Translationswissenschaft in ihrem Angewandten Bereich die Translationspraxis optimiert. Aber ich bin gleichzeitig sehr dagegen, dass sich darin die Aufgabe der Translationswissenschaft erschöpft. Und erst recht bin ich dagegen, dass die Translationspraxis die Translationswissenschaft in eine Legitimationskrise führen kann, wie Salevsky (2002:78) konstatiert:

„[Es entstanden] Zweifel an der Relevanz der TW für die Lösung von Problemen der translatorischen Praxis, was entscheidend zur Legitimationskrise der TW in den 70er Jahren beitrug."

Ich denke, hier handelt es sich um einen grundlegenden Denkfehler im methodologischen Herangehen an die Translationswissenschaft. Denn wir nützen der Praxis erst etwas, wenn wir die Wahrheit über das Übersetzen und Dolmetschen heraus bekommen haben. Doch dazu braucht es Zeit und vor allem bedarf es des richtigen Bewusstseins, was für Fragen für die wissenschaftliche Untersuchung des komplexen Vorgangs der Translation, über den wir nach wie vor so gut wie nichts wissen, überhaupt gestellt werden müssen. Es gibt hoch brisante Forschungen für das Leben des Menschen, wie z.B. die Krebsforschung oder die Aidsforschung, die leider mit ihren Ergebnissen noch nicht so weit sind, dass sie die Krankheiten heilen könnten. Doch käme deshalb jemand auf die

Idee, dieser im Vergleich zur Translationswissenschaft sehr teuren Forschung die Legitimität abzusprechen? Natürlich nicht!

Bereits 1972 definierte James Holmes zwei große Bereiche der Translationswissenschaft („Pure" und „Applied") und formulierte die Aufgaben der Translationswissenschaft wie folgt:

> „(1) to describe the phenomena of translating and translation(s) as they manifest themselves in the world of our experience, and
> (2) to establish general principles by means of which these phenomena can be explained and predicted." (Holmes 1988d:71)

Und an anderer Stelle forderte er:

> „[...] before we can know how to train translators, we have to know what takes place in the translation process and we have to know what translated texts are" (Holmes 1988b:95f., zit. n. Salevsky 2002:69)

Und was ist heute? Heute stehen wir nach wie vor vor diesen offenen Fragen. Ja, es mangelt unserer jungen Disziplin nicht an grundsätzlichen Desiderata. Wir wollen eine eigenständige Disziplin sein, zeigen aber wenig Bereitschaft zu einer dringend notwendigen metatheoretischen Selbstreflexion. Es zeichnet sich zwar ein Konsens ab, dass die Translationswissenschaft eine empirische Wissenschaft ist, es mangelt aber an Verständnis dafür, was das ist. Denn es gibt in der Translationswissenschaft zum einen sehr wenige empirische Über-prüfungen der eigenen Theorien und zum anderen fehlt es an der Einsicht, dass unsere Theorien überhaupt überprüfbar sein müssen. Doch es gibt auch Licht am Ende des Tunnels, so z.B. in der – in einigen Bereichen modern empirisch arbeitenden – Dolmetschwissenschaft, deren Ergebnisse nicht nur für die Translationswissenschaft, sondern für die Erforschung und Erklärung der menschlichen geistigen Tätigkeit auch für andere Disziplinen signifikant sind.

Der Odyssee 4. Akt: Inn-brünstig Translationswissenschaftliches vom grünen Inn

Auch wenn die meisten von Berufs wegen dazu verpflichteten politologischen Orakel dafür mit Blindheit geschlagen waren, spürte ich – irgendwie intuitiv – die Wende kommen: die Wende lag in der Luft. Das war vielleicht in Leipzig spürbarer als anderswo, denn mag die Wende insgesamt das Produkt eines Unsichtbare-Hand-Prozesses sein, bei dem verschiedene Dinge kumulativ zusammenflossen, wodurch es am Ende zur Wende kam, wurde dieser Prozess doch damals in Leipzig eingeleitet. Das war ein unvergesslicher Herbst 1989, der Geschichte geschrieben hat. Die Leipziger waren auf einmal gelöst und frei, aufrecht und mit ihren Demosprüchen von einem Mutterwitz, den ich nicht umhin konnte zu sammeln und in dem Büchlein "Egon reiß die Mauer ein..." beim Coppenrath-Verlag in Münster zu publizieren.

Durch die Wende öffneten sich über Nacht neue, ungeahnte Perspektiven. An der Universität hingen plötzlich die verschiedensten Ausschreibungen für alle Teile der Welt aus. Ich bewarb mich um ein Stipendium bei der Alexander von Humboldt-Stiftung und bekam es zuerkannt – und zwar am Osteuropa-Institut der Freien Universität Berlin, wo ich mich später auch erfolgreich habilitierte. Alles war möglich! Auf dem ersten gesamtdeutschen Slawistentag in Berlin bot mir ein Hamburger Kollege an, seine Professur für russische Sprachlehrforschung am Zentralen Fremdspracheninstitut der Universität Hamburg zu vertreten, was ich natürlich sofort annahm. Bis heute kann ich nicht ohne Begeisterung an jene mit zu großen Erwartungen auf beiden Seiten behaftete Zeit zurückdenken: in meinen Seminaren zur russischen Grammatik saßen 90-100 Studierende, ihre Blicke erwartungsvoll auf mich gerichtet – es war noch die Zeit der „Gorbimanie" – und ich versuchte, diesen Erwartungen gerecht zu werden, soweit dies in einem Grammatikseminar überhaupt möglich ist. Zugleich waren die Hamburger Studenten die interessiertesten, aufgeschlossensten und weltoffensten von allen, denen ich später noch an anderen Universitäten begegnet bin.

Es folgte die Vertretung der C4-Professur für Slawistik und Balkanlinguistik an der Universität München sowie Lehre, Forschung und Habilitation an der Freien Universität Berlin. Meine Habilitation war dem tiefgreifenden und umfassenden Sprachwandel im Zuge der soziokulturellen Transformationsprozesse im Osten, speziell in den slawischen Sprachen, gewidmet: sozusagen dem Sprachwandel als Kulturwandel. Das Ziel war, zum einen über die bereits verbreitete reduzierte Auffassung von Sprachwandel als rein lexikalischem Transfer hinaus zu gehen und, zum anderen, gerade auch translatologisch relevanten Fragestellungen nachzugehen, wie das Kulturelle nicht pauschal, sondern an der Schnittstelle von Sprache, Kultur und Translation in der Sprache, in textuellen Handlungsmustern zum Tragen kommt. Dazu habe ich insbesondere den semantischen Wandel und den pragmatischen Wandel als Wandel von Textsorten fokussiert und dafür ein – auch für die Translation relevantes – Kategorieninventar entwickelt, eine Taxonomie von wortbezogenen und textbezogenen Stereotypen zur Erfassung dessen, was an dem in der jüngeren Translationswissenschaft viel beschworenen, aber nie explizierten kulturellen Wissen wirklich an der Sprache – wenn auch implizit – hängt, bzw. über Sprache evoziert wird. Wie fungieren die Stereotypen als Bewertungsmaßstäbe im Text, welche textuellen Bewertungsstrategien kommen wie zum Einsatz usw.?

In meiner nachfolgenden sprach- und translationswissenschaftlichen Forschung habe ich dann oft auf die von mir in der Habilitationsschrift eingeführten Kategorien zurückgegriffen. So kam ich in Anlehnung an meine sog. „kognitiven Abbildungsstereotypen" einer Sprach- und Kulturgemeinschaft – unter denen ich die in einer Kultur mit verhältnismäßiger Konstanz auftretenden metaphorischen Modelle verstehe, auf die kulturell relevante Sachverhalte kognitiv abgebildet werden – auf die Idee, ein DFG-Projekt zu beantragen, bei dem die durch Abbildungsstereotypen konstituierten Sichtweisen in zwei Kulturen zum erstenmal in systematischer Weise kontrastiv und translatologisch untersucht werden sollten. So entstand das DFG-Projekt „Interkultureller Vergleich der Struktur kollektiver Vorstellungswelten anhand der metaphorischen Modelle in der Presse Russlands und Deutschlands", das noch in meiner Bielefelder Zeit bewilligt, von mir dann schon von Innsbruck aus geleitet wurde und das ich in Zusammenarbeit mit der Russischen Akademie der Wissenschaften realisiert habe.

Aus der Beschäftigung mit dem Sprachwandel ist u.a. auch das von mir 2000 herausgegebene zweibändige internationale Handbuch unter Beteiligung renommierter Slawisten aller Kontinente „Sprachwandel in der Slavia. Die slavischen Sprachen an der Schwelle zum 21. Jahrhundert" hervorgegangen, das ein Bild der aktuellen Sprachstadien aller Slavinen vermittelt und gleichzeitig ein theoretischer Leitfaden zur Untersuchung von Sprachwandel, Medienkultur, Sprachkontakt, Sprachpolitik, Ausbau- und Überdachungssprachen darstellt.

Auch zu Fragen der Kontakt- und Konfliktlinguistik, Sprachtod-, Sprachminderheiten- und Stadtsprachenforschung habe ich geforscht und publiziert, u.a. in Zusammenarbeit mit dem Brüsseler Forschungszentrum für Europäische Mehrsprachigkeit, zu dessen korrespondierendem Mitglied ich nach der Mitarbeit in dem „Euromosaic"-Programm zur Untersuchung von europäischen Minderheitensprachen ernannt wurde.

In Bielefeld, wo ich nach der Professurvertretung in München 6 Jahre lang eine C2-Hochschuldozentur innehatte, wandte ich mich wieder zunehmend der translationswissenschaftlichen Forschung zu, nahm an zentralen Konferenzen teil – von den traditionellen Leipziger Konferenzen zu Grundfragen der Translationswissenschaft, die noch von Otto Kade und Albrecht Neubert im Jahr 1965 initiiert wurden, bis hin zu den von der EU unterstützten High Level Scientific Euroconferences zur Translationswissenschaft, die ich von 2002 – 2004 als keynote-speaker mitgestaltete.

Die Grundfragen der Translationswissenschaft sind mit den Jahren immer mehr in den Mittelpunkt meines Interesses gerückt, weil einerseits die Tradition der Leipziger übersetzungswissenschaftlichen Schule später nicht aufgegriffen und weiterentwickelt wurde, andererseits aber mit der sog. Neuorientierung (vgl. Snell-Hornby 1986) und dem funktionalistischen und kulturdeterministischen Reduktionismus – zumindest im deutschsprachigen Raum – eine Entwicklung eingeleitet wurde, die m.E. unserer Disziplin mehr schadet als nützt. Warum? Weil die in den letzten Jahren immer wieder behaupteten bzw. herbeigeschriebenen translationswissenschaftlichen Revolutionen bzw. paradigmatischen Ablösungen wissenschaftstheoretisch nicht aufrecht zu erhalten sind; weil der translatologische Gegenstand nicht ein Entweder-Oder, sondern ein Sowohl-als-Auch und gegenseitige Ergänzung verschiedener translatologischer Fragen gebietet. Denn die Frage, was zu welchem Zweck wie übersetzt werden soll (wofür sich die funktionale, kulturell orientierte Translationswissenschaft interessiert) und die Frage, wie das Übersetzen und Dolmetschen im Einzelnen vor sich geht (womit sich vornehmlich die linguistisch und kognitiv orientierte Translationswissenschaft befasst) sind zwar zwei unterschiedliche Fragestellungen, jedoch zwei Seiten einer Medaille, die beide von der Translationswissenschaft behandelt werden müssen.

Deshalb ist es ein Rückschritt, dass die Allgemeine Translationstheorie[5] ihre Eigenständigkeit damit begründet, dass sie alle Aspekte, unter denen sich andere Disziplinen, vor allem verschiedene Bindestrich-Linguistiken, mit dem Phänomen der Translation auseinandergesetzt haben oder auseinandersetzen könnten, als Gegenstand der Translationswissenschaft meint ausschließen zu müssen. Und es ist ebenfalls ein Irrtum, die Linguistik als exakte (Natur)-wissenschaft und die Translationswissenschaft als (nicht-exakte) Geisteswissenschaft ansehen zu wollen. Ebenso wie es in der Sprachwissenschaft ein Miteinander von geistes- und naturwissenschaftlichen Methoden gibt, verlangt auch die Translationswissenschaft beide Herangehensweisen, um ihrem sehr komplexen Gegenstand gerecht werden zu können.

Die dringend gebotene Einheit von Geistes- und Naturwissenschaft in der Gegenwart macht Mittelstraß (1998:131) in seinen „Häusern des Wissens" mit der Unterscheidung zwischen einem Verfügungswissen und einem Orientierungswissen deutlich, die alle beide jede wissenschaftliche Disziplin in sich vereinen muss. Unter Verfügungswissen wird ein Wissen um Ursachen, Wirkungen und Mittel verstanden, unter Orientierungswissen ein regulatives Wissen um (begründete) Zwecke und Ziele. Das Verfügungswissen hat es mit dem Können zu tun, das Orientierungswissen mit dem Sollen. Und beide Wissensformen gehören am Ende zusammen. Etwas schematisch auf die Translationswissenschaft übertragen heißt das: die linguistisch orientierte Übersetzungswissenschaft müsste dem Können des Translators auf die Spur kommen und die funktionale dem Sollen. Zu dem Können gehören außerdem auch psychologische, physiologische, neurobiologische u.a. Aspekte; zu dem Sollen zählen auch soziologische, kulturelle, künsterlische, ethische u. a. Gesichtspunkte.

Doch können wir dem Können und Sollen des Translators nur auf die Spur kommen, wenn wir sein Tun wirklich wissenschaftlich erforschen.

Es ist meine tiefste Überzeugung, dass sich unsere junge Disziplin – wenn sie als selbständige Wissenschaft wirklich anerkannt werden will – unbedingt den Grundfragen der Translationswissenschaft zuwenden muss, die m.E. wie folgt zu stellen sind:

---

[5] Witte (2000) fasst unter dieser Bezeichnung die *Skopostheorie* von Reiss & Vermeer (1984) sowie die *Theorie über translatorisches Handeln* von Holz-Mänttäri (1984) zusammen.

1. Wie versteht der Übersetzer/Dolmetscher den Ausgangstext (AT)?
2. Wie übersetzt/dolmetscht er den Text aus der AS in die ZS? Welche Wissenssysteme werden für diese Tätigkeit aktiviert und was für einen Entwicklungsstand benötigen sie für ein erfolgreiches Ausführen der Translation?
3. Wie produziert der Übersetzer/Dolmetscher den Zieltext (ZT)?

Um dem Grundlagen- und metatheoretischen Diskurs in der Translationswissenschaft etwas auf die Beine zu helfen, habe ich nach Antritt der Professur für Übersetzungswissenschaft 1999 in Innsbruck im selben Jahr noch die I. Internationale Innsbrucker Ringvorlesung zur Translationswissenschaft ins Leben gerufen. Und es waren nicht die Tiroler Berge, die zu den Propheten, sondern die translatologischen Propheten, die zu den Tiroler Bergen kamen und bei der Gründung dieses inzwischen international beachteten Forums unserer Disziplin Pate gestanden haben. Zur Publikation der Innsbrucker translationswissenschaftlichen Ringvorlesungen wurde eine eigene Reihe „Forum Translationswissenschaft" bei Peter Lang gegründet, die nun versuchen will, vom Ufer des Inn inn-novative Ideen, überbrückende Standpunkte, aber auch polemische und kritische Auffassungen in die Welt auszusenden. Inzwischen sind vier Innsbrucker Ringvorlesungen über die Bühne gegangen, die in der o.g. Reihe mit folgenden Themenüberschriften veröffentlicht bzw. im Druck/ in Vorbereitung sind: *Translation zwischen Theorie und Praxis* (Bd.1); *Translation in der globalen Welt und neue Wege in der Sprach- und Übersetzerausbildung* (Bd. 2); *Translationswissenschaft im interdisziplinären Dialog* (Bd. 3); *Translatologie – neue Ideen und Ansätze* (Bd.4).

In den letzten Jahren wurde das Institut für Translationswissenschaft am Herzog-Siegmund-Ufer des Inn Schauplatz weiterer wissenschaftlicher Ereignisse. So holte ich im Jahr 2000 das 35. Linguistische Kolloquium an die Universität Innsbruck, das das Motto „Europa der Sprachen: Sprachkompetenz – Mehrsprachigkeit – Translation" zum Leitthema sowie eine starke translationswissenschaftliche Sektion hatte. Im Europäischen Jahr der Sprachen 2001 war in Innsbruck die Präsentation des internationalen Projektes „EuroCom – ein Weg zur Mehrsprachigkeit" zu erleben. Die inzwischen international mehrfach (darunter mit dem Europasiegel für innovative Sprachenprojekte 1999 von der Europäischen Kommission und der Österreichischen Regierung) ausgezeichnete Mehrsprachigkeitsmethode EuroCom macht deutlich, dass die meisten europäischen Nachbarsprachen keine *Fremd*sprachen sind. Auf dem konstruktivistischen Lernmodell fußend zeigt EuroCom dem Lernenden, was er – fast ohne Lerninput! – in der neuen Sprache schon alles weiß, aber nicht weiß, dass er es weiß, und ermöglicht ihm so, nicht nur in einer neuen Sprache, sondern in sämtlichen verwandten Sprachen eines Sprachzweiges in kurzer Zeit authentische Texte lesen und verstehen zu können. Erfolgreich durchgeführte universitäre Seminare in Frankfurt/Main und Gießen haben ergeben, dass Lernende nach einem einsemestrigen Kurs bei der Lesekompetenz bereits die Niveaustufe B2 des Gemeinsamen Europäischen Referenzrahmens für Sprachen erreichen können.[6] Ziel des von mir im Rahmen des EuroCom verfolgten Teilprojektes EuroComTranslat ist es, den Studierenden und auch praktizierenden Übersetzern einen raschen und effektiven Zugang zu weiteren, auch selteneren, aber nachgefragten Sprachen zu eröffnen, was angesichts des enormen Bedarfs an Übersetzern und Dolmetschern aus und in die Sprachen der neuen EU-Beitrittsländer von großer Europarelevanz ist.

Es ist selbstverständlich, dass die junge Translationswissenschaft innovativer Ideen, kreativen Nachwuchses und einer europa- und weltweiten Förderung bedarf. Als die ehemalige CIUTI-Akademie bedroht war, auf Drängen einiger ihrer Mitglieder aufgelöst zu werden, setzte ich mich für den Erhalt der CIUTI-Akademie ein, deren Zielsetzungen ich für die Entwicklung unserer Wissenschaft für sehr wichtig erachte, und wurde 2003 in Genf zum Präsidenten ihrer Nachfolgeorganisation, der IATI – International Academy for Translation and Interpreting, gewählt, die ihre Zielsetzungen (analog zur CIUTI-Akademie) in der weltweiten Förderung der Translationswissenschaft und des wissenschaftlichen Nachwuchses, im Transfer der Translationstheorie in die Translationspraxis, in der Stärkung der Verbindung zwischen Theorie und Praxis durch vielfältige attraktive Weiterbildungsangebote sieht, die mir alle noch aus meiner Leipziger IWS-Zeit am Herzen liegen und keine abstrakten Größen sind. So richtete das Institut für Translationswissenschaft zu Innsbruck unter der Schirmherrschaft der IATI und entsprechend ihren Zielsetzungen im Sommer 2004 die erste internationale Sommerschule zur Translation und Translationswissenschaft „SummerTrans – 1" mit einem vielfältigen Angebot an Kursen zur Theorie und Praxis der Translation aus, die starke internationale Resonanz und ein einmütiges Votum der SummerTrans-Lehrenden und -Lernenden für ihre Fortsetzung gefunden hat.

Ich hoffe, dass die inn-novativen Impulse der Innsbrucker Translationswissenschaft – zu denen ich auch die Initiative von Wolfgang Pöckl für diese wissenschaftsgeschichtlich für unser Fach wichtige Publikation zähle – sich weiterhin mehren und wir gemeinsam in den nächsten Jahren die richtigen Fragen stellen und die translationswissenschaftliche Community stärker gemeinsam nach den richtigen Antworten sucht.

---

[6] Näheres zu EuroCom: http://www.eurocomcenter.com oder
http://www.eurocomresearch.net
Übungsräume zum raschen Erlernen von Spanisch, Italienisch und Rumänisch über Französisch (einschließlich gesprochener Texte):
http://www.eurocom.httc.de/index.php

Der Odyssee 5. Akt und Epilog: Mein Donau-Geheimnis und das Ende der nie endenden Odyssee

Als Tanz Nummer eins wurde uns in der Schule der Walzer – nicht der letzte, sondern der ewige Walzer – beigebracht, über den wir, angesichts unserer etwas reiferen Mitschülerinnen etwas schüchternen Jungs, schmunzelten, um die Scheu vor der Partnerin zu überspielen, ehe wir uns in seine kreisende, mitreißende und unvermeidliche Lebensphilosophie hineinbegaben.

Der Abschlussball. Wunderschöne Musik, bewegt-feierliche Abschiedsstimmung, der Walzer bis zum nächsten Morgen, gemeinsame Schifffahrt auf der Donau in der Morgendämmerung. Dieser besondere, sich auch heute noch – trotz aller Vergiftungen, blutender Zivilisationswunden, zerbombter Brücken zwischen den Ufern und den Menschen – hartnäckig haltende Geruch und altvertraute Anblick meiner Donau... Es genügt, einmal in den Strom einzutauchen, am Strand an der alten Festung zu Ismail, mit kräftigen Schmetterlingschlägen schräg gegen die starke Strömung anschwimmend, die Boje zu erreichen, sich kurz an ihr zu halten und dann mit dem Strom abwärts bis zu der letzten Strandboje treiben zu lassen. Dann zurück zum Strand. Und schon ist man zuhause. Es stimmt übrigens nicht, dass man nicht zweimal in denselben Fluss steigen kann. Ich habe mich Sommer für Sommer vom Gegenteil überzeugt, und wir haben uns immer wieder gesehen und uns – auch nach längeren Trennungen – sofort wieder erkannt und waren uns immer dieselben, weil wir alte und gute Freunde sind.

Als Kind und Schüler habe ich oft donauaufwärts geträumt. Einige Mitschüler, deren Väter privilegiert waren, weil sie zu denen gehörten, die in der Donauschifffahrtsgesellschaft „naverch", also „aufwärts" (Österreich, BRD), fahren durften, waren immer schicker gekleidet als alle anderen und gaben mit allerlei exotischen Dingen an – mit Kaugummis, die es damals nicht gab, mit Kugelschreibern, die es auch nicht gab, oder gar mit Kugelschreibern, auf denen schöne Damen sich beim Umdrehen des Kugelschreibers entkleideten... Darum habe ich meinen Klassenkameraden Bacha, der gegenüber wohnte, ein bisschen beneidet. Andererseits brachte mir die Donau mit ihrem Äther am Abend einen sehr guten Empfang österreichischer und süddeutscher Sender, wo ich hörte, wie Deutsch nicht wie in der Schule, sondern richtig klingt. Und es war unter anderen Udo Jürgens, der mein Kinderherz für den Klang der deutschen Sprache gewann, die ich von Anfang an recht gut konnte. Auch heute noch, wenn ein Lied von damals erklingt – und dies geschieht häufig gerade im süddeutschen Sende- und meinem heutigen Tätigkeitsgebiet –, kommt es mir vor wie eine wunderbare Zeitreise in die verlorene Heimat meiner Kindheit, die jetzt – rein räumlich – nicht weit, am anderen Ende der Donau liegt.

Ich zögerte nicht lange, den Ruf auf die Professur für Übersetzungswissenschaft nach Innsbruck 1999 anzunehmen, um mich wieder etwas in die Nähe meiner Donau, des sie treu und reichlich speisenden Inn und jener

Austriazität zu begeben, von der der Triester Literaturwissenschaftler Claudio Magris in seinem „Donau"-Buch schreibt:

> Austriazität, das ist die Kunst der Flucht, das Vagabundentum, die Liebe zur Rast, während man auf eine Heimat wartet, die – wie Schuberts Wanderer sagt – immer gesucht, geahnt und nie gekannt werden wird. Diese unbekannte Heimat, in der man wie mit einem Schuldenkonto lebt, ist Österreich und zugleich das Leben selbst, das liebenswerte und – am Rande des Nichts – leichte Leben.

Ein Österreicher bzw. Wiener (ob er mit dieser Einordnung wohl einverstanden sein würde?) – nämlich Georg Kreisler – sagt bzw. singt als Variation zum Thema:

> Man muss nur wissen, man hat niemals ein Zuhause
> Und dass man niemals ein Zuhause haben wird.
> Und dass man, wenn man einmal sagt: „Ich geh nach Hause"
> Sich höchstwahrscheinlich in der Ausdrucksweise irrt.

Oder da ist auch mein geschätzter Landsmann (ist er das?) Sir Peter Ustinov, der zum Thema sinngemäß etwa Folgendes sagte: ich war nirgendwo auf der Welt richtig zu Hause, aber an vielen Plätzen dieser Welt mehr zu Hause als die meisten.

Ich glaube, meine Heimat ist der Weg, der geheimnisvolle dahinfließende Strom des Lebens, der nie endende Walzer an der ewigen Donau.

Literatur

Holz-Mänttäri, Justa (1984): *Translatorisches Handeln. Theorie und Methode.* Helsinki: Suomalainen Tiedeakatemia.

Mittelstraß, Jürgen (1998): *Die Häuser des Wissens. Wissenschaftstheoretische Studien.* Suhrkamp taschenbuch wissenschaft 1390. Frankfurt/M.: Suhrkamp.

Reiss, Katharina & Vermeer, Hans J. (1984): *Grundlegung einer Allgemeinen Translationstheorie.* Tübingen: Niemeyer.

Salevsky, Heidemarie (2002): *Translationswissenschaft. Ein Kompendium.* Frankfurt/M. u.a.: Peter Lang.

Snell-Hornby, Mary (Hrsg.) (1986): *Übersetzungswissenschaft – eine Neuorientierung.* Tübingen: Francke.

Witte, Heidrun (2000): *Die Kulturkompetenz des Translators. Begriffliche Grundlegung und Didaktisierung.* Tübingen: Stauffenburg. (= Studien zur Translation 9)

Bücher

Zybatow, Lew (1990): *Was die Partikeln bedeuten. Eine kontrastive Analyse Russisch-Deutsch* (=Slavistische Beiträge 254). München: Otto Sagner Verlag, 192 S.

Zybatow, Lew (1995): *Russisch im Wandel. Die russische Sprache seit der Perestrojka* (=Slavistische Veröffentlichungen, Band 80). Wiesbaden: Otto Harrassowitz Verlag, 350 S.

Zybatow, Lew (Hrsg.) (2000): *Sprachwandel in der Slavia. Die slavischen Sprachen an der Schwelle zum 21. Jahrhundert.* Ein internationales Handbuch. Teil 1 und 2 (= Linguistik International, Bd. 4). Frankfurt am Main u.a.: Peter Lang Verlag, 982 S.

Zybatow, Lew (Hrsg.) (2002): *Translation zwischen Theorie und Praxis. Innsbrucker Ringvorlesungen zur Translationswissenschaft I.* (= Forum Translationswissenschaft, Bd. 1). Frankfurt am Main u.a.: Peter Lang Verlag, 457 S.

Zybatow, Lew (Hrsg.) (2003): *Europa der Sprachen: Mehrsprachigkeit – Sprachkompetenz – Translation. Akten des 35. Linguistischen Kolloquiums in Innsbruck 2000*, Teil 1 u 2 (= Linguistik International, Bd. 11 u. 12). Frankfurt am Main u.a.: Peter Lang Verlag, 1233 S.

Zybatow, Lew (Hrsg.) (2004): *Translation in der globalen Welt und neue Wege in der Sprach- und Übersetzerausbildung. Innsbrucker Ringvorlesungen zur Translationswissenschaft II.* (= Forum Translationswissenschaft, Bd. 2). Frankfurt am Main u.a.: Peter Lang Verlag, 264 S.

Aufsätze

Zybatow, Lew (1997): Bausteine zu einer kognitiven Translationslinguistik. In: *Translationsdidaktik. Grundfragen der Übersetzungswissenschaft.* (Hrsg. v. E. Fleischmann/ W. Kutz/ P.A. Schmitt). Tübingen: Gunter Narr Verlag, 67-78.

Zybatow, Lew (1997): Übersetzungstechniken in der Dolmetsch- und Übersetzungsdidaktik oder Wie verfahren ist die Diskussion über Übersetzunsverfahren? In: *Ars transferendi. Sprache, Übersetzung, Interkulturalität.* Festschrift für Nikolai Salnikow zum 65. Geburtstag (Hrsg. v. D. Huber/ E. Worbs). Frankfurt am Main u.a.: Peter Lang Verlag, 395-416.

Zybatow, Lew (1998): Übersetzen von Phraseologismen oder was bringt die kognitive Linguistik dem Übersetzer? In: *Phraseologismen in Text und Kontext.* Phrasemata I (Hrsg. v. J. Wirrer) Bielefeld: Aisthesis (=Bielefelder Schriften zur Linguistik und Literaturwissenschaft 11), 149-167.

Zybatow, Lew (2003): Wie modern ist die ‚moderne' Translationstheorie? In: *Textologie und Translation* (Hrsg. v. H. Gerzymisch-Arbogast, Eva Hajičová & Petr Sgall, Zuzana Jettmarová, Annely Rothkegel, Dorothea Rothfuß-Bastian) Tübingen: Gunter Narr, 343-363.

Wolfgang Pöckl / Ulrich Prill (Hrsg.)

Übersetzung und Kulturwandel

2003, ISBN 3-7069-0196-X, Broschur, 185 Seiten

Der Band enthält die Vorträge, die im Rahmen der Sektion „Übersetzungen als Auslöser kulturellen und sprachlichen Wandels" beim 13. Deutschen Hispanistentag in Leipzig (März 2001) gehalten wurden. Das Spektrum der Themen ist äußerst vielfältig. Es reicht von einer Darstellung des Übersetzens und Dolmetschens im Dienste der spanischen Monarchie (16.-18. Jh.) über die übersetzerische Rezeption von Texten der Weltliteratur in der jeweils anderen Kultur bis zur Bedeutung des Übersetzens für den Ausbau von Kreolsprachen. Je nach Konstellation sind es einmal eher die kulturellen, dann wieder mehr die sprachlichen Barrieren, deren Überwindung zu dokumentieren und zu diskutieren war.

Georg Kremnitz

Mehrsprachigkeit in der Literatur. Wie Autoren ihre Sprachen wählen

Aus der Sicht der Soziologie der Kommunikation

2004, ISBN 3-7069-0270-2, Broschur, 278 Seiten

Zwei- oder auch Mehrsprachigkeit ist ein häufig vorkommendes Phänomen, weltweit möglicherweise weiter verbreitet als Einsprachigkeit. Was die schriftstellerische Tätigkeit anbetrifft, so gehen wir allerdings gewöhnlich davon aus, dass Autoren nur eine Sprache verwenden und zwar gewöhnlich die, welche sie als Muttersprache bezeichnen. Das hängt damit zusammen, dass das Schreiben als anstrengende, Konzentration erfordernde Tätigkeit angesehen wird. Autoren von Texten, die zur Veröffentlichung gedacht sind, stehen unter einem hohen Druck nicht nur sprachlicher Korrektheit, sondern auch ästhetischer und stilistischer Akzeptanz. Die öffentliche Kontrolle ist am genauesten für Texte mit literarischen Ansprüchen. Hinzu kommt, dass jedes Schreiben für die Öffentlichkeit auch ein Stück Exhibitionismus bedeutet: Jeder Autor gibt etwas von sich preis, nicht nur bewusst, sondern (oft mehr noch) auch unbewusst. Das verleitet einen vielfach dazu anzunehmen, dass Autoren eine genügende sprachliche Kompetenz, literarische Texte zu schreiben, nur in ihrer Erstsprache besitzen. Nicht zuletzt sind wir alle aus historischen Gründen von „Reinheitskriterien" beeinflusst, welche jede Mischung – der Sprachen, der Kultur, des Blutes – als gefährlich ansehen. Diese können sich bis zu Rassismen mit den schlimmsten Auswüchsen steigern. Dagegen geht heute die kulturwissenschaftliche Forschung davon aus, dass im Gegenteil das Aufeinandertreffen unterschiedlicher kultureller Praxen befruchtend wirkt und dass die großen „Fortschritte" in der Geschichte der Menschheit gewöhnlich mit solchen Kontakten in Zusammenhang gebracht werden können. Dazu gehört auch die Aufgabe der Vorstellung von der ausschließlichen Einsprachigkeit der Schriftsteller.

edition@praesens.at | www.praesens.at